XVI

COMENTÁRIOS AO CÓDIGO DE PROCESSO CIVIL

DAS DIVERSAS ESPÉCIES DE EXECUÇÃO

www.editorasaraiva.com.br/direito
Visite nossa página

LEONARDO GRECO

Professor titular aposentado de Direito Processual Civil da Faculdade Nacional de Direito da Universidade Federal do Rio de Janeiro.

COORDENADORES

JOSÉ ROBERTO F. GOUVÊA
LUIS GUILHERME A. BONDIOLI
JOÃO FRANCISCO N. DA FONSECA

COMENTÁRIOS AO CÓDIGO DE PROCESSO CIVIL

ARTS. 797 A 823

2020

Av. Paulista, 901, 3º andar
Bela Vista – São Paulo – SP – CEP: 01311-100

SAC | sac.sets@somoseducacao.com.br

Direção executiva	Flávia Alves Bravin
Direção editorial	Renata Pascual Müller
Gerência editorial	Roberto Navarro
Gerência de produção e planejamento	Ana Paula Santos Matos
Gerência de projetos e serviços editoriais	Fernando Penteado
Consultoria acadêmica	Murilo Angeli Dias dos Santos
Planejamento	Clarissa Boraschi Maria (coord.)
Novos projetos	Melissa Rodriguez Arnal da Silva Leite
Edição	Eveline Gonçalves Denardi (coord.)
	Deborah Caetano de Freitas Viadana
Produção editorial	Fernanda Matajs (coord.)
	Luciana Cordeiro Shirakawa
Arte e digital	Mônica Landi (coord.)
	Amanda Mota Loyola
	Camilla Felix Cianelli Chaves
	Claudirene de Moura Santos Silva
	Deborah Mattos
	Guilherme H. M. Salvador
	Tiago Dela Rosa
Projetos e serviços editoriais	Breno Lopes de Souza
	Josiane de Araujo Rodrigues
	Kelli Priscila Pinto
	Laura Paraíso Buldrini Filogônio
	Marília Cordeiro
	Mônica Gonçalves Dias
Diagramação	Markelangelo Design e Projetos Editoriais
Revisão	Rita de Cássia Sorrocha
Capa	Aero Comunicação / Danilo Zanott
Produção gráfica	Marli Rampim
	Sergio Luiz Pereira Lopes
Impressão e acabamento	Edições Loyola

DADOS INTERNACIONAIS DE CATALOGAÇÃO NA PUBLICAÇÃO (CIP)
ANGÉLICA ILACQUA CRB-8/7057

Greco, Leonardo
   Comentários ao Código de Processo Civil – artigos 797 a 823 : das diversas espécies de execução - v. XVI / Leonardo Greco / coord. de José Roberto F. Gouvêa, Luis Guilherme A. Bondioli, João Francisco N. da Fonseca. – São Paulo : Saraiva Educação, 2020. (Coleção Comentários ao Código de Processo Civil)
   424 p.

Bibliografia
ISBN 978-85-536-1875-0 (impresso)

1. Processo Civil - Brasil. I. Título. II. Série.

20-0312   CDD 340

Índice para catálogo sistemático:
1. Brasil : Código de Processo Civil   347.9(81)(094.4)

Data de fechamento da edição: 25-3-2020

Dúvidas? Acesse www.editorasaraiva.com.br/direito

Nenhuma parte desta publicação poderá ser reproduzida por qualquer meio ou forma sem a prévia autorização da Saraiva Educação. A violação dos direitos autorais é crime estabelecido na Lei n. 9.610/98 e punido pelo art. 184 do Código Penal.

CL 605086   CAE 725726

*Agradeço aos colegas Diogo Assumpção Rezende de Almeida,
Elias Gazal Rocha, Fernando Gama de Miranda Netto,
Guilherme Jales Sokal, José Aurélio de Araújo
e Márcio Carvalho Faria, que me ofereceram
valiosas sugestões sobre boa parte do texto.*

APRESENTAÇÃO

Nossa relação com a Editora Saraiva tornou-se conhecida em 1995, com a publicação da 26ª edição do *Código de Processo Civil e legislação processual em vigor* e da 14ª edição do *Código Civil e legislação civil em vigor*, ainda de autoria exclusiva de Theotonio Negrão, mas já com a colaboração do primeiro subscritor desta apresentação, revelada na nota daquelas edições. Atualmente, mais de 20 anos depois, essas obras estão na 47ª edição e na 34ª edição, respectivamente, o que é motivo de imensa alegria e satisfação para nós.

Outro momento marcante desta relação se deu em 2005, por ocasião do lançamento da Coleção Theotonio Negrão, destinada à publicação de dissertações de mestrado e teses de doutorado aprovadas nas melhores instituições de ensino jurídico do País, sob a coordenação do primeiro subscritor desta apresentação e com a participação, na condição de autores, dos outros dois subscritores.

Pouco depois de 2005, em nossas constantes conversas com a Editora Saraiva, surgiu a ideia de mais um projeto conjunto, qual seja, a edição de *Comentários ao Código de Processo Civil*, compostos por volumes a serem escritos individualmente por estudiosos do direito processual civil brasileiro. A inspiração óbvia para essa iniciativa era a paradigmática coleção coordenada pelo Mestre José Carlos Barbosa Moreira em outra casa editorial. Quando esse projeto não passava ainda de uma simples conversa, a constituição de uma comissão de juristas para a elaboração de um anteprojeto de Código de Processo Civil em 2009 nos causou sensações mistas. De um lado, esse anteprojeto nos colocava em compasso de espera e adiava a concretização de tal ideia. De outro lado, referido anteprojeto nos deixava a certeza de que, um dia, o mencionado intento ganharia concretude e proporções maiores do que as imaginadas originalmente.

Entre 2009 e 2015, acompanhamos com atenção o processo legislativo que passou pela elaboração dos projetos de lei n. 166/2010 e 8.046/2010 e culminou com a publicação da Lei n. 13.105, de 16 de março de 2015, que trouxe para o Brasil um novo Código de Processo Civil. Nesse ínterim, nosso mais recente projeto conjunto com a Editora Saraiva foi tomando corpo. Conseguimos reunir um selecionado time de doutores, livres-docentes e professores das mais renomadas faculdades de direito do País, que se integrou ao nosso projeto e foi determinante para que ele se tornasse realidade. A todos os integrantes desse time, ficam aqui os nossos mais sinceros agradecimentos!

Com a chegada do ano de 2016, o Código de Processo Civil entrou em vigor, um ano após a sua publicação e já alterado pela Lei n. 13.256, de 4 de fevereiro de 2016. Foi o período de maior reflexão e estudo na história processual recente do País. E é um extrato dessa reflexão e desse estudo que pretendemos ver presente nesta coleção de *Comentários ao Código de Processo Civil*, elaborada em 23 volumes, que, esperamos, contribuam para a boa compreensão e aplicação da lei processual mais importante do Brasil.

São Paulo, julho de 2016.

José Roberto Ferreira Gouvêa
Luis Guilherme Aidar Bondioli
João Francisco Naves da Fonseca

SUMÁRIO

Apresentação.. 7

Título II
DAS DIVERSAS ESPÉCIES DE EXECUÇÃO

1	Introdução..	15
2	A evolução da execução civil..	18
	2.1. Direito romano...	18
	2.2. Direito intermédio..	20
	2.3. O direito das Ordenações.....................................	21
	2.4. O direito brasileiro anterior a 1973.....................	23
	2.5. A execução no Código de 1973............................	26
	2.6. A execução no Código de 2015............................	29
	2.7. Necessidade de uma reforma profunda..............	31
3.	A natureza da execução...	35
4.	Processo executivo...	38
	4.1. Autonomia do processo executivo......................	39
5.	Poderes do juiz na execução..	40
6.	Espécies de atos processuais executivos.........................	44
	6.1. Convenções processuais na execução.................	50
7.	Ação executiva..	54
	7.1. Cumulação progressiva de ações no cumprimento de sentença..	55
	7.2. A individualização da ação executiva.................	57
	7.3. Condições da ação executiva...............................	59
	7.4. Classificação das execuções................................	64
8.	Espécies de procedimentos executórios..........................	69

Capítulo I
DISPOSIÇÕES GERAIS

9. Princípios da execução... 77
    9.1. Princípio da iniciativa... 80
        9.1.1. Limites da pretensão executória 88
    9.2. Impulso processual oficial.. 90
    9.3. Princípio do contraditório.. 95
    9.4. Princípio dispositivo... 102
    9.5. Princípio da livre convicção 104
    9.6. Princípio da publicidade... 106
    9.7. Princípio da lealdade... 107
    9.8. Princípio da oralidade 109
    9.9. Outros princípios gerais do processo 113
10. Princípios específicos da execução 115
    10.1. Não há execução sem título 115
    10.2. A execução se realiza no interesse do credor......... 119
    10.3. Disponibilidade da execução 119
    10.4. Fungibilidade do meio executório............................. 121
    10.5. Menor onerosidade para o devedor.......................... 121
    10.6. Outros princípios específicos da execução 123
        10.6.1. Responsabilidade patrimonial 123
        10.6.2. Atipicidade dos meios executórios........................ 125
        10.6.3. Primazia da tutela específica 131
        10.6.4. Responsabilidade do exequente e subsidiariedade recíproca.. 132
        10.6.5. Monopólio estatal da função executiva 136
        10.6.6. Ônus da execução.. 137

Art. 797 .... **137**
11. Execução no interesse do credor...................................... 137
12. A concorrência de interesses de outros credores......... 140
13. Concurso particular de credores 141
14. Direito de preferência no concurso particular 144
15. Efetivação da penhora.. 146
16. Execução individual e insolvência..................................... 148

Art. 798	**149**
17. A iniciativa do exequente	149
18. Requisitos da inicial da execução	152
19. O título executivo	156
19.1. A natureza do título executivo	160
19.2. Requisitos do título executivo	164
19.3. Espécies de títulos executivos	166
20. O demonstrativo do débito	168
21. A prova da condição, do termo ou da contraprestação	171
22. A escolha do meio executório	172
23. A identificação das partes	176
24. Legitimidade ativa	176
25. Legitimidade passiva	177
25.1. Legitimidade passiva derivada	178
25.1.1. O fiador	179
25.1.2. O sucessor a título singular	181
25.1.3. O sócio	182
25.1.4. O cônjuge	183
25.1.5. O adquirente de bem alienado ou onerado em fraude de execução	185
26. Outros legitimados ativos e passivos	186
26.1. A desconsideração da personalidade jurídica	187
27. A indicação dos bens penhoráveis	189
Art. 799	**194**
28. A intimação de outros interessados	195
28.1. Cônjuge ou companheiro	202
28.2. Credor pignoratício, hipotecário ou anticrético	203
28.3. Credor fiduciário	205
28.4. Titular de usufruto, uso ou habitação	207
28.5. Promitentes comprador, vendedor, cessionário ou cedente	208
28.6. Superficiário e proprietário do terreno	209
28.7. Enfiteuse	212
28.8. Concessão de uso especial ou de bem público	213
28.9. Intimação da sociedade	215

28.10. Outras intimações 216
29. A propositura de medidas de urgência 219
30. Averbação da execução e de atos de constrição 223

Art. 800 .... **225**

Art. 801 .... **231**

Art. 802 .... **239**

Art. 803 .... **244**
31. As espécies de defeitos dos atos processuais 245
32. Os defeitos dos atos processuais na execução 248

Art. 804. .... **253**

Art. 805. .... **254**
33. O *caput* do art. 805 255
34. O parágrafo único do art. 805 264

Capítulo II
DA EXECUÇÃO PARA A ENTREGA DE COISA

35. Execução específica 265
36. Obrigações de fazer e de entrega de coisa 269
37. Evolução da tutela específica das obrigações de entrega de coisa ... 271
38. Sistematização da matéria 272

Seção I
Da Entrega de Coisa Certa

Art. 806 .... **272**
39. Objeto da execução para entrega de coisa 273
40. Acessórios 278
41. Limites 280
42. Entrega do equivalente 283
43. Procedimento inicial 285
44. As coações indiretas na execução para entrega de coisa 291
45. A multa pecuniária 292
46. Outras coações indiretas 294
47. A ameaça de processo criminal como meio coativo 298

48.	Meios coativos contra o Estado	299
49.	Sujeitos passivos	301

Art. 807 .... **303**

Art. 808 .... **305**

Art. 809 .... **308**

50.	Hipóteses de conversão e perdas e danos	312
51.	A liquidação do valor da coisa e das perdas e danos	315
	51.1. Natureza da liquidação	316
	51.2. Espécies de liquidação	318
	51.3. Procedimento da liquidação	321

Art. 810 .... **322**

Seção II
Da Entrega de Coisa Incerta

Art. 811 .... **326**

Art. 812 .... **331**

Art. 813 .... **333**

Capítulo III
DA EXECUÇÃO DAS OBRIGAÇÕES DE FAZER OU DE NÃO FAZER

52.	Execução específica	335
53.	Obrigações de fazer e de entrega de coisa	337
54.	Evolução da tutela específica das obrigações de fazer e não fazer	339
55.	Sistematização da matéria	343
56.	Limites	344
57.	Execução específica do equivalente	347

Seção I
Disposições Comuns

Art. 814 .... **349**

58.	Os meios coativos nas execuções de obrigações de fazer e de não fazer	349
59.	A multa pecuniária	354

60. Outras coações indiretas 358
61. A ameaça de processo criminal como meio coativo 362
62. Meios coativos contra o Estado 363
63. Meios sub-rogatórios 366

Seção II
Da Obrigação de Fazer

Art. 815 .... **371**
64. Procedimento da execução de obrigações de fazer 371
65. Limites 374

Art. 816 .... **376**
66. Prestações de fazer fungíveis e infungíveis 377
67. Fungibilidade e meios sub-rogatório 378
68. A tutela por equivalente 379
69. Infungibilidade e meios coativos 381
70. O sucedâneo das perdas e danos 381

Art. 817 .... **384**

Art. 818 .... **386**
71. Extinção da execução 388
72. Preclusão e coisa julgada 392

Art. 819 .... **393**

Art. 820 .... **395**

Art. 821 .... **397**

Seção III
Da Obrigação de Não Fazer

73. Os meios coativos nas execuções de obrigações de não fazer 401

Art. 822 .... **403**

Art. 823 .... **406**

Bibliografia 411

TÍTULO II
DAS DIVERSAS ESPÉCIES DE EXECUÇÃO

1 Introdução

A execução civil que temos no Brasil é caracterizada pela ritualidade herdada da tradição romano-canônica que nos foi transmitida pelas Ordenações Filipinas e pelo Regulamento n. 737 de 1850, da qual, na verdade, apesar de relevantes aperfeiçoamentos técnicos, o Código de 1973, as leis que o modificaram e o Código de 2015 não conseguiram se desvencilhar.

A reprodução dos mesmos rituais parece ter sido consequência da pouca importância que a execução apresentava, até o último quartel do século XX, tanto aos olhos dos práticos quanto aos dos estudiosos do direito processual. A jurisdição era eminentemente a jurisdição de sentença. O inadimplemento de obrigações, mesmo das já reconhecidas por decisão final, não era muito comum, como consequência de uma valoração negativa de fundo moral da conduta do devedor inadimplente.

Mas os tempos mudaram. O desenvolvimento econômico e a expansão do consumo, estimulados pela facilitação do acesso ao crédito, rotinizaram a inadimplência, que deixou de ser imoral, para tornar-se um fenômeno corriqueiro, com a multiplicação de demandas judiciais executórias, a maioria delas absolutamente inviável do ponto de vista prático, colocando à mostra as deficiências normativas da execução, como procedimento judicial, e induzindo o próprio legislador a encetar projetos de reforma, como as que ocorreram entre nós com a edição das Leis ns. 11.232/2005 e 11.382/2006.

Em 2009 o Senado Federal encomendou a uma Comissão de Juristas presidida pelo Ministro Luiz Fux um anteprojeto de Código de Processo Civil que, adotado como projeto pelo Senador José Sarney e, após aproximados cinco anos de tramitação nas duas Casas do Congresso Nacional, transformou-se na Lei n. 13.105/2015, com início de vigência em 18 de março de 2016. Infelizmente, em matéria de execução, nem as duas leis de 2005 e de 2006, nem o Código de 2015 foram elaborados após uma reflexão cuidadosa e madura por parte da doutrina nacional. A grande mudança, mais formal do que substancial, foi a retirada da execução de sentença do procedimento do processo de execução autônomo para formar, juntamente com o processo de conhecimento, uma única relação processual, sem necessidade de nova citação, ficando todo o resto quase igual ao que era antes, de tal modo que, após todo esse esforço legislativo, a execução, seja ela fundada em título judicial ou extrajudicial, segue refém da tradicional ritualidade preexistente, na qual foram introduzidos alguns aperfeiçoamentos, aqui e ali, mantida a continuidade da disciplina legislativa anterior em lugar da busca de novos caminhos que, pela falta de uma reflexão consistente, poderiam levar a consequências imprevisíveis. Enquanto isso, vamos encontrar no direito continental europeu e no direito anglo-americano um amplo debate sobre a efetividade da execução, que desagua em reformas legislativas profundas, na ânsia de debelar uma crise que é universal, da qual o processo judicial é apenas uma impotente caixa de ressonância, crise essa que, por ter origem na mudança de comportamento dos atores sociais principalmente nas relações econômicas que se travam na sociedade do nosso tempo, não está ao alcance do processo judicial debelá-la, mas também não justifica simplesmente ignorá-la, porque a sua inefetividade na satisfação dos credores acaba por torná-lo culpado. Países como a Espanha, a Inglaterra, a França e Portugal têm empreendido reformas legislativas recentes, com soluções por vezes bastante arrojadas, mas que, ainda, no Brasil não suscitaram o necessário interesse.

O primeiro fator dessa crise é o excesso de execuções: nos grandes centros o crescimento da máquina judiciária não acompanhou a expansão do número de litígios. E, no caso da execução, essa expansão teve como uma das causas primordiais, como já dissemos, a democratização do acesso ao crédito. O sistema financeiro se expandiu nos últimos anos de uma maneira espantosa, inclusive dando crédito a quem não pode pagar, sabendo que ele não vai pagar desde o dia em que lhe concede o crédito. A inadimplência se tornou frequente e com ela a propositura de milhares de execuções inviáveis, porque se o devedor não tem bens ou se o credor não é capaz de apontá-los, a única utilidade do ajuizamento da execução é a negativação do cadastro do devedor, o que não constitui a finalidade para a qual a execução foi instaurada, que é o efetivo pagamento da dívida.

O segundo fator dessa crise é por certo a inadequação dos procedimentos executórios. A excessiva centralização de atividades burocráticas nas mãos do juiz acaba impulsionando a execução desordenadamente, ao sabor das provocações impacientes do credor e das costumeiras procrastinações do devedor. Essa conduta antiética do devedor é ainda estimulada pela ineficácia das coações processuais: o devedor não colabora com a execução, e os meios de pressão que a lei prevê não são suficientes para intimidá-lo. Ademais, à falta de juízos especializados em execuções que pudessem sedimentar práticas virtuosas de solução dos seus múltiplos incidentes, as sucessivas reformas processuais no Brasil têm sofisticado demais a disciplina legal, tentando inutilmente prever e regular tudo o que possa ocorrer nesse tipo de processo que se insere concretamente na realidade da vida cotidiana das pessoas, das empresas e das instituições. Esse excesso de normas complica demais a execução, gerando incontáveis incidentes que retardam o seu desfecho e prejudicam a sua eficiência.

Por outro lado, não se pode ignorar que o progresso econômico e tecnológico, assim como das relações de consumo, criou um novo ambiente econômico e sociológico: o espírito empresarial e a sociedade de consumo estimulam o endividamento das pessoas, e o inadimplemento das obrigações pelo devedor deixou de ser um fato vergonhoso para tornar-se corriqueiro e até mesmo necessário para impulsionar o desenvolvimento econômico.

Por fim, o perfil patrimonial das pessoas e das empresas se modificou substancialmente, com uma acentuada volatilização dos bens e a facilidade de transferi-los em instantes de um a outro investimento e até mesmo de um a outro país, o que dificulta a sua localização pelo credor.

Todos esses embaraços coincidem com a evolução positiva do direito processual sob o influxo humanizador da teoria dos direitos fundamentais implantada no mundo ocidental a partir da construção do Estado de Direito contemporâneo, que emergiu na Europa a partir do término da Segunda Guerra Mundial e na América Latina da redemocratização subsequente a regimes autoritários. A efetividade do processo, ilustrada pelo amplo acesso à concreta tutela jurisdicional dos direitos dos cidadãos e pelo respeito às suas garantias fundamentais, entre as quais sobressaem o contraditório e a ampla defesa, transforma-o em instrumento de implementação da promessa constitucional de assegurar na prática a mais ampla eficácia dos direitos conferidos pelo ordenamento jurídico. Paradoxalmente, a crise da execução distancia a justiça civil do cumprimento dessa promessa, cuja frustração é ainda mais clamorosa quando devedora é a Fazenda Pública, o que precisa encontrar solução, porque a tutela jurisdicional dos direitos não se esgota com uma boa e rápida sentença, mas com a concreta investidura do vencedor no pleno gozo do direito que a decisão e o ordenamento lhe asseguram.

Portanto, o que está em jogo na arena em que vamos ingressar é a própria efetividade do princípio do Estado de Direito. O nosso estudo em torno das instituições que caracterizam a execução judicial terá como inspiração a busca dessa efetividade e levará em conta as dificuldades com que se defronta a sua realização. Recorrendo aqui e acolá a soluções alvitradas em países de mais sólida tradição democrática, procuraremos fornecer aos leitores alguns subsídios para tirar dos dispositivos do Código de Processo Civil o maior alcance no sentido da efetividade da execução e, quiçá, contribuir para uma reflexão que possa auxiliar na busca de novos paradigmas para essa importante área do direito processual civil brasileiro.

2 A evolução da execução civil

2.1. Direito romano

No primitivo direito romano[1], a execução era privada e penal[2]. Era *privada* porque efetivada pelo próprio credor, não pelo juiz. Era *penal* porque consistia na imposição ao devedor de castigos físicos e morais, perda da liberdade, exposição no mercado público, perda da vida e esquartejamento do corpo, por meio da chamada *manus injectio*. Essa execução não satisfazia diretamente o credor, mas consistia na aplicação ao devedor de meios coativos indiretos para forçá-lo a pagar a dívida. Os romanos, nessa época, não concebiam que se pudesse obrigar alguém a dar ou a fazer alguma coisa, ou ainda a entregar seus bens para pagar uma dívida. O respeito ao direito real do devedor sobre os seus bens predominava sobre o direito pessoal do credor. Além disso, antes de vender ou matar o devedor, era concedido um prazo de sessenta dias à espera de que algum parente ou amigo (o *vindex*) pagasse por ele.

A *Lex Poetelia* (326 a.C.) representou o início da humanização da execução forçada. Abolindo a pena capital e a imposição sistemática ao devedor dos castigos corporais, abriu caminho para a execução patrimonial.

Nesse período primitivo, o terceiro (*vindex*) que pretendia resgatar o devedor ou ele próprio podia impugnar a execução da sentença pela *infitiatio*, pedindo um novo julgamento, sob o fundamento da sua injustiça, sua nulidade, pagamento ou qualquer outro meio extintivo da obrigação[3]. Se a *infitiatio* fosse julgada procedente, o devedor e o *vindex* estavam absolvidos. Se improcedente, o proponente era condenado a pagar o dobro da condenação original, e contra ele podia o credor propor nova *manus injectio*.

---

1 A história do direito romano é comumente dividida, para fins didáticos, em três períodos: o das *legis actiones*, ações da lei, da Lei das XII Tábuas (450 a.C.) até a *Lex Aebutia,* provavelmente editada em 149 a.C.; o período formulário, da *Lex Aebutia* até o término do reinado do imperador Diocleciano em 305 d.C.; e o período da *cognitio extraordinaria*, de 305 d.C. até a morte de Justiniano em 565 d.C.

2 ALFREDO BUZAID. *Do concurso de credores no processo de execução.* São Paulo: Saraiva. 1952, p. 42; WILLARD DE CASTRO VILLAR. *Ação executiva.* São Paulo: Saraiva, 1962, p. 3; LEONARDO GRECO. *O processo de execução, v*ol. 1. Rio de Janeiro: Renovar, 1999, p. 11-26.

3 PAULO HENRIQUE DOS SANTOS LUCON. *Embargos à execução.* São Paulo: Saraiva, 1996, p. 7.

Alguns créditos de origem militar ou religiosa ficavam sujeitos à execução mediante a apreensão de determinado bem (a *pignoris capio*), que foi o embrião da execução patrimonial que se desenvolveu no período subsequente.

No período formulário, a *actio iudicati*, que se pode traduzir literalmente por *ação do julgado*, substituiu a antiga *manus injectio*[4]. O devedor sempre podia contestar a *actio iudicati*, através da *infitiatio*, caso em que o direito do credor era rediscutido. Se improcedente a impugnação, terminava condenado em dobro. A nova condenação ensejava nova *actio iudicati* e assim por diante[5]. A sentença condenatória não tinha eficácia executiva, mas fazia surgir uma nova obrigação, a *obligatio judicati*, em substituição da obrigação originária, cujo descumprimento dava lugar, não a uma execução, mas a uma nova ação, a *actio iudicati*. Somente em caso de omissão do réu ou de não pagamento após o reconhecimento da dívida é que o credor poderia adotar as medidas coativas da antiga *manus iniectio*, conduzi-lo preso como escravo, com os abrandamentos ocorridos a partir da lei *Poetelia*.

Generalizam-se, então, inicialmente por criação dos próprios pretores, que eram os juízes da época, a partir de 118 a.C., algumas modalidades de execução patrimonial, como a entendemos modernamente, incidindo primeiramente sobre a totalidade dos bens do devedor, como a *bonorum venditio*, evoluindo mais adiante para circunscrever-se apenas aos bens suficientes para saldar a dívida, como a *bonorum distractio*.

Surge também, pelo chamado *benefício de competência*, a possibilidade de subtrair da execução dos credores determinados bens, como vestidos, móveis e instrumentos de trabalho.

No período formulário não era permitida condenação *in natura* (dar coisa diferente de dinheiro), nem em obrigação de fazer. Mesmo as obrigações dessas espécies ensejavam condenações simplesmente pecuniárias.

No período da chamada *cognitio extraordinaria*, a execução deixa de ser privada. Desaparecem a *manus injectio* e a condenação em dobro na rejeição da *infitiatio* e se aperfeiçoa o procedimento da execução. A propositura da *infitiatio* passa a depender de prestação de caução. A prisão do devedor ficou restrita ao insolvente e ao devedor de obrigações fiscais[6], passando a ser cumprida em cárcere público. A apreensão de bens passou a respeitar uma ordem de gradação dos bens: primeiro, móveis (escravos, dinheiro); depois, imóveis e créditos

---

4   José Carlos Moreira Alves. *Direito romano*. 4ª ed. Rio de Janeiro: Forense, 1978, p. 305.
5   Enrico Tullio Liebman. *Processo de execução*. 4ª ed. São Paulo: Saraiva, 1980, p. 10.
6   Vittorio Scialoja. *Procedimiento civil romano*. Buenos Aires: EJEA, 1954, p. 415.

(*iura*)[7]. Se o devedor não pagasse em dois meses, os bens eram vendidos por auxiliares do juiz. Surge a execução específica de prestação para entrega de coisa decorrente de direito real, continuando a não existir a execução de prestações de fazer ou de não fazer.

2.2. Direito intermédio

No direito germânico, se o devedor não pagasse o débito, o credor tinha o direito de penhorar-lhe diretamente os bens, independentemente de qualquer prévia apreciação ou autorização judicial. Era a penhora privada. Para executar o devedor, bastava a simples afirmação do credor da existência do crédito. Não era exigida sentença anterior, nem a exibição de qualquer documento. Incidentalmente o devedor podia contestar a execução, provocando um juízo de conhecimento. Pouco a pouco introduziu-se a necessidade de autorização judicial prévia para a penhora privada, limite mais formal do que substancial, porque o juiz não examinava o direito do credor, continuando a bastar a afirmação unilateral deste[8].

O devedor não podia impedir a penhora, nem oferecer previamente quaisquer provas a respeito da inexistência do crédito. Somente após a penhora é que o devedor podia impugnar o crédito.

Toda falta de cumprimento de obrigação era considerada ofensiva à pessoa do credor, que podia fazer uso da força, independentemente de qualquer autoridade, podendo escolher entre a execução corporal (cárcere privado) ou a patrimonial.

Cláusulas executivas eram inseridas em contratos, e o devedor era pressionado a submeter-se à execução pelas assembleias populares. Se o devedor provasse na execução a sua improcedência, era o exequente condenado a pagar-lhe a quantia indevidamente exigida.

Com a queda de Roma e o incremento do comércio, o direito romano e o direito germânico progressivamente se fundiram e o juiz recuperou a sua autoridade executória, passando a promover a execução dos julgados *ex-officio* (*executio per officium judicis*).

Nasceu então a *executio parata*, fundada em cognição anterior, como no direito romano, não mais através da *actio judicati*, com contraditório e morosidade, mas por simples requerimento e prática de atos assecuratórios, sem prévia audiência do devedor.

---

[7] SCIALOJA. Ob. cit., p. 297-298; CÂNDIDO RANGEL DINAMARCO. *Execução civil*. 5ª ed. São Paulo: Malheiros, 1997, p. 47; LUCON. Ob. cit., p. 24; VILLAR. Ob. cit., p. 13; LEONARDO GRECO. Ob. cit., p. 26-31.

[8] JOSÉ ALBERTO DOS REIS. *O processo de execução*. Reimpr. Coimbra: Coimbra, 1985, p. 72-73.

Surgem então os títulos executivos, os *instrumenta guarentigiata*, confissões de dívida manifestadas perante o juiz ou perante o notário. O título executivo foi equiparado à sentença, com a única diferença, a amplitude da defesa do devedor. A sentença se executava sem contraditório e praticamente sem defesa. Os *instrumenta guarentigiata* se executavam através de processo de cognição sumária, defesa e sentença, concentrando num só procedimento cognição e execução. Nasceu assim o *processus sumarius executivus*, precursor da ação executiva que tivemos no Brasil na vigência do Código de Processo Civil de 1939[9].

É adotado o princípio da prioridade da penhora (*prior tempore, potior jure*). O credor que primeiro penhorasse os bens do devedor receberia antes dos demais. As obrigações de fazer continuaram insuscetíveis de tutela específica: *nemo proecise ad factum cogi potest* (ninguém pode ser coagido a prestar precisamente um fato)[10].

2.3. O direito das Ordenações

Descoberto o Brasil em 1500, vigoravam em Portugal as *Ordenações Afonsinas*, de 1446, nas quais a execução de sentença era estatal, sistema consolidado no período romano da *cognitio extraordinaria*. Não havia títulos executivos extrajudiciais, que surgiram de glosas e brocardos. Seguindo o modelo do direito romano-germânico, era adotado o princípio da prioridade da penhora, *prior tempore potior jure*, segundo o qual pela penhora o credor adquiria um direito de preferência no recebimento do seu crédito em relação aos demais credores. O regime desse diploma praticamente não vigorou no Brasil, cuja colonização somente se iniciou em 1532, com a fundação da vila de São Vicente por Martim Afonso de Souza, porque substituído em 1521 pelas *Ordenações Manuelinas*, que reproduziram as disposições do diploma anterior e criaram a ação de *assinação de dez dias*, ação cognitiva sumária, para certos créditos, paralela à execução de sentença[11].

Nas *Ordenações Filipinas*, de 1602, delineia-se a ritualidade da execução adotada no direito brasileiro até os nossos dias. O processo ordinário de execução era o do ofício do juiz (Livro 3°, título 86), aplicável às sentenças. O processo sumário era o do Livro 3°, título 25, conhecido por *assinação de dez*

---

9   LIEBMAN. Ob. cit., p. 10-12; DINAMARCO. Ob. cit., p. 52-54; REIS. Ob. cit., p. 74-75; LUCON. Ob. cit., p. 35.
10 JOÃO CALVÃO DA SILVA. Cumprimento e Sanção Pecuniária Compulsória. Separata do vol. XXX do *Suplemento do Boletim da Faculdade de Direito da Universidade de Coimbra*. Coimbra, 1995, p. 215.
11 DINAMARCO. Ob. cit., p. 65-66.

dias, aplicável a dívidas contraídas mediante escritura pública, alvarás particulares de pessoas privilegiadas e dotes[12]. Os títulos executivos extrajudiciais aí aparecem sob a forma de dívidas contraídas por escrituras, alvarás e dotes.

A *assinação de dez dias* tinha um procedimento análogo ao da nossa atual ação monitória. O réu era citado para, em dez dias, pagar, comprovar que o fez ou oferecer embargos. Recebidos os embargos, a causa seguia o rito ordinário. Da sentença cabia apelação, sem efeito suspensivo.

Embora, em princípio, a execução devesse ser movida contra a parte vencida, condenada na sentença, admitiam as Ordenações execução contra o sucessor universal, contra o fiador judicial, contra o chamado à autoria, se tomou a si a defesa da causa, e contra o comprador da herança.

A execução deveria terminar no prazo de três meses. Se o executado a retardasse por dolo além desse prazo, podia ser preso até que a execução fosse concluída. Também era cabível a prisão do executado nos casos de ocultação ou sonegação de bens por dolo em fraude de execução.

Conforme já dito, adotava-se o princípio da prioridade da penhora – *prior tempore potior jure* – oriundo do direito romano-germânico, caracterizada esta pela efetiva e corporal apreensão dos bens, que não deveriam ficar na posse do condenado, para que este não os consumisse, escondesse ou alienasse.

Havia uma série de bens absoluta ou relativamente impenhoráveis, como cavalos, armas, livros, roupas de cavaleiros e fidalgos; bois de arado e sementes dos lavradores; bens públicos, das paróquias e ordens religiosas; pensões alimentícias, soldos, ordenados e salários.

Não havia avaliação, que surgiu em lei de 1774, a partir da qual o bem somente seria alienado na primeira hasta pública se oferecido preço pelo menos igual ao da avaliação.

Nos embargos do executado podiam ser alegados: qualquer nulidade do processo de que resultara a sentença ou da própria sentença, desde que essa matéria não tivesse sido antes questionada (embargos de nulidade); fatos novos, acontecidos depois da sentença ou que o executado ignorava (embargos modificativos); vícios da própria execução ou qualquer causa extintiva da obrigação; e os chamados embargos de restituição, para anular negócios indevidamente realizados por menores ou incapazes.

Esses embargos em geral exigiam prévia segurança do juízo pela penhora, salvo os de restituição de menor, os de retenção de benfeitorias, os de compensação e nos casos de nulidade patente ou de pagamento provado com quitações e documentos legais[13].

---

12   REIS. Ob. cit., p. 77.
13   PEREIRA E SOUZA. *Primeiras linhas sobre o processo civil, accomodadas ao fôro do Brazil por*

O juízo da execução podia conhecer dos embargos ou remetê-los ao juízo que tivesse proferido a sentença (embargos remetidos). Essa remessa era obrigatória, se o fundamento fosse a nulidade da própria sentença. Os embargos não suspendiam a execução, mas na pendência deles não se entregava a coisa pedida ou o preço da arrematação dos bens penhorados, sem fiança idônea, e, se os embargos fossem julgados procedentes, tudo era devolvido ao estado anterior[14].

O título 86 do Livro III do Código filipino previa a execução para entrega de coisa, sendo desconhecida a de prestações de fazer ou de não fazer. A assinação de dez dias também podia ter por conteúdo a entrega de coisas e até prestações de fazer que, entretanto, na execução se convertiam em dinheiro[15].

2.4. O direito brasileiro anterior a 1973

Grande parte das normas processuais das Ordenações Filipinas vigorou no Brasil até o século XX. Desse modo, a execução nelas regulada aqui perdurou com pequenas alterações até o advento dos Códigos estaduais (em São Paulo até 1930), os quais, em sua maioria, se limitaram a reproduzir as normas da legislação anterior, ou até o advento do Código de 1939, nos Estados que não tiveram códigos processuais próprios[16].

Com efeito, o Regulamento n. 737, de 1850, foi uma lei processual apenas das causas comerciais e, ainda assim, incompleta, já que em muitos

---

Augusto Teixeira de Freitas, tomo III. Rio de Janeiro: Typographia Perseverança, 1879, p. 15-26, 62-63, 76-77; LIEBMAN. Ob. cit., p. 13; DINAMARCO. Ob. cit., p. 69.

14 SOUZA. Ob. cit., p. 78-79. Já para PAULA BAPTISTA (FRANCISCO DE PAULA BAPTISTA. *Compendio de theoria e pratica do processo civil comparado com o commercial e de hermeneutica jurídica.* 4ª ed. Rio de Janeiro: Garnier, 1890, p. 293-294), em vários casos, os Embargos tinham efeito suspensivo, como, por exemplo, os de nulidade do processo e da sentença, sendo a nulidade patente nos autos ou provada *incontinenti*; os de nulidade da execução patente nos autos; os de pagamento provado *incontinenti*; os de novação, transação, restituição, compensação de líquido a líquido; os de retenção por benfeitorias; os infringentes do julgado ou opostos pelo revel com qualquer prova *incontinenti*.

15 SOUZA. Ob. cit., p. 23-24; ANTONIO JOAQUIM RIBAS. *Consolidação das disposições legislativas e regulamentares concernentes ao processo civil.* Art. 1.224. Rio de Janeiro: Typographia Nacional, 1878, p. 308. AFFONSO FRAGA. *Theoria e pratica na execução das sentenças.* São Paulo: C. Teixeira & C., 1922, p. 60; A. DE ALMEIDA OLIVEIRA. *A assignação de dez dias no fôro commercial e civil.* Rio de Janeiro: H. Garnier, livreiro editor, 1878, p. 26-27.

16 MOACIR LOBO DA COSTA. *Breve notícia histórica do direito processual civil brasileiro e de sua literatura.* São Paulo: Revista dos Tribunais, 1970. Não tiveram códigos de processo civil Goiás, Alagoas, Mato Grosso e Amazonas.

capítulos mandava aplicar as regras pertinentes às causas cíveis, ou seja, as regras das *Ordenações do Reino*, com modificações em geral de pouca monta de leis a estas posteriores, racionalizadas e interpretadas pela obra exegética dos praxistas.

Em 1885, pelo Decreto n. 3.272, as disposições da 2ª parte, títulos 1, 2 e 3 do Regulamento n. 737 passaram a aplicar-se às execuções cíveis; e em 1890, pelo Decreto n. 763, o processo do Regulamento n. 737 foi estendido às execuções de sentenças sobre ações reais, coisa certa ou em espécie, mas, como já se disse, ele não era completo, aplicando-se nas suas lacunas as regras do direito preexistente, a saber, as *Ordenações Filipinas* de 1602, com algumas alterações de leis extravagantes.

Em matéria de execução, o Regulamento n. 737 instituiu uma execução de sentença estatal, sempre da competência do juiz da ação de conhecimento, que se iniciava por citação inicial. Dele herdamos a disciplina da fraude de execução, embora esta existisse anteriormente com arrimo nas Ordenações Filipinas[17]. O Regulamento instituía duas espécies de execução. A primeira, a que chamava de *expropriativa* de sentenças líquidas e ilíquidas, referia-se a condenações pecuniárias. A segunda, a que denominava execução *das sentenças sobre ação real ou coisa certa ou em espécie*, era a relativa às obrigações de dar coisa diferente de dinheiro. Não havia previsão expressa de execução específica de obrigações de fazer e de não fazer.

Desapareceram as coações corporais, como meios executórios autônomos, em consequência da adoção dos princípios humanitários do liberalismo, embora perdurassem como sanções processuais ao descumprimento dos deveres de lealdade e de colaborar com a Justiça, e como medidas de caráter cautelar, diante de certas condutas dos comerciantes, geradoras da presunção de pretenderem fraudar credores.

O credor podia adjudicar pelo valor da avaliação, e a remição dos bens penhorados era deferida ao devedor, ao seu cônjuge e aos seus ascendentes e descendentes.

O Regulamento definiu dois momentos para o oferecimento dos embargos do executado: para todas as matérias que já existiam ao tempo da penhora, conjuntamente até seis dias seguintes à mesma penhora; para aquelas ma-

---

17 SERGIO COELHO JUNIOR. *Fraude de execução e garantias fundamentais do processo*. Rio de Janeiro: Lumen Juris, 2006, p. 1-25.

térias que sobreviessem ao ato da penhora, e para os chamados *embargos de restituição*, deveriam ser apresentados depois da arrematação ou da adjudicação, mas antes da assinatura da respectiva carta.

Os embargos eram sempre remetidos ao julgamento do tribunal de 2º grau, a relação do distrito, ou do tribunal do comércio, se a sentença exequenda tinha sido proferida por um desses tribunais.

Praticamente todos os embargos (de nulidade, infringentes e modificativos) suspendiam a execução (arts. 577 a 582), pois, embora a regra geral fosse a da não suspensividade, as exceções praticamente abrangiam todas as matérias arguíveis[18]. Além da execução de sentença, o Regulamento instituía a assinação de dez dias e uma ação executiva de títulos extrajudiciais, originários de atos de comércio.

O art. 632 adotou o princípio da igualdade de todos os credores, abandonando o da prioridade da penhora.

Os Códigos estaduais pouco inovaram. Seguindo o modelo do Código português, o Código do Distrito Federal regulou a execução para prestação de fato ou interdição de algum fato (arts. 1.075 a 1.082). Nessa fase já havia desaparecido a prisão civil, seja como meio executório, seja como sanção pelo não cumprimento do dever de lealdade ou pela recusa de colaborar com a Justiça. Restaram apenas as prisões civis do depositário (Código Civil de 1916, art. 1.287; Código Comercial, art. 284), do comerciante que se recusasse a apresentar em juízo os livros comerciais (Código Comercial, art. 20), dos leiloeiros que se recusassem a prestar contas e a fazer entrega do produto dos leilões (Código Comercial, art. 72) e do falido, nos casos previstos na legislação específica. Até 1905 também estava sujeito a prisão civil o advogado que não restituísse em três dias, após o mandado de cobrança, os autos retidos em seu poder (Regulamento n. 737, art. 715), o que foi revogado pela Lei n. 1.338 desse ano[19].

O Código de 1939, que foi o primeiro código nacional de processo civil, baniu definitivamente a assinação de dez dias e estabeleceu o dualismo: *ação executiva*, ação de conhecimento com penhora incidente, contestação, sentença e subsequentes atos executórios, para os títulos extrajudiciais; *processo de execução*, para a sentença condenatória, da competência do juiz da causa.

---

18 AFFONSO FRAGA. *Theoria e pratica na execução das sentenças*. São Paulo: C. Teixeira & C., 1922, p. 41-42 e 264-283; BAPTISTA. Ob. cit., p. 295-296.

19 HELVECIO GUSMÃO. *Codigo do Processo Civil e Commercial para o Districto Federal*. Rio de Janeiro: Jacyntho Ribeiro dos Santos Editor, 1931, p. 689.

Na ação executiva, sempre existia uma fase prévia de atos processuais de cognição. No processo executório, fundado em sentença, a cognição surgia apenas incidentalmente, através dos embargos do executado e do concurso de credores, ficando restrita a determinadas matérias. Em geral, os embargos do executado tinham efeito suspensivo. Desapareceram os embargos remetidos.

A competência para a execução de sentença era do juiz da ação, competência absoluta e improrrogável.

A execução pessoal continuou banida, ficando restrita a prisão por dívidas ao depositário infiel e ao devedor de pensão alimentícia, ratificada no art. 141, § 32, da Constituição Federal de 1946, e reproduzida em todos os textos constitucionais posteriores.

Nas execuções específicas, instituiu o Código de 1939 a regra do art. 1.006, calcada no modelo alemão, relativa à execução da sentença condenatória da emissão de declaração de vontade, que seria havida por enunciada logo que a sentença de condenação passasse em julgado[20].

2.5. A execução no Código de 1973

O Código de 1973 promoveu avanços importantes na modernização teórica da execução, firmando a autonomia da tutela jurisdicional executiva e do respectivo procedimento, eliminando a anacrônica ação executiva, que constituía uma mescla de atividade cognitiva e executiva, unificando os procedimentos executórios, independentemente da natureza judicial ou extrajudicial do título executivo, e retirando desses procedimentos a cognição exaustiva que eventualmente se torne necessária no seu curso, que concentrou em processo incidente, mas autônomo, provocado pela ação chamada de *embargos do devedor*.

Na execução pecuniária singular, modificando o sistema vigente no Código de 1939, restaurou o princípio da prioridade da penhora, *prior tempore potior jure*. Instituiu um novo procedimento executório de caráter universal e coletivo contra o devedor civil insolvente, semelhante à falência do devedor comerciante. Procurou coibir as manobras fraudulentas e desonestas dos devedores através dos atos atentatórios à dignidade da justiça. Reduziu o elenco dos títulos extrajudiciais. Eliminou os privilégios executórios da Fazenda Pública, submetendo a sua dívida ativa ao procedimento executório comum.

Não conseguiu o Código reunir em seu bojo todos os procedimentos executórios. Alguns preexistentes, adotados por leis especiais, foram conser-

---

20 José Frederico Marques. *Instituições de direito processual civil*, vol. V. 2ª ed. Rio de Janeiro: Forense, 1963, p. 318.

vados fora do seu corpo, como a execução das cédulas de crédito industrial (Decreto-lei n. 413/69), a execução dos contratos de alienação fiduciária em garantia (Decreto-lei n. 911/69) e a execução dos créditos do Sistema Financeiro da Habitação (Lei n. 5.741/71).

Depois da sua entrada em vigor, recuperou a Fazenda Pública os seus privilégios executórios através da Lei n. 6.830/80, que restaurou um procedimento especial para a execução da sua dívida ativa. Novo procedimento executório também emergiu dos arts. 52 e 53 da Lei n. 9.099/95, que dispôs sobre os Juizados Especiais.

Além disso, a explosão do contencioso de massa e das ações coletivas no Brasil, a partir da década de 1980, impôs a introdução de novas regras executórias, como as que se veem nos arts. 11, 13 e 15 da Lei n. 7.347/85, que disciplina a ação civil pública, e nos arts. 84 e 97 a 100 da Lei n. 8.078/90, que dispôs sobre a proteção do consumidor.

A busca da efetividade do processo e a necessidade de encontrar soluções urgentes para a crise da Justiça no Brasil levou um grupo de juristas, capitaneado pelo Ministro Sálvio de Figueiredo Teixeira, do Superior Tribunal de Justiça, a elaborar uma série de projetos que, transformados em leis nos anos de 1992, 1993 e 1994, modificaram cerca de uma centena de dispositivos do Código de 1973, criando a tutela específica das obrigações de fazer ou não fazer, que foi subtraída da disciplina do processo de execução com a nova redação do art. 461. Em 2002, a mesma técnica foi estendida às obrigações de entrega de coisa pela Lei n. 10.444, que introduziu no Código o novo art. 461-A. Mas a reforma mais profunda da execução viria com as Leis ns. 11.232/2005 e 11.382/2006 que, sem abandonar as conquistas teóricas do Código de 1973, procuraram eliminar muitos pontos de estrangulamento dos procedimentos executórios, como a prévia garantia do juízo para o exercício da defesa pelo devedor, a suspensividade automática dessa defesa, assim como reduzir exigências mais formais do que substanciais, como a formação de um processo autônomo na execução de sentença, com nova citação. Daí o surgimento do chamado cumprimento de sentença, que, à primeira vista, pareceria um retrocesso, com o abandono da unidade dos procedimentos executórios independentemente da natureza do título executivo, e da execução de sentença como processo autônomo.

Foram inúmeras as inovações dessas duas leis, que, aparentemente, teriam antecipado a reforma da execução a uma reforma geral do Código como um todo. A primeira transferiu para a disciplina do processo de conhecimento, por meio dos novos arts. 475-A a 475-R, todas as disposições sobre a liquidação de sentença e sobre a execução por quantia certa de título judicial, que passaram a constituir fases complementares da mesma relação processual em que proferida a decisão exequenda, denominando o procedimento executório que se instaura para satisfação do credor *cumprimento de sentença* e dispensando nova citação. Criou multa de 10% para o devedor que intimado da sentença não efetuasse o pagamento espontâneo da dívida no prazo de quinze dias (art. 475-J). Substituiu os embargos do devedor nesse procedimento por incidente a que denominou *impugnação*, retirando-lhe o efeito suspensivo automático (arts. 475-L e 475-M). Permitiu que essa execução fosse proposta no local onde se encontrem os bens ou no atual domicílio do executado (art. 475-P, parágrafo único). Facultou a incidência da penhora desde logo sobre bens indicados pelo credor, desprezando tradicional prioridade do devedor nessa indicação (art. 475-J, § 3º). Determinou que, tal como na execução fiscal, a avaliação se fizesse pelo próprio oficial de justiça por ocasião do cumprimento do mandado de penhora (art. 475-J). Redefiniu os títulos executivos judiciais no art. 475-N, reproduzindo quase integralmente o rol do antigo art. 584. Transpôs para o novo *cumprimento de sentença* as regras sobre a execução provisória (art. 475-O) e sobre a liquidação das indenizações por ato ilícito de natureza alimentar (art. 475-P). Fugindo à nova sistemática, manteve na disciplina do processo de execução as execuções contra a Fazenda Pública (arts. 730 e 731) e de pensão alimentícia (arts. 732 a 735). E no art. 475-R determinou a aplicação subsidiária ao cumprimento de sentença das disposições relativas à execução de título extrajudicial.

A Lei n. 11.382/2006 reformou substancialmente a execução de título extrajudicial. Fortaleceu o combate à fraude à execução, criando no art. 615-A a averbação da instauração da execução. Revogou o art. 737, que exigia prévia segurança do juízo pela penhora ou pelo depósito nas execuções por quantia certa e para entrega de coisa. Priorizou a adjudicação e a alienação por iniciativa particular à arrematação em hasta pública na expropriação do bem penhorado (arts. 685-A a 685-C). Alterou a ordem de preferência dos bens a serem penhorados (art. 655). Regulou a chamada *penhora on-line* (art. 655-A). Facilitou a substituição do bem penhorado (art. 656). Adotou preferencialmente a avaliação pelo oficial de justiça, simultaneamente com a efetivação da penhora (arts. 652, § 1º, e 680). Transferiu para o advogado do executado a responsabilidade pelo recebimento da intimação da penhora e da arrematação (arts. 652, § 4º, e 686, § 5º). Permitiu a arrematação a prazo (art. 690, § 1º). Determinou a sobrevivência da arrematação aos embargos do executado e facultou o arrependimento do arrematante em caso de embargos à arrematação (art. 690). Facultou ainda o pagamento parcelado da dívida em até seis parcelas (art. 745-A), permitiu o leilão via internet (art. 689-A) e incluiu a remição de bens nas hipóteses de adjudicação (art. 685-A).

2.6. A execução no Código de 2015

Entre essas leis e a elaboração do Código de 2015 mediou pouco tempo, menos de dez anos. Além disso, nesse curto intervalo não se observou na comunidade jurídica brasileira uma reflexão mais profunda sobre a necessidade de uma reforma mais ampla, mas, ainda assim, o novo Código em muitos aspectos aperfeiçoou a dogmática da execução e do cumprimento de sentença. Restaurando a unidade sistemática dos dois tipos de procedimento, rompida com as Leis ns. 11.232/2005 e 11.382/2006, determinou: a) nos arts. 513 e 771, a aplicação subsidiária das regras do processo de execução de título extrajudicial ao cumprimento de sentença, ou seja, à anterior execução de título judicial e deste àquele; b) aperfeiçoou o cumprimento de sentença para nele incluir todas as execuções de títulos judiciais, inclusive as dos créditos contra a Fazenda Pública e de alimentos, assim como as que haviam sido objeto das tutelas específicas de prestações de fazer, não fazer e entrega de coisa; c) previu no cumprimento de sentença que o executado será sempre previamente intimado (art. 513, §§ 2º a 5º); d) permitiu, fora da impugnação e dos embargos do devedor, a arguição de invalidade do procedimento e dos atos subsequentes por petição avulsa (arts. 518, 525, § 11 e 803), extinguindo os embargos à arrematação ou à adjudicação. No cumprimento de sentença contra a Fazenda Púbica regulou o pagamento de dívidas de pequeno valor, mesmo fora do âmbito dos juizados especiais (art. 535, § 3º, inc. II).

Introduziu modificações na disciplina da multa coercitiva para o cumprimento de prestação de fazer, não fazer e de entrega de coisa, de modo a torná-la mais eficaz e evitar qualquer locupletamento indevido de uma parte em relação à outra (art. 537). Transferiu para a fase cognitiva as alegações de benfeitorias e de direito de retenção tendentes a ilidir o cumprimento de prestações de entrega de coisa (art. 538). Autorizou a aplicação de medidas coercitivas ou sub-rogatórias atípicas para assegurar o cumprimento de prestações pecuniárias (art. 139, inc. IV).

Estabeleceu regras próprias de competência territorial para execução de títulos extrajudiciais, possibilitando a sua propositura, entre outras opções, no foro da situação dos bens, tal como já permitido, desde a Lei n. 11.232/2005, nas execuções de títulos judiciais (art. 781). Exigiu requerimento do exequente para a inclusão do nome do executado em cadastros de inadimplentes (art. 782, §§ 3º a 5º). Previu expressamente o protesto do título judicial que, no caso de débito alimentício, será determinado de ofício pelo juiz (arts. 517 e 528, § 1º). Incluiu nos títulos extrajudiciais a transação referendada por conciliador ou mediador, a certidão de emolumentos e demais despesas de serventias notariais ou de registro, assim como das despesas de condomínio (art. 784). Facultou a propositura de ação de conhecimento pelo beneficiário de título extrajudicial (art. 785), permitiu a penhora autônoma do terreno ou de construção ou plantação no direito de superfície (art. 791).

Reproduziu a regra de que a execução deve efetivar-se pelo modo menos gravoso para o executado, mas exigiu, em caso de alegação de excessiva onerosidade, que este indique outros meios mais adequados e menos onerosos (art. 805). Limitou a impenhorabilidade da remuneração a 50 salários mínimos (art. 833, § 2º). Instituiu procedimento para a penhora de quotas ou ações de sociedades (art. 861). Tornou excepcional a penhora do faturamento de empresa (art. 866). Dispensou a avaliação de veículos e bens que têm cotação oficial ou de mercado (art. 871, inc. IV). Priorizou a alienação judicial por meio eletrônico (art. 882).

Aumentando a segurança de quem concorre à hasta pública e favorecendo assim que ela alcance melhores resultados em benefício tanto do credor quanto do devedor, preservou a validade da arrematação, mesmo que a execução seja anulada, salvo por vício intrínseco do próprio ato de alienação, facultando neste último caso a desistência do arrematante (art. 903). Regulou a prescrição intercorrente do crédito depois da suspensão da execução por um ano por falta de bens a serem penhorados (arts. 921 e 924, inc. V).

Restaurou a possibilidade de o devedor tomar a iniciativa de oferecer em juízo o pagamento de título judicial (art. 526). Remodelou a chamada *inexigibilidade* por superveniente decisão do STF sobre matéria constitucional para abranger expressamente as decisões do Pretório Excelso em controle concentrado e difuso, permitir que a decisão do STF seja modulada temporalmente e exigindo que esta seja anterior ao trânsito em julgado da decisão exequenda. Se for posterior, faculta ação rescisória com prazo contado a partir da decisão do STF (arts. 525, §§ 12 a 15, e 535, §§ 5º a 8º)[21].

Aperfeiçoou o regime da fraude de execução, em benefício da segurança do exequente e do adquirente, estimulando a averbação no registro do bem da ação real ou reipersecutória, da execução, da penhora e de qualquer ato constritivo sobre o bem; permitindo ao adquirente comprovar a sua boa-fé mediante a exibição de todas as certidões extraídas no domicílio do vendedor e no local onde se encontra o bem; exigindo que antes de declarar a fraude de execução, o juiz determine a intimação do terceiro adquirente, que poderá opor embargos de terceiro em quinze dias; e estabelecendo que, nos casos de desconsideração da personalidade jurídica, a fraude somente se verificará a

---

21 V. LEONARDO GRECO. Eficácia da declaração *erga omnes* de constitucionalidade ou inconstitucionalidade em relação à coisa julgada anterior. In: FREDIE DIDIER JR. (org.). *Relativização da coisa julgada*: enfoque crítico. 2ª ed. 2ª tir. Salvador: Juspodivm, p. 251-262.

partir da citação do terceiro no incidente para a decretação da desconsideração (art. 792).

Na execução os honorários de sucumbência serão sempre de 10%, podendo ser elevados até 20 quando rejeitados os embargos à execução, mas sendo reduzidos à metade se o devedor, citado, efetuar o pagamento integral em três dias (art. 827). Essa regra se aplica igualmente às execuções de obrigações de entrega de coisa, de fazer e de não fazer, calculados os 10% sobre o conteúdo econômico da prestação devida.

2.7. Necessidade de uma reforma profunda

Apesar de todas essas alterações pontuais do novo Código, a evolução da disciplina da execução no Brasil, em suas linhas mestras, continua conduzida pela inércia. O diagnóstico da sua ineficiência já foi feito, mas as sucessivas reformas não têm sido capazes de enfrentar e equacionar minimamente os seus graves defeitos, limitando-se a retoques superficiais que não alteram substancialmente a sua emperrada ritualidade. Talvez esse emaranhado de normas seja inevitável, em face da sofisticação atingida nas relações humanas, especialmente nas de natureza econômica, a ponto de em alguns países, como a França, falar-se num Código específico para as execuções. Na Alemanha, os manuais de processo civil, mesmo os mais tradicionais, não tratam mais da execução, que se tornou praticamente um domínio próprio. Essa expansão tem as suas vantagens, que aqui não cabe analisar, entre as quais a de buscar o tratamento sistemático de todos os procedimentos executórios, inclusive todos aqueles que continuam regidos por leis especiais, aos quais a aplicação subsidiária ou supletiva das regras do Código engendrará incontáveis incertezas.

Tenho reiteradamente me debruçado sobre o problema e sugerido uma reforma mais profunda, que, apesar da emergência de um novo Código de Processo Civil, continua a apresentar-se absolutamente necessária[22].

---

22 V., entre outros: Uma pauta para a reforma do processo de execução. *Boletim Legislativo ADCOAS*, n. 18. São Paulo: 1995; também publicado na *Revista Jurídica da Faculdade de Direito da UFRJ*, vol. 1, n° 1, jan./jun. 1995 (nova série). Rio de Janeiro, p. 85 e ss.; A reforma do processo de execução. *Revista da Escola da Magistratura do Estado do Rio de Janeiro*, vol. 1, n. 1. Rio de Janeiro, 1998, p. 68 e ss; A execução civil no direito comparado. *Revista de Direito Comparado*, do Curso de Pós-Graduação em Direito da Faculdade de Direito da Universidade Federal de Minas Gerais, vol. 2, n. 2, mar. 1998. Belo Horizonte, p. 177-238; A oralidade no processo de execução. *Crítica*, periódico do Centro Acadêmico Cândido de Oliveira, da Faculdade Nacional de Direito da UFRJ, ano 1, n. 3 (nova fase), dezembro de 1998. Rio de Janeiro, p. 7-9; Em busca da efetividade do processo de execução. *Comunicações: Caderno do Programa de Pós-Graduação em Direito da UNIMEP*. ano 3, n. 1, ago. 1998. Universidade Metodista de Piracicaba, p. 153-206; A execução e a efetividade do processo.

O que um bom sistema processual deve buscar na execução, consoante tem sido reconhecido em diversos países, é: 1º) a definição de um procedimento rápido; 2º) a efetiva satisfação do credor; 3º) a motivação positiva dos terceiros que nela intervêm para concretizar a satisfação do credor; e 4). a garantia dos direitos fundamentais do devedor[23]. Mas a execução civil no Brasil, seja qual for o rótulo que se lhe dê, passadas todas as tentativas de reforma, não consegue sistematizar a implementação harmônica desses quatro objetivos e quando se preocupa, como têm feito as leis mais recentes, em equilibrar as posições de credores e devedores e assegurar-lhes a paridade de armas, perde-se num emaranhado complexo e infindável de atos, que nem o processo de conhecimento de cognição exaustiva é capaz de suportar.

Nos últimos vinte anos, especialmente na Europa, muitos países empreenderam reformas da execução civil, em busca de mais elevados índices de eficiência na satisfação dos créditos ajuizados[24] e do respeito às garantias fundamentais do processo. Seguindo a jurisprudência da Corte Europeia de Direitos Humanos desde o caso Hornsby *v.* Grécia, julgado em 1997, o Conselho da Europa, que congrega quarenta e seis países daquele continente, inclusive os que emergiram da antiga Cortina de Ferro, criou em 2002 a Comissão Europeia para a Promoção

---

Revista de Processo, ano 24, nº 94, abr./jun. 1999. São Paulo: Revista dos Tribunais, p. 34-66; A reforma do processo de execução. *Revista Forense*, vol. 350. Rio de Janeiro, abr./jum. 2000, p. 57-86; A crise do processo de execução. In: César Augusto de Castro Fiuza et alii (coords.). *Temas atuais de direito processual civil.* Belo Horizonte: Del Rey, 2001, p. 211-286; A defesa na execução imediata. *Revista Dialética de Direito Processual*, nº 21, dez. 2004. São Paulo: Dialética, p. 96-105; As ações na execução reformada. In: Ernane Fidélis dos Santos et alii (coords.). *Execução civil*: estudos em homenagem ao Professor Humberto Theodoro Júnior. São Paulo: Revista dos Tribunais, 2007, p. 850-867; Novas perspectivas da efetividade e do garantismo processual. In: Daniel Mitidiero. Guilherme Rizzo Amaral (coords.). *Processo civil*: estudos em homenagem ao Professor Doutor Carlos Alberto Alvaro de Oliveira. São Paulo: Atlas, 2012, p. 273-308; Execução civil: entraves e propostas. Revista Eletrônica de Direito Processual, ano 7, n. XII, jul./dez. 2013. Rio de Janeiro: Programa de Pós-Graduação em Direito – linha de pesquisa de Direito Processual, da Universidade do Estado do Rio de Janeiro. Disponível em: <www.redp.com.br>, p. 399-445; A execução civil e a reforma do Código de Processo Civil. In: Renato de Mello Jorge Silveira. João Daniel Rassi (orgs.). *Estudos em homenagem a Vicente Greco Filho.* São Paulo: Liber Ars, 2014, p. 315-335.

[23] Rolf Stürner. Masanori Kawano (eds.). *Comparative studies on enforcement and provisional measures.* Tübingen: Mohr Siebeck, 2011, p.11.

[24] Leonardo Greco. *O processo de execução*, vol. 1. Rio de Janeiro: Renovar, 1999, p. 51-156; C. H. van Rhee. Alan Uzelac. *Enforcement and enforceability.* Antwerp: Intersentia, 2010; Rolf Stürner. Masanori Kawano. *Comparative studies on enforcement and provisional measures.* Tübingen: Mohr Siebeck. 2011; Andrés Oliva Santos (dir.). Carmen Senés Motilla. Jaime Vegas Torres (coords.). *Tutela judicial del crédito en la Unión Europea.* Vol. III. Valencia: Aranzadi, 2011.

da Eficiência da Justiça (CEPEJ), cujos estudos e eventos têm contribuído decisivamente para a elaboração de recomendações, o aperfeiçoamento das instituições judiciárias e a implementação de reformas processuais, como pressupostos indispensáveis da aceleração da integração econômica, em especial nos países que ingressaram ou se acham em vias de ingressar na União Europeia.

Uma das mais importantes inovações adotadas nesse contexto é a condução da execução diretamente por um auxiliar judiciário qualificado, com amplos poderes de escolher os bens a penhorar, alienar esses bens e pagar o credor ou, por algum outro modo, bastante descentralizada.

A execução civil no Brasil está excessivamente centralizada nas mãos do juiz. Essa centralização é fruto de uma concepção inteiramente anacrônica de que a justiça se reduz à pessoa do próprio juiz e que dele deve emanar o exercício de todos os poderes inerentes à jurisdição. Ora, não há no nosso tempo nenhuma instituição pública ou privada, racionalmente organizada, em que toda atividade-fim, toda atividade prática, toda atividade executiva, não no sentido de tomar as principais decisões, mas de cumpri-las, esteja concentrada na cabeça da instituição, em que aquele que decide é aquele que executa. É preciso instituir pelo menos um agente de execução com as atribuições e os meios necessários para cumprir com eficiência essa complexa atividade prática[25].

Outra mudança imperiosa é a redução do rol de títulos extrajudiciais. A execução não é o único procedimento de cobrança de créditos. Outros procedimentos mais simples e mais rápidos alcançam o mesmo objetivo sem colocar o devedor em posição de nítida desvantagem de ter de defender-se já sob o impacto da invasão do seu patrimônio ou da sua esfera de liberdade e sem os custos elevados que a execução ocasiona para o exequente[26].

Procedimentos monitórios ou exclusivamente documentais bem estruturados, com o uso da técnica da cognição incompleta ou limitada, que simplifica e sumariza o procedimento e não exclui a mais profunda discussão do direito material em outro feito ou em fase subsequente, podem suprir a necessidade de cobrança por parte do credor, como na injunção de pagar francesa, até mesmo sem a intervenção custosa do Judiciário, como ocorre no *Manverfahren* alemão, protegendo ao mesmo tempo o executado de execuções manifestamente injustas.

O Código de 2015 mantém a ação monitória (arts. 700 a 702) em moldes bastante parecidos aos do Código de 1973 (arts. 1.102-A a 1.102-C), ou seja,

---

[25] FRANCISCO RAMOS MÉNDEZ. Tutela efectiva es ejecución. In: JOAN PICÓ I JUNOY (dir.). *Princípios y garantias procesales*. Barcelona: Bosch, 2013, p. 327-341.
[26] C.H. VAN RHEE. ALAN UZELAC. Ob. cit.; ROLF STÜRNER. MASANORI KAWANO. Ob. cit.

não como típico procedimento sumário documental, mas como demanda que, contestada, abre fase cognitiva ampla, como no procedimento comum (art. 702, § 1º), o que, a meu ver, não oferece maior atrativo como opção de meio de cobrança.

Muitas outras providências poderiam ser sugeridas, mas a realidade é que cairão no vazio se as instituições judiciárias não se preocuparem com a adequada e específica formação profissional dos agentes de execução, sejam eles juízes, outros funcionários públicos ou agentes privados, se não se estabelecer entre esses agentes algum tipo de concorrência, que permita ao credor procurar o que seja mais eficiente, e de supervisão e avaliação de desempenho, que estimule o exercício dessa função, e se não se instituírem mecanismos de cooperação, especialmente nas hipóteses tão frequentes de multiplicidade de execuções em face de um mesmo devedor.

Na tutela coletiva, assim como em geral nas execuções de obrigações de fazer e não fazer, o recurso a executores privados e a instituições especializadas, amplamente adotado nos Estados Unidos, parece ser inevitável, devendo merecer dos tribunais cuidados tão rigorosos como os do cadastro e credenciamento de conciliadores, mediadores e peritos, já previstos no Código de 2015.

O estudo comparativo permite identificar técnicas variadas de busca da efetividade da execução que podem gerar a falsa impressão de que este ou aquele país tenha formulado a disciplina ideal. Na verdade, em todos eles se avoluma a consciência de que novos caminhos devem ser perseguidos para adequar a execução às exigências do nosso tempo.

MICHELE TARUFFO[27] observa que os novos direitos tornam mais complexa a tutela executiva. As coações processuais não são mais suficientemente eficazes, diante dos artifícios que a vida negocial moderna propicia aos devedores para esquivarem-se do cumprimento de suas obrigações. A desumanização e o utilitarismo característicos da sociedade desenfreada e massificadamente consumista, estimulados pelo vertiginoso progresso tecnológico, fragilizaram valores morais e costumes sociais incorporados há milênios à civilização ocidental.

A execução precisa de fato fornecer instrumentos eficazes, adaptados à realidade das relações negociais da nossa época, para todas as situações jurídicas tuteláveis, sem descuidar do respeito à dignidade humana e ao direito do devedor de que o pagamento da sua dívida não lhe cause prejuízo maior do que aquele que é estritamente necessário para satisfazer o credor.

---

27 MICHELE TARUFFO. A atuação executiva dos direitos: perfis comparatísticos. *Revista de Processo*, ano 15, n. 59. São Paulo: Revista dos Tribunais, 1990, p. 72.

Para concretizar esses ideais será preciso identificar as deficiências do nosso ordenamento e do modo como ele é aplicado na prática e tentar encontrar soluções que não se limitem a uma reforma da lei processual, mas que atinjam as funções e recondicionem as condutas de todos os protagonistas da execução – juiz, partes, auxiliares e terceiros interessados. Esse será o nosso norte no curso dos presentes comentários.

3. A natureza da execução

A execução civil, seja ela fundada em título judicial ou extrajudicial, compõe-se de uma série de atos que se desenvolvem no mundo dos fatos para tornar efetiva a satisfação da pretensão do credor de obter o cumprimento da prestação que lhe é devida no máximo limite em que ela seja material e juridicamente possível. O processo judicial de execução normalmente se desenvolve por meio de atos que incidem sobre pessoas e bens do mundo real, determinando atividades práticas necessárias para dar a quem tem direito tudo aquilo que fora do processo ele poderia pretender. Por isso, a finalidade da execução é o desenvolvimento dessas atividades práticas para investir o credor no pleno gozo do bem ou do direito que teria alcançado se o devedor tivesse cumprido espontaneamente a prestação devida.

Incumprida a obrigação pelo devedor, e desde que munido o credor de título executivo, põe o direito à disposição do credor um conjunto de meios executórios, cuja atuação se realiza com ou sem a colaboração voluntária do inadimplente. A execução civil visa a anular os efeitos do ato ilícito, ou seja, conseguir por outros meios o mesmo resultado, ou pelo menos outro, quanto mais próximo possível ao que teria decorrido da espontânea observância do imperativo originário. Sua finalidade é reparatória, satisfativa: propõe-se restabelecer e satisfazer, à custa do responsável, o direito subjetivo que o ilícito inadimplemento violou. Esse restabelecimento da ordem jurídica, mediante a satisfação integral do direito violado, é o escopo da execução.

Nos primórdios da civilização, a execução era preponderantemente vingativa ou penal. Modernamente, o direito molda a execução de modo a que venha a ter eficácia satisfativa, proporcionando-a ao conteúdo da obrigação para que o credor seja, quanto possível, integralmente satisfeito, recebendo tudo o que lhe é devido, e nada além disso[28].

A execução é tipicamente jurisdicional porque constitui atividade que tutela interesses dos seus destinatários, que deve ser exercida por órgão absolutamente independente e imparcial, equidistante dos interesses em conflito e

---

28 LIEBMAN. Ob. cit., p. 4.

porque é da sua natureza a prática de atos coativos, atos de força sobre pessoas e bens, intervenção que, exceto em casos excepcionais de desforço imediato, de legítima defesa ou de estado de necessidade, somente podem ser praticados no regime democrático brasileiro pela autoridade pública. Daí a sua natural atribuição ao Poder Judiciário, que é a instituição estatal estruturada com essas características. Isso não exclui que em alguns países certas modalidades de execução sejam confiadas a órgãos administrativos, desde que estejam eles estruturados de modo a assegurar o seu exercício no interesse exclusivo dos dois contrapostos interessados, credor e devedor, e não unilateral e preponderantemente no interesse de um deles ou do próprio Estado, e desde que os integrantes desses órgãos sejam dotados das necessárias garantias de independência e imparcialidade.

Experiências de atribuição da atividade executória ao próprio credor, por meio de um mecanismo de autotutela que lhe outorga a faculdade de apreender e leiloar o bem objeto de crédito inadimplido, como ocorreu entre nós com as disposições da Lei n. 5.741/71 e dos arts. 31 e 32 do Decreto-lei n. 70/66, violam o direito fundamental ao devido processo legal, constitucionalmente assegurado no art. 5º, inciso LIV, da nossa Carta Magna, porque sujeitam o devedor e os seus bens à incidência de atos coativos desencadeados no interesse exclusivo do credor, por um órgão destituído de independência e imparcialidade. Esse defeito não desaparece pela simples possibilidade de que os atos do executor fiquem sujeitos ao controle imediato pelo Poder Judiciário. A garantia do devido processo legal é prévia e não posterior, porque somente ela dá segurança e confiança às relações entre os cidadãos, impedindo que um interessado imponha ao outro um prejuízo irreversível, que não passou pelo crivo antecipado de um juízo absolutamente isento e equidistante. Sob esse prisma deve ser analisada a indisponibilidade administrativa de bens do devedor da Fazenda Nacional, instituída no art. 25 da recente Lei n. 13.606/2018.

A descentralização dos atos executórios, que aqui defendemos, não escapa dessa exigência. A atuação do agente de execução, seja ele o oficial de justiça, o xerife norte-americano, uma repartição administrativa ou outra figura qualquer, deve revestir-se das características de desinteresse, equidistância, independência e imparcialidade próprias da jurisdição. Por isso, variam de um país para outro os requisitos para a sua atuação. Em países que consideraram ter estruturado esse agente com absoluta segurança a respeito da sua *jurisdicionalidade,* a sua autonomia é maior do que em outros em que a experiência é mais recente e esses agentes ainda não granjearam a mais completa confiança dos cidadãos.

Como regra, o credor deve receber na execução exatamente o bem ou o gozo do direito que lhe está destinado pela ordem jurídica e é na busca desse resultado prático que deve ser desenvolvida a atividade executória. Entretanto, com frequência, se o devedor não cumprir espontaneamente a prestação, o Estado não será capaz de estruturar uma atividade substitutiva que produza para o credor rigorosamente o mesmo resultado prático que lhe é devido.

Nesse caso, deve a execução oferecer ao credor duas alternativas: a execução indireta, na qual o Estado, ao invés de substituir a vontade ou a ação omitidas pelo devedor, exerce sobre este coações psicológicas para influenciá-lo a cumprir a prestação na forma devida; ou a transformação da prestação originária numa prestação derivada, economicamente equivalente, que toma o lugar daquela e cujo conteúdo será perseguido pelo Estado através da atividade satisfativa substitutiva da vontade do devedor, sem prejuízo da reparação das perdas e danos decorrentes da impossibilidade de satisfação plena do credor. Quanto maior for a flexibilidade e a riqueza dos meios executivos, tanto maior será a probabilidade de poder efetivar-se a promessa do Estado de Direito de dar ao credor na execução tudo aquilo a que ele tem direito de acordo com o ordenamento[29].

Para que o Estado ponha à disposição do credor toda a força da sua autoridade a fim de coagir o devedor a cumprir ou a submeter-se ao cumprimento de determinada prestação, é indispensável que a certeza da dívida tenha sido regularmente constituída através de uma decisão condenatória proferida no exercício da jurisdição de conhecimento ou cautelar, ou através de um outro título a que a lei outorgue força executiva, normalmente emanado de ato voluntário do próprio devedor[30]. A sentença condenatória, como resultado de uma atividade meramente cognitiva, exige um novo estágio de tutela jurisdicional, que projete na realidade futura a concretização no mundo sensível da sanção nela imposta[31].

---

[29] LIEBMAN. Ob. cit., p. 8.
[30] O que justifica a executoriedade direta dos títulos extrajudiciais, independentemente de prévia cognição, sem contraditório e ampla defesa, é a sua criação por ato voluntário do próprio devedor. A única exceção razoável a esse princípio, em nosso direito, é a certidão da dívida ativa da Fazenda Pública, resultante de ato unilateral do próprio credor, justificável pela presunção de legalidade de que se revestem os atos da Administração, antecedida de regular processo administrativo em que o devedor tenha tido ampla possibilidade de defender-se. Outras exceções, como a duplicata sem aceite, a meu ver não são defensáveis. Deveriam ser créditos cobráveis por ações de conhecimento, de rito e cognição sumária, quiçá de caráter monitório ou documental, mas nunca por execução. A sua imediata executoriedade, desencadeadora de atos de invasão na esfera de liberdade pessoal e patrimonial do suposto devedor, antes que ele tenha tido a mais ampla possibilidade de defender-se, viola a garantia constitucional do devido processo legal.
[31] ITALO ANDOLINA. *"Cognizione" ed "Esecuzione Forzata" nel sistema della tutela giurisdizionale*. Milano: Giuffrè, 1983, p. 7.

A execução é, pois, a modalidade de tutela jurisdicional consistente na prática pelo juiz ou sob o seu controle de uma série de atos coativos concretos preferencialmente aplicados sobre a vontade do devedor e sobre o seu patrimônio, para, à custa dele e com ou sem o seu concurso, tornar efetivo o cumprimento de prestação por ele inadimplida ou com probabilidade de ser inadimplida, desde que previamente constituída na forma da lei.

4. Processo executivo

Esse conjunto de atos encadeados, essencialmente coativos, finalisticamente satisfativos, através dos quais se exerce a jurisdição de execução, é o processo executivo ou simplesmente *a execução*, que se forma e se desenvolve graças aos inúmeros vínculos jurídicos que a compõem: direitos, deveres e ônus das partes; poderes, direitos e deveres do juiz; direitos e deveres dos demais sujeitos auxiliares.

Um dos mais festejados méritos do Código de 1973 foi ter instituído processos autônomos correspondentes às três modalidades de jurisdição: processo de conhecimento, processo de execução e processo cautelar. É indiscutível que esse rigor técnico é extremamente favorável à exata compreensão do alcance das regras processuais, pois aponta com precisão o objetivo de cada processo e dos respectivos atos. Todavia, essa separação estanque de processos em função da modalidade de jurisdição de cada um representou um dos últimos pilares de resistência do culto à forma ao progressivo abandono do formalismo, à liberdade e instrumentalidade consagrados em nosso sistema (CPC/2015, art. 188) e assimilados pela crescente consciência jurídica dos cidadãos.

A necessidade de simplificação e flexibilização dos procedimentos executórios com a consequente dispensa de atos reputados desnecessários levou o legislador brasileiro a progressivamente abandonar a rigidez dessa separação entre os procedimentos de cognição e de execução. Inicialmente, a Lei n. 8.952/94 deu nova redação ao art. 461 do Código de 1973 para instituir a chamada *tutela específica* das obrigações de fazer ou não fazer, a ser concedida liminar ou incidentalmente no próprio bojo de um processo de conhecimento ou cautelar, sem a necessária formação de um novo processo. A Lei n. 10.444/2002 estendeu esse mecanismo às obrigações de entrega de coisa com a introdução no mesmo Código do novo art. 461-A. Seguindo a mesma tendência, a Lei n. 11.232/2005 instituiu o chamado *cumprimento de sentença*, que nada mais é do que uma execução de decisão condenatória, que se efetiva por meio de uma série de atos encadeados previstos em lei, no mesmo processo em que foi proferida a referida decisão. Não se forma uma nova relação jurídica processual. A cognição e o cumprimento passaram a constituir fases distintas do mesmo processo. Normalmente não se exige nova petição inicial, nem nova citação, que são substituídas por atos mais simples, como veremos adiante. É o mesmo processo que passa a desenvolver atividades coativas depois de ter exercido a atividade cognitiva indispensável à formação do título executivo. É um processo de execução, que gera todos os vínculos jurídicos que lhe são inerentes entre os seus diversos sujeitos. Mas não é exclusivamente um processo *de execução*, porque nele também são desenvolvidas atividades de outra natureza. É um processo que tem sido qualificado de *sincrético*, no qual à tutela cognitiva segue-se a tutela executiva. Por isso, preferimos usar a denominação simples de *execução*, abrangendo as duas modalidades de tutela executiva, tanto a do cumprimento de sentença quanto do processo de execução autônomo, que se funda em título extrajudicial, e que não foi antecedida de atividade cognitiva no mesmo processo. A dualidade de processos se verifica nos casos em que o título judicial se originou de processo alheio à justiça civil brasileira, nos casos de sentença estrangeira, arbitral ou criminal.

O Código de 2015 adotou e aperfeiçoou essa nova orientação que, se, de um lado, permitiu, como já dito, simplificar e agilizar a execução de títulos judiciais, de outro levou o legislador a regular a atividade executória duas vezes, criando repetições e discrepâncias que a todo momento geram dúvidas de interpretação. De qualquer modo, o novo Código, além de ter tentado harmonizar esses dois regimes, expressamente estabeleceu a complementariedade recíproca das disposições sobre o *processo de execução* autônomo e sobre o *cumprimento de sentença* (arts. 513 e 771).

4.1. Autonomia do processo executivo

Em decorrência dessa evolução do direito brasileiro, não se pode mais entender a autonomia da execução como consequência de ser essa atividade objeto de um processo autônomo, porque no cumprimento de sentença a execução normalmente se desenvolve no mesmo processo da atividade cognitiva que gerou o título exequendo. Entretanto, é importante firmar que a função executiva é substancialmente diversa da função cognitiva e que, nos atos e decisões que a ela correspondem, a cognição é sumária e instrumental, porque não destinada a gerar a certeza do direito material das partes, mas simplesmente a viabilizar a concretização dos atos coativos voltados para a satisfação do crédito do exequente, limitada à simples verificação dos pressupostos (em sentido lato) de admissibilidade da própria execução.

Como lecionava Salvatore Pugliatti, o título executivo, pressuposto necessário da execução, desvincula o direito material exigido no processo executivo da sua origem. Para a instauração e o desenvolvimento do processo executivo, o título executivo é necessário e suficiente. Por isso, a ação executiva é um direito autônomo[32].

---

32 Salvatore Pugliatti. *Esecuzione forzata e diritto sostanziale*. Ristampa. Milano: Giuffrè, 1935, p. 135-145.

Se no curso dessa atividade houver necessidade de formular algum juízo de certeza sobre o direito material das partes, ele deverá ser objeto de uma ação de conhecimento incidente à execução, que no processo de execução autônomo se denomina *embargos do executado* e no cumprimento de sentença, *impugnação*.

De resto, cumpre ressaltar que a execução, como modalidade de exercício da função jurisdicional, se insere no âmbito da chamada jurisdição contenciosa, porque apresenta como pressuposto necessário a existência de um litígio, ou seja, de uma pretensão resistida ou insatisfeita ao cumprimento da prestação constante do título. Na jurisdição voluntária, existem certos procedimentos em que se desenvolvem atividades práticas análogas às da execução, como nas alienações judiciais. São atividades modificadoras do mundo exterior, mas que não configuram verdadeira jurisdição de execução, por lhe faltar o elemento essencial, que é o caráter coativo dessa atividade. Onde essa atividade for desenvolvida sem o concurso da vontade de qualquer um dos interessados, estaremos diante de um procedimento de jurisdição contenciosa.

5. Poderes do juiz na execução

Os poderes inerentes à jurisdição[33] são prerrogativas conferidas ao juiz como titular de autoridade pública, exercidas por meio de atos impostos coativamente às partes e a todos os demais cidadãos, a saber, os poderes de decisão, de coerção, de documentação, de conciliação e de impulso.

Quanto à conciliação, como à execução se aplicam subsidiariamente as disposições que regem o processo de conhecimento (CPC, art. 771, parágrafo único), nela também tem o juiz o dever de promover, a qualquer tempo, a autocomposição (CPC, art. 139, inc. V). Entretanto, o cumprimento de sentença e a execução não reservam, como o procedimento comum do processo de conhecimento, um momento próprio para que ela se implemente na prática. O juiz deve escolher o momento mais propício para intentá-la, avaliando a sua viabilidade como meio adequado de satisfação do crédito do exequente, mas sem transformá-la em obstáculo à regular e célere continuidade da atividade coativa. Este é um dos poderes do juiz, que tem sido considerado de exercício discricionário, que está intimamente ligado ao dever de cooperação e ao princípio da oralidade, dos quais trataremos mais adiante. O exercício ativo da cooperação, mobilizado pelo próprio juiz, com a convocação de audiências orais para a tomada das decisões mais importantes da execução, como a escolha de bens e do meio mais eficiente para transformá-los em dinheiro

---

33 V. LEONARDO GRECO. *Instituições de processo civil*, vol. I. 5ª ed. Rio de Janeiro: Forense, 2015, p. 105-112.

na execução pecuniária, ou a deliberação sobre os meios mais adequados para a satisfação da prestação de fazer, favorece a solução consensual da controvérsia, que é capaz de satisfazer com maior amplitude tanto aos interesses do credor quanto aos do devedor.

Quanto ao impulso oficial (CPC, art. 2º), a execução exige do juiz mais do que a simples movimentação na sequência burocrática dos atos previstos no procedimento legal. Na execução o impulso representa direção, gestão. É preciso planejar essa série de atos, efetuar escolhas dos que sejam mais eficazes e menos onerosos, muitas vezes confiar a um auxiliar ou a um terceiro a elaboração ou a efetivação de um programa complexo para viabilizar a satisfação adequada do credor, de acordo com as especificidades da situação fática. A lei fornece ao juiz múltiplas possibilidades de que deve ele fazer uso para organizar e gerir a execução, a fim de assegurar a efetividade da atividade executória, como, por exemplo, a imposição de multas e outras medidas coercitivas (CPC, arts. 139, inc. IV, e 536, § 1º).

O impulso na execução é mais flexível do que no processo de conhecimento, pois o juiz, observadas as balizas do procedimento legal, tem de determinar a sequência dos atos processuais e os respectivos prazos para que a coação por ele exercida sobre o devedor seja eficaz, no sentido de estimulá-lo a cumprir a obrigação constante do título e para que a atividade executória seja a mais adequada e eficiente. Por isso, nas execuções de obrigações de fazer e de não fazer é o juiz que fixa o prazo para o cumprimento da obrigação ou para o desfazimento da obra (CPC, arts. 815 e 822).

Por outro lado, a busca de um resultado satisfativo que seja o menos oneroso possível para o devedor permite ao juiz fugir do estrito procedimento legal para, fundamentadamente, adotar providências que lhe pareçam mais eficazes na consecução desse objetivo. É o que acontece, por exemplo, na alteração da forma e da frequência da divulgação do leilão, para alcançar a mais ampla publicidade (CPC, art. 887, § 4º).

Em outros sistemas, um auxiliar ou agente de execução toma à frente o impulso ou a direção da execução, mobilizando a prática de toda a atividade coativa. No direito brasileiro essa descentralização é muito tímida, limitando-se à pouco frequente prática de atos meramente ordinatórios pelo escrivão (CPC, art. 203, § 4º) e à utilização eventual de certos auxiliares, como o leiloeiro, o depositário e o administrador.

Entretanto, existem execuções específicas que precisam ser confiadas a profissionais ou instituições competentes, altamente especializados, que vigiem, orientem e promovam o cumprimento da prestação constante do título executivo, como, por exemplo, em obrigações de fazer ou de não fazer, que precisam ser confiadas a verdadeiros executores *ad hoc* que, à falta de expressa previsão legal, vão sendo escolhidos e investidos discricionariamente pelo juiz, sob a sua direta supervisão.

O direito norte-americano, diante dos direitos emergentes (meio ambiente, consumidor, interesses difusos e coletivos) tem ampliado as execuções específicas, através da sub-rogação de um terceiro. Em vez de confiar a execução da sentença ao obrigado, confia-a a terceiros que, operando como auxiliares da Justiça, executam diretamente ou supervisionam a execução por outras pessoas das atividades necessárias ao cumprimento da sentença, como o *receiver*, para administração financeira, ou o *master*, o *administrator* e as *committees* para atividades de outra natureza[34], figuras consagradas nas regras 57 e 70 das *Federal Rules of Civil Procedure*[35].

Conforme relata MICHELE TARUFFO, existe nos Estados Unidos uma discricionariedade criativa das Cortes na escolha do instrumento executivo para assegurar a mais eficaz atuação do direito substancial *(specific performance* preferencialmente às perdas e danos)[36].

Na jurisdição administrativa italiana foi criada a figura do *commissario ad acta*, um executor judicial que em nome do juiz promove o cumprimento da decisão judicial, substituindo o próprio funcionário público na prática de atos, se necessário[37].

---

34 MICHELE TARUFFO. A atuação executiva dos direitos: perfis comparatísticos. *Revista de Processo*, ano 15, n. 59. São Paulo: Revista dos Tribunais, 1990, p. 75.
35 TARUFFO. Ob. cit., p. 76: O *Receiver* para administrar uma fazenda, de modo a fazer cessar as atividades viciadas, desenvolver obras de desinquinamento e ressarcir os danos que derivam desses vícios. O *Master* quando surge a necessidade de desenvolver ou controlar complexas atividades diretas com o escopo de eliminar situações que comportam discriminações de várias naturezas ou para fazer atuar a revisão de circunscrições eleitorais, ou, ainda, para efetuar a distribuição dos prejudicados com relação a fundos obtidos através de uma *class action*. *Administrators* e *committees* para o desenvolvimento de atividades complexas, por exemplo, para eliminar situações de discriminação que violam o *Equal Employment Act* (Lei de Igualdade no Emprego), ou para atuar com medidas de proteção dos direitos do homem no interior de hospitais psiquiátricos. V. também MARCO FÉLIX JOBIM. *Medidas estruturantes*: da Suprema Corte Estadunidense ao Supremo Tribunal Federal. Porto Alegre: Livraria do Advogado, 2013.
36 Ob. cit., p. 78.
37 V. GIORGIO ORSONI. *Il commissario ad acta*. Padova: CEDAM, 2001; GUIDO APREA. *Inottemperanza, inerzia e commissario ad acta nella giustizia amministrativa*. Milano: Giuffrè, 2003; SIMONA D'ANTONIO. *Il commissario ad acta nel processo amministrativo*. Napoli: Editoriale Scientifica, 2012; FRANCESCO CARICATO. Il commissario ad acta

No Brasil, a incidência da tutela coletiva para a implementação de políticas públicas, como consequência da ineficiência do Estado na prestação de serviços públicos essenciais, tem criado situações semelhantes, que mereceriam uma disciplina adequada, para evitar a transformação dos juízes e dos seus prepostos *ad hoc* em legisladores e administradores arbitrários e autoritários.

Na execução, o poder decisório é exercido com duas finalidades e conteúdos inteiramente diversos. De um lado, há decisões que tutelam direitos subjetivos processuais e que asseguram o devido processo legal, porque fundadas estritamente no princípio da legalidade. Mas a responsabilidade de subordinar os atos executórios ao critério da menor onerosidade possível para o devedor (CPC, art. 805) e a busca da eficiência obrigam o juiz a despir-se da função de mero aplicador da lei, para proferir decisões fundadas nos critérios de conveniência e oportunidade.

Em numerosos casos exerce o juiz esse poder decisório discricionário, como por exemplo na escolha de bens a serem penhorados, na designação do depositário, na alienação antecipada de bens.

O poder de coerção é típico da execução, abrangendo as sanções processuais e as intervenções na esfera da vida privada das pessoas, que se desdobram nos poderes de apreensão, expropriação e administração. A apreensão é o desapossamento forçado dos bens do seu proprietário, possuidor ou detentor, para sujeitá-los aos atos executórios, cujo exemplo mais característico é o ato de penhora na execução por quantia certa. A administração é o poder de substituir temporariamente o devedor no gerenciamento da totalidade ou de parte da sua vida privada, praticando atos de gestão ditados preponderantemente por critérios de conveniência e oportunidade, e não de estrita legalidade, como ocorre, por exemplo, na alienação antecipada de um bem perecível. Pela expropriação o juiz retira forçadamente bens do patrimônio do devedor para dar-lhes a destinação mais adequada à satisfação do credor, na alienação particular, na adjudicação, na arrematação e na entrega ao credor dos frutos e rendimentos de bem do devedor.

Quanto à documentação, na execução, a par das disposições comuns às outras modalidades de jurisdição, há certos atos que se revestem de especial solenidade, como o edital que antecede a arrematação, a lavratura do auto respectivo e o termo de quitação do credor (CPC, arts. 886, 901 e 906).

O art. 772 do Código de 2015 relaciona, em caráter meramente exemplificativo, alguns atos que o juiz pode praticar na execução, como ordenar

---

nel giudizio sul silenzio. In: DONATANTONIO MASTRANGELO (a cura di). *Appunti sui riti speciali del processo amministrativo*. Ariccia: Aracne editrice, 2014, p. 35-45.

o comparecimento das partes, advertir o executado sobre a deslealdade do seu comportamento que caracterizaria ato atentatório à dignidade da justiça e a ordem para o fornecimento de informações por terceiros. São atos que, de qualquer modo, se incluem nos poderes de decisão e de coerção acima referidos.

6. Espécies de atos processuais executivos

Como qualquer processo judicial, a execução se compõe de uma série de atos coordenados praticados pelos diversos sujeitos processuais numa sequência contínua e caracterizados pela eventualidade e pela interdependência. A interdependência significa que cada ato está indissociavelmente subordinado, quanto à validade, aos que o antecederam, e quanto à eficácia, aos que o antecederam e aos que se lhe seguirem. Como consequência, a eventualidade determina que a motivação e o alcance de cada ato somente se justificam e podem ser avaliados no âmbito do processo em que foram praticados, levando em conta o processo tal como se encontrava no momento da prática de cada um deles, porque diretamente influenciados por todos os demais atos desse processo.

Todavia, é importante reconhecer que certos atos processuais da execução podem produzir efeitos que dela se desprendem[38]. Na execução muitos atos processuais adquirem vida própria, extravasando a sua eficácia para fora do processo e sobrevivendo como atos inteiramente válidos e eficazes, ainda que venha a ser declarado nulo o processo como um todo. É o que ocorre por exemplo com a alienação antecipada de bens (CPC, art. 852), com a obra executada por terceiro (CPC, arts. 817 e 818) e com a própria arrematação (CPC, art. 903).

A necessidade de recorrer a terceiros para que venham a praticar atos de seu interesse em execução na qual não são partes, de modo a assegurar que a própria finalidade do processo executivo seja alcançada, impõe que aos intervenientes sejam asseguradas a validade e a eficácia dos atos de que participam, independentemente de eventuais defeitos que possam ter ocorrido no curso desse procedimento. Esses atos somente se anulam por defeitos intrínsecos ocorridos na sua prática, e não pela contaminação de defeitos de atos anteriores, a não ser que possam afetá-los diretamente na sua essência, como ocorre, por exemplo, com a nulidade da publicação do edital de arrematação que afeta a própria publicidade do leilão.

---

38 Leonardo Greco. *O processo de execução*, vol. 1. Rio de Janeiro: Renovar, 1999, p. 185-186; *Instituições de processo civil*, vol. I. 5ª ed. Rio de Janeiro: Forense, 2015, p. 266.

Também na execução são praticados todos os tipos de atos processuais conhecidos na jurisdição de conhecimento, a saber: atos ordinatórios ou de movimentação, atos decisórios, atos de documentação, atos de execução, atos instrutórios, atos postulatórios, atos dispositivos e atos reais[39].

Interessam-nos aqui especialmente os *atos executórios*, comuns na execução e da sua própria essência, como atos do juiz e dos seus auxiliares que impõem coativamente às partes e a quaisquer outros sujeitos a obediência às ordens judiciais para realização prática da atividade jurisdicional satisfativa, invadindo a sua esfera de liberdade pessoal e patrimonial e modificando o mundo exterior.

Na esteira do ensinamento de ARAKEN DE ASSIS[40], penso que os atos executivos de caráter intrinsecamente coativo e satisfativo devam ser subdivididos em seis categorias, havendo entre eles alguns que participam de mais de uma classe: *atos de apreensão, atos de administração, atos de satisfação, atos de expropriação, atos de garantia* e *atos de coação indireta*.

Os *atos de apreensão* consistem no desapossamento forçado dos bens do seu proprietário ou possuidor, para sujeitá-los aos atos executórios subsequentes ou para entregá-los satisfatoriamente ao credor. São exemplos desses atos o arresto, a penhora, a apreensão dos títulos na penhora de créditos, a arrecadação e a busca e apreensão (CPC, arts. 806, § 2º, 830, 831, 856 e 1.052). Entre estes atos se encontra a prisão do devedor, que lhe retira temporariamente a liberdade de locomoção, hoje circunscrita no direito brasileiro às execuções de alimentos (CF, art. 5º, inc. LXVII; Súmula Vinculante 25 do STF e Súmula 419 do STJ).

Os *atos de administração* são aqueles em que o juiz ou um preposto seu substitui temporariamente o devedor no gerenciamento da totalidade ou de parte dos seus bens, praticando atos de gestão ditados preponderantemente por critérios de conveniência e oportunidade. São exemplos a nomeação de depositário ou administrador para custodiar os bens do devedor e a consequente entrega dos bens a esses auxiliares, a alienação antecipada de bens sujeitos a deterioração ou por haver manifesta vantagem, a aprovação da forma de administração do imóvel ou empresa sujeitos a usufruto, a contratação de terceiro para executar a obra, na execução de prestação de fazer fungível (CPC, arts. 839-840, 862, 869, 852, 868 e 817).

São *atos de satisfação* ou sub-rogatórios os atos executórios que concretamente satisfazem a prestação constante do título, tal como pleiteada pelo cre-

---

39 LEONARDO GRECO. *O processo de execução*, vol. 1. Rio de Janeiro: Renovar, 1999, p. 188-192; *Instituições de processo civil*, vol. I. 5ª ed. Rio de Janeiro: Forense, 2015, p. 268-286.
40 ARAKEN DE ASSIS. *Manual da execução*. 19ª ed. São Paulo: Revista dos Tribunais. 2017, p. 138-139.

dor: a entrega da coisa na execução com esse fim, o desfazimento do ato na execução de obrigação de não fazer, o levantamento do dinheiro na execução por quantia certa (CPC, arts. 807, 822 e 905).

Os *atos expropriatórios* são típicos da execução por quantia certa. Através deles o Estado subtrai bens do patrimônio do devedor, entregando-os ao arrematante, ao credor ou a algum outro interessado legitimado pela lei, por meio da adjudicação, da alienação particular, da arrematação e da percepção dos frutos ou rendimentos do bem penhorado (CPC, arts. 825, 876, 880, 892 e 867).

Na execução há muitos *atos de garantia*, que se destinam a conservar bens ou a resguardar as partes de eventuais prejuízos que possam decorrer da própria marcha do processo. Alguns desses atos são frequentemente considerados como verdadeiras medidas cautelares incidentes, como o arresto e a caução para o levantamento de depósito em dinheiro na execução provisória (CPC, arts. 830 e 520, inc. IV). Parece-me que a natureza cautelar desses atos deva ser repelida, embora apresentem com a cautelaridade profunda similitude, já que são impostos pela lei ou pelo juiz, e não a requerimento do interessado, e a sua concessão pelo juiz, quando não forem exigidos diretamente pela lei, ao invés de submeter-se à verificação objetiva rigorosa do *fumus boni juris* e do *periculum in mora*, resulta de decisões discricionárias, que o magistrado adota com a prudência do bom administrador, no exercício do prefalado *poder de administração*. São atos de garantia, além dos acima apontados, a penhora, o depósito na execução para entrega de coisa, o depósito do valor das benfeitorias indenizáveis nessa execução, a apreensão do título na penhora de crédito, o seguro de riscos na penhora de navios e aeronaves e a caução ou hipoteca do bem na arrematação a prazo (CPC, arts. 831, 919, § 1º, 810, 856, § 1º, 864 e 895).

Os *atos de coação indireta* são as providências adotadas na execução como meios de pressão psicológica sobre a vontade do devedor, impondo-lhe certas condutas ou inibindo-o de praticar outras, instigando-o a cumprir por sua própria iniciativa a prestação constante do título ou algum outro dever que a lei lhe impõe, como as multas cominatórias (CPC, arts. 500, 523, § 1º, 526, § 2º, 536, § 1º, 774, parágrafo único, 806, § 1º e 814) e a prisão do devedor de pensão alimentícia (CPC, art. 528, § 3º). O Código de 2015 prevê também como atos de coação indireta o protesto do título judicial (art. 517) e a inclusão do nome do devedor em cadastro de inadimplentes (art. 782, § 3º).

Há coações indiretas a que o destinatário fica sujeito em razão do simples inadimplemento da prestação, da omissão na prática do ato determinado pelo juiz ou da violação de um dever processual. Essas coações são sanções que impõem ao destinatário determinados comportamentos, prestações ou sujeições: dar, fazer ou não fazer alguma coisa. Como sanções, deveriam em princípio submeter-se à reserva legal porque são sanções que recaem sobre o executado, sobre terceiros ou até mesmo sobre o exequente. Algumas delas se tornam exigíveis independentemente de qualquer decisão judicial, como a multa prevista nos arts. 523, § 1º, e 526, § 2º, do Código de 2015. Outras se tornam exigíveis a partir do decurso do prazo para o cumprimento da prestação ou a prática do ato ordenado pelo juiz, como as *astreintes* na execução e na tutela específica das prestações de fazer, não fazer e entrega de coisa (CPC de 2015, arts. 536 e 814). Outras, ainda, são aplicadas em decisões judiciais que reconhecem o descumprimento de dever processual, como as multas por litigância de má-fé ou por atos atentatórios à dignidade da justiça (CPC, arts. 81, 77, § 2º, e 774, parágrafo único), apresentando-se como punições que, ao mesmo tempo, constituem ameaças que influenciam o destinatário a cumprir a prestação, praticar determinado ato ou respeitar determinado dever.

O Código de 2015, no art. 139, inciso IV, incluiu nos poderes do juiz "determinar todas as medidas indutivas, coercitivas, mandamentais ou sub-rogatórias necessárias para assegurar o cumprimento de ordem judicial, inclusive nas ações que tenham por objeto prestação pecuniária"[41]. Ou seja, há atos executórios que o juiz pode determinar independentemente de previsão legal, de acordo com as exigências do caso concreto, desde que necessários[42], pertinentes, adequados e eficazes para cumprir a finalidade de efetivar a ordem judicial. Podem ser atos instrutórios, como, por exemplo, a escuta telefônica das comunicações do executado para apurar a localização dos seus bens. Podem ser atos de garantia, como a indisponibilidade dos bens do executado, com o bloqueio de ativos financeiros para identificar os seus bens e impedir a sua evasão.

Todavia, não podem ser atos de coação indireta, que simplesmente criem castigos, desconfortos sanções ou prejuízos para o destinatário, sem que o juiz verifique em concreto a sua absoluta necessidade, não existindo outro meio menos gravoso para o executado, bem como a indissociável relação de instrumentalidade com o cumprimento da prestação ou da ordem judicial. Por exceção e com expressa previsão legal, existem algumas coações indiretas com evidente caráter punitivo de mero castigo, mas também indutivas de condutas futuras, como as *astreintes* na tutela específica de prestações de fazer, não fazer e entrega de coisa, o protesto e a inclusão do nome do executado em cadastro de inadimplentes, na execução pecuniária, acima mencionados.

---

41 V. o meu estudo sobre Coações Indiretas na Execução Pecuniária. Disponível em: <www.academia.edu>, 2017.
42 José Carlos Barbosa Moreira. Tendências na execução de sentenças e ordens judiciais. *Temas de direito processual*. 4ª série. São Paulo: Saraiva, 1989, p. 237-238. Idem. *Revista de Processo*, n. 41.

Mas não estamos aqui tratando das sanções à litigância de má-fé ou aos atos atentatórios à dignidade da justiça. EDUARDO TALAMINI[43], sintetizando a doutrina italiana a partir das lições de CARNELUTTI, considera correto o entendimento de que a medida coercitiva constitui um terceiro gênero, entre a pena e a execução. Na sua estrutura se assemelha a uma pena, pois recai sobre bem diferente do que é objeto do dever violado. Funcionalmente se identifica com a execução, pois tem finalidade satisfativa, antes que aflitiva.

O emprego dessas medidas deve revestir-se de excepcionalidade, porque se o legislador institui um procedimento específico para alcançar por meios sub-rogatórios o cumprimento das decisões judiciais, esse procedimento deve ser prioritariamente observado, como imperativo da confiança legítima e da segurança jurídica, somente podendo ser substituído pela adoção de medidas de coação indireta se impossível ou excessivamente onerosa a satisfação da prestação pelos meios sub-rogatórios ordinários. Essa prioridade do meio legalmente previsto as torna subsidiárias, ou seja, sua aplicação depende da ineficácia do meio legalmente previsto.

Por outro lado, a adoção dessas medidas, em qualquer caso, deve revestir-se de proporcionalidade e razoabilidade. Como leciona EDUARDO TALAMINI[44], estes princípios[45] "norteiam toda a atuação estatal". As providências devem guardar relação de adequação com o fim perseguido, não podendo acarretar na esfera jurídica do réu sacrifício maior do que o necessário (art. 805). A proporcionalidade, por seu lado, exige equilíbrio entre o meio processual de coerção imposto ao executado e o valor jurídico que se pretende proteger em benefício do exequente[46]. O resultado legítimo da imposição do meio coercitivo é a prestação devida, não a fruição do próprio meio coercitivo.

Há um risco objetivo de que a invocação da proporcionalidade se transforme em investidura que o juiz se auto-outorgue de julgar por equidade, o que ameaça a segurança jurídica e igualmente todo o edifício frágil das fontes

---

43 EDUARDO TALAMINI. Medidas coercitivas e proporcionalidade: o caso *WhatsApp*. In: ANTONIO DO PASSO CABRAL. EUGÊNIO PACELLI. ROGÉRIO SCHIETTI CRUZ (coords.). *Processo penal*. Salvador: Juspodivm, 2016, p. 381.
44 EDUARDO TALAMINI. Ob. cit., p. 382.
45 Seguindo a lição de HUMBERTO ÁVILA (*Teoria dos princípios*. 16ª ed. São Paulo: Malheiros, 2015, p. 163-224), a razoabilidade e a proporcionalidade, como a igualdade, não são princípios-normas que definem diretamente comportamentos do Estado ou dos cidadãos, mas postulados normativos, ou seja, normas sobre a interpretação ou aplicação de outras normas, métodos de definição de critérios para interpretação ou aplicação de outras normas.
46 JOSÉ ROGÉRIO CRUZ E TUCCI. Ampliação dos poderes do juiz no novo CPC e princípio da legalidade. *Consultor Jurídico*. 27 set. 2016.

do direito[47]. Por isso, coações indiretas, mesmo as legalmente previstas, devem ser excepcionais.

Por outro lado, a razoabilidade exige, a par da adequação da medida e que ela não seja expressamente proibida pelo legislador, como a prisão civil do executado, a apreensão ou a proibição de utilização de bem impenhorável, que ela não atinja direito fundamental do executado, como a honra, o pudor, a privacidade, a liberdade de locomoção, a liberdade de exercício de trabalho ou profissão ou de qualquer outra atividade lícita, excedendo os limites da instrumentalidade da atividade executiva, simplesmente como castigos vexatórios ou criadores de constrangimento insuportável.

Também, como garantia democrática, a concessão dessas medidas deve submeter-se ao devido processo legal, o que significa que, salvo insuperável urgência, devem ser antecedidas da intimação do executado para, em prazo razoável, cumprir a prestação devida ou indicar os meios sub-rogatórios adequados ao seu cumprimento. O devido processo legal também exige que, com a mesma ressalva, seja o executado previamente ouvido sobre a sua adoção, para que lhe seja oferecida a oportunidade de questionar a verificação de todos os pressupostos acima indicados e que lhe seja assegurada a paridade de armas, ou seja, tratamento igualitário[48]. Caso a urgência imponha a adoção da medida sem a sua audiência prévia, o contraditório lhe deverá ser assegurado logo após a sua concessão, devendo o juiz, em face das razões expostas, reexaminar imediatamente a decisão concessiva.

Por fim, seguindo a diretriz de outros ordenamentos jurídicos, na ponderação dos interesses em conflito o juiz deverá considerar a reversibilidade da medida e a capacidade do exequente de arcar com a reparação dos danos que ela possa causar ao executado, caso a execução venha a fracassar ou se posteriormente se verificar que a restrição ao gozo de direitos por parte do executado foi excessiva ou desproporcional em relação ao conteúdo da prestação por ele devida ao exequente. Esse *periculum in mora* inverso deve ser resguardado *ex officio* pelo juiz e lhe sugerirá a conveniência da subordinação da concessão ou da efetivação da medida à prestação de caução ou outra garantia como contracautela, tal como previsto nos arts. 300, § 1º, e 301 do Código de 2015.

Dentro dos limites acima expostos, em qualquer execução, mesmo a que tenha por objeto prestação pecuniária, pode o juiz adotar medidas de coação indireta. Algumas delas estão previstas na própria lei processual, como o pro-

---

47 PASCAL PUIG. L'excès de proportionnalité. *Revue Trimestrielle de Droit Civil*. Paris: Dalloz, jan./mar. 2016, p. 71.
48 MARCELO ABELHA RODRIGUES. *Manual da execução civil*. 7ª ed. Rio de Janeiro: Forense, 2019, p. 7.

testo e a inclusão do nome do devedor em cadastro de inadimplentes. Outras, como as *astreintes*, legalmente previstas para as execuções de prestações de fazer, não fazer ou entrega de coisa, mas não para as execuções pecuniárias, podem ser adotadas com fundamento no chamado *princípio da atipicidade dos meios executórios*, expressamente adotado no referido inciso IV do art. 139. Por outro lado, não são legítimas medidas coercitivas, ainda que previstas em lei, que sejam determinadas pelo juiz de ofício ou após a audiência das partes, sem que este tenha verificado *in concreto* a ocorrência de todos os pressupostos acima expostos: excepcionalidade, subsidiariedade, necessidade, adequação, instrumentalidade específica, proporcionalidade, razoabilidade, devido processo legal, aferição e proteção do *periculum in mora* inverso. Quanto ao protesto e à negativação, não atingem apenas o patrimônio, mas também a honra, a reputação e o crédito do devedor dos quais depende o exercício regular do direito ao trabalho ou ao desempenho de atividade lícita. Somente devem ser impostos se houver rigorosa adequação como meio eficaz de induzir o devedor a cumprir a prestação, sem prejuízo ao livre exercício do seu trabalho ou de atividade lícita. Mas o novo dispositivo não autoriza, especialmente nas execuções de prestações pecuniárias, qualquer outro tipo de medida de coação indireta, sem expressa previsão legal, e sem o caráter de instrumentalidade necessária, como ato de garantia ou de instrução, em relação ao cumprimento da prestação ou da ordem judicial, como em certos estudos e decisões judiciais tem sido cogitado: apreensão de carteira de motorista e de passaporte, suspensão de inscrição do executado no CPF do Ministério da Fazenda, proibição de frequentar determinados lugares, proibição de participar de licitações, intervenção judicial na empresa, imposição de propaganda contra si mesmo[49].

6.1. Convenções processuais na execução

Os arts. 190 e 191 do Código de 2015 abriram novas perspectivas à ampliação da autonomia da vontade das partes no processo civil, admitindo a celebração pelas partes de convenções sobre os ônus, poderes, faculdades e deveres dos sujeitos processuais[50].

---

[49] Em sentido análogo ao defendido no texto, v. Marcelo Abelha Rodrigues. O que fazer quando o executado é um "cafajeste"? Apreensão de passaporte? De carteira de motorista? Disponível em: <http://migalhas.com.br/dePeso/16,MI245946,-51045-O>. Acesso em: 5-10-2016. Igualmente, Fredie Didier Jr. *et alii* (ob. cit., p. 115-116) repudiam a retenção de carteira de motorista ou de passaporte, o cancelamento de cartões de crédito do executado e o corte de energia elétrica de prédio público.

[50] V, também, Diogo Assumpção Rezende de Almeida. *A contratualização do processo*: das convenções processuais no processo civil. São Paulo: LTr, 2015; Leonardo Greco. Contratualização do processo e os chamados negócios jurídicos processuais.

A expansão da autonomia privada no processo judicial estatal é uma tendência verificada recentemente em muitos sistemas processuais, mesmo os mais publicistas, como o francês e o italiano, e agora o brasileiro, como uma consequência do desmoronamento da crença na absoluta superioridade cognitiva e moral do Estado e dos seus agentes em relação aos particulares, do reconhecimento de um dever recíproco de diálogo e cooperação que propicia uma interação mais leal e fecunda entre os exercentes e os destinatários dos atos estatais, revigorando a legitimidade daqueles e a confiança destes e da sociedade como um todo nos seus resultados.

Essa visão encontra suporte no contraditório participativo (art. 7º), que impõe a cooperação entre todos os sujeitos do processo "para que se obtenha, em tempo razoável, decisão de mérito justa e efetiva" (art. 6º) e no princípio político da subsidiariedade, que, em todas as esferas de atuação do Estado de Direito contemporâneo, rege as relações deste com os cidadãos, intervindo nas relações privadas apenas para suprir as insuficiências dos próprios interessados, como decorrência da liberdade de cada um de se autodeterminar[51].

A possibilidade de celebração de convenções na execução, como em qualquer outro processo, representa o reconhecimento de que as partes, como destinatárias da prestação jurisdicional, têm também interesse em influir na atividade-meio e, em certas circunstâncias, estão mais habilitadas do que o próprio julgador a adotar decisões sobre os seus rumos e a ditar providências em harmonia com os objetivos publicísticos do processo, consistentes em assegurar a paz social e a própria manutenção e efetividade da ordem jurídica. Afinal, se é certo que o processo judicial não é apenas *coisa das partes*, são elas que delimitam o âmbito em que a função jurisdicional será exercida, são elas as destinatárias da tutela jurisdicional e são os seus interesses que a decisão judicial diretamente atinge, e, através deles, pretende alcançar os seus fins últimos, embora remotos e abstratos, de tutela dos interesses da sociedade agasalhados pelo ordenamento jurídico, da própria ordem jurídica e da paz social.

Em todas as convenções processuais, o juiz exerce o controle da sua validade para reconhecer-lhes ou não eficácia no processo[52]. Mesmo que não

---

Disponível em: <www.academia.edu>, 2017; Fredie Didier Jr. Antonio do Passo Cabral. Negócios jurídicos processuais atípicos e execução. *Revista de Processo*, ano 43, n. 275. São Paulo: Revista dos Tribunais, jan. 2018, p. 193-228.

51 José Alfredo de Oliveira Baracho. *Princípio de subsidiariedade*: conceito e evolução. Rio de Janeiro: Forense, 1997, *passim*; Remo Caponi. Autonomia privata e processo civile: gli accordi processuali. In: Federico Carpi *et alii*. *Accordi di parte e processo*. Milano: Giuffrè, 2008, p. 102-103.

52 Leonardo Greco. *Instituições de processo civil*, vol. I. 5ª ed. Rio de Janeiro: Forense, 2015, p. 281-282.

sujeitas expressamente a homologação, verificará o juiz se não incidem em nulidade, se não violam poderes indisponíveis do juiz e se não foram abusivamente inseridas em contrato de adesão ou em contrato em que alguma das partes se encontre em manifesta situação de vulnerabilidade (art. 190, parágrafo único).

Se a convenção afeta apenas direitos, deveres ou ônus das próprias partes, em princípio o controle judicial é apenas de legalidade. Sua eficácia, nos termos do art. 200, é imediata, embora deva o juiz homologá-la, atestando a sua conformidade com o ordenamento jurídico. A nulidade que pode atingi-la é somente a nulidade absoluta, porque da nulidade relativa a parte pode abrir mão. O controle de legalidade abrangerá: a) a possibilidade de autocomposição a respeito do próprio direito material posto em juízo ou a impossibilidade de que a convenção prejudique o direito material indisponível ou a sua tutela[53]; b) a celebração por partes plenamente capazes; c) o respeito ao equilíbrio entre as partes e à paridade de armas, para que uma delas, em razão de atos de disposição seus ou de seu adversário, não se beneficie de sua particular posição de vantagem em relação à outra quanto ao direito de acesso aos meios de ação e de defesa; e d) a preservação da observância dos princípios e garantias fundamentais do processo e da ordem pública processual.

Essas convenções, podem afetar apenas direitos subjetivos processuais das próprias partes, como a redução de prazos ou a dispensa de intimações. Mas ao prever o Código que elas disponham sobre ônus, poderes e deveres processuais, podem interferir no exercício de prerrogativas do juiz, como as de direção e impulso do processo e até fixar regras de julgamento, o que impõe examinar, em primeiro lugar, se não violam a ordem pública processual, e, em segundo lugar, se a sua validade não pressupõe a concorrência da vontade do juiz, a quem cabe velar para que o exercício da jurisdição não se afaste dos seus fins.

Por isso, parece-me adequado classificar as convenções processuais em três espécies. A primeira composta de acordos ou contratos que afetam apenas a direitos ou situações jurídicas das partes; a segunda das que afetam poderes do juiz, que por força de lei ou pela sua própria natureza, podem ser limitados pela conjugação da vontade das partes, porque dispõem sobre situações jurídicas de interesse delas próprias, em que o juiz é chamado a arbitrar as suas divergências, se elas não se compõem; e a terceira das que limitam os poderes

---

53 Diogo Assumpção Rezende de Almeida. *A contratualização do processo*: das convenções processuais no processo civil, de acordo com o novo CPC. São Paulo: LTr, 2015, p. 185-187; Pedro Henrique Nogueira. *Negócios jurídicos processuais*. Salvador: Juspodivm, 2016.

do juiz, podendo afetar o exercício adequado da função jurisdicional em relação a terceiros ou à sociedade como um todo, que exigem a aprovação do juiz, para assegurar a sua compatibilidade com as responsabilidades do julgador em relação a todos os jurisdicionados, e não apenas às partes. Nas duas primeiras espécies, essas convenções se perfazem com a conjugação, simultânea ou sucessiva da vontade dos litigantes e, como tal, produzem efeitos jurídicos de imediato, nos termos do art. 200 do Código de Processo Civil. Esses atos estão sujeitos ao controle de simples legalidade por parte do juiz, mas, na verdade, para a sua validade e eficácia basta a deliberação das partes. Assim, por exemplo, na convenção sobre a escolha do bem a ser penhorado ou na convenção de suspensão da execução para pagamento parcelado do débito exequendo (CPC, art. 922).

As convenções processuais das duas primeiras espécies produzem efeitos de imediato, ou seja, no mesmo momento em que o ato é praticado pelas partes ou no momento que o próprio ato fixar. Eventual homologação do juiz é mero ato de controle de legalidade, e não condição de eficácia do ato. Já as da terceira espécie produzirão os seus efeitos no momento em que o juiz concorrer com a sua vontade, aprovando ou homologando a deliberação das partes.

As convenções que, mesmo limitando os poderes do juiz, afetam apenas a interesses das próprias partes, como a convenção de suspensão da execução ou a convenção de vedação à execução provisória, sujeitam-se apenas ao controle de legalidade do juiz. Mas há outras convenções que interferem na marcha do processo, que impõem a terceiros e ao próprio julgador responsabilidades e consequências que não decorrem da lei e que podem interferir no adequado exercício da função jurisdicional nesse e em outros processos ou que podem restringir o controle social das decisões judiciais. A estas, mais do que do simples controle da legalidade, dependem da aprovação do juiz em juízo de conveniência, oportunidade e adequação. Assim, por exemplo, a deliberação das partes de que nos debates orais em audiência os advogados disponham de tempo superior ao previsto em lei, ou disponham que a audiência seja designada para determinado dia e hora ou que estabeleçam o segredo de justiça fora dos limites legais.

Observadas as condições aqui expostas, FREDIE DIDIER JR. *et alii* concluem que não é admissível convenção processual que exclua sanções a ilícitos processuais. É a ordem pública processual que as impede. Mas são admissíveis convenções de renúncia do direito à multa, que restrinjam o uso de determinados meios coativos ou escolham um ou mais entre eles, bem como as que estabeleçam a execução negociada de decisões sobre políticas públicas[54].

---

54 FREDIE DIDIER JR. LEONARDO CARNEIRO DA CUNHA. PAULA SARNO BRAGA. RAFAEL

Por fim, não me parece igualmente cabível, por violação da ordem pública processual, convenção que crie título extrajudicial não previsto no rol do art. 784 do Código. A renúncia à cognição judicial prévia para a instauração da instância executória somente é admissível com a celebração de negócio jurídico que preencha os requisitos formais estabelecidos em lei. Esses requisitos são impostos em benefício da preservação da efetiva autonomia da vontade das partes que precisa estar solenizada com a sua observância. Por outro lado, não podem as partes em um contrato, por exemplo, estabelecer a via executiva para o seu cumprimento, se a obrigação não se reveste de certeza, liquidez e exigibilidade, que são pressupostos inderrogáveis de qualquer procedimento executivo e, como tal, integrantes da ordem pública processual da execução.

7. Ação executiva

A ação é o direito subjetivo público, autônomo e abstrato, de provocar o exercício da função jurisdicional sobre determinada lide ou determinada relação ou situação jurídica sujeita pela lei à tutela jurisdicional do Estado. É *direito subjetivo* porque, mediante determinadas condições, as chamadas *condições da ação*, o autor tem o poder de exigir do Estado o exercício de determinada atividade, a atividade jurisdicional. É direito subjetivo *público*, porque, conforme assinalou CHIOVENDA, referindo-se a MUTHER, a ação é um direito frente ao Estado na pessoa dos seus órgãos jurisdicionais, como um direito à fórmula, ou, como se diz hoje, um direito à tutela jurídica[55]. No mesmo sentido é o ensinamento de LIEBMAN para quem a ação é a situação subjetiva que consiste no poder de pôr a condição, em virtude da qual o órgão se põe em movimento em obediência às regras internas que disciplinam a sua função. A ação se dirige ao Estado, na qualidade de titular do poder jurisdicional. É o direito à jurisdição. Direito de impulso e de iniciativa ao desenvolvimento de uma função em que o próprio Estado é, ainda que indiretamente, interessado[56].

O conteúdo do direito de ação é a providência jurisdicional através da qual o juiz compõe a lide ou provê à relação jurídica de direito material que lhe é submetida pelos particulares. O direito de ação é o direito a essa providência jurisdicional para a tutela do direito material da parte que o afirma. Nas ações de conhecimento, normalmente a jurisdição se exerce através de

---

ALEXANDRIA DE OLIVEIRA. *Curso de direito processual civil*: execução. 9ª ed. Salvador: Juspodivm, 2019, p. 141-142.

[55] GIUSEPPE CHIOVENDA. L'azione nel sistema dei diritti. *Saggi di Diritto Processuale Civile (1894-1937)*, vol. 1. Milano: Giuffrè, 1993, p. 9.

[56] ENRICO TULLIO LIEBMAN. L'azione nella teoria del processo civile. *Problemi del processo civile.* Napoli: Morano, 1962, p. 44-45.

uma sentença que declara a existência ou a inexistência do direito do autor ao bem jurídico por ele almejado.

Já nas ações de execução, embora a afirmação inicial da existência ao bem jurídico deva ser previamente comprovada por um título executivo, que atesta *a priori* a certeza, a liquidez e a exigibilidade do crédito (CPC, art. 783), a atividade executória, coativa e satisfativa, desenvolver-se-á independentemente de qualquer verificação mais profunda sobre a existência do direito subjetivo material[57] e a prestação jurisdicional se constitui na investidura do exequente na posse e gozo do bem da vida que lhe é atribuído pelo título executivo, mediante a série de atos coativos em face do executado e sobre o seu patrimônio, que efetivem essa investidura.

7.1. Cumulação progressiva de ações no cumprimento de sentença

Mas enquanto se instaura e se desenvolve a atividade coativa no exercício da ação de execução, perseguindo e concretizando a satisfação do crédito do exequente, surgem em torno dela outras postulações jurídicas. Se o devedor tiver motivos para impugnar o crédito em que se fundamenta a execução, deverá desconstituir a eficácia do título através da ação cognitiva incidente de embargos do executado ou de impugnação ao cumprimento de sentença, ou ainda demonstrar incidentalmente na própria execução a nulidade ou ineficácia do título, o que não impede que a ação executiva seja promovida à falta do direito subjetivo material, enquanto prevaleça a presunção de validade e eficácia do título executivo[58].

Toda ação tem por conteúdo uma demanda, ou seja, propõe um pedido de atribuição de um bem da vida a alguém ou de tutela de certo interesse através de uma providência jurisdicional, com fundamento em determinado direito material, para incidir sobre as partes de determinada relação jurídica. O direito de ação se exerce por meio de um processo, mas o seu conteúdo somente se realiza com a entrega da prestação jurisdicional: a sentença de mérito na jurisdição de conhecimento, a satisfação do crédito com a menor onerosidade para o executado ou a sua negativa por sentença na jurisdição de execução, a tutela da situação jurídica ou a sua recusa na jurisdição cautelar.

A unidade do processo, ou seja, uma única relação processual, pode constituir o instrumento do exercício da jurisdição em relação a uma ou mais ações, não havendo correlação necessária entre a unidade ou pluralidade de relações

---

57 José Alberto dos Reis. *O processo de execução.* Reimpr. Coimbra: Coimbra, 1985, p. 16: "Não obstante a exigência do título executivo, o direito de acção executiva é autônomo e independente do direito substancial".

58 Liebman. Ob. cit., p. 31 e 46; Reis. Ob. cit., p. 18.

processuais e a unidade ou pluralidade de ações. A existência de uma ou mais ações no mesmo processo depende fundamentalmente do número de demandas de direito material nele veiculadas, podendo um só processo ser o instrumento do exercício da jurisdição em relação a várias postulações, mesmo que as tutelas pretendidas sejam de espécies diversas.

O chamado *processo sincrético* que cumula sucessivamente numa única relação processual duas pretensões materiais de naturezas diversas – cognição e satisfação – na verdade veicula duas ações, uma de conhecimento e outra de execução, esta simultaneamente proposta com a primeira. Por força de lei, o pedido de condenação a uma prestação de pagar quantia, fazer, não fazer ou entregar coisa inclui como pedido necessariamente implícito o da subsequente efetivação coativa da prestação, caso acolhida, numa cumulação progressiva, que é diferente da conhecida cumulação sucessiva de ações, pois nesta, no mesmo provimento jurisdicional, acolhido o pedido antecedente, decide o juiz o pedido subsequente. Aqui não, toda a atividade jurisdicional para a efetivação da tutela satisfativa somente terá início depois de provida, ainda que provisoriamente, a tutela do pedido antecedente. A inércia da jurisdição é assegurada pela presumível cumulação inicial de pedidos cognitivo e executório. A citação para a fase cognitiva inicial vale, desde logo, para a fase executória. O contraditório e a ampla defesa, por imperativo constitucional, se aplicam tanto à primeira quanto à segunda fase.

Não há, assim, nesse processo sincrético gerado pela incorporação do cumprimento de sentença à disciplina legal do processo de conhecimento, processo de execução autônomo. Mas há uma nova ação de execução, como direito de exigir a tutela executiva, a que o juiz satisfaz depois de ter atendido à tutela cognitiva. O processo da ação de execução é o mesmo da ação de cognição, em fase posterior à desta, em uma sucessão de procedimentos[59].

O deslocamento de muitas regras do Livro II do Código de 1973 para o Livro I, por obra da Lei n. 11.232/2005, que o Código de 2015 consolidou, com a disciplina do cumprimento de sentença logo após o processo de conhecimento, formalmente distanciada da disciplina do processo de execução, teve o evidente intuito de acentuar que cognição e execução podem ou devem concentrar-se num único processo, numa sequência totalmente ou quase ininterrupta, sem necessidade de nova citação.

---

59   A expressão "sucessão de procedimentos" é usada por Francesco Carnelutti (*Sistema de Derecho Procesal Civil*, vol. IV. Buenos Aires: UTEHA Argentina, 1944, p. 397) para caracterizar causas em que a cognição se desdobra em mais de uma fase, não se iniciando a posterior enquanto não concluída a anterior.

7.2. A individualização da ação executiva

Como as ações de conhecimento, também as ações de execução se identificam ou se individualizam através de elementos subjetivos e objetivos, que normalmente são extraídos da própria lide ou da relação jurídica substantiva. Essa identificação é importante porque define o objeto litigioso, a demanda e, portanto, os limites em que a jurisdição será exercida, servindo ainda de critério para a aplicação de muitos institutos processuais como a litispendência, a conexão e eventualmente a coisa julgada.

Esses elementos individualizadores são as *partes*, o *pedido* e a *causa de pedir*[60]. As partes são o autor e o réu, sujeitos ativo e passivo da ação. Na ação executiva, autor e réu são o exequente e o executado.

Autor-exequente é aquele que formula o pedido de satisfação de um crédito, e réu-executado é aquele contra o qual ou em relação ao qual foi o pedido formulado e que deverá sujeitar-se e ao seu patrimônio à atividade coativa e interventiva por parte do órgão jurisdicional. Normalmente, autor-exequente é o credor, titular ou portador de um título executivo (CPC, art. 778), e réu-executado é o devedor, igualmente identificado no título (CPC, art. 779, inc. I).

A causa de pedir são os fatos e os fundamentos jurídicos do pedido. Pela teoria da substanciação da causa de pedir, esta se subdivide em remota e próxima. Causa de pedir remota são os fatos, os acontecimentos do mundo e da vida de que se originou o direito invocado pelo autor como fundamento do pedido.

Na ação executiva a causa remota, a verdade fática geradora do direito material do autor, se exterioriza necessariamente e indissociavelmente em determinado título executivo, de modo que, se, porventura, outros fatos gerarem o mesmo direito, ou se os mesmos fatos estiverem comprovados por outros títulos não exibidos em anexo à inicial, o juiz não poderá presumir a existência da certeza, liquidez e exigibilidade do crédito exequendo a não ser com base no título executivo que serviu de instrumento para a propositura da ação e há de admitir-se, eventualmente, outra execução com base em título diverso, embora relativa ao mesmo crédito[61].

---

60 V. Leonardo Greco. *Instituições de processo civil*, vol. I. 5ª ed. Rio de Janeiro: Forense, 2015, p. 184-196.
61 Carnelutti (*Processo di esecuzione*, vol. 1. Padova: CEDAM, 1932, p. 280 e ss.) admite multiplicidade de processos de execução para uma mesma lide em três casos: a) quando em cada execução forem atingidos bens de natureza diversa (móveis, imóveis ou créditos), que facultam o emprego de meios executórios diversos; b) quando os bens se encontrarem em áreas geográficas de competências territoriais diversas; c) quando o credor age contra codevedores ou responsáveis diversos. Nes-

Se o título executivo é um desses títulos abstratos, a que a lei confere a qualidade de representar um determinado crédito, independentemente do negócio subjacente de que se originou, então a causa de pedir remota é exclusivamente o próprio título, pois é dele que resulta o direito do exequente à prestação. Já no caso de o título ser apenas o documento representativo da dívida, o exequente deverá indicar na inicial não apenas o título, mas os fatos geradores do seu direito à prestação[62]. Em qualquer caso, o título executivo integra a causa de pedir remota e é elemento individualizador da ação executiva.

A causa de pedir próxima é o direito subjetivo material do exequente à prestação, que resulta dos fatos e do título, associado ao inadimplemento do devedor, que autoriza o primeiro a formular o pedido executório contra este.

E o pedido é a postulação do autor, que também se subdivide em pedido ou objeto imediato e mediato. O pedido imediato é a providência jurisdicional invocada pelo autor para alcançar o bem jurídico que atenderá a sua pretensão e o pedido mediato é justamente este bem do mundo ou da vida.

Na ação executiva o pedido imediato, a providência jurisdicional, é a série de atos coativos pleiteada pelo autor para obter a satisfação do crédito constante do título. É o que muitas vezes é chamado de *meio executório,* através do qual o juiz exerce a jurisdição satisfativa. E o pedido mediato é a prestação constante do título: o bem, o dinheiro, o serviço, a obra, a abstenção do ato ou a declaração de vontade que o título autoriza o exequente a exigir do executado.

O meio executório normalmente não identifica a ação de execução, pois, apesar de absorver a maior parte dos atos do procedimento executivo e sobre ele se debruçar mais intensamente o juiz, o seu conteúdo é fungível, pode variar, porque o juiz deverá determinar de ofício que a execução adote o meio menos oneroso para o devedor (CPC, art. 805).

Exceções a essa regra ocorrem quando a própria lei, dentro de certos limites, e desde que não resulte em maior onerosidade para o devedor, faculta ao credor escolher o meio executório, como, por exemplo, na execução de alimentos, em que a lei permite a opção entre a execução indireta sob ameaça de prisão ou a execução por quantia certa comum (CPC, arts. 528, § 8º, e 771). O próprio pedido mediato, o bem jurídico a que faz jus o exequente, em certos casos expressos, pode ser alterado unilateralmente pelo credor, dentro de certos limites, independentemente da anuência do devedor, como ocorre, por

---

te último caso, o credor não poderá receber nos diversos processos mais do que o valor integral da dívida.
62 João de Castro Mendes. *Acção executiva.* Lisboa: edição da AAFDL, 1980, p. 7.

exemplo, na conversão de obrigações de entrega de coisa, de fazer e de não fazer no resultado prático equivalente ou em perdas e danos (CPC, arts. 497, 536, 809, 816 e 823)[63].

7.3. Condições da ação executiva

A ação, como direito a obter o exercício da jurisdição a respeito de uma determinada pretensão de direito material, pressupõe a concorrência de alguns requisitos, sem os quais a atuação do juiz no caso concreto seria abusiva, invadindo autoritariamente a esfera da liberdade individual e perturbando a convivência pacífica entre os cidadãos.

Esses requisitos da existência do direito de ação são as chamadas *condições da ação: interesse de agir, legitimidade e possibilidade jurídica do pedido*[64].

Ao contrário do Código de 1973 no art. 267, inciso IV, o Código de 2015 não usa mais no correspondente art. 485, inciso VI, a denominação de *condições da ação*, como também não mais menciona a possibilidade jurídica, ao lado do interesse processual e da legitimidade. Quanto ao silêncio relativo à categoria das condições da ação, trata-se de opção por redação que prefere não adotar posição doutrinária sobre possuírem ou não esses requisitos natureza que os diferencie dos chamados pressupostos processuais, compondo o chamado *trinômio*: pressupostos processuais, condições da ação e mérito. De qualquer modo, a redação do art. 485 é bastante pragmática, procurando deixar claro o que não integra o mérito da causa, sem maior preocupação sistemática, tanto que se refere à falta dos pressupostos processuais no inciso IV e em incisos diversos a outras situações que também podem caracterizar a falta de tais pressupostos, como a litispendência, a coisa julgada e a convenção de arbitragem.

Para os que entendem, como eu, que condições da ação e pressupostos processuais não se confundem, estes como requisitos de validade e regularidade da relação processual, aquelas como requisitos do direito ao exercício da jurisdição sobre a pretensão de direito material[65], apesar do silêncio do legislador, sobrevivem as condições da ação, na enumeração que o Código faz no art. 485, inciso VI. E sobrevive também a possibilidade jurídica do pedido, o que será explicado mais adiante.

O *interesse de agir*, como condição da ação, é a necessidade ou utilidade da provocação do exercício da jurisdição para satisfazer a pretensão ou alcançar o bem jurídico que, normalmente, nasce da lide, ou seja, da impossibilidade de

---

63   V. item 10.3 dos comentários sobre o Capítulo I – Disposições Gerais.
64   Leonardo Greco. *Instituições de processo civil*, vol. I. 5ª ed. Rio de Janeiro: Forense. 2015, p. 213-227.
65   Greco. Ob. e loc. cits.

que o titular do direito se aproprie diretamente do bem da vida pelo obstáculo que lhe opõe o adversário ou que é imposto pela própria lei[66].

Na ação executiva o interesse de agir normalmente decorre do inadimplemento da obrigação, pois este e a consequente exigibilidade do crédito impõem ao credor a necessidade de provocar o exercício da jurisdição para apropriar-se do objeto da dívida[67].

É comum apontar como exemplo de falta de interesse de agir a cobrança de dívida não vencida, porque nesse caso ainda não há lide, pois, até o vencimento, o devedor poderá vir a pagá-la espontaneamente, sem que o credor tenha ainda necessidade de recorrer à jurisdição.

Mas é preciso recordar que a existência das condições da ação se afere com base na hipótese relatada pelo autor (*teoria da asserção*) na petição inicial e que, na ação executiva, embora essa afirmação deva estar em conformidade com o título executivo, cumpre distinguir entre o vencimento da dívida como condição da ação e a prova da sua exigibilidade como requisito formal do título, pressuposto processual objetivo (a subordinação do procedimento às normas legais). Se o autor da ação executiva afirma na inicial que a dívida ainda não está vencida, é carecedor da ação por falta de interesse de agir. Se o título não atesta objetivamente o vencimento prévio da dívida, o exequente deverá ser intimado a comprová-lo, sob pena de indeferimento da inicial (CPC, arts. 798, inc. I, *c*, e 801) por não preencher os requisitos formais exigidos pela lei para a formação válida do processo executivo.

Nas obrigações sujeitas a condição ou termo (CPC, arts. 514 e 803) e nos contratos bilaterais (CPC, art. 798, inc. I, *d*), a prova do advento da condição ou do termo ou do adimplemento da contraprestação são requisitos formais da executoriedade do título, que devem acompanhar a petição inicial da ação executiva, como pressupostos da formação válida do processo. Já a afirmação da ocorrência da condição ou do termo ou do cumprimento da prestação preenchem a condição da ação do interesse processual.

Pela mesma razão, o inadimplemento, como elemento integrante da causa de pedir, é questão de direito material (CPC, art. 786), mas a sua afirmação preenche a condição da ação do interesse processual.

A *legitimidade para a causa* ou *legitimatio ad causam* é a qualidade do sujeito que o credencia a figurar na ação na posição de autor ou de réu. Na lição de Liebman, "é a qualidade da pessoa que pode promover ou contra a qual se pode promover

---

66 Enrico Tullio Liebman. O despacho saneador e o julgamento do mérito. *Estudos sobre o processo civil brasileiro*. São Paulo: José Bushatsky, 1976, p. 125.

67 Cândido Rangel Dinamarco. *Instituições de direito processual civil*, vol. IV. 4ª ed. São Paulo: Malheiros, 2019, p. 167.

a execução"[68]. Normalmente, essa qualidade detêm os sujeitos da relação jurídica de direito material, por respeito à sua liberdade. Na ação de execução, normalmente, os legitimados ativo e passivo são o credor e o devedor constantes do título, chamados de *legitimados ordinários* porque titulares do crédito ou da obrigação decorrente da relação jurídica de direito material. Têm legitimidade extraordinária aqueles que, não sendo partes na relação jurídica de direito material, recebem da lei expressamente a qualidade de promoverem a execução ou de defenderem em juízo os interesses daquele contra o qual a execução é promovida (CPC, art. 18). A afirmação da qualidade que credencia o exequente e o executado como partes na execução é condição da ação de execução. A comprovação dessa qualidade no título ou na documentação que o acompanha é pressuposto processual de validade do procedimento executório. A efetiva existência dessa qualidade, se for controvertida, é questão de direito material.

São legitimados ativos ordinários o credor constante do título, o espólio, os herdeiros ou sucessores do credor, o cessionário do credor por ato entre vivos e o sub-rogado legal ou convencional (CPC, art. 778, *caput* e § 1º, incs. II, III e IV). Embora não constem do título, são legitimados ativos ordinários, como sujeitos dos interesses materiais em conflito a quem a lei confere título executivo: o ofendido na execução civil da sentença penal condenatória (Código de Processo Penal, art. 63); o lesado na execução de sentença genérica indenizatória referente a direitos individuais homogêneos (Código de Defesa do Consumidor, art. 97); o advogado que executa em seu próprio benefício os honorários da sucumbência (Lei n. 8.906/94, art. 23; CPC, art. 85, § 14). Como sub-rogados, têm legitimidade ativa ordinária o fiador convencional ou judicial que satisfez a obrigação (Código Civil, arts. 346 a 351) e o avalista, nas mesmas condições.

São legitimados ativos extraordinários, porque, como substitutos processuais, agem em nome próprio na defesa de interesse alheio: o Ministério Público (CPC, art. 778, § 1º, inc. I), quando executa a sentença penal condenatória em favor da vítima pobre (Código de Processo Penal, art. 68), na ação civil pública (Lei n. 7.347/85, art. 15; Código do Consumidor, arts. 82, inc. I, e 100), na ação popular (Lei n. 4.717/65, art. 16); o marido na defesa do dote da mulher (Código Civil de 1916, art. 289, inc. III, c.c. o art. 2.039 do Código Civil de 2002); o fiador que promove o andamento da execução já iniciada pelo credor contra o devedor (Código Civil, art. 834); qualquer cidadão que tenha ou não proposto a ação popular (Lei n. 4.717/65, art. 9º); o agente fiduciário em caso de inadimplemento de obrigação pela companhia emissora das debêntures (Lei das Sociedades Anônimas, art. 68, § 3º).

---

68 Enrico Tullio Liebman. *Processo de execução*. 4ª ed. São Paulo: Saraiva, 1980, p. 91.

A legitimidade passiva é sempre ordinária, porque ninguém pode ser sujeito passivo da execução se não for devedor, sucessor do devedor ou alguém que pela lei ou por ato voluntário deva responder pela satisfação da obrigação constante do título, a saber: o devedor constante do título; o espólio, os herdeiros ou sucessores por morte do devedor, nos limites da herança que lhes foi transmitida (Código Civil, arts. 1.792 e 1.821; CPC, art. 796); o novo devedor que sucedeu o primitivo com o consentimento do credor; o fiador judicial ou convencional; e o responsável tributário, nos termos da lei fiscal (CPC, art. 779). São também legitimados passivos ordinários a seguradora prestadora de seguro-garantia judicial (CPC, arts. 835, § 2º, e 848, parágrafo único); e o novo devedor que passa a responder pela dívida em razão da desconsideração da personalidade jurídica (Código Civil, art. 50; Código do Consumidor, art. 28; CPC, arts. 133-137).

A meu ver, as únicas hipóteses de autêntica legitimação extraordinária passiva na execução são a do curador especial (CPC, art. 72) e a do cônjuge do devedor necessariamente citado em execução fundada em direito real sobre imóvel, que o Código de 2015 dispensou no regime da separação absoluta de bens (CPC, art. 73, § 1º, inc. I).

Nos casos de prestação de garantia por terceiro, assim como nos de responsabilidade patrimonial (CPC, arts. 789 e ss.), a incidência de atos executórios sobre bens de terceiros deve assegurar a estes todas as prerrogativas inerentes à amplitude da defesa, de modo que, a partir desse momento, devem ser intimados de todos os atos do processo, podendo formular postulações, propor e produzir provas em defesa dos seus interesses, como legitimados passivos derivados[69].

Além de todos os legitimados originários ou derivados, ordinários ou extraordinários acima mencionados, adotam a posição de partes acessórias[70] na execução os credores concorrentes, os credores, familiares e sócios do executado na adjudicação, os compradores ou arrematantes e demais licitantes, os terceiros-executores das obrigações de fazer e não fazer, todos titulares de interesses jurídicos próprios postulados e decididos na instância executória. Todas essas situações subjetivas constituem verdadeiras ações incidentes, decididas em cognição não exaustiva e, portanto, infensas à coisa julgada[71].

---

69   LEONARDO GRECO. *O processo de execução*, vol. 1. Rio de Janeiro: Renovar, 1999, p. 331-343.
70   A expressão "partes acessórias" é empregada por JOSÉ ALBERTO DOS REIS (*Processo de execução*, vol. 1. Reimpr. Coimbra: Coimbra, 1985, p. 204), referindo-se aos assistentes, depositário, compradores, licitantes, remidores e preferentes.
71   LEONARDO GRECO. As ações na execução reformada. In: ERNANE FIDÉLIS DOS SANTOS *et alii* (coords.). *Execução civil*: estudos em homenagem ao Professor Humberto

A *possibilidade jurídica do pedido,* que é a conformidade do pedido com o ordenamento jurídico, exclui o pedido ilícito e também o pedido materialmente impossível. Na execução, a prisão como meio executório, exceto a do devedor de prestação alimentícia, é um pedido imediato juridicamente impossível. A entrega de cem papelotes de maconha é um pedido mediato juridicamente impossível. A imissão de posse em terreno na Lua é um pedido mediato materialmente impossível.

Observe-se, entretanto, que a impossibilidade material que impede a execução é a preexistente no momento da formação do título extrajudicial. Se nesse momento a prestação era possível e deixou de sê-lo posteriormente, a obrigação sobrevive, podendo ser executada pela via indenizatória ou pelo resultado prático equivalente, nos termos dos arts. 816 e 823, a cujos comentários remetemos o leitor.

A possibilidade jurídica não consta mais no Código de 2015 como uma das condições da ação (art. 485, inc. VI), diversamente do que ocorria no Código de 1973 (art. 267, inc. VI), porque a ilicitude do pedido ou a sua impossibilidade material absoluta preexistente, na jurisdição de conhecimento, conduziria a uma sentença de mérito de improcedência[72]. Tenho entendido que no regime do Código de 2015 ela sobrevive como condição da ação no âmbito do interesse de agir[73], como meio adequado de reconhecimento *prima facie* da inviabilidade da demanda que protege o direito do réu de não ser molestado pela sujeição a processo fundado em demanda temerária.

Entretanto, como ocorre muitas vezes com o interesse de agir, a falta de possibilidade jurídica caracteriza também a falta de um pressuposto processual de validade do processo. MACHADO GUIMARÃES, em célebre estudo[74], a par de ressaltar que é tradicional em nosso direito a inadmissibilidade de demandas inviáveis, evidencia que muitos defeitos que, para outros, constituem a falta de pressupostos processuais, para ele caracterizam carência de ação, ou seja, a falta de condições da ação, como a litispendência e a coisa julgada. Isto é, ao mesmo tempo em que

---

Theodoro Júnior. São Paulo: Revista dos Tribunais, 2007, p. 850-867; Cognição sumária e coisa julgada. *Revista Eletrônica de Direito Processual,* ano 6, n. X, jul./dez. 2012. Rio de Janeiro: Programa de Pós-Graduação em Direito – linha de pesquisa de Direito Processual, da Universidade do Estado do Rio de Janeiro, p. 275-301.

72 JOSÉ ROBERTO SANTOS BEDAQUE. Comentário ao artigo 485. In: TERESA ARRUDA ALVIM WAMBIER. FREDIE DIDIER JR. EDUARDO TALAMINI. BRUNO DANTAS. *Breves comentários ao Novo Código de Processo Civil.* 2ª ed. São Paulo: Revista dos Tribunais, 2016, p. 1285.

73 LEONARDO GRECO. *Instituições de processo civil*, vol. I. 5ª ed. Rio de Janeiro: Forense, 2015, p. 216.

74 LUIZ MACHADO GUIMARÃES. Carência de ação. *Estudos de direito processual civil.* Rio de Janeiro-São Paulo: Jurídica e Universitária, 1969, p. 93-107.

acarretam a invalidade da relação processual também produzem a inexistência do direito à prestação jurisdicional sobre a pretensão de direito material. É o que se dá na execução com a ilicitude ou a impossibilidade material absoluta preexistente do pedido, que caracteriza a falta de um pressuposto de validade de toda a atividade executória. Assim, por exemplo, a confissão de dívida pecuniária, subscrita pelo devedor e por duas testemunhas, decorrente da venda de maconha, provocará o indeferimento da inicial ou a extinção do processo sem resolução do mérito, por falta de pressuposto processual, porque a validade do procedimento executório exige que o autor exiba título que revele de modo categórico a existência de certeza, liquidez e exigibilidade do crédito (CPC, art. 783). Certeza, liquidez e exigibilidade são requisitos de direito material do crédito exequendo. Todavia, a lei exige que o título evidencie, ostente, declare sem qualquer margem de dúvida, que o crédito se reveste dessas características. Se o título evidencia que o crédito não existe, porque resulta de negócio ilícito, ou que ele não é exigível, porque resulta de uma obrigação natural (por exemplo, dívida de jogo), esse defeito de direito material contamina o título executivo, como pressuposto processual objetivo da execução. Deve, portanto, impedir a formação de relação processual válida, pela falta de pressuposto processual objetivo.

7.4. Classificação das execuções

A classificação das execuções deve ser examinada à luz da classificação geral das ações. O primeiro e mais difundido critério de classificação das ações é o que decorre da modalidade de tutela jurisdicional invocada pelo autor, ou seja, em função do *pedido imediato*. De acordo com esse critério, as ações se classificam em ações de conhecimento, ações de execução e ações cautelares, conforme a atividade jurisdicional almejada consista essencialmente na declaração da certeza do direito das partes, na prática de atos coativos para satisfação de um crédito, ou na proteção provisória e urgente de algum interesse que poderá vir a ser objeto definitivo de tutela em outra ação, de conhecimento ou de execução.

As execuções são, pois, uma das espécies de ações, em função da peculiaridade da prestação jurisdicional e da atividade através da qual o Estado provê aos interesses dos particulares: atividade coativa, modificadora do mundo exterior, que visa à satisfação concreta do direito constante do título.

Por sua vez a doutrina, a partir de CHIOVENDA[75], divide a execução, quanto ao pedido imediato, ou seja, quanto aos meios executórios à disposição do

---

75 GIUSEPPE CHIOVENDA. *Instituições de direito processual civil*, vol. I, trad. de J. Guimarães Menegale. 2ª ed. São Paulo: Saraiva, 1965, p. 287-288; JOSÉ ALBERTO DOS REIS. Ob. cit., p. 24; CÂNDIDO RANGEL DINAMARCO. *Instituições de direito processual civil*, vol. IV. 4ª ed. São Paulo: Malheiros, 2019, p. 41-43.

credor para forçar o devedor a pagar, em *execução por meios de coação* e *execução por meios de sub-rogação*.

Os meios executórios são os tipos de providências, os tipos de técnicas adotados pelo juiz, apropriados à obtenção do bem pretendido pelo exequente[76]. Os meios de *coação* são pressões indiretas ou pressões psicológicas sobre a vontade do devedor que, tornando desvantajoso o descumprimento da prestação, o induzem a satisfazê-la. Nos meios de coação, o Judiciário não substitui o devedor na atividade satisfativa do credor. Quem cumpre a obrigação constante do título é o próprio devedor. É o que ocorre, por exemplo, na execução das obrigações de fazer infungíveis ou de não fazer, em que, através de pressões indiretas, como as multas pecuniárias, o juiz tenta constranger o devedor a cumprir a obrigação (CPC, arts. 500, 537 e 814). Isso também ocorre na execução de pensão alimentícia sob ameaça de prisão (CPC, arts. 528 e 911). O Código de 2015 estende essa técnica a outras hipóteses, como visto acima, por exemplo, no art. 139, inciso IV.

A utilização desses meios de coação indireta sobre a vontade do devedor, nem sempre legalmente previstos, conforme o disposto nos arts. 139, inciso IV, e 536, § 1º, ainda encontra resistência em parte da doutrina mais liberal, que nela vê um retrocesso à época em que a execução era pessoal, incidindo sobre a vontade e até mesmo sobre a liberdade corporal do executado[77].

A sua expansão em época recente é uma consequência da compreensão do conteúdo do direito à tutela jurisdicional efetiva, que resulta de tratados internacionais e de diversas constituições nacionais, como, entre nós, do art. 5º, incisos XXXV, LIV e LV, da Constituição brasileira, especialmente a partir da decisão da Corte Europeia de Direitos Humanos de 1997 no caso *Hornsby v. Grécia*, que reconheceu que a mera tutela ressarcitória monetária não é suficiente para satisfazer o cumprimento de prestações decorrentes de condenações judiciais. Daí resulta o que CARLO VITTORIO GIABARDO denomina uma *despatrimonialização* do direito processual civil, em especial da execução em busca de meios eficazes para tornar efetiva a entrega ao credor do bem da vida ou da prestação constante do título exatamente com o conteúdo devido, e não com o seu equivalente em dinheiro. Para esse fim, muitas vezes, as coações indiretas são os únicos meios eficazes[78].

---

76 ARAKEN DE ASSIS. Ob. cit., p. 190.
77 Nesse sentido, GIROLAMO MONTELEONE. Recenti sviluppi nella dottrina dell'esecuzione forzata. *Scritti sul processo civile*, vol. III. Roma: Aracne Editrice, 2013, p. 209.
78 CARLO VITTORIO GIABARDO. Efectividad de la tutela jurisdicional, medidas coercitivas y papel del juez en la comparación entre civil law y common law: la experiencia inglesa. In: JORDI FERRER BELTRÁN. CARMEN VÁZQUEZ (coords.). *Debatiendo con Taruffo*. Madrid: Marcial Pons, 2016, p. 96. V., também, acima o item 6 dos meus

Nem por isso deixa de haver jurisdição de execução, ação de execução e procedimento executório, pois a satisfação da prestação se dá em consequência da atividade do juiz, sem a qual não teria o devedor saído da inércia[79]. Se, nesse caso, a obrigação é prestada pela própria vontade do devedor, essa ação do devedor não é espontânea, porque, se o fosse, não teria sido necessário citá-lo ou intimá-lo com a promessa de alguma sanção para cumprir a obrigação. Por outro lado, por mais diligente que seja o devedor, após a sua citação ou intimação, no cumprimento da obrigação, responderá por todas as consequências legais decorrentes do não cumprimento espontâneo e de ter sido o credor forçado a recorrer à coação judicial, a começar pelos encargos da sucumbência (CPC, arts. 523, § 1º, e 827) e pela multa, no caso de prestação pecuniária (CPC, art. 523, § 1º).

Nos meios *sub-rogatórios*, o juiz substitui a vontade do devedor e satisfaz a obrigação em lugar do devedor, intervindo para esse fim, se necessário, no seu patrimônio e na sua liberdade de agir e de dispor: é o que normalmente sucede na execução por expropriação para pagamento de prestações pecuniárias, na execução de obrigações de dar coisa diferente de dinheiro e na execução de obrigações de fazer, quando a prestação pode ser executada por terceiro à custa do devedor, sejam elas objeto de processos de execução autônomos ou de meros procedimentos de cumprimento de sentença no mesmo processo em que foram proferidas as decisões judiciais que constituem os respectivos títulos executivos. ARAKEN DE ASSIS[80] aponta como meios sub-rogatórios o *desapossamento* na execução para entrega de coisa, a *transformação* na execução de obrigações de fazer e a *expropriação* na execução pecuniária. A complexidade de certas execuções, a que já aludimos, tem gerado uma série incalculável de meios sub-rogatórios agasalhados genericamente pela lei (CPC, arts. 139, inc. IV, e 536), planejados, supervisionados e fiscalizados pelo juiz, mas que na verdade não são por ele próprio efetivados, mas por outros agentes públicos ou privados, de acordo com as exigências das

---

comentários ao Título II – Das Diversas Espécies de Execução.
79 Em contrário, a conhecida opinião de LIEBMAN (*Processo de execução*. 4ª ed. São Paulo: Saraiva, 1980, p. 6): "Vários autores consideram como sendo uma forma de execução a chamada execução indireta, que consiste na aplicação das chamadas medidas de coação, tendentes a exercer pressão sobre a vontade do devedor para induzi-lo a cumprir a obrigação (multas, prisão etc.). Apesar de seu caráter coativo, essas medidas visam conseguir a satisfação do credor com a colaboração do devedor, constrangido a cumprir sua obrigação para evitar males maiores. Faltam-lhes, contudo, os caracteres próprios da execução estritamente entendida. Será verdadeira execução só a atividade eventualmente desenvolvida pelos órgãos judiciários para cobrar, por exemplo, as multas aplicadas".
80 ARAKEN DE ASSIS. Ob. e loc. cits.

prestações constantes do título. São o que vem sendo chamado de medidas estruturantes, de que trataremos adiante[81].

Ressalte-se que mesmo a execução que utiliza meios sub-rogatórios não dispensa o emprego de coações indiretas sobre o devedor ou sobre o seu patrimônio, para estimulá-lo a agir com lealdade e a colaborar com o juiz, como nas hipóteses dos arts. 139, inciso IV, e 774, parágrafo único, do Código de Processo Civil. Ademais, em muitos casos os atos praticados no emprego dos meios sub-rogatórios, como a penhora, acabam pressionando o devedor a cumprir voluntariamente a obrigação[82].

Quanto ao *pedido mediato*, ou seja, quanto à natureza do bem jurídico, as execuções podem ser *mobiliárias* ou *imobiliárias*, conforme o objeto da prestação seja um bem móvel ou um bem imóvel. O direito italiano, o direito alemão e o direito francês adotam procedimentos diversos para as execuções mobiliárias ou imobiliárias, com maior simplicidade para as primeiras. Mas o que está em jogo, nesses casos, não é o objeto da prestação, mas o objeto da garantia ou do bem sobre o qual deverão recair os atos executórios. Ainda quanto ao pedido mediato, as execuções se classificam quanto ao tipo de prestação em execuções pecuniárias (*por quantia certa*), execuções *para entrega de coisa* diferente de dinheiro (coisa certa ou incerta) e execuções *de obrigações de fazer ou de não fazer*.

Os meios executórios variam em função da natureza da prestação ou do bem jurídico objeto da prestação. Se o bem móvel objeto do crédito é dinheiro, o meio executório mais comum será a expropriação de algum bem do devedor ou dos respectivos rendimentos. Se o bem móvel é coisa diferente de dinheiro, o meio executório usual será o desapossamento, a retirada do bem da esfera de domínio do devedor, através da apreensão e da entrega do bem ao credor. Se o bem objeto do crédito é imóvel, o meio executório também é o desapossamento, através da imissão do credor na posse do bem. Se o bem é uma obra (prestação de fato) que pode ser executada por terceiro – construir um prédio, escrever um livro, por exemplo –, o meio executório pode ser a contratação do terceiro. Se a obra não pode ser feita por terceiro, porque per-

---

81 V. Marco Félix Jobim. *Medidas estruturantes*: da Suprema Corte Estadunidense ao Supremo Tribunal Federal. Porto Alegre: Livraria do Advogado, 2013. V. também o item 63 dos comentários ao art. 814.

82 Giorgio Costantino. Degiurisdizionalizzazione della espropriazione immobiliare. *Rivista Trimestrale di Diritto e Procedura Civile*, ano XLVII. Milano: Giuffrè, 1993, p. 1054: "Ne consegue che i processi espropriativi non svolgono più la funzione, che è loro propia, di tecniche di attuazione del diritto di credito, sostitutive dell'adempimento, ma, nella maggior parte dei casi, funzionano da stimolo all'adempimento. Il criterio discretivo tra espropriazione forzata e misure coercitive, nettissimo sul piano formale, tende ad essere molto più sfumato nella realtà". V., também, acima o item 6 dos meus comentários ao Título II – Das Diversas Espécies de Execução.

sonalíssima – como ocorre, por exemplo, com as obras de arte –, o meio executório é a multa pecuniária ou outro meio de coação indireta. Se o bem jurídico é a abstenção de um fato já violada, o meio executório é o desfazimento ou a demolição da obra, se materialmente possível. Se o bem jurídico é a abstenção de um fato ainda não violada, o meio executório será uma multa ou outro meio de coação indireta para impedir a violação ou sancioná-la se sobrevier. Além desses meios que podem ser considerados normais, outros podem ser determinados pelo juiz de acordo com as peculiaridades da prestação a ser cumprida e com a necessidade de efetivar o seu cumprimento pelo modo menos oneroso para o executado (CPC, art. 805).

As execuções de entrega de coisa e de fazer ou não fazer são chamadas *específicas*, conforme as denominaram os arts. 2.930 a 2.932 do Código Civil italiano, porque a satisfação do credor não se efetiva preferencialmente pela incidência dos atos executórios sobre os bens do devedor, nem pela entrega de dinheiro, como na execução pecuniária, nem mesmo pela incidência das demais regras que disciplinam a responsabilidade patrimonial, mas pela prática pelo juiz ou por terceiros de atos que concretizem a entrega ao credor de prestação específica diversa a que faz jus, conforme previsto no título executivo, ou seja, o fazer, o não fazer ou a entrega da coisa. Modernamente, o sistema processual procura munir o credor dos mais eficazes meios disponíveis para que receba precisamente a prestação constante do título, e não mais o sucedâneo das perdas e danos, que passa a constituir a última solução.

Quanto à *causa de pedir próxima*, a natureza do direito em que se fundamenta o pedido, as execuções também se submetem à classificação das ações em geral, em *pessoais* e *reais*. Há execuções fundadas em direito real, como as execuções hipotecária e pignoratícia, e execuções fundadas em direitos meramente obrigacionais ou em outros direitos pessoais, como os direitos de família.

Da composição da *causa de pedir remota*, faz parte o título executivo que determina a importante classificação das execuções, conforme a natureza do título, em *execuções de títulos judiciais* e *extrajudiciais*. Seguindo o modelo italiano, o Código de 1973 adotou procedimento único para os dois tipos de execução, embora com diferente amplitude dos embargos do devedor, em um ou em outro. As Leis ns. 10.444/2002 e 11.232/2005 acabaram com essa simetria, determinando a execução em fase subsequente do mesmo processo cognitivo de que resultou o título que denomina simplesmente *cumprimento de sentença*, sem a instauração de processo autônomo, da maior parte das execuções de títulos judiciais, excluídas apenas as de pensão alimentícia e contra a Fazenda Pública. O Código de 2015 seguiu a mesma orientação, transferindo para o chamado cumprimento de sentença também as execuções de pensão alimentícia e contra a Fazenda Pública fundadas em títulos judiciais.

8. Espécies de procedimentos executórios

Quanto ao procedimento, as execuções podem variar em função de múltiplas circunstâncias, mas, em geral, acompanham a espécie de prestação (pedido mediato) a ser satisfeita, porque a cada tipo de prestação normalmente corresponde uma espécie de atividade executória: a execução *por quantia certa* nas obrigações pecuniárias; a execução *para entrega de coisa certa ou incerta* nas obrigações de dar não pecuniárias; a execução *das obrigações de fazer ou de não fazer* nessas obrigações. Com as reformas das Leis ns. 10.444/2002 e 11.232/2005 e do Código de 2015, a respeito de cada um desses tipos de prestações há dois procedimentos diversos, conforme os títulos em que se fundamentam sejam judiciais ou extrajudiciais. No primeiro caso, são procedimentos de *cumprimento de sentença*, normalmente em continuação ao mesmo processo em que se formou o título judicial, exceto nos casos de sentença penal condenatória, sentença estrangeira e sentença arbitral, em que o cumprimento forma um novo processo (CPC, art. 515, § 1º), porque não havia processo civil judicial anterior. Apesar desses dois tipos de procedimentos – processo de execução autônomo e cumprimento de sentença para prestações da mesma natureza –, cujas diferenças examinaremos mais adiante, o paralelismo entre eles é de tal ordem que o Código de 1973, no art. 475-R introduzido pela Lei n. 11.232/2005, determinou a aplicação subsidiária ao cumprimento de sentença das normas que regem o processo de execução de título extrajudicial. Mais completo, o Código de 2015 estabeleceu uma subsidiariedade recíproca entre os procedimentos executórios fundados em título judicial e extrajudicial, nos termos dos arts. 513 e 771, parágrafo único: subsidiariedade das normas do processo de execução autônomo em relação ao cumprimento de sentença e das normas deste em relação àquele.

Não existe na execução um procedimento comum, como no processo de conhecimento e na jurisdição voluntária, embora a execução por quantia certa, por estar regulada com mais pormenor, desde que compatível, possa em alguns casos ser utilizada como procedimento-padrão, aplicando-se as suas regras subsidiariamente às demais formas de execução.

Para os créditos consistentes no pagamento de importância em dinheiro, o legislador institui a chamada *execução por quantia certa*, que o Código regula, com essa denominação, como procedimento executório autônomo de título extrajudicial nos arts. 824 a 909 e como procedimento em geral complementar do processo de conhecimento, com a denominação de *cumprimento da sentença que reconhece a exigibilidade de obrigação de pagar quantia certa*, fundado em título judicial, nos arts. 520 a 527.

Trata-se de execução individual que cada credor move em seu benefício exclusivo e que incide apenas sobre os bens do devedor suficientes para o pagamento do seu crédito, contrapondo-se à execução por quantia certa contra o devedor civil insolvente, regulada nos arts. 748 a 786-A do Código de 1973, mantidos transitoriamente em vigor pelo art. 1.052 do Código de 2015, e à falência do devedor empresário, objeto da Lei de Falências (Lei n. 11.101/2005), execuções coletivas instauradas em benefício de todos os credores do devedor comum, em que são arrecadados e transformados em dinheiro todos os seus bens, até o pagamento integral de todos os seus credores ou o esgotamento desses bens.

A partir do momento em que o direito romano abandonou a execução corporal, que sujeitava o devedor à prisão, ao trabalho escravo e a castigos corporais para forçá-lo a pagar as suas dívidas, o seu patrimônio passou a ser o objeto principal da atividade executória, através da *pignoris capio*, da *bonorum venditio* e da *bonorum distractio*, anteriormente mencionadas[83].

E como demoraram a surgir execuções específicas de prestações para a entrega de coisa ou para fazer ou não fazer, a execução expropriatória foi também utilizada nesses casos, ou, quando criadas as execuções específicas, para substituí-las se considerado impossível ou desvantajoso o cumprimento da obrigação na forma constante do título.

Daí resulta que, embora na execução não exista, como no processo de conhecimento, no processo cautelar do Código de 1973 ou na jurisdição voluntária, um procedimento *comum*, porque a cada tipo de atividade executória corresponde um rito diferente, os procedimentos da execução individual e do cumprimento de sentença por quantia certa são subsidiários dos demais, não somente porque regulados em maior extensão, mas porque em perdas e danos, ou seja, em pecúnia podem vir a converter-se quaisquer outras espécies de prestações (CPC, art. 499) e, assim, com frequência uma execução para entrega de coisa ou de prestação de fazer ou não fazer acaba por transformar-se em execução pecuniária.

Além disso, esses procedimentos podem ser considerados comuns em relação a todos os demais relativos a prestações pecuniárias, regulados dentro e fora do Código de Processo Civil, como o processo de execução e o cumprimento de sentença contra a Fazenda Pública (CPC, arts. 910, 534 e 535), o processo de execução e o cumprimento de pensão alimentícia (CPC, arts. 911 a 913 e 528 a 533), e a execução fiscal (Lei n. 6.830/80; CPC de 2015, arts. 771 e 1.046, § 2º), entre outras.

---

83 V. Leonardo Greco. *O processo de execução*, vol. 1. Rio de Janeiro: Renovar, 1999, p. 11-26.

A caracterização de um ou de outro como comum ou especial pode ser relevante para efeito de cumulação de execuções, como observam Fredie Didier Jr. *et alii*, tendo em vista o disposto no art. 327 do Código[84].

Todos esses procedimentos veiculam execuções *por quantia certa,* porque têm por objeto o pagamento de importância determinada em moeda nacional, na qual deve converter-se qualquer outro padrão de quantificação, como o ouro ou moeda estrangeira.

As execuções por quantia certa adotam principalmente um meio executório de sub-rogação, porque nelas o órgão estatal encarregado da execução penetra no patrimônio do devedor e na sua liberdade de agir e de dispor para realizar exatamente a mesma atividade prática que o credor tinha o direito de exigir do devedor, ou seja, o pagamento da importância em dinheiro objeto do título, entregando a quantia de que disponha, ou transformando outros bens em pecúnia para, com esta, quitar a sua dívida.

Às execuções por meio de sub-rogação se opõem as execuções por coações indiretas, em que, sendo impossível ao órgão executório substituir-se ao próprio devedor no exercício da mesma atividade prática a que o credor faz jus, exerce sobre a vontade do devedor todas as pressões e ameaças juridicamente admitidas para forçá-lo a sair da posição de resistência ou de inércia e cumprir a prestação devida, como ocorre frequentemente nas obrigações de não fazer e nas de fazer infungíveis.

Isso não quer dizer que nas execuções por quantia certa, nas de entrega de coisa diferente de dinheiro e nas de fazer fungíveis não se empreguem coações indiretas, que o Código de 2015 expressamente autorizou (arts. 139, inc. IV, 536, 538, § 3º, 771, parágrafo único, 806, § 1º, e 814), mas apenas que nelas o principal meio executório é a própria substituição da vontade omitida pelo devedor pela vontade do Estado, manifestada através do órgão executório e dos seus agentes.

As execuções por quantia certa adotam como meio executório sub-rogatório usual a expropriação, que é a retirada do bem apreendido do patrimônio do devedor para, com ele próprio ou com o produto da sua alienação, satisfazer o crédito em dinheiro do exequente.

Apesar do aparente otimismo de Carnelutti, que, em relação ao código italiano de 1940, observava que o legislador havia traçado um procedimento bastante flexível, que abria muitos espaços para que o juiz adotasse as provi-

---

84 Fredie Didier Jr. Leonardo Carneiro da Cunha. Paula Sarno Braga. Rafael Alexandria de Oliveira. *Curso de direito processual civil*: execução. 9ª ed. Salvador: Juspodivm, 2019, p. 50.

dências mais adequadas, de acordo com as necessidades do caso concreto[85], existe hoje uma consciência bastante generalizada de que os procedimentos da execução por quantia certa são excessivamente formalistas e que, para realizar o próprio crédito através da liquidação coativa do patrimônio do devedor, o credor é forçado a aventurar-se numa faina processual extremamente custosa que muitas vezes dará os seus frutos, se der algum fruto, a uma distância de vários anos[86].

Perseguirei sempre como ideal a adoção de medidas legislativas ou de gestão judiciária que possibilitem a aceleração e a busca de maior eficiência na execução pecuniária, sem prejuízo do garantismo que deve estar presente em toda atividade jurisdicional. O que me parece certo é que a execução por quantia certa não pode simplesmente desaparecer, deixar de existir, como consequência de uma ilusória execução imediata cumprida informalmente no próprio processo de conhecimento ou como simples exaurimento da atividade jurisdicional nela desenvolvida.

A atividade executória tem limites naturais, limites políticos e limites que, mesmo não queridos pelo ordenamento, devem ser respeitados, em respeito à natureza das coisas e a direitos fundamentais de excepcional relevância, como veremos adiante. Além disso, a execução tem objetivos antagônicos, igualmente relevantes, que devem ser perseguidos simultaneamente, a saber, a mais ampla satisfação do credor com o mínimo prejuízo para o devedor, que precisam ser atingidos, sob pena de vulneração das garantias mínimas de um processo justo e de transformar-se a execução em atividade puramente arbitrária.

A execução pecuniária (*por quantia certa*) varia o seu procedimento em função do estado patrimonial do devedor, em individual e coletiva. A primeira, para o devedor solvente, em que cada credor do mesmo devedor normalmente propõe a sua demanda em separado. Já para o insolvente, como todos os seus bens não bastam para garantir o pagamento integral de todos os seus credores, estes podem ser obrigados a reunir-se em execução única, de caráter coletivo, para em conjunto receberem total ou parcialmente os seus créditos, observadas as preferências legais e a regra do rateio entre os credores que não tiverem qualquer título de preferência. Em nosso direito, se o devedor for empresário, a execução coletiva será a falência, regulada na lei própria (Lei n.

---

[85] Francesco Carnelutti. *Instituciones del proceso civil,* trad. da 5ª ed. italiana por Santiago Sentís Melendo, vol. III. Buenos Aires: EJEA, 1973, p. 10.
[86] Giuseppe Mazzocco. Alcuni suggerimenti per ridurre i tempi dell'espropriazione immobiliare. *Rivista Trimestrale di Diritto e Procedura Civile,* ano XLIV. Milano: Giuffrè, 1990, p. 1270.

11.101/2005); se for devedor civil, será a insolvência civil, regulada nos arts. 748 a 786 do Código de 1973, mantidos em vigor pelo art. 1.052 do Código de 2015.

Há também na execução por quantia certa alguns procedimentos especiais, como o da execução contra a Fazenda Pública (arts. 534-535 e 910), o da execução de pensão alimentícia (arts. 528 a 533 e 911 a 913) e outros previstos em leis especiais, como o da execução fiscal (Lei n. 6.830/80), o dos Juizados Especiais (Lei n. 9.099/95), o dos contratos de alienação fiduciária (Decreto-lei n. 911/69), o dos créditos do Sistema Financeiro da Habitação (Leis ns. 5.741/71 e 8.004/90) e o das cédulas de crédito industrial (Decreto-lei n. 413/69).

Há, por fim, títulos judiciais que se sujeitam ao que frequentemente tem sido qualificado de execuções impróprias. São condenações decorrentes de procedimentos especiais, cujo cumprimento dispensa uma sequência de atos coordenados para a sua execução, que parte da doutrina brasileira caracteriza como provimentos mandamentais e executivos *lato sensu*, como as sentenças concessivas de mandado de segurança, as sentenças de procedência de ações possessórias e de despejo, entre outras, que se cumprem com a simples expedição e acolhimento de ofícios ou mandados judiciais. Entretanto, mesmo nesses procedimentos especiais, o cumprimento da prestação imposta no título pode não se revelar tão simples, exigindo o encadeamento de uma série de atos, caso em que se sujeitarão às regras dos procedimentos executórios legalmente previstos em função da natureza do título e da natureza da prestação.

Para os créditos consistentes na entrega de coisa diferente de dinheiro, o Código institui o procedimento da execução para entrega de coisa, regulada como processo autônomo nos arts. 806 a 813. Quando esse tipo de prestação resultar de decisão condenatória, o procedimento é o do "cumprimento de sentença que reconheça a exigibilidade de obrigação de entregar coisa", regulado nas disposições gerais do cumprimento de sentença (arts. 513 a 519) e no art. 538. Aqui também a simetria dos procedimentos mencionados, instaurados conforme se trate de título extrajudicial ou judicial, subordina-os à subsidiariedade recíproca das respectivas regras, nos termos dos arts. 513 e 771, parágrafo único.

A execução para entrega de coisa diferente de dinheiro é normalmente sub-rogatória, por *desapossamento*. O juiz expede em favor do credor mandado de busca e apreensão ou de imissão de posse, conforme se trate de bem móvel ou imóvel. Se se tratar de coisa relativamente indeterminada ou determinada apenas pela espécie, quantidade e características que não sejam suficientes para individualizá-la, a que a lei denomina *coisa incerta*, antes da expedição do mandado é necessário instaurar uma fase para individualização do bem (arts. 811 a 813). Entretanto, a complexidade ou dificuldade que seja imposta ao credor para ser investido na posse do bem pode exigir que sejam adotadas outras medidas sub-rogatórias ou de coação indireta, como facultam os arts. 139, inciso IV, e 538, § 3º, combinado com o art. 536, e ainda o art. 806, § 1º.

As execuções de obrigações de fazer ou de não fazer se submetem às regras dos arts. 536, 537 e 814 a 823 do Código e se sujeitam a mais de um procedimento, conforme se trate de prestação positiva ou negativa. Quanto à primeira, a atividade exigida pode ser uma obra ou um serviço que possa ser realizado por outra pessoa, não necessária e exclusivamente pelo devedor. É a obrigação de fazer fungível, cuja efetivação natural, na inércia do devedor, é a execução sub-rogatória por terceiro ou pelo próprio credor, nas mesmas condições em que o devedor deveria tê-lo feito. Se a obrigação for personalíssima, somente o devedor poderá cumpri-la e a execução não será sub-rogatória, mas se promove por meio de coações indiretas de pressão psicológica sobre a vontade do devedor, para induzi-lo a prestar o serviço ou a realizar a obra. A coação mais comum é a imposição de multa pecuniária periódica, a chamada *astreinte*.

As obrigações de não fazer, ou seja, de abster-se de praticar um ato ou de omitir uma determinada atividade, podem ser executadas, antes que ocorra o descumprimento por meio de coações indiretas inibitórias, como a multa pecuniária a incidir em caso de violação do dever de abstenção. Após a violação, cumpre distinguir entre as obrigações de não fazer de violação instantânea ou de violação permanente. No primeiro caso, a obrigação já foi infringida irremediavelmente e a execução será pecuniária, das perdas e danos daí decorrentes. No segundo caso, a violação deverá ser desfeita, o que consistirá numa atividade positiva, num *fazer*, que seguirá os procedimentos e adotará os meios coativos que correspondem às obrigações dessa espécie.

As obrigações de fazer, sejam elas fungíveis ou infungíveis, a critério do credor, podem também ser executadas pelo devedor ou por terceiro por meio da obtenção do resultado prático equivalente, tanto por meios sub-rogatórios quanto por meio de coações indiretas.

O Código de 1973, em sua redação original (art. 570), conservava instituto oriundo de Códigos estaduais, que permitia ao devedor promover a citação do credor para vir receber crédito constante de título judicial, como se fosse uma execução às avessas, promovida pelo devedor contra o credor. A doutrina majoritária[87] via nesse preceito, que acabou revogado pela Lei n.

---

87 ALCIDES DE MENDONÇA LIMA. *Comentários ao Código de Processo Civil*. Arts. 566-645, vol. VI. 4ª ed. Rio de Janeiro: Forense, 1985, p. 153; AMÍLCAR DE CASTRO. *Comentários ao Código de Processo Civil*, vol. VIII. São Paulo: Revista dos Tribunais, 1974, p. 20.

11.232/2005, uma verdadeira ação de consignação em pagamento, ação de conhecimento declaratória, cujo procedimento não é o da execução.

O Código de 2015 restaura esse instituto no art. 526, estabelecendo que o réu, condenado ao pagamento de prestação pecuniária, antes de intimado para o cumprimento da sentença, ofereça em juízo, mediante depósito, o valor que entender devido. Ouvido em cinco dias o autor, que poderá impugnar o valor depositado e levantá-lo como incontroverso, decidirá o juiz. Não se trata de verdadeira execução, mas de ação incidente de consignação em pagamento de rito especial, que agora se justifica porque no regime do processo sincrético, proferida a sentença condenatória o processo não se encerra, aguardando a fase de cumprimento. Com essa iniciativa, o devedor precipita a sua extinção, abrevia os efeitos da sua mora e evita a incidência da multa a que se refere o § 1º do art. 523.

ANDRE VASCONCELOS ROQUE observa que com esse pagamento espontâneo o devedor não só afasta a incidência da multa e dos honorários de advogado da execução, mas também obtém a quitação da sua obrigação e a extinção do processo. O autor exclui a natureza consignatória do incidente, porque, embora o efeito prático seja semelhante, este não pressupõe mora do credor[88].

FREDIE DIDIER JR. concorda que não seja uma ação de consignação em pagamento, por não pressupor a recusa do credor, mas sustenta que se trata de uma ação de jurisdição voluntária, que "pode dar ensejo a uma controvérsia, após a ouvida do interessado, que no caso é o credor"[89].

Não merecem guarida esses entendimentos. Como observa SALVATORE PUGLIATTI, o esgotamento da jurisdição cognitiva pela sentença condenatória devolve a cobrança do crédito para o plano do direito material, e são as normas deste que disciplinam a relação jurídica entre credor e devedor[90]. Perante o direito material o que decorre da condenação é a obrigação do devedor de pagar a prestação reconhecida na sentença. Mas desse direito material também decorre um direito para o devedor, que é o direito de efetuar o pagamento por

---

88 ANDRE VASCONCELOS ROQUE. Comentário ao artigo 526. In: FERNANDO DA FONSECA GAJARDONI. LUIZ DELLORE. ANDRE VASCONCELOS ROQUE. ZULMAR DUARTE DE OLIVEIRA JR. *Comentários ao CPC de 2015*: processo de conhecimento e cumprimento de sentença. Rio de Janeiro: Método, 2016, p. 761.

89 FREDIE DIDIER JR. Notas sobre o cumprimento espontâneo da obrigação antes da intimação (art. 526, CPC). In: JOSÉ ROBERTO DOS SANTOS BEDAQUE. FLAVIO LUIZ YARSHELL. HEITOR VITOR MENDONÇA SICA (coords.). *Estudos de direito processual civil em homenagem ao Professor José Rogerio Cruz e Tucci*. Salvador: Juspodivm, 2018, p. 310.

90 SALVATORE PUGLIATTI. *Esecuzione forzata e diritto sostanziale*. Milano: Giuffrè, 1935, p. 127.

consignação caso ocorra mora do credor em receber o que lhe é devido (Código Civil, arts. 334-345).

A mora do credor se verifica, nas obrigações a termo, no primeiro dia seguinte ao vencimento da obrigação, se recusou o pagamento direto oferecido pelo devedor, nas obrigações portáveis, ou se não procurou receber o pagamento, nas obrigações quesíveis.

Nas obrigações impostas por sentenças condenatórias, a mora do credor se caracteriza a partir do momento em que a prestação se torna exigível, ou seja, no momento do trânsito em julgado da sentença, e o credor não lhe promoveu a execução ou o cumprimento. Daí nasce o direito do devedor à consignação pela via do incidente previsto no art. 526. Nesse sentido havia se pacificado a doutrina na vigência do art. 570 do Código de 1973, pois, nas palavras de TEORI ZAVASCKI, "o devedor tem interesse jurídico e, não raro, a necessidade mesmo, de solver a obrigação, seja para livrar-se dos encargos da mora, seja para resguardar seu renome, seja para restaurar seu crédito e, assim, encetar novos negócios"[91].

O ajuizamento do incidente pelo devedor somente impede que o credor requeira o cumprimento da sentença se o primeiro efetuar o depósito integral da dívida[92]. Trata-se de ação declaratória de jurisdição contenciosa. Há lide tanto se o réu (credor) resiste ao pedido do autor (devedor) ou se simplesmente não o satisfaz, porque não aceita o recebimento extrajudicial da condenação ou não promove o seu cumprimento judicial, eis que o réu está lesado no seu direito de obter a quitação da dívida.

O disposto no art. 526 não se aplica ao cumprimento de sentença penal condenatória, de sentença arbitral ou de sentença estrangeira, porque nesses casos, enquanto não ajuizado o procedimento executório, não há processo civil do que tenha resultado a sentença que permita a proposição da consignação como incidente, casos em que, se inerte o credor, deverá o devedor propor a ação de consignação em pagamento.

---

91 TEORI ALBINO ZAVASCKI. *Comentários ao Código de Processo Civil*: do processo de execução. Arts. 566 a 645, vol. 8. 2ª ed. São Paulo: Revista dos Tribunais, 2003, p. 87.

92 ROSALINA P. C. RODRIGUES PEREIRA. *Ações prejudiciais à execução*. São Paulo: Saraiva, 2001, p. 376: "Seu ajuizamento não impede o ajuizamento da ação executiva, porque não tem o condão de tornar ilíquido, incerto ou inexigível o título executivo judicial, o que ocorre, *v.g.*, quando o devedor deposita valor inferior e o credor não pretende suportar a demora no procedimento da ação consignatória. Mas, havendo o levantamento do depósito pelo credor, ou sendo julgada procedente em momento anterior o término da ação executiva, deve esta ser extinta, arcando o credor com os ônus sucumbenciais de ambas as ações".

Além dos requisitos da consignação em pagamento, a instauração do incidente exige que haja trânsito em julgado da decisão condenatória, que a condenação seja líquida e que credor ainda não tenha proposto o seu cumprimento. O procedimento é sumário quanto à extensão, mas não quanto à profundidade. A decisão que dele resultar fará coisa julgada entre as partes.

CAPÍTULO I
DISPOSIÇÕES GERAIS

Neste capítulo, composto pelos arts. 797 a 805, o Código reúne uma série de regras aplicáveis a todas as espécies de procedimentos executórios, sejam eles regulados nos capítulos subsequentes deste Título II do Livro II da sua Parte Especial (execução para a entrega de coisa – arts. 806-813; execução das obrigações de fazer ou de não fazer – arts. 814 a 823; execução por quantia certa – arts. 824-909; execução contra a fazenda pública – art. 910; e execução de alimentos – arts. 911-913), como processos de execução autônomos, sejam os tratados no Título II do Livro I da mesma parte, relativos ao cumprimento de sentença (disposições gerais – arts. 513-529; cumprimento provisório da sentença que reconhece a exigibilidade de obrigação de pagar quantia certa – arts. 520-522; cumprimento definitivo da sentença que reconhece a exigibilidade de obrigação de pagar quantia certa – arts. 523-527; que reconheça a exigibilidade de obrigação de prestar alimentos – arts. 528-533; que reconheça a exigibilidade de obrigação de pagar quantia certa pela fazenda pública – arts. 534 e 535; que reconheça a exigibilidade de obrigação de fazer ou de não fazer – arts. 536 e 537; e de obrigação de entregar coisa – art. 538).

Em verdade é assistemática a distribuição das matérias disciplinadas nos Títulos I e II deste Livro II da Parte Especial do Código, porque no primeiro, sobre a execução em geral, se encontram diversas disposições que são específicas da execução por quantia certa, como as relativas à responsabilidade patrimonial (arts. 789 a 796). Por outro lado, vários dispositivos do Título II, sobre as diversas espécies de execução, implementam regras que decorrem diretamente dos princípios gerais que regem a jurisdição de execução.

9. Princípios da execução

A execução é a parte do direito processual civil que regula o conjunto de atividades práticas que os órgãos jurisdicionais exercem na busca da satisfação de uma prestação consubstanciada num título pré-constituído de dívida. Esse conjunto de atividades é disciplinado por princípios e regras que compõem um subsistema normativo dentro do sistema processual civil de cada ordenamento jurídico.

O conceito de princípio é controvertido. Todos concordam que os princípios são normas indeterminadas, o que não é suficiente para distingui-los de outras normas, porque também estas, as regras, são formuladas em termos gerais e abstratos.

Como explica Riccardo Guastini, o vocábulo *princípio* tem um evidente componente axiológico, como norma fundamental, dotada de uma importância especial no sistema jurídico, conferindo a esse sistema uma determinada identidade[93].

Os princípios são normas cuja aplicação ultrapassa a eficácia das regras que eventualmente os positivam, influenciando e condicionando a aplicação e a interpretação de todas as regras do ordenamento jurídico.

O intérprete ou aplicador de qualquer regra deve sempre ter em vista a sua subordinação aos princípios, buscando dar a estes a mais ampla efetividade. Neste sentido é que os princípios foram definidos por Robert Alexy como *mandados de otimização*[94].

Por isso, Humberto Ávila leciona que "os princípios são normas imediatamente finalísticas, primariamente prospectivas e com pretensão de complementaridade e de parcialidade, para cuja aplicação se demanda uma avaliação da correlação entre o estado de coisas a ser promovido e os efeitos decorrentes da conduta havida como necessária à sua promoção"[95].

A explicitação de princípios é indispensável à concepção de qualquer sistema normativo. Na lição de Claus-Wilhelm Canaris, ordem, unidade e, em consequência desta, hierarquia são características de todo sistema jurídico. O conceito de justiça exige que o sistema jurídico seja um ordenamento axiológico ou teleológico no sentido de realização de escopos e de valores. É a compreensão racional da coerência das conexões entre as valorações jurídicas que forma o sistema jurídico, sistema dinâmico que acompanha a historicidade e a evolução dessas próprias valorações[96].

Há princípios positivados no ordenamento jurídico; outros são elaborados pela ciência jurídica, pela doutrina e pela jurisprudência; e outros, ainda, constituem a expressão de valores de tipo moral, político ou religioso assimilados pelo ordenamento jurídico. As diretrizes que deles emanam não são subjetivas

---

93 Riccardo Guastini. *Le fonti del diritto*: fondamenti teorici. Milano: Giuffrè, 2010, p. 202.
94 Robert Alexy. *Teoria dos direitos fundamentais*. São Paulo: Malheiros, 2008, p. 90 e 103-104.
95 Humberto Ávila. *Teoria dos princípios*. 16ª ed. São Paulo: Malheiros, 2015, p. 102.
96 Claus-Wilhelm Canaris. *Pensiero sistematico e concetto di sistema nella giurisprudenza*. Napoli: Edizioni Scientifiche Italiane, 2009, p. 44-86.

ou emotivas de um único indivíduo, mas devem ser amplamente compartilhadas no interior da comunidade jurídica[97], da qual se tornam porta-vozes o legislador, a doutrina e a jurisprudência[98].

Na tradição positivista, os princípios eram extraídos das normas explicitadas pelo legislador, emanavam da própria lei, produzidos de baixo para cima, variando ao sabor das reformas legislativas. Ainda existe essa espécie de princípios, que poderíamos chamar de técnico-jurídicos. As normas são editadas para cumprir determinados fins, para realizar determinados valores que, por sua vez, influenciam a sua aplicação e interpretação.

A partir da reconstrução do Estado democrático de Direito na segunda metade do século XX, fundada no primado e na eficácia concreta da Constituição e dos direitos fundamentais por ela reconhecidos, o sistema jurídico e todos os seus subsistemas incorporaram princípios constitucionais, que assumem um verdadeiro primado na aplicação e interpretação das normas positivadas e até mesmo na aferição da sua validade. Nesse patamar superior também se encontram os princípios que emanam dos tratados internacionais de direitos humanos, incorporados ao nosso ordenamento constitucional e reveladores da própria noção de Estado de Direito e do conteúdo dos direitos fundamentais[99].

O direito não é apenas um conjunto de normas, mas um sistema orgânico de normas articuladas logicamente, formando uma unidade que não é simplesmente a soma de todas as suas partes[100], unidade essa que não se compõe apenas da lei ou do código que regula determinada matéria, como a execução, mas que se integra no ordenamento jurídico como um todo, no qual cada diploma legal se articula com todos os demais numa unidade e coerência que se funda na própria Constituição.

Por princípios gerais da execução entendem-se as grandes diretrizes que informam esse sistema normativo, sob cuja égide devem ser aplicados e inter-

---

97   DAMIANO CANALE. Il ragionamento giuridico. In: GIORGIO PINO. ALDO SCHIAVELLO. VITTORIO VILLA (a cura di). *Filosofia del diritto*: introduzione critica al pensiero giuridico e al diritto positivo. Torino: G. Giappichelli, 2013, p. 340; VITO VELLUZZI. Argomenti interpretativi. In: GIORGIO PINO. ALDO SCHIAVELLO. VITTORIO VILLA (a cura di). *Filosofia del diritto*: introduzione critica al pensiero giuridico e al diritto positivo. Torino: G. Giappichelli, 2013, p. 361-362.
98   V. DAMIANO CANALE. Il ragionamento giuridico. In: GIORGIO PINO. ALDO SCHIAVELLO. VITTORIO VILLA (a cura di). *Filosofia del diritto*: introduzione critica al pensiero giuridico e al diritto positivo. Torino: G. Giappichelli, 2013, p. 340.
99   GIOVANNI VARANESE. Canaris, il sistema e la giurisprudenza. In: CLAUS-WILHELM CANARIS. *Pensiero sistemático e concetto di sistema nella giurisprudenza*. Napoli: Edizioni Scientifiche Italiane, 2009, p. XXXII.
100 SANTI ROMANO. *L'ordinamento giuridico*. Reimpr. da 2ª ed. Firenze: Sansoni, 1951, p. 12.

pretados os preceitos que o compõem e sob cuja influência devem ditar a sua atuação os diversos sujeitos processuais.

A execução é informada por alguns princípios gerais comuns, aplicáveis a quaisquer processos, que aqui resumiremos, a saber: princípios *de iniciativa, do impulso processual oficial, do contraditório, dispositivo, da livre convicção, da publicidade, da lealdade e da oralidade*[101]. Além desses oito princípios comuns a todas as espécies de processo, a execução tem alguns princípios específicos: *o de que não há execução sem título, o de que a execução se realiza no interesse do credor, o da menor onerosidade para o devedor, o da disponibilidade e o da fungibilidade do meio executório.*

Alguns deles emanam diretamente do texto constitucional, como o do contraditório, trazendo consigo toda a força da eficácia concreta da própria Constituição. Outros consagram diretrizes ou valores constitucionalmente assegurados que, sob determinadas condições, podem ser alcançados sem a sua observância, como ocorre com o da oralidade, que confere efetividade ao contraditório como direito de influência, o que não exclui a utilização da forma escrita de inúmeros atos, desde que não implique redução da possibilidade de que cada uma das partes venha a influir eficazmente nas decisões judiciais.

A tendencial busca da máxima eficácia de todos os princípios deve ser entendida em seu conjunto, e não de cada um deles em particular, porque muitas vezes a eficácia de um pode ser limitada pela eficácia de outro ou pela eficácia de algum direito fundamental que àquele se contraponha, em determinado caso, quando seja conferido um peso maior a um outro princípio ou direito antagônico[102].

9.1. Princípio da iniciativa

A execução normalmente se instaura por iniciativa do exequente porque ainda nas poucas hipóteses em que a lei brasileira parece facultar ao juiz desencadeá-la, cumpre ao exequente preencher todos os requisitos necessários à sua implementação.

A iniciativa é uma garantia da liberdade do cidadão de que nenhuma intromissão por parte do Judiciário sofrerá na sua vida, nos seus negócios e no seu patrimônio, a não ser por solicitação sua ou por provocação de outro particular que com ele alegue manter alguma relação jurídica que a autorize. É também uma garantia da imparcialidade do juiz.

---

101 V. Leonardo Greco. *Instituições de processo civil*, vol. I. 5ª ed. Rio de Janeiro: Forense, 2015, p. 511-540.
102 Alexy. Ob. cit., p. 105.

Vários dispositivos deste e de outros capítulos do Código exprimem a ideia de que a função do juiz na instauração da execução é a de controle do preenchimento pelo exequente dos requisitos formais e substanciais que justificam o desencadeamento da atividade executiva, cabendo a este a fixação dos elementos individualizadores da demanda, a apresentação do título executivo, a escolha do meio executório, entre outras providências.

Em países como a Itália e a França, em que a execução se instaura perante o agente da execução, somente chegando às mãos do juiz depois de concretizados por aquele os primeiros atos executórios, mais acentuada é a distância do juiz da execução em relação ao controle do preenchimento dos requisitos para a execução, que é exercido inicialmente por aquele agente, assim como em relação à escolha dos meios executórios, por este supervisionada inicialmente.

Portanto, é do preâmbulo da Constituição da República, que proclama a liberdade como um dos valores supremos da sociedade brasileira, da garantia constitucional do devido processo legal, inscrita no seu art. 5º, inciso LIV, assim como do art. 8º da Convenção Americana de Direitos Humanos, que a todos assegura um tribunal independente e imparcial, que resulta o princípio da iniciativa ou da demanda. Nesse sentido, o art. 2º do Código de 1973 era muito mais expressivo do que o Código de 2015, que não reproduziu o teor daquele dispositivo, segundo o qual "nenhum juiz prestará a tutela jurisdicional senão quando a parte ou o interessado a requerer".

Como explicava CARNELUTTI, a execução é uma ação, por meio da qual o credor veicula uma pretensão de direito material diversa da requerida no processo de sentença, qual seja a atividade prática de satisfação do crédito constante do título. Não importa que não exista uma regra explícita de iniciativa do credor, a não ser a respeito da instauração do processo (CPC/2015, art. 2º), porque este é apenas o veículo das pretensões de direito material[103].

A execução individual normalmente se instaura por iniciativa do credor exequente. Entretanto, o Código de 2015, no art. 526, restaura dispositivo que já existiu na redação original do Código de 1973 (art. 570), que permite que o devedor se antecipe ao credor, após a condenação, para oferecer-lhe o pagamento do valor que entender devido. Não se trata propriamente de procedimento executório, porque não desencadeia qualquer atividade coativa, mas de verdadeira ação de conhecimento que visa a obter, aí sim, a quitação da dívida, como uma ação autônoma de consignação em pagamento.

---

103 FRANCESCO CARNELUTTI. *Processo di esecuzione*, vol. I. Padova: CEDAM, 1932, p. 90-94.

Na insolvência civil, que é a execução coletiva das dívidas do não empresário, e na falência do empresário a iniciativa de provocar o exercício da jurisdição cabe tanto ao credor como ao próprio devedor (CPC/73, art. 759, c.c. o art. 1.052 do CPC/2015; Lei n. 11.101/2005, art. 97).

O autor da execução fixa os seus elementos subjetivos e objetivos: quais são as partes, qual é o pedido (imediato e mediato) e qual é a causa de pedir (remota e próxima). Em geral, esses elementos se encontram documentados no título executivo, o que levava CARNELUTTI a observar que a demanda no processo executivo tem escasso relevo, resolvendo-se no simples requerimento da execução forçada em seguida ao inadimplemento de uma determinada obrigação[104]. Em princípio, proposta a execução, não pode o juiz modificar a identidade das partes, o pedido ou a causa de pedir, aplicando-se nesse caso as proibições de julgamento *extra* ou *ultra petita* (CPC, art. 492), com as ressalvas da disponibilidade e da variabilidade do meio executório, que examinaremos adiante nos itens 10.3 e 10.4 dos comentários ao presente capítulo.

Autor-exequente é aquele que formula o pedido de satisfação de um crédito e réu-executado é aquele contra o qual ou em relação ao qual foi o pedido formulado e que deverá sujeitar-se e ao seu patrimônio à atividade coativa e interventiva por parte do órgão jurisdicional. Normalmente, autor-exequente é o credor, titular ou portador de um título executivo (CPC, art. 778), e réu-executado é o devedor, igualmente identificado no título (CPC, art. 779, inc. I).

A causa de pedir são os fatos e os fundamentos jurídicos do pedido. Pela teoria da substanciação da causa de pedir, esta se subdivide em remota e próxima. Causa de pedir remota sãos os fatos, os acontecimentos do mundo e da vida de que se originou o direito invocado pelo autor como fundamento do pedido.

Na ação executiva a causa remota, a verdade fática geradora do direito material do autor, se exterioriza necessariamente e indissociavelmente em determinado título executivo, de modo que, se, porventura, outros fatos gerarem o mesmo direito, ou se os mesmos fatos estiverem comprovados por outros títulos não exibidos em anexo à inicial, o juiz não poderá presumir a existência da certeza, liquidez e exigibilidade do crédito exequendo a não ser com base no título executivo que serviu de instrumento para a propositura da ação e há de admitir-se outra execução com base em título diverso, embora relativa ao mesmo crédito[105].

---

104 FRANCESCO CARNELUTTI. *Diritto e processo*. Napoli: Morano, 1958, p. 329.
105 CARNELUTTI (*Processo di esecuzione*, vol. 1. Padova: CEDAM, 1932, p. 280 e ss.) admite multiplicidade de processos de execução para uma mesma lide em três casos:

Se o título executivo é um desses títulos abstratos, a que a lei confere a qualidade de representar um determinado crédito, independentemente do negócio subjacente de que se originou, então a causa de pedir remota é exclusivamente o próprio título, pois é dele que resulta o direito do exequente à prestação. Já no caso de o título ser apenas o documento representativo da dívida, o exequente deverá indicar na inicial não apenas o título, mas os fatos geradores do seu direito à prestação[106]. Em qualquer caso, o título executivo integra a causa de pedir remota e é elemento individualizador da ação executiva.

A causa de pedir próxima é o direito subjetivo material do exequente à prestação, que resulta dos fatos e do título, associado ao inadimplemento do devedor ou ao provável inadimplemento, no caso da ação inibitória, que autoriza o primeiro a formular o pedido executório contra o último.

E o pedido é a postulação do autor, que também se subdivide em pedido ou objeto imediato e mediato. O pedido imediato é a providência jurisdicional invocada pelo autor para alcançar o bem jurídico que atenderá a sua pretensão, e o pedido mediato é justamente este bem do mundo ou da vida.

Na ação executiva o pedido imediato, a providência jurisdicional, é a série de atos coativos pleiteada pelo autor para obter a satisfação do crédito constante do título. É o que também se chama de *meio executório,* através do qual o juiz exerce a jurisdição satisfativa. E o pedido mediato é a prestação constante do título: o bem, o dinheiro, o serviço, a obra, a abstenção do ato, a declaração de vontade que o título autoriza o exequente a exigir do executado.

O meio executório normalmente não identifica a ação de execução, pois, apesar de absorver a maior parte dos atos do procedimento executivo e sobre ele se debruçar mais intensamente o juiz, o seu conteúdo é fungível, pode variar, porque o juiz deverá determinar de ofício que a execução adote o meio menos oneroso para o devedor (CPC, art. 805).

Exceções a essa regra ocorrem quando a própria lei, dentro de certos limites, faculta ao credor escolher o meio executório, como, por exemplo, na execução de alimentos, em que a lei permite a opção entre a execução indire-

---

a) quando em cada execução forem atingidos bens de natureza diversa (móveis, imóveis ou créditos), que facultam o emprego de meios executórios diversos; b) quando os bens se encontrarem em áreas geográficas de competências territoriais diversas; c) quando o credor age contra codevedores ou responsáveis diversos. Neste último caso, o credor não poderá receber nos diversos processos mais do que o valor integral da dívida.

106 João de Castro Mendes. *Acção executiva.* Lisboa: edição da AAFDL, 1980, p. 7.

ta sob ameaça de prisão ou a execução por quantia certa comum (arts. 528, § 8º, e 771) ou exige que a imposição de certos meios executórios dependa da iniciativa expressa do credor, como ocorre para a prisão civil do devedor de alimentos e também na penhora *on line* (art. 854), na inclusão do nome do executado em cadastro de inadimplentes (art. 782, § 3º) e na constituição de capital na execução de alimentos indenizatórios (art. 533)[107]. O próprio pedido mediato, o bem jurídico a que faz jus o exequente, em certos casos expressos e dentro de certos limites, pode ser alterado unilateralmente pelo credor, independentemente da anuência do devedor, como ocorre, por exemplo, na conversão de obrigações de entrega de coisa, de fazer e de não fazer em prestação equivalente ou em perdas e danos (arts. 497, 536, 809, 816 e 823), a que já fizemos alusão[108].

Se reputar inadequado o procedimento executivo, o juiz não pode converter de ofício a execução em ação de conhecimento, porque os pedidos são diferentes. Nesse caso, deverá determinar que o autor, sob pena de indeferimento da petição inicial, emende a inicial para adotar o procedimento adequado.

A escolha do meio executório pelo juiz também pode não interessar ao exequente. Por isso, a lei lhe faculta a desistência unilateral de qualquer medida executiva (art. 775), se não lhe convier e para resguardar-se de eventual responsabilidade por danos que o devedor venha a sofrer, caso a dívida venha a ser declarada inexistente (art. 776)[109].

Para alguns, a possibilidade de determinação pelo juiz da medida executiva constitui mitigação à congruência ou à adstrição, que costumam ser invocadas para qualificar o princípio da iniciativa. Na verdade, essa é uma característica comum à tutela executiva e à tutela cautelar. Como a satisfação da pretensão do autor implica uma invasão na esfera de liberdade do réu, o juiz deve dosar essa invasão para que ela seja a mais adequada com o mínimo de sacrifício dessa liberdade[110]. Diferentemente do que ocorre na jurisdição de

---

107 Fredie Didier Jr. Leonardo Carneiro da Cunha. Paula Sarno Braga. Rafael Alexandria de Oliveira. *Curso de direito processual civil*: execução. 9ª ed. Salvador: Juspodivm, 2019, p. 126-127.
108 V. item 7.2 dos comentários ao Título II – Das Diversas Espécies de Execução.
109 Conforme sustentei na vigência do Código de 1973, essa responsabilidade do credor não é objetiva, ao contrário do que proclama a maior parte da doutrina (Leonardo Greco. *O processo de execução*, vol. 2. Rio de Janeiro: Renovar, 2001, p. 48-57). Fredie Dider Jr. *et alii* (*Curso de direito processual civil*, vol. 5. 7ª ed. 2017, p. 89) citam opinião de Calmon de Passos, segundo o qual a regra do atual art. 776 somente incidiria "nas hipóteses de execução de título já pago, ou falso, ou absolutamente nulo; ou quando a respeito do ato jurídico que ele certifica ocorreu transação ou novação etc.".
110 Fredie Dider Jr. Leonardo Carneiro da Cunha. Paula Sarno Braga. Rafael

conhecimento, em que o acolhimento de um pedido declaratório satisfaz a pretensão de direito material do autor de modo totalmente diferente do que um pedido constitutivo ou condenatório, na jurisdição de execução, a diversidade de providência jurisdicional em nada influenciará a extensão ou a qualidade da tutela da sua pretensão de direito material.

Caso a escolha pelo juiz do meio coativo inadequado de qualquer modo prejudique o autor ou possa vir a agravar a sua responsabilidade, dele poderá ele desistir, nos termos do art. 775.

Na execução de obrigação de fazer, não fazer e entrega de coisa, a própria lei (CPC, arts. 497, 536 e 538, § 3°) mune o juiz do poder de impor *ex-officio* ao devedor todas as medidas coativas necessárias para fazê-lo cumprir voluntariamente a obrigação, como multa pecuniária diária, busca e apreensão, remoção de pessoas e coisas, desfazimento de obra e impedimento de atividade nociva. No art. 513, § 1°, ao exigir o requerimento do exequente, o Código menciona expressamente apenas o cumprimento de sentença de prestações pecuniárias, o que poderia levar ao entendimento de que no cumprimento de prestações de entrega de coisa, fazer ou não fazer, o procedimento executório pudesse instaurar-se *ex-officio*. Não me parece correto. A escolha do meio executório, como acima mencionado, é que foge à iniciativa exclusiva da parte, não a ação de execução ou de cumprimento, que se insere na esfera de liberdade do exequente, pois somente têm legitimidade para promover a execução forçada o credor e os demais sujeitos enumerados no art. 778[111]. De qualquer modo, a atividade executória não se desenvolverá se o credor não preencher os requisitos exigidos por lei e não manifestar a sua adesão ao meio executório porventura adotado *ex-officio* pelo juiz, como pressuposto da assunção da responsabilidade que sobre ele recai por força do art. 776.

Argumento decisivo invocado por SALVATORE SATTA para justificar a indispensabilidade da iniciativa do credor é o oferecido pela absoluta liberdade que lhe pertence de dispor da ação executiva, da qual pode ele desistir ou renunciar a seu exclusivo arbítrio, como entre nós é assegurado pelo já anteriormente mencionado art. 775 do Código[112].

Além da iniciativa originária de instauração da execução, a lei prevê em diversos casos a necessidade de requerimento do credor para a prática de de-

---

ALEXANDRIA DE OLIVEIRA. *Curso de direito processual civil*: execução. 9ª ed. Salvador: Juspodivm, 2019, p. 119-120.

111 V. HEITOR VITOR MENDONÇA SICA. Comentário ao art. 513. In: ANTONIO DO PASSO CABRAL. RONALDO CRAMER. *Comentários ao Novo Código de Processo Civil*. 2ª ed. Rio de Janeiro: Forense, 2016, p. 796.

112 SALVATORE SATTA. *L'esecuzione forzata*. Milano: Giuffrè, 1937, p. 106.

terminados atos executórios. É o que ocorre com a prisão civil do devedor de alimentos (CPC, art. 528), a inclusão do nome do executado em cadastro de inadimplentes (CPC, art. 782, § 3º), a penhora *on line* (CPC, art. 854), a constituição de capital na indenização por ato ilícito que inclua prestação de alimentos (CPC, art. 533), a efetivação do protesto, exceto em execução alimentícia (CPC, arts. 517 e 528, § 3º), já citados, bem como a expropriação por adjudicação ou por alienação judicial (arts. 876 e 879). Também as averbações, como atos de garantia do exequente e de terceiros, dependem de iniciativa deste em todas as hipóteses dos arts. 791, 792, incisos I, II e III, 799, incisos IX e X, 828, 844 e 868. Excetua-se a hipótese de averbação da penhora de direito do executado que está sendo pleiteado em juízo, porque neste caso a averbação é que efetiva a própria penhora perante juízo diverso daquele em que se processa a execução (CPC, art. 860). Mas não se trata de averbação no registro do bem, mas nos autos do processo em que ele é reivindicado.

Bruno Capponi ressalta nesses indispensáveis requerimentos incidentes, que existem em maior ou menor escala em determinados ordenamentos, uma verdadeira fragmentação da demanda executiva, sempre fiel ao princípio da congruência entre o pedido e o pronunciado, desde que não excedidos os limites prefixados pelo título executivo[113].

Na execução para entrega de coisa e na execução de obrigação de fazer ou de não fazer, em face da mora do devedor, o próprio bem jurídico almejado pelo credor pode ser convertido em prestação equivalente ou em perdas e danos, a seu requerimento, se impossível a execução específica, se o executado dificultar injustificadamente o seu cumprimento ou se não mais convier ao exequente (CPC, arts. 499, 809, 816, 821 e 823). Nesse caso, modifica-se o pedido mediato da ação, porque impossível ou não mais vantajosa para o credor a sua satisfação na forma específica.

É importante ressaltar, entretanto, que a conversão não é direito potestativo do credor exequente. Ouso afirmar que o executado tem direito a cumprir a obrigação na forma específica e não por meio do sucedâneo da prestação equivalente ou das perdas e danos. Imagine-se, por exemplo, o executor de uma obra de arte, que atrasa na sua entrega, mas está com a obra adiantada. A meu ver, os dispositivos acima citados não autorizam de imediato o credor a requerer, desde logo, a conversão em prestação equivalente ou em perdas e danos. Igualmente, se provocado judicialmente o executado, não entregar a obra no prazo que o juiz fixar, mas vier a justificar o atraso e demonstrar a possibilidade de concluí-la em prazo maior, de modo que ainda seja útil ao

---

113 Bruno Capponi. *Manuale di diritto dell'esecuzione civile*. 4ª ed. Torino: G. Giappichelli, 2016, p. 50.

credor a sua entrega, não poderá o credor redirecionar a execução para outra prestação. O direito a essa conversão nasce para o exequente da impossibilidade de cumprimento da prestação na forma específica de modo que lhe seja útil, ainda que com atraso. Se se mantiver essa utilidade, o atraso deverá ser ressarcido pelo executado, sem ficar o exequente autorizado a não receber a obra tal como devida e a pleitear prestação equivalente ou o seu valor em dinheiro.

Apesar do caráter garantístico do princípio da iniciativa, ainda remanescem no direito brasileiro, embora fora do processo civil comum, execuções *ex-officio*, independentemente de iniciativa originária do credor. São resquícios de intervencionismo exagerado, de caráter nitidamente paternalista, incompatíveis com a liberdade das partes e comprometedores da imparcialidade do juiz, em relações jurídicas que, se privadas, devem ter a sua tutela promovida pelos seus titulares, seus representantes ou demais sujeitos a que a lei confira legitimidade para defender em juízo os seus interesses e, se públicas, por aqueles órgãos a que a lei confere a sua postulação em juízo. É o que ocorre no processo trabalhista (CLT, art. 878[114]) e em alguns casos de falência subsequente a pedido de recuperação judicial (Lei n. 11.101/2005, art. 73).

Existem também atos executórios praticados independentemente de ação de execução, em certos procedimentos especiais que concentram no próprio processo de conhecimento a atividade executória ou em que esta se cumpre por simples ofício ou mandado. São aquelas ações a que CHIOVENDA denominava *ações com predominante função executiva*, como as possessórias, o despejo e a desapropriação, e, entre nós, também o mandado de segurança. Isso ocorre para investir o titular de direito reconhecido em sentenças constitutivas ou meramente declaratórias, como, por exemplo, na retificação do registro de nascimento para incluir a paternidade declarada por sentença ou no registro imobiliário da sentença de usucapião. Fala-se, nesses casos, de execução imprópria[115].

A autonomia do juiz na escolha do meio executório não pode levá-lo a dispensar requisitos formais legalmente previstos para o emprego de determinados meios executórios, em benefício da segurança jurídica, da exação e do respeito a direitos fundamentais no seu cumprimento, como a prática por dois oficiais de justiça na busca e apreensão para a satisfação de obrigação de fazer

---

114 A Lei n. 13.467/2017 deu nova redação a esse artigo, estabelecendo que "a execução será promovida pelas partes, permitida a execução de ofício pelo juiz ou pelo Presidente do Tribunal apenas nos casos em que as partes não estiverem representadas por advogado".
115 V. CARLOS MARTÍN BRAÑAS. Los títulos ejecutivos. In: ÁLVARO GUTIÉRREZ BERLINCHES (coord.). *El proceso de ejecución forzosa*: problemas actuales y soluciones jurisprudenciales. Madrid: La Ley, 2015, p. 39-42.

ou não fazer (art. 536, § 2º) ou a observância das regras do *caput* e dos §§ 1º a 4º do art. 846 no arrombamento para efetivação da penhora no local em que se encontram os bens, caso o executado feche as portas do imóvel para dificultar ou impedir a prática do ato[116].

A iniciativa processual do devedor, quanto às questões de direito material que extinguem, modificam ou impedem os efeitos substanciais do direito material do credor, é exercida normalmente na execução através dos embargos do devedor ou da impugnação ao cumprimento de sentença.

Entretanto, como recorda CARNELUTTI[117], não se pode excluir que também o devedor possa requerer ao juiz providência positiva, sob a forma de remoção de atos executivos já cumpridos ou de cumprimento de um ato em sentido diverso do desejado pelo credor, como se observa, por exemplo, no requerimento de pagamento parcelado, de que trata o art. 916.

9.1.1. Limites da pretensão executória

Por mais que o direito procure estruturar técnicas para a mais ampla satisfação do credor, a execução sofre limites naturais, que o direito não consegue transpor, a não ser de modo imperfeito. Assim, por exemplo, na execução para entrega de coisa, a destruição ou perda da coisa torna impossível a entrega do bem, prometida no título. A conversão dessa prestação em outra equivalente ou perdas e danos é um sucedâneo, mas não é o próprio bem que o credor tinha o direito e a expectativa de receber (CPC, arts. 499, 536, 538 e 809).

Nas obrigações de fazer personalíssimas, se o devedor resistir a todas as pressões e coações indiretas, o juiz não tem meios de substituí-lo no cumprimento da prestação, devendo contentar-se com a busca do resultado prático equivalente ou, em último caso, com as perdas e danos (CPC, arts. 497, 499, 536 e 821). Nas obrigações de não fazer, quando violadas, a tutela civil reparatória não tem o condão de repristinar o tempo, fazendo desaparecer a violação já consumada.

Além desses limites naturais, que escapam ao domínio do legislador, existem também outros limites à ampla satisfação do exequente, que poderíamos chamar de *políticos*, porque é a lei que os estabelece, levando em consideração certos valores cuja proteção se sobrepõe ao interesse do credor, quando, por exemplo, exclui da execução certos bens ou os considera impenhoráveis

---

116 FREDIE DIDIER JR. LEONARDO CARNEIRO DA CUNHA. PAULA SARNO BRAGA. RAFAEL ALEXANDRIA DE OLIVEIRA. *Curso de direito processual civil*: execução. 9ª ed. Salvador: Juspodivm, 2019, p. 127.
117 CARNELUTTI. Ob. cit., p. 92-93.

(arts. 832 a 834)[118]. A imposição desses limites pelo legislador deve submeter-se a uma criteriosa ponderação, porque, como observa ÁLVARO PÉREZ RAGONE, não é aceitável uma limitação à agressão executiva que afinal mantenha o devedor executado na titularidade de um patrimônio privilegiado, infenso à incidência da responsabilidade executória[119].

Por outro lado, não podem ser esquecidos os limites que JOSÉ CARLOS BARBOSA MOREIRA denominou *limites não queridos pelo ordenamento*[120]: situações de fato que dificultam a execução. Na execução por quantia certa, por exemplo: a falta de meios cômodos para pesquisar e descobrir os bens necessários; a inexistência de bens, sua insuficiência ou estarem sujeitos a rápido perecimento ou depreciação; a ocultação de bens pelo devedor ou a sua resistência à respectiva apreensão; a transferência dos bens a terceiro para subtraí-los à execução; a ineficiência dos mecanismos executórios ou manobras que não conduzam a resultado compensador; e a corrosão do crédito pela inflação. Na execução para entrega de coisa: não ser encontrada a coisa ou encontrar-se deteriorada; a resistência do devedor ao desapossamento; haver sido a coisa alienada a terceiro. Na execução de obrigação de fazer ou não fazer: a relutância do devedor em praticar o ato; a prestação tornada impossível por fato superveniente, independentemente da vontade do devedor; a continuidade da prática do ato proibido. Nem todas essas situações impedem a execução, mas, de qualquer modo, criam obstáculos à obtenção do resultado almejado pelo credor.

O Código de 2015 tenta romper essas barreiras, estabelecendo no art. 139, inciso IV, que o juiz pode determinar todas as medidas necessárias para o cumprimento de ordem judicial, "inclusive nas ações que tenham por objeto prestação pecuniária".

Como observado acima no item 6 dos meus comentários ao Título II – Das Diversas Espécies de Execução, algumas coações indiretas com evidente caráter punitivo de mero castigo, seja na repressão à litigância de má-fé ou aos atos atentatórios à dignidade da justiça, seja como medidas indutivas de condutas futuras, estão expressamente previstas na lei, como as *astreintes* na tutela específica de prestações de fazer, não fazer e entrega de coisa, o protesto e a inclusão do nome do executado em cadastro de inadimplentes, na execução pecuniária (arts. 517 e 782, § 3º).

---

118 V. LUIS PATRICIO RIOS MUÑOZ. *Los princípios de la inembargabilidad*. Santiago: Ediciones Olejnik, 2018.
119 ÁLVARO PÉREZ RAGONE. Princípios de la ejecución civil singular. In: SERGIO J. BARBERIO. MARCELA M. GARCIA SOLÁ (coords.). *Principios procesales*, tomo II. Santa Fé: Rubinzal, Culzoni, 2011, p. 727-728.
120 JOSÉ CARLOS BARBOSA MOREIRA. Tendências na execução de sentenças e ordens judiciais. *Temas de direito processual*, 4ª Série. São Paulo: Saraiva, 1989, p. 223.

Como meios executórios devem respeitar os direitos fundamentais, como a dignidade humana e a privacidade, assim como a liberdade do executado de não ser molestado na sua esfera privada por coações ou sacrifícios que não sejam estritamente necessários à legítima satisfação do crédito do exequente (art. 805), bem como as garantias fundamentais do processo, especialmente o devido processo legal, o contraditório e a ampla defesa, e ainda sua subsidiariedade em relação aos meios sub-rogatórios[121].

Ademais, não obstante seja amplo o poder discricionário do juiz na execução e desejável a flexibilidade procedimental, deve ser respeitado o interesse público na continuidade dos serviços públicos e das atividades dos órgãos do Estado.

9.2. Impulso processual oficial

É preciso distinguir o poder de iniciativa do exequente do impulso processual, que incumbe ao juiz, como advertiram BARBOSA MOREIRA[122] e TEORI ZAVASCKI. Este último proclama que não se pode confundir inércia da jurisdição com inércia do juiz, pois ao juiz cabe presidir o desenvolvimento do processo, uma vez proposta a ação, "adotando as providências impulsionadoras necessárias para, no processo de conhecimento, chegar a uma sentença justa, e, no processo de execução, realizar materialmente a prestação reclamada"[123].

Ao juiz cabe a direção do processo, a adoção das medidas necessárias ao seu pleno êxito, o controle sobre a conduta dos demais sujeitos e o poder de sancionar a má-fé e os atos atentatórios à dignidade da justiça (CPC, arts. 139 e 772). Se das medidas que adotar com fundamento no seu poder de impulso vier o exequente a desistir, como lhe faculta o art. 775, e se, em razão dessa desistência, se tornar impossível a continuidade da execução, caberá ao juiz, no momento próprio, extinguir o processo, nos termos do art. 485, incisos II e III.

O direito brasileiro adota o princípio do impulso processual oficial (CPC, arts. 2º e 139) com a colaboração das partes. Já fizemos a crítica no item 2.7 dos meus comentários ao Título II – Das Diversas Espécies de Execução à excessiva centralização do procedimento executório nas mãos do juiz, que,

---

121 V. o meu estudo sobre Coações Indiretas na Execução Pecuniária. Disponível em: <www.academia.edu>, 2017.
122 JOSÉ CARLOS BARBOSA MOREIRA. Sobre a participação do juiz no processo civil. In: ADA PELEGRINI GRINOVER. CÂNDIDO RANGEL DINAMARCO. KAZUO WATANABE (coords.). *Participação e processo*. São Paulo: Revista dos Tribunais, 1988, p. 389.
123 TEORI ALBINO ZAVASCKI. *Comentários ao Código de Processo Civil*. Artigos 771 ao 796, vol. XII. São Paulo: Revista dos Tribunais, 2016, p. 39-40.

observando as prescrições legais, determina a sequência dos atos que deverão ser praticados pelos diversos sujeitos processuais. É o juiz que despacha a petição ou requerimento inicial, que aprova ou não a escolha do meio executório pelo credor em respeito à menor onerosidade para o devedor (art. 805), que determina todas as providências para a efetivação dos atos de coerção, de garantia e de expropriação.

Como tive oportunidade de observar anteriormente[124], o impulso processual oficial não mais se satisfaz com uma postura mecânica do juiz que, seguindo a cartilha do procedimento legalmente previsto, a cada momento em que se conclui o ato anterior ou que decorre o prazo para a prática do ato anterior determina a prática do ato imediatamente seguinte. O procedimento legal deve ser flexível, e o impulso oficial constitui, na verdade, mais do que a simples movimentação, a organização e a gestão do processo como um todo para que ele possa alcançar do melhor modo possível os seus fins, o que exige planejamento, protagonismo com as partes e a permanente preocupação com a adequação e a eficiência das providências que venham a ser adotadas. Afinal, acima de quaisquer modelos rígidos, o processo não é um fim em si mesmo.

Por outro lado, o impulso oficial e a consequente direção do processo pelo juiz não devem implicar nenhum cerceamento às faculdades das partes e à autonomia destas na determinação dos atos e providências mais adequados à preservação da sua esfera de liberdade, de acordo com o princípio da iniciativa e observada a bilateralidade do contraditório.

No âmbito do princípio do impulso processual, seja ele oficial ou privado, se encontra a exigência de celeridade ou de duração razoável do processo, constante do art. 8º da Convenção Americana de Direitos Humanos e erigida a direito fundamental no inciso LXXVIII do art. 5º da Constituição brasileira, introduzido pela Emenda Constitucional n. 45/2004. O processo judicial é uma instância pública de administração e solução dos conflitos e divergências entre os cidadãos que deve chegar com a maior rapidez possível ao seu desfecho para que, ao seu termo, voltem os litigantes a conviver em harmonia e solidariedade. A solução judicial não pode ser instantânea, como ingenuamente poder-se-ia acreditar e como autoritariamente o legislador parece pretender impor por meio de certos institutos, questionáveis sob o prisma do processo justo, como a tutela da evidência e o julgamento liminar de improcedência. Há um tempo de maturação importante para aliviar a pressão das paixões e favorecer a aceitação do seu resultado e a busca da solução mais justa. Mas não

---

124 Leonardo Greco. Saneamento do processo, estabilidade e coisa julgada. In: Fredie Didier Jr. Antonio do Passo Cabral (coords.). *Coisa julgada e outras estabilidades processuais*. Salvador: Juspodivm, 2018.

pode ele ser tão demorado que engesse a vida das pessoas, multiplicando prejuízos decorrentes do seu desnecessário prolongamento.

O juiz não impulsiona sozinho a execução, contando para esse fim com o apoio administrativo e funcional do escrivão, do oficial de justiça, do contador, dos avaliadores, do leiloeiro, dos depositários, administradores e demais serventuários da justiça. Ao escrivão, a lei (art. 203, § 4º) reservou a prática, independentemente de despacho do juiz, de atos como a juntada e a vista obrigatória, a que denominou *atos meramente ordinatórios*, que são apenas aqueles atos de movimentação que não exigem apreciação de qualquer questão de fato ou de direito, processual ou de mérito. O despacho da petição ou requerimento inicial, que antes de desencadear a atividade coativa em face do executado precisa examinar, ainda que *prima facie*, o preenchimento de todos os seus pressupostos, não é um ato despido de cognição, embora possa ser classificado como ordinatório, não podendo, portanto, ser praticado pelo escrivão.

Na execução, parece-me que incumbem, sem dúvida, ao escrivão ou chefe de secretaria, entre outras, a expedição de mandados, cartas, editais e notas de citações e intimações, de mandados de penhora, de avaliação e de busca e apreensão, de editais de hasta pública, a lavratura de termos de penhora e depósito e de autos de arrematação.

O impulso processual oficial depende também da colaboração das partes, com mais ênfase para o autor. Ao autor-exequente incumbe fornecer ao juiz todas as informações necessárias e disponíveis para a citação ou intimação do executado e para a localização dos seus bens, bem como providenciar o recolhimento antecipado das custas dos atos executórios e das diligências do oficial de justiça. Já o réu-executado tem de indicar a localização dos seus bens e não criar embaraços à prática dos atos executórios.

Para muitos a cooperação é um novo e importante princípio processual[125]. Sê-lo-ia se o seu conteúdo não integrasse o conteúdo essencial de algum outro princípio preexistente. A meu ver a cooperação é um dever, cujo conteúdo se encontra abrangido integralmente no conteúdo dos princípios do contraditório e da lealdade, aos quais se submete a atuação de todos os sujeitos processuais (arts. 6º, 77 e 80), obrigando o exequente a praticar os atos necessários à continuidade do processo, sob pena de extinção (art. 485, inc. III e §§ 1º e 2º) e o executado a submeter-se aos atos executórios, agindo com lealdade e for-

---

[125] V. JORGE W. PEYRANO. El principio de cooperación procesal. In: SERGIO J. BARBERIO. MARCELA M. GARCIA SOLÁ (coords.). *Principios procesales*, tomo I. Santa Fé: Rubinzal, Culzoni, 2011, p. 399-408; FREDIE DIDIER JR. LEONARDO CARNEIRO DA CUNHA. PAULA SARNO BRAGA. RAFAEL ALEXANDRIA DE OLIVEIRA. *Curso de direito processual civil*: execução. 9ª ed. Salvador: Juspodivm, 2019, p. 83-84.

necendo as informações que lhe forem solicitadas (arts. 77, 80, 772-774). Mas, sem dúvida, é mais intensa a responsabilidade do exequente, pois são incontáveis os dispositivos que condicionam a condução da execução a atos que por ele devem ser promovidos, como se verifica, por exemplo, do disposto nos arts. 798, 799, 801, 811, 816, 817, 819, 820, 821, 828, 830, § 2º, 840, § 2º, 844, 854, 869, 874, inciso II, e 876.

Por outro lado, a todo momento o juiz ouvirá o exequente, em benefício do qual se desenvolve a execução, sobre o modo de lhe dar continuidade. Assim, por exemplo, se a arrematação se encerrar sem lançador (art. 921) ou se o oficial de justiça não encontrar bens a serem penhorados. Caberá ao exequente propor ao juiz as providências a serem adotadas para dar seguimento à execução. Milhares, talvez milhões de execuções se encontram paralisadas hoje no Brasil por falta de qualquer iniciativa do exequente para retirá-las do impasse, o que impõe ao executado um ônus manifestamente injusto, porque se a execução não é capaz de satisfazer o exequente em prazo razoável, também não deve privar o executado da plenitude da sua autonomia patrimonial e manter o seu nome "sujo" indefinidamente pelo protesto, pela inscrição em cadastros de inadimplentes, pela averbação do ajuizamento da execução ou simplesmente pelo registro da sua propositura. Há países em que a paralisação da execução por curto prazo determina a sua extinção[126]. No Brasil essa extinção exige intimação pessoal do exequente (art. 485, § 1º), o que onera o Judiciário, sem levar em conta que é dever do exequente a colaboração na continuidade da execução. O único remédio que o Código de 2015 adotou para coibir essas situações é a prescrição intercorrente prevista nos arts. 921 e 924, aplicável apenas na hipótese de inércia do exequente no caso de não localização de bens penhoráveis[127].

Para o executado a colaboração no impulso processual oficial é um dever, não opondo obstáculos injustificáveis à continuidade da execução, não suscitando incidentes infundados e prestando todas as informações que lhe forem solicitadas, em especial sobre quais são os seus bens e onde se encontram. O descumprimento desse dever constitui ato atentatório à dignidade da justiça, punido especialmente com multa (arts. 774 e 903, § 6º). Em certos países,

---

126 Na Itália, por exemplo, a penhora perde eficácia se da sua efetivação tiverem decorrido 45 dias sem que seja requerida a adjudicação ou a arrematação (Código de Processo Civil italiano, art. 497).

127 No Incidente de Assunção de Competência suscitado no julgamento do REsp 1604412/SC, rel. Min. MARCO AURÉLIO BELLIZZE, a 2ª Seção do Superior Tribunal de Justiça admitiu a incidência da prescrição intercorrente nos casos de inércia do exequente (*DJe* 22-8-2018).

como a Alemanha[128] e os Estados Unidos[129], a punição pode chegar a ser a prisão.

Com razão, PEYRANO demonstra a incompatibilidade com o dever de cooperação da conduta esquiva da parte que, a pretexto de não se autoincriminar, dificulta a produção de provas em favor do seu adversário[130].

O impulso processual, seja ele público ou privado, impõe eficiência no exercício da jurisdição, dando suporte à chamada economia processual, que coíbe desperdícios de tempo ou de atividade oficial e duplicações inúteis, racionalizando as atividades-meio para alcançar os fins da jurisdição com o menor custo possível. LUIGI PAOLO COMOGLIO atribui a GIUSEPPE CHIOVENDA a identificação do significado político da simplificação e facilitação da via processual, na sua adaptação às exigências da sociedade moderna[131].

O publicismo de FRANZ KLEIN e das ideias socialistas que influenciaram o direito processual na virada do século XIX para o século XX associou a economia à direção do processo pelo juiz, como uma exigência do preponderante interesse público na administração da justiça, mesmo quando em jogo interesses materiais exclusivamente privados.

A efetividade do processo proclamada no Segundo Pós-Guerra encarregou-se de preservar a economicidade do processo de execução, seja ele estruturado sob a égide do impulso oficial do juiz, do impulso oficial por um auxiliar qualificado, do impulso oficial com a colaboração das partes, como adotado no Brasil, ou do impulso das partes.

Mais do que um princípio, a economia processual é o que poderia denominar-se um *postulado normativo*, um critério para aferir em que medida uma norma pode deixar de ser observada em benefício da observância de outra, inspirado na máxima de que o resultado justo deve ser operacionalizado sempre pelos meios adequados que alcancem o melhor resultado com o mínimo dispêndio de recursos, de atividade humana e de exigências que, ainda que

---

128 ZPO, §§ 802g a 802j, introduzidas pela *Gesetz zur Reform der Sachaufklärung in der Zwangsvollstreckung*, 29-7-2009.
129 JACK H. FRIEDENTHAL. MARY KAY KANE. ARTHUR R. MILLER. *Civil procedure*. 5ª ed. St. Paul: Thomson-West, 2015, p. 703.
130 Segundo PEYRANO, encontra-se em plena decadência, pelo menos quanto ao processo civil, o falso princípio *nemo tenetur edere contra se*. Trata-se de algo como uma passagem do folclore jurídico, como certo autor – referindo-se a EDUARDO COUTURE – agudamente classificou a certos preceitos de origem desconhecida, que por tradição, comodidade ou preguiça vêm sendo transmitidos ao longo do tempo e que, conforme AMÍLCAR MERCADER, teria procedência bárbara (ob. cit., p. 403).
131 LUIGI PAOLO COMOGLIO. *Il principio di economia processuale,* tomo I. Padova: CEDAM, 1980, p. 23.

legalmente previstas, não estejam predispostas a contribuir útil e eficazmente para o resultado almejado pelo processo.

Esta visão instrumentalista do processo deve inspirar a atuação de todos os sujeitos do processo, especialmente daqueles a quem a lei atribui o dever de impulsioná-lo.

9.3. Princípio do contraditório

Na execução, a doutrina tradicional, mesmo depois de ter-se firmado a predominante aceitação da sua natureza jurisdicional, continuou em grande parte a sustentar a inexistência de contraditório.

LIEBMAN[132], por todos, argumentava que na execução não há equilíbrio entre as partes, não há contraditório. O condenado não pode impedir a efetivação da regra sancionadora, nem discutir o direito do exequente, devendo suportar o que se faz em seu prejuízo, sendo ouvido somente na medida em que a sua colaboração possa ser útil e podendo pretender unicamente que os dispositivos da lei não sejam ultrapassados no cumprimento dessa atividade.

Dá-se na execução fenômeno semelhante ao do processo penal em que um dos sujeitos se apresenta desde o início do processo numa posição de nítida vantagem na busca do resultado almejado do que o outro. Mas no processo penal há uma série de garantias, como a presunção de inocência e o direito a não se autoincriminar, que procuram estabelecer uma situação de equilíbrio entre as partes no uso dos meios de ataque e de defesa, das quais não se poderia cogitar na execução civil, mesmo porque esta sempre foi antecedida de uma fase cognitiva com amplas garantias ou da formação de um título executivo no qual a própria lei, em geral com a concorrência da vontade do próprio executado, concedeu ao exequente essa posição de vantagem.

Alguns juristas, como ENRICO REDENTI e CARMINE PUNZI na Itália e JOSÉ FREDERICO MARQUES no Brasil, defenderam, como consequência de seu caráter jurisdicional e da existência de lide entre as partes, a incidência na execução de um contraditório mitigado ou atenuado: o executado é titular de direitos subjetivos processuais; não pode opor-se ao cumprimento da prestação constante do título executivo, mas intervém nos atos executórios sobre o *modus procedendi*, o *quomodo exequendum vel procedendum*.

REDENTI argumentava que o princípio do contraditório não é estranho ao processo executivo, mas nele se encontra fortemente comprimido, reduzido e deslocado na sua aplicação prática. O sujeito passivo não é normalmente

---

132 ENRICO TULLIO LIEBMAN. *Processo de execução*. 4ª ed. São Paulo: Saraiva, 1980, p. 44. No mesmo sentido, SALVATORE SATTA. Ob. cit., p. 99-101.

citado ou intimado a comparecer e a contraditar a pretensão do sujeito ativo, mas a cumprir a prestação. Se a ela quiser se opor deverá tomar a iniciativa de propor um juízo colateral ao que lhe é dirigido pelo adversário, formalmente contraditório. Em vários casos e momentos do procedimento executivo o sujeito passivo é ouvido, mas não com a finalidade de discutir sobre o *an debeatur,* mas somente sobre o *quomodo exequendum vel procedendum.* O princípio do contraditório não teria sido eliminado, mas reduzido a uma aplicação virtual, que apenas eventualmente pode tornar-se efetiva e atual[133].

CARMINE PUNZI observa que a presença do título executivo e a função que este desempenha na execução produzem um reflexo imediato sobre a posição do sujeito em face do qual a execução é promovida, que é uma posição de preponderante sujeição, o que não significa que um contraditório, ainda que "parcial ou atenuado", não seja assegurado, pelo menos nas audiências que o juiz promove, nem pode ser entendido como supressão do direito de defesa, mas simplesmente que é ônus do executado a iniciativa de oposição (embargos ou impugnação entre nós) para contestar o direito do autor da ação executiva e paralisar, por meio dela, os efeitos do título em que se baseou a referida ação[134].

Citando REDENTI, MANDRIOLI e MICHELI, JOSÉ FREDERICO MARQUES, ainda na vigência do Código de 1939, informava que o "princípio do contraditório é de atuação menos intensa no processo de execução que no de conhecimento". De qualquer modo, ressalvava que o executado é um sujeito parcial (parte), "sendo assim titular de poderes e direitos processuais". Escrevendo na vigência do Código de 1973, mais incisivo, ressalta que, também na execução, o juiz se coloca *super partes,* atuando desinteressadamente para dar a cada um o que é seu. Referindo-se à posição do réu, esclarece que este exerce o seu direito de defesa, para que a coação processual não ultrapasse os limites legais e, também, para que seja salvaguardado o seu patrimônio, evitando-se uma execução ruinosa. E proclama enfaticamente que "há um contraditório no processo executivo, sem as notas dialéticas do contraditório na cognição". Invocando a lição de CARNELUTTI, observa que o próprio juiz necessita do contraditório porque é de interesse público tanto a satisfação do credor, quanto que o devedor não acabe arruinado[135].

No mesmo sentido, JOSÉ LEBRE DE FREITAS sustenta que, embora a paridade de armas e o contraditório devam ser observados na execução, aquela se

---

133 ENRICO REDENTI. *Diritto processuale civile,* vol. 3. Milano: Giuffrè, 1957, p. 113-114.
134 CARMINE PUNZI. *Il processo civile, sistema e problematiche,* vol. IV: Il processo di esecuzione. 2ª ed. Torino: G. Giappichelli, 2010, p. 9.
135 JOSÉ FREDERICO MARQUES. *Instituições de direito processual civil,* vol. V. 2 ed. Rio de Janeiro: Forense, 1963, p. 83. *Manual de direito processual civil,* vol. 4. São Paulo: Saraiva, 1976, p. 7 e 87.

restringe ao uso dos meios técnicos previstos em lei, como recursos, reclamações e impugnações, e este apenas ocasionalmente apresentará a estrutura dialética do processo de conhecimento[136].

A inversão do ônus do contraditório, como técnica tradicional adotada em muitos ordenamentos para facilitar a cobrança de créditos que gozam de elevada probabilidade de existência, como os consubstanciados em títulos executivos, justificaria o desencadeamento da atividade coativa em face do devedor e sobre o seu patrimônio sem a sua prévia audiência, reservando-se a sua intervenção para momento ulterior do procedimento. Todavia, esse contraditório meramente eventual, porque dependente da reação do executado, bem assim a sua alegada mitigação, restringem as possibilidades de defesa dos interesses do executado, tratam-no com manifesta desigualdade em relação ao adversário, impõem-lhe prejuízos injustos, muitos dos quais de difícil ou impossível reparação, reduzindo-o a mero objeto da execução, o que é incompatível com a sua dignidade humana.

JUAN MONTERO AROCA e JOSÉ FLORS MATÍES observam que chegar a dizer que no processo de execução não vigora o contraditório é o mesmo que dizer que a atividade executiva não é jurisdicional. Não há processo sem contraditório[137]. Ou, como bem observam GIOVANNI VERDE e BRUNO CAPPONI, todo processo jurisdicional que pretenda ostentar o respeito aos preceitos da Constituição e às disposições dos tratados internacionais de direitos humanos tem de estar estruturado, no seu desenvolvimento, em respeito do contraditório[138].

No 1º volume das minhas *Instituições*[139], defini o princípio do contraditório como aquele segundo o qual ninguém pode ser atingido por uma decisão judicial na sua esfera de interesses, sem ter tido a ampla possibilidade de influir eficazmente na sua formação em igualdade de condições com a parte contrária.

O contraditório impõe a tempestiva notificação do ajuizamento da causa e de todos os atos do processo, o direito de ser ouvido, de oferecer alegações, de propor e produzir provas antes de qualquer decisão, bem como o exercício

---

136 JOSÉ LEBRE DE FREITAS. *A ação executiva à luz do Código de Processo Civil de 2013*. 6ª ed. Coimbra: Coimbra, 2014, p. 27-28. V. também GUILHERME LUIS QUARESMA BATISTA DOS SANTOS. *Contraditório e execução*. Rio de Janeiro: 2013, p. 39-40.
137 JUAN MONTERO AROCA. JOSÉ FLORS MATÍES. *Tratado de proceso de ejecución civil*, tomo I. 2ª ed. Valencia: Tirant lo Blanch, 2013, p. 411.
138 GIOVANNI VERDE. *Profili del processo civile*. Processo di esecuzione e procedimenti speciali, vol. 3. Napoli: Jovene, 1990, p. 13; BRUNO CAPPONI. *Manuale di diritto dell'esecuzione civile*. 4ª ed. Torino: G. Giappichelli, 2016, p. 51.
139 LEONARDO GRECO. *Instituições de processo civil*, vol. I. 5ª ed. Rio de Janeiro: Forense, 2015, p. 513.

dessas faculdades em prazos razoáveis. Como garantia constitucional do processo (CF, art. 5º, inc. LV), sua limitação ou postergação somente é legítima em face de perigo iminente e grave a direito fundamental superiormente valioso do ponto de vista humano.

Ali observei que a impossibilidade de rediscutir na execução o direito constante do título não reduz a garantia do contraditório, porque essa impossibilidade está restrita à execução de títulos judiciais ou cumprimento de sentença em que tenha existido uma instância anterior em que essa discussão possa ter sido amplamente travada, não estando impedida a alegação de matéria superveniente. Em qualquer caso, ao executado devem ser asseguradas todas as possibilidades de lutar para que a satisfação do exequente se efetive do modo menos oneroso, devendo, após cada ato e antes do seguinte, com a sua prévia participação, ser reavaliada a adequação da sequência empreendida para atender simultaneamente aos interesses legítimos de ambas as partes. Por outro lado, como observara CARNELUTTI, "a função executiva, se não visa ao acertamento, o que é próprio do juiz, deve fazer continuamente *aplicação da lei*, e por isso, antes de tudo, conhecer os fatos; seguramente não pode proceder à execução se, por exemplo, não se convence de que exista um crédito vencido, que quem a pede não seja o seu titular, que um determinado bem possa ou não vir a ser penhorado, e assim por diante; ora, para o conhecimento dos fatos a participação *da outra parte* na ação é tão preciosa no processo executivo quanto no processo de conhecimento"[140]. O mesmo autor, em obra de maturidade, já na vigência do Código italiano de 1940, leciona que seria um erro acreditar que o contraditório seja princípio específico do processo de conhecimento, porque ele não protege apenas o interesse das partes. O juiz precisa do contraditório antes do que as próprias partes, como garantia da sua imparcialidade. O mecanismo da execução parte da premissa, que depende de verificação, de que o devedor é um desobediente, que merece ser reprimido, mas essa é uma situação informada pelo exequente que está longe de ser um informante desinteressado. Se o devedor, como o credor, é parte no sentido material, não lhe pode ser negada a qualidade de parte em sentido processual, nem deve ser subestimada a contribuição que a sua atuação possa trazer ao bom êxito do processo executivo[141].

O Estado de Direito contemporâneo, alicerçado nos fracassos e frustrações do Estado-Providência, que desbordaram no totalitarismo nazifascista, e construído em todo o Ocidente a partir da reconstitucionalização ocorrida após a

---

140 FRANCESCO CARNELUTTI. *Processo di esecuzione*, vol. 1. Padova: CEDAM, 1932, p. 65.
141 FRANCESCO CARNELUTTI. *Diritto e processo*. Napoli: Morano, 1958, p. 296-297.

2ª Guerra Mundial, apresenta algumas características essenciais que refletem diretamente no alcance do contraditório em qualquer processo judicial: o respeito absoluto à dignidade da pessoa humana, a eficácia concreta dos direitos dos cidadãos, a participação democrática e a cooperação.

Nesse novo Estado de Direito, nenhuma decisão de qualquer autoridade pública, que possa atingir a esfera de interesses de algum particular, deve ser adotada sem que tenha sido antecedida da garantia ao interessado da ampla oportunidade de influir eficazmente na sua elaboração.

É o princípio da *participação democrática* ou da *democracia participativa*, que rege as relações entre o Estado e os cidadãos nas atividades de todos os Poderes do Estado e que tem como seu instrumento no processo judicial o princípio do contraditório.

Mas o contraditório não é apenas essencial para assegurar o direito de influência das partes. A dialeticidade da proposição e discussão de todas as questões do processo é essencial para apresentar ao juiz as razões de ambas as partes, os argumentos favoráveis e os argumentos contrários a qualquer deliberação, que permite ao juiz avaliar e deliberar sem se deixar impregnar de qualquer sectarismo ou de qualquer motivação sustentada por uma delas que a outra parte não tenha tido a oportunidade de refutar.

O contraditório, como expressão do princípio da participação democrática e reflexo da dignidade humana no processo, não deve sofrer qualquer limitação na execução. É, portanto, absolutamente anacrônica e autoritária a sustentação de limitações defensivas no curso da execução, que são incompatíveis com a amplitude da garantia constitucional do contraditório.

O que é importante é que na execução seja assegurada ao devedor a mais ampla possibilidade de alegar e provar a inexistência ou a extinção da dívida, os vícios do título que a representa ou a inadequação dos atos executórios propostos, antes que ele venha a sofrer a incidência de atos coativos, para que o juiz se pronuncie sobre essas questões, evitando que o executado tenha de submeter-se a limitações absolutamente iníquas no pleno gozo dos seus direitos. Por isso, o desencadeamento dos atos coativos na execução deve ser antecedido da citação ou intimação do devedor para cumprir espontaneamente a obrigação em determinado prazo, dentro do qual deve ter ele a possibilidade de alegar os vícios do título ou do procedimento executório, antes de qualquer decisão que o prejudique. Este alcance do contraditório não pode ser limitado por um procedimento que sujeite o devedor a sofrer a apreensão ou a penhora de seus bens antes de ser ouvido ou que somente permita que ele alegue os vícios da execução em determinado prazo mediante o manuseio de provocações que o juiz não estaria obrigado a considerar antes de determinar a prática de atos de constrição sobre a sua esfera jurídica. Somente em situações de insuperável urgência a audiência do executado pode ser postergada, nos termos do art. 9º do Código, caso verifique o juiz a elevada probabilidade de dano iminente e grave ao direito do exequente ou ao resultado útil do processo.

Segundo GIAN FRANCO RICCI, mesmo na execução forçada, o sistema processual está particularmente atento ao respeito ao direito de defesa: seja em via preventiva, possibilitando o necessário comparecimento das partes antes da prática de atos de particular relevo, seja em via sucessiva por meio de incidentes cognitivos[142].

A audiência prévia de ambas as partes antes de qualquer decisão é um imperativo do contraditório como influência. A notificação do título executivo antes do desencadeamento dos atos coativos é uma evidente exigência do contraditório[143]. Nem se diga que essa audiência pode retardar a marcha do processo ou frustrar a eficácia dos atos coativos. Se houver esse risco de que o executado venha a frustrar a execução ou procrastiná-la, o juiz poderá, a requerimento do exequente, fazer uso de medidas cautelares de caráter preventivo, concedendo-as excepcionalmente *inaudita altera parte*.

Além disso, a determinação dos atos coativos típicos da execução deve ser antecedida da mais ampla possibilidade de ambas as partes influírem na sua adoção, com alegações e provas, em igualdade de condições. Por outro lado, deve o executado sempre dispor, mesmo fora dos mecanismos formais de defesa, da mais ampla possibilidade de pleitear providências que reduzam a onerosidade que a execução lhe acarreta, para evitar que o processo lhe cause prejuízos maiores dos que deveria sofrer[144]. Cumpre não esquecer que a execução atua no mundo dos fatos e, nesse campo, conforme bem observa CARNELUTTI, a participação de ambas as partes é tão importante no processo executivo quanto no processo de conhecimento[145].

O direito de influir prévia e eficazmente nas decisões do juiz da execução deve, pois, ser assegurado em igualdade de condições a ambas as partes, exequente e executado, já que o contraditório é garantia de equilíbrio entre a exigência de satisfação do credor e a de respeito ao devedor e ao seu patrimônio.

O respeito à dignidade humana do devedor exige que lhe seja permitido participar do processo executivo com as mesmas prerrogativas de que dispõe o

---

142 GIAN FRANCO RICCI. *Principi di diritto processuale generale*. 5 ed. Torino: G. Giappichelli, 2012, p. 4.
143 RICCI. Ob. cit., p. 190.
144 RICCI. Ob. cit., p. 191.
145 FRANCESCO CARNELUTTI. *Processo di esecuzione*, vol. 1. Padova: CEDAM, 1932, p. 65.

credor, pois não é legítimo sacrificar o patrimônio do devedor mais do que o indispensável para satisfazer o direito do credor[146]. O Código de 2015 adota esse modelo ao assegurar em quaisquer processos judiciais o contraditório efetivo, a paridade de tratamento e ao condicionar qualquer decisão que afete a esfera de interesses das partes à sua prévia audiência (arts. 7º, 9º e 10). Entretanto, na disciplina dos procedimentos executórios, deixa muito a desejar, porque reproduz ritualidade tradicional que nem sempre satisfaz à plenitude de participação prévia e eficaz de ambas as partes. A mais ampla eficácia do contraditório, que se impõe com base no disposto no § 1º do art. 5º da Constituição Federal, deve, portanto, ser assegurada com o preenchimento das lacunas e o suprimento de insuficiências do ordenamento infraconstitucional e até mesmo o seu repúdio por inconstitucionais se impossível a sua conciliação com a Lei Maior. Para assegurar a plena eficácia desse princípio, deve, portanto, o executado ser inicialmente citado ou intimado para o cumprimento da prestação constante do título, em prazo que lhe possibilite apresentar alegações e provas da invalidade do título, da sua ineficácia, da inexistência do direito nele atestado, bem como da inadequação das medidas alvitradas para efetivar o seu cumprimento ou satisfação. Se essas questões forem relevantes a ponto de suscitar dúvida fundada sobre a concorrência dos pressupostos da execução, em especial da eficácia do título, tem o executado o direito de exigir que o procedimento executório fique suspenso até que sejam devidamente apreciadas ou que sejam adotadas medidas de contracautela que resguardem eventuais prejuízos que vierem a resultar da sua ulterior apreciação. Por isso, parece-me incompatível com esse princípio e, portanto, inconstitucional a exigência de prévia garantia do juízo pela penhora, caução ou depósito suficientes, para a suspensão da execução pela impugnação ao cumprimento de sentença, prevista no art. 525, § 6º, do Código de 2015.

Como observa BRUNO CAPPONI, na execução devem ser observadas todas as garantias do processo justo. O processo justo é aquele em que o devedor tem efetiva oportunidade de conhecer tempestivamente o conteúdo da demanda executiva, de ser ouvido para que os provimentos jurisdicionais sejam os mais justos e oportunos, considerada a avaliação comparativa entre as posições das partes, de ser submetido a uma invasão da sua esfera jurídica e patrimonial razoável e proporcional ao seu objetivo lícito, assim como previsível, porque preferencialmente prevista em lei e excepcionalmente discricionária, de observância da duração razoável do processo, não sendo lícito sujeitar o executado a intermináveis restrições no exercício dos seus direitos e na disponibilidade do seu patrimônio sem razoável possibilidade de que sejam a curto prazo proveitosas para os fins da execução.

---

146 GIUSEPPE TARZIA. O contraditório no processo executivo. *Revista de Processo*, ano 7, n. 28. São Paulo: Revista dos Tribunais, out./dez. 1982, p. 56.

Assim, a aplicação do contraditório não se limita ao perfil meramente formal, mas implica que as partes do processo executivo sejam ouvidas na fase de reconhecimento dos pressupostos de todos os provimentos para que a sua adoção seja não apenas legítima, ou seja correspondente à previsão legal, mas também justa e oportuna em relação às situações específicas do caso concreto[147].

O primado da dignidade humana impõe, ademais, que o poder de influir nas medidas executórias seja assegurado de fato, na prática, em concreto, e não apenas formalmente, a ambas as partes. Ora, não existe meio mais eficaz para isso, do que através da instauração de um diálogo humano entre o juiz e os dois outros sujeitos principais do processo, autor e réu. Diálogo é o intercâmbio de ideias entre dois ou mais sujeitos a respeito de qualquer questão ou problema. No diálogo todos os interlocutores falam, ouvem, dizendo o que pensam e reagindo às opiniões dos outros, de tal modo que ao seu término cada um deles influiu no pensamento alheio e por este foi também influenciado. O diálogo pressupõe que os interlocutores manifestem as suas opiniões numa audiência oral, porque somente o encontro, o contato imediato, a interação entre o juiz e as partes instauram diálogo verdadeiro e humano, como veremos mais adiante.

O diálogo é a oportunidade mais fecunda para o exercício do dever de cooperação, inerente ao contraditório no procedimento executório, por meio do qual o juiz assistencialmente previne as partes sobre eventuais deficiências das suas alegações, com elas avalia a eficácia dos atos já praticados e, desse modo, planeja mais adequadamente os atos futuros[148].

Paridade de armas, audiência de ambas as partes antes de qualquer decisão, revelação na fundamentação de qualquer decisão de que as razões das partes foram devidamente consideradas para a sua adoção, diálogo humano e cooperação entre as partes e entre estas e o juiz, são algumas das maneiras de conferir ampla efetividade ao princípio do contraditório na execução, sem prejuízo do respeito às prerrogativas outorgadas pelo título executivo ao exequente.

9.4. Princípio dispositivo

Para aqueles, como nós, que sustentam, na esteira das lições de LIEBMAN[149] e MOACYR AMARAL SANTOS[150], a existência do princípio da iniciativa ou da deman-

---

147 BRUNO CAPPONI. *Lineamenti del processo esecutivo*. Bologna: Zanichelli, 2008, p. 32; *Manuale di diritto dell'esecuzione civile*. 4ª ed. Torino: G. Giappichelli, 2016, p. 50-58.
148 V. MÁRCIO CARVALHO FARIA. *A lealdade processual na prestação jurisdicional*: em busca de um modelo de juiz leal. São Paulo: Revista dos Tribunais, 2017, p. 228-251.
149 ENRICO TULLIO LIEBMAN. Fondamento del principio dispositivo. *Problemi del processo civile*. Napoli: Morano, 1962, p. 3 e ss.
150 MOACYR AMARAL SANTOS. *Primeiras linhas de direito processual civil*, vol. 2. 27ª ed. São Paulo: Saraiva, 2011, p. 106-107.

da (*nemo iudex sine actore; ne procedat iudex ex officio; ne eat iudex ultra petita partium*), relativo à fixação do objeto litigioso e às questões de direito, o princípio dispositivo é apenas aquele segundo o qual o juiz deve decidir a causa com base nos fatos e provas propostos e produzidos pelas partes (*iudex secundum allegata et probata partium iudicare debet*). A distinção é originária da doutrina alemã, que denomina *Dispositionsprinzip* o que aqui denominamos princípio da iniciativa ou da demanda e *Verhandlungsmaxime* o que aqui chamamos de princípio dispositivo[151].

No processo de execução autônomo, a primeira manifestação clara do princípio dispositivo é a apresentação do título executivo pelo exequente, para com ele definir a causa remota da ação de execução[152].

O princípio dispositivo tem seu campo de atuação preponderante no processo de conhecimento, pois ele rege a atividade cognitiva do juiz. Todavia, na execução também existe atividade cognitiva, não como fim, mas como meio, preparatória e instrumental. Nos limites restritos em que existe cognição, aplica-se o princípio dispositivo. Entretanto, é preciso atentar para as peculiaridades da execução. Enquanto na jurisdição de conhecimento, cada uma das partes normalmente pretende provar fatos diversos, na execução há muitos fatos que a ambas as partes aproveitam e que, portanto, uma ou outra podem pretender demonstrar. É o que ocorre por exemplo com o requerimento de qualquer das partes para venda antecipada de bens por manifesta vantagem (CPC, art. 852). A parte que requerer a venda deverá demonstrá-la, tanto para si, quanto para o seu adversário. Mas esse fato não é em si gerador de um benefício para uma das partes em detrimento da outra. O mesmo ocorre no usufruto ou penhora de frutos e rendimentos, em que qualquer das partes pode comprovar que é mais eficiente para o recebimento do crédito (CPC, art. 867).

Apesar da menor importância do princípio dispositivo na execução, em certos casos a sua inobservância é reprimida de modo mais enérgico do que no processo de conhecimento. É o que ocorre, por exemplo, com o dever de prestar informações sobre o paradeiro dos bens, que recai sobre o devedor (art. 774, inc. V). No processo de conhecimento, no âmbito das controvérsias sobre direitos disponíveis, prestar informações que lhe são desfavoráveis é, no máximo, um ônus, cujo descumprimento é sancionado com a pena de confissão (art. 385, § 1º), enquanto na execução a omissão de informações sobre a localização dos bens é ato atentatório à dignidade da justiça, sujeito a multa e outras sanções pelo ato ilícito (art. 774).

---

151 JOAN PICÓ I JUNOY. Los princípios dispositivo y de aportación de parte: significado actual. In: SERGIO J. BARBERIO. MARCELA M. GARCIA SOLÁ (coords.). *Principios procesales*, tomo I. Santa Fé: Rubinzal, Culzoni, 2011, p. 165.

152 V. acima o item 7.2 dos comentários ao Título II – Das Diversas Espécies de Execução.

Ainda que limitadamente, são expressões do princípio dispositivo na execução: a) a anexação pelo autor à petição ou requerimento inicial do título executivo, do demonstrativo do débito, da prova da condição, do termo ou da contraprestação (CPC, arts. 524, 534 e 798); b) na substituição da penhora, a exibição pelo devedor da prova da propriedade dos bens e da certidão negativa de ônus (art. 847, § 2º); c) a prova das respectivas preferências pelos credores concorrentes (art. 909).

9.5. Princípio da livre convicção

O princípio da livre convicção rege a avaliação das provas pelo juiz, conferindo-lhe ampla liberdade de decidir a verdade fática de acordo com a persuasão que as provas produzidas no processo tenham gerado no seu entendimento. A livre convicção moderna é a *livre convicção fundamentada* ou *persuasão racional*, exigindo que o juiz fundamente racionalmente as suas decisões sobre a verdade fática (CPC, arts. 11, 369 e 371).

A livre convicção fundamentada não tolhe a liberdade de julgamento do juiz, mas o obriga a sustentar racionalmente a verdade encontrada, que não pode ser fruto da paixão, do preconceito ou do impulso do momento, mas da apreciação ponderada e lógica de todas as provas; que não pode ser a verdade íntima, mas aquela que pela razão possa ser reconhecida por qualquer outro homem[153].

Sem dúvida é no processo de conhecimento que a livre convicção encontra a mais completa aplicação, porque nele é que o juiz se dedica como atividade principal a produzir a certeza do direito, o que pressupõe fatos igualmente certos. Na execução a atividade cognitiva é instrumental e incompleta, porque visa apenas a verificar os pressupostos para o desencadeamento da atividade coativa e para definir a sequência desses atos com a finalidade de satisfazer o credor com o menor sacrifício para o devedor. Apesar disso, o juiz em diversos momentos tem de formar juízos positivos sobre a existência de inúmeros fatos, com base nas provas que lhe forem fornecidas pelas partes.

Já ao despachar a inicial, pode ter o juiz de decidir se se verificou a condição ou o termo, ou se o exequente cumpriu a contraprestação, com base na prova que este tiver apresentado. Na execução para entrega de coisa, o juiz pode ter de arbitrar as perdas e danos. Na execução de obrigação de fazer, o juiz pode ter de examinar a obra feita por terceiro, para declarar ou não cumprida a obrigação. Na execução por quantia certa, a decisão sobre a antecipação da alienação dos bens penhorados é um exemplo de deliberação judicial que pressupõe um

---

153 Pierre Hugonet. *La Vérité Judiciaire*. Paris: Librairies Techniques, 1986, p. 24: "Le juge ne devra évidemment pas se contenter de son appréciation personnelle. Il devra s'efforcer de voir la chose par les yeux des autres".

juízo positivo sobre os fatos que a ensejam, deterioração, depreciação ou manifesta vantagem (art. 852). Esses são apenas alguns exemplos de decisões possíveis na execução, que devem estar baseadas em fatos cuja comprovação precisa ser reconhecida pelo juiz, com aplicação do princípio da livre convicção fundamentada. Nos atos em que essas matérias forem decididas deverá o juiz revelar os motivos que determinaram a formação do seu convencimento, motivos esses que devem ser pelo menos razoáveis aos olhos de qualquer outra pessoa.

Também na execução, como no processo de conhecimento, existem excepcionalmente alguns casos em que a livre convicção não prevalece, sendo substituída pelo princípio das *provas legais*. São casos em que o juiz somente pode admitir a existência da verdade fática com base em determinadas provas, expressamente prescritas na lei. A eficácia do princípio da livre convicção cede em razão de outro princípio de maior peso e não exclusivamente processual, como o princípio da segurança jurídica.

A hipótese mais patente de prova legal é a prova da existência do crédito para ensejar a instauração do processo executivo, através da anexação do título executivo no processo de execução autônomo ou da sua formação no cumprimento de sentença. *Nulla executio sine titulo*. O juiz não pode aceitar qualquer outra prova da existência da dívida, a não ser um dos títulos executivos legalmente previstos (arts. 515 e 784).

Existem também na execução, como no exercício da jurisdição de conhecimento, fatos para cuja prova a lei somente admite o instrumento público, como a propriedade de bem imóvel por certidão do Registro de Imóveis (Lei dos Registros Públicos, art. 225).

Em outros casos, a lei processual dá preferência a determinada prova, em caráter meramente indicativo, sem impedir que o juiz possa reputar verdadeiro o fato, apesar da ausência desse elemento de convicção legalmente previsto. Assim, por exemplo, a avaliação dos títulos da dívida pública, das ações das sociedades e dos títulos de crédito negociáveis em bolsa pela cotação oficial do dia, provada por certidão ou publicação no órgão oficial (art. 871). Em geral essas cotações não são publicadas em órgãos oficiais, mas muitos jornais especializados em informações sobre o mercado de valores as publicam. O juiz pode aceitar como prova da cotação a publicação em jornal especializado, cuja credibilidade o convença da veracidade da informação. Apesar da recomendação da lei, prevalece a livre convicção do juiz, que deverá ser objetivamente fundamentada[154].

---

154 LEONARDO GRECO. *Instituições de processo civil*, vol. II. 3ª ed. Rio de Janeiro: Forense, 2015, p. 131-166.

9.6. Princípio da publicidade

Pelo princípio da publicidade, todos os cidadãos, independentemente de terem ou não qualquer interesse no processo judicial, são titulares do direito cívico de acesso ao conteúdo dos atos nele praticados e de assistirem com a sua presença física aos atos processuais solenes ou orais. A publicidade é a mais importante garantia democrática do processo, consagrada na Constituição Federal (arts. 5º, inc. LX, e 93, inc. IX) e no Código de Processo Civil (art. 189). É através dele que as partes e os cidadãos exercem o seu direito à informação sobre a atividade jurisdicional, o que possibilita o controle social da administração da justiça, a fiscalização da exação dos magistrados no cumprimento dos seus deveres e da própria justiça das suas decisões. É ela o mais eficaz freio ao arbítrio judicial[155].

A aplicação à execução do princípio da publicidade tem algumas particularidades, porque a sua aplicação sofre restrições em razão da necessidade de respeito a algum outro princípio ou direito fundamental de maior peso, como a preservação dos elementos mais intensos do direito à privacidade.

Na busca de informações sobre a localização dos bens do devedor, pode o juiz ter de devassar o sigilo bancário e o sigilo fiscal do devedor, requisitando cópias de declarações de bens apresentadas à Receita Federal ou extratos de contas-correntes[156]. A anexação desses documentos ao processo não impõe de

---

[155] MAURO CAPPELLETTI. *Fundamental guarantees of the parties in civil litigation*. Milano: Giuffrè, 1973, p. 756: "Publicity, of course, has been the great ideal of a liberal administration of justice – the justified reaction against a system of secret justice exemplified in England by the Star Chamber and in more general use on the Continent until the sweeping reforms of the French and European Revolution"; SERGIO J. BARBERIO. MARCELA M. GARCIA SOLÁ (coords.). Lineamientos de los princípios de oralidade y escritura. *Princípios procesales*, tomo II. Santa Fé: Rubinzal, Culzoni, 2011, p. 136.

[156] EGAS MONIZ DE ARAGÃO. Efetividade do processo de execução. *O processo de execução*: estudos em homenagem ao Professor Alcides de Mendonça Lima. Porto Alegre: Sergio Antonio Fabris, 1995, p. 137, referindo-se à regra do art. 600, inciso IV do CPC de 1973, que pune a conduta do litigante que não indica ao juiz onde se encontram os bens sujeitos à execução, aduz: "Desse princípio foi extraída providência de grande relevo para a efetividade do processo, visto que a modalidade mais difundida de execução parece ser a que visa à cobrança de créditos. Trata-se da requisição de informações à Secretaria da Receita Federal a propósito da existência de bens do devedor que não os indica ao oficial de justiça para serem penhorados. Sem dúvida tal providência contribui para a efetividade do processo. No entanto, há quem a ela se oponha em nome do resguardo das declarações de bens. O sigilo, porém, não é instituído para acobertar a ilicitude. Se o executado tem dever de indicar bens e se nega, a solicitação de informações a respeito, para serem penhorados, não se afigura infringente do sigilo a que ele tem direito, o qual não visa a encorajá-lo a atentar contra a dignidade da justiça".

pleno direito que o processo corra em segredo de justiça. Deve o juiz deles retirar as informações necessárias à continuidade do processo e, a seguir, desentranhá-los, entregando-os à parte à qual se refiram, em respeito à sua intimidade.

Outra particularidade da publicidade na execução é a especial divulgação que devem ter certos atos processuais, para que possam atingir a dupla finalidade de satisfação plena do credor com o menor ônus possível para o devedor. Refiro-me não só aos editais de arrematação (art. 886), mas à *sui generis* participação de quaisquer cidadãos, os licitantes, estranhos aos interesses em jogo, como sujeitos processuais nos atos que se seguem a esses editais.

A esta particularidade se liga outra, que é a possibilidade de intervenção na execução de terceiros interessados em realizar negócios que têm por objeto bens do devedor. Na medida em que o juiz da execução intervém na livre administração de, pelo menos, parte dos bens do devedor, à execução devem acudir todos aqueles que queiram celebrar algum negócio jurídico que tenha por objeto esses bens, ou que queiram concorrer ao pagamento do seu crédito com o produto da alienação judicial desses bens: licitantes à arrematação, parentes e credores interessados na adjudicação, credores concorrentes ao pagamento.

Por fim, não deve ser olvidada a importância que a publicidade da execução tem para resguardar interesses de todos aqueles que negociam com o devedor. A certidão do registro de distribuição de uma execução contra o devedor abala o seu crédito, dificulta a prática de atos de disposição patrimonial pelo risco de fraude à execução e induz outros credores a acelerarem a cobrança dos seus créditos. O art. 828 faculta ao credor obter certidão da distribuição da execução para promover a sua averbação no registro de bens sujeitos à penhora, presumindo-se a fraude à execução se ocorrer alguma alienação ou oneração de bens após essa averbação. No mesmo sentido, o art. 799, inciso IX, do Código de 2015 recomenda que o exequente promova essa averbação, não somente do ato de propositura da execução, mas de quaisquer outros atos de constrição, "para conhecimento de terceiros" e a consequente presunção de fraude de execução. Dessa exigência não escapam as sentenças arbitrais, cuja execução é pública. A ressalva do art. 189, inciso IV, se refere às cartas arbitrais, ou seja, a atos de comunicação processual no curso da arbitragem. Encerrada a arbitragem, a execução é judicial, revestida de necessária publicidade, em benefício do interesse de terceiros.

9.7. Princípio da lealdade

O princípio da lealdade ou da boa-fé obriga todos os sujeitos processuais (art. 5º) a se comportarem na execução em conformidade com a verdade, a somente formularem pretensões e alegações em que sinceramente acreditem, a colaborarem com a justiça na consecução dos seus fins e a respeitarem a dignidade humana, o direito de acesso à justiça e o direito de defesa de todos os sujeitos postulantes, não praticando nem requerendo no processo atos inúteis ou protelatórios, como exigem, entre outros, os arts. 77 a 81 e 774 do Código de 2015[157].

Na execução, existem muitas regras impostas pelo princípio da lealdade, como a repressão dos atos atentatórios à dignidade da justiça, da fraude de execução, do emprego pelo executado de ardis e meios artificiosos, da resistência injustificada às ordens judiciais, da resistência à penhora e da não indicação da localização dos bens (arts. 772, 774, 792 e 846).

A observância dessas regras é resguardada por uma série de providências, tais como a convocação das partes, os pedidos de informações, as advertências (art. 772), assim como por sanções, como a ineficácia da alienação (art. 790, inc. V), multas pecuniárias (139, inc. IV, 523, § 1º, 774, parágrafo único, e 1.026, § 2º), penas criminais (Código Penal, arts. 179 e 347) e indenização das perdas e danos (CPC, art. 77, § 7º).

O vasto arsenal de sanções sugere algumas observações, que me parecem importantes. A primeira é a de que o ordenamento jurídico mune o juiz de meios para exigir o respeito ao princípio-dever de lealdade, o que exige um juiz vigilante e pouco tolerante com a deslealdade. Em outros países, com uma consciência coletiva mais intensa dos deveres éticos que os cidadãos devem observar nas relações com os outros cidadãos e com a autoridade pública, juízes menos tolerantes obtêm resultados melhores na observância da lealdade.

A cultura da esperteza, infelizmente disseminada na sociedade brasileira, e a tolerância excessiva dos juízes, possivelmente para evitar o risco da suspeita da falta de imparcialidade, tornam inócua a repressão da deslealdade e até mesmo a estimulam. Uma mudança cultural e comportamental se faz necessária, mas resultados melhores poderiam ser obtidos se o legislador engendrasse um rol de consequências desfavoráveis decorrentes automaticamente da lei, que a parte sofreria se agisse deslealmente, como, por exemplo, juros progressivos pelo retardamento da execução.

Por outro lado, as sanções não podem ser exageradas, a proibição do *bis in idem* não autoriza duas multas pelo mesmo fato, e a imposição e a dosagem das sanções devem respeitar sempre o seu caráter instrumental de meios para assegurar o comportamento correto das partes, e não a de castigos para arrui-

---

157 Sobre a lealdade do juiz, ver Márcio Carvalho Faria. *A lealdade processual na prestação jurisdicional*: em busca de um modelo de juiz leal. São Paulo: Revista dos Tribunais, 2017.

nar o destinatário ou para impor-lhe desvantagens que em nada vão contribuir para a observância dos seus deveres e para o bom êxito da execução.

O respeito à lealdade também constitui um limite necessário ao chamado abuso de direito que pode levar o executado a sofrer coações mais severas do que as estritamente necessárias à satisfação do exequente.

Ressalte-se, por fim, que na execução, mais do que no processo de conhecimento, tendo as partes e o juiz largo campo de atuação discricionária, ditada não por rígidas regras procedimentais, mas pela busca de caminhos para a adoção das providências mais adequadas à rápida satisfação do credor e à preservação do patrimônio do devedor, a lealdade e a boa-fé da conduta das partes e do juiz contribui decisivamente para que esses resultados sejam alcançados. E a lealdade não significa simplesmente, nesse caso, o estrito cumprimento de regras de conduta preestabelecidas na lei, mas o exercício de um diálogo cooperativo entre os principais sujeitos do processo na preparação e consequente adoção das medidas mais adequadas e eficazes, de acordo com as peculiaridades do caso concreto (arts. 6º e 378)[158].

9.8. Princípio da oralidade

A calorosa defesa de CHIOVENDA e o sucesso do Código austríaco de 1895 firmaram na doutrina processual da primeira metade do século XX a convicção da excelência do processo oral, em contraposição ao processo escrito, como garantia de uma justiça qualitativamente superior, simples, desformalizada e rápida.

Apesar da sustentação chiovendiana de que o processo escrito não é um produto da tradição latina[159], não conseguiram os sistemas processuais e a prática judiciária cotidiana dos países latinos, como o Brasil, desvencilhar-se da preponderância da forma escrita, reduzida a oralidade à aplicação mitigada de alguns subprincípios, como a imediatidade.

Pesquisa coordenada por CAPPELLETTI[160] revelou que na América Latina predomina a forma escrita, muitas vezes acompanhada de uma divisão rígida do processo em fases preclusivas, com ampla possibilidade de recurso contra

---

158 PIERO CALAMANDREI. Il Processo come Giuoco. *Opere Giuridiche*, vol. 1. Napoli: Morano, 1965, p. 544; DANIEL MITIDIERO. *Colaboração no processo civil*. 3ª ed. São Paulo: Revista dos Tribunais, 2015. MÁRCIO CARVALHO FARIA. *A lealdade processual na prestação jurisdicional*: em busca de um modelo de juiz leal. São Paulo: Revista dos Tribunais, 2017.
159 GIUSEPPE CHIOVENDA. Procedimento oral. *Processo oral*. Rio de Janeiro: Forense, 1940, p. 55.
160 MAURO CAPPELLETTI. *Procédure orale et Procédure écrite*. Milano: Giuffrè, 1971, p. 22-23.

as decisões interlocutórias, o que confere ao litigante desleal o poder de abusivamente procrastinar o processo. A fragmentação das fases processuais estende exageradamente a duração do processo. E na execução, praticamente não se fala de oralidade, adotando-se nos sistemas ibero-americanos quase integralmente a forma escrita[161].

A par da correlação indissociável da oralidade com outros princípios gerais do processo, como o princípio do contraditório, a oralidade favorece: 1) a publicidade, pois facilita o conhecimento dos atos processuais e colabora na sua difusão; 2) o impulso processual oficial, a lealdade e a celeridade, pois propicia mais profunda e tempestiva apreciação do seu conteúdo pelo juiz; 3) a imediatidade e o contraditório participativo, pelo contato humano e direto entre os principais sujeitos do processo; 4) a livre convicção, porque considero forçoso reconhecer a sua excelência como exigência de uma cognição adequada sobre os fatos e as provas[162].

Não obstante, percebe-se um certo ceticismo da doutrina processual em relação à oralidade na execução. ÁLVARO PEREZ RAGONE, por exemplo, considera quase inútil tratar de oralidade ou de imediatidade na execução, porque o título executivo em que se baseia é escrito e porque nela não é sempre o juiz que atua como órgão da execução[163].

Nenhum outro ato oferecerá ao juiz elementos de convicção mais seguros e completos para a seleção das providências concretas a serem determinadas na execução, do que uma audiência oral. Por isso, ainda que, quantitativamente, possa existir na execução um número maior de atos escritos, as decisões mais graves de intervenção na esfera de liberdade patrimonial do devedor, como a penhora e a alienação judicial de bens, deveriam ser antecedidas de audiência oral. As partes podem dispensar essa oportunidade de contacto imediato com o juiz, mas se uma delas a requerer, não pode o juiz recusá-la. A falta de previsão de audiências nos procedimentos executórios é uma prova do déficit garantístico que sofre a execução no direito brasileiro. Não há como falar de diálogo humano, de cooperação, de contraditório participativo, sem a interação presencial dos principais protagonistas da execução em audiências orais.

Lamentavelmente o direito brasileiro não prevê audiências orais na execução, exceto para a produção de prova oral na verificação de créditos da in-

---

161 CAPPELLETTI. Ob. cit., p. 9-10.
162 CAPPELLETTI. Ob. cit., p. 88; NICOLÒ TROCKER. *Processo civile e Costituzione*. Milano: Giuffrè, 1974, p. 419.
163 ÁLVARO PÉREZ RAGONE. Princípios de la ejecución civil singular. In: SERGIO J. BARBERIO. MARCELA M. GARCIA SOLÁ (coords.). *Principios procesales*, tomo II. Santa Fé: Rubinzal, Culzoni, 2011, p. 694.

solvência civil (CPC/73, art. 772, § 1º, c.c. o art. 1.052 do CPC/2015) e nos embargos do devedor (CPC/2015, art. 920, inc. II). Admite apenas que o juiz, em qualquer momento da execução, ordene o comparecimento das partes (art. 772). A falta de objetivo específico para esse comparecimento faz com que seja raramente utilizado, e daí resulta que as decisões são geralmente tomadas após contraditório meramente formal. A faculdade de promover a qualquer tempo a conciliação (art. 139, inc. V) também pode ensejar a instauração de uma fecunda instância de diálogo, desde que bem promovida por juízes e conciliadores e desde que não se reduza apenas a mais um ato formal sem resultados práticos e com a nefasta consequência de retardar a continuidade e o desfecho da execução.

O ordenamento jurídico brasileiro prevê ainda alguns poucos atos orais com finalidade específica, como a hasta pública (art. 886, inc. IV). A audiência entre os credores concorrentes à adjudicação para produção de provas (CPC/73, art. 712) não é mais mencionada no Código de 2015.

Como acima mencionado, a lei confere ao juiz o poder de, em qualquer momento do processo, "determinar o comparecimento das partes" (art. 772), poder esse que o juiz deve exercitar nos momentos decisivos da execução, *ex-officio* ou a requerimento de qualquer dos contendores.

Entretanto, esse poder, de que o juiz brasileiro faz pouco uso, não é suficiente. Dos subprincípios do sistema da oralidade (*imediatidade, concentração, identidade física do juiz e irrecorribilidade das decisões interlocutórias*), dois seguramente não são compatíveis com a execução: a concentração e a irrecorribilidade das decisões interlocutórias, que se destinam a preparar e enriquecer o ato final e culminante do processo de conhecimento que é a sentença. A atividade executória não se encerra necessariamente por uma sentença e, ainda que esta deva existir, não é através dela que a execução realiza as suas finalidades básicas (satisfação do credor com o mínimo sacrifício do devedor).

Quanto à imediatidade, o contato direto e pessoal do juiz com as partes e as provas é plenamente aplicável à execução, como consequência necessária da audiência oral. Como preconizam Barberio e García Solá, mesmo que a lei expressamente não a exija, a imediatidade é sempre recomendável e frutífera[164]. Se a execução for dirigida por um auxiliar do juiz, como o agente de execução, deve ser assegurado também o contato direto com esse agente.

E quanto à identidade física do juiz, lamentavelmente foi extinta no Código de 2015. Todavia, considero-a absolutamente indispensável na execução.

---

164 Sergio J. Barberio. Marcela M. Garcia Solá (coords.). Lineamientos de los princípios de inmediación y mediación. *Princípios procesales*, tomo II. Santa Fé: Rubinzal, Culzoni, 2011, p. 93.

A prestação jurisdicional na execução não é entregue num único ato, como a sentença final do processo de conhecimento, mas se desenvolve num percurso planejado, que se projeta numa série de atos num período de tempo, que têm de ser realizados, ajustados e supervisionados pela autoridade que os determinou. O equilíbrio entre as partes, como exigência do contraditório, está em permanente tensão na execução, o que impõe que o seu gestor, que entre nós é o juiz, esteja permanentemente atento à sua preservação.

Não consigo compreender como em sistema como o nosso, de tradição ibérica, em que toda a condução da execução é confiada ao próprio juiz, e não a um outro sujeito auxiliar, com o *poder de administração* que o juiz pessoalmente exerce sobre parte ou a totalidade do patrimônio do devedor, adotando ele próprio as principais deliberações a respeito da escolha dos bens, do modo mais adequado e econômico de utilizá-los para propiciar a satisfação do credor, que o juiz que adote essas providências não se vincule pessoalmente a dar sequência a essa série de atos, pois somente ele, e mais ninguém, pode concluir essa tarefa que exige permanente consciência da utilidade que cada ato intermediário deverá ter na consecução do objetivo final.

Não se pode ignorar que existem imperiosas exigências operacionais que impedem a permanente presença do mesmo juiz à frente da execução, como a ausência de juízes titulares em todos os órgãos jurisdicionais e os períodos de férias ou de licenças a que estes fazem jus. O contínuo impulso processual e a celeridade, nesses casos, impõem razoáveis limitações à identidade física do juiz, mas a organização judiciária deve adotar providências eficazes para reduzir ao mínimo essas situações. A execução que passa de mão em mão burocratiza o juiz, descompromissando-o da busca perseverante dos resultados almejados e transformando-o em instrumento dócil da chicana e dos incidentes procrastinatórios. Na execução coletiva (falência ou insolvência civil), o juiz é auxiliado por um administrador. Mas na execução individual, o administrador geral é ele próprio.

A oralidade na execução ainda está por ser construída, embora as garantias constitucionais do processo e as que decorrem da adesão do Brasil a instrumentos humanitários como a Convenção Interamericana de Direitos Humanos imponham a sua observância. Aqui não se trata de priorizar a celeridade, mas de priorizar a qualidade da administração da Justiça e de assegurar na execução a prática efetiva daquele diálogo humano, indispensável para garantir a plena efetividade do princípio político da participação democrática.

Todos os procedimentos executórios deverão ser revistos para a necessária introdução de audiências orais. Ou se descentraliza a prática dos atos de invasão e de administração patrimonial a um auxiliar qualificado, ou a instauração de audiências orais e a identidade física do juiz devem, por outras vias, tornar-se uma realidade na execução.

9.9. Outros princípios gerais do processo

A execução civil se integra no direito processual civil, que por sua vez faz parte do direito público de um determinado ordenamento jurídico, no qual se insere como parte de um todo organicamente harmônico. A doutrina frequentemente faz alusão a outros princípios gerais do processo, como a efetividade do processo, a cooperação, a aquisição processual, a proporcionalidade e o autorregramento da vontade. É impossível dizer que os princípios gerais do processo enumerados acima nos itens 9.1 a 9.8 constituam um rol exaustivo. Na minha visão, eles são suficientes.

A efetividade do processo me parece um princípio que integra a teoria dos direitos fundamentais (CF, art. 5º, inc. XXXV e § 1º) decorrentes da concepção de Estado de Direito adotada pela Constituição brasileira a partir de 1988, que é a concepção compatível com a eficácia dos direitos humanos consagrados nos tratados internacionais a que está vinculado o Brasil. Da efetividade resulta o direito de acesso à justiça como direito a obter a mais ampla tutela jurisdicional dos direitos constitucional e legalmente assegurados pelo ordenamento jurídico, no qual se insere o direito à execução, como direito à concreta satisfação dos créditos constantes de títulos executivos, reconhecidos ou não por decisões judiciais.

O chamado princípio da cooperação é uma consequência da solidariedade social, proclamada como objetivo nacional no art. 3º da Carta Magna, que repercute no processo civil e, portanto, na execução, como um dever decorrente dos princípios do contraditório e da lealdade, de acordo com o alcance que esses princípios adquiriram no Estado de Direito contemporâneo, como explicado acima[165]. MARCELO ABELHA RODRIGUES observa, com pertinência, que a tutela executiva está diretamente relacionada às crises de cooperação, como reação à recusa de cooperação daquele que não cumpriu o dever ou obrigação representados no título executivo[166]. Também a tutela de conhecimento, em geral, é fruto dessa resistência à cooperação, como lembrava CHIOVENDA, quando se referia ao caráter substitutivo da jurisdição[167].

---

165 JORGE W. PEYRANO. El principio de cooperación procesal. In: SERGIO J. BARBERIO. MARCELA M. GARCIA SOLÁ (coords.). *Principios procesales*, tomo I. Santa Fé: Rubinzal, Culzoni, 2011, p. 399-408; FREDIE DIDIER JR. *Curso de direito processual civil*: introdução ao direito processual civil, Parte Geral e Processo de Conhecimento. 19ª ed. Salvador: Juspodivm, 2017, p. 136-148; FREDIE DIDIER JR. LEONARDO CARNEIRO DA CUNHA. PAULA SARNO BRAGA. RAFAEL ALEXANDRIA DE OLIVEIRA. *Curso de direito processual civil*: execução. 7ª ed. Salvador: Juspodivm, 2017, p. 81-82.
166 MARCELO ABELHA RODRIGUES. Ob. cit., p. 5.
167 GIUSEPPE CHIOVENDA. *Principii di diritto processuale civile*. 3ª ed. Napoli: N. Jovene e C., 1923, p. 296-297.

A doutrina latino-americana tem feito referência ao princípio da aquisição, no sentido de que os atos do processo são fatos que pertencem ao processo, não podendo mais serem objeto de revogação ou de desistência dos seus autores. Em matéria probatória, é chamado de princípio de comunhão da prova. Mas há os que sustentam a sua aplicação a quaisquer outros atos do processo, como meio de apreciar o comportamento das partes e a credibilidade das suas declarações[168]. Em matéria probatória, nos países em que a iniciativa de proposição de provas é exclusivamente das partes, o princípio serve para justificar a produção de prova de que uma das partes desistiu, em benefício da outra ou de ofício pelo juiz. No nosso sistema, em que é bastante flexível a iniciativa probatória do juiz, ainda que em caráter assistencial (art. 370), tem ele reduzida utilidade, justificando-se a comunhão da prova por outros princípios, como o dispositivo, o da lealdade e o da livre convicção. Quanto à intangibilidade dos atos do processo, são fatos que produzem efeitos imediatos que não podem ser suprimidos em detrimento das situações jurídicas por eles criadas em relação aos demais sujeitos, pela própria dinâmica de permanente continuidade do processo e de interdependência da atuação dos seus diversos sujeitos. Mas isto não significa necessariamente imutabilidade ou irrevogabilidade. Se os efeitos do ato atingem apenas o sujeito que os praticou, nada impede a sua revogação ou desistência, nem da prática do ato ou da sua revogação ou desistência podem ser extraídas outras ilações além daquelas expressamente exteriorizadas por esse sujeito.

Com maior razão, os atos executórios não podem se submeter a um regime inflexível. A execução incide sobre a realidade da vida humana. O juiz e as partes planejam a sua atuação na expectativa de que os seus atos produzam determinadas consequências, que nem sempre ocorrem. Num determinado momento, a penhora de certo bem pode ser ideal para os fins da execução. Mais adiante, essa perspectiva pode se modificar. A própria lei reflete essa flexibilidade, como se observa, por exemplo, do disposto nos arts. 835, § 1º, e 848.

A proporcionalidade, a meu ver, seguindo a lição de Humberto Ávila, não é um princípio-norma, no sentido de que por si mesmo imponha determinado comportamento, mas um postulado normativo, ou seja, um método de articulação de princípios e de direitos para conciliá-los e harmonizá-los dentro de cada sistema jurídico, estabelecendo de que modo uns podem pro-

---

168 Jorge W. Peyrano. Principio de adquisición procesal. In: Sergio J. Barberio. Marcela M. Garcia Solá (coords.). *Principios procesales*, tomo II. Santa Fé: Rubinzal, Culzoni, 2011, p. 245-252; Sergio J. Barberio. Marcela M. Garcia Solá (coords.) Lineamientos del principio de adquisición. Ob. cit., p. 239-243.

duzir limitações à eficácia dos outros, consideradas a necessidade e a adequação, em benefício da maior eficácia possível de todos. Proporcionalidade, razoabilidade, proibição de excesso, equidade, congruência, são todos postulados normativos do ordenamento jurídico, aplicáveis ao processo civil e à execução[169].

Quanto ao autorregramento, ou seja, às convenções processuais autorizadas pelos arts. 190 e 191 do Código de 2015, conforme assinalamos acima, no item 6.1 dos comentários ao Título II – Das Diversas Espécies de Execução, constitui uma consequência do contraditório participativo, do dever de cooperação e do princípio político da subsidiariedade, não constituindo um princípio autônomo e sujeitando-se aos limites que a ordem pública impõe à atividade executória (v. item 9.1.1 acima).

10. Princípios específicos da execução

Além dos oito princípios gerais, que a execução compartilha com as outras modalidades de tutela jurisdicional, tem ela alguns princípios específicos, típicos da atividade executória.

10.1. Não há execução sem título

O primeiro deles é o de que *toda execução pressupõe um título executivo* (art. 778). Não há execução sem título (*nulla executio sine titulo*). O título executivo é o fundamento essencial e indispensável da execução. Somente crédito cuja certeza tenha sido previamente constituída através de um título revestido das formalidades legais, a que a lei confere eficácia executiva, pode ensejar o desencadeamento da atividade coativa do Estado contra o devedor e sobre o seu patrimônio para forçá-lo a cumprir uma obrigação, dispensando a anterior declaração judicial de certeza desse direito ou pressupondo que ela esteja na origem da formação do próprio título.

Consoante lição de LIEBMAN[170], foi o processo comum italiano e ulteriormente francês que constituiu o título executivo como condição necessária e suficiente da execução, excluindo qualquer outra forma de verificação preliminar da existência do direito. O título executivo é o documento, com forma e conteúdo predeterminados pela lei, que constitui pressuposto de validade de qualquer execução e deve obrigatoriamente acompanhar a petição inicial que visa a instaurá-lo ou preexistir nos autos em que se promove a execução, se título judicial, sob pena de liminar indeferimento (arts. 798 e 801).

---

169 HUMBERTO ÁVILA. *Teoria dos princípios*. 16ª ed. São Paulo: Malheiros, 2015, p. 163-224.
170 ENRICO TULLIO LIEBMAN. *Embargos do executado*, trad. J. Guimarães Menegale. 2ª ed. São Paulo: Saraiva, 1968, p. 85.

A legalidade do título executivo é matéria de ordem pública, que não admite ampliação pela vontade das partes (art. 784, inc. XII), tendo em vista que a posição de vantagem que o título confere ao credor na perseguição do seu crédito, violaria a igualdade das partes e a consequente paridade de armas, salvo se decorrente de ato que a própria lei processual ou de direito material tivesse submetido a pressupostos capazes de assegurar que a outorga dessa posição de vantagem resultou da vontade absolutamente livre e consciente do devedor. Por isso, com razão, TEORI ZAVASCKI leciona que a própria discricionariedade do legislador na instituição de títulos executivos extrajudiciais tem limites, estando condicionada à proporcionalidade entre segurança e efetividade de direitos e à razoabilidade que confira grau elevado de certeza da existência do crédito, sob pena de ilegitimidade constitucional da própria lei[171].

Segundo HUMBERTO THEODORO JÚNIOR, o título executivo autoriza o credor a utilizar a ação de execução, define o seu fim e fixa os seus limites[172]. O título atesta que no momento da sua formação havia certeza da existência de determinado direito material, que preenche ainda os requisitos de liquidez e exigibilidade (art. 783), justificando o desencadeamento da atividade coativa em que consiste a execução em face do devedor e sobre o seu patrimônio.

Hoje no Brasil o título é sempre um documento, ou seja, um objeto, revestido de autenticidade, que ateste a existência de um crédito de modo permanente e inalterável, mas não necessariamente um documento escrito. Os títulos podem ser judiciais (art. 515) ou extrajudiciais (art. 784). Os primeiros constituem fundamento necessário do procedimento chamado de *cumprimento de sentença* (arts. 513 a 538) e os segundos do propriamente chamado *processo de execução* (arts. 771 a 925). Pelas denominações, aparentemente nos primeiros o documento seria um ato judicial e nos segundos um ato extrajudicial, o que nem sempre ocorre, como, por exemplo, no caso dos primeiros a sentença arbitral não é judicial, o que leva alguns a criticarem tais denominações[173]. Vou mais longe. As limitações que a lei impõe à defesa do executado no cumprimento de sentença em razão da natureza judicial do título partem da premissa equivocada de que sobre a certeza e a liquidez do crédito já exista coisa julgada ou preclusão decorrente de cognição exaustiva, o que não ocorre em muitos casos, como, por exemplo, nas sentenças

---

[171] TEORI ZAVASCKI. *Título executivo e liquidação*. São Paulo: Revista dos Tribunais, 1999, p. 67-68.
[172] HUMBERTO THEODORO JÚNIOR. *Comentários ao Código de Processo Civil*: Da Execução em Geral. Arts. 771 a 796, vol. XV. São Paulo: Saraiva, 2017, p. 60.
[173] TEORI ZAVASCKI. *Comentários ao Código de Processo Civil*: artigos 771 ao 796. São Paulo: Revista dos Tribunais, 2016, p. 130.

da jurisdição voluntária e nas decisões liminares de tutela da urgência ou da evidência[174]. Teori Zavascki dá outros exemplos como o da obrigação sujeita a condição ou termo e o de crédito decorrente de sentença condenatória que foi objeto de posterior cessão[175].

Quando na definição do título a lei não se refere diretamente ao documento escrito, mas ao negócio ou à obrigação, como no aluguel ou nas despesas de condomínio (CPC, art. 784, inc. VIII), o título poderá ser outro tipo de documento, como a fita magnética, o CD-Rom ou a mensagem eletrônica transmitida pela Internet ou arquivo constante da memória de um computador, desde que aptos a conservar o registro do negócio ou do contrato com permanência e inalterabilidade. Nesse caso, o título poderá ser também um conjunto de documentos.

Se no futuro a tecnologia vier a descobrir algum outro meio de prova, que não constitua um objeto físico ou eletrônico, mas que seja apto a atestar a existência de um negócio ou de uma obrigação com a mesma segurança de um documento, poderá a lei vir a admitir essa forma de título executivo, assim como poderá vir a aceitar nessa categoria o crédito atestado por prova diversa da prova documental, como já ocorreu na vigência do Código de 1939 (art. 298, inc. IX) em relação ao contrato de locação.

Portanto, a identificação do título com um documento é meramente circunstancial, mas não da própria natureza do título. A essência do título é a de uma prova, revestida de todos os requisitos substanciais e formais estabelecidos na lei, especificamente predisposta para atestar o nascimento do crédito e ensejar a sua cobrança pela ação executiva. Não é qualquer prova, mas apenas aquela que a lei expressamente estabelece, prova legal, que, juntamente com os fatos dos quais se originou o crédito, constitui o pressuposto fático da execução, cuja ausência ou deficiência acarretará o indeferimento da petição inicial ou a extinção da execução.

---

174 V. Leonardo Greco. *O processo de execução*, vol. 1. Rio de Janeiro: Renovar, 1999, p. 125-132, em que sugeri fossem os títulos executivos, quanto à sua força executiva e consequente repercussão na amplitude da defesa do executado, fossem classificados em quatro espécies: 1) títulos resultantes de um provimento condenatório alcançado em cognição exaustiva; 2) títulos resultantes de um provimento condenatório alcançado em cognição sumária ou incompleta; 3) títulos contratuais que contêm o reconhecimento expresso da obrigação pelo devedor; 4) outros títulos – administrativos, judiciais ou extrajudiciais –, em que a eficácia executiva, passível de reexame na execução ou nos embargos incidentes, não resulta de cognição judicial nem de manifestação de vontade expressa do devedor, mas do preenchimento de outros requisitos previstos em lei.

175 Teori Zavascki. *Título executivo e liquidação*. São Paulo: Revista dos Tribunais, 1999, p. 69.

O conteúdo do título define o procedimento executório – cumprimento de sentença ou processo de execução autônomo –, assim como, dentro de cada uma dessas duas espécies, em razão da natureza da prestação, se o procedimento será o da execução por quantia certa, para entrega de coisa, de prestações de fazer ou não fazer, de prestações alimentícias, de prestações pecuniárias contra a Fazenda Pública ou eventualmente algum outro, instituído por lei especial.

No rol de títulos judiciais também se incluem as decisões provisórias, liminares ou não, em tutela de urgência, proferidas em caráter antecedente ou incidente em relação a um processo de conhecimento (art. 515, inc. I), que normalmente são cumpridas de modo informal em razão da urgência, sem a instauração de um procedimento autônomo, ou decisões interlocutórias que imponham sanções, como as multas, mas que, como títulos executivos, devem revestir-se dos requisitos mínimos de atestação da certeza, da liquidez e da exigibilidade do crédito, que justifique a posição de vantagem em que colocam o beneficiário, legitimando a invasão da esfera de liberdade pessoal e patrimonial do destinatário, sem que este tenha tido a ampla oportunidade de exercer a sua defesa em um procedimento de cognição exaustiva. A verificação positiva desses requisitos deve estar devidamente atestada na fundamentação da decisão, no âmbito do convencionalmente denominado *fumus boni juris* se se tratar de tutela de urgência, que em nenhum caso pode ser dispensada, por mais urgente que seja a efetivação da providência alvitrada.

Concordo com o entendimento de que o cumprimento da tutela de urgência dispense todo o formalismo de um procedimento executório solene. Entretanto, desde que não comprometa a efetividade da tutela ou não haja risco de prejuízo irreparável, o formalismo do procedimento executório deve ser observado, em benefício do sempre lembrado equilíbrio entre exequente e executado que deve existir em toda atividade de invasão coativa da esfera de liberdade pessoal e patrimonial de alguém.

Constitui um paradoxo reprovável que para instaurar uma execução o credor tenha de sujeitar-se à observância de tantos requisitos formais expressamente previstos em lei, enquanto para a concessão e o cumprimento de uma liminar de tutela de urgência, muitos juízes se contentem com uma avaliação discricionária e superficial do *fumus boni juris* e do *periculum in mora*, unilateralmente apresentados pelo autor que, sem forma nem figura de juízo e sem qualquer possibilidade de resistência, invade a esfera de liberdade do destinatário, apreendendo os seus bens, bloqueando seus ativos financeiros, impedindo-o de exercer atividades lícitas etc., ao arrepio do devido processo legal, do contraditório, da ampla defesa e da segurança das relações jurídicas, constitucionalmente reconhecidos.

10.2. A execução se realiza no interesse do credor

O segundo princípio específico da execução é o de que *a execução se realiza no interesse do credor* (art. 797). Somente tem necessidade de promover a execução quem é sujeito de um título executivo que lhe atribua o direito a exigir de outrem determinada prestação. E toda atividade executória se dirige no sentido de realizar em concreto a satisfação do crédito do exequente, para cumprir a promessa constitucional do Estado de Direito de dar a quem tem razão tudo aquilo a que ele tem direito, de acordo com o ordenamento. MARCELO ABELHA RODRIGUES denomina essa característica da execução *princípio do desfecho único*[176].

O executado também tem interesse na execução, para que os atos executórios não lhe causem prejuízo maior do que o estritamente necessário para a satisfação do credor e para, eventualmente arguir algum argumento que possa ilidir a execução, no todo ou em parte. Mas esse interesse não é um interesse autônomo, mas sim subordinado, derivado da sua sujeição aos atos que se destinam a satisfazer a pretensão do credor. Por isso, o executado não tem interesse em promover a execução, porque desta não lhe pode decorrer senão prejuízo. A execução deve oferecer ao executado a oportunidade de ilidir a execução com o reconhecimento do seu direito, que porventura se sobreponha ao direito alegado pelo credor. Mas esse reconhecimento dar-se-á normalmente através de outra modalidade de tutela jurisdicional, a tutela de conhecimento, em procedimento incidente à execução (embargos à execução ou impugnação ao cumprimento de sentença), embora, depois do prazo para instauração desses incidentes, e não da própria execução, possa o executado informalmente arguir matérias de defesa, na forma dos arts. 518 e 525, § 11.

Se por acaso o juiz conhecer na própria execução do direito alegado pelo réu, esse conhecimento será superficial e incompleto, apenas para verificar a concorrência dos pressupostos processuais e das condições da ação de execução e eventual decisão que vier aí a ser adotada não lhe dará proteção definitiva ao seu direito. A cognição exaustiva deverá travar-se na ação incidente de embargos à execução ou de impugnação ao cumprimento de sentença ou ainda em ação autônoma concomitante ou subsequente à execução.

10.3. Disponibilidade da execução

Dessa unilateralidade do interesse de apenas um dos litigantes no resultado da atividade executória e da impossibilidade de vir a execução a dar ao direito do réu a proteção porventura por este desejada, resulta outro princípio especí-

---

176 MARCELO ABELHA RODRIGUES. Ob. cit., p. 71.

fico, o da *disponibilidade da execução*, que confere ao exequente a possibilidade de desistir da execução por ato de vontade exclusivo seu, independentemente da concordância do executado (art. 775). Diferentemente do que ocorre no processo de conhecimento, em que normalmente ambas as partes têm interesse jurídico no resultado, pois se o pedido for julgado improcedente o réu obtém uma declaração de certeza de inexistência do direito do autor ou de inexistência de ter de prover a alguma prestação em favor do autor, na execução toda a atividade executória é desenvolvida em favor da satisfação do crédito do autor. Daí resulta que, enquanto no processo de conhecimento o réu, tendo contestado a ação, tem direito à continuidade do processo para alcançar a sentença final sobre a pretensão do autor, que poderá vir a reconhecer uma situação jurídica de vantagem em seu benefício, na execução o réu não tem qualquer direito à continuidade dos atos executórios, que em nada o beneficiarão, ao contrário. Por essa razão, a desistência da execução não depende da concordância do executado, pois a ninguém ela prejudica, ao contrário do que ocorre no processo de conhecimento (art. 485, § 4º)[177]. A desistência da execução não implica extinção dos embargos do devedor ou da impugnação ao cumprimento de sentença, salvo se versarem sobre matéria exclusivamente processual. Essa desistência poderá ocorrer a qualquer tempo, mas também não desfará os atos de administração já praticados pelo juiz que constituam relações jurídicas das partes com terceiros[178].

A desistência unilateral da execução pode estender-se à ação executiva como um todo ou referir-se apenas a um ou alguns dos meios executórios propostos pelo exequente ou determinados de ofício pelo juiz (art. 775). É o que acontece na execução de obrigações de fazer, não fazer e entrega de coisa, se o exequente optar pela obtenção do resultado prático equivalente, nos termos dos arts. 497 e 536, aplicável inclusive às de títulos extrajudiciais por força do art. 771, em que ocorre uma modificação do pedido mediato que passa a ser a prestação substitutiva da que consta do título. O exequente possui a disponibilidade dos meios executórios. Entretanto, essa disponibilidade pode ser prejudicial ao executado, cabendo ao juiz coibi-la quando tornar a execução excessivamente onerosa para o devedor ou quando tornar materialmente impossível a obtenção da satisfação do crédito do exequente.

A disponibilidade da execução não implica disponibilidade do direito material, nem da força executiva do título, que poderá ensejar nova execução ou o seu redirecionamento.

---

177 TEORI ZAVASCKI. *Comentários ao Código de Processo Civil*: do processo de execução. Artigos 566 a 645, vol. 8. 2ª ed. São Paulo: Revista dos Tribunais, 2003, p. 75.
178 LEONARDO GRECO. *O processo de execução*, vol. 1. Rio de Janeiro: Renovar, 1999, p. 191.

10.4. Fungibilidade do meio executório

Quarto princípio específico é o da *fungibilidade do meio executório* (art. 805). Como já vimos[179], o que identifica a demanda executória não é a providência jurisdicional pleiteada pelo exequente, mas a prestação constante do título. Se o juiz verificar que a prestação almejada pode ser satisfeita por meio diverso do que foi pleiteado, menos oneroso do que este para o interesse do devedor, deverá de ofício determinar a satisfação do credor por essa outra forma. Ademais, pode o juiz alterar medida executiva anteriormente determinada se deixar de ser eficaz ou adequada ou se outra se configurar mais apropriada para o êxito da execução.

A fungibilidade pode determinar a adoção de procedimento diverso do proposto pelo exequente, salvo se, por disposição de lei, isso depender de expressa iniciativa do exequente. Assim, por exemplo, na execução de prestação alimentícia, o exequente pode tê-lo iniciado pelo procedimento da execução comum por quantia certa (art. 913). Não pode o juiz nesse caso optar pela ameaça de prisão ou pelo desconto em folha, que dependem expressamente da iniciativa do exequente (arts. 911-913, 528 e 529).

10.5. Menor onerosidade para o devedor

O quinto princípio específico, consagrado igualmente nesses mesmos dispositivos, é o de que *a execução far-se-á do modo menos gravoso para o devedor*. A satisfação do credor deve ser buscada com o menor sacrifício possível para o devedor. Por isso, todas as medidas executórias devem sopesar esses dois interesses antagônicos: o interesse do credor à ampla e rápida satisfação do seu crédito e o interesse do devedor a sofrer o menor prejuízo possível em sua liberdade e em seu patrimônio.

Ao devedor não pode ser imposto dano maior do que a lei permite, devendo o juiz sempre optar pela medida coativa menos onerosa para o devedor e pela satisfação da prestação pelo meio que lhe seja menos prejudicial. A execução não tem caráter punitivo, mas satisfativo.

A busca do equilíbrio entre esses dois interesses – a plena satisfação do credor e o mínimo sacrifício do devedor – é particularmente importante na escolha dos meios executórios, especialmente das chamadas coações indiretas que sujeitam o executado a pressões psicológicas para induzi-lo a cumprir a prestação devida ao credor, sujeitando-o a ameaças ou a prejuízos na sua esfera pessoal ou patrimonial.

---

179 V. acima o item 7.2 dos comentários ao Título II – Das Diversas Espécies de Execução.

Em todos os ordenamentos que autorizam o emprego de meios executivos de coação indireta, seja em obrigações de fazer, não fazer, entrega de coisa, seja em obrigações pecuniárias, existem preocupações com os limites que devam ter essas medidas na invasão às esferas de liberdade pessoal e patrimonial do executado.

Já FRIGNANI, no célebre estudo de 1974 sobre a *injunction* inglesa e a inibitória italiana[180], apontava que aquela não deveria ser concedida quando pudesse trazer resultados iníquos e injustos, que não deveria ser adotada quando houvesse um remédio mais adequado e acessível, que não poderia ser excessivamente severa, devendo a decisão sobre a sua concessão ponderar os interesses em jogo, considerando o *periculum in mora* inverso.

No direito inglês, a concessão da *Mareva injunction*, das *freezing injunctions* e das *charging orders* também se subordina a medidas de contracautela e à prevenção de riscos desproporcionados para o executado, como a sua insolvência[181]. Igual preocupação com a proibição de excesso se verifica no direito norte-americano[182], no direito francês[183] e na jurisprudência da Corte Europeia de Direitos Humanos[184].

BURKHARD HESS[185], professor em Heidelberg, leciona que os modernos sistemas de execução transformaram os seus agentes em mediadores entre credores e devedores, não mais como simples cobradores de dívidas. Nessa perspectiva, a execução deve prevenir a exclusão social dos devedores e evitar a sua falência.

---

180 ALDO FRIGNANI. *L'injunction nella Common Law e l'inibitoria nel Diritto Italiano*. Milano: Giuffrè, 1974, p. 38-39.
181 NEIL ANDREWS. Injunctions in support of civil proceedings and arbitration. In: ROLF STÜRNER. MASANORI KAWANO (eds.). *Comparative studies on enforcement and provisional measures*. Tübingen: Mohr Siebeck, 2011, p. 319; JILL E. MARTIN. *Modern equity*. 18ª ed. London: Sweet & Maxwell/Thomson Reuters, 2009, p. 873; NEIL ANDREWS. ROBERT TURNER. The system of enforcement of civil judgements in England. In: ROLF STÜRNER. MASANORI KAWANO (eds.). Ob. cit., p. 130-131.
182 JACK H. FRIEDENTHAL. MARY KAY KANE. ARTHUR R. MILLER. *Civil procedure*. 5ª ed. St. Paul: Thomson-West, 2015, p. 688.
183 ROGER PERROT. La coercizione per dissuasione nel diritto francese. *Rivista di Diritto Processuale*. Padova: CEDAM, 1996, p. 658 e ss.
184 NICOLÒ TROCKER. The right of effective enforcement of civil judgements and orders. In: ROLF STÜRNER. MASANORI KAWANO (eds.). *Comparative studies on enforcement and provisional measures*. Tübingen: Mohr Siebeck, 2011, p. 34-35.
185 BURKHARD HESS. Different enforcement structures. In: ROLF STÜRNER. MASANORI KAWANO (eds.). *Comparative studies on enforcement and provisional measures*. Tübingen: Mohr Siebeck, 2011, p. 63.

Michele Taruffo[186] denuncia o mau uso de regras que aparentemente permitem certas medidas, mas cuja aplicação deveria ser antecedida do emprego de um mínimo cuidado razoável. E proclama que o poder discricionário do juiz conferido pela lei pode parecer estrito ou amplo, mas não pode significar arbítrio. As garantias constitucionais fundamentais, como o acesso à justiça, o direito de ação e a efetividade da tutela jurisdicional, o devido processo legal, o contraditório e a ampla defesa não legitimam medidas abusivas, inadequadas ou injustas, que são particularmente frequentes na execução.

Aplicação do princípio da menor onerosidade é a proibição de arrematação por preço vil (art. 891). Conjugação desse princípio e do princípio de que *a execução é promovida no interesse do credor* é a regra impeditiva da penhora, se for evidente que o valor dos bens encontrados seria absorvido totalmente pelo pagamento das custas da execução (art. 836). A execução não vai sacrificar o devedor se esse sacrifício em nada contribui para a satisfação, ainda que parcial, do direito do credor. Referindo-se a essa norma, Humberto Theodoro Júnior a qualifica como o princípio da utilidade da execução[187].

Mas a eficácia do princípio não se resume a esses poucos exemplos, devendo ser objeto de atenção permanente do juiz da execução.

10.6. Outros princípios específicos da execução

Doutrina consistente aponta outros princípios específicos da execução civil, como o da responsabilidade patrimonial, o da atipicidade dos meios executórios, o da primazia da tutela específica[188], o da responsabilidade do exequente pela execução indevida, o da subsidiariedade recíproca entre as normas do processo de execução autônomo e as do cumprimento de sentença, o do monopólio estatal da função executiva e o de que a execução corre a expensas do executado.

10.6.1. Responsabilidade patrimonial

O princípio da responsabilidade patrimonial consistiria na limitação da incidência dos atos executórios sobre os bens do devedor, tal como proclamado no art. 789 do Código de 2015.

---

186 Michele Taruffo. General Report. In: Michele Taruffo et alii. *Abuse of procedural rights, comparative standards of procedural fairness*. The Hague: Kluwer Law International, 1999, p. 8-18.
187 Humberto Theodoro Júnior. *Comentários ao Código de Processo Civil*: da execução em geral. Arts. 771 a 796, vol. XV. São Paulo: Saraiva, 2017, p. 64-65.
188 Fredie Didier Jr. Leonardo Carneiro da Cunha. Paula Sarno Braga. Rafael Alexandria de Oliveira. *Curso de direito processual civil*: execução. 9ª ed. Salvador: Juspodivm, 2019, p. 67-88.

Essa norma representou um estágio evolutivo humanizador da execução civil, abandonando a incidência dos atos executórios sobre a vida, a liberdade ou o corpo do executado, o que se verificou a partir do período da *cognitio extraordinaria* do direito romano, entre os anos 305 e 565[189]. Mas hoje não sobrevive essa limitação.

As atividades executórias não incidem apenas sobre bens, mas também, de algum modo, também sobre pessoas, sobre a vontade do executado e de terceiros e sobre bens de terceiros e do próprio exequente.

Nas prestações de conteúdo econômico, normalmente a execução recai sobre bens patrimoniais, através de meios sub-rogatórios de expropriação ou de desapossamento. Na expropriação a execução incide sobre bens do próprio devedor ou de algum outro sujeito cujo patrimônio possa ser por ela atingido. No desapossamento (entrega de coisa), a execução normalmente não recai sobre o patrimônio do devedor, porque o objeto da execução é bem do próprio credor que se encontra indevidamente em poder do devedor.

Nas prestações sem conteúdo econômico, às vezes a execução por meios sub-rogatórios incide sobre pessoas, como na busca e apreensão de filhos para o cumprimento de sentenças relativas à guarda ou à visitação.

Também nas prestações de conteúdo econômico pode a atividade coativa incidir sobre pessoas, como, por exemplo, na remoção destas para a execução de obrigação de não fazer (CPC, art. 536, § 1º) e no cumprimento de mandado de imissão na posse de imóvel, da execução para entrega de coisa (art. 806, § 2º).

Nos meios coativos indiretos, as *astreintes,* largamente empregadas para forçar o devedor a cumprir espontaneamente a obrigação, incidem sobre a sua vontade.

Mas podem eles também incidir sobre a vontade de terceiros, como, por exemplo, ao determinar o juiz que o devedor do executado não pague ao seu credor (CPC, art. 855, inc. I), ou que o empregador do alimentante desconte em folha a pensão em benefício do alimentando (arts. 529 e 912).

Outras vezes, ainda no âmbito das coações indiretas, as providências executórias incidem sobre a liberdade pessoal, como na prisão do devedor de pensão alimentícia (art. 528, § 3º, e 911, parágrafo único).

Portanto, a patrimonialidade da execução deixou de ser um princípio geral da execução. Isto não significa que os bens do devedor tenham deixado de garantir o pagamento dos seus credores, mas que, na efetivação desses cré-

---

[189] Leonardo Greco. *O processo de execução*, vol. 1. Rio de Janeiro: Renovar, 1999, p. 23-26.

ditos, a execução não vai recair somente sobre os bens que compõem o patrimônio do devedor, sendo essa apenas uma das espécies de objetos materiais da execução[190].

10.6.2. Atipicidade dos meios executórios

FREDIE DIDIER JR. *et alii* referem-se a tipicidade ou atipicidade da execução, dizendo que o sistema brasileiro combina os dois princípios, "a depender da prestação que se busca a executar"[191]. Tipicidade corresponde à exigência de previsão legal dos meios executórios. Atipicidade significa que, além dos legalmente previstos, o juiz pode adotar outros meios coativos, de acordo com as necessidades do caso concreto.

CÂNDIDO DINAMARCO observa[192] que o Código de 2015 enveredou pela linha do processo de resultados, como corolário da eficiência e da efetividade. As recentes reflexões doutrinárias em torno do Código de 2015 são fortemente influenciadas pela ideia de que a atipicidade dos meios executórios, mesmo na execução pecuniária, é uma consequência necessária do dever processual de efetivação.

ELIAS MARQUES DE MEDEIROS NETO[193] defende a atipicidade dos meios executivos com base nos princípios da eficiência e da efetividade, nos casos em que a lei não fez escolhas expressas quanto aos mecanismos de efetivação das decisões judiciais ou quando as escolhas existentes se mostrem, no caso concreto, insuficientes porque desconformes ao modelo constitucional do processo civil. Apesar dessa posição, sugere que na sua adoção o juiz aplique os princípios da cooperação, da proporcionalidade e da razoabilidade, invocando decisão do Supremo Tribunal de Justiça português de 2012, que proclamou

---

190 ARAKEN DE ASSIS. *Manual da execução*, 19ª ed. São Paulo: Revista dos Tribunais, 2017, p. 152: "... o caráter patrimonial direto da execução desaparece no emprego da coerção pessoal, abranda-se na coerção patrimonial – curiosamente a pressão psicológica recai, neste caso, sobre o patrimônio – exigindo a atuação dos *no money judgements*, por imperiosas necessidades práticas, a constrição psicológica da pessoa do executado".

191 FREDIE DIDIER JR. LEONARDO CARNEIRO DA CUNHA. PAULA SARNO BRAGA. RAFAEL ALEXANDRIA DE OLIVEIRA. *Curso de direito processual civil*: execução. 9ª ed. Salvador: Juspodivm, 2019, p. 69-70.

192 CÂNDIDO RANGEL DINAMARCO. *Instituições de direito processual civil*, vol. I. 8ª ed. São Paulo: Malheiros, 2016, p. 198-199 e 437.

193 ELIAS MARQUES DE MEDEIROS NETO. O art. 139, IV, do novo Código de Processo Civil: a atipicidade dos meios executivos. In: CARLOS ROBERTO JATAHY. DIOGO ASSUMPÇÃO REZENDE DE ALMEIDA. LUÍS ROBERTO AYOUB (coords.). *Reflexões sobre o novo Código de Processo Civil*. Rio de Janeiro: FGV, 2016, p. 115-129.

que "os princípios que regem o processo civil, nomeadamente os da igualdade e da cooperação, fazem com que o processo judicial em curso se transforme numa comunidade de trabalho". Esclarece também que na adoção dessas medidas, as partes devem ser previamente alertadas e o juiz deve motivar a sua decisão.

HUMBERTO THEODORO JÚNIOR igualmente se refere a uma cláusula geral executiva, que abre ao juiz largos espaços para o emprego de atividade discricionária[194].

Já ARAKEN DE ASSIS[195] manifesta preferência pela tipicidade dos meios executórios. A aplicação de meios indeterminados exige a ponderação de valores em jogo e a estruturação de postulados normativos, construção trabalhosa e artificial, pouco condizente com as reais condições de trabalho do juiz brasileiro. A tipicidade é simples reflexo do indisponível direito processual fundamental ao devido processo legal.

ALEXANDRE FREITAS CÂMARA[196] também considera que as medidas de coação indireta são subsidiárias e dependem da observância do princípio do contraditório. Não são uma punição ao devedor inadimplente, mas, apenas, mecanismos destinados a viabilizar a satisfação do credor.

Já MARCELO ABELHA RODRIGUES[197] assinala que o devido processo legal exige equilíbrio na execução. A ponderação e a razoabilidade são critérios insuperáveis na sua busca, o que está claro nas premissas principiológicas do novo Código. Proclama que o direito brasileiro adota hoje o princípio da atipicidade do meio executivo. A escolha do juiz deve ser adequada à hipótese, devidamente fundamentada e observar o art. 805, ou seja, inclinar-se sempre pela via menos onerosa para o devedor.

Ressalva, por outro lado[198], que a atipicidade é tão somente dos meios necessários para cumprimento das ordens judiciais, e não das medidas sancionatórias ou punitivas pelos descumprimentos, embaraços e indignidades cometidas pelo executado "cafajeste". O juiz não pode inventar uma medida punitiva atípica. Sanção depende sempre de previsão legal.

---

194 HUMBERTO THEODORO JÚNIOR. *Comentários ao Código de Processo Civil*: da execução em geral. Arts. 771 a 796, vol. XV. São Paulo: Saraiva, 2017, p. 79-80.
195 ARAKEN DE ASSIS. *Manual da execução*, 19ª ed. São Paulo: Revista dos Tribunais, 2017, p. 194-195.
196 ALEXANDRE FREITAS CÂMARA. *O novo processo civil brasileiro*. 3ª ed. São Paulo: Atlas, 2016, p. 110.
197 MARCELO ABELHA RODRIGUES. *Manual da execução civil*. 7ª ed. Rio de Janeiro: Forense, 2019, p. 9-11.
198 MARCELO ABELHA RODRIGUES. O que fazer quando o executado é um "cafajeste"? Apreensão de passaporte? Da carteira de motorista? *Migalhas*. 5-10-2016.

Já Fredie Didier Jr., Leonardo Carneiro da Cunha, Paula Sarno Braga e Rafael Alexandria de Oliveira[199] defendem que na execução por quantia certa a atipicidade é subsidiária e que os critérios para a fixação da medida executiva atípica são a observância dos postulados da proporcionalidade, da razoabilidade, da proibição do excesso e dos princípios da eficiência e da menor onerosidade da execução. A medida há de ser adequada para atingir o resultado buscado, deve causar a menor restrição possível ao executado e deve ponderar as vantagens e desvantagens para ambas as partes. A escolha deve ser fundamentada, observado o contraditório, ainda que diferido, ressalvada a existência de negócio processual válido em sentido diverso.

José Rogério Cruz e Tucci[200] também leciona que a atividade executiva deve desenvolver-se à luz do devido processo legal, proporcionando ao obrigado, de forma incisiva, clara e expressa, as garantias da ampla defesa. Medidas atípicas restritivas de direitos, podem ser adotadas, desde que esgotados os meios legalmente previstos, observado o contraditório, respeitadas a dignidade da pessoa humana, a proporcionalidade entre o meio imposto e o valor jurídico que se pretende proteger, a menor onerosidade e a consistente fundamentação.

Cumpre, desde logo, distinguir os meios de coação indireta das sanções à litigância de má-fé ou aos atos atentatórios à dignidade da justiça, de índole eminentemente punitiva. O caráter sancionador das medidas para induzir o cumprimento de deveres processuais, exige tipicidade, sob a égide dos dispositivos que as contemplam (arts. 77-81 e 774). As coações indiretas, ao contrário, são predispostas para que a intimidação sobre a vontade do devedor, por elas gerada, o motive a satisfazer a prestação, independentemente da adoção dos meios sub-rogatórios do respectivo procedimento legal. Podem ser atípicas, mas devem respeitar determinados pressupostos.

O emprego dessas medidas deve revestir-se de *excepcionalidade*, porque se o legislador institui um procedimento específico para alcançar por meios sub-rogatórios o cumprimento das decisões judiciais, esse procedimento deve ser prioritariamente observado, como imperativo da confiança legítima e da segurança jurídica, somente podendo ser substituído pela adoção de medidas de coação

---

199 Fredie Didier Jr. *et alii. Curso de direito processual civil*: execução. 9ª ed. Salvador: Juspodivm, 2019, p. 110; Fredie Didier Jr. Leonardo Carneiro da Cunha. Paula Sarno Braga. Rafael Alexandria de Oliveira. Diretrizes para a concretização das cláusulas gerais executivas dos arts. 139, IV, 297 e 536, § 1º, CPC. In: Eduardo Talamini. Marcos Youji Minami (coords.). *Medidas executivas atípicas*. Salvador: Juspodivm, 2018, p. 314.
200 José Rogério Cruz e Tucci. Ampliação dos poderes do juiz no novo CPC e princípio da legalidade. *Consultor Jurídico*, 27-9-2016.

indireta se impossível ou excessivamente onerosa a satisfação da prestação pelos meios sub-rogatórios ordinários. Essa prioridade do meio legalmente previsto as torna subsidiárias, ou seja, sua aplicação depende da ineficácia do meio sub-rogatório legalmente previsto. É o que pode chamar-se de requisito da *necessidade* da medida de coação indireta, pois sem ela o exequente não receberá o seu crédito. Se pudesse recebê-lo pelo meio sub-rogatório legalmente previsto, não caberia a imposição da medida de coação indireta. Embora não tenham caráter punitivo, a resistência do executado em colaborar com a justiça na utilização dos meios sub-rogatórios, pode servir de indício da necessidade das coações indiretas. Não se pode falar, portanto, de modo irrestrito, em atipicidade dos meios executórios, mas em relativa atipicidade subsidiária e excepcional desses meios.

Por outro lado, a adoção dessas medidas, em qualquer caso, deve revestir-se de proporcionalidade e razoabilidade[201]. A *razoabilidade* diz respeito, de um lado, à sua adequação e presumível eficácia para propiciar o cumprimento da prestação pela conexão instrumental entre a medida adotada e a prestação que visa a implementar. De outro lado, a razoabilidade diz respeito também à observância dos limites naturais e jurídicos de qualquer execução, tais como o respeito à ordem pública – que não se confunde com o interesse público e que, a meu ver, apesar da sua inevitável indeterminação, abrange os princípios jurídicos, públicos e privados, políticos, morais e econômicos indispensáveis e informadores das instituições jurídicas e essencialmente coincidentes com os princípios gerais de direito –, o respeito à dignidade humana e ao mínimo existencial do executado, aos seus direitos da personalidade, como a honra, o pudor, ao núcleo mais restrito da sua privacidade[202] ou de dispor sobre si mesmo, à sua liberdade de locomoção, de exercício de trabalho ou profissão ou de qualquer outra atividade lícita, dentro da sua esfera de liberdade pessoal, não podendo desvirtuar-se em simples castigos vexatórios ou criadores de constrangimento insuportável, já que há valores humanitários tão elevados ou mais elevados do que a integral satisfação do credor, que não deve ser um objetivo a ser perseguido a qualquer preço.

A razoabilidade exclui qualquer medida que seja expressamente proibida pelo legislador[203], como a prisão civil do executado, a apreensão ou a proibição de utilização de bem impenhorável.

---

201 Eduardo Talamini. Medidas coercitivas e proporcionalidade: o caso *WhatsApp*. In: Antonio do Passo Cabral. Eugênio Pacelli. Rogério Schietti Cruz (coords.). *Processo penal*. Salvador: Juspodivm, 2016, p. 382.
202 V. Leonardo Greco. *Instituições de processo civil*, vol. II. 3ª ed. Rio de Janeiro: Forense, 2015, p. 138-142.
203 Fredie Didier Jr. Leonardo Carneiro da Cunha. Paula Sarno Braga. Rafael Alexandria de Oliveira. *Curso de direito processual civil*: execução. 9ª ed. Salvador: Juspodivm, 2019, p. 135.

A *proporcionalidade*, por seu lado, também exige equilíbrio entre o meio processual de coerção imposto ao executado e o valor jurídico que se pretende proteger em benefício do exequente[204], ou seja, o recebimento do crédito pelo exequente deve ter valor maior do que o interesse do devedor atingido pela coação. O meio de coação indireta não é um meio de satisfação do exequente, mas de pressão psicológica sobre a vontade do executado. Se dele resultar alguma fruição para o exequente, como no caso da multa, esta não substituirá a prestação devida, mas a ela se somará. O resultado legítimo da imposição do meio coercitivo é a prestação devida, não a fruição do próprio meio coercitivo, que pode ser inevitável, mas não é o objetivo da execução. Por isso, em países como a Alemanha, a multa reverte em favor do Estado, e não do exequente.

A proporcionalidade exige respeito à menor onerosidade para o executado do meio executório a que fique sujeito (art. 805), o que impõe, numa avaliação fundamentada, embora discricionária pelo juiz, a sua comparação com outros meios disponíveis sob esse prisma.

A proporcionalidade exige a avaliação *in concreto* do impacto que a medida preconizada terá na esfera jurídica e fática do executado, tal como a avaliação do chamado *periculum in mora* inverso na apreciação da medida cautelar, devendo ser repelidas medidas coativas abusivas que gerem para o executado, sob qualquer ponto de vista, um prejuízo sensivelmente maior do que o que sofreria com o pagamento da dívida. O direito do exequente não autoriza o emprego de medidas abusivas, seja em desrespeito à razoabilidade, seja em desrespeito à proporcionalidade. O exequente que intencionalmente a elas der causa, deverá responder pelos danos que causarem ao executado.

A proporcionalidade exige ainda que, ao conceder a coação indireta, o juiz considere a imposição ao exequente de caução ou outra medida de contracautela, tal como previsto nos arts. 300, § 1º, e 301 do Código de 2015, quando houver risco de dano irreparável ou indícios de excesso da medida, salvo se o risco de que o executado não venha a ser ressarcido seja acentuadamente menor do que o risco da não satisfação do exequente, caso a ordem não seja deferida pela ausência de contracautela.

Em qualquer caso, há sempre um risco objetivo de que o exame da proporcionalidade se transforme em investidura que o juiz se auto-outorgue de julgar por equidade, o que ameaça a segurança jurídica e igualmente todo o

---

204 José Rogério Cruz e Tucci. Ampliação dos poderes do juiz no novo CPC e princípio da legalidade. *Consultor Jurídico*, 27-9-2016.

edifício frágil das fontes do direito[205]. Por isso, coações indiretas, mesmo as legalmente previstas, devem ser excepcionais.

Também, como garantia democrática, a concessão dessas medidas deve submeter-se ao *devido processo legal*, como método de organização da busca do tratamento equilibrado e igualitário dos interesses das partes em conflito na execução, o que significa que, salvo insuperável urgência, devem ser antecedidas da intimação do executado para, em prazo razoável, cumprir a prestação devida ou indicar os meios sub-rogatórios adequados ao seu cumprimento, com a advertência de que a sua omissão poderá ter como consequência a aplicação de determinada ou determinadas coações indiretas, sobre as quais deve ter, salvo comprovada urgência, concreta possibilidade de se pronunciar (art. 9º), para que lhe seja oferecida a ampla oportunidade de questionar a verificação de todos os pressupostos acima indicados, em igualdade de condições com o adversário. Caso a urgência imponha a adoção da medida sem a sua audiência prévia, o contraditório lhe deverá ser assegurado logo após a sua concessão, devendo o juiz, em face das razões expostas, reexaminar imediatamente a decisão concessiva.

A eventual incidência de coações indiretas sobre direitos ou interesses de terceiros deve impor igualmente a prévia audiência destes, desde que materialmente possível.

Dentro dos limites aqui expostos, em qualquer execução, mesmo a que tenha por objeto prestação pecuniária, pode o juiz adotar medidas de coação indireta. Algumas delas estão previstas na própria lei processual, como o protesto e a inclusão do nome do devedor em cadastro de inadimplentes. Outras, como as *astreintes*, legalmente previstas para as execuções de prestações de fazer, não fazer ou entrega de coisa, mas não para as execuções pecuniárias, podem ser adotadas subsidiária e excepcionalmente, com fundamento no inciso IV do art. 139. Por outro lado, não são legítimas, medidas coercitivas, ainda que previstas em lei, que sejam determinadas pelo juiz de ofício ou após a audiência das partes, sem que este tenha verificado *in concreto* a ocorrência de todos os pressupostos acima expostos: necessidade, adequação, conexão instrumental específica, proporcionalidade, razoabilidade, subsidiariedade, excepcionalidade, devido processo legal, aferição e proteção do *periculum in mora* inverso.

A complexidade de que se reveste a concessão dessas coações indiretas impõe que, não obstante excederem os limites da estrita legalidade e relativa discricionariedade, a verificação de todos os seus pressupostos transpareça

---

205 PASCAL PUIG. L'excès de proportionnalité. *Revue Trimestrielle de Droit Civil*. Paris: Dalloz, jna./mar. 2016, p. 71.

clara e especificamente da fundamentação da decisão que a conceder, consideradas as circunstâncias do caso concreto. O chamado dever de efetivação, que nada mais é do que a concretização do direito fundamental à plena eficácia dos direitos subjetivos legal e constitucionalmente assegurados, constitui um conceito indeterminado, cuja aplicação impõe ao juiz fundamentação concreta e consistente, de acordo com o art. 489, § 1º, inciso II, do Código de 2015, evitando que o poder discricionário na sua aplicação e na escolha dos meios se transforme em arbitrariedade. A fundamentação não pode limitar-se ao exame dos aspectos jurídicos da questão, mas como acima observado, avaliar o seu impacto econômico e social, assim como todo o substrato ético e democrático que deve inspirar o próprio processo judicial.

Tudo isso milita no sentido de não se poder cogitar de um princípio de tipicidade ou de atipicidade dos meios executórios. Eles devem ser preferencialmente típicos. Entretanto, o princípio da efetividade dos direitos fundamentais, associado ao princípio da menor onerosidade da execução para o devedor, pode exigir o uso de meios atípicos, desde que necessários, adequados e proporcionais. Não se trata, pois, de um novo princípio, mas da conjugação de princípios preexistentes, à luz dos postulados hermenêuticos, especialmente os da proporcionalidade e da razoabilidade.

10.6.3. Primazia da tutela específica

FREDIE DIDIER *et alii* também adotam o que denominam "princípio da primazia da tutela específica ou princípio da maior coincidência possível ou princípio do resultado"[206]. Para ARAKEN DE ASSIS, que também adota o *princípio do resultado*, toda execução há de ser específica, porque uma execução bem-sucedida é aquela que dá ao credor exatamente aquilo a que ele tem direito[207]. A meu ver, essa exigência nada mais é do que uma consequência da *efetividade do processo*, que como princípio integra a teoria dos direitos fundamentais (CF, art. 5º, inc. XXXV e § 1º) decorrente da concepção de Estado de Direito adotada pela Constituição brasileira a partir de 1988, que é a concepção compatível com a eficácia dos direitos humanos consagrados nos tratados internacionais a que está vinculado o Brasil. Da efetividade resulta o direito de acesso à justiça como direito a obter a mais ampla tutela jurisdicional dos direitos constitucional e legalmente assegurados pelo ordenamento jurídico, no qual se insere o direito à execução, como direito à satisfação dos créditos constantes de títulos executivos com o seu conteúdo substancial, e não simplesmente com o sucedâneo das perdas e danos. A tutela específica das obrigações de fazer,

---

206 FREDIE DIDIER JR. *et alii*. Ob. cit., p. 73-78.
207 ARAKEN DE ASSIS, Ob. cit., p. 152.

não fazer e entrega de coisa é uma exigência desse princípio de eficácia concreta dos direitos fundamentais, que vem do direito constitucional e da teoria dos direitos fundamentais, a que se acomoda o direito processual, especialmente a execução de prestações não pecuniárias.

10.6.4. Responsabilidade do exequente e subsidiariedade recíproca

O art. 776 estabelece a responsabilidade do exequente pela execução indevida. Essa norma teve origem numa época em que a atividade jurisdicional executiva ainda não era vista como integrante do direito fundamental à tutela jurisdicional efetiva de todos os direitos, mas como atividade excepcional, que o exequente promovia por sua conta e risco. Daí o entendimento dominante na doutrina de que a responsabilidade do exequente pela execução indevida ou injusta seria objetiva, segundo a teoria do risco[208]. Mas o direito processual evoluiu e atualmente não pode mais haver dúvida de que a execução integra a efetividade do processo e é indispensável para assegurar a eficácia concreta dos direitos reconhecidos pelo ordenamento jurídico. Assim, como já tive a oportunidade de tentar demonstrar[209], essa responsabilidade não pode mais ser vista como objetiva, mas subjetiva, como sanção à litigância de má-fé, inspirada no princípio da lealdade.

Os bens do próprio credor podem em muitos casos ficar sujeitos a atos executórios, como, por exemplo, em razão da sucumbência, da litigância de má fé, e da prática de atos processuais de garantia, como a caução. Ademais, o art. 776 estabelece que o exequente ressarcirá ao executado os danos causados pelos atos executórios, se a obrigação for declarada inexistente. Semelhante disposição se encontra também no art. 520, inciso I, para o caso de vir a ser reformada a sentença cuja execução provisória tenha sido iniciada.

Essas regras se assemelham bastante às do art. 302, que manda o requerente da medida cautelar indenizar o prejuízo causado ao requerido nas hipóteses de sentença desfavorável no processo principal, cessação da eficácia da medida ou decretação da decadência ou da prescrição da pretensão do autor. A respeito destas últimas, comentando dispositivo idêntico do Código de 1973, GALENO LACERDA esclarece que se trata de responsabilidade objetiva, oriunda dos Códigos alemão e austríaco, do esforço de MERKEL e UNGER, da luta da quase unanimidade da doutrina italiana, CHIOVENDA e CARNELUTTI à frente[210].

---

208 TEORI ALBINO ZAVASCKI. *Processo de execução*: parte geral. 3ª ed. São Paulo: Revista dos Tribunais, 2004, p. 115-121.
209 LEONARDO GRECO. *O processo de execução*, vol. 2. Rio de Janeiro: Renovar, 2001, p. 48-57.
210 GALENO LACERDA. *Comentários ao Código de Processo Civil*, vol. VIII, tomo I. 2ª ed.

Essa responsabilidade objetiva se vincula à ideia de risco, comum às ações cautelares e à execução provisória da sentença. CARNELUTTI[211] assinala que a responsabilidade do credor pela execução nula ou injusta é objetiva, quanto à reparação dos danos, porque é socialmente muito mais perigosa do que a demanda de conhecimento injusta.

Parece-me que é preciso distinguir a responsabilidade pelas despesas processuais e o reembolso do que tiver indevidamente recebido da reparação do dano causado pelos atos executórios. A responsabilidade pelas despesas é normalmente objetiva, decorrente da lei, na antecipação do seu custeio, ou do fato da sucumbência, no final do processo. Por exceção ela é subjetiva, normalmente dependente de dolo na litigância de má-fé. Quanto à obrigação de reembolso, também me parece estritamente objetiva, pela proibição do enriquecimento sem causa, exceção feita aos alimentos provisionais ou provisórios, cuja repetição impõe prova da má-fé do exequente[212].

Já a responsabilidade pelos danos causados ao executado pelo ajuizamento da execução ou pela anulação ou revogação de qualquer ato executório, parece-me que é subjetiva, dependendo da comprovação efetiva do conhecimento pelo exequente da inexistência do seu direito. Apesar do peso da doutrina pouco acima referida, largamente acolhida entre nós[213], o Código italiano optou pela responsabilidade subjetiva, embora condicionada apenas a culpa leve (art. 96), se inobservada pelo exequente a *normale prudenza*. Se depois de promovida a execução vier a verificar-se a inexistência do direito consubstanciado no título, a responsabilidade do exequente se limitará aos encargos da sucumbência, salvo se tiver agido de má-fé. Promover a execução ou qualquer ato executório que impeça ou restrinja o gozo do bem ou direito pelo executado não gera por si só responsabilidade, salvo se o autor litigar de má-fé[214].

Parece-me que a doutrina europeia, que difundiu a tese da responsabilidade objetiva do credor na execução e no processo cautelar, fundou-se numa premissa que hoje não merece mais acolhida, qual seja a de que essas modalidades de tutela jurisdicional seriam excepcionais e complementares, em relação à tutela jurisdicional de conhecimento. Daí o recurso à teoria do risco judiciário, como se anormal fosse a situação em que o credor colocava o devedor

---

Rio de Janeiro: Forense, 1981, p. 430-433.
211 FRANCESCO CARNELUTTI. *Processo di esecuzione*, vol. I. Padova: CEDAM, 1932, p. 137.
212 YUSSEF SAID CAHALI. *Dos alimentos*. 6ª ed. São Paulo: Revista dos Tribunais, 2009, p. 106.
213 ARAKEN DE ASSIS. Ob. cit., p. 402.
214 FERNANDO LUSO SOARES. *A responsabilidade processual civil*. Coimbra: Almedina, 1986, p. 192-193.

por força da execução, ou em que o requerente colocava o requerido da medida cautelar. Na verdade, o que essa doutrina chama de *risco judiciário* não tem qualquer correlação com o risco como fundamento da responsabilidade civil objetiva. Neste, o causador do dano é responsável perante a vítima pelos prejuízos decorrentes de atividade que lhe é proveitosa, vantajosa. Se aufere os lucros e benefícios da atividade, que gera risco de prejuízo a outrem, deve objetivamente ressarcir esses prejuízos, independentemente de culpa. Se tem os bônus, arca com os ônus.

Diferente é a situação do credor que promove a execução. Ele não aufere nenhum benefício da instauração do processo, que não representa para ele nenhuma atividade proveitosa ou lucrativa. Ao contrário, exerce ele um direito constitucionalmente assegurado, fundado em título executivo legalmente previsto. Por isso, a responsabilidade objetiva, defendida por ampla doutrina, é a meu ver incompatível com os direitos e garantias fundamentais.

Em erudito ensaio, Ovídio Baptista da Silva[215] observa que a responsabilidade objetiva, nesses casos, é de duvidosa constitucionalidade e onera com o dever de indenizar a quem tenha se valido de uma faculdade perfeitamente legítima, quando, no entanto, como disse Eduardo Grasso, ninguém deveria ser responsabilizado por uma "inexistente obrigação de não propor a demanda ou, mais exatamente, de não perder a causa". Com efeito, a paridade de armas, repercussão processual do princípio constitucional da isonomia, encontra atuação também na execução[216]. O fato de que o credor goze de posição de prevalência em consequência do título executivo, gerador da certeza da existência do crédito, não justifica que a ele a lei imponha riscos mais elevados do que ao devedor, em decorrência do exercício do direito de provocar o exercício da jurisdição de execução.

Se o devedor somente responde pelos prejuízos que causar ao credor em decorrência da resistência maliciosa à execução, é conferir ao credor tratamento discriminatório sujeitá-lo ao risco de responder por prejuízos causados sem qualquer culpa. Se mais grave é a responsabilidade do credor na execução, pela invasão que os atos executórios exercem sobre a liberdade e o patrimônio do devedor, cumpre observar que esses atos coativos somente se justificam porque fundados na certeza pré-constituída da existência do seu crédito. Ademais, a responsabilidade objetiva vulnera também o direito de acesso à Justiça do

---

215 Ovídio A. Baptista da Silva. Antecipação de tutela e responsabilidade objetiva. *Revista de Processo,* ano 23, n. 90, abr./jun. 1998. São Paulo: Revista dos Tribunais, p. 173.
216 Italo Andolina. Giuseppe Vignera. *Il modello costituzionale del processo civile italiano.* Torino: G. Giappichelli, 1990, p. 114.

credor (CF, art. 5º, inc. XXXV), criando obstáculo imensurável ao exercício do direito de ação.

Com efeito, os riscos que o litigante de boa-fé enfrenta em decorrência do ingresso em juízo hão de ser predeterminados e módicos, limitando-se aos encargos da sucumbência e ao custeio do seu advogado e de custas iniciais módicas, para que, devidamente sopesados pelo autor antes do ajuizamento da demanda, influam objetivamente na decisão de vir a juízo, refreando apenas o litigante temerário, e não criando efeito intimidativo excessivo em relação àquele que tem certeza do seu direito. Acresça-se que dos riscos da sucumbência, das custas e do pagamento de advogado o autor necessitado pode livrar-se através do benefício da assistência judiciária gratuita.

Ora, a possibilidade de recair sobre o credor a condenação a ressarcir prejuízos ilimitados sofridos pelo devedor, ainda que tenha litigado de boa-fé, com plena convicção da existência do seu direito, constituirá injusta inibição ao exercício do direito de acesso à Justiça, equiparando o comportamento lícito ao ilícito e sujeitando quem exerceu direito constitucionalmente assegurado ao risco de perda patrimonial de alcance imprevisível.

A responsabilidade do credor pelos danos causados ao devedor em razão dos atos executórios decorrerá sempre de quatro requisitos: a instauração pelo credor de execução definitiva ou provisória, fundada em título judicial ou extrajudicial; que dos atos executórios daí resultantes decorram danos comprovados para o devedor; que o credor tenha agido com dolo na instauração da execução ou na obtenção de alguma restrição ao pleno gozo do devedor sobre os seus bens ou direitos; que os atos executórios sejam anulados ou desfeitos, por decisão que evidencie a concorrência dos requisitos anteriores.

Essa responsabilidade poderá ser reconhecida pelo juiz de ofício ou a requerimento do devedor (art. 81) nos próprios autos da execução, nos embargos do devedor ou de terceiro, ou na impugnação ao cumprimento de sentença a ela incidentes, em ação autônoma ou em ação rescisória. Essa responsabilidade subsistirá ainda que os atos executórios sejam desfeitos ou anulados apenas em parte, desde que seja possível determinar objetivamente os prejuízos decorrentes da parte anulada ou desfeita.

No regime do Código de 1973, se fixada pelo próprio juízo da execução, a indenização não podia exceder de 20% sobre o valor da causa (art. 18, § 2º), devendo ser liquidado por arbitramento o prejuízo que excedesse esse valor. O Código de 2015 permite que o juiz defina desde logo o valor da indenização, remetendo-o para a liquidação por arbitramento se não for possível desde logo mensurá-lo (art. 81, § 3º).

Quanto à mencionada subsidiariedade recíproca, objeto dos arts. 513 e 771, corresponde ao reconhecimento da unidade da execução, como sistema normativo, em boa hora explicitado nesses dispositivos do Código, que constitui a meu ver um postulado normativo de integração e complementariedade.

10.6.5. Monopólio estatal da função executiva

Teori Zavascki destaca como princípio o do *monopólio estatal da função executiva*, submetida ao poder de *imperium*, que descarta a execução privada, seja por mão própria do credor, seja por obra de terceiro[217]. Humberto Theodoro Júnior, citando Rosenberg, se refere à execução como um ato de força privado do Estado, pertencente exclusivamente ao direito público[218]. Trata-se de implementação do chamado monopólio estatal da jurisdição, originário do Iluminismo e da Revolução Francesa. É evidente que deve existir uma execução estatal, se outro meio mais adequado, acessível e eficaz não estiver disponível. Mas a eficácia concreta dos direitos fundamentais não se realiza somente pela ação do Estado. Muitos países bastante democráticos possuem hoje execução por agentes privados. Entre nós, cada vez mais a tutela específica exige o recurso a sujeitos privados, especialmente nas obrigações de fazer complexas. Por outro lado, a convencionalidade, hoje agasalhada nos arts. 190 e 191, pode ter ampla aplicação na execução, até mesmo instituindo órgãos executórios privados[219]. E, por fim, aos tribunais arbitrais poderá vir a lei a conferir a tutela executiva. No campo das relações privadas, o chamado poder de império estatal, a meu ver, é nitidamente autoritário. No entanto, como dissemos no comentário ao item 3 (A natureza da execução) do Título II – Das Diversas Espécies de Execução, a descentralização da execução para agentes privados ou até mesmo para órgãos administrativos, como a execução fiscal em muitos países, pressupõe a instituição de órgãos cujos integrantes estejam revestidos das garantias de independência, imparcialidade e de *terzietà* em relação às parte e aos seus interesses contrapostos, assegurando que as suas funções sejam exercidas exclusivamente no interesse dos próprios destinatários, exequente e executado[220].

---

217 Teori Albino Zavascki. *Processo de execução*: parte geral. 3ª ed. São Paulo: Revista dos Tribunais, 2004, p. 67-71.
218 Humberto Theodoro Júnior. *Comentários ao Código de Processo Civil*: da execução em geral. Arts. 771 a 796, v. XV. São Paulo: Saraiva, 2017, p. 57.
219 V. acima item 6.1 dos comentários ao Título II – Das Diversas Espécies de Execução.
220 Mauro Cappelletti. *Fundamental guarantees of the parties in civil litigation*. Milano: Giuffrè, 1973.

10.6.6. Ônus da execução

Humberto Theodoro Júnior inclui entre os princípios da execução o de que a execução corre a expensas do executado ou princípio dos ônus da execução[221]. Embora a execução tenha regras próprias relativamente ao arbitramento dos honorários da sucumbência, parece-me que não se possa sustentar que o executado sempre responda pelas despesas processuais. Isso até pode acontecer na maioria das vezes porque a simples exibição pelo credor de título vencido faz presumir o ilícito inadimplemento do devedor que a execução visa a remediar. Entretanto, se o devedor tiver fundamentos jurídicos para ilidir a execução, ou se esta for extinta sem resolução do mérito, normalmente quem responderá pelas despesas processuais, segundo a regra geral, será o exequente.

> **Art. 797.** Ressalvado o caso de insolvência do devedor, em que tem lugar o concurso universal, realiza-se a execução no interesse do exequente que adquire, pela penhora, o direito de preferência sobre os bens penhorados.
> **Parágrafo único.** Recaindo mais de uma penhora sobre o mesmo bem, cada exequente conservará o seu título de preferência.

Embora localizado no capítulo das disposições gerais das diversas espécies de execução, o preceito em comento trata preponderantemente da execução por quantia certa, porquanto apenas a afirmação de que a execução se realiza no interesse do exequente é que diz respeito às diversas modalidades de execução, por quantia certa, para entrega de coisa ou de prestações de fazer ou de não fazer. Todo o restante do enunciado do dispositivo diz respeito exclusivamente à execução por quantia certa.

11. Execução no interesse do credor

nalisemos primeiro essa afirmação que, como vimos, constitui o segundo princípio específico de qualquer execução (v. item 10.2 acima). Somente o credor-exequente extrai um proveito concreto da atividade desenvolvida em qualquer procedimento executivo, que atinge apenas a esfera jurídica e patrimonial do devedor-executado. É ao crédito do exequente que a execução visa a satisfazer.

Essa mão única da atividade coativa, segundo Araken de Assis, é uma diretriz ideológica que reflete em outros dispositivos, como o do art. 775, e coloca o executado numa posição de sujeição, o que comprova a norma do art. 774, que define como atos atentatórios à dignidade da justiça apenas condutas

---

221 Humberto Theodoro Júnior. Ob. cit., p. 66-68.

do próprio executado[222]. Mas não é só. A lei somente confere legitimidade ativa para a execução ao credor ou a quem busque a satisfação do crédito em favor do seu titular (art. 778).

Marcelo Abelha Rodrigues, a respeito do que denomina *desfecho único* da execução, observa que a função executiva termina de forma típica quando o credor é satisfeito e, "assim, a execução civil poderá ser frutífera ou infrutífera, mas não procedente ou improcedente"[223].

A posição do executado, segundo o Autor, é, no máximo, de controle da regularidade dos atos da execução. Se, por qualquer razão, a execução for incabível ou injusta, caberá ao executado instaurar um outro procedimento, não executivo, mas cognitivo, para obter uma decisão que reconheça o seu direito a não ser executado, por meio dos embargos à execução, da impugnação ao cumprimento de sentença ou de uma ação autônoma de impugnação. Outros meios de defesa, como a alegação incidente de não executividade, ainda que possam ser suscitados no próprio procedimento executório, como, por exemplo, preveem os arts. 518 e 525, § 11, podem bloquear ou ilidir a execução contra o executado, mas não desencadeiam qualquer ato coativo em face do exequente.

Até mesmo quando o exequente pode ser obrigado a prestar caução, como ocorre no cumprimento provisório de sentença (art. 520, inc. IV), a sua omissão não vai lhe impor qualquer coação, mas apenas o impedirá de levar adiante os atos coativos em face do executado, caso não cumpra essa determinação.

Mas já vimos que é de reconhecer-se que o executado tem interesse em que a execução não o sacrifique mais do que o estritamente necessário e, em muitos casos, de livrar-se das coações e restrições que a execução lhe impõe, se incabíveis ou excessivas, mas que esse interesse é secundário, dependente do interesse principal do exequente. Por isso, diferentemente do que ocorre no processo de conhecimento, não pode o executado propor a instauração do procedimento executório. Ainda que possa vir a demandar em juízo a quitação do cumprimento da prestação constante do título (art. 526), a sua iniciativa não desencadeará a prática de atividade executória.

Salvo se o devedor tiver algum outro direito que ilida o crédito do exequente e que venha a ser reconhecido em procedimento cognitivo incidente, a execução não poderá ter outro desfecho exitoso a não ser a satisfação do crédito pretendido pelo exequente. Entretanto, a execução tem limites naturais

---

222 Araken de Assis. *Comentários ao Código de Processo Civil*. Artigos 797 ao 823, vol. XIII. São Paulo: Revista dos Tribunais, 2016, p. 23.
223 Marcelo Abelha Rodrigues. *Manual da execução civil*. 7ª ed. Rio de Janeiro: Forense, 2019, p. 71.

e limites políticos (v. item 9.1.1 acima), que podem impossibilitar a satisfação rigorosa da prestação, tal como definida no título executivo. Os sucedâneos da sua conversão em perdas e danos ou a busca do resultado prático equivalente, como previsto em vários dispositivos (arts. 495, 497, 536 e 821), não podem ser determinados pelo juiz à revelia da vontade do exequente. Se não lhe convier uma dessas soluções, ele é senhor de desistir da execução ou de escolher um ou outro dos sucedâneos possíveis. Ninguém pode obrigá-lo a receber o que não quer. Até mesmo na hipótese do art. 526, o que a lei faculta é a quitação do executado, mas não impõe o recebimento da prestação pelo exequente.

As objeções que possam ser apresentadas a essa preponderante unilateralidade da atividade executiva caem por terra, em minha opinião, com a percuciente lição de CARNELUTTI, que, observando o resultado da execução em comparação com o resultado da cognição, aponta que, enquanto na jurisdição de conhecimento o problema da sentença injusta se resolve com a prevalência do direito processual sobre o direito material por meio da coisa julgada, na execução, salvo se a cognição for provocada pelo executado no seu curso, a atividade executória se encerra com a satisfação da pretensão do exequente, mas ao devedor devem ser assegurados meios de insurgir-se contra a execução injusta, seja incidentalmente, seja após o término do procedimento executivo, cujo resultado não é estabilizado pela coisa julgada, como na jurisdição de conhecimento[224].

Essa ideia está bem expressa no art. 111-1 do Código francês dos procedimentos civis de execução (Ord. 1.895/2011), que faculta ao credor constranger o seu devedor inadimplente a cumprir as suas obrigações. O vínculo jurídico que une credor e devedor é uma obrigação que por este deve ser cumprida. O recurso à execução pelo credor é uma consequência natural imperiosa da eficácia da própria obrigação inadimplida[225].

Como observa CÂNDIDO DINAMARCO, a tutela executiva de caráter satisfativo se efetiva exclusivamente em favor do exequente[226]. A vontade sancionatória do ordenamento jurídico, que resulta do inadimplemento da obrigação atestada pelo título, segundo o Autor, torna "realidade a disposição do Estado, anunciada abstratamente na lei, de produzir os resultados práticos determina-

---

224 FRANCESCO CARNELUTTI. *Processo di esecuzione*, vol. I. Padova: CEDAM, 1932, p. 51-56. V. também J. M. GONÇALVES SAMPAIO. *A acção executiva e a problemática das execuções injustas*. 2ª ed. Coimbra: Almedina, 2008, p. 445-493.
225 OLIVIER SALATI. Notion de titre. In: SERGE GUINCHARD. TONY MOUSSA (dirs.). *Droit et pratique des voies d'exécution*. Paris: Dalloz, 2015, p. 8.
226 CÂNDIDO RANGEL DINAMARCO. *Instituições de direito processual civil*, vol. IV. 4ª ed. São Paulo: Malheiros, 2019, p. 61.

dos pelas normas substanciais". Essa vontade sancionatória abstrata "se torna concreta quando realizadas as atividades executivas"[227].

Essa servidão do processo executivo à obrigação constante do título e, portanto, ao direito material, é corroborada pelo disposto no art. 783, segundo o qual a execução se funda sempre em título de obrigação certa, líquida e exigível, como aponta NICOLETTI[228].

12. A concorrência de interesses de outros credores

Na execução por quantia certa, se o interesse ao recebimento do crédito por parte do portador do título desencadeia o procedimento executivo, originalmente direcionado à satisfação desse interesse, os atos executórios poderão produzir efeitos reflexos nas relações jurídicas do executado com terceiros, assim como na situação jurídica de terceiros em relação a determinados bens que venham a ser atingidos pelos atos executórios, sem falar que outros credores, igualmente portadores de títulos de dívida em face do executado, podem ter desencadeado paralelamente outras execuções e até nelas penhorado os mesmos bens. Esse complexo de situações, estranho à relação jurídica bilateral credor-devedor pode desviar a execução da busca da satisfação do credor que a provocou para a satisfação de outros credores, o que pode vir a dificultar e até mesmo impedir o recebimento do crédito do exequente originário.

Nas outras espécies de execuções – de entrega de coisa, de prestações de fazer ou de não fazer – também podem resultar efeitos dos atos executórios sobre interesses de terceiros. Nestas execuções, não cabe ao exequente e ao juiz da execução qualquer providência preventiva para resguardar esses interesses, a não ser a intimação pessoal do terceiro eventualmente interessado (art. 675, parágrafo único), ao qual caberá a iniciativa de propor incidentalmente embargos de terceiro para excluir o bem da execução, se for o caso, ou de promover a busca da tutela do seu direito em ação própria.

Já na execução por quantia certa, o legislador processual, com ainda maior ênfase no Código de 2015, resguarda a proteção dos interesses de terceiros com inúmeros dispositivos que impõem deveres ao exequente e ao juiz e conferem em muitos casos ao terceiro o direito de vir a perseguir a tutela do seu direito, seja por embargos de terceiro, seja pela participação em atos executórios dos quais pode vir a resultar até mesmo a satisfação do seu crédito e a preterição do crédito do exequente originário.

---

227 CÂNDIDO RANGEL DINAMARCO. *Execução civil*. 5ª ed. São Paulo: Malheiros, 1997, p. 109.
228 CARLO ALBERTO NICOLETTI. *Profili istituzionali del processo executivo*. 2ª ed. Milano: Giuffrè, 2001, p. 10.

Assim, os arts. 799 e 889 determinam que o exequente, na inicial da execução ou logo após a penhora de bens e também por ocasião da arrematação, requeira a intimação de credores ou de terceiros com determinados direitos sobre os bens do devedor, enquanto o art. 876, § 5°, faculta a vários deles a adjudicação dos bens penhorados e os arts. 905 a 909 determinam que os detentores de títulos legais de preferência e os que penhoraram os mesmos bens antes do exequente, recebam igualmente antes deste o que lhes é devido.

Ao intervirem na execução alheia para, aproveitando-se dos atos executórios nela praticados, obterem a satisfação do seu próprio crédito, adotam a posição de partes ativas acessórias. Essa acessoriedade não significa dependência, porque cada um atua no interesse de receber o seu próprio crédito. São também exequentes, alguns com execuções já instauradas, outros não, que concorrem num só processo executivo para a satisfação do seu próprio crédito, não do crédito do exequente originário. A partir da sua intervenção, podem promover todos os atos e requerer todas as providências que possam ser úteis em seu benefício, ainda que não sejam favoráveis ao interesse do exequente originário.

13. Concurso particular de credores

Quando o devedor de diversos créditos pecuniários deixa de pagá-los, em princípio cada credor deve promover a sua própria execução individual. Esse é o sistema brasileiro. Se essas execuções incidirem sobre bens diversos, terão continuidade em procedimentos diversos, salvo eventual reunião por conexão (art. 780).

Entretanto, em três hipóteses credores por títulos diversos deverão perseguir no mesmo procedimento executivo a satisfação dos respectivos créditos, ainda que os respectivos procedimentos executivos não se reúnam por conexão: a) se os mesmos bens do devedor comum forem penhorados em execuções diversas; b) se em execução individual a penhora recair sobre bem sujeito a garantia real em favor de terceiro; c) se for decretada a insolvência civil ou a falência do devedor. Existe ainda a liquidação extrajudicial de instituições financeiras, procedimento administrativo conduzido por um liquidante nomeado pelo Banco Central do Brasil, nos termos da Lei n. 6.024/74, que submete todos os credores do mesmo devedor à execução coletiva[229]. Ressalte-

---

229 Também estão sujeitas ao regime da liquidação extrajudicial as sociedades seguradoras, por meio da Susep – Superintendência de Seguros Privados (Decreto-lei n. 73/66), as sociedades operadoras de planos de saúde (Lei n. 9.656/98, art. 23), as entidades de previdência complementar (Lei Complementar n. 109/2001, arts. 47 a 62).

-se que nas hipóteses *b* e *c*, assim como na liquidação extrajudicial, os credores que poderão intervir não precisam ter instaurado os respectivos procedimentos executórios em face do devedor comum. Das hipóteses da letra *c* e da liquidação extrajudicial não trataremos porque seu exame deve ser feito no estudo dos procedimentos coletivos da insolvência civil, da falência e da liquidação extrajudicial.

Nos dois primeiros casos, de incidência de mais de uma penhora sobre o mesmo bem ou de incidência da penhora sobre bem sobre o qual recaia garantia real em favor de terceiro, noticiado um desses fatos na execução individual, poderá o credor, até então alheio a esse procedimento, nele atuar como parte acessória, a fim de disputar o recebimento do seu crédito com o produto da transformação do bem penhorado em dinheiro pela sua alienação judicial (arts. 908 e 909). Esse é o chamado *concurso particular de credores*. Nesse momento a execução individual, embora não se transforme em coletiva, deixa de direcionar-se exclusivamente no sentido da satisfação do crédito do exequente que a promoveu originariamente, para servir também à satisfação dos créditos dos intervenientes, bem como para resolver os conflitos entre eles, quanto à ordem em que serão satisfeitos. Enquanto durar o concurso e até que ele se resolva, o exequente e os intervenientes participam de um litisconsórcio ativo *sui generis*, todos perseguindo nesse processo a satisfação dos respectivos créditos. Consequentemente, todos devem ser intimados de todos os atos processuais, ouvidos antes das decisões sobre quaisquer questões relativas ao concurso, dispondo do direito de promover todos os atos necessários ao seu bom êxito. No caso de credores concorrentes, ou seja, de diversos credores que penhoram os mesmos bens do executado comum, todas as execuções individuais prosseguem, mas o concurso particular de credores instaurar-se-á no procedimento executivo em que o bem vier a ser transformado em dinheiro. Transformado o bem em dinheiro em qualquer das execuções concorrentes, suspendem-se todas as demais execuções, nas quais não mais poderão ser praticados atos de expropriação desse bem, até que no procedimento executivo em que se instaurou o concurso venha este a ser resolvido.

O concurso particular se distingue do concurso universal (falência ou insolvência civil) porque neste, reconhecida a insolvência do devedor, serão arrecadados todos os seus bens e convocados todos os seus credores para em conjunto discutirem os seus créditos e a final virem a recebê-los parcial ou totalmente com o produto da alienação dos bens, na ordem das respectivas preferências, ou por rateio entre os que não tenham qualquer título de preferência.

O concurso particular se instaura a partir do momento em que, transformados os bens penhorados em dinheiro, cada credor concorrente ou com garantia real intervém na execução, protestando por preferência ou rateio e requerendo o pagamento do seu crédito. E o concurso se encerra no momento em que, por qualquer motivo, cessar a incidência de mais de uma penhora sobre o mesmo bem, na hipótese de credores concorrentes, se qualquer dos intervenientes, por qualquer meio, neste ou em outro processo, vier a receber o seu crédito ou vier a tê-lo declarado inexistente ou extinto ou se esgotar o dinheiro apurado na execução em que se instaurou o concurso.

Por força do disposto nos arts. 513 e 771, o concurso particular de credores pode instaurar-se tanto na execução pecuniária de título extrajudicial quanto no cumprimento de sentença e a concorrência de penhoras que o autoriza pode ocorrer em procedimentos de um ou outro tipo, assim como em execuções definitivas e provisórias. No caso destas últimas, consoante lição precisa de ARAKEN DE ASSIS, o levantamento do dinheiro pelo concorrente que tiver penhorado o bem em cumprimento provisório de sentença dependerá da prestação de caução (art. 520, inc. IV), ressalvadas as hipóteses do art. 521.

Mas há um déficit garantístico evidente na disciplina do concurso particular do ordenamento jurídico brasileiro. É a impossibilidade de travar-se entre os credores questionamento sobre a existência e o valor dos respectivos créditos, como ocorre no concurso universal. De acordo com o art. 909, os concorrentes disputarão apenas com base no direito de preferência e na anterioridade da penhora. Essa insuficiência é mais flagrante, se um credor de execução de título extrajudicial, cuja certeza não resulta de um processo de conhecimento anterior, vem disputar o recebimento do seu crédito em cumprimento de sentença de outro credor, que já tem coisa julgada a favor da certeza do seu crédito; ou, no caso do titular de crédito com garantia real, cuja cobrança não é objeto de qualquer processo, intervindo para receber esse crédito cuja certeza não pode ser questionada pelo exequente ou pelo próprio executado.

Desse déficit resulta imperiosamente que o concurso, nada decidindo sobre essas questões prejudiciais, não impede que qualquer das partes venha a discutir em procedimento cognitivo amplo o destino do dinheiro distribuído no concurso, reivindicando para si a sua totalidade ou porção maior do que ali lhe coube. A cognição do juiz do concurso está limitada apenas à ordem de pagamento e à anterioridade da penhora. Qualquer outra questão não poderá influir na decisão do concurso.

Essa não é a melhor solução, que pode ensejar incontáveis controvérsias, seja nos procedimentos executórios já instaurados ou que vierem posteriormente a ser instaurados, bem como em ações de conhecimento autônomas. Por isso, há sistemas em que os credores que desejem penhorar bem já penhorado em execução anterior, devem promover a cobrança do seu crédito incidentalmente, provocando um confronto no mesmo processo entre os diversos credores concorrentes, não somente sobre as suas preferências, mas também sobre a existência e o valor dos seus créditos.

Em Portugal, tanto os credores com direito real sobre o bem, como outros credores com ou sem ações pendentes contra o executado, podem intervir na execução, alegando o seu direito e impugnando o crédito do exequente ou dos demais credores concorrentes. E se vários credores em execuções diversas tiverem penhorado o mesmo bem, as execuções das penhoras posteriores serão suspensas, podendo os créditos que a elas correspondem virem a ser cobrados no processo da penhora mais antiga[230].

Entre nós, as diversas execuções em que o mesmo bem foi penhorado seguirão paralelamente, instaurando-se o concurso naquela em que o bem for primeiramente transformado em dinheiro.

14. Direito de preferência no concurso particular

Em harmonia com o art. 908, o dispositivo em comento adota o chamado princípio da prioridade da penhora – *prior tempore potior jure* –, segundo o qual, havendo diversos credores sem título legal de preferência, denominados quirografários, credores da mesma classe de preferências, que tiverem em execuções diversas penhorado o mesmo bem do devedor comum, receberá em primeiro lugar o que tiver antes dos demais efetivado a penhora do referido bem e, depois dele, os demais na ordem das respectivas penhoras.

O Código de 1939, como a legislação italiana da época (Código Civil italiano, art. 2.741), adotava o princípio da igualdade de todos os credores – *par conditio creditoris* –, ou seja, se diversos credores penhorassem o mesmo bem do devedor, não havendo entre eles título legal de preferência, por ocasião do pagamento o dinheiro apurado com a alienação do bem seria entre eles rateado, na proporção dos respectivos créditos. Esse princípio vigora até hoje nas execuções coletivas – insolvência civil ou falência –, porque, se o produto da alienação de todos os bens do devedor não é suficiente para pagar integralmente todos os credores, entre aqueles que não têm qualquer preferência legal, todos devem receber ao menos parte dos seus créditos, em igualdade de condições (Código Civil, art. 962). Esse sistema, que até hoje é adotado no direito italiano[231], foi introduzido entre nós pelo Regulamento n. 737 de 1850 (art. 632), embora anteriormente as Ordenações Manue-

---

230 Código de Processo Civil português (Lei n. 41/2013), arts. 788º a 794º.
231 ANTONIO CARRATTA. *Codice di procedura civile ragionato*. 5ª ed. Roma: Neldiritto, 2017, p. 666.

linas e Filipinas tivessem acompanhado a tradição medieval da prioridade de quem primeiro executa ou da prioridade da penhora[232].

O Código de 1973 restaurou a regra das Ordenações, que também prevalece em outros sistemas contemporâneos, como o alemão (ZPO, § 804), e adotou a prioridade da penhora nos arts. 612 e 711. Essa opção se justifica como meio de evitar que o executado artificialmente se endivide, fraudulentamente ou não, frustrando o pagamento dos seus credores anteriores. Parece justo que o credor que teve título exequível que o possibilitou penhorar os bens com anterioridade, receba antes do que aqueles que somente vieram a perseguir a satisfação do seu crédito posteriormente.

Mas o Código de 1973 abriu uma exceção que gerou polêmica na doutrina. Ao contrário do direito italiano e de outros sistemas, que reúnem num único processo de execução todos os credores que penhoraram um mesmo bem do devedor comum, o direito brasileiro não previa na época, como não prevê hoje, no art. 780, essa hipótese de cumulação de execuções. O mesmo bem pode ser penhorado em diversas execuções que continuam a correr separadamente. Daí resulta que na execução em que o bem é levado à alienação, mesmo que não corresponda àquela em que o bem foi por primeiro penhorado, instaurar-se-á o concurso, nela será efetuado o pagamento dos diversos credores concorrentes, e, entre os que não têm qualquer preferência, o primeiro a receber será o credor que promoveu essa execução, e não o beneficiário da primeira penhora, seguindo-se os demais na ordem das respectivas penhoras. Parecendo regular especificamente essa hipótese, o art. 711 do Código de 1973 dispunha que, "não havendo título legal à preferência, receberá em primeiro lugar o credor que promoveu a execução, cabendo aos demais concorrentes direito sobre a importância restante, observada a anterioridade de cada penhora".

Se, de um lado, esse dispositivo parecia premiar o exequente mais diligente, isto é, aquele que conseguiu ultimar a execução mais celeremente, mesmo não tendo sido o primeiro a efetivar a penhora, de outro lado, favorecia manobras maliciosas do próprio executado, que, oferecendo menor resistência à execução de algum credor, viesse a facilitar o recebimento do seu crédito, o que se afigurava indesejável, porque se o dinheiro apurado não fosse suficiente para pagar a este e ao credor que primeiro penhorou o bem, este último poderia ficar frustrado no recebimento total ou parcial do seu crédito, embora no momento da penhora a garantia parecesse suficiente.

Apesar dos esforços da doutrina para encontrar uma solução que remediasse essa evidente injustiça[233], parece que a melhor solução foi a consagrada

---

232 ALFREDO BUZAID. *Do concurso de credores no processo de execução*. São Paulo: Saraiva, 1952, p. 99-100, 115, 123 e 137.
233 V. LEONARDO GRECO. *O processo de execução*, vol. 2. Rio de Janeiro: Renovar, 2001, p. 432-444.

no Código de 2015 que no art. 797 reproduz o disposto nos arts. 612 e 613 do Código anterior e no art. 908 desdobra a norma do art. 711 do diploma de 1973, estabelecendo no *caput* que, havendo pluralidade de credores, será observada no pagamento a ordem das respectivas preferências e no § 2º que, se não houver preferências, será observada a anterioridade de cada penhora.

Por outro lado, impende interpretar com rigor o § 1º do art. 908 que em nenhum momento dispensa os titulares de obrigações *propter rem* (por exemplo, imposto predial e encargos de condomínio, se o bem penhorado é imóvel) do ajuizamento de execução própria e de penhora específica para concorrer ao concurso. Não só o exequente, mas também o executado, o arrematante e o adjudicatário não podem ver suprimido o seu direito de contestar a existência e o valor desses supostos créditos no juízo próprio. Entendimento diverso, violaria a garantia do devido processo legal (CF, art. 5º, inc. LIV). Os únicos créditos que dispensam execução e penhora específicas são os decorrentes de direitos reais sobre o bem[234].

A prioridade da penhora não estabelece qualquer direito de preferência "sobre os bens penhorados", como pode induzir a redação imperfeita do art. 797, mas de prioridade no pagamento com o dinheiro resultante da alienação desses bens. Nem na adjudicação, nem na arrematação, o credor que primeiro penhorou tem qualquer preferência, devendo disputar a aquisição do bem, se tiver interesse, pela melhor oferta, em igualdade de condições com qualquer outro concorrente.

15. Efetivação da penhora

A penhora se efetiva pela apreensão do bem e pela sua entrega à guarda e conservação do depositário. A apreensão é a retirada da posse direta do bem daquele que a detém e a sua entrega ao depositário, que a exercerá em nome e sob as ordens do juízo.

O devedor, citado para a execução ou intimado para o cumprimento de sentença, poderá indicar os bens a serem penhorados. Por outro lado, o credor poderá igualmente ter feito indicação na petição inicial da execução ou no requerimento do cumprimento de sentença.

Feita a indicação por uma das partes, a outra será ouvida, decidindo o juiz eventuais divergências, o que poderá levá-lo a convocar as partes à sua presença (CPC, art. 772).

Se a indicação do executado for acolhida, a penhora será reduzida a termo

---

[234] Em contrário, ARAKEN DE ASSIS. *Manual da execução.* 19ª ed. São Paulo: Revista dos Tribunais, 2017, p. 1233.

pelo escrivão ou chefe de secretaria (CPC, arts. 838 e 845, § 1º), se se tratar de imóvel ou de móvel trazido pelo devedor à presença do serventuário. O termo, que será assinado na sede do juízo, documentará a apreensão do bem e a sua entrega à guarda do depositário. Na data da sua assinatura terá sido efetivada a penhora.

Se a apreensão tiver de efetuar-se fora da sede do juízo, o ato será praticado pelo oficial de justiça que lavrará o correspondente auto de penhora e depósito (CPC, arts. 838 e 839). Do mesmo modo proceder-se-á se a penhora recair sobre bem indicado pelo exequente ou escolhido pelo próprio oficial de justiça. A penhora somente se considera efetivada com o depósito. Feito este e lavrado o respectivo termo, está consumado o ato.

Na penhora *on line*, realizada por meio eletrônico pelo próprio juiz, é a indisponibilidade do ativo pela instituição financeira que efetiva a penhora, documentada pela comunicação desta ao juiz (art. 854).

A penhora de imóveis poderá ser averbada no registro competente (art. 844), para conhecimento de terceiros. A averbação não é requisito da penhora, que se consuma com a apreensão e depósito do bem, devidamente documentados no respectivo termo ou auto, mas lhe dá publicidade, conferindo segurança a futuras relações jurídicas que possam vir a incidir sobre o bem penhorado. Excetua-se a averbação da penhora de crédito que está sendo pleiteado em juízo que, de acordo com o art. 860, se efetiva no momento da averbação do cumprimento do mandado de penhora nos autos pertinentes ao direito penhorado.

Portanto, para verificação da prioridade da penhora, o que vale é a data da apreensão e depósito do bem (penhora pelo oficial de justiça), a data da lavratura do termo de penhora e depósito (penhora pelo escrivão), a data da efetivação da indisponibilidade pela instituição financeira. Não é a data da decisão que determina a penhora, nem a do registro da penhora.

Como já vimos, entre os credores quirografários, no concurso particular prevalece o princípio da prioridade da penhora (*prior tempore potior jure*). Instaura-se, portanto entre estes, um concurso de preferências de origem processual, decorrente da cronologia das respectivas penhoras. Enquanto não decretada a insolvência do devedor, é de presumir-se que ele tenha bens suficientes para pagar integralmente todos os seus credores. E, assim, esgotados os bens penhorados, os credores que não tiverem sido pagos, total ou parcialmente, deverão penhorar outros bens nas respectivas execuções.

O esgotamento dos bens do devedor sem a satisfação de todos os credores concorrentes poderá vir a desaguar na decretação da sua insolvência ou da sua falência. Mas esse não é sempre o caminho ideal, aliás pouco trilhado pelo credor, porque é improvável que aquele que não foi satisfeito na execução individual possa encontrar na execução coletiva a plena satisfação do seu crédito, concorrendo com credores privilegiados, como a Fazenda Pública e trabalhadores, além dos encargos do próprio processo. A maioria prefere aguardar que o devedor adquira bens ou que venha a procurar a quitação amigável dos seus débitos, para livrar-se da perda de acesso ao crédito decorrente da pendência de dívidas, lançando o credor na contabilidade como prejuízo, se for o caso, a dificuldade no seu recebimento.

Se houver arresto antecedente à penhora, com fundamento no art. 830, a partir da apreensão e depósito dos bens arrestados, documentados no auto respectivo, verificar-se-á a anterioridade da penhora, pois esse arresto é uma pré-penhora. Trata-se de um ato executório de garantia, imposto pela lei e, assim, cumprido pelo serventuário independentemente de iniciativa da parte, mediante a verificação do pressuposto objetivo de não ter o oficial encontrado o devedor para citá-lo. O oficial de justiça não necessita de qualquer ordem expressa do juiz para executar esse ato de apreensão de bens. O mandado executório já contém, *ex vi legis*, determinação para o cumprimento do arresto, desde que não localizado o devedor para a citação.

Esse arresto nada mais é do que uma penhora provisória antecipada ou pré-penhora, produzindo, enquanto durar, os mesmos efeitos da penhora: individualizar os bens sobre os quais deverão recair os demais atos executórios, conservá-los sob a guarda de um depositário, tornar inoponível ao exequente eventual alienação e conferir ao exequente preferência no recebimento de seu crédito com o produto da alienação dos bens sobre os quais tiver incidido. No regime do Código de 2015, se averbado no registro do bem, caracterizará ainda hipótese de fraude à execução (art. 792, inc. III).

16. Execução individual e insolvência

O dispositivo ressalva da prioridade da penhora o caso de insolvência do devedor, em que tem lugar o concurso universal. A ressalva abrange todos os procedimentos de execução coletiva, ou seja, de execução em benefício não apenas de um determinado credor, mas de todos os credores do executado, como a falência do devedor empresário e a insolvência civil do devedor não empresário: a primeira regulada na Lei de Falências (Lei n. 11.101/2005) e a segunda nos arts. 748 a 782 do Código de 1973, mantidos em vigor pelo art. 1.052 do Código de 2015.

Mas para que se exclua a prioridade entre as execuções individuais não é necessário, em todos os casos, que o executado esteja de fato em estado de comprovada insolvência, ou seja, em estado de desequilíbrio patrimonial, de tal modo que o conjunto dos seus bens supere o montante de suas dívidas. É preciso que a sua falência ou a sua insolvência civil tenha sido judicialmente decretada, com o preenchimento dos pressupostos legalmente previstos que, em certos casos, fazem presumir o desequilíbrio patrimonial ou a impossibilidade de pagamento no seu termo de todas as suas dívidas. Mas ainda que haja prova da insolvência do devedor, a execução coletiva somente será instaurada se algum credor ou o próprio devedor a requerer. Parece-me que a única exceção a essa regra é a da conversão de ofício da recuperação judicial em falência, prevista nos arts. 73 e 74 da Lei de Falências.

> **Art. 798.** Ao propor a execução, incumbe ao exequente:
> **I** – instruir a petição inicial com:
> **a)** o título executivo extrajudicial;
> **b)** o demonstrativo do débito atualizado até a data de propositura da ação, quando se tratar de execução por quantia certa;
> **c)** a prova de que se verificou a condição ou ocorreu o termo, se for o caso;
> **d)** a prova, se for o caso, de que adimpliu a contraprestação que lhe corresponde ou que lhe assegura o cumprimento, se o executado não for obrigado a satisfazer a sua prestação senão mediante a contraprestação do exequente;
> **II** – indicar:
> **a)** a espécie de execução de sua preferência, quando por mais de um modo puder ser realizada;
> **b)** os nomes completos do exequente e do executado e seus números de inscrição no Cadastro de Pessoas Físicas ou no Cadastro Nacional da Pessoa Jurídica;
> **c)** os bens suscetíveis de penhora, sempre que possível.
> **Parágrafo único**. O demonstrativo do débito deverá conter:
> **I** – o índice de correção monetária adotado;
> **II** – a taxa de juros aplicada;
> **III** – os termos inicial e final de incidência do índice de correção monetária e da taxa de juros utilizados;
> **IV** – a periodicidade da capitalização dos juros, se for o caso;
> **V** – a especificação de desconto obrigatório realizado.

17. A iniciativa do exequente

O dispositivo deixa claro que o primeiro ato de qualquer execução é a sua proposição pelo exequente, ao qual incumbe, desde logo, preencher diversos requisitos necessários ao seu bom êxito.

A indispensável iniciativa do exequente, como autor da execução, é uma garantia da sua liberdade, cabendo a ele avaliar as vantagens e desvantagens, as conveniências e inconveniências de desencadeá-la ou não, de escolher o melhor momento para fazê-lo ou não, assumindo todos os riscos da sua decisão, seja ela positiva ou negativa. Entre os riscos da propositura da execução, encontra-se a responsabilidade do exequente, prevista nos arts. 520, inciso I, e 776. Quanto aos riscos da sua inércia, podem apontar-se o desaparecimento dos bens do devedor e a prescrição da execução[235]. A iniciativa do exequente também é uma garantia da imparcialidade do juiz, que deve manter-se equidistante em relação às partes e às proposições fáticas e jurídicas que lhe caiba decidir. Essa prerrogativa do credor encontra suporte na garantia constitucional do devido processo legal (CF, art. 5º, inc. LIV), no preâmbulo e no art. 3º da nossa Carta Magna, que erigem a liberdade a um dos valores supremos da sociedade brasileira.

Cabe, portanto, ao exequente requerer a instauração do procedimento executório, fixar os elementos individualizador.es da demanda executória, apresentar o título executivo, escolhendo ainda o meio executório, se for o caso.

Como procedimento autônomo ou como fase final de um procedimento cognitivo, explicava CARNELUTTI, a execução é uma ação, por meio da qual o credor veicula uma pretensão de direito material diversa da requerida no processo de sentença. É essa pretensão autônoma de direito material que exige iniciativa específica, e não simplesmente a instauração de um processo, como erroneamente poderia sugerir a imprecisa redação do art. 2º[236].

A referência ao exequente, como sujeito ativo da execução, abrange todos os sujeitos mencionados no art. 778. São legitimados ativos ordinários o credor constante do título, o espólio, os herdeiros ou sucessores do credor, o cessionário do credor por ato entre vivos e o sub-rogado legal ou convencional (art. 778, *caput* e § 1º, incs. II, III e IV). Essa sucessão independe do consentimento

---

[235] A prescrição incide tanto no processo de execução autônomo (art. 802) quanto no cumprimento de sentença. Quanto a este último, na vigência do Código de 1973, a partir da criação do cumprimento de sentença pela Lei n. 11.232/2005, sustentei que, transitada em julgado a decisão exequenda, e permanecendo inerte o exequente, voltaria a fluir o prazo prescricional, ainda que em caráter intercorrente (LEONARDO GRECO. Primeiros comentários sobre a Reforma da Execução oriunda da Lei 11.232/05. *Revista Dialética de Direito Processual*, n. 36, mar. 2006, São Paulo: Dialética, p. 70-86). Na vigência do Código de 2015 essa solução parece ainda mais evidente, pois este reconhece expressamente a prescrição intercorrente como causa extintiva da execução (arts. 921, § 4º, e 924, inc. V), aplicável ao cumprimento de sentença por força do art. 771. Se a reconhece na execução em curso, com muito maior razão deve ela ser reconhecida antes da sua instauração no processo sincrético, correndo o prazo para a sua consumação a partir do trânsito em julgado da decisão exequenda ou da decisão de liquidação.

[236] FRANCESCO CARNELUTTI. *Processo di esecuzione*, vol. I. Padova: CEDAM, 1932, p. 90-94.

do executado (art. 778, § 2°), não se aplicando o disposto no art. 109, §1°, mas deve constar do título ou de documentação idônea que o acompanhe.

Embora não constem do título, são legitimados ativos ordinários, como sujeitos dos interesses materiais em conflito a quem a lei confere título executivo: o ofendido na execução civil da sentença penal condenatória (Código de Processo Penal, art. 63); o lesado na execução de sentença genérica indenizatória referente a direitos individuais homogêneos (Código de Defesa do Consumidor, art. 97); o advogado que executa em seu próprio benefício os honorários da sucumbência (Lei n. 8.906/94, art. 23; CPC/2015, art. 85, § 14).

Como sub-rogados, têm legitimidade ativa ordinária o fiador convencional ou judicial que satisfez a obrigação (Código Civil, arts. 346 a 351) e o avalista, nas mesmas condições.

São legitimados ativos extraordinários, porque, como substitutos processuais, agem em nome próprio na defesa de interesse alheio: o Ministério Público (art. 778, § 1°, inc. I), quando executa a sentença penal condenatória em favor da vítima pobre (CPP, art. 68), na ação civil pública (Lei n. 7.347/85, art. 15; CDC, arts. 82, inc. I e 100), na ação popular (Lei n. 4.717/65, art. 16); o marido na defesa do dote da mulher (CC/1916, art. 289, inc. III, c.c. o art. 2.039 do CC/2002); qualquer cidadão que tenha ou não proposto a ação popular (Lei n. 4.717/65, art. 9°); qualquer legitimado à ação civil pública para promover a execução da respectiva indenização (CDC, art. 100); o agente fiduciário em caso de inadimplemento de obrigação pela companhia emissora das debêntures (Lei das Sociedades Anônimas, art. 68, § 3°).

O executado, quando oferece ao credor o valor que entende devido, com fundamento no art. 526, embora não seja propriamente exequente, nem proponha a instauração de procedimento executório, deve também oferecer todos os elementos para a individualização da demanda pela qual busca a quitação da dívida, demanda essa tipicamente cognitiva. Alguns requisitos do art. 798 também lhe são aplicáveis, como os elementos do demonstrativo do débito (parágrafo único).

Na insolvência civil, que é a execução coletiva das dívidas do não empresário, e na falência do empresário a iniciativa de promover a execução cabe tanto ao credor como ao próprio devedor (CPC/73, art. 759, c.c. o art. 1.052 do CPC/2015; Lei n. 11.101/2005, art. 97), porque nesses casos o objeto do procedimento executório não é apenas a satisfação do exequente, mas a produção de efeitos jurídicos nas relações entre o devedor e os seus credores, alguns deles benéficos para o próprio devedor, como a suspensão das ações e execuções individuais contra ele propostas, a cessação da fluência de juros ou a continuidade do cumprimento de contratos bilaterais (Lei de Falências, arts. 99, 117 e 124; CPC/73, art. 762[237]).

18. Requisitos da inicial da execução

Como ato individualizador da demanda executória e primeiro movimento de impulso da instauração e desenvolvimento do respectivo procedimento, a petição inicial da execução deve preencher diversos requisitos, cuja enumeração o Código de 2015 pulveriza em vários dispositivos. Cabe considerar na elaboração desse ato os arts. 319, 320, 798 e 799 do diploma processual, aplicáveis a todos os processos autônomos de execução, bem assim ao requerimento inicial de cumprimento de sentenças por força do art. 771, a par de outros dispositivos relativos a cada um dos procedimentos executórios específicos.

Um dos avanços festejados pela doutrina no advento do Código de 1973 foi o reconhecimento da autonomia da execução como modalidade de tutela jurisdicional diversa da cognição, viabilizada por meio da propositura de uma nova ação que gerava um novo processo, o processo de execução. Na vigência do Código de 1939 a matéria era controvertida, tanto que o seu art. 196 dispunha que "a instância começará pela citação inicial válida e terminará por sua absolvição ou cessação ou pela execução da sentença", o que poderia sugerir que esta última não passasse de uma fase complementar e acessória do mesmo processo de que havia resultado a sentença. A execução autônoma, fundada em título extrajudicial era objeto da ação executiva, que mesclava atividade cognitiva e coativa.

O Código de 1973 dedicou à execução um livro próprio, o Livro II, unificou os procedimentos da execução de sentença e da execução de título extrajudicial, que passaram a formar processos autônomos, com nova petição inicial e nova citação (arts. 614 e 615), neles concentrando apenas a atividade propriamente coativa e relegando para outro processo incidente toda atividade cognitiva de iniciativa do devedor, decorrente da sua resistência à execução, por meio dos embargos à execução.

Alguns anos depois, a excelência teórica desse modelo passou a ser questionada e a rígida separação em processos diversos das funções jurisdicionais de conhecimento, de execução e cautelar, inicialmente exaltada, veio a ser apontada como uma das causas da excessiva complexidade e morosidade da administração da justiça civil. Como consequência, a Lei n. 8.952/94, dando nova redação ao art. 461 do Código de 1973, desvinculou a chamada *tutela*

---

237 No que é omissa a disciplina legal da insolvência civil, aplica-se a legislação falimentar, conforme lição de HUMBERTO THEODORO JÚNIOR (*Insolvência civil*. 5ª ed. Rio de Janeiro: Forense, 2003, p. 40).

específica das obrigações de fazer e não fazer do processo de execução autônomo, prevendo a prática de atos coativos em qualquer processo, *de ofício ou a requerimento* do interessado (§ 5°). Esse novo regime foi estendido às ações relativas à entrega de coisa pela Lei n. 10.444/2002, que introduziu naquele Código o art. 461-A. Posteriormente, a Lei n. 11.232/2005 fundiu num único processo a cognição e a execução de prestações pecuniárias, com a criação do chamado *cumprimento de sentença*. O Código de 2015 conservou estas últimas regras: inicial ou requerimento do exequente no processo de execução de título extrajudicial, na liquidação e no cumprimento de sentença (arts. 798, 799, 509, 520, inc. I, 523, 528 e 534), mas admitindo no cumprimento de prestações de fazer, não fazer ou entrega de coisa que o juiz imponha ao devedor *ex-officio* todas as medidas necessárias à plena satisfação do credor (arts. 536 e 538, § 3°). Facultou ainda a iniciativa da liquidação e do cumprimento de prestação pecuniária ao devedor (arts. 509 e 526), ressuscitando, quanto a este último, regra constante do art. 570 do Código de 1973.

A iniciativa de interessado para a instauração de qualquer processo que se destine ao exercício da função jurisdicional é uma consequência do princípio da inércia ou da demanda, segundo o qual não há jurisdição sem ação (art. 2°)[238]. Ora, a execução, seja ou não resultante de um processo cognitivo anterior, é objeto de uma nova ação, porque ela veicula uma nova proposição ao exercício de uma atividade substancialmente diversa, que é a atividade coativa destinada a efetivar na prática a investidura do credor no gozo do bem da vida que lhe foi atribuído no título. No cumprimento de sentença, ainda que o legislador tenha incluído a atividade executória como uma fase complementar do processo de conhecimento, o direito a exigir do Estado esse cumprimento nasce da formação do título executivo, que é resultado da primeira fase, constituindo, portanto, nova modalidade de tutela do direito material que, em respeito à liberdade individual e como garantia da imparcialidade do juiz, somente deve ser desencadeada a requerimento do interessado. O cumprimento de sentença não é, portanto, um simples complemento da ação em que o autor pediu a condenação do réu ao cumprimento de uma prestação, mas o prolongamento eventual daquele processo anteriormente instaurado para culminar numa sentença que, em razão da prestação nesta imposta, gerou para o autor o direito de exigir a sua continuidade com o desempenho da atividade executória dirigida à efetiva satisfação do crédito reconhecido. É uma ação derivada de outra, embora o processo seja o mesmo. Mas é claro que a cumulação progressiva da ação de conhecimento e da ação de execução no cumpri-

---

238 V. LEONARDO GRECO. *Instituições de processo civil*, vol. I. 5ª ed. Rio de Janeiro: Forense, 2015, p. 120-121 e 511-513.

mento de sentença, faculta ao exequente a proposição da segunda por um ato bem mais simples, a que a lei denomina de *requerimento* (arts. 523 e 528), porque vários dos seus requisitos já se encontram preenchidos no ato inicial da fase cognitiva anterior ou no curso do respectivo procedimento.

A inicial de qualquer execução como processo autônomo, o que se dá especialmente se o título é extrajudicial, deverá, em princípio, observar todos os requisitos dos arts. 319 e 320 do Código de Processo Civil.

A indicação das provas (art. 319, inc. VI) é menos exigente do que no processo de conhecimento, pois a execução não visa a uma sentença que, com base nas provas, se pronuncie sobre a verdade fática. A única prova indispensável é o título executivo, que na execução de título extrajudicial deve instruir a petição inicial e no cumprimento de sentença é a decisão exequenda já proferida no mesmo processo, salvo nos casos de sentença penal, arbitral ou estrangeira.

Devem instruir a inicial da execução a procuração outorgada pelo exequente ao advogado que a subscreve, o título executivo e a comprovação da capacidade de estar em juízo do exequente, salvo no cumprimento de decisão condenatória civil, que se instaura em fase sucessiva do mesmo processo em que tais pressupostos já foram comprovados na fase cognitiva anterior e no qual se formou o título executivo, bem como os comprovantes de recolhimento das custas iniciais.

No processo de execução de título extrajudicial a este deve ser anexado o original do título, com dupla finalidade: evitar que outra execução se instaure eventualmente contra o mesmo devedor ou algum coobrigado, se já recebido na primeira o valor do crédito; permitir ao devedor o exame formal minucioso do título para arguir-lhe eventual falsidade ou outro defeito. Motivos devidamente justificados que impossibilitem a apresentação do título original permitem dispensar a anexação do título original, substituída por cópia ou certidão, o que ocorre, por exemplo, no caso de o título se encontrar anexado a outro processo, administrativo ou judicial.

Quanto aos documentos indispensáveis à instauração da execução, além do próprio título executivo, se não for decisão já constante dos autos, deve o exequente apresentar o demonstrativo atualizado do débito, na execução ou cumprimento de prestação pecuniária (arts. 798, inc. I, *b*, 524 e 534) e a prova documental de que ocorreu a condição ou termo ou de que foi cumprida a contraprestação (arts. 798, inc. I, *c* e *d*, e 514), se for o caso.

A indicação do meio executório escolhido (art. 798, inc. II, *a*) corresponde ao pedido imediato, à providência jurisdicional através da qual o autor pretende alcançar o bem jurídico. Ao escolher o meio executório normalmente estará o exequente ao mesmo tempo escolhendo o procedimento que àquele corresponde.

O pedido mediato, ou seja, a prestação consistente em dar, fazer ou não fazer alguma coisa, deverá ser certa e determinada, pois não é possível desencadear os atos executórios sem a precisa definição do objeto da prestação. Pedido certo é aquele que indica qual é o bem devido de que o credor pretende usufruir com a implementação do meio executório escolhido. Pedido determinado é aquele em que esse bem da vida está precisamente individualizado quanto às características e à sua quantificação, de modo que não possa ser confundido com qualquer outro da mesma natureza (arts. 322 e 324)[239].

É excepcionalmente admissível o pedido relativamente indeterminado ou genérico (art. 324, § 1º, incs. I a III), que é o pedido determinado quanto à natureza e à qualidade do bem, mas indeterminado quanto à sua individualização. A indeterminação poderá ser absoluta ou relativa. Absoluta se o documento apresentado como título ou a decisão em que se baseia o pedido de cumprimento não impõe ao devedor a prestação de algum bem ou se não o individualiza. Nesse caso, não há sequer título executivo completo, por falta de certeza da obrigação, que é requisito essencial que deve ser ostentado pelo título executivo (art. 783). No caso de pedido relativamente indeterminado, sendo o título judicial, deverá ser previamente liquidado (art. 509), para determinar o objeto da prestação. Normalmente o título extrajudicial não comporta indeterminação relativa, entendendo-se que essa indeterminação é incompatível com a autossuficiência dessa espécie de título e com a própria certeza da obrigação. Entretanto, em certos casos, especialmente quando a execução se desvia da prestação específica constante do título para um sucedâneo, como as perdas e danos, essa indeterminação relativa pode ser suprida pelo procedimento da liquidação (arts. 809 e 821). Relativa também será a indeterminação, mesmo de título extrajudicial, na execução para entrega de coisa incerta e nas obrigações alternativas (arts. 811 e 800).

Os juros legais e a correção monetária reputar-se-ão incluídos no título, ainda que omitidos na inicial da fase cognitiva, da execução ou no próprio título (art. 322, § 1º)[240].

O valor da causa deverá ser fixado na inicial da execução, com a observância das mesmas regras do processo de conhecimento, para corresponder, na medida do possível, ao benefício econômico almejado pelo autor. Na execução por quantia certa, esse valor é o do demonstrativo do débito (art. 798, inc. I, *b*), atualizado até a propositura da ação. Nas execuções de prestações de fazer,

---

239 Leonardo Greco. *Instituições de processo civil*: processo de conhecimento, vol. II. 3ª ed. Rio de Janeiro: Forense, 2015, p. 8.
240 Súmula 254 do STF: "Incluem-se os juros moratórios na liquidação, embora omisso o pedido inicial ou a condenação".

não fazer e entrega de coisa é o valor do benefício econômico consistente no cumprimento da prestação.

Também pode ser objeto dessa postulação inicial a realização de audiência de conciliação ou de mediação.

19. O título executivo

Como o Código de 1973 no art. 586, também o Código de 2015 no art. 783 institui o título executivo como pressuposto processual objetivo de qualquer execução, ou seja, como requisito essencial de validade de qualquer procedimento executório, desde a sua instauração pelo requerimento inicial do exequente ou pelo despacho preambular do juiz, até a sua conclusão, com a satisfação do crédito do exequente.

O título executivo é o documento ou é a situação fático-jurídica que, revestida dos requisitos legais, autoriza a instauração da execução (*nulla executio sine titulo*). O título atesta ou constitui o crédito que é objeto da prestação e dá-lhe executoriedade[241].

O título executivo nasceu no direito comum italiano, como conciliação entre o direito germânico e o direito romano, para facilitar a rápida solução dos créditos dos empresários. Por necessidade do comércio florescente, a execução aparelhada se estendeu da sentença a alguns instrumentos, os *instrumenta guarentigiata*, que passaram a ensejar execução sem condenação anterior, por equipararem os juristas e os Estatutos a confissão neles contida à sentença, na aplicação do princípio *confessus pro judicato habetur,* sendo indiferente que a confissão fosse feita perante juiz ou perante notário.

Do processo comum italiano, o título executivo transmitiu-se ao direito francês, onde acabou consagrado no Código de Processo Civil de 1806. Com as invasões napoleônicas, espalhou-se pela Europa, retornando à legislação dos Estados italianos pré-unitários e ao Código do Reino da Itália, de 1865[242].

O título executivo é uma garantia de proteção da liberdade humana contra o arbítrio da autoridade[243], pois sujeita a invasão da esfera de liberdade pessoal e patrimonial do devedor pelo juiz às hipóteses rigorosamente previstas em lei, que devem restringir-se às condenações judiciais resultantes de

---

[241] JOSÉ ALBERTO DOS REIS. *Processo de execução*, vol. I, reimpr. Coimbra: Coimbra, 1985, p. 68.
[242] ENRICO TULLIO LIEBMAN. *Embargos do executado*, trad. J. Guimarães Menegale. 2ª ed. São Paulo: Saraiva, 1968, p. 85-88.
[243] MARCELO ABELHA RODRIGUES. *Manual de execução civil*. 7ª ed. Rio de Janeiro: Forense, 2019, p.154-155.

processos de conhecimento regulares, às confissões de dívida e outros títulos taxativamente instituídos pelo legislador.

Para que essa garantia seja plena e eficaz, é necessário que as condenações judiciais exequíveis resultem de sentenças ou outras decisões proferidas em processos em que tenham (art. 515, inc. I) sido previa e amplamente respeitadas as garantias do contraditório e da ampla defesa. Todavia, a lei brasileira, nesse aspecto, é pouco cuidadosa, ou melhor, insuficientemente garantística, porque institui como títulos executivos judiciais quaisquer decisões judiciais proferidas no processo civil que reconheçam a exigibilidade de obrigação, muitas resultantes de cognição incompleta ou adotadas sem a observância do contraditório e da ampla defesa. Quanto aos títulos executivos extrajudiciais, aos quais especificamente se refere o dispositivo em comento, somente sua expressa enumeração legal oferece suficiente garantia de que a dispensa de processo de conhecimento anterior se justifica, pois substituída pela confissão real ou presumida do devedor. Por isso, a criação pela lei de títulos extrajudiciais não resultantes da confissão do devedor somente é constitucionalmente legítima se o devedor puder bloquear a marcha dos atos executórios até que sejam decididos os seus embargos à execução que tenham suscitado defesa consistente relativa à ausência de certeza, liquidez ou de exigibilidade do crédito. Igual limitação é constitucionalmente exigível dos cumprimentos de sentenças ou decisões judiciais provisórias ou resultantes de cognição incompleta ou não exaustiva, como imposição do contraditório, da ampla defesa e do devido processo legal.

Na execução de títulos extrajudiciais que não resultam de confissão de dívida, como a execução fiscal e a da duplicata sem aceite, a falta de processo de conhecimento anterior ou de confissão espontânea e formal do devedor, o *devido processo legal* assegurado no art. 5º, inciso LIV, da Constituição serão os embargos do devedor, nos quais deverá ser-lhe garantido o mais amplo direito de defesa, ou seja, o direito de demonstrar a ineficácia do título, a inexistência da dívida ou a nulidade da execução. Ora, amplo direito de defesa é aquele que pode ser exercido independentemente do oferecimento de qualquer garantia patrimonial, subordinando a prática de atos coativos à prévia cognição das alegações e provas arguidas e produzidas pelo réu.

Procedente é, pois, a advertência de CÂNDIDO DINAMARCO[244] de que não convém ampliar o rol de títulos executivos, seja para incluir hipóteses em que a obrigação não foi reconhecida em seu *quantum* pelo devedor, seja pela tolerância pretoriana. Exemplo típico dessa tolerância foi a executoriedade dos contratos de abertura de crédito, em que a confissão de dívida dizia respeito a

---

244 CÂNDIDO RANGEL DINAMARCO. *Execução civil*. 5ª ed. São Paulo: Malheiros, 1997, p. 461.

um valor originário totalmente diverso do que era cobrado pelo exequente, resultando este do desconto e cobrança de duplicatas e de demonstrativo contábil unilateralmente elaborado pelo credor no qual eram lançados juros e outros encargos, muitas vezes a taxas flutuantes[245].

A morosidade do processo de conhecimento e a falta de um procedimento de cognição sumária apto a propiciar rápida cobrança de créditos fundados em prova documental têm levado, em muitos casos, à ampliação dos títulos executivos extrajudiciais ou à criação de procedimentos de cognição sumária, para atender às crescentes necessidades do mundo dos negócios.

Na Alemanha, na Itália, na França, na Espanha e em Portugal, existem, a par da execução de título extrajudicial, um ou mais tipos de procedimentos monitórios, para a cobrança de créditos fundamentados em documentos que não constituem título executivo ou para a formação do próprio título executivo. Esses procedimentos, quando estruturados adequadamente, possibilitam rápida e barata cobrança de créditos, até extrajudicialmente, como ocorre na *Mahnverfahren* alemã, ou a rápida formação do título executivo através de procedimentos de cognição limitada.

Assim, no processo documental alemão[246] somente são admitidas a prova documental e o interrogatório das partes, podendo a sentença, mesmo constituído o título executivo, ressalvar a reabertura da discussão com provas mais amplas em outro feito. Na *injunção de pagar* francesa também a prova é exclusivamente documental. A improcedência remete o credor às vias ordinárias[247].

A ação monitória brasileira, criada sob essa inspiração pela Lei n. 9.079/95, infelizmente ainda não atingiu os resultados almejados, tendo o Código de 2015 perdido excelente oportunidade de aprimorá-la, para preencher essa função e aliviar a indesejável pressão expansionista dos títulos executivos e a utilização abusiva do instituto da tutela antecipada.

Como procedimento opcional, qual é a vantagem de adotar o autor o procedimento da ação monitória, se esta, embargada, propiciará cognição exaustiva de fatos e provas (art. 702), ficando a sentença sujeita a apelação com efeito suspensivo e a subsequente execução sujeita a nova impugnação, como no procedimento ordinário ou comum?

Enquanto não for aperfeiçoada a ação monitória, continuaremos a conviver no Brasil com a indiscriminada expansão dos títulos executivos, sem claro e formal reconhecimento prévio da obrigação pelo devedor, e com o uso

---

245 HUMBERTO THEODORO JÚNIOR. Contrato de abertura de crédito como título executivo. *Revista Forense*, vol. 334, abr./jun. 1996, p. 231.V. Súmula 233 do STJ.
246 ZPO, §§ 592 a 605a.
247 Código de Processo Civil, arts.1.405 a 1.425.

abusivo da tutela antecipada, que consagra o paradoxo de dar proteção mais eficaz a quem não tem título, do que a quem o tem, milagre obtido graças a decisões adotadas em um processo de conhecimento sem prévio contraditório e sem ampla defesa, ou seja, sem o respeito às garantias constitucionais mínimas de um processo justo.

O dispositivo em comento estabelece que o título executivo deve instruir a petição ou requerimento inicial da execução. No cumprimento de sentença, essa exigência em geral não se aplica porque o procedimento executório se instaura nos próprios autos em que o título executivo foi constituído, em que foi proferida a sentença ou decisão exequenda. Por exceção, aplica-se o dispositivo, com fundamento no art. 771, aos cumprimentos de sentença estrangeira, arbitral ou criminal, que instauram um processo de execução autônomo.

Nessas execuções e também nas fundadas em título extrajudicial às quais se refere especificamente o dispositivo, a anexação do original do título executivo é necessária, por diversas razões: a primeira é a de que o processo de execução representa, no plano do direito material, o instrumento indispensável que concretiza a eficácia do título executivo; em segundo lugar, a juntada do original do título assegura ao executado a mais ampla possibilidade de defesa, não só sobre o conteúdo do crédito por ele representado, mas também sobre a sua confecção formal; em terceiro lugar, a juntada do original visa a impedir que o exequente ou terceiro possam vir a fazer uso abusivo do título, em detrimento do executado e eventualmente até em detrimento de terceiros, especialmente se se tratar de título de crédito transmissível por endosso que, transmitido a terceiro, pode não mais representar validamente o crédito correspondente, de que o exequente não é mais titular, ou porque pago na execução ou porque nesta reconhecida a sua falsidade ou por qualquer outra razão jurídica.

Pode haver motivo justificável para a não apresentação do original do título executivo, como, por exemplo, se ele está anexado a outro processo de execução coletiva ou de execução contra algum outro coobrigado. Ademais, a implementação do processo eletrônico vem praticamente inviabilizar a retenção física do original do título executivo junto à inicial da execução.

O inciso VI do art. 425 do Código, reproduzindo norma da Lei n.11.419/2006, estabelece que "fazem a mesma prova que os originais: VI – as reproduções digitalizadas de qualquer documento público ou particular, quando juntadas aos autos pelos órgãos da justiça e seus auxiliares, pelo Ministério Público e seus auxiliares, pela Defensoria Pública e seus auxiliares, pelas procuradorias, pelas repartições públicas em geral e por advogados". Complementando esse dispositivo, o § 2º do mesmo artigo determina que "tratando-se de cópia digital de título executivo extrajudicial ou de documento relevante à instrução do processo, o juiz poderá determinar seu depósito em cartório ou secretaria".

Se a partir da referida Lei n. 11.419/2006 poderia haver dúvida sobre a possibilidade de apresentação do título executivo por cópia digitalizada[248], parece-me que fica dissipada qualquer controvérsia pelo que preceitua o art. 425 do Código, em especial o seu § 2º. A cópia digitalizada do título executivo, mesmo que seja um título de crédito, juntada por um dos sujeitos referidos no dispositivo, faz a mesma prova do original, ou seja, é instrumento de eficácia do crédito representado pelo título, tal como o original. O sujeito que apresenta o título é responsável pelo uso não abusivo da cópia, o que deve recomendar que se cerque de especiais cuidados, certificando-se de que o original se encontre efetivamente em poder do exequente ou de outro legítimo titular do crédito, ao qual deverá recomendar, preferencialmente por escrito, que o conserve em seu poder, sem dar-lhe outro destino, nos termos do § 1º do art. 425. Se surgir no curso da execução qualquer questionamento sobre o preenchimento de quaisquer requisitos, particularmente requisitos formais, que exijam o exame do original do título, ou se surgirem indícios veementes de que o título tenha sido ou possa vir a ser objeto de uso abusivo, o juiz deverá determinar seu depósito em cartório ou na secretaria do juízo[249].

Por outro lado, não se exclui que o título executivo, que se encontre anexado a outro processo judicial, venha a ser anexado por certidão do escrivão ou do chefe de secretaria ou por cópia declarada autêntica pelo advogado, nos termos dos incisos I e IV do mesmo art. 425.

19.1. A natureza do título executivo

Muitas foram as teorias formuladas a respeito da natureza do título executivo. As mais difundidas e que granjearam o maior número de adeptos foram as de CARNELUTTI e LIEBMAN: o primeiro vendo no título sobretudo um documento, prova legal do crédito; e o segundo que o concebia como ato constitutivo da sanção.

CARNELUTTI[250] dizia que o título é uma prova para que o juiz faça um

---

[248] CLIFT RUSSO ESPERANDIO. LEONARDO FELIPE DE MELO RIBEIRO GOMES JORGETTO. MARCELO GUERRA MARTINS. Cartularidade *versus* virtualização dos títulos de crédito no processo civil eletrônico. *Revista de Processo*, ano 43, n. 278, abr. 2018, São Paulo: Revista dos Tribunais, p. 193-211.

[249] FREDIE DIDIER JR. LEONARDO CARNEIRO DA CUNHA. PAULA SARNO BRAGA. RAFAEL ALEXANDRIA DE OLIVEIRA. *Curso de direito processual civil*, vol. 2. 12ª ed. Salvador: Juspodivm, 2017, p. 235.

[250] FRANCESCO CARNELUTTI. *Processo di esecuzione*, vol. 1. Padova: CEDAM, 1932, p. 220-226.

juízo positivo de certeza da existência do crédito. O título não é um acertamento do crédito. É uma prova documental, uma prova legal: documento com a forma e o conteúdo predeterminados pela lei. Título executivo é a sentença ou o contrato. A força ou eficácia executiva da sentença ou do contrato nada mais é do que a idoneidade a formar o conteúdo do título executivo. O título deve representar o fato constitutivo do crédito.

Liebman definia o título como um ato jurídico dotado de eficácia constitutiva, fonte imediata e autônoma da ação executiva, cuja existência independe da existência do crédito. O título proporciona a certeza do direito do credor, fonte direta da regra sancionadora, para cuja efetivação a execução é realizada. O título não é prova do crédito, porque desta prova não há necessidade. O crédito é motivo indireto e remoto da execução, mas o fundamento direto e autônomo, a base imediata desta é o título e só ele[251].

Ao lado de Carnelutti alinhou-se a maior parte da doutrina. Na verdade, a grande divergência entre Carnelutti e Liebman decorre de concepções diversas a respeito da essência da própria execução. Enquanto para o primeiro a execução pressupõe um juízo positivo a respeito da existência de um direito material e o título estabelece as condições legais que servem para gerar a presunção da existência desse direito, dispensando a atividade cognitiva e ensejando o imediato desencadeamento dos atos coativos, para o segundo o direito material não preexistiria ao título, mas o título seria, ele próprio, a fonte do direito à execução.

No estágio de desenvolvimento em que hoje se encontra o direito processual, parece impossível que qualquer modalidade de atividade jurisdicional produza atos decisórios ou modificações no mundo exterior sem que se apresente configurado, ainda que através do mais tênue juízo de probabilidade ou verossimilhança, algum direito material. O abstratismo da ação executiva não é prejudicado pela atestação, que decorre do título, de que no momento da sua formação havia certeza da existência de determinado direito material, porque a instauração da execução e todo o seu desenvolvimento não dependem de prova concreta da certeza da existência daquele direito, bastando que subsista a eficácia do título. Mas esse abstratismo não é radical, pois isso implicaria em admitir que, certa a inexistência da dívida, ainda assim o credor constante do título pudesse instaurar a execução, o que não pode ocorrer nem mesmo no processo de conhecimento.

Às vezes a lei, por razões de conveniência do comércio jurídico, dá a certos títulos maior abstratismo em relação ao direito material, não permitin-

---

251 Enrico Tullio Liebman. *Embargos do executado*, trad. J. Guimarães Menegale. 2 ed. São Paulo: Saraiva, 1968, p. 135; *Processo de execução*. 4ª ed. São Paulo: Saraiva, 1980, p. 19 e 22.

do que o devedor alegue contra aquele a quem foi o título cedido o pagamento feito ao devedor originário. É o que acontece com os títulos cambiários, em decorrência do valor econômico que a lei atribui ao título para facilitar a sua circulação como representativo de determinado crédito. Trata-se de uma cisão no direito material, em que parte dele acompanha o título e por ele é representado. Mas não é o título que gera o direito à ação executiva, e sim o crédito, cujas certeza, liquidez e exigibilidade estejam devidamente atestadas, com todos os requisitos formais exigidos pela lei, através do título executivo[252].

A atestação pelo título desses requisitos do crédito é pressuposto processual da execução, sob pena de indeferimento da petição inicial. O título não prova a existência do crédito, mas prova que o crédito foi constituído, pois sem essa prova o Estado não vai reconhecer ao exequente o direito de sujeitar o devedor aos atos executórios coativos. O título tem requisitos substanciais e formais. Aqueles são os que dizem respeito ao conteúdo legalmente previsto e à atestação da certeza, liquidez e exigibilidade do crédito. Os últimos são os requisitos extrínsecos relativos ao seu modo de exteriorização. O título não é apenas forma legal, mas também conteúdo legal, apto a atestar o nascimento do crédito.

Resta examinar se o título tem a natureza de documento, já que MENDONÇA LIMA[253] assevera que, no Brasil, título é documento, enquanto na Argentina PODETTI[254] afirma que o título nem sempre é um documento.

Na verdade, para equacionar essa questão é preciso definir documento. Seguindo as lições de MOACYR AMARAL SANTOS[255], defino documento como o objeto que registra de modo permanente e inalterável o conteúdo de um fato. De acordo com essa noção, documento não é exclusivamente o papel escrito. Qualquer objeto apto a conservar o registro de algum fato durante todo o tempo necessário para que esse registro seja transmitido, sem alteração, ao conhecimento do juiz e produza efeitos no processo, é um documento[256].

Conforme mencionei no item 10.1 do comentário ao Capítulo I – Disposições Gerais, hoje no Brasil o título é sempre um documento, mas não necessariamente um documento escrito, porque também, qualquer outro tipo de objeto apto a registrar de modo permanente e inalterável o conteúdo de um fato, como a fita magnética, o CD-Rom ou a mensagem eletrônica transmi-

---

252 J. RAMIRO PODETTI. *Tratado de las ejecuciones*, 3ª ed. Buenos Aires: EDIAR, 1997, p. 117.
253 ALCIDES DE MENDONÇA LIMA. Ob. cit., p. 241.
254 PODETTI. Ob. e loc. cits.
255 MOACYR AMARAL SANTOS. *Prova judiciária no cível e comercial*, vol. IV. São Paulo: Max Limonad, s/d., p. 41.
256 V. LEONARDO GRECO. *Instituições de processo civil*, vol. II. 3ª ed. Rio de Janeiro: Forense, 2015. Itens 7.1 e 7.2.

tida pela Internet pode constituir um título executivo. Quando a lei se refere ao negócio ou à obrigação, como no foro e laudêmio, no aluguel de imóvel e nas contribuições de condomínio (CPC, art. 784, incs. VII, VIII e X), e não ao documento escrito, o título poderá ser outro tipo de documento, desde que apto a conservar o registro do negócio ou do contrato com permanência e inalterabilidade. Nesses casos, o título poderá ser também um conjunto de documentos.

Quanto à permanência e à inalterabilidade, como características de qualquer documento, reitero o que escrevi no 2º volume das minhas *Instituições*. A permanência é a aptidão do suporte físico e do próprio meio de registro para a conservação deste durante todo o período de tempo em que se tornar necessário que ele produza efeitos no processo. No mundo físico, não há nada eterno, todos os objetos físicos podem ser destruídos ou modificados por uma ação externa e, além disso, possuem uma durabilidade inerente ao próprio material com o qual são confeccionados. No mundo eletrônico não é diferente, ao contrário. A noção de permanência significa que o registro é apto a conservar-se durante todo o tempo necessário para que seja usado no processo, com o exato conteúdo com que foi confeccionado. A inalterabilidade é correlata à permanência. É a imodificabilidade intrínseca do registro efetuado no suporte físico, salvo se for atingido por algum agente especialmente agressivo ou pela deterioração natural incidente durante longo período. Permanência e inalterabilidade são, portanto, requisitos de qualquer objeto físico que constitua um documento. Nos últimos quinhentos anos, os documentos lavrados em papel, cujos registros foram criados com a utilização da linguagem escrita ou simbólica (desenhos), tornaram-se os mais importantes para o processo, o que levou o legislador a se referir normalmente ao documento tendo em vista o documento escrito. Entretanto, é preciso atentar para o fato de que também outros registros, em objetos físicos diferentes do papel, são documentos e, portanto, podem ser produzidos como prova documental no processo para atestar a ocorrência de fatos. Esses outros documentos, que não são papéis escritos, devem adaptar-se às exigências da realidade física dos autos para serem produzidos no processo, quando composto de autos físicos.

Se no futuro a tecnologia vier a descobrir algum outro meio de prova, que não constitua um objeto físico ou eletrônico, mas que seja apto a atestar a existência de um negócio ou de uma obrigação com a mesma segurança de um documento, poderá a lei vir a admitir essa forma de título executivo, assim como poderá vir a aceitar nessa categoria o crédito atestado por prova diversa da prova documental.

Daí concluo que a identificação do título com um documento é meramente circunstancial, mas não da própria natureza do título. A essência do título é a de uma prova, revestida de todos os requisitos substanciais e formais estabelecidos na lei, especificamente predisposta para atestar o nascimento do crédito e ensejar a sua cobrança pela ação executiva. Não é qualquer prova, mas apenas aquela que a lei expressamente estabelece, que, juntamente com os fatos dos quais se originou o crédito, constitui o pressuposto fático da execução, cuja ausência ou deficiência acarretará o indeferimento da petição inicial ou a extinção da execução.

19.2. Requisitos do título executivo

O título executivo deve preencher requisitos extrínsecos (de forma) e intrínsecos (de conteúdo), gerais e específicos. A forma documental, normalmente escrita, é o primeiro requisito extrínseco geral. Já vimos que, enquanto não surgir outro meio de prova capaz de representar com objetividade, inalterabilidade e precisão o conteúdo de um crédito, o documento será a forma necessária de qualquer título executivo. Esse documento será, via de regra, escrito porque escrita é a forma de registro dos títulos judiciais; escrita também é normalmente a forma de grande parte dos títulos extrajudiciais (letra de câmbio, promissória, duplicata, cheque, confissão de dívida, contrato de hipoteca, fiança mercantil, penhor mercantil, certidão da dívida ativa da Fazenda Pública) e por escrito se documentam usualmente os créditos aos quais a lei não impõe a forma escrita, como os créditos decorrentes de foros, aluguéis e penhor.

Somente o progresso tecnológico poderá vir a criar outros meios formais não documentais de registro de créditos, que de antemão se apresentem como permitidos pela lei brasileira.

Requisitos extrínsecos específicos são os que a lei impõe eventualmente a cada título executivo, como os requisitos formais dos títulos de crédito (art. 784, inc. I), a escritura pública ou a assinatura de duas testemunhas na confissão de dívida, o referendo do Ministério Público, da Defensoria Pública, dos advogados, do conciliador ou do mediador na transação extrajudicial (art. 784, incs. II, III e IV).

Os requisitos intrínsecos ou de conteúdo de caráter geral são a certeza, a liquidez e a exigibilidade do crédito, representadas no título executivo. Outros requisitos intrínsecos específicos têm cada título, de acordo com a sua natureza, conforme explicitam os dispositivos legais que os instituem. Certeza, liquidez e exigibilidade não são atributos do título, mas do direito subjetivo material. Todavia, o título deve necessariamente exibir esses atributos do direito material, sob pena de não constituir um título executivo e não poder fundamentar uma execução.

A certeza é a presunção de existência do crédito, afirmada no título, que resulta da sentença judicial ou arbitral nos títulos judiciais, da confissão do próprio devedor na maioria dos títulos extrajudiciais, ou de algum outro fato objetivo que a lei considera suficiente para gerar essa presunção, em outros títulos extrajudiciais, como a certidão da dívida ativa da Fazenda Pública e a duplicata sem aceite emitida pelo credor. A adequação do título aos requisitos extrínsecos previstos em lei é pressuposto da certeza do crédito, pois sem esses requisitos o título não é executivo.

O título atesta a certeza da existência do crédito no momento da sua formação, ou seja, atesta que o crédito foi constituído. Por isso, a certeza, mesmo nos títulos judiciais, é uma presunção meramente relativa da existência do crédito, não só porque, após a formação do título, o crédito pode ter-se extinguido, mas também porque o legislador, quando define determinado ato ou fato como gerador de um título executivo, estabelece o grau de certeza que julga suficiente para fundamentar a execução forçada[257].

A liquidez é a individualização do objeto da prestação ou a determinação do seu valor. Nas obrigações pecuniárias a liquidez é a fixação do *quantum* devido em moeda nacional. Nas obrigações de entrega de coisa é a precisa identificação do objeto através de todas as suas características, como a natureza, a qualidade, a quantidade e outros elementos identificadores. Na entrega de coisa incerta, a liquidez é relativa, pois o objeto da prestação é determinado apenas pelo gênero, existindo mais de um bem que apresenta as mesmas características e pode, portanto, servir para satisfazer o crédito (art. 811). Liquidez relativa também existe nas obrigações alternativas (art. 800). Também liquidez relativa representa a necessidade de apresentação pelo exequente da memória de cálculo ou demonstrativo do débito, quando a determinação do valor da condenação depender apenas de cálculo aritmético (art. 524).

O título judicial pode ser ilíquido, mas para ensejar a execução deverá previamente ser liquidado, através do procedimento da liquidação de sentença. Já o título extrajudicial não pode ser ilíquido, pois a falta de liquidez compromete a própria certeza da existência do crédito. Entretanto se a obrigação de fazer, de não fazer ou de entrega de coisa, constante do título, se converter em perdas e danos, estas serão igualmente liquidadas (arts. 809, § 1º, 816, parágrafo único, e 823, parágrafo único).

A exigibilidade exprime a inexistência de impedimentos à eficácia atual do crédito, que resulta do seu inadimplemento e da ausência de termo, condição ou de contraprestação. É o inadimplemento que torna possível a propositura da ação executiva (art. 786). O título normalmente não atesta o inadimplemento, resultando a prova da exigibilidade do simples transcurso da data

---

257 CRISANTO MANDRIOLI. ANTONIO CARRATTA. *Diritto processuale civile,* vol. IV. 25ª ed. Torino: G. Giappichelli, 2016, p. 40.

do vencimento e da inexistência de condição ou contraprestação. Quando a exigibilidade não resultar diretamente do título, poderá ser demonstrada através da exibição da prova do advento do termo, do implemento da condição ou do cumprimento da contraprestação (art. 798). Esta prova será necessariamente pré-constituída, consistindo em documento ou em outra prova objeto de produção antecipada, não podendo ser produzida na própria execução, pois deverá acompanhar a petição inicial da ação executiva.

19.3. Espécies de títulos executivos

É tradicional a classificação dos títulos executivos em *judiciais* e *extrajudiciais*[258], conforme tenham sido formados através de um provimento judicial ou por qualquer outro meio. Nos sistemas processuais que reservam a execução forçada para os títulos judiciais, os chamados extrajudiciais constituem fundamento de ações de conhecimento de cognição sumária ou de ações mistas de conhecimento e de execução, em que, de qualquer modo, a sua eficácia, quando impugnada, deve sempre ser ratificada por uma decisão que será, então, executada como qualquer outra sentença condenatória.

Já nos sistemas que unificam a execução forçada, como era o nosso da redação original do Código de 1973, ou mesmo naqueles que atribuem a essas duas espécies de títulos procedimentos essencialmente executórios, semelhantes mas não idênticos, com cognição meramente instrumental e não exauriente, como o que adotamos a partir da Lei n. 11.232/2005 e no Código de 2015, o rol destes últimos deveria restringir-se aos atos negociais dos quais resultasse expressa confissão de dívida pelo executado, pois quaisquer outros créditos não deveriam permitir a agressão ao patrimônio do devedor e sujeitá-lo à perda dos seus bens, sem que a dívida tivesse sido reconhecida por uma sentença judicial após regular contraditório, pois este é um imperativo dos direitos e garantias individuais constitucionalmente assegurados, especialmente do contraditório, da ampla defesa e do devido processo legal.

Consoante já foi aqui afirmado, o direito brasileiro tem tido uma tendência a atribuir exageradamente força executiva a papéis e documentos de pouca credibilidade, que não passaram pelo crivo de um processo judicial. As reformas empreendidas a partir da Lei n. 11.382/2006 e pelo Código de 2015 remediaram em parte essa grave deficiência, não mais subordinando o exercício da defesa na execução à prévia garantia do juízo, seja na execução pecuniária, seja na execução para entrega de coisa, e permitindo a concessão cautelar do efeito suspensivo a essa defesa, não mais obrigatório, articulada por meio de

---

258 SALVATORE SATTA. *Manual de derecho procesal civil*, vol. II. Buenos Aires: EJEA, 1971, p. 19.

embargos do devedor ou impugnação, mediante certas condições (arts. 525, §§ 6º a 10, e 919).

Na verdade, a força executiva que deve resultar da natureza do título, e consequentemente repercutir no alcance da defesa do executado, sugere fossem os títulos classificados em quatro espécies: 1) títulos resultantes de um provimento condenatório alcançado em cognição exaustiva, que somente poderiam ser objeto de reexame na execução ou na defesa a esta incidente com fundamento em direito superveniente; 2) títulos resultantes de um provimento condenatório alcançado em cognição sumária ou incompleta, em que a defesa na execução poderia abranger outros fundamentos, além dos da categoria anterior, mais ou menos extensos na medida das limitações cognitivas do procedimento de que resultou a sentença; 3) confissões de dívida por instrumento público perante autoridade independente, revestidas, portanto, de garantias formais de terem sido voluntárias e conscientes e não resultantes de qualquer tipo de coação ou constrangimento; 4) outros títulos, administrativos, judiciais ou extrajudiciais, em que a eficácia executiva, passível de reexame na execução ou nos embargos incidentes, não resulta de cognição judicial nem de manifestação de vontade expressa, livre e consciente do devedor, mas do preenchimento de outros requisitos previstos em lei. Na minha opinião, estes últimos não deveriam ensejar execução, mas um procedimento cognitivo sumário, pela fragilidade da presunção de existência do crédito que deles resulta.

A origem judicial ou extrajudicial não é suficiente para definir o alcance do direito de defesa que é facultado ao devedor exercer no curso do procedimento executório, como de forma simplista se estabeleceu no Brasil a partir do Código de 1973 e, apesar desta crítica, o legislador brasileiro nas reformas subsequentes, inclusive a do Código de 2015, não tem tentado aperfeiçoar a disciplina dessa matéria, o que exige da doutrina e da jurisprudência, a todo momento às voltas com situações absolutamente iníquas, a irem em busca de soluções casuísticas e muitas vezes aparentemente esdrúxulas, como a exceção de pré-executividade, que podem até resolver pragmaticamente um caso concreto, mas que, à falta de uma regulação precisa, acabam por suscitar novas controvérsias.

O fundamental é, de um lado, que nos títulos judiciais, que não resultaram de cognição exaustiva, como os provimentos de jurisdição voluntária ou os atos de disposição homologados judicialmente, além dos restritos requisitos legais da impugnação ao cumprimento de sentença, o devedor encontre meios para arguir outras matérias de defesa que resultaram da insuficiência da cognição no procedimento de que resultou o título; e nos títulos extrajudiciais, que o processo de execução seja de fato o devido e prévio processo legal indispensável para a expropriação dos bens do devedor ou a invasão da sua esfera pessoal ou patrimonial[259].

Constitui um paradoxo reprovável que para instaurar uma execução o credor tenha de sujeitar-se à observância de tantos requisitos formais expressamente previstos em lei, enquanto para a concessão e o cumprimento de uma liminar de tutela de urgência, mui*tos* juízes se contentem com uma avaliação discricionária e superficial do *fumus boni juris* e do *periculum in mora*, unilateralmente apresentados pelo autor que, sem forma nem figura de juízo e sem qualquer possibilidade de resistência, invade a esfera de liberdade do destinatário, apreendendo os seus bens, bloqueando seus ativos financeiros, impedindo-o de exercer atividades lícitas etc., ao arrepio do devido processo legal, do contraditório, da ampla defesa e da segurança das relações jurídicas, constitucionalmente reconhecidos.

20. O demonstrativo do débito

Referindo-se aos títulos judiciais, o Código de 1973, na sua redação original, estabelecia a necessidade de liquidação prévia do débito, quando a sentença não determinasse o valor ou não individualizasse o objeto da condenação, instituindo três espécies de liquidação: por cálculo do contador, por arbitramento e por artigos (arts. 603-608). A primeira modalidade era criticada por boa parte da doutrina, porque era utilizada apenas quando a quantificação da condenação dependesse de simples cálculos aritméticos. LOPES DA COSTA a repudiava porque "não pode haver advogado que não saiba fazer uma conta de multiplicar ou de juros"[260].

O Regulamento n. 737/1850 não a previa. Sua origem se encontrava em alguns códigos estaduais, como os do Rio Grande do Sul, de Minas Gerais, do Distrito Federal e de São Paulo[261].

MENDONÇA LIMA a considerava um desperdício, pois os dados e os cálculos poderiam ser facilmente apresentados pelo credor, cabendo ao contador eventualmente dirimir divergências[262].

JOSÉ ALBERTO DOS REIS relata que o Código português de 1939 havia substituído a liquidação pelo contador pela liquidação pelo exequente, quando

---

259 LEONARDO GRECO. *O processo de execução*, vol. 2. Rio de Janeiro: Renovar, 2001, p. 125-131.
260 ALFREDO DE ARAUJO LOPES DA COSTA. *Direito processual civil brasileiro*, vol. IV. Rio de Janeiro: Konfino Editor, 1947, p. 38.
261 ALCIDES DE MENDONÇA LIMA. *Comentários ao Código de Processo Civil*, vol. VI. Rio de Janeiro: Forense, 1974, p. 588.
262 ALCIDES DE MENDONÇA LIMA. Ob. cit., p. 589.

a conta dependesse de simples cálculos aritméticos, assim como nos casos de determinação de valor de gêneros que tivessem preço ou cotação oficial[263].

Seguindo essa tendência simplificadora, a Lei n. 8.898/94 deu nova redação ao art. 604 do Código de 1973, dispondo: "quando a determinação do valor da condenação depender apenas de cálculo aritmético, o credor procederá à sua execução na forma do art. 652 e seguintes, instruindo o pedido com a memória discriminada e atualizada do cálculo".

Em apoio a essa reforma, CÂNDIDO DINAMARCO proclamava que "a liquidez de uma obrigação não se revela necessariamente na determinação do número de unidades de moeda com que ela se manifesta de modo explícito: são também líquidas as obrigações em que, para a descoberta do *quantum debeatur*, basta fazer contas"[264].

Não mais distinguindo entre os títulos judiciais e os extrajudiciais, a Lei n. 8.953/94 incluiu entre os requisitos de qualquer execução a apresentação pelo credor do "demonstrativo do débito atualizado até a data da propositura da ação, quando se tratar de execução por quantia certa", tanto nas execuções por título judicial quanto por título extrajudicial. Esse regramento foi mantido nas reformas posteriores do Código de 1973 e também do Código de 2015 que exige o demonstrativo do débito tanto no cumprimento de sentença que impõe prestação pecuniária (art. 524), quanto no processo de execução por quantia certa de título extrajudicial (art. 797, inc. I, *b*).

Para desencadeamento dos atos coativos na execução pecuniária, o título precisa ser líquido, ou seja, expressar o valor monetário do débito. Normalmente o título extrajudicial é líquido, possui um valor monetário preciso. No entanto, a execução vai incluir juros, correção monetária, eventualmente multa contratual e outros acréscimos que precisam ser quantificados. No título judicial, não é diferente. Mesmo que a condenação tenha expressão monetária certa, a execução vai incluir ainda o reembolso de despesas processuais e os honorários da sucumbência, que precisam adquirir expressão monetária, para que somados ao principal, aos juros, à correção monetária, componham o valor total do crédito exequendo.

Se o credor pretender executar simplesmente o valor nominal do título, sem qualquer acréscimo, é dispensável a apresentação do demonstrativo do débito. Caso contrário, todas as parcelas que compõem o montante total do crédito exequendo devem estar analítica e discriminadamente justificadas por

---

263 JOSÉ ALBERTO DOS REIS. *Processo de execução*, vol. 1. 3ª ed. Coimbra: Coimbra, 1985, p. 483-485.
264 CÂNDIDO RANGEL DINAMARCO. *A reforma do Código de Processo Civil*. São Paulo: Malheiros, 1995, p. 265.

meio de cálculos aritméticos e de informações precisas sobre a sua natureza e sobre os critérios adotados na elaboração desses cálculos, expostos de modo facilmente compreensível, para possibilitar ao juiz e ao executado a verificação da correspondência entre os valores exigidos e o que consta do título ou o que decorre da lei. Isso é que é o demonstrativo do débito, que normalmente é apresentado em anexo à petição ou requerimento inicial, mas que também pode dele fazer parte integrante.

Como observa ARAKEN DE ASSIS, para satisfazer o disposto no parágrafo único do art. 798, assim como nos arts. 524, incisos II a VI, e 534, incisos II a VI, o exequente deve indicar no demonstrativo "o principal, os juros – taxa e fórmula de cálculo – , a correção monetária – índice e base de cálculo –, os respectivos termos inicial e final, a cláusula penal, e os descontos obrigatórios porventura incidentes sobre o crédito"[265].

Embora não mais exista a liquidação por cálculo, não há impedimento a que esse demonstrativo seja elaborado pelo contador judicial, embora sem a homologação do juiz. Aliás, se as operações aritméticas forem complexas ou o exequente for pobre, sem condições de promover por sua conta a elaboração dos cálculos, a lei expressamente prevê que o demonstrativo seja feito pelo contador judicial (arts. 98, § 1º, inc. VII, e 524, § 2º).

A apresentação do demonstrativo é ônus do exequente, mas pode ocorrer que a sua elaboração dependa de dados em poder de terceiro ou do executado, situação resolvida pelo disposto no art. 524, § 4º, que faculta ao juiz requisitá-los dos seus detentores. Fornecidos estes, caberá ao exequente a elaboração do demonstrativo.

Se o executado não fornecer os dados necessários, o exequente elaborará o demonstrativo com base nos dados de que dispõe, se for possível. Se o terceiro não fornecer os dados, o juiz observará o disposto nos arts. 402 a 404.

Não obtidos os dados supostamente em poder do executado ou de terceiro e não havendo possibilidade de elaboração do demonstrativo com base nos dados em poder do exequente, a este caberá instaurar o procedimento de liquidação de sentença para, sob contraditório, dar liquidez à condenação, se se tratar de título judicial. Em caso de título extrajudicial, não existindo dados disponíveis para quantificar o valor do crédito, este também carecerá de certeza, não podendo ensejar execução. Deverá o credor instaurar regular processo de conhecimento.

A norma em comento recomenda que o demonstrativo esteja atualizado até a data da propositura da ação. É uma mera recomendação do legislador,

---

265 ARAKEN DE ASSIS. *Manual da execução*. 19ª ed. São Paulo: Revista dos Tribunais, 2017, p. 457.

que facilitará o desenvolvimento do procedimento executório, mas a sua inobservância não constitui nulidade, pois o demonstrativo em nada afeta o conteúdo do título executivo ou a extensão do pedido, dos quais constitui simples expressão monetária. Essa atualização evita que outra atualização tenha de ser determinada pelo juiz para receber o depósito do débito pelo executado ou para dar-lhe quitação, assim como para servir de base de cálculo dos honorários de advogado e, no cumprimento de sentença, também da multa de dez por cento, a que se referem os arts. 827 e 523, § 1º.

21. A prova da condição, do termo ou da contraprestação

Nas obrigações com termo certo de vencimento, sobrevindo a data prevista a obrigação é exigível, independentemente de qualquer outra prova (CC, art. 397). Se a obrigação não tiver termo certo de vencimento, caberá ao credor comprová-lo no ajuizamento da inicial (art. 798, inc. I, c), através de documento, de notificação prévia, de protesto ou de outra prova pré-constituída, como a produção antecipada (art. 381).

É o que sucede, exemplificativamente, no mútuo com garantia hipotecária do Sistema Financeiro da Habitação (Lei n. 5.741/71, art. 2º, inc. IV), cuja execução depende de prévia interpelação, e nas obrigações negativas, em que o credor deve demonstrar a sua violação (CC, art. 390).

A Súmula 410 do Superior Tribunal de Justiça também exige prévia intimação pessoal para a cobrança de multa pelo descumprimento de obrigação de fazer ou não fazer.

Também, pelos mesmos meios, deve o exequente provar o implemento da condição suspensiva (CPC, arts. 514 e 798, inc. I, c). Por óbvio, os dispositivos não se referem à condição resolutiva, porque o seu advento não torna exigível a obrigação, mas a extingue.

Nos contratos bilaterais, caberá ao exequente, da mesma maneira, provar o cumprimento da contraprestação (arts. 787 e 798, inc. I, d). O preceito se aplica aos contratos sinalagmáticos, em todas as hipóteses em que a prestação do exequente deva ser cumprida antes ou simultaneamente com a prestação do executado. O cumprimento da contraprestação poderá igualmente ser comprovado através de depósito incidente à própria execução.

ARAKEN DE ASSIS analisa com percuciência essa questão[266], advertindo inicialmente que nos contratos bilaterais nem todas as prestações se situam em relação de reciprocidade. Não havendo essa interdependência, não se aplica a exigência do dispositivo ora comentado, mesmo porque não cabe à lei proces-

---
266 ARAKEN DE ASSIS. Ob. cit., p. 292-294.

sual interferir na estrutura do negócio jurídico. Por outro lado, se o contrato exige simultaneidade nas prestações recíprocas, nenhuma das partes poderá ser obrigada a cumprir a sua prestação enquanto não receber a que incumbe ao adversário. A meu ver, a única solução, acenada pelo dispositivo quando se refere ao adimplemento da contraprestação ou a assegurar o seu cumprimento pelo exequente, é que o exequente deposite em juízo a contraprestação, que ficará à disposição do executado a partir do momento em que tiver cumprido a sua prestação ou a tiver depositado e posto à disposição do exequente.

22. A escolha do meio executório

Ao exigir que na propositura da execução o exequente indique a espécie de execução de sua preferência, quando por mais de um modo puder ser realizada (art. 798, inc. II, a), o legislador está se referindo ao que a doutrina tem denominado de meio executório, como pedido imediato da ação de execução.

O meio executório é o tipo de atividade prática que o exequente requer que o juiz determine para atingir a satisfação da prestação devida pelo executado; assim, por exemplo, a penhora e a expropriação dos bens do executado na execução por quantia certa, caso o executado não pague o débito no prazo devido; na execução de alimentos, a ameaça de prisão ou o desconto em folha. A mesma prestação pode ser satisfeita por mais de um meio, como se observa claramente, por exemplo, nas obrigações de fazer e não fazer.

AMILCAR DE CASTRO entende que o dispositivo se refere aos casos em que, sendo a obrigação alternativa, a escolha compete ao credor, como previsto no art. 800, § 2º[267]. PONTES DE MIRANDA repele esse entendimento. As espécies de execução seriam os diversos tipos de procedimento executório a que correspondem prestações de natureza diversa, para entrega de coisa, certa ou incerta, fazer, não fazer, quantia certa ou prestação alimentícia. A escolha do exequente se passaria no plano estritamente processual, diferenciando-se da escolha de direito material nas obrigações alternativas e na cumulação de execuções (arts. 780 e 800)[268]. Esse também é o sentir de TEORI ZAVASCKI[269], para quem as "espécies de execução" a que se refere o legislador não são os meios executivos, mas os diversos procedimentos executórios.

---

267 AMILCAR DE CASTRO. *Comentários ao Código de Processo Civil*. Arts. 566 a 747, vol. VIII. São Paulo: Revista dos Tribunais, 1974, p. 142.
268 PONTES DE MIRANDA. *Comentários ao Código de Processo Civil*. Arts. 612 a 735, tomo X. 2ª ed. Rio de Janeiro: Forense, 2002, p. 18.
269 TEORI ALBINO ZAVASCKI. *Comentários ao Código de Processo Civil*: do processo de execução. Artigos 566 a 645, vol. 8. 2ª ed. São Paulo: Revista dos Tribunais, 2003, p. 354.

Parece-me que o que a lei exige do exequente é mais do que simplesmente a escolha do procedimento, mas a especificação das medidas concretas que concretizarão a satisfação de determinada pretensão executória, pois recomenda a escolha se por mais de um modo a mesma execução puder ser realizada. Muitas vezes, como na execução comum por quantia certa, a escolha do procedimento já indica os meios executórios normais que serão implementados. Outras vezes é a escolha do meio executório que vai determinar o tipo de procedimento, como ocorre com a execução de alimentos por ameaça de prisão ou pelo procedimento comum da execução por quantia certa. Ainda outras vezes, dentro do mesmo procedimento, o exequente poderá propor mais de um meio executório, como facultam, por exemplo, os arts. 536, § 1º, e 139, inciso IV.

Pode haver cumulação de meios executórios desde que compatíveis. É o que ocorre frequentemente na execução de prestações de fazer e não fazer, conforme previsto no art. 536, § 1º, embora no regime do Código de 2015 essa cumulação possa se dar em qualquer procedimento executório (art. 139, inc. IV).

Nos elementos individualizadores da ação de execução, o meio executório corresponde ao pedido imediato. Como já tivemos oportunidade de comentar[270], o meio executório normalmente não identifica a ação de execução, pois, apesar de absorver a maior parte dos atos do procedimento executivo e sobre ele se debruçar mais intensamente o juiz, o seu conteúdo é fungível, pode variar, porque o juiz deverá determinar de ofício que a execução adote o meio menos oneroso para o devedor (CPC, art. 805).

O exequente deve indicá-lo na petição ou requerimento inicial e em princípio o juiz deve respeitar a escolha do credor. Entretanto, normalmente o juiz pode desprezar a escolha do exequente em respeito ao referido art. 805, que institui uma verdadeira fungibilidade do meio executório. Há casos, entretanto, em que a escolha do exequente deve como regra ser respeitada, salvo se for manifestamente mais onerosa para o executado. É o que ocorre, por exemplo, na execução de alimentos, em que a lei permite a opção do exequente entre a execução indireta sob ameaça de prisão ou a execução por quantia certa comum (arts. 528, § 8º, e 771), bem como na penhora *on line* (art. 854) e na constituição de capital na execução de alimentos indenizatórios (art. 533). FREDIE DIDIER JR. *et alii*, mais radicais, concluem que "não pode o órgão julgador, *ex-officio*, determinar, como medida atípica, providência para a qual a

---

270 V. item 7.1 dos comentários ao Título II – Das Diversas Espécies de Execução e item 9.1 dos comentários ao Capítulo I – Disposições Gerais.

lei, tipicamente, exige provocação da parte"[271], sem fazerem a ressalva de que, mesmo prevista a iniciativa da parte para determinada medida, possa ela ser adotada pelo juiz de ofício, se menos onerosa para o executado ou, inversamente, se requerida pelo exequente, possa ser indeferida pelo juiz se manifestamente menos onerosa. Parece-me que, sem prejuízo do respeito à iniciativa do exequente nesses casos, nem o juiz pode submeter o executado a coação mais gravosa do que a estritamente necessária para a satisfação do exequente, nem o juiz pode ser impedido de adotar qualquer medida menos onerosa para o executado, desde que suficiente para satisfazer o exequente. O princípio da menor onerosidade é um limite humanitário à execução forçada[272].

Na ação executiva o pedido imediato, a providência jurisdicional, é a série de atos coativos pleiteada pelo autor para obter a satisfação do crédito constante do título. É o que também se chama de *meio executório,* através do qual o juiz exerce a jurisdição satisfativa. E o pedido mediato é a prestação constante do título: o bem, o dinheiro, o serviço, a obra, a abstenção do ato, a declaração de vontade que o título autoriza o exequente a exigir do executado.

Apesar do poder preponderante que tem o juiz por força do art. 805, a sua escolha do meio executório pode não interessar ao exequente, facultando-lhe a lei a desistência unilateral de qualquer medida executiva (art. 775), se não lhe convier e para resguardar-se de eventual responsabilidade por danos que o devedor venha a sofrer, caso a dívida venha a ser declarada inexistente (art. 776).

Esse poder do juiz se justifica pela invasão à esfera de liberdade do devedor que a execução impõe e que deve ser rigorosamente adequada à satisfação da pretensão do exequente com o mínimo sacrifício da liberdade do executado.

Além da iniciativa originária de instauração da execução, a lei prevê em diversos casos a necessidade de requerimento do credor para a prática de determinados atos executórios. É o que ocorre com a prisão civil do devedor de alimentos (art. 528), a inclusão do nome do executado em cadastro de inadimplentes (art. 782, § 3º), a penhora *on line* (art. 854), a constituição de capital na indenização por ato ilícito que inclua prestação de alimentos (art. 533), a

---

[271] FREDIE DIDIER JR. LEONARDO CARNEIRO DA CUNHA. PAULA SARNO BRAGA. RAFAEL ALEXANDRIA DE OLIVEIRA. *Curso de direito processual civil*: execução. 9ª ed. Salvador: Juspodivm, 2019, p. 126-127.

[272] V. item 6 sobre as espécies de atos processuais executivos nos comentários ao Título II – Das Diversas Espécies de Execução. V. também o item 9.1.1 sobre os limites da pretensão executória nos comentários ao Capítulo I – Disposições Gerais.

efetivação do protesto, exceto em execução alimentícia (arts. 517 e 528, § 3º), já citados, bem como a expropriação por adjudicação ou por alienação judicial (arts. 876 e 879). Também as averbações, como atos de garantia do exequente e de terceiros, dependem de iniciativa deste em todas as hipóteses dos arts. 791, 792, incisos I, II e III, 799, incisos IX e X, 828, 844 e 868. Excetua-se a hipótese de averbação da penhora de direito do executado que está sendo pleiteado em juízo, porque neste caso a averbação é que efetiva a própria penhora perante juízo diverso daquele em que se processa a execução (CPC, art. 860).

Araken de Assis aponta com precisão a peculiaridade das execuções de fazer e não fazer, que apresentam especial indeterminabilidade do meio executório, exigindo que o exequente indique concretamente o "onde" e o "como" do cumprimento satisfatório da obrigação[273]. A execução de uma obra pode implementar-se por estes ou por aqueles meios. Não poluir pode exigir a colocação de um filtro na chaminé da fábrica ou obrigá-la a usar como insumo combustível diferente. O autor deve indicar ao juiz esses caminhos, optando por um ou mais de um, sem prejuízo da discrição do juiz de preferir este, aquele ou algum outro.

A autonomia do juiz na escolha do meio executório não cria uma absoluta atipicidade do meio executório. Se a medida executória está regulada em lei, é imperiosa a observância dos requisitos exigidos pela lei para a sua implementação, que são garantias em favor da segurança e do respeito a direitos fundamentais do devedor. Assim, por exemplo, na execução de prestação de fazer ou não fazer a busca e apreensão de pessoas ou coisas somente pode ser praticada por dois oficiais de justiça (art. 536, § 2º) e na penhora portas a dentro, se o executado fechar as portas do imóvel para dificultar ou impedir a prática do ato, o arrombamento somente pode ser praticado por dois oficiais (art. 846)[274].

A iniciativa processual do devedor, quanto às questões de direito material que extinguem, modificam ou impedem os efeitos substanciais do direito material do credor, é exercida normalmente na execução através dos embargos do devedor ou da impugnação ao cumprimento de sentença.

Embora nada impeça que o juiz opte por um determinado meio executório a requerimento do executado, ponderadas a adequação e a menor onerosidade, há casos em que a escolha pelo executado é um direito subjetivo que a lei lhe confere, como, por exemplo, no requerimento de pagamento parcelado, de que trata o art. 916.

---

273 Araken Assis. *Comentários ao Código de Processo Civil*. Artigos 797 ao 823, vol. XIII. São Paulo: Revista dos Tribunais, 2016, p. 66-67.
274 No mesmo sentido, Fredie Didier Jr. *et alii*. Ob. cit., p. 127.

23. A identificação das partes

O artigo ora comentado prescreve que o exequente no seu petitório inicial deverá indicar "os nomes completos do exequente e do executado e seus números de inscrição no Cadastro de Pessoas Físicas ou no Cadastro Nacional da Pessoa Jurídica".

Também deverão ser observados os demais requisitos de identificação constantes do art. 319, a saber, o estado civil ou a união estável se pessoa física, a profissão, o endereço eletrônico, o domicílio e a residência do exequente e do executado.

Esses elementos são meramente exemplificativos porque a sua falta não impede a propositura da execução, desde que por outros elementos as partes estejam suficientemente identificadas para não se confundirem com quaisquer outras pessoas[275].

O autor da execução fixa os seus elementos subjetivos e objetivos: quais são as partes, qual é o pedido (imediato e mediato) e qual é a causa de pedir (remota e próxima). Em geral, esses elementos se encontram documentados no título executivo. Se se tratar de cumprimento de sentença, em princípio o exequente e o executado são o autor e o réu na fase de conhecimento antecedente.

Autor-exequente é aquele que formula o pedido de satisfação de um crédito e réu-executado é aquele contra o qual ou em relação ao qual foi o pedido formulado e que deverá sujeitar-se e ao seu patrimônio à atividade coativa e interventiva por parte do órgão jurisdicional. Normalmente, autor-exequente é o credor, titular ou portador de um título executivo (CPC, art. 778), e réu-executado é o devedor, igualmente identificado no título (CPC, art. 779, inc. I).

24. Legitimidade ativa

São legitimados ativos ordinários o credor constante do título, o espólio, os herdeiros ou sucessores do credor, o cessionário do credor por ato entre vivos e o sub-rogado legal ou convencional (art. 778, *caput* e § 1º, incs. II, III e IV). Essa sucessão independe do consentimento do executado (art. 778, § 2º), não se aplicando o disposto no art. 109, § 1º, mas deve constar do título ou de documentação idônea que o acompanhe.

Embora não constem do título, são legitimados ativos ordinários, como sujeitos dos interesses materiais em conflito a quem a lei confere título execu-

---

275 LEONARDO GRECO. *Instituições de processo civil*, vol. II. 3ª ed. Rio de Janeiro: Forense, 2015, p. 4-5.

tivo: o ofendido na execução civil da sentença penal condenatória (CPP, art. 63); o lesado na execução de sentença genérica indenizatória referente a direitos individuais homogêneos (CDC, art. 97); o advogado que executa em seu próprio benefício os honorários da sucumbência (Lei n. 8.906/94, art.23; CPC, art. 85, § 14).

Como sub-rogados, têm legitimidade ativa ordinária o fiador convencional ou judicial que satisfez a obrigação (CC, arts. 346 a 351) e o avalista, nas mesmas condições.

São legitimados ativos extraordinários, porque, como substitutos processuais, agem em nome próprio na defesa de interesse alheio: o Ministério Público, quando executa a sentença penal condenatória em favor da vítima pobre (CPP, art. 68), na ação civil pública (Lei n. 7.347/85, art. 15; CDC, arts. 82, inc. I, e 100), na ação popular (Lei n. 4.717/65, art.16); o marido na defesa do dote da mulher (CC/1916, art. 289, inc. III, c.c. o art. 2.039 do CC); o fiador que promove o andamento da execução já iniciada pelo credor contra o devedor (CC, art. 834); qualquer cidadão que tenha ou não proposto a ação popular (Lei n. 4.717/65, art. 9º); qualquer legitimado à ação civil pública para promover a execução da respectiva indenização (CDC, art. 100); o agente fiduciário em caso de inadimplemento de obrigação pela companhia emissora das debêntures (Lei das Sociedades Anônimas, art. 68, § 3º).

25. Legitimidade passiva

A legitimidade passiva é sempre ordinária, porque ninguém pode ser sujeito passivo da execução se não for devedor, sucessor do devedor ou alguém que pela lei ou por ato voluntário deva responder pela satisfação da obrigação constante do título.

O sujeito passivo da execução é sempre sujeito passivo da obrigação ou titular de uma outra relação jurídica substancial que o sujeita a responder à execução ou a ter os seus bens alcançados pelos atos executórios: o devedor constante do título; o espólio, os herdeiros ou sucessores por morte do devedor, nos limites da herança que lhes foi transmitida (CC, arts. 1.792 e 1.821; CPC, art. 796); o novo devedor que sucedeu o primitivo com o consentimento do credor[276]; o fiador judicial ou convencional; e o responsável tributário, nos termos da lei fiscal[277] (CPC/73, art. 568; CPC, art. 779). São também legiti-

---

276 Não há cessão de débito sem a concordância do credor. Exceção a essa regra é o disposto no art. 233, parágrafo único, da Lei das Sociedades Anônimas, em relação aos débitos de sociedades cindidas.
277 V. arts. 121 a 135 do Código Tributário Nacional e 4 da Lei das Execuções Fiscais. Responsável tributário primário é o contribuinte. Se ao novo responsável não forem

mados passivos ordinários a seguradora prestadora de seguro garantia judicial (CPC/73, art. 656, § 2º; CPC, arts. 835, § 2º, e 848, parágrafo único); e o novo devedor que passa a responder pela dívida em razão da desconsideração da personalidade jurídica (CC, art. 50; CDC, art. 28; CPC, arts. 133-137).

As únicas hipóteses de autêntica legitimação extraordinária passiva na execução são a do curador especial (CPC, art. 72)[278]; e a do cônjuge do devedor necessariamente citado em execução fundada em direito real sobre imóvel, que o Código de 2015 dispensou no regime da separação absoluta de bens (CPC/73, art. 10, § 1º, inc. I; CPC/2015, art. 73, § 1º, inc. I), o que examinaremos adiante.

25.1. Legitimidade passiva derivada

Nos casos em que a execução pode recair sobre bens de algum sujeito que não seja o devedor principal da obrigação, CARNELUTTI se refere a *substituição processual substancial*[279], e LIEBMAN a *responsabilidade executória secundária*[280].

As diversas situações em que isso pode ocorrer merecem um estudo à parte, porque o direito brasileiro nem sempre considera essas pessoas como sujeitos passivos da execução, o que gera incerteza sobre os seus direitos, deveres e ônus processuais, embora a lei determine que os seus bens sejam atingidos pelos atos executórios. É o que acontece, entre outros, com os fiadores, com o cônjuge e com o adquirente de bem alienado em fraude de execução.

Parece-me certo que, em face do moderno alcance da garantia constitucional do contraditório, como expressão do princípio político da *participação democrática*, nenhum sujeito de direito pode ter atingida a sua esfera patrimonial por qualquer ato executório, sem que a lei lhe assegure a oportunidade de influir eficazmente na elaboração da decisão que o determinou ou no reexame imediatamente subsequente dessa decisão, bem como em todos os sucessivos atos da execução em que isso ocorreu.

Vê-se, pelos exemplos mencionados, que, em nosso direito positivo, há sujeitos, titulares de responsabilidade executória secundária, que serão citados inicialmente e, a seguir, intimados de todos os atos da execução; há outros

---

efetivamente assegurados o contraditório e a ampla defesa no processo administrativo fiscal, parece-me faltar certeza à certidão da dívida ativa para autorizar a instauração ou o redirecionamento da execução fiscal contra ele.
278 Parece impróprio falar-se em *revelia* na execução, embora tão ampla seja a legitimidade do curador especial que a jurisprudência tem admitido que ele oponha embargos à execução (v. Súmula 196 do STJ).
279 FRANCESCO CARNELUTTI. *Processo di esecuzione*, vol. 1. Padova: CEDAM, 1932, p. 86.
280 ENRICO TULLIO LIEBMAN. *Processo de execução*. 4ª ed. São Paulo: Saraiva, 1980, p. 95.

intimados apenas de certos atos; e, ainda outros, que não serão citados nem intimados de qualquer ato, cabendo-lhes a iniciativa de propositura de ação incidente para atacar o ato de apreensão do bem, sem que lhes seja facultado expressamente o direito de participar de todos os atos da execução e de exercer plenamente a defesa do seu interesse específico.

Ora, ao desviar o exequente a sua pretensão coativa dos bens do devedor originário para os de um responsável solidário ou subsidiário, ou ao agregar esse novo destinatário à sua pretensão executória, está ele propondo outra ação em face deste novo sujeito, verdadeira cumulação inicial ou ulterior de ações no mesmo processo para, através do patrimônio deste, obter o cumprimento da prestação constante do título.

E este novo destinatário da ação executiva não pode sofrer inerme à agressão do seu patrimônio, pois a ele também a Constituição assegura a participação, através do contraditório e da ampla defesa, na formação das decisões do juiz que afetem a sua esfera de interesses, e a ele, em consequência, a lei deve assegurar o direito de influir na atividade executória para sofrer o menor prejuízo possível em decorrência da intervenção judicial no seu patrimônio e para assegurar-se de que as atividades coativas respeitarão os limites da lei e os seus direitos fundamentais.

25.1.1. O fiador

Como sujeito passivo da execução, o Código de 2015 (art. 779, inc. IV) somente se refere ao fiador extrajudicial, enquanto o Código de 1973 (art. 568, inc. IV) somente se referia ao fiador judicial. Entretanto, em outros dispositivos do Código de 2015 o legislador deixa claro que o fiador, judicial ou extrajudicial, pode ficar sujeito a atos executórios, como, por exemplo, os arts. 794, 895, § 1º, e 897.

Em verdade, o fiador, seja convencional, seja judicial, não é, no plano do direito material, devedor principal, mas responsável pelo pagamento de débito de outrem, caso este não o faça. Sua responsabilidade, solidária ou subsidiária, é sempre derivada.

O fiador convencional pode ter sido réu condenado no processo de conhecimento, se o título é judicial, ou consta como responsável no título extrajudicial. Aliás, o art. 513, § 5º, do Código de 2015 expressamente estabelece que o cumprimento de sentença não poderá ser promovido em face de fiador, coobrigado ou corresponsável que não tenha participado da fase de conhecimento.

O fiador judicial não consta do título, judicial ou extrajudicial, mas assumiu a responsabilidade pela dívida, através de ato de outro ou do mesmo processo (CPC/2015, arts. 835, § 2º, 848, parágrafo único, e 895, § 1º). Muitas vezes, como em alguns desses dispositivos, a lei processual não se refere expressamente a fiança, mas a caução, da qual aquela é uma das modalidades[281]. Se a fiança judicial foi prestada ao afiançado em substituição à penhora em processo de execução ou em cumprimento de sentença, desde esse momento, ciente da execução e atingido por um dos seus mais importantes atos coativos, o fiador tem interesse jurídico em todos os atos da execução. Enquanto a incidência dos demais atos executórios não atingir o seu patrimônio, poderá permanecer inerte, embora não possa lhe ser negado o direito de atuar, se quiser, como assistente do afiançado no exercício de todos os meios de defesa em face do exequente. Mas a partir do momento em que tiver de responder como fiador, com o redirecionamento da execução para a incidência dos atos executórios sobre os seus bens, assume no mesmo processo a posição de sujeito passivo principal, ao lado do próprio executado, obrigatoriamente intimado de todos os atos processuais e no pleno exercício de todo os direitos e prerrogativas inerentes a essa qualidade.

Já se a fiança judicial tiver sido prestada em outro procedimento não executório, como uma medida de urgência antecedente ou incidente a um processo de conhecimento (CPC, art. 300, § 1º), a promoção da responsabilidade patrimonial do fiador judicial deverá ser objeto de execução dirigida desde o início contra ele, através do procedimento do cumprimento de sentença, eventualmente antecedido de liquidação, se necessária (art. 302, parágrafo único).

Ao fiador, convencional ou judicial, assegura a lei o benefício de excussão ou de ordem, que lhe faculta, se demandado diretamente pelo credor, indicar à penhora bens livres e desembaraçados do devedor. (art. 794). Nesse caso, a execução ter-se-á iniciado contra o fiador e, a partir da nomeação de bens, passará a fluir também contra o devedor principal, em litisconsórcio passivo resultante de cumulação ulterior de ações, independentemente da concordância do exequente ou do próprio devedor.

O Código de 2015, no artigo mencionado, restringiu esse direito do fiador à hipótese de existência de bens suficientes do devedor principal situados na comarca em que se processa a execução, o que significa que se o afiançado não tiver bens nessa localidade, a penhora incidirá desde logo sobre os bens do fiador. Acrescenta o dispositivo que os bens do fiador também serão atingidos se os do afiançado na mesma comarca forem insuficientes, o que não

---

281 CARLOS ALBERTO ALVARO DE OLIVEIRA. GALENO LACERDA. *Comentários ao Código de Processo Civil*, vol. VIII, tomo II (arts. 813 a 889). Rio de Janeiro: Forense, 1988, p. 204-207.

significa que estes últimos sejam liberados, mas que, além deles, também serão penhorados bens do fiador que complementem a garantia da execução.

Essas regras sobre a fiança também se aplicam a quaisquer outros sujeitos prestadores de garantias, como o avalista, o segurador (art. 848, parágrafo único), o prestador de hipoteca etc.

25.1.2. O sucessor a título singular

O sucessor a título singular, cujos bens ficam sujeitos à execução (art. 790, inc. I) é qualquer sujeito alheio à relação jurídica de direito material quer tiver sido beneficiado pela transferência de bem do devedor, por ato *inter vivos* ou *causa mortis*, como a venda, a doação, o legado, a permuta, a dação em pagamento ou a arrematação[282]. O bem não deveria ter saído do patrimônio do devedor. Exceto na assunção de dívida (CC, arts. 299 a 303), em todos os demais casos, a legitimidade passiva do sucessor para a execução não depende da anuência do credor, não se aplicando, portanto, o disposto no art. 109, § 1º, do Código de 2015.

Tratando-se de sucessor com direito real sobre o bem ou de execução reipersecutória, se a alienação ocorreu depois da citação inicial do anterior titular do bem na ação de que decorreu a condenação ou no processo de execução autônomo, ou ainda após a averbação da propositura da execução (arts. 799, inc. IX, e 828), a penhora pode recair sobre o bem já em poder do sucessor que, intimado da penhora, tornar-se-á desde então sujeito passivo superveniente da execução, mas esse ato somente pode ser praticado após a sua intimação pessoal, nos termos do parágrafo único do art. 675 e do § 4º do art. 792.

Se a alienação foi anterior à citação inicial na ação de conhecimento que reivindica a entrega do bem, na execução de título extrajudicial ou à averbação da pendência desta execução (art. 799, inc. IX, e 828), deverá o credor promover ação anulatória por fraude contra credores, dirigindo a ação, no polo passivo, contra o devedor e contra o adquirente.

Exageram, a meu ver, os que admitem a penhora do bem adquirido por terceiro, na execução movida exclusivamente contra o devedor, sem fraude de execução e sem qualquer título contra aquele, simplesmente pelo direito de sequela que caracteriza o direito real[283], pois somente existe essa possibilidade nos chamados direitos reais de garantia (CC, art. 1.422) – hipoteca e

---

[282] José de Moura Rocha. *Sistemática do novo processo de execução*. São Paulo: Revista dos Tribunais, 1978, p. 165.

[283] Alcides de Mendonça Lima. *Comentários ao Código de Processo Civil*, vol.VI. 4ª ed. Rio de Janeiro: Forense, 1985, p. 446.

penhor –, em que a constituição pelo devedor de qualquer outro direito real sobre o bem deverá sempre respeitar o direito do credor a fazer incidir os atos executórios sobre o referido bem.

De qualquer modo, as garantias constitucionais do devido processo legal, do contraditório e da plenitude de defesa exigem que a esse sucessor sejam assegurados na execução, como sujeito passivo superveniente, os mesmos direitos, deveres e ônus do devedor originário. O Código de 2015 prenuncia essa exigência ao determinar, nos arts. 675, parágrafo único, e 792, § 4º, que o juiz intime pessoalmente o terceiro que possa ter interesse em oferecer embargos, o que me parece deva ocorrer antes mesmo de qualquer ato de constrição que atinja a sua esfera jurídica, salvo se esta for imperiosa em razão da urgência.

25.1.3. O sócio

Nas sociedades em que, por natureza, os sócios são solidariamente responsáveis pelas obrigações sociais (sociedades em comandita simples, em nome coletivo, de capital e indústria), respondem os bens dos sócios na execução movida contra a sociedade, desde que insuficientes os bens sociais[284]. Sua responsabilidade deverá ser demandada em caráter subsidiário[285]. Se o credor dirigir a execução contra o sócio, cabe-lhe indicar à penhora prioritariamente os bens da sociedade (art. 795), tal como o fiador em relação aos bens do afiançado. A partir deste momento, sócio e sociedade serão litisconsortes passivos da execução. Se movida a execução contra a sociedade e os bens desta se esgotarem, pode o credor, em cumulação ulterior de ações, requerer a penhora dos bens do sócio, assumindo este a posição de litisconsorte passivo.

Também estender-se-á a responsabilidade executória aos sócios nas demais sociedades, desde que venham a praticar irregularidades na gestão da sociedade, em detrimento dos seus credores ou for hipótese de desconsideração da

---

[284] AMÍLCAR DE CASTRO. *Comentários ao Código de Processo Civil*, vol. VIII. São Paulo: Revista dos Tribunais, 1974, p. 71.

[285] MARCELO ABELHA RODRIGUES. *Manual de execução civil*. 7ª ed. Rio de Janeiro: Forense, 2019, p.133. FREDIE DIDIER JR., LEONARDO CARNEIRO DA CUNHA, PAULA SARNO BRAGA e RAFAEL ALEXANDRIA DE OLIVEIRA apontam outros casos de responsabilidade subsidiária dos sócios: na sociedade cooperativa (Código Civil, art. 1.095, §§ 1º e 2º), na sociedade simples, se essa responsabilidade estiver prevista no ato constitutivo (Código Civil, arts. 997, inc. VIII, e 1.023), na sociedade em nome coletivo (Código Civil, art. 1.039), na sociedade limitada se não integralizado o capital até o limite dessa integralização (Código Civil, art. 1.052) e na sociedade de advogados (Lei n. 8.906/94, art. 17). V. FREDIE DIDIER JR. LEONARDO CARNEIRO DA CUNHA. PAULA SARNO BRAGA. RAFAEL ALEXANDRIA DE OLIVEIRA. *Curso de direito processual civil*: execução. 9ª ed. Salvador: Juspodivm, 2019, p. 364-370.

personalidade jurídica (v. CDC, art. 28; CC, art. 50). Na desconsideração da personalidade jurídica não é exigível sentença em ação própria, mas decisão no incidente correspondente instaurado nos termos dos arts. 133 a 137 do Código de Processo Civil, caracterizando-se a fraude de execução a partir da citação da parte a que vier a ser estendida a responsabilidade executória (art. 792, § 3º)[286]. Nos casos previstos na legislação societária (Lei das Sociedades Anônimas, art. 158), essa responsabilidade deverá ser previamente reconhecida por sentença em ação própria, que será então executada contra o sócio[287], salvo se já decretada a falência ou insolvência da sociedade, em que em determinados casos os bens do sócio serão arrecadados pela respectiva massa (v. arts. 81 e 82 da Lei de Falências).

Na execução e no cumprimento de sentença dirigidos contra o sócio por dívidas da sociedade deve lhe ser assegurado o mais amplo direito de defesa, inclusive para discutir o direito material do credor constante do título, que é para ele *res inter alios*.

25.1.4. O cônjuge

São múltiplas as posições que o cônjuge do devedor assume na execução, embora o ordenamento positivo não regule com precisão cada uma dessas situações.

No regime do Código de 1973 (art. 10, § 1º, inc. I), em execução fundada em direito real sobre imóvel, qualquer que fosse o regime de bens, seria o cônjuge necessariamente citado da propositura da ação. Essa exigência se aplicava também ao cônjuge do exequente. Se a execução se processasse sob o rito do cumprimento de sentença, o cônjuge seria intimado da sua instauração e de todos os seus atos nos mesmos casos em que o seria o executado. O Código de 2015 repete a exigência (art. 73, § 1º, inc. I), dispensando-a, entretanto, se casados os cônjuges sob o regime da separação absoluta de bens. Essa citação ou intimação também é exigida se a ação resultar de fato que diga respeito a ambos os cônjuges, de ato por eles praticado ou se a dívida tiver sido contraída em benefício da família (art. 73, § 1º, incs. II e III).

---

[286] No mesmo sentido, ALEXANDRE FREITAS CÂMARA. Comentário ao artigo 137. In: TERESA ARRUDA ALVIM WAMBIER. FREDIE DIDIER JR. EDUARDO TALAMINI. BRUNO DANTAS (coords.). *Breves comentários ao Novo Código de Processo Civil*. 2ª ed. São Paulo: Revista dos Tribunais, 2016, p. 485. Em contrário, entendendo que é a citação do devedor originário, v. FLÁVIO LUIZ YARSHELL. Comentário ao artigo 137. In: ANTONIO DO PASSO CABRAL. RONALDO CRAMER (coords.). *Comentários ao Novo Código de Processo Civil*. 2ª ed. Rio de Janeiro: Forense, 2016, p. 241-242.

[287] HUMBERTO THEODORO JUNIOR. *Curso de direito processual civil*, vol. II. 47ª ed. Rio de Janeiro: Forense, 2012, p. 191.

O § 3º do art. 73 manda aplicar a mesma regra à união estável comprovada nos autos. O exequente não é obrigado a conhecer a existência de união estável por parte do executado. Mas se a conhece, porque dela há notícia nos autos, deve citar ou intimar o companheiro do executado. O companheiro do exequente também deve assisti-lo nas ações com essa espécie de causa de pedir.

Se a execução se fundamenta em direito real sobre imóvel que integra o patrimônio comum dos dois cônjuges ou companheiros, essa intervenção obrigatória institui verdadeiro litisconsórcio passivo necessário, ainda que apenas o nome de um dos cônjuges conste do título. Caso o bem seja particular de um deles, seu cônjuge atuará como substituto processual, agindo em nome próprio na defesa de interesse alheio. Entre os direitos reais sobre imóvel se inclui o direito de superfície a que aludem os arts. 21 a 24 da Lei n. 10.257/2001 e 1.369 a 1.377 do Código Civil.

Na hipótese do art. 73, § 1º, inciso II, trata-se de execução fundada em relação jurídica de que sejam titulares ambos os cônjuges ou companheiros, embora a dívida seja exigível apenas de um deles. Neste caso, também ocorrerá o litisconsórcio necessário.

Já na hipótese do inciso III, a presença do cônjuge ou companheiro somente será necessária se houver prova de que o exequente sabia que a dívida havia sido contraída em benefício da família ou a partir do momento em que essa circunstância for revelada nos autos, porque não é razoável presumir que o exequente a conheça. Ademais, a própria lei processual estabelece que as hipóteses em que atos de constrição venham a recair sobre esses bens devem ser objeto de embargos de terceiro por parte do cônjuge do executado, que até a sua intervenção não é parte (art. 674, *caput* e § 2º, inc. I). Se o exequente sabe ou suspeita que essa situação se caracteriza, deve requerer a citação ou intimação do cônjuge, que intervirá como litisconsorte. Se o juiz a constata, deve promover a sua citação ou intimação, como adequadamente prescrevem os arts. 675, parágrafo único, e 792, § 4º. No mesmo sentido, dispõe também o art. 790, inciso IV[288].

Em qualquer outra execução por quantia certa, se a penhora recair sobre imóvel ou direito real sobre imóvel, será intimado o cônjuge do executado (art. 842), salvo se casados no regime da absoluta separação de bens. A partir desse momento, o cônjuge atuará como sujeito passivo secundário da execução. Se o bem integrar a comunhão, sua posição será de litisconsorte passivo. Se for bem particular do devedor, sua posição será a de substituto processual. No primeiro caso, além de atuar como litisconsorte passivo na execução, poderá

---

288 V. também os arts. 1.643, 1.644, 1.659, inc. IV, 1.663, § 1º, 1.664, 1.666, 1.668, inc. III, e 1.677 do Código Civil.

o cônjuge defender através de ação autônoma de embargos de terceiro a sua meação, se a dívida não tiver sido contraída em benefício do casal. Embora não mencione expressamente o companheiro, por analogia com os demais dispositivos aqui citados, a este também deve se aplicar a mesma regra, desde que a união estável seja conhecida pelo exequente ou esteja noticiada nos autos.

Em todos os casos em que for citado ou intimado da execução ou nela intervier o cônjuge ou companheiro do executado, além da possibilidade de oferecimento de embargos de terceiro para exclusão dos seus bens próprios ou da sua meação, deverá ser-lhe assegurada a possibilidade de oferecimento de embargos à execução ou de impugnação ao cumprimento de sentença, contado o prazo para o seu oferecimento da última citação ou intimação dos componentes do casal (art. 915, § 1º).

25.1.5. O adquirente de bem alienado ou onerado em fraude de execução

A alienação ou oneração de bem em fraude de execução (art. 792) é ineficaz em relação ao credor[289]. Tem-se entendido majoritariamente no Brasil que a responsabilidade do adquirente não necessita ser previamente reconhecida em ação própria, podendo o bem ser penhorado diretamente na execução contra o alienante.

O Código não explicita claramente qual é a posição do terceiro que teve o seu bem penhorado na execução em que não é o executado originário. Em face do que foi até aqui sustentado, não hesito em afirmar que a partir do momento em que a atividade executória atinge bem do patrimônio do adquirente, passa este a constituir litisconsorte passivo da execução, devendo ser intimado de todos os atos do processo, a partir da penhora, ela mesma, e facultada a sua atuação na execução em defesa dos seus interesses, independentemente das ações próprias, como a de embargos de terceiro. O devido processo legal, o contraditório e a ampla defesa assegurados na Constituição impõem esse reconhecimento. Nesse sentido, corretamente dispõem os arts. 675, parágrafo único, e 792, § 4º, do Código de 2015, que o juiz deverá mandar intimar pessoalmente o adquirente, para que possa exercer a defesa do seu eventual direito, seja como sujeito passivo da execução, seja como terceiro. Parece-me que, tal como o cônjuge ou companheiro, também pode o adquirente fazer uso tanto dos embargos de terceiro, para exclusão da incidência da penhora sobre o bem de que é titular, como dos embargos à execução ou da impugnação ao cumprimento de sentença, tendo por isso essa intimação a essência de uma verdadeira citação.

---

289 ALCIDES DE MENDONÇA LIMA. Ob. cit., p. 477.

Se a fraude à execução já estiver caracterizada antes do ajuizamento da execução, como ocorre, por exemplo, no cumprimento de sentença se a alienação ocorreu após a citação do executado na fase de conhecimento, e se o exequente pretender que a penhora incida sobre o bem indevidamente alienado pelo executado, deverá o adquirente figurar como sujeito passivo da execução desde a petição ou requerimento inicial.

26. Outros legitimados ativos e passivos

Além de todos os legitimados originários ou derivados, ordinários ou extraordinários acima mencionados, adotam a posição de partes acessórias[290] na execução os credores concorrentes, os credores, familiares e sócios do executado na adjudicação, os compradores ou arrematantes e demais licitantes, os terceiros executores nas obrigações de fazer e de não fazer, todos titulares de interesses jurídicos próprios postulados e decididos na instância executória. Todas essas situações subjetivas constituem verdadeiras ações incidentes, decididas em cognição não exaustiva e, portanto, infensas à coisa julgada[291].

A par desses, intervêm na execução sujeitos auxiliares desinteressados em relação aos objetivos almejados pelos sujeitos principais ou acessórios e aos bens sobre os quais recaem os atos executórios, que colaboram na consecução desses objetivos em troca da remuneração dos serviços auxiliares que prestam à execução, como o leiloeiro, o depositário, o corretor de imóveis e o administrador.

Os credores concorrentes, no direito brasileiro, são exequentes em ações autônomas, nas quais penhoram os mesmos bens, ou credores pignoratício, hipotecário, anticrético ou fiduciário, que, intimados da penhora ou da arrematação (arts. 804 e 889), tenham manifestado interesse em receber o seu crédito com o produto da alienação judicial, passando estes últimos, a partir de então, a ocuparem a posição de litisconsortes ativos. Transformados os bens em dinheiro, todos devem ser intimados a formularem as suas pretensões (art. 909) e receberem os seus créditos na ordem das respectivas preferências, até o limite que comporte o dinheiro apurado.

As diversas ações executórias, dos vários credores contra o mesmo devedor, porventura pendentes, reúnem-se no ato de entrega do dinheiro e, se

---

290 A expressão "partes acessórias" é empregada por José Alberto dos Reis (*Processo de execução*, vol. 1º, reimpr. Coimbra: Coimbra, 1985, p. 204), referindo-se aos assistentes, depositário, compradores, licitantes, remidores e preferentes.

291 V. LEONARDO GRECO. As ações na execução reformada. In: ERNANE FIDÉLIS DOS SANTOS *et alii* (coords.). *Execução civil*: estudos em homenagem ao Professor Humberto Theodoro Júnior. São Paulo: Revista dos Tribunais, 2007, p. 850-867.

algum credor remanescer total ou parcialmente insatisfeito, sua execução prosseguirá no juízo originário ou deverá ser proposta autonomamente, se não tiver sido anteriormente ajuizada.

Mas o concurso particular de credores não é apenas cumulação de várias execuções contra o mesmo devedor. É também disputa entre os diversos credores, cada um interessado em receber antes do que os outros, "um verdadeiro processo de declaração enxertado no processo de execução", nas palavras de José Alberto dos Reis[292], em que os credores concorrentes são reciprocamente autores e réus. Essa disputa não chega ao ponto de impugnar cada credor o crédito do outro, como no concurso universal, mas apenas de impugnar a preferência ou prioridade no pagamento, o que é uma falha do nosso ordenamento, pois faculta a preterição de credores legítimos em benefício de credores ilegítimos.

Enquanto os credores concorrentes disputam o direito ao recebimento do dinheiro, os adjudicadores, arrematantes e licitantes disputam o direito à aquisição dos bens penhorados em ações de conhecimento incidentes à execução, nas quais são autores, sendo réus o exequente e o executado e os demais disputantes.

Como legitimado ordinário passivo merece ser lembrado ainda o terceiro oferecedor de garantia, aquele que responde com os seus bens por dívida alheia. Se a garantia se caracteriza como caução, fidejussória ou real, caução-depósito, caução-hipoteca, caução penhor ou seguro-garantia, a ela se aplicam as regras da fiança, quanto à subsidiariedade da responsabilidade e ao benefício de ordem.

Qualquer outro obrigado será codevedor. Na hipótese de incidência da execução sobre bens do devedor em poder de terceiros (art. 790, inc. III), o sujeito passivo é o próprio devedor. Se o terceiro tiver algum direito ao bem, a sua intervenção na execução poderá ocorrer por embargos de terceiro.

26.1. A desconsideração da personalidade jurídica

Tem-se tornado prática frequente, especialmente nas execuções fiscais e nas execuções trabalhistas a desconsideração da personalidade jurídica para fazer recair a responsabilidade executória sobre terceiros com vínculo societário com o executado constante do título executivo.

Aqui retomo as considerações que fiz sobre o novel instituto no capítulo sobre a intervenção de terceiros do volume das minhas Instituições[293]. A ideia

---

292 José Alberto dos Reis. Ob. cit., p. 208.
293 V. Leonardo Greco. *Instituições de processo civil*, vol. I. 5ª ed. Rio de Janeiro: Forense, 2015, p. 503-505.

da desconsideração é oriunda do direito norte-americano (*disregard legal entity*), adotando no Brasil figuras diversas, como a de grupo econômico no processo do trabalho e a de responsabilidade tributária no Código Tributário Nacional. O Código do Consumidor a acolheu no art. 28, vindo a ser estendida a qualquer espécie de relação jurídica pelo art. 50 do Código Civil de 2002. Pela desconsideração, obrigações de determinadas sociedades são estendidas aos respectivos sócios ou a sociedades coligadas e obrigações pessoais de determinados sócios ou administradores são estendidas às respectivas sociedades. A inclusão dos novos responsáveis no polo passivo das ações ou execuções relativas a esses créditos ficou sujeita ao reconhecimento da sua responsabilidade por meio do incidente de desconsideração da personalidade jurídica instituído pelo Código de Processo Civil de 2015 nos arts. 133 a 137.

A desconsideração introduz uma modificação subjetiva passiva da demanda, sem a concordância do réu e independentemente de qualquer limite temporal e, pelo seu caráter excepcional, depende da cabal comprovação dos fatos que, de acordo com o direito material, permitem que a dívida seja cobrada de sujeitos diversos daqueles que originalmente as assumiram.

A desconsideração pode ser requerida desde a petição inicial (art. 134, § 2º) ou será objeto de requerimento incidente em qualquer fase do processo de conhecimento, no cumprimento de sentença ou na execução de título extrajudicial. No requerimento o proponente alegará os fatos que legalmente admitem a desconsideração e proporá as provas para demonstrá-los, juntando desde logo a prova documental que tiver em seu poder. Ao deferir o processamento do incidente, o juiz mandará anotar no registro de distribuição, determinará a suspensão do processo e ordenará a citação do requerido para responder no prazo de quinze dias (arts. 134 e 135). Em seguida, produzidas as provas, caso necessário, o juiz decidirá fundamentadamente o pedido, da sua decisão cabendo agravo de instrumento ou agravo interno (arts. 1.015, inc. IV, e 136, parágrafo único). Em caso de procedência, determinará que o novo réu passe a figurar como corréu, sendo intimado de todos os atos do processo e deles participando. Visando o incidente ou o pedido originário de desconsideração a estender a responsabilidade patrimonial pelas dívidas que estão sendo cobradas do devedor originário ao novo responsável, e sendo o pedido acolhido, a partir da citação deste (arts. 137 e 792, § 3º), a alienação ou a oneração dos seus bens poderá caracterizar fraude de execução.

A criação desse procedimento pelo Código de 2015 teve o indiscutível intuito de respeitar que a sua inclusão como responsável por uma dívida alheia fosse antecedida de procedimento em que lhe fossem assegurados o contraditório e a ampla defesa. Entretanto, como observei na obra acima citada, não evitará que o requerente obtenha, *inaudita altera parte,* uma tutela de urgência que bloqueie os bens do requerido, antes mesmo de decidido o pedido de desconsideração. Também não resolve o procedimento outra questão crucial, que merece um estudo mais complexo, que é o de saber em que medida estarão preclusas para o requerido as questões já decididas antes da sua citação ou da decisão do incidente, ou ainda, decididas em procedimentos antecedentes cujo desfecho pode estar acobertado pela coisa julgada. Sem dúvida, a garantia do contraditório deve ser respeitada com a maior amplitude possível. A sua observância não se satisfaz com a simples participação do requerido no procedimento que antecede a decisão de desconsideração da personalidade jurídica e nos atos subsequentes do processo. Se ocorreu um abuso da personalidade jurídica tão intenso que a desconsideração reconhece que o réu originário e o requerido são a mesma pessoa, com dois nomes ou duas fachadas diferentes, torna-se perfeitamente razoável que ao requerido sejam impostas a coisa julgada e a preclusão de todas as decisões a que o réu originário tenha de submeter-se. Mas se são pessoas diversas, embora haja motivos legalmente previstos para estender a uma delas a responsabilidade por dívidas da outra, àquela não pode ser subtraído o exercício do direito de defesa a respeito de todas as questões decididas no mesmo ou em outro processo, não se podendo falar de preclusão, muito menos de coisa julgada. No incidente de desconsideração, ainda que amplos o contraditório e o direito de defesa, a cognição diz respeito apenas aos pressupostos da extensão da responsabilidade ao novo sujeito, mas não pode ele ficar inibido, seja qual for a fase do processo em que passe a ser incluído no polo passivo, de rediscutir todas as questões processuais ou de mérito, de fato ou de direito, a que se aplique essa responsabilidade e que porventura tenham sido objeto de decisão nesse ou em qualquer outro processo entre as partes originárias.

Assim, aberta com a citação para responder ao pedido de desconsideração a oportunidade para o requerido se defender, deva ele nessa ocasião aduzir a sua contrariedade a quaisquer pressupostos fáticos ou jurídicos da sua responsabilidade, de que resultem a própria certeza, liquidez ou exigibilidade do crédito, mesmo que já tenham sido objeto de decisões anteriores nesse ou em qualquer outro processo entre as partes originárias e que também sobre essas questões lhe seja permitido formular alegações, propor e produzir provas, para que sejam em relação a ele apreciadas na decisão do pedido de desconsideração.

27. A indicação dos bens penhoráveis

Na petição ou requerimento inicial da execução por quantia certa, o exequente deve indicar "os bens suscetíveis de penhora, sempre que possível".

A redação deixa claro, desde logo, que não se trata de um requisito essencial de validade da petição ou da própria execução, porque o exequente muitas vezes desconhece quais são os bens do devedor ou como localizá-los. Mas mesmo que o exequente os conheça, como em geral ocorre na execução de título extrajudicial em que na formação do título o credor já cuidou de apurar qual era o patrimônio do devedor, o exequente pode omitir essa indicação, embora seja conveniente que a faça.

De fato, tanto no processo de execução autônomo, quanto no cumprimento de sentença, citado ou intimado o devedor para pagar, se não o fizer no prazo legal e independentemente de qualquer manifestação sua, o oficial de justiça efetuará a penhora dos bens que o exequente tiver indicado (arts. 829, § 2º, e 523, § 3º). É nesse momento que o conhecimento dos bens do devedor se torna necessário. Se o exequente não tiver feito a indicação de bens na petição ou requerimento inicial, e também o executado tiver permanecido inerte, o oficial de justiça ficará impossibilitado de promover a penhora e o processo não terá andamento. Nesse caso, o juiz deverá determinar que o exequente faça a indicação dos bens a serem penhorados. Se os desconhecer, deverá requerer ao juiz diligências para a sua apuração, como a requisição à Receita Federal de cópia da sua declaração de bens, ou então requerer a penhora portas adentro do domicílio ou do estabelecimento do devedor, se for apropriado.

A indicação pelo exequente dos bens a serem penhorados é, portanto, um imperativo decorrente da necessidade de assegurar a continuidade célere e eficaz do procedimento executório, cuja falta não impedirá que o executado se defenda pelos embargos ou pela impugnação, mas terá sérias consequências, em especial a impossibilidade de efetivação dos atos de expropriação dos bens penhorados e de pagamento do exequente, determinando a suspensão da execução (art. 921, inc. III). Se o exequente desconhece a existência de bens que possam ser penhorados, se não há registro nos autos de nenhuma das hipóteses, que mencionaremos adiante, em que a lei determine sobre que bens a penhora deva incidir ou se o exequente entender que o bem a ser penhora seja dinheiro, poderá desde logo requerer ao juiz, com fundamento no art. 854, a indisponibilidade dos ativos financeiros do executado para a efetivação da chamada penhora *on line*.

Mas não se pense que daí decorra qualquer preferência do exequente na escolha dos bens a serem penhorados. Se a execução deve efetuar-se com a menor onerosidade para o executado, desse princípio necessariamente decorre a preferência deste na escolha dos bens a serem penhorados. Segundo

LIEBMAN[294], os praxistas consideravam o direito de nomeação de bens um verdadeiro privilégio concedido ao executado. Discordando que se trate de um privilégio, PAULA BAPTISTA considerava essa preferência um apelo à honra e à boa fé do devedor, "para que faça livre e conscienciosamente aquilo que, não fazendo, far-se-á pela força"[295].

Na redação original do Código de 1973 essa preferência era expressa, porque o devedor era citado para em 24 horas pagar ou nomear bens à penhora. Na reforma das Leis ns. 11.232/2005 e 11.382/2006, e também no Código de 2015, desapareceu essa regra, que pareceu ficar revertida pelas disposições que recomendam a indicação de bens a serem penhorados pelo credor logo na sua petição ou requerimento inicial (arts. 524, inc. VII, e 798, inc. II, c). A meu ver a preferência do devedor subsiste como decorrência do princípio da menor onerosidade (arts. 805 e 829, § 2º). Mais uma vez o ordenamento jurídico lhe dá uma última oportunidade de tomar por si decisão relativa ao destino do seu patrimônio, porque, se não o fizer, terá de suportar a que lhe será imposta forçadamente.

A preferência não significa liberdade absoluta de escolha, mas opção pela indicação do devedor e, em seguida, do credor, desde que confrontada com outra indicação igualmente vantajosa, quanto à perspectiva de realizar os dois objetivos da execução: satisfação plena e rápida do crédito do exequente e o menor prejuízo possível para o devedor.

Se feita a escolha pelo exequente, também não se coloca este em posição de vantagem, embora os primeiros atos executórios provavelmente sejam desencadeados para a efetivação da penhora sobre os bens por ele indicados. Se, apesar da preferência, não concordar a outra parte com a escolha feita ou verificar o juiz que outra seja mais conveniente para alcançar os objetivos da execução, a indicação inicial de uma ou outra parte não prevalecerá. Esse é o sentido da ordem de preferência legal estabelecida no art. 835 do Código, assim como das regras que dispõem sobre a substituição da penhora (arts. 847 a 850).

Essa ordem legal, que vem sofrendo modificações no curso do tempo, procura harmonizar-se com a realidade variável do mercado de bens, estabelecendo uma escala de prioridades, tendo em vista a maior liquidez do bem, a maior probabilidade de que o bem atinja no mercado preço vantajoso para a execução, assim possibilitando a mais ampla satisfação do credor com a menor perda patrimonial possível para o devedor.

---

294 LIEBMAN. Ob.cit., p. 131.
295 FRANCISCO DE PAULA BAPTISTA. Compêndio de teoria e prática do processo civil. 7ª ed. Lisboa, 1909, p. 153.

Credor e devedor deverão observá-la, salvo se houver motivo justificável para que a penhora não a respeite. O § 1º do art. 835 dispõe que é "prioritária a penhora em dinheiro, podendo o juiz, nas demais hipóteses, alterar a ordem prevista no *caput* de acordo com as circunstâncias do caso concreto". Em face do princípio da menor onerosidade da execução, até a penhora em dinheiro pode ser afastada se, justificadamente, outros bens possam oferecer garantia suficiente ao exequente com menor onerosidade para o executado, como enunciava, antes do Código de 2015, a Súmula 417 do Superior Tribunal de Justiça[296]. Aliás, o § 2º do art. 835 equipara ao dinheiro a fiança bancária e o seguro garantia judicial, que o devedor pode oferecer, porque se revestem da mesma segurança da apreensão do próprio dinheiro. O art. 848 enumera não exaustivamente algumas circunstâncias que as partes deverão observar na escolha dos bens a serem penhorados.

Uma delas o próprio art. 835 enuncia no inciso X, a saber, o faturamento da empresa, tendo em vista que normalmente esse faturamento depositado em moeda em contas bancárias constitui o seu capital de giro, necessário para a continuidade da sua atividade econômica e que somente deve ser bloqueado em percentual "que não torne inviável o exercício da atividade empresarial" (art. 866, § 1º).

Também no art. 833, os incisos IV e X e o § 2º excluem por impenhoráveis determinadas quantias em dinheiro, que a própria lei reconhece serem necessárias para a manutenção da sobrevivência condigna do devedor e de sua família. Até mesmo o dinheiro poderá ser preterido em face de circunstâncias relevantes vinculadas à preservação do patrimônio do devedor, desde que existam outros bens que possam ser atingidos pela penhora com real proveito para a execução. Na escolha dos bens, a prioridade deverá sempre determinar-se em favor daqueles que mais facilmente, com o menor custo e com a maior rapidez, sejam aptos a alcançar comprador por preço correspondente ao valor justo, a fim de que o credor seja seguramente satisfeito e o executado não seja prejudicado mais do que o necessário[297].

A nomeação exige o cumprimento de várias formalidades que basicamente se destinam a individualizar objetivamente os bens penhorados, a comprovar a propriedade do executado ou daquele que os ofereceu à penhora e a fornecer informações que facilitem a estimativa do seu valor.

A identificação dos bens e a comprovação da sua titularidade são requisitos essenciais do ato de nomeação, porque a penhora deve recair sobre bens

---

296 Súmula 417 do STJ: "Na execução civil, a penhora de dinheiro na ordem de nomeação de bens não tem caráter absoluto".
297 LIEBMAN. Ob. cit., p. 133.

que podem constituir objeto material da execução e que estejam perfeitamente determinados. Esses requisitos serão atendidos pela observância das exigências que o legislador somente enuncia expressamente a respeito da substituição da penhora (arts. 847, § 1º, e 848). Nada impede que a identificação dos bens e a sua titularidade sejam definidas através de algumas dessas exigências, não necessariamente de todas, ou através de outros dados. O que importa é que os bens estejam identificados e que a sua titularidade seja certa.

A atribuição de valor ao bem indicado é em geral um elemento meramente útil da nomeação, pois se destina a aferir a suficiência da penhora em relação ao valor do crédito exequendo, bem como a dispensar a avaliação, caso o credor venha a concordar com o valor atribuído (art. 871, inc. I).

O juiz e as partes têm fácil acesso aos valores dos bens normalmente praticados no mercado. Em quase nada contribui para a revelação de uma estimativa preliminar desse valor a afirmação do devedor, ato unilateral. Por isso, rarissimamente ou nunca o credor declara concordar com o valor do bem atribuído pelo devedor, que tampouco incorre em nulidade, se o omite.

Na execução de crédito com garantia real, a penhora deverá recair sobre o bem dado em garantia (art. 825, § 3º). Se a lei, contrato ou decisão judicial vincular determinado bem ao pagamento da dívida, como nas cauções, sobre este deverá incidir preferencialmente a penhora (art. 848, inc. II). FREDIE DIDIER JR. *et alii* recordam que, de acordo com o art. 793, se o credor estiver na posse do bem por direito de retenção, a penhora deve incidir sobre esses bens, exemplificando, além da hipótese do credor pignoratício (CC, art. 1.433, incs. I e II), com os casos do depositário (CC, arts. 643-644), do mandatário (CC, arts. 664 e 681), do locatário (Lei n. 8.245/91, art. 35), do hospedeiro (CC, arts. 647, inc. I, e 649) e do possuidor de boa-fé[298].

A preferência na escolha de bens situados no foro da execução (art. 848, inc. III), se outros tiverem sido nomeados, visa a tornar menos dispendiosa para as partes a prática dos atos executórios, além de aumentar a probabilidade de obtenção de melhor preço por bens situados no foro da execução. Essa preferência não deve ser considerada isoladamente e a sua inobservância não é motivo de nulidade, mas deve ser sopesada pelo juiz em conjunto com outras circunstâncias do caso concreto, em especial comparando-se a maior ou menor

---

298 FREDIE DIDIER JR. LEONARDO CARNEIRO DA CUNHA. PAULA SARNO BRAGA. RAFAEL ALEXANDRIA DE OLIVEIRA. *Curso de direito processual civil*: execução. 9ª ed. Salvador: Juspodivm, 2019, p. 377-378. Os Autores aplicam a mesma regra à execução de bens objeto de enfiteuse, de bens de superficiário, de titular de direito real de uso, de direito real de uso para fins de moradia e de titular do direito de laje (Código de Processo Civil, art. 791; Código Civil, arts. 1.225, inc. XIII, e 1.510-A, introduzidos pela Lei n. 13.465/2017).

probabilidade de êxito de obtenção de mais ampla satisfação do credor com o menor prejuízo do devedor através da alienação dos bens que se situam em outra comarca ou no foro da execução.

A preferência pelos bens livres e desembargados (art. 848, inc. IV) é mais importante, porque a existência de penhor, hipoteca, penhora anterior, controvérsia em torno da titularidade ou outro gravame, podem tornar impossível o recebimento do crédito pelo exequente. De qualquer modo, essa preferência deverá ser aferida comparativamente, em função da alternativa de que dispuser o juiz de incidência da penhora sobre outros bens. Se estes, mesmos livres e desembaraçados, não tiverem valor apreciável, ou forem bens de difícil transformação em dinheiro, como terrenos de loteamentos em lugares longínquos, e apesar do gravame, o valor destes, substancialmente inferior ao valor do bem, indicar que liquidado o bem gravado ainda restará saldo em favor do exequente, deverá o juiz preferir a penhora do bem onerado, em benefício da utilidade da execução.

A nomeação de bens insuficientes deverá ser ponderada em face das alternativas possíveis no caso concreto. Quais os outros bens que podem ser penhorados? De que modo a execução seria mais proveitosa para o credor e menos onerosa para o devedor? Desprezando a nomeação insuficiente feita pelo devedor para fazer recair a penhora sobre outros bens ou aceitando essa nomeação para simplesmente complementá-la? E se o devedor não tiver outros bens?

É evidente que essas questões deverão ser resolvidas pelo juiz no exercício do seu poder decisório discricionário, após a prévia audiência das partes, através de decisões fundamentadas, que evidenciem ter a escolha ponderado os interesses em jogo e observado os critérios da utilidade para o credor e da economia para o devedor.

Art. 799. Incumbe ainda ao exequente:

I – requerer a intimação do credor pignoratício, hipotecário, anticrético ou fiduciário, quando a penhora recair sobre bens gravados por penhor, hipoteca, anticrese ou alienação fiduciária;

II – requerer a intimação do titular de usufruto, uso ou habitação, quando a penhora recair sobre bem gravado por usufruto, uso ou habitação;

III – requerer a intimação do promitente comprador, quando a penhora recair sobre bem em relação ao qual haja promessa de compra e venda registrada;

IV – requerer a intimação do promitente vendedor, quando a penhora recair sobre direito aquisitivo derivado de promessa de compra e venda registrada;

V – requerer a intimação do superficiário, enfiteuta ou concessionário, em caso de direito de superfície, enfiteuse, concessão de uso especial para fins de moradia ou concessão de direito real de uso, quando a penhora recair sobre imóvel submetido ao regime do direito de superfície, enfiteuse ou concessão;

VI – requerer a intimação do proprietário de terreno com regime de direito de superfície, enfiteuse, concessão de uso especial para fins de moradia ou concessão de direito real de uso, quando a penhora recair sobre direitos do superficiário, do enfiteuta ou do concessionário;
VII – requerer a intimação da sociedade, no caso de penhora de quota social ou de ação de sociedade anônima fechada, para o fim previsto no art. 876, § 7º;
VIII – pleitear, se for o caso, medidas urgentes;
IX – proceder à averbação em registro público do ato de propositura da execução e dos atos de constrição realizados, para conhecimento de terceiros;
X – requerer a intimação do titular da construção-base, bem como, se for o caso, do titular de lajes anteriores, quando a penhora recair sobre o direito real de laje;
XI – requerer a intimação do titular das lajes, quando a penhora recair sobre a construção-base.

28. A intimação de outros interessados

O Código de 1973, nos arts. 615 e 619, somente determinava que o exequente requeresse na inicial da execução ou por ocasião da penhora a intimação do credor pignoratício, hipotecário, anticrético ou usufrutuário do bem indicado à penhora. O art. 698 estabelecia que a arrematação do bem penhorado deveria ser antecedida de comunicação com pelo menos 10 dias de antecedência ao credor hipotecário ou ao senhorio direto de imóvel sujeito a enfiteuse. A Lei n. 11.382/2006 deu nova redação ao art. 698, determinando essa comunicação prévia também no caso de adjudicação, estendendo-a a qualquer credor com garantia real ou com penhora anteriormente averbada.

HUMBERTO THEODORO JÚNIOR lecionava que a intimação da adjudicação ou da arrematação se aplicava também a credor que tivesse penhorado bem não sujeito a averbação em registro próprio, desde que tivesse comunicado ao juízo da execução a penhora anterior. Sustentava também, com absoluto acerto, que essa comunicação prévia era exigível não só aos destinatários enumerados na lei, mas, por imposição do devido processo legal, também a todo aquele que tivesse algum direito real sobre o bem penhorado, como o adquirente de bem alienado em fraude de execução[299]. O Código de 2015, no art. 799, estendeu essa exigência ao credor fiduciário, ao titular de direito de uso ou habitação, ao promitente comprador, ao promitente vendedor, ao que deve revestir-se deperficiário, ao enfiteuta ou concessionário, em caso de direito de superfície, enfiteuse, concessão de uso especial para fins de moradia ou concessão de direito real de uso, ao proprietário de terreno com regime de direito de superfície, enfiteuse, concessão de uso especial para fins de moradia ou

---

299 HUMBERTO THEODORO JÚNIOR. *Curso de direito processual civil*, vol. II. 47ª ed. Rio de Janeiro: Forense, 2012, p. 355-356.

concessão de direito real de uso, quando a penhora recair sobre direitos do superficiário, do enfiteuta ou do concessionário e à sociedade, no caso de penhora de quota social ou de ação de sociedade anônima fechada.

Impõe-se examinar esse dispositivo conjuntamente com outros que igualmente tratam das diversas situações subjetivas incidentes sobre bens submetidos à execução pecuniária, a saber os arts. 791, 804, 835, § 3º, 842, 876, §§ 5º e 7º, 889, 903 e 905. Esse conjunto de normas representa uma evolução positiva do direito brasileiro em duas direções: a) a proteção dos interesses de terceiros, estabelecendo os cuidados que as partes e o juiz da execução devem ter e também algumas das suas consequências; b) o fortalecimento da confiança de quaisquer interessados na aquisição dos bens expropriados na execução pecuniária de que, acauteladas pela intimação prévia todas as situações jurídicas paralelas que incidam sobre os bens penhorados, se nenhum dos seus titulares dessas situações vier a intervir na execução, a alienação judicial se tornará perfeita, acabada e irretratável, não correndo o adquirente qualquer risco delas decorrente, salvo nos casos em que a própria lei imponha alguma limitação ao gozo do direito transmitido, que essa limitação conste do registro público do bem penhorado ou tenha sido formalmente noticiada nos autos, se o bem não estiver sujeito a registro, e conste formalmente do edital na hipótese de alienação em hasta pública. Com exceção das nulidades do próprio ato de alienação, nenhum vício antecedente do processo e nenhum direito de terceiro sobre o bem poderá frustrar ou limitar o direito do adquirente em alienação judicial, exceto nos casos em que a própria lei impõe esses riscos e, ainda assim, facultando ao arrematante nesses casos a desistência da aquisição (art. 903).

As regras de intimação a terceiros da penhora e da alienação dos bens na execução pecuniária não impõem que esses terceiros venham a intervir no processo de execução, o que poderá ocorrer ou não, dependendo da iniciativa de cada um deles. O art. 791, referindo-se à situação dos bens sujeitos ao direito de superfície de terceiro, à enfiteuse, à concessão de uso especial para fins de moradia e à concessão de direito real de uso, deixa claro que, em todos esses casos, responderá pela dívida exclusivamente o direito real do qual é titular o executado e não o titular do outro direito incidente sobre o mesmo bem.

O art. 804, neste mesmo capítulo do art. 799, estabelece a ineficácia da alienação em relação a diversos sujeitos nele enumerados, todos titulares de algum direito sobre os bens penhorados, à falta de intimação. Assim dispondo, o Código de 2015 passou claramente a diferenciar as hipóteses de nulidade das hipóteses de ineficácia da alienação. A nulidade da alienação somente se verifica se efetivada por preço vil ou se ocorrer algum defeito essencial na própria realização desse ato processual (art. 903, § 1º, inc. I). A falta de intimação de terceiros interessados não é motivo de nulidade, mas de ineficácia, isto é, a validade da alienação judicial é preservada, mas o direito do terceiro sobre o bem também é preservado, em maior ou menor extensão, dependendo de uma série de circunstâncias, que variam de acordo com o tipo de situação jurídica, como por exemplo: se o terceiro foi ou não intimado da alienação; se interveio no processo e de algum modo pretendeu fazer o seu direito antes da alienação; se conserva alguma preferência na aquisição do bem, mesmo após a alienação; se pode ou não executar o seu crédito penhorando o bem mesmo após a sua alienação; se conserva alguma preferência sobre o preço da alienação.

Assim, o art. 835, § 3º, determina que o terceiro garantidor seja intimado da penhora; o art. 842 prescreve a intimação da penhora ao cônjuge do devedor, salvo se casados sob o regime da absoluta separação de bens; o art. 876, § 5º, confere o direito de adjudicação aos vários sujeitos mencionados no art. 799, assim como ao cônjuge, ao companheiro, aos descendentes e aos ascendentes do executado; o § 7º do mesmo art. 876 prevê a intimação da penhora à sociedade por quotas e à sociedade anônima fechada, que deverá dar ciência aos sócios para possibilitar a sua intervenção na adjudicação; o art. 889 determina que a alienação judicial seja intimada com cinco dias de antecedência a vários sujeitos, entre os quais vários incluídos nos artigos anteriores; o art. 903 prevê a declaração de ineficácia da alienação judicial à falta de uma das intimações referidas no art. 804; e, por fim, o art. 905 determina que, na fase final da execução por quantia certa, após a transformação dos bens penhorados em dinheiro, se instaure um concurso entre credores que tenham penhorado os mesmos bens e outros com direito de preferência sobre os bens penhorados e alienados.

Parece-me que a forma mais adequada de analisar esses diversos dispositivos e, portanto, de verificar a interpretação que deva ser dada a cada um deles, é fazê-lo a partir de cada tipo de situação jurídica por eles abrangida, levando em conta a incidência conjugada sobre cada uma delas de diversas normas processuais e também da sua sujeição a normas de direito material que lhes são próprias.

O que é comum a todas essas hipóteses é que essa intimação não provoca por si só a intervenção do terceiro no processo de execução, que ficará dependendo da sua própria iniciativa. A intimação tem a finalidade de alertá-lo para a existência da execução cujo desfecho poderá afetar a situação jurídica que o vincula ao bem penhorado, situação essa que a ele próprio caberá a iniciativa de proteger, intervindo incidentalmente ou não nesse processo ou promovendo outras ações, bem como, se lhe parecer cabível, promovendo outras ações.

Não se trata de uma intervenção de terceiros determinada *ex-officio* pelo juiz, mas de uma simples comunicação para que os destinatários, tomando conhecimento da execução contra o devedor ao qual estão vinculados por alguma relação jurídica paralela, possam avaliar a conveniência de intervir na execução ou de adotar alguma outra providência em defesa do seu interesse.

À execução não se aplicam a oposição, a denunciação da lide, o chamamento ao processo e a nomeação à autoria, esta não mais prevista no Código de 2015, modalidades de intervenção de terceiros típicas da jurisdição de conhecimento. A alegação de ilegitimidade, que no Código de 2015 (arts. 338 e 339) veio a substituir a nomeação à autoria, pode ser suscitada pelo executado nos embargos à execução ou na impugnação ao cumprimento de sentença. Já a assistência simples (arts. 121 a 123), o recurso de terceiro prejudicado (art. 996), a desconsideração da personalidade jurídica (arts. 133 a 137) e a intervenção do *amicus curiae* (art. 138) são compatíveis com a execução. Destas últimas, apenas a desconsideração da personalidade jurídica pode ser requerida pelo exequente na inicial da execução (art. 134, *caput* e § 2º).

Segundo FREDIE DIDIER JR. *et alii*, os arts. 799, 804 e 889 do Código compõem um sistema de normas de proteção a alguns sujeitos, credores ou não[300]. Como visto, a simples intimação não os torna sujeitos do processo, embora possa favorecer a que venham a desempenhar algum protagonismo no processo, que também podem vir a exercer mesmo que não tenham sido intimados, pois se trata de faculdade e em alguns casos ônus que não decorrem da intimação, mas do próprio direito material de que são titulares. Se, com fundamento no respectivo direito material, vierem a pleitear na execução em que não foram partes originárias alguma providência em favor da tutela do seu direito, como o requerimento de adjudicação (art. 876, § 5º) ou o pedido de preferência no pagamento (art. 909), serão partes acessórias, como explicado no item 26 dos comentários ao artigo anterior, ou seja autores de ações incidentes, que influirão na marcha e no resultado da execução, podendo até mesmo impor a sua extinção sem a satisfação do credor-exequente[301].

---

300 FREDIE DIDIER JR. *et alii*. Ob. cit., p. 165: "(ii) Nos casos descritos nesse bloco normativo (CPC, arts. 799, 804 e 889), embora o patrimônio do terceiro não seja diretamente atingido, é possível vislumbrar, em razão de alguma relação jurídica de direito material mantida entre esse terceiro e o executado, algum interesse em participar do processo, que pode decorrer de um (ou mais) desses fundamentos: a) do direito de preferência ou provável interesse do terceiro na adjudicação do bem penhorado; b) do direito de preferência do terceiro no recebimento do produto da expropriação; c) da possibilidade de a expropriação do bem ou do direito penhorado frustrar a finalidade pública pela qual o bem ou direito foi atribuído a determinado sujeito; d) do notório exercício da posse sobre o bem penhorado (função social da posse); e) ou, simplesmente, do provável interesse do terceiro em conhecer o sujeito com quem irá se relacionar dali em diante; (iii) presente algum desses fundamentos de proteção dos interesses do terceiro, o sujeito deve ser intimado a participar do processo ou a ter conhecimento da alienação, ainda que o seu caso não esteja previsto expressamente nas hipóteses de incidência dos arts. 799, 804 e 889 do CPC".

301 V. LEONARDO GRECO. As ações na execução reformada. In: ERNANE FIDÉLIS DOS

Questão delicada é a de saber quais são as consequências jurídicas para o exequente que deixar de providenciar as intimações previstas nos arts. 799, 804 e 889[302]. Fredie Didier Jr. *et alii* sustentam que essa omissão não gera invalidade porque essa exigência não está incluída "na parte que trata dos requisitos de validade da petição inicial"[303]. Segundo esse entendimento, a segurança jurídica não permite que a falta dessas intimações venha a invalidar qualquer ato executório subsequente, a não ser em casos expressamente previstos pelo legislador.

Concordo que a falta de requerimento ou de efetivação de uma dessas intimações não constitua nulidade do processo de execução, mas apenas ineficácia da alienação em relação ao terceiro não intimado, consequência que se aplica não apenas às hipóteses em que o legislador exige expressamente a intimação, mas a quaisquer outras em que, vislumbrando algum interesse de terceiro, o exequente poderia ter providenciado a intimação mas não o fez[304]. Somente pode constituir nulidade do ato postulatório introdutório da execução ou do respectivo processo como um todo a falta da observância de requisito que, não obstante estabelecido em lei, prejudique a qualificação do exequente a obter a tutela invocada da pretensão de direito material ou impossibilite ou dificulte o pleno exercício do direito de defesa pelo sujeito passivo da demanda. A função do processo *inter partes* não é a tutela do interesse do terceiro e o exequente não pode ter obstado o seu acesso à Justiça em benefício de quem não é parte na relação jurídica de direito material.

Santos *et alii* (coords.). *Execução civil*: estudos em homenagem ao Professor Humberto Theodoro Júnior. São Paulo: Revista dos Tribunais, 2007, p. 850-867.

302 Celso Neves (*Comentários ao Código de Processo Civil*. Artigos 646 a 795, vol. VII. Rio de Janeiro: Forense, 1975, p. 117-119), a respeito do art. 698 do Código de 1973, noticia a divergência doutrinária existente desde o Código de 1939 sobre a validade ou invalidade da arrematação à falta de intimação do credor hipotecário ou do senhorio direto. Amílcar de Castro a considerava despicienda, enquanto Pontes de Miranda sustentava a invalidade. O Autor, indo além da simples nulidade, ressaltava que o Código de1973 havia sido radical, pois não se limitava a impor a intimação como requisito de validade, mas chegava a enunciar no referido art. 698 que sem ela "não se efetuará a praça", o que, além da invalidade, tornava a arrematação retratável, caso não observado tal requisito. Humberto Theodoro Júnior (ob. e loc. cits.) também se inclina pela nulidade da alienação.

303 Fredie Didier Jr. Ob. cit., p. 166.

304 Parece-me artificial a distinção que Fredie Didier Jr. *et alii* fazem (ob. cit., p. 169-170) entre as hipóteses de intimação de terceiros previstas em lei e aquelas em que elas podem ser necessárias, mas não contempladas expressamente pelo legislador, no sentido de que somente às primeiras se aplicaria a ineficácia. A ineficácia não implica desconstituição da arrematação ou alienação, mas apenas preservação do direito do terceiro de reivindicar a não invasão dos seus efeitos à sua esfera jurídica.

O estudo de Carnelutti no *Sistema* sobre a teoria dos atos processuais[305] ajuda a distinguir nos atos processuais requisitos *essenciais* e requisitos meramente *úteis*. Os primeiros são os necessários, segundo a técnica, para conseguir a finalidade prática do ato; os úteis não são indispensáveis, mas sua presença deve ser estimulada mediante uma sanção que recaia sobre o agente que os olvide, sanção essa que não é a nulidade do ato, mas a responsabilidade em lugar da nulidade, e não juntamente com ela[306]. Por sanção deve entender-se não apenas eventualmente uma punição incidente sobre a parte faltosa ou sobre o seu patrimônio, mas também qualquer posição de vantagem que a sua omissão possa acarretar para o interesse jurídico do terceiro, como, por exemplo, no caso presente, a ineficácia em relação a ele dos atos executórios.

A essencialidade ou necessidade de um requisito legal de qualquer ato processual deve, portanto, ser considerada, conforme da sua inobservância decorram ou não consequências para os direitos das partes ou para a disciplina jurídica do processo.

Se a intimação de um terceiro eventualmente interessado viesse a influir no procedimento legal, na competência absoluta do juízo, na futura admissibilidade de recursos, na viabilização do acesso do autor à prestação jurisdicional pleiteada ou no pleno exercício do direito de defesa pelo réu, deveria ser considerada requisito *essencial* da penhora ou da execução, e não apenas requisito meramente *útil*, porque a ela se subordinaria a produção dos efeitos práticos dos atos do processo, de acordo com a lição de Carnelutti acima citada.

Não é esse o caso. A intervenção dos destinatários dessa intimação, com ou sem ela, poderá produzir efeitos jurídicos na esfera de interesses das partes, não a intimação, que não é pressuposto daquela intervenção. Por isso, está totalmente equivocada a ressalva introduzida pelo Código de 2015 no art. 674, § 2º, inciso IV, que pretende restringir a legitimidade do credor com garantia real sobre o bem penhorado de propor os embargos de terceiro à hipótese de não ter sido intimado dos atos expropriatórios respectivos, porque, mesmo que intimado, poderá ele, com suporte no seu direito fundamental de acesso à justiça, pretender obstar a expropriação judicial do bem se tiver conhecimento da existência de outros bens do executado sobre os quais possa recair a execução.

Portanto, não produzindo a intimação do terceiro, por si mesma, quaisquer consequências substanciais ou processuais na relação jurídica de direito material entre as partes nem na viabilização da sua tutela jurisdicional, sua natureza é a de um requisito simplesmente *útil* da penhora, da alienação e da própria

---

305 Francisco Carnelutti. *Sistema de derecho procesal civil*, vol. III. Buenos Aires: UTEHA, 1944, p. 213.
306 Francisco Carnelutti. Ob. cit., p. 214-215.

execução, cuja falta não acarreta nulidade, mas apenas simples irregularidade, que pode ser suprida pelo juiz[307] e, se não for a tempo, poderá acarretar a ineficácia da execução não em relação às partes, mas em relação ao terceiro, cujo direito material permanecerá íntegro apesar da incidência dos atos executórios, sem prejuízo de outras consequências específicas legalmente previstas de algumas situações jurídicas em que a lei prevê essa intimação.

Se o exequente tem conhecimento de que o executado ou o bem sobre o qual pretende fazer incidir a execução se encontra em qualquer uma das situações jurídicas mencionadas no art. 799, tem ele o dever legal de requerer e providenciar a intimação do terceiro, para que este possa, de acordo com a sua avaliação, adotar, se lhe parecer conveniente ou necessário, as medidas que a proteção do seu interesse possa sugerir, assim como para resguardar a plena eficácia da alienação, caso o terceiro, mesmo intimado, venha a permanecer inerte.

Alguns dos sujeitos indicados no art. 799 são também apontados como destinatários de intimações da alienação judicial no art. 889. Embora não sejam necessariamente sujeitos da execução, a gravidade do ato de alienação do bem, que poderá repercutir na esfera de interesse dos terceiros, recomenda essa nova intimação, cuja falta igualmente poderá implicar em responsabilidade do exequente e, até mesmo, repercutir na esfera jurídica do adquirente do bem penhorado, apesar de não gerar a nulidade da alienação.

E então cabe perguntar se devem ser efetivadas duas intimações, por ocasião da penhora e da alienação judicial ou se basta apenas uma delas. Parte da doutrina entende que são necessárias as duas intimações, pois têm elas finalidades diferentes[308]. Não vislumbro essas diferenças. Da falta de nenhuma delas resultará a perda para o terceiro de direito que não possa vir a reivindicar na própria execução ou em ação própria. Sem dúvida, a boa-fé recomenda que sejam feitas ambas. A primeira confere ao terceiro mais tempo para decidir a melhor estratégia de defesa do seu interesse. Mas me parece que a ineficácia da alienação em relação ao terceiro somente se aplica à falta de intimação dos atos expropriatórios e não à falta de intimação da penhora.

Embora o art. 889 mencione a intimação dos terceiros apenas na alienação *judicial*, ela se aplica às demais espécies de alienação, particular ou adjudicação, conforme a lição de HUMBERTO THEODORO JÚNIOR acima referida.

---

307 RODRIGO MAZZEI. Observações sobre a penhora envolvendo o direito de superfície (e outros direitos reais imobiliários) no projeto do Código de Processo Civil. *Revista de Processo*, ano 39, n. 228. São Paulo: Revista dos Tribunais, fev. 2014, p. 189-190.

308 RODRIGO MAZZEI. Observações sobre a penhora envolvendo o direito de superfície (e outros direitos reais imobiliários) no projeto do Código de Processo Civil. *Revista de Processo*, ano 39, n. 228. São Paulo: Revista dos Tribunais, fev. 2014, p. 190.

A ineficácia da alienação do bem em relação ao terceiro não intimado significa em princípio e salvo disposição legal em contrário, que o direito do terceiro em relação ao bem alienado sobrevive, devendo ser respeitado pelo adquirente do bem. A ineficácia não anula a alienação, nem a desfaz, salvo se o próprio adquirente, em razão do superveniente conhecimento do direito do terceiro, vier a desistir da aquisição, nos termos e nos prazos estabelecidos no § 5º do art. 903.

Em todas as hipóteses de ineficácia da alienação por falta de intimação de terceiros interessados, o terceiro interessado poderá: I – no prazo de dez dias da efetivação da alienação pela assinatura do termo de alienação particular, do auto de adjudicação ou do auto de arrematação requerer incidentalmente ao juiz da execução a declaração da sua ineficácia em relação a ele; II – após esse prazo, propor autonomamente ação declaratória dessa ineficácia ou qualquer outra ação que vise à preservação e ao exercício do seu direito sobre o bem, devendo em qualquer caso citar como litisconsorte passivo necessário o adquirente do bem (art. 903, § 4º). Nos dois casos, o adquirente poderá desistir da aquisição do bem, nos termos do § 5º do mesmo art. 903. Embora o art. 903 trate especificamente da alienação em hasta pública, seus dispositivos, por identidade de razões, se aplicam igualmente à alienação particular e à adjudicação.

Se o terceiro não foi intimado da alienação, mas o seu direito está averbado no registro público do bem ou se, não sujeito o bem a registro, a sua existência foi formalmente noticiada nos autos antes da alienação, o arrematante ou adquirente estará obrigado a respeitá-lo, assim como nos casos em que a própria lei estabelece alguma preferência do terceiro em adquirir o bem após a sua alienação, como ocorre com o arrendatário de imóvel rural (Lei n. 4.504/64, art. 92, § 4º). Se não intimado o terceiro, mas o seu direito não está averbado nem foi noticiado nos autos, esse direito em princípio não será oponível ao adquirente do bem, salvo disposição legal em contrário, resolvendo-se em perdas e danos contra a parte na execução – exequente, executado ou ambos – que tiver omitido a informação da sua existência ao juízo da execução, assim frustrando a possibilidade de sua intimação e intervenção e a preservação de tal direito em face do adquirente.

28.1. Cônjuge ou companheiro

Há um tipo de interessado na execução que não integra o rol do art. 799, que também deve ser intimado da penhora e que aqui merece ser mencionado: é o cônjuge do executado se a penhora recair sobre imóvel ou direito real sobre imóvel, salvo se o regime de bens do casamento for o da absoluta separação de bens (art. 842).

No item 25.1.4 dos comentários ao art. 798, aos quais me reporto, tratei das diversas posições que o cônjuge e o companheiro desempenham na execução. Embora este último não esteja mencionado no art. 842, por analogia com o disposto nos arts. 73 e 790, deve ele também ser intimado da penhora, desde que o exequente tenha conhecimento da união estável do executado ou o fato esteja noticiado nos autos.

Nos casos em que a lei considera necessária a sua citação ou intimação, também da alienação deverá o cônjuge ser intimado. Conforme já tive oportunidade de observar[309], é preciso distinguir entre as hipóteses em que a presença do cônjuge ou companheiro é imposta pela lei para a proteção do interesse patrimonial dele próprio e aquelas em que o fundamento é a ordem pública, no caso a proteção do patrimônio ou do interesse da família. Parece-me que nas hipóteses dos incisos III e IV do § 1º do art. 73 a presença do cônjuge ou companheiro é estabelecida no interesse da família e, portanto, por exceção, a sua falta acarreta a nulidade da execução ou dos atos para os quais este não tenha sido devidamente intimado. Já nas demais hipóteses, a execução não é nula, mas apenas ineficaz em relação ao cônjuge ou companheiro. Isto significa que, não citado ou não intimado de qualquer ato, não sofrerá o cônjuge os seus efeitos, podendo tomar todas as iniciativas para resguardar o seu interesse, incidentalmente (arts. 674 a 681) ou por meio de ações autônomas.

O § 5º do art. 876 também faculta ao cônjuge ou companheiro a adjudicação do bem penhorado.

28.2. Credor pignoratício, hipotecário ou anticrético

O art. 799, inciso I, determina que o credor pignoratício, hipotecário ou anticrético seja intimado da penhora que recair sobre bem sujeito a um desses gravames.

São os chamados direitos reais de garantia que, na lição de ORLANDO GOMES, possuem em comum os atributos de *sequela* e *preferência*. *Sequela* significa que o vínculo do credor com garantia real com o bem acompanha a coisa, "subsistindo íntegro e ileso", seja qual for a modificação que sofra a titularidade do bem. E *preferência* é o direito de receber o valor do seu crédito antes de outros credores na execução própria ou alheia que tenha incidido sobre o bem e no qual este tenha sido pela alienação transformado em dinheiro[310].

---

309 LEONARDO GRECO. *Instituições de processo civil*, vol. I. 5ª ed. Rio de Janeiro: Forense, 2015, p. 470-471.
310 ORLANDO GOMES. *Direitos reais*. 5ª ed. Rio de Janeiro: Forense, 1976, p. 343.

O art. 804 proclama que a alienação do bem penhorado será ineficaz se dela não for tal credor intimado. O inciso V do art. 889 prevê a intimação do credor pignoratício, hipotecário ou anticrético com pelo menos cinco dias de antecedência da alienação judicial do bem penhorado. E os arts. 876, § 5º, e 908 autorizam esse tipo de credor não exequente a requerer a adjudicação e a participar do concurso de credores.

Esses três tipos de credor são titulares de direitos reais sobre o bem penhorado, possuindo preferência no pagamento de outros credores, se o bem dado em garantia for penhorado em execução de outro credor. O credor anticrético tem direito de retenção sobre o bem dado em garantia para assegurar a fruição dos seus frutos e rendimentos. Se permitir que outro credor execute o bem sem opor o seu direito de retenção, perderá a preferência sobre o preço da alienação (CC, art. 1.509). Mas observe-se, não é da intimação da alienação que resulta a perda da preferência, mas da omissão do credor anticrético em arguir o seu direito de retenção, se intimado da penhora ou da alienação ou se pela penhora tiver perdido a posse direta do bem.

Se, intimado da penhora do bem e da sua alienação na forma prescrita na lei processual, permanecer inerte, a alienação judicial ou a adjudicação do bem extinguirá o gravame, consoante dispõem os arts. 1.500 e 1.501 do capítulo do Código Civil sobre a hipoteca, que devem ser entendidos aplicar-se igualmente ao penhor e à anticrese. Nesse caso, o credor anticrético perderá o seu direito de preferência (CC, art. 1.509), enquanto o credor pignoratício e o credor hipotecário conservarão a sua preferência que incidirá sobre o dinheiro apurado na alienação, podendo a qualquer tempo antes do pagamento requerer o exercício desse direito.

Intimado ou não da penhora e da alienação do bem em execução alheia, o credor com garantia real poderá oferecer embargos de terceiro, antes da alienação, para excluir o bem da constrição judicial se provar que o devedor tem outros bens sobre os quais possam recair os atos executórios (CPC, art. 674, § 2º, inc. IV). No caso do credor anticrético, nada impede o manejo da via dos embargos de terceiro para preservar o seu direito de retenção, se da sua posse direta tiver sido demitido pela penhora.

Intimado ou não da penhora e da alienação, e não tendo requerido e obtido a exclusão do bem da alienação, pode o titular da garantia real requerer a adjudicação do bem (art. 876, § 5º) ou participar do concurso de credores, requerendo neste último caso o seu pagamento preferencial (art. 909), salvo, no caso do credor anticrético, se tiver perdido a posse do bem pela penhora ou se não intimado da penhora ou da alienação, e não tiver arguido na execução até a alienação o seu direito de retenção.

28.3. Credor fiduciário

Tal como o credor com garantia real, também o credor fiduciário, que normalmente é o agente financiador de contrato de compra e venda garantido por alienação fiduciária, titular da posse indireta do bem, deve ser intimado da penhora e da alienação do bem em execução alheia contra o devedor comum, nos termos dos arts. 799, inciso I, e 899, inciso V, do CPC, sob pena de ineficácia da alienação (art. 804), podendo ainda requerer a adjudicação (art. 876, § 5°), requerer a declaração de ineficácia da alienação de que não tenha sido intimado na própria execução ou em ação própria, nos termos do art. 903, assim como propor quaisquer outras ações autônomas em defesa do seu direito.

Pelo contrato de alienação fiduciária de bem móvel ou imóvel, o credor torna-se titular da propriedade fiduciária e o devedor da posse direta do bem e do direito real de sua aquisição, nos termos dos arts. 1.361 e 1.368-B do Código Civil.

Na execução alheia em face do devedor-fiduciante, se o credor fiduciário não for intimado da alienação e permanecer inerte, o seu direito sobre o bem não se extingue e poderá a qualquer tempo torná-lo efetivo em face do adquirente do bem, porque a alienação em relação ao credor fiduciário terá sido ineficaz. Entender-se-á que a penhora e a alienação ficaram circunscritas à posse direta do bem e ao direito real de sua aquisição, deixando incólume a propriedade fiduciária, ainda que os autos de penhora e de arrematação não tenham feito essa ressalva.

Intimado ou não da penhora e da alienação o credor fiduciário, se o auto de penhora e o edital de praça deixaram claro que a penhora incide apenas sobre os direitos específicos do devedor-fiduciante, o interesse do proprietário-fiduciário está resguardado, e este poderá exercê-lo em face do adquirente.

Intimado da penhora e da alienação ou somente desta, se a penhora incidiu sobre a propriedade plena do bem, poderá o credor fiduciário oferecer embargos de terceiro, para limitar a constrição e a execução aos direitos específicos do devedor e excluir a sua extensão à propriedade fiduciária. Se permanecer inerte, a propriedade fiduciária ficará extinta pela alienação do bem, nos termos do art. 1.367 c.c. o art. 1.436, inciso V, ambos do Código Civil. Como já explicado, se a inércia tiver ocorrido na hipótese de não intimação, a alienação não prejudicará os direitos do credor fiduciário.

O credor fiduciário somente pode concorrer ao pagamento do seu crédito em execução alheia, se tiver movido a sua própria execução e nesta também tiver penhorado o mesmo bem. Não tem, como o credor com garantia real, o direito de receber o seu crédito sem promover a cobrança do seu próprio crédito em ação própria[311].

Araken de Assis sustenta que a intimação a que se refere o art. 799, inciso I, é a do devedor fiduciante, não do credor fiduciário, na execução contra este movida pelo exequente[312]. A observação do mestre é relevante e merece reflexão. O dispositivo se refere expressamente ao *credor fiduciário*. Na linguagem uniformemente adotada pela doutrina, *credor fiduciário* é o titular da propriedade resolúvel que a detém enquanto o *devedor fiduciante* não concluiu o pagamento do preço de aquisição do bem. Este é titular da posse direta do bem e do direito real à sua aquisição, subordinado à condição do implemento do pagamento do preço. Não colhe a afirmação do mestre de que o bem em questão "é impenhorável por dívida contraída pelo devedor fiduciante". Os direitos do fiduciante à posse e à aquisição do bem têm conteúdo patrimonial e podem, sim, ser penhorados em execuções de outros credores, sem falar na hipótese muito comum de recair a penhora por dívida do adquirente no bem como um todo, em nome do qual ele pode constar do registro público, como ocorre, por exemplo, com os veículos automotores. Num e noutro caso, o credor fiduciário pode ter interesse em tomar alguma iniciativa no sentido de preservação do seu direito, como o oferecimento de embargos de terceiro, ou de participação nos atos processuais de expropriação.

Mas Araken tem razão no sentido de que o inverso também pode ocorrer, ou seja, o bem pode ter sido penhorado em execução alheia contra o titular da propriedade fiduciária, normalmente uma instituição financeira. Em face desse fato, o devedor fiduciante, que está pagando em prestações pela sua aquisição, pode ter interesse em preservar o seu direito, ou eventualmente em pagar o saldo devedor, assim realizando o seu direito à aquisição e excluindo o bem da penhora, bem como em receber "a demasia, se a coisa tiver sido vendida por preço superior à dívida, juros e despesas decorrentes da cobrança"[313]. Deve, portanto, ser intimado da penhora e da alienação, não por expressa disposição de lei, mas por analogia com os titulares de outros direitos sobre bens penhorados que o legislador de 2015 teve o cuidado de enumerar, como o promitente-comprador, o superficiário, o enfiteuta, o concessionário, o usuário, o usufrutuário, o habitante, bem como, na lição já anteriormente

---

311 V. acima o item 13 nos comentários ao art. 797. Em contrário, Didier Jr. *et alii* (ob. cit., p. 172), citando opiniões de Araken de Assis, Samantha Lopes Álvares e Cassio Scarpinella Bueno.
312 Araken de Assis. *Comentários ao Código de Processo Civil*, vol. XIII. São Paulo: Revista dos Tribunais, 2016, p. 80.
313 Alfredo Buzaid. *Ensaio sobre a alienação fiduciária em garantia*. São Paulo: ACREFI, 1969, p. 58.

citada de HUMBERTO THEODORO JÚNIOR, por imposição do devido processo legal, que exige que todo aquele que tenha algum direito real sobre o bem penhorado, tenha a oportunidade de, cientificado da execução, adotar as providências que julgar adequadas para a proteção do seu direito, como o adquirente de bem alienado em fraude de execução (art. 792, § 4º)[314].

28.4. Titular de usufruto, uso ou habitação

De acordo com os arts. 799, inciso II, e 889, inciso III, o titular de usufruto, uso ou habitação deve ser intimado da penhora e da alienação do bem, sob pena de ineficácia dessa alienação (art. 804). Pode ainda requerer a sua adjudicação (art. 876, § 5º), bem como adotar as providências de proteção do seu interesse mencionadas no art. 903. O titular de um desses direitos reais pode ter interesse em adquirir a plena propriedade do bem excutido, para tanto intervindo nos atos processuais expropriatórios.

Intimado ou não, intervindo ou não, os atos executórios não prejudicarão a existência e o gozo do seu direito em relação ao bem. Se intimado da alienação não poderá ignorar a transmissão da propriedade ao adquirente, com o qual passará a relacionar-se daí em diante.

ARAKEN DE ASSIS reflete com acuidade sobre a possibilidade inversa de penhora do direito do usuário, habitante ou usufrutuário[315], cogitando da consequente intimação do proprietário do bem sujeito a um desses direitos, mas prefiro analisar a questão da forma que se segue.

Não há previsão legal expressa dessa intimação, mas aqui também o nu-proprietário pode ter interesse na extinção do direito real sobre o seu bem, disputando na execução alheia contra o usuário, o habitante ou o usufrutuário, a aquisição do direito do titular de um desses direitos ou evitando a incidência dos atos executórios sobre a propriedade plena. Deve, portanto, ser intimado da penhora e da alienação, não por expressa disposição de lei, mas por analogia com os titulares de outros direitos sobre bens penhorados que o legislador de 2015 teve o cuidado de enumerar, como o promitente-comprador, o superficiário, o enfiteuta, o credor fiduciário, bem como, na lição já mais de uma vez citada de HUMBERTO THEODORO JÚNIOR, por imposição do devido processo legal, que exige que todo aquele que tenha algum direito real sobre o bem penhorado, tenha a oportunidade de, cientificado da execução, adotar as providências que julgar adequadas para a proteção do seu direito, como o adquirente de bem alienado em fraude de execução (art. 792, § 4º).

---

314 HUMBERTO THEODORO JÚNIOR. *Curso de direito processual civil*, vol. II. 47ª ed. Rio de Janeiro: Forense, 2012, p. 355-356.
315 ARAKEN DE ASSIS. Ob. cit., p. 80-81.

Entretanto, há uma circunstância a considerar, de que o usufruto é inalienável, intransmissível, de acordo com o art. 1.393 do Código Civil, mesmo porque ele se extingue com a morte do usufrutuário (art. 1.410, inc. I, do mesmo Código), mas o seu exercício pode ser cedido em caráter oneroso ou gratuito. Essas regras se aplicam também ao uso (art. 1.413) e à habitação (art. 1.416). Se pode haver cessão do exercício desses direitos, pode haver penhora do direito a esse exercício.

Araken recorre à impenhorabilidade da moradia instituída pela Lei n. 8.009/90 para sustentar a impenhorabilidade até mesmo do direito a esse exercício, quando o usuário, habitante ou usufrutuário residir no imóvel com sua família. Parece-me que o Código de 2015 revogou a referida Lei, pois tratou por inteiro das impenhorabilidades no art. 833, não reproduzindo todo o teor daquela Lei, mas apenas as hipóteses que julgou relevantes, o que me pareceu solução acertada, porque acabou com a esdrúxula situação de que o próprio titular do direito à moradia poderia a ele renunciar ou transmiti-lo em caráter gratuito ou oneroso a terceiro, mas os seus credores não poderiam recorrer a esse patrimônio para serem pagos dos seus créditos.

Com razão Araken menciona que, em qualquer desses casos, no concurso de credores não se há de cogitar de direito de preferência. Mais do que isso, nenhum direito a participar do concurso teria um desses terceiros, pois essa participação é restrita ao exequente, aos credores com garantia real e aos demais credores que em execuções próprias tiverem penhorado o mesmo bem.

28.5. Promitentes comprador, vendedor, cessionário ou cedente

Os incisos III e IV do art. 799 e os incisos VI e VII do art. 889 preveem a intimação da penhora e da alienação judicial ao promitente comprador e ao promitente vendedor, quando a penhora recair sobre bem ou direito aquisitivo sobre bem sujeito a promessa de compra e venda registrada. O art. 804, §§ 1º e 3º, estabelece a ineficácia da alienação se esta não for intimada ao promitente comprador, ao promitente vendedor, ao cessionário e ao cedente do bem alienado. Todos estes podem requerer a adjudicação do bem penhorado (art. 876, § 5º), assim como proteger o seu direito eventualmente prejudicado pela alienação da qual não tenham sido intimados, na forma do art. 903, § 1º, inciso II.

Como nos casos anteriores, a assimetria desses dispositivos, que ora mencionam apenas as promessas de compra e venda, ora também as cessões, ora ainda as promessas de cessões, ora se referem ao registro desses direitos de terceiros, ora silenciam sobre o registro, apresentando imperfeições de redação que não excluem a incidência da regra de que, havendo quaisquer desses direitos de terceiros sobre o bem penhorado, a penhora e a alienação do bem como um todo ou de algum direito sobre ele incidente deva ser-lhes intimada, com a consequência da ineficácia da alienação em relação ao terceiro, caso não tenha aquela intimação ocorrido.

Não se entende por que na execução contra o cessionário, o cedente tenha de ser intimado, se não lhe tiver sido reservado algum direito relativo ao bem penhorado, diferentemente do que ocorre com o promitente cedente. Como também não se entende por que na execução contra o promitente comprador o promitente vendedor tenha de ser intimado se o preço da promessa de venda já lhe tiver sido integralmente pago. O legislador, na intenção de não omitir qualquer situação relevante, o que sempre poderia acontecer, acabou por alcançar também situações absolutamente irrelevantes que, desde que perfeitamente conhecidas do exequente, devem dispensá-lo do ônus de tais intimações.

Também não se entende por que a promessa de venda tenha de estar registrada. É certo que o registro confere ao comprador direito real sobre o bem, mas mesmo que não exista o registro, este tem direito a defender a sua situação jurídica em relação ao bem, o que, aliás, lhe asseguram os arts. 674 e 675, parágrafo único, facultando-lhe o oferecimento de embargos de terceiro para que a execução recaia sobre outros bens do devedor, caso seja possível.

Certa a Súmula 84 do Superior Tribunal de Justiça, segundo a qual "é admissível a oposição de embargos de terceiro fundados em alegação de posse advinda do compromisso de compra e venda de imóvel, ainda que desprovido do registro".

Examinando a situação do comodatário, do locatário e do depositário, também possuidores mas titulares de direito pessoal sobre o bem, que julgados dos tribunais superiores têm considerado sem legitimidade para oferecimento dos embargos de terceiro, ARAKEN DE ASSIS[316] entende que a legitimidade existe, mas deverá ocorrer a improcedência no mérito, porque o direito do locatário não é oponível ao exequente. Ocorre, como reconhece o autor, que a alienação judicial do bem poderá implicar em dissolução do contrato de locação, afetando a situação jurídica do locatário. Se nos embargos de terceiro este puder indicar outros bens do devedor suscetíveis de penhora, os seus embargos deverão ser acolhidos no mérito para que se efetive a substituição do bem penhorado.

28.6. Superficiário e proprietário do terreno

O direito de superfície é um direito real sobre imóvel alheio, instituído por escritura pública registrada, que confere ao seu titular, o superficiário, o direito de construir ou de plantar, assim como de utilizar o solo, o subsolo ou o espaço aéreo do terreno, "na forma estabelecida no contrato respectivo,

---

316 ARAKEN DE ASSIS. Ob. cit., p. 82.

atendida a legislação urbanística" (Estatuto da Cidade – Lei n. 10.257/2001, art. 21; CC, art. 1.369).

Rodrigo Mazzei o define como "direito real complexo e autônomo, de ter temporariamente construção e/ou plantação em imóvel alheio, conferindo ao seu titular os poderes de uso, gozo e disposição sobre o(s) implante(s)"[317].

O art. 791 do Código de 2015, que não tem correspondente no Código anterior, estabelece que na execução contra o superficiário ou contra o proprietário de terreno sujeito ao regime do direito de superfície responderá pela dívida "exclusivamente" o direito real de que é titular o executado, recaindo a penhora ou qualquer ato de constrição "exclusivamente" sobre o terreno ou sobre os implantes (construção ou plantação), conforme o caso. No caso de execução contra o superficiário, deve entender-se que a aplicação do dispositivo se estende também ao direito de utilização do solo, do subsolo e do espaço aéreo do terreno, mesmo que não haja plantações ou construções. Rodrigo Mazzei esclarece que essa regra não se aplica às obrigações tributárias que recaem sobre o imóvel (IPTU, ITR), que podem ser exigidas de um ou de outro, na forma da legislação própria[318].

Na execução contra o superficiário, somente o seu direito real pode ser penhorado, mas o proprietário do imóvel deve ser intimado da penhora e da alienação. Na execução contra o proprietário, o direito real do superficiário não pode ser penhorado, mas este deve ser intimado da penhora e da alienação. Se ilegalmente a penhora tiver excedido esses limites, havendo ou não intimação do terceiro cujo direito tenha sido indevidamente atingido (proprietário ou superficiário, conforme o caso), a alienação judicial em relação a este será ineficaz, podendo ainda este se valer de todos os meios para ressarcir-se do prejuízo sofrido, (art. 903, *caput*, § 1°, inc. II, e §§ 2° a 4°).

Em embargos de terceiro, pode o terceiro prejudicado pela penhora indevida do seu direito exclui-lo da constrição até a assinatura do auto de arrematação (art. 903, *caput*) ou pleitear a declaração de ineficácia da arrematação em relação ao seu direito até dez dias da referida assinatura (§ 2°). Depois desse momento, se intimado da alienação permanecer inerte, seu direito se resolverá em perdas e danos. Se não intimado, seu direito sobreviverá, podendo exigir o seu respeito pelo adquirente, se não preferir a indenização.

Também caberão embargos de terceiro do proprietário ou do superficiário, mesmo tendo a penhora incidido apenas sobre o direito real do próprio executado e não do terceiro: a) se o terceiro puder comprovar a incompatibi-

---

317 Rodrigo Mazzei. Observações sobre a penhora envolvendo o direito de superfície (e outros direitos reais imobiliários) no projeto do Código de Processo Civil. *Revista de Processo*, ano 39, n. 228. São Paulo: Revista dos Tribunais, fev. 2014, p. 172.
318 Rodrigo Mazzei. Ob. cit., p. 175-176.

lidade do direito do embargante com a provável perda da titularidade do direito do executado pela futura alienação; b) se o terceiro puder comprovar que o executado possui outros bens livres e desembaraçados que possam responder pela dívida. A origem contratual do direito de superfície impõe que a modificação subjetiva compulsória da contraparte seja evitada quando a penhora possa recair sobre outros bens, bem como se implicar em perda substancial da eficácia do direito do terceiro ou se houver cláusula contratual expressa de que a transferência do direito de superfície a terceiros dependa da concordância do proprietário (Lei 10.257/2001, art. 21, § 4º).

Os arts. 22 da Lei n. 10.257/2001 e 1.373 do Código Civil estabelecem que, em caso de alienação do terreno, ou do direito de superfície, o superficiário e o proprietário, respectivamente, terão direito de preferência, em igualdade de condições à oferta de terceiros. Na adjudicação, o terceiro – proprietário ou superficiário – deverá requerê-la oferecendo preço não inferior ao da avaliação (art. 876, § 5º). Se houver mais de um pretendente que ofereça o mesmo preço, terá preferência este terceiro, salvo se concorrer com o cônjuge, descendente ou ascendente (§ 6º). Na alienação particular, as regras a que se refere o art. 880 deverão oferecer ao terceiro – proprietário ou superficiário – a possibilidade de oferecer preço para aquisição, assegurando-lhe a preferência em condições iguais às de ofertas de outros pretendentes. Na arrematação, na própria praça o terceiro deverá manifestar a sua preferência pela aquisição, igualando a mais alta oferta, o que não impede que o preterido pela preferência, na mesma sessão, ofereça lanço maior, que poderá igualmente ser coberto pelo proprietário ou superficiário e assim por diante.

Parece-me razoável reconhecer ao superficiário, por aplicação analógica da norma do art. 33 da Lei n. 8.245/91 à preterição do seu direito de preferência por ausência de intimação da alienação, o direito de reclamar do executado as perdas e danos ou, depositando o preço e demais despesas do ato de transferência no prazo de seis meses do registro da alienação no Cartório de Imóveis, reivindicar a propriedade do terreno para si.

Aplica-se às duas hipóteses de execução contra o superficiário e de execução contra o proprietário do terreno a necessidade de intimação do cônjuge do executado, prevista no art. 842. Essa norma não se aplica ao cônjuge do terceiro, que não é parte na execução.

A Lei n. 13.465/2017, oriunda da Medida Provisória n. 759/2016 criou o direito real de laje, em disciplina bastante semelhante à do direito de superfície, do qual parece ser uma variação, sujeitando-se, pois, ao regime deste, em caso de penhora ou alienação em execução[319].

---

319 Nesse sentido, FREDIE DIDIER JR. *et alii*. Ob. cit., p. 175-177.

28.7. Enfiteuse

Os incisos V e VI do art. 799 prescrevem a intimação ao enfiteuta ou ao senhorio direto da penhora do imóvel sujeito à enfiteuse, na execução movida contra o senhorio direto ou contra o enfiteuta, respectivamente.

Tal como nos demais casos previstos neste artigo, igualmente o art. 889, incisos III e IV, determina que na penhora de bem enfitêutico, o proprietário ou o enfiteuta que não seja executado, seja intimado da alienação judicial com pelo menos cinco dias de antecedência. E os §§ 4º e 5º do art. 804 proclamam a ineficácia da alienação em relação ao proprietário ou enfiteuta não intimado.

O § 2º do art. 791 manda aplicar à enfiteuse o disposto no *caput* do mesmo artigo, segundo o qual, nesses casos, "responderá pela dívida, exclusivamente o direito real do qual é titular o executado, recaindo a penhora ou outros atos de constrição exclusivamente" sobre esse direito real.

Se ao arrepio do art. 791 a penhora tiver atingido o direito do terceiro, a saber, o domínio direto na execução contra o enfiteuta ou o domínio útil na execução contra o senhorio direto, havendo ou não intimação do terceiro cujo direito tenha sido indevidamente atingido, a alienação judicial em relação a este será ineficaz, podendo ainda este valer-se de todos os meios para preservar o seu direito ou ressarcir-se do prejuízo sofrido (art. 903, *caput*, § 1º, inc. II, e §§ 2º a 4º).

Em embargos de terceiro, pode o terceiro prejudicado pela penhora indevida do seu direito excluí-lo da constrição até a assinatura do auto de arrematação (art. 903, *caput*) ou pleitear a declaração de ineficácia da arrematação em relação ao seu direito até dez dias da referida assinatura (§ 2º). Depois desse momento, se intimado da alienação permanecer inerte, seu direito se resolverá em perdas e danos. Se não intimado, seu direito sobreviverá, podendo exigir o seu respeito pelo adquirente, se não preferir a indenização.

O senhorio direto e o enfiteuta, como titulares de direito real sobre o bem, podem oferecer embargos de terceiro, mesmo tendo a penhora incidido apenas sobre o direito real do próprio executado e não do terceiro: a) se puderem comprovar a incompatibilidade do seu direito com a provável perda da titularidade do direito do executado pela futura alienação; b) se puderem comprovar que o executado possui outros bens livres e desembaraçados que possam responder pela dívida. A modificação subjetiva compulsória da contraparte deve ser evitada quando a penhora possa recair sobre outros bens, bem como se implicar em perda substancial da eficácia do direito do terceiro.

Os arts. 683 a 685 do Código Civil de 1916, mantidos em vigor pelo art. 2.038 do Código Civil de 2002, estabelecem que, em caso de alienação do domínio direto ou do domínio útil, o enfiteuta ou o senhorio terão direito de preferência, em igualdade de condições à oferta de terceiros. Na adjudicação, o terceiro – senhorio direto ou enfiteuta – deverá requerer a adjudicação oferecendo preço não inferior ao da avaliação (art. 876, § 5º, c.c. o art. 889, incs. III e IV). Se houver mais de um pretendente que ofereça o mesmo preço, o senhorio ou o enfiteuta terá preferência, salvo se concorrer com o cônjuge, descendente ou ascendente do executado (art. 876, § 6º). Na alienação particular, as regras a que se refere o art. 880 deverão oferecer ao terceiro – senhorio ou enfiteuta – a possibilidade de oferecer preço para aquisição, assegurando-lhe a preferência em condições iguais às de ofertas de outros pretendentes, exceto o cônjuge, descendente ou ascendente do executado. Na arrematação, na própria praça o terceiro deverá manifestar a sua preferência pela aquisição, igualando a mais alta oferta, o que não impede que o preterido pela preferência, na mesma sessão, ofereça lanço maior, que poderá igualmente ser coberto pelo senhorio direto ou enfiteuta e assim por diante.

Parece-me razoável reconhecer ao senhorio e ao enfiteuta, com fundamento no art. 685 do Código Civil de 1916 e por aplicação analógica da norma do art. 33 da Lei n. 8.245/91 à preterição do seu direito de preferência por ausência de intimação da alienação, o direito de reclamar do executado as perdas e danos ou, depositando o preço e demais despesas do ato de transferência no prazo de seis meses do registro da alienação no Cartório de Imóveis, reivindicar para si por ação própria o domínio direto ou o domínio útil.

28.8. Concessão de uso especial ou de bem público

A par da hipótese de intimação do titular de direito real de uso ou do proprietário do bem sujeito a esse gravame, de que tratamos no item 28.4 acima, os incisos V e VI do art. 799 também a exigem do titular de concessão de uso especial para fins de moradia ou concessão de direito real de uso, assim como do respectivo proprietário. Essas espécies de direito de uso são objeto de abundante e complexa legislação, que as introduziu na disciplina do regime dos bens da União, originariamente tratado no Decreto-lei n. 9.760/46, e complementado entre outros diplomas pelo Decreto-lei n. 271/67 (art. 7º), pela Lei n. 9.636/98 (especialmente os arts. 18, 22-A e 23) pela Medida Provisória n. 2.220/2001 (arts. 1º a 8º e 15), e ainda pelas Leis ns. 11.481/2007 e 13.465/2017.

Tentando compreender o alcance desse emaranhado de dispositivos quando o proprietário ou o usuário for sujeito passivo de uma execução, FREDIER DIDIER JR. *et alii* observam que "quanto à intimação do concessionário de uso especial para fins de moradia, entendemos que, por ora, o disposto no art. 799, V, CPC, é insuscetível de aplicação concreta". Isso porque esses direitos reais somente podem recair sobre bens públicos, que são insuscetíveis de penhora, processando-se a execução contra o ente público pelo regime do precatório (CF, art. 100; CPC, arts. 534-535 e 910).

Tenho sustentado que, a partir do Código Civil de 2002, os bens dominicais das pessoas jurídicas de direito público não são necessariamente inalienáveis e, portanto, impenhoráveis, consoante o disposto no seu art. 101. Nesse sentido também militam as Leis sobre os Juizados Especiais Federais e sobre os Juizados Especiais da Fazenda Pública (Leis ns. 10.259/2001, art. 17, e 12.153/2009, art. 13), assim como o art. 910, § 1º, do Código de Processo Civil, caso a requisição de pequeno valor não seja atendida.

Aliás, a possibilidade de alienação dos bens sujeitos a estas concessões de uso está expressamente prevista no art. 23 da Lei n. 9.636/98. Assim, se no momento da execução o bem não mais se encontra na propriedade de ente público, nada impede que o seu titular o veja penhorado numa execução, daí resultando a necessidade de intimação do usuário. A maior dificuldade se dará na hipótese de penhora do direito real de uso, porque pela legislação de regência, esteja o bem ou não na propriedade de ente público, não poderá ser desviado de sua finalidade, a moradia ou outra função social reconhecida por ocasião da concessão (Decreto-lei n. 271/67, art. 7º, § 3º; MP 2.220/2001, arts. 7º e 8º).

Aplica-se à concessão de uso o disposto no art. 791 (§ 2º). Se ao arrepio do art. 791 a penhora tiver atingido o direito do terceiro, a saber, a propriedade na execução contra o concessionário ou o direito de uso na execução contra o proprietário, havendo ou não intimação do terceiro cujo direito tenha sido indevidamente atingido, a alienação judicial em relação a este será ineficaz, podendo ainda este valer-se de todos os meios para preservar o seu direito ou ressarcir-se do prejuízo sofrido (art. 903, *caput*, § 1º, inc. II, e §§ 2º a 4º).

Em embargos de terceiro, pode o terceiro prejudicado pela penhora indevida do seu direito exclui-lo da constrição até a assinatura do auto de arrematação (art. 903, *caput*) ou pleitear a declaração de ineficácia da arrematação em relação ao seu direito até dez dias da referida assinatura (§ 2º). Depois desse momento, se intimado da alienação permanecer inerte, seu direito se resolverá em perdas e danos. Se não intimado, seu direito sobreviverá, podendo exigir o seu respeito pelo adquirente, se não preferir a indenização.

A alienação de concessão de uso de imóvel público está sujeita a anuência prévia do ente público, nos termos do art. 7º, § 5º, do Decreto-lei n. 271/67. A falta dessa autorização implicará em nulidade da alienação e não simplesmente em ineficácia.

O proprietário e o concessionário, como titulares de direito real sobre o bem, podem oferecer embargos de terceiro, mesmo tendo a penhora incidido apenas sobre o direito real do próprio executado e não do terceiro-embargante: a) se puderem comprovar que a alienação frustrará a finalidade da concessão de uso; b) se puderem comprovar que o executado possui outros bens livres e desembaraçados que possam responder pela dívida.

O proprietário e o concessionário têm legitimidade para requerer a adjudicação, nos termos do art. 876, § 5°, combinado com o art. 889, incisos III e IV.

28.9. Intimação da sociedade

O inciso VII do art. 799 prevê a intimação à sociedade no caso de penhora de quota social ou de ação de sociedade anônima fechada, para assegurar que, por esta informados os sócios da futura alienação, possam vir a requerer ao juízo da execução a adjudicação das quotas ou das ações, com preferência em relação a outros credores, se frustradas tiverem sido as providências previstas no art. 861 para resguardar os interesses dos sócios ou acionistas e preservar, na medida do possível, a *affectio societatis*.

Nesse caso, a lei não prevê intimação da alienação, mas o mesmo fundamento que prescreve a intimação da penhora – a preferência na aquisição das cotas ou ações pelo sócio – impõe com redobrada razão a intimação da arrematação, da adjudicação ou da alienação particular, sob pena de ineficácia de alienação e de poder o sócio vir a reivindicar as cotas ou ações alienadas na própria execução (art. 903) ou em ação própria, mediante o pagamento do preço pelo qual foram alienadas a outrem.

A lei manda que intimada seja a sociedade e não cada um dos sócios individualmente, cabendo àquela o ônus de informar da penhora e da alienação os seus associados. Se a sociedade for intimada, mas omitir a comunicação aos seus associados, a alienação não será ineficaz, cabendo ao sócio prejudicado, comprovando a disponibilidade de recursos para exercer o direito de preferência, o direito de reivindicar da sociedade as perdas e danos.

Na adjudicação, o sócio ou acionista deverá requerer a adjudicação oferecendo preço não inferior ao da avaliação (art. 876, § 5°, c.c. o art. 889, incs. III e IV). Se houver mais de um pretendente que ofereça o mesmo preço, o cotista ou acionista terá preferência, salvo se concorrer com o cônjuge, descendente ou ascendente do executado (art. 876, § 6°). Na alienação particular, as regras a que se refere o art. 880 deverão oferecer ao cotista ou acionista a possibilidade de oferecer preço para aquisição, assegurando-lhe a preferência em condições iguais às de ofertas de outros pretendentes, exceto o cônjuge, descendente ou ascendente do executado. Na arrematação, na própria praça o terceiro deverá manifestar a sua preferência pela aquisição, igualando a mais alta oferta, o que não impede que o preterido pela preferência, na mesma sessão, ofereça lanço maior, que poderá igualmente ser coberto pelo cotista ou acionista.

A lei processual não resolve todas as situações que podem dificultar a incidência da execução sobre cotas de capital ou ações de sociedades fechadas. A meu ver, o contrato não pode impedir a penhora das cotas, porque, se estas têm valor econômico, como se presume, são bens que devem estar sujeitos à execução em benefício dos credores do seu titular[320]. Mas, em benefício não só da *affectio societatis*, mas também da desejável continuidade da atividade da empresa, a sociedade deve ser intimada para os fins previstos no art. 861 e, se frustradas as providências nele preconizadas, para que possam os demais sócios ou acionistas exercer o seu direito de preferência.

28.10. Outras intimações

O inciso I do art. 889 determina que o executado seja intimado da alienação com 5 dias de antecedência. Se o executado tiver advogado constituído nos autos essa intimação dar-se-á por meio do seu advogado, mediante publicação no órgão oficial, intimação eletrônica, pelo correio ou até mesmo de advogado a advogado, de acordo com o disposto nos arts. 269 a 275 do Código de Processo Civil. Se o executado não tiver procurador nos autos, sua intimação dar-se-á pelo correio, se tiver endereço nos autos por ele mesmo fornecido ou no qual tenha sido anteriormente citado ou intimado, observando-se o disposto no art. 274. Se a citação ou intimação anterior tiver sido editalícia, não havendo nos autos posterior informação idônea do paradeiro do executado, por edital deverá ser ele intimado. A falta ou nulidade da intimação do executado acarretará a nulidade da alienação, que poderá ser arguida incidentalmente, nos termos do art. 903 ou por ação própria.

No item 26 dos comentários ao art. 798 explicamos que o terceiro garantidor é também legitimado passivo ordinário da execução. O Código somente o menciona no art. 835, § 3º, exigindo a sua intimação da penhora. Mas se a sua identidade consta do título executivo ou é conhecida do exequente, deve ele ser citado ou intimado desde a propositura da execução. Como codevedor também deverá ser intimado da alienação, nos termos do art. 889, inciso I. Reporto-me às observações sobre a dupla intimação – da penhora e da alienação –, feitas na abertura dos comentários a este artigo. A falta da intimação da alienação acarretará a nulidade do ato.

O coproprietário de bem indivisível do qual tenha sido penhorada fração ideal também deve ser intimado da alienação judicial com 5 dias antecedência (art. 889, inc. II), podendo requerer a adjudicação (art. 876, § 5º). Para dar

---

[320] V. ÉRICK DA SILVA RÉGIS. A penhora de quotas de sociedade limitada por dívida contraída por sócio perante terceiros não integrantes do quadro societário. *Revista Síntese Direito Civil e Processual Civil*, n. 114. São Paulo, jul./ago. 2018, p. 96-120.

cumprimento à preferência que lhe assegura o art. 1.322 do Código Civil, o condômino deverá fazer oferta na adjudicação e na alienação particular ou apresentar lanço na arrematação, preferindo a estranho, em igualdade de condições. Se concorrer com outro condômino com igualdade de ofertas, preferirá o que tiver na coisa benfeitorias mais valiosas e, não as havendo, o de quinhão maior. MARCO AURELIO S. VIANA esclarece que nem sempre as benfeitorias mais valiosas asseguram a preferência, citando as hipóteses em que por força de contrato as benfeitorias tenham se incorporado ao imóvel, perdendo a qualidade de acessórios, assim como a de que o titular de benfeitorias não necessárias de maior valor seja possuidor de má-fé, porque destas não tem ele direito ao ressarcimento, nos termos do art. 1.220 do Código Civil[321]. Não intimado da alienação, esta será ineficaz em relação ao coproprietário, que poderá exercer a sua preferência incidentalmente mediante requerimento ao juiz da execução no prazo do § 2º do art. 903. Após esse prazo, parece-me razoável, por aplicação analógica da norma do art. 33 da Lei n. 8.245/91, que ele possa exercer o seu direito de preferência por ação própria, para reclamar do executado ou do próprio exequente as perdas e danos ou, depositando o preço e demais despesas do ato de transferência e comprovando os demais requisitos do art. 1.322 do Código Civil, se for o caso, no prazo de seis meses do registro da alienação no Cartório de Imóveis, reivindicar para si o quinhão alienado.

O credor com penhora anteriormente averbada também será intimado da alienação com 5 dias antecedência (art. 889, inc. V), podendo requerer a adjudicação (art. 876, § 5º) ou participar do rateio do dinheiro, nos termos do art. 908, § 2º. Apesar da redação do referido inciso V, não é a averbação da penhora que confere prioridade no pagamento ao credor, mas a efetivação da penhora. Assim, ainda que a penhora anterior tenha sido averbada posteriormente à penhora posterior, o credor terá preferência, entre os credores quirografários, por ocasião do pagamento. A falta de intimação não torna a alienação ineficaz, nem faz desaparecer o direito de preferência do credor que anteriormente penhorou em relação aos demais quirografários. Se não manifestar a sua preferência nos termos do art. 909, poderá exercê-la posteriormente em ação contra o credor que indevidamente recebeu antes dele. Se intimado da alienação e não manifestar na forma do referido artigo a sua preferência, esta se extinguirá.

O inciso VIII do art. 889 exige a intimação da União, Estado e Município, com cinco dias de antecedência, na alienação de bens tombados. O § 5º do art.

---

321 MARCO AURELIO S. VIANA. *Comentários ao novo Código Civil*: dos direitos reais. Arts. 1.225 a 1.510, vol. XVI. 3ª ed. Rio de Janeiro: Forense, 2007, p. 405-406.

876 enseja a adjudicação do bem pelo ente público. E o § 3º do art. 892 confere aos entes públicos preferência na aquisição do bem tombado, "no caso de igualdade de oferta". Essa preferência se aplica também à adjudicação e à alienação particular, prevalecendo sobre a preferência dos parentes a que se refere o § 6º do art. 876, tendo em vista o interesse público prevalente. A falta dessa intimação não é caso de nulidade nem de ineficácia da alienação, mesmo porque o ente público, no interesse público, sempre poderá desapropriá-lo. Por aplicação analógica da norma do art. 33 da Lei n. 8.245/91 à preterição do seu direito de preferência por ausência de intimação da alienação, o ente público conserva o direito de reclamar das partes na execução e do próprio adquirente as perdas e danos ou, depositando o preço e demais despesas do ato de transferência no prazo de seis meses do registro da alienação no Cartório de Imóveis, reivindicar para si o bem alienado. Tendo o Código de 2015, no art. 1.072, revogado o art. 22 do Decreto-lei n. 25 de 1937, a finalidade do referido inciso VIII é apenas a de assegurar a preferência do ente público na alienação e que este, em caso de alienação a terceiro, mantenha a sua vigilância para que o patrimônio cultural protegido não sofra qualquer dano, tal como previsto no art. 17 do mencionado decreto-lei. O tombamento deverá estar averbado no registro público do bem, para ensejar a responsabilidade civil seja do adquirente, seja das próprias partes na execução. Intimado ou não da alienação o ente público goza de privilégio especial no pagamento de multas impostas antes do tombamento, sobre o produto do dinheiro apurado na alienação judicial ou particular (Decreto-lei n. 25/37, art. 29). Como bem observam FREDIE DIDIER JR. *et alii*, curiosamente, a preferência de que trata o art. 892, § 3º, somente se aplica à alienação do bem tombado em processo de execução, não à venda extrajudicial[322].

O adquirente de bem alienado em fraude de execução, com fundamento nos arts. 674-675 e 792, § 4º, também deverá ser intimado da penhora ou da alienação, para que possa oferecer embargos de terceiro.

Na legislação extravagante, podem existir outras previsões de intimações da penhora ou da alienação em execução judicial, como ocorre, por exemplo, na Lei n. 10.931/2004 (art. 18, § 8º), que determina que o credor de cédula de crédito imobiliário seja intimado da constrição judicial sobre o bem, estando a emissão da cédula averbada no RGI (§ 5º).

FREDIE DIDIER JR. *et alii* sugerem ainda a intimação do arrendatário do imóvel rural, a que já nos referimos no início dos comentários ao art. 799, do proprietário do prédio serviente ou do dominante, no caso de imóvel sujeito a servidão e ao possuidor conhecido do bem penhorado[323].

---

322 FREDIE DIDIER JR. *et alii*. Ob. cit., p. 175.
323 FREDIE DIDIER JR. *et alii*. Ob. cit., p. 175-177.

Como já afirmamos com apoio em HUMBERTO THEODORO JÚNIOR, essas intimações devem ser exigidas para proteção de eventuais interesses de destinatários enumerados na lei, mas, por imposição do devido processo legal, também a todo aquele que tiver algum direito real sobre o bem penhorado[324].

Os descendentes e ascendentes do executado podem requerer a adjudicação do bem penhorado (art. 876, § 5º), mas em nenhum momento a lei exige a sua intimação, seja da penhora, seja da alienação. Essa adjudicação corresponde à antiga remição do bem, que desapareceu com o advento da Lei n. 11.382/2006, com o intuito de preservar o bem no patrimônio da família, e que depende exclusivamente da iniciativa do próprio parente do devedor que, da proximidade da alienação tenha sido informado pelo próprio executado ou por qualquer outro meio.

29. A propositura de medidas de urgência

Uma das características da redação original do Código de 1973 foi a categórica distinção entre o processo de conhecimento, o processo de execução e o processo cautelar, regulados separadamente nos seus livros I, II e III. Essa racionalidade, típica da lógica aristotélico-tomista, se apresenta muitas vantagens do ponto de vista didático, porque explica com bastante simplicidade e clareza a essência de cada modalidade de tutela jurisdicional, apresenta muitas dificuldades na definição da natureza de muitos institutos processuais que, originados da realidade da vida que desagua no processo, foram sendo moldados de acordo com necessidades práticas e com rituais construídos empiricamente por juízes e advogados, ditados muitas vezes por critérios preponderantes de eficiência, mais do que de racionalidade.

No Código de 2015 a função cautelar não é mais objeto de processos autônomos, em relação à função cognitiva e à função executória. Ela pode ser exercida tanto em processo de conhecimento, quanto em processo de execução e ainda no processo sincrético de conhecimento e de execução do chamado cumprimento de sentença, estando regulada para qualquer tipo de processo na Parte Geral do Código, no âmbito da denominada *tutela de urgência* (arts. 300 a 310), que, por sua vez, integra a *tutela provisória*, juntamente com a *tutela da evidência*.

A postulação da tutela de urgência (arts. 799, inc. VIII, e 299) pode ser objeto da própria petição ou requerimento inicial do processo de execução ou

---

[324] HUMBERTO THEODORO JÚNIOR. *Curso de direito processual civil*, vol. II. 47ª ed. Rio de Janeiro: Forense, 2012, p. 355-356.

do cumprimento de sentença, bem como de petição avulsa dirigida ao juiz da causa.

Há muitas afinidades entre atos tipicamente executórios, como, por exemplo, a penhora, e medidas cautelares porque aqueles, predispostos no iter procedimental como meios à obtenção da satisfação da prestação, neste atuam como instrumentos temporários de conservação de bens ou de situações jurídicas que possibilitam os atos executórios subsequentes e assim contribuem para assegurar o resultado útil da execução. Atos de apreensão, de administração provisória, de inibição e de garantia são inerentes à execução e em vários ordenamentos jurídicos são regulados como medidas cautelares

Assim, na Espanha, no âmbito da tutela cautelar, a *Ley de Enjuiciamiento Civil* (art. 727-7) admite a ordem judicial de cessação provisória de atividade, de abstenção temporária de uma conduta, de proibição temporária de interrupção ou de cessação de uma prestação. Também o princípio 8º dos Princípios do Processo Civil Transnacional, aprovados em 2004 pelo American Law Institute e pela Unidroit, a título de tutela provisória e conservativa, recomenda que o tribunal possa concedê-la para assegurar a eficácia da decisão, para proteger ou disciplinar a situação presente. Portanto, parece difícil estabelecer um limite rigoroso entre os meios executórios e as medidas cautelares, porque a instrumentalidade, a provisoriedade e a fungibilidade se encontram lá e cá. Quanto à urgência, não a descartando nos meios executórios, como no arresto antecipado do art. 830, parece possível exigir das medidas cautelares uma intensidade maior na sua avaliação.

Essa afinidade se acentua na característica fungibilidade tanto dos meios executórios quanto das medidas cautelares, porque em ambos o juiz pode variar o conteúdo da providência, independentemente do requerimento da parte. É a chamada fungibilidade da medida cautelar e do meio executório. Aquela assegurada pelo disposto nos arts. 297 e 301 do Código de Processo Civil. Esta resultante do princípio da menor onerosidade da execução (art. 805). Este princípio acentua a afinidade das duas categorias, porque impõe ao juiz da execução a permanente consideração do *periculum in mora inverso* na escolha do meio executório mais adequado[325], provendo inclusive a medidas de contracautela para proteger o executado de excessos executórios, como previsto pelo legislador para as medidas cautelares (arts. 300, § 1º, e 301).

Essa fungibilidade, que em ambos os casos o juiz exerce de ofício, não derroga o princípio da inércia. Tanto a tutela cautelar quanto a tutela executiva somente podem ser concedidas por iniciativa do interessado. Entretanto,

---

325 ALDO FRIGNANI. *L'injunction nella Common Law e l'inibitoria nel Diritto Italiano*. Milano: Giuffrè, 1974, p. 38-39.

requerida a tutela cautelar pode o juiz, para atendê-la, adotar providência de conteúdo diverso do que aquele que o autor pediu. Como na tutela executiva, requerida a sua instauração, o juiz pode determinar a efetivação do meio executório que lhe parecer mais adequado, desde que menos oneroso para o executado.

Como já acentuado, na execução há muitos *atos de garantia*, que se destinam a conservar bens ou a resguardar as partes de eventuais prejuízos que possam decorrer da própria marcha do processo. Alguns desses atos são frequentemente considerados como verdadeiras medidas cautelares incidentes, como o arresto e a caução para o levantamento de depósito em dinheiro na execução provisória (arts. 830 e 520, inc. IV), ou a alienação antecipada de bens penhoráveis[326]. Parece-me que prevalece aqui a natureza executória desses atos, embora apresentem com a cautelaridade profunda similitude, já que são impostos pela lei ou pelo juiz, e não a requerimento do interessado, e a sua concessão pelo juiz, quando não forem exigidos diretamente pela lei, ao invés de submeter-se à verificação objetiva rigorosa do *fumus boni juris* e do *periculum in mora*, resulta de decisões que o magistrado adota com a prudência do bom administrador, avaliando a sua necessidade, a sua adequação, a sua razoabilidade, a sua proporcionalidade, assim como o seu impacto na esfera jurídica do executado. Atos como a penhora, o depósito na execução para entrega de coisa, o depósito do valor das benfeitorias indenizáveis nessa execução, a apreensão do título na penhora de crédito, o seguro de riscos na penhora de navios e aeronaves e a caução ou hipoteca do bem na arrematação a prazo (arts. 831, 919, § 1º, 810, 856, § 1º, 864 e 895), são outros exemplos de atos executórios de garantia.

A amplitude dos meios executórios hoje disponíveis praticamente absorve toda a cautelaridade. À primeira vista, terão a natureza tipicamente cautelar as medidas de urgência requeridas em caráter antecedente, pois, ainda não instaurada a execução, não se inserem de imediato na série de atos do procedimento predisposto para a satisfação do crédito do exequente. Se ainda alguma providência exclusivamente cautelar puder ser requerida em caráter antecedente ou incidente, para servir à execução, deverá preencher os pressupostos de utilidade e menor onerosidade, além do *fumus boni juris* e do *periculum in mora*.

Assim, o inciso VIII do art. 799 tem caráter meramente autorizativo,

---

326 ANDRE VASCONCELOS ROQUE. Comentário ao artigo 799. In: FERNANDO DA FONSECA GAJARDONI. LUIZ DELLORE. ANDRE VASCONCELOS ROQUE. ZULMAR DUARTE DE OLIVEIRA JR. *Execução e recursos:* comentários ao CPC de 2015. Rio de Janeiro: Método, 2017, p. 761.

prevendo que o exequente possa na inicial da execução ou no seu curso requerer medidas de urgência. Isso não exclui que a tutela de urgência possa ser requerida em caráter antecedente, nos termos dos arts. 305 a 310. Não impede, tampouco, que a tutela cautelar seja requerida pelo executado.

Ao facultar medidas urgentes o inciso se refere apenas a medidas cautelares, não a medidas de tutela antecipada, porque estas não são compatíveis com a execução, mas somente com a jurisdição de conhecimento. Pode haver tutela de urgência antecipada em ações cognitivas incidentes à execução, como os embargos do executado ou a impugnação ao cumprimento de sentença, mas não para antecipar o provimento satisfativo final no procedimento executório, o que violaria o devido processo legal. Pode também haver execução de tutela antecipada concedida no processo de conhecimento, como a execução de alimentos provisórios na ação de alimentos. A antecipação da satisfação do exequente somente pode concretizar-se através de procedimento legal próprio, ou seja, por meio da execução ou cumprimento provisório de sentença, sujeito a regras legais específicas, que, em qualquer caso, exigem título executivo legalmente previsto e também legalmente admitida a sua provisória executoriedade, não bastando a simples avaliação em face dos circunstâncias do caso concreto dos pressupostos do *fumus boni juris* e do *periculum in mora* a que se refere o art. 300[327].

No entanto em vários momentos destes comentários tenho aludido à necessidade da tutela de urgência para acelerar a prática de atos executórios que não podem aguardar o decurso de determinados prazos ou observar o rigor do procedimento, sob pena de se tornarem ineficazes ou de favorecerem que o executado frustre os objetivos da tutela executiva. Assim foi quando tratei do devido processo legal na aplicação de medidas executivas atípicas, quando sustentei a incidência do contraditório na execução e quando tratei da desconsideração da personalidade jurídica no comentário ao art. 798.

No comentário ao art. 801 mencionarei que "salvo se imperiosa a tutela de urgência, seja o executado citado ou intimado a cumprir espontaneamente a prestação (arts. 9º, 513, 523, 528, 536, § 4º, 538, § 3º, 806, 815, 822 e 827)". No comentário ao art. 806 irei ressaltar que "a impossibilidade de observar o prazo legal de quinze dias para entregar o ser humano não é obstáculo à incidência desse procedimento (execução para entrega de coisa) porque a tutela da urgência poderá remediá-la". No item 44 do comentário ao mesmo art. 806, observarei a respeito

---

[327] Não é demais recordar, corroborando as semelhanças entre a função executiva e a função cautelar, a opinião de CHIOVENDA, hoje inteiramente abandonada pela doutrina, que atribuía natureza cautelar a certas espécies de execução provisória, voltadas a prevenir danos vinculados à mora processual, como, por exemplo, nas prestações de alimentos (v. GIROLAMO MONTELEONE. Esecuzione provvisoria. *Scritti sul processo civile*. Processo di cognizione. Impugnazioni, vol. II. Roma: Aracne Editrice, 2013, p. 457).

das coações indiretas na execução para entrega de coisa que "caso a urgência exija a sua imposição *inaudita altera parte*, ao executado deve ser assegurada a possibilidade de impugná-la antes que se torne efetiva, devendo o juiz reexaminar de imediato a decisão concessiva à luz das razões e provas trazidas pelo executado". O mesmo juízo a respeito das coações indiretas e do emprego de meios sub-rogatórios nas execuções das obrigações de fazer e de não fazer farei nos comentários ao art. 814 e à Seção II – Da Obrigação de Não Fazer. No comentário ao art. 815 mencionarei a possibilidade de adoção de prazo para cumprimento espontâneo de obrigação de fazer menor do que o legalmente previsto por meio da tutela da urgência.

Por outro lado, embora omisso o art. 799, deve o exequente dispor da possibilidade de promover atos instrutórios, em face do devedor ou de terceiros, a fim de localizar os bens penhoráveis ou de apurar circunstâncias relevantes para o cumprimento de obrigações de fazer, seja na própria inicial da execução, seja no curso do procedimento executório, seja ainda em caráter antecedente sem o caráter de urgência, com fundamento nos arts. 381 a 383 do Código de Processo Civil[328].

30. Averbação da execução e de atos de constrição

O inciso IX do art. 799 faculta ao exequente "proceder à averbação em registro público de ato de propositura da execução e dos atos de constrição realizados, para conhecimento de terceiros".

Na linguagem cartorária, averbações são anotações acessórias a registros públicos que fazem constar circunstâncias ou elementos que os elucidam, modificam ou restringem, tanto em relação ao objeto registrado quanto em relação aos titulares dos direitos, bens ou situações jurídicas registradas[329].

---

328 No âmbito da execução fiscal federal, a Lei n. 13.606/2018 e a Portaria n. 33/2018 da Procuradoria Geral da Fazenda Nacional ensejam a instauração de procedimento administrativo pré-executório para a localização dos bens do devedor. Embora algumas dessas normas possam merecer críticas pelo constrangimento abusivo que podem impor ao executado, antes que um órgão imparcial verifique a efetiva consistência do crédito, prenunciam uma tendência, verificada em outros países, como em Portugal com a Lei n. 32/14, de facilitar o acesso do credor a informações sobre os bens do devedor, para que a instauração da execução se concretize quando ela puder ser de fato eficaz, poupando credor e devedor de despesas e constrangimentos inúteis e aliviando o Judiciário de processar execuções sem perspectiva de alcançar resultados práticos (v. ELIAS MARQUES DE MEDEIROS NETO. A recente Portaria 33 da Procuradoria-Geral da Fazenda Nacional, a Lei 13.606/18 e o PePex português: movimentos necessários de busca antecipada de bens do devedor. *Revista de Processo*, ano 43, n. 281. São Paulo: Revista dos Tribunais, jul. 2018, p. 219-239).

329 WILSON DE SOUZA CAMPOS BATALHA. *Comentários à Lei de Registros Públicos*, vol. II. 2ª ed. São Paulo: Forense, 1979, p. 856; WALTER CENEVIVA. *Lei de Registros Públicos comentada*. 13ª ed. São Paulo: Saraiva, 1999, p. 455.

Como todos os atos registrais, as averbações têm a finalidade preponderante de atribuir-lhes publicidade, conferindo segurança quanto à existência, ao conteúdo e à autoria dos atos ou declarações nelas documentados, transmitindo-os ao conhecimento de terceiros a quem esses atos possam de algum modo interessar ou facilitando a esses terceiros o acesso ao seu conhecimento e devassando a privacidade dos titulares dos atos documentados, na medida em que esses atos podem repercutir na esfera jurídica de terceiros.

Na execução a lei prevê algumas espécies de averbações, que passaremos a enumerar. A principal é a averbação no cartório ou repartição do registro público do bem sujeito a registro:

a) Do ajuizamento com despacho positivo da petição ou do requerimento inicial:
   1. De ação fundada em direito real sobre o bem ou de ação com pretensão reipersecutória (art. 792, inc. I);
   2. De execução ou cumprimento de sentença relativo a prestação pecuniária se sobre o bem puder recair penhora, arresto ou indisponibilidade (arts. 792, inc. II, 799, inc. IX, e 828);

b) Da penhora, arresto ou qualquer outro ato executório de constrição sobre o bem (arts. 799, inc. IX, 828, 844), em especial:
   1. Terreno, construção ou plantação no direito de superfície (art. 791);
   2. Domínio útil ou domínio direto na enfiteuse, concessão de uso para fins de moradia e concessão de direito real de uso (art. 791, § 2º);
   3. Hipoteca judiciária ou outro ato de constrição judicial do processo onde foi arguida a fraude (art. 792, inc. III);

c) Da penhora de frutos e rendimentos de imóvel (art. 868).

A averbação em registro público do bem, em especial o Registro de Imóveis, é providência a cargo do exequente, mediante a apresentação à serventia extrajudicial competente de certidão do ajuizamento deferido da ação ou do ato de constrição, não integrando o ato executório. No Registro Nacional de Veículos Automotores, atualmente acionado pelo chamado Renajud[330], o exequente deve promover a averbação, requerendo-a ao juiz da causa, pois o sistema é acessível apenas a magistrados.

O art. 860 prevê uma outra averbação, que não se realiza no cartório extrajudicial, que é a averbação da penhora de direito do executado que está sendo pleiteado em juízo nos autos pertinentes, que será efetivada em cumpri-

---
330 V. Recomendação n. 51/2015 do Conselho Nacional de Justiça.

mento de mandado judicial ou precatória de vênia e integra o ato executório de penhora.

As averbações não são propriamente atos de coação indireta, pois não atuam diretamente sobre a vontade do devedor, mas atos de garantia dos interesses do exequente e de terceiros que eventualmente podem até induzir o executado a cumprir a prestação devida pelas limitações ao gozo e disposição dos bens que delas podem lhe resultar.

> **Art. 800.** Nas obrigações alternativas, quando a escolha couber ao devedor, esse será citado para exercer a opção e realizar a prestação dentro de 10 (dez) dias, se outro prazo não lhe foi determinado em lei ou em contrato.
>
> **§ 1º** Devolver-se-á ao credor a opção, se o devedor não a exercer no prazo determinado.
>
> **§ 2º** A escolha será indicada na petição inicial da execução quando couber ao credor exercê-la.

Citando CLÓVIS BEVILÁQUA, AMÍLCAR DE CASTRO define obrigação alternativa como aquela em que há mais de uma prestação a cumprir, mas em que o devedor se exonera satisfazendo qualquer delas. Todas as prestações constantes do título são devidas, mas, escolhida uma delas, nela se concentra a dívida. Antes da escolha a obrigação é indeterminada e não há inadimplemento, não podendo desencadear-se a atividade executória a não ser depois de efetivada a escolha pelo devedor ou pelo credor, conforme o caso[331].

Por isso, o art. 800 determina que nesses casos o executado seja citado para em dez dias exercer a opção e cumprir a prestação, se a este couber a escolha. Ao credor devolver-se-á a escolha, se não a exercer o devedor no prazo. Se esta couber ao exequente, deverá efetivá-la desde a petição ou requerimento inicial. Se não o fizer, porque requereu desde logo a citação do executado na forma do *caput* deste artigo, terá implicitamente devolvido ao executado a opção.

A regra se aplica tanto ao processo de execução autônomo de título extrajudicial quanto ao cumprimento de sentença, na forma do art. 771, pois o título executivo judicial também pode conter condenação alternativa, como decorrência de pedido alternativo, contemplado no art. 325 do Código de Processo Civil[332].

---

331 AMILCAR DE CASTRO. *Comentários ao Código de Processo Civil*. Arts. 566 a 747, vol. VIII. São Paulo: Revista dos Tribunais, 1974, p. 21.
332 Em contrário, v. ANDRE VASCONCELOS ROQUE. Comentário ao artigo 800. In: FERNANDO DA FONSECA GAJARDONI. LUIZ DELLORE. ANDRE VASCONCELOS ROQUE.

Frequentemente nas obrigações alternativas que dependem de escolha do executado as prestações possíveis são de natureza diversa, exigindo procedimentos e meios executórios diversos. Além de enumerá-los no petitório inicial, deverá o exequente efetuar a escolha do meio executório de sua preferência em relação a cada tipo de prestação, nos termos do art. 798, inciso II, *a*.

Nas obrigações alternativas à escolha do devedor, a execução apresenta uma relativa indeterminação do bem jurídico que constitui o pedido mediato, com consequente iliquidez, igualmente relativa, da dívida e do respectivo título executivo. Essa iliquidez não exige procedimento específico de liquidação, resolvendo-se com a providência alvitrada no *caput* do art. 800.

Não colhe confundir obrigação alternativa com pluralidade de meio executório. Na obrigação alternativa, há pluralidade de prestações, de bens da vida e, portanto, de pedidos mediatos. Mas uma única prestação pode ser cumprida por mais de um meio executório, o que pode implicar até mesmo em pluralidade de procedimentos. O meio executório é o pedido imediato da execução, é o tipo de atividade prática que o exequente requer que o juiz determine para atingir a satisfação da prestação devida pelo executado; assim, por exemplo, a penhora e a expropriação dos bens do executado na execução por quantia certa, caso o executado não pague o débito no prazo devido; na execução de alimentos, a ameaça de prisão ou o desconto em folha. A mesma prestação pode ser satisfeita por mais de um meio, como se observa claramente, por exemplo, nas obrigações de fazer e não fazer.

O juiz pode de ofício variar o meio executório requerido pelo exequente, para atender ao princípio da menor onerosidade (art. 805), mas somente ao exequente ou ao executado na hipótese do *caput* do art. 800 cabe definir a prestação em respeito ao princípio da demanda ou da iniciativa.

Atente-se que, além da excepcionalidade da delimitação do objeto litigioso por ato de vontade do réu, nas obrigações de trato sucessivo, no caso de pluralidade de executados e no de caber a escolha a terceiro, deverão ser observadas as regras dos §§ 2º a 4º do art. 252 do Código Civil, ou seja, a variabilidade da escolha pelo executado a cada período de incidência da obrigação ou, em último caso, o exercício da opção pelo próprio juiz. Iguais regras deverão ser observadas se a escolha couber ao credor, tanto nas obrigações de trato sucessivo, quanto no caso de divergência entre diversos credores.

O art. 571 do Código de 1973 admitia que a escolha do executado e o cumprimento da prestação escolhida se efetivassem em prazo diverso, desde

---

ZULMAR DUARTE DE OLIVEIRA JR. *Execução e recursos*: comentários ao CPC de 2015. Rio de Janeiro: Método, 2017, p. 137.

que este outro prazo tivesse sido determinado por sentença, além da lei e do contrato. O Código de 2015 no art. 800 não mais menciona a sentença como possível fonte de prazo diverso, o que, a meu ver, em nada afeta o alcance da norma. Quando autorizada por lei, a sentença pode ser fonte complementar de obrigação alternativa e de prazo para o seu cumprimento. De qualquer modo, a fonte principal do prazo é a lei. Se a sentença impõe prazo diverso do previsto na lei, a sentença é a lei do caso concreto.

Embora o prazo seja comum para o devedor escolher e cumprir, pode haver escolha sem cumprimento[333]. A escolha sem cumprimento, embora possa ser verbal, deve ser registrada em algum ato processual: no momento da citação pela certidão do oficial de justiça, por petição escrita ou por termo nos autos. Pode também o devedor, alegando impossibilidade de cumprimento da prestação no prazo legal, nesse prazo efetuar a escolha, requerendo ao juiz a dilatação do prazo para cumprimento, conforme permissão do art. 139, inciso VI. O simples cumprimento contém declaração implícita de escolha e pode dar-se pela entrega da prestação diretamente ao credor ou destinatário, pelo depósito em juízo ou por qualquer outro meio, desde que devidamente documentado nos autos. O cumprimento parcial implica escolha da prestação como um todo, salvo expressa concordância do credor de receber parte em uma prestação e parte em outra (Código Civil, art. 252, § 1º).

No caso de prestação que se tornou impossível, observar-se-ão os arts. 253 a 255 do Código Civil. Quanto ao art. 256, reputo-o revogado pelo Código de Processo Civil de 2015 que expressamente converteu em perdas e danos todas as prestações materialmente impossíveis (v. arts. 809 e 823 do CPC de 2015).

Se a prestação escolhida pelo devedor for pecuniária, a incidência da multa do art. 523 no cumprimento de sentença observará o prazo do art. 800. Omisso o devedor e devolvida a escolha ao credor, a partir da intimação desta ao devedor contar-se-á o prazo do art. 523.

O art. 252, § 4º, do Código Civil de 2002 veio a prever a escolha da prestação por terceiro, hipótese não contemplada expressamente no art. 800 do Código de Processo Civil de 2015. Parece-me que a analogia permite que o mesmo procedimento seja nesse caso adotado pelo exequente, requerendo a intimação do terceiro para efetivar a escolha, sendo conveniente propor desde logo uma das alternativas. Efetuada a escolha pelo terceiro, será citado ou intimado o executado para cumpri-la no prazo previsto no procedimento a que corresponder o tipo de prestação escolhido. Não efetuada a escolha pelo tercei-

---

333 ALCIDES DE MENDONÇA LIMA. *Comentários ao Código de Processo Civil*. Arts. 566-645, vol. VI. 4ª ed. Rio de Janeiro: Forense, 1985, p. 158.

ro, será citado ou intimado o executado para, aceitando a escolha do exequente, cumpri-la no prazo do art. 800 ou, manifestar fundamentadamente a sua não aceitação, indicando a sua preferência, para que, decidindo o juiz, seja ele novamente intimado para o cumprimento no prazo previsto no correspondente procedimento. Nada impede que o exequente tenha previamente obtido do terceiro declaração formal da escolha, caso em que não se aplicará o art. 800.

ARAKEN DE ASSIS admite que convenção das partes venha a determinar o sorteio em caso de impasse na escolha[334]. Parece que disposições convencionais podem sobrepor-se ao critério do § 4º do art. 252 do Código Civil não apenas quanto ao critério de escolha, mas também quanto ao prazo para escolha e cumprimento, cabendo ao juiz controlar a licitude da convenção e cumpri-la, desde que não seja abusiva, nos termos do art. 190, parágrafo único[335]. Se o sorteio é o processo de escolha constante do título, o devedor será citado ou intimado para acompanhar o sorteio, sob a direção do juiz[336].

Se a escolha couber simultaneamente a dois ou mais devedores, todos deverão ser citados ou intimados, prevalecendo a escolha da maioria. Em caso de empate, devolver-se-á a escolha ao credor[337].

No cumprimento de sentença, se uma das prestações for ilíquida, o executado deverá ser intimado para efetuar a escolha e cumprir a prestação antes da liquidação. Se a escolha recair na prestação ilíquida, seguir-se-á a liquidação e, após concluída esta, dar-se-á nova intimação para cumprimento.

Quando a escolha couber ao credor (§ 2º), reproduzindo lição de TEORI ZAVASCKI, FREDIE DIDIER JR. *et alii* sustentam que, citado ou intimado o devedor para cumprir a prestação escolhida, e vindo a cumpri-la no prazo, não poderá responder pelos encargos da sucumbência, "pelo simples fato de que, por desconhecer a opção do credor, não poderia ter efetuado qualquer pagamento em momento anterior àquele. Desse modo, não terá sido o seu inadimplemento o causador da demanda executiva, mas sim o não conhecimento da opção feita pelo credor"[338]. Discordo. Parece-me necessário distinguir entre a execução de título extrajudicial e o cumprimento de sentença. Os honorários da sucumbência no cumprimento de sentença somente são devidos se o executado intimado não efetuar o cumprimento da prestação no prazo legal (art.

---

334 ARAKEN DE ASSIS. *Comentários ao Código de Processo Civil*, vol. XIII. São Paulo: Revista dos Tribunais, 2016, p. 97.
335 V. o meu estudo A contratualização do processo e os chamados negócios jurídicos processuais. Disponível em: <www.academia.edu>, 2017.
336 TEORI ALBINO ZAVASCKI. *Processo de execução*: parte geral. 3ª ed. São Paulo: Revista dos Tribunais, 2004, p. 361.
337 Assis. Ob. e loc. cits.
338 FREDIE DIDIER JR. *et alii*. Ob. cit., p. 156.

523, § 1º). Mas no processo de execução de título extrajudicial os honorários são devidos pelo executado desde o ajuizamento da execução, mas terá o seu valor reduzido pela metade no caso de cumprimento integral da prestação no prazo de três dias (art. 827, § 1º).

Tanto na escolha pelo credor, quanto na escolha pelo devedor, fundada doutrina[339] sente a falta de norma que faculte à parte contrária discordar da escolha, invocando a aplicação analógica do art. 812, relativo à execução para entrega de coisa incerta, que prescreve que "qualquer das partes poderá, no prazo de 15 (quinze) dias, impugnar a escolha feita pela outra, e o juiz decidirá de plano ou, se necessário, ouvindo perito de sua nomeação". Não vejo lacuna que enseje a aplicação dessa regra, porque não me parece que o artigo em comento institua incidente cognitivo que exija desde logo uma decisão do juiz. Ao credor, independentemente de prazo legalmente previsto, estará sempre aberta a possibilidade de, discordando da escolha feita pelo réu, requerer a continuidade da execução do modo que lhe parecer devido. Igualmente o executado, insatisfeito com a escolha feita pelo credor, poderá com esse fundamento oferecer embargos do executado ou impugnação ao cumprimento de sentença. Ao juiz caberá nesse momento verificar apenas a conformidade da prestação escolhida com o título. Se essa conformidade não transparecer com clareza, o juiz deverá aceitar a impugnação do credor à escolha feita pelo devedor ou indeferir a via executiva, resguardando a necessária certeza da obrigação exequenda.

Percorrendo a rica análise de TEORI ZAVASCKI a respeito do art. 571 do Código de 1973[340], que corresponde ao art. 800 do Código de 2015, observa-se que a aplicação desse dispositivo exige uma clara identificação da obrigação como alternativa, o que não colhe se, em lugar de alternativa, a obrigação for facultativa, que é aquela em que o título permite ao devedor substituir a prestação por outra, por decisão unilateral sua. Na obrigação facultativa o credor somente tem direito a exigir a prestação devida. Para cumprimento desta o devedor será citado ou intimado. Não me parece fácil distinguir a obrigação alternativa da obrigação facultativa. Na dúvida, é prudente que o credor anteceda o desencadeamento dos atos executórios da providência do art. 800.

Se uma das opções for prestação de não fazer e o devedor silenciar no prazo de escolha, entender-se-á que optou por esta. Nesse caso, se vier poste-

---

339 FREDIE DIDIER JR. *et alii*. Ob. cit., p. 153.
340 TEORI ALBINO ZAVASCKI. *Comentários ao Código de Processo Civil*: do processo de execução. Artigos 566 a 645, vol. 8. 2ª ed. São Paulo: Revista dos Tribunais, 2003, p. 90-102; *Processo de execução*: parte geral. 3ª ed. São Paulo: Revista dos Tribunais, 2004, p. 356-372.

riormente a violá-la, caberá ao credor adotar as medidas adequadas à tutela específica da obrigação, tal como previsto nos arts. 536, 822 e 823 do Código.

Teori Zavascki aborda também a hipótese em que uma ou ambas as prestações são declarações de vontade, caso em que a efetivação da prestação não se dará pela via executiva, mas por sentença em ação de conhecimento (art. 501)[341]. Como teremos oportunidade de explicar mais adiante, nos comentários aos arts. 815 a 821, a implementação da prestação pela sentença não exclui, em muitos casos, a necessidade da via executiva. Se a prestação constante do título executivo consiste em ato de vontade a ser praticado pelo executado no futuro, mesmo que o título seja uma sentença, a substituição da vontade do devedor pode ser objeto de execução com o emprego dos meios executórios da tutela específica. Também a opção pela declaração de vontade em título extrajudicial não exigirá sentença condenatória para a sua implementação, cumprindo-se pela simples escolha do devedor ou, se depender de algum requisito que por esse meio não possa ser cumprido, como, por exemplo, a escritura pública para a transmissão da propriedade imóvel, poderá ser objeto de atos executórios[342].

Se as prestações possíveis tiverem prazos de cumprimento diferentes, a partir do vencimento da primeira poderá o exequente requerer que o devedor efetue a escolha. Se optar pela não vencida, o prazo de cumprimento será diferente do prazo de escolha e eventual execução deverá aguardar o vencimento da prestação escolhida.

Se a escolha do devedor recair em prestação dependente de contraprestação do credor, o prazo para cumprimento somente começará a correr a partir da intimação do devedor do cumprimento da referida contraprestação. Se se tratar de título judicial e este cumprimento depender de avaliação ou de apuração de fatos novos, feita a escolha, deverá proceder-se à liquidação da contraprestação antes do início do prazo de cumprimento e do eventual desencadeamento da atividade executória.

---

341 Teori Albino Zavascki. *Processo de execução*: parte geral. 3ª ed. São Paulo: Revista dos Tribunais, 2004, p. 365.
342 Tive caso na minha vida profissional em que, efetuada transação judicial devidamente homologada em ação de adjudicação compulsória para a transmissão da propriedade ao autor, a consumação da transmissão ficou condicionada a alvará judicial do juízo do inventário do espólio do réu. Na verdade, a declaração de vontade das partes ficou sujeita a uma condição suspensiva, a concessão de autorização pelo juízo do inventário. No caso, mesmo após a obtenção do alvará judicial, o Registro de Imóveis continuou a exigir escritura pública para o registro da propriedade em nome do autor, como se a homologação judicial do acordo na ação de adjudicação não fosse uma escritura pública.

Prestação condicional não pode ser objeto de título extrajudicial, por ausência de certeza da obrigação. Pelo mesmo motivo, a lei também proíbe título judicial condicional (art. 492, parágrafo único), mas não é infrequente a inobservância dessa regra. Tal como no caso de contraprestação, caberá ao exequente comprovar documentalmente a condição ou pedir a sua liquidação, se depender de avaliação ou da prova de fatos novos. Se a condição ainda não se verificou, falta interesse ao credor de promover a citação do executado.

Teori Zavascki também considera a hipótese de em título extrajudicial haver prestações alternativas[343]. Se ambas forem líquidas, aplica-se o art. 800. Se ambas forem ilíquidas, na verdade não há título executivo, devendo o credor promover a cobrança da obrigação por ação de conhecimento. Se uma prestação for líquida e a outra ilíquida e a escolha recair na líquida, aplicar-se-á o art. 800. Se a escolha recair na ilíquida, não poderá ser promovida a execução, cabendo ação de conhecimento para a cobrança.

> **Art. 801.** Verificando que a petição inicial está incompleta ou que não está acompanhada dos documentos indispensáveis à propositura da execução, o juiz determinará que o exequente a corrija, no prazo de 15 (quinze) dias, sob pena de indeferimento.

Para instaurar a execução ou o procedimento de cumprimento, deve o juiz proceder a exame cuidadoso dos pressupostos processuais e das condições da ação de execução. O despacho positivo desencadeia contra o devedor uma série de atos coativos, sem que este tenha tido prévia oportunidade de defender-se. Viola a garantia do devido processo legal (CF, art. 5º, inc. LIV) sujeitar o devedor a atos coativos, como a invasão da sua esfera pessoal ou patrimonial antes do exercício do seu direito de defesa, sem que o juiz tenha desde logo verificado a concorrência dos pressupostos específicos da execução – certeza, liquidez e exigibilidade do crédito –, dos demais pressupostos processuais e das condições da ação de execução.

Por outro lado, é absolutamente necessário, como acentuamos quando tratamos do princípio do contraditório[344], que, salvo se imperiosa a tutela de urgência, seja o executado citado ou intimado a cumprir espontaneamente a prestação (arts. 9º, 513, 523, 528, 536, § 4º, 538, § 3º, 806, 815, 822 e 827).

A cognição que o juiz exerce nesse momento sobre essas questões é rápida, superficial e incompleta, não chegando a dar ao ato, em caso positivo, o caráter de ato decisório, mas de despacho ordinatório ou de expediente, que não gerará preclusão. Isso não significa que esse despacho possa ser considera-

---

343 Teori Zavascki. Ob. cit., p. 368-370.
344 Item 9.3 dos comentários ao Capítulo I – Disposições Gerais.

do *meramente* ordinatório, a incluir-se no rol daqueles que podem ser praticados pelo serventuário, e não pelo próprio juiz, porque dele decorre o efeito grave de sujeitar o executado a ato coativos que vão invadir a sua esfera de liberdade, possivelmente antes de que ele possa vir a exercer com plenitude o seu direito de defesa. Na jurisdição de conhecimento, a eficácia prática imediata do recebimento da petição inicial pelo juiz é bem menor do que na execução. Normalmente, após os articulados iniciais, o juiz se debruçará sobre os requisitos que o processo precisa preencher para viabilizar um bom julgamento do mérito no momento do saneamento (art. 357) em que, a par de corrigir defeitos e irregularidades, organizará o processo, fazendo uma prognose de tudo que possa ser útil e conveniente para a consecução dos seus fins. Na execução, diferentemente do que ocorre na jurisdição de conhecimento, a modificação do mundo exterior começará logo depois desse despacho inicial, que deverá verificar com rigor a concorrência de todos os requisitos de instauração de um processo justo.

Cumpre ressaltar, por oportuno, que, encontrando o juiz algum óbice à imediata instauração do procedimento executório, deverá observar o disposto na parte final do art. 321, "indicando com precisão o que deve ser corrigido ou completado".

Se o título é judicial, a certeza, liquidez e exigibilidade do crédito já devem ter sido objeto de cognição judicial na fase de conhecimento ou na liquidação. Se é extrajudicial, esses requisitos indispensáveis ao desencadeamento do procedimento executório devem estar normalmente atestados no próprio título, garantida a sua concorrência pela observância rigorosa de todas as formalidades impostas por lei.

No item 7.3 dos comentários ao título II – Das Diversas Espécies de Execução, aos quais nos reportamos, apontamos como requisitos essenciais de qualquer execução a concorrência das chamadas *condições da ação: interesse de agir, legitimidade e possibilidade jurídica do pedido*[345].

O Código de 2015 não usa mais a expressão *condições da ação*, que se encontrava no inciso IV do art. 267 do Código de 1973, e também não mais se refere à falta de possibilidade jurídica, ao lado do interesse processual e da legitimidade, como obstáculo à resolução do mérito da causa, no art. 485, inciso VI. Isso não significa que tenham desaparecido as condições da ação, como categoria jurídica ou que a impossibilidade jurídica tenha deixado de impedir a resolução do mérito. O art. 485 aponta de modo pragmático vários defeitos de que pode padecer o processo, sem distinguir entre os que o inquinam de

---

345 LEONARDO GRECO. *Instituições de processo civil*, vol. I. 5ª ed. Rio de Janeiro: Forense, 2015, p. 213-227.

nulidade e os que dizem respeito à própria inexistência do direito a uma prestação jurisdicional sobre o direito material: aqueles os pressupostos processuais, estes as condições da ação. Para os que entendem, como eu, que condições da ação e pressupostos processuais não se confundem, estes como requisitos de validade e regularidade da relação processual, aquelas como requisitos do direito ao exercício da jurisdição sobre a pretensão de direito material[346], apesar do silêncio do legislador, sobrevivem as condições da ação, na enumeração que o Código faz no art. 485, inciso VI. E sobrevive também a possibilidade jurídica do pedido, como uma das condições da ação, ao lado do interesse de agir e da legitimidade ou como integrante do interesse de agir.

Na execução, o *interesse de agir* é a necessidade ou utilidade do exercício da jurisdição para a satisfação do crédito do exequente, que nasce do inadimplemento da obrigação no tempo e no modo constantes do título executivo. Falta interesse de agir a cobrança de dívida não vencida, porque, nesse caso ainda não há lide, pois, até o vencimento, o devedor poderá vir a pagá-la espontaneamente, sem que o credor tenha ainda necessidade de recorrer à jurisdição.

O autor tem de afirmar na inicial da execução o interesse de agir, pois é esta afirmação, lastreada no título e nos documentos que a acompanham, que o autorizam a pleitear o desencadeamento da atividade executória, de acordo com a conhecida *teoria da asserção*. Mas é preciso não confundir a afirmação do interesse com a prova do vencimento da dívida, da sua exigibilidade ou do seu inadimplemento, pressuposto processual de validade da execução. Nas obrigações sujeitas a condição ou termo (CPC, arts. 514 e 803) e nos contratos bilaterais (CPC, art. 798, inc. I, *d*), a prova do advento da condição ou do termo ou do adimplemento da contraprestação são requisitos formais da executoriedade do título, que devem acompanhar a petição inicial da ação executiva, como pressupostos da formação válida do processo, enquanto a afirmação da ocorrência da condição ou do termo ou do cumprimento da prestação caracterizam a condição da ação do interesse processual.

A *legitimidade para a causa* ou *legitimatio ad causam* na execução corresponde à qualidade que credencia exequente e executado a figurarem nos polos ativo e passivo da relação processual, sustentando a pretensão executória ou a ela se sujeitando ou resistindo. Normalmente, essa qualidade detêm os sujeitos da relação jurídica de direito material, o credor e o devedor constantes do título, chamados de *legitimados ordinários* porque titulares do crédito ou da obrigação decorrente da relação jurídica de direito material. Mas há também legitimados extraordinários, que recebem da lei expressamente a qualidade de promoverem

---

346 Greco. Ob. e loc. cits.

a execução ou de defenderem em juízo os interesses daquele contra o qual a execução é promovida (CPC, art. 18). Relacionamos os legitimados ordinários e extraordinários da execução no referido item 7.3 dos comentários ao Título II – Das Diversas Espécies de Execução, ao qual remetemos o leitor. A afirmação da qualidade que credencia o exequente e o executado como partes na execução é condição da ação de execução. A comprovação dessa qualidade no título ou na documentação que o acompanha é pressuposto processual de validade do procedimento executório. A efetiva existência dessa qualidade se, afirmada e comprovada, for controvertida, é questão de direito material a ser apreciada e decidida no procedimento cognitivo incidente que vier a ser suscitado no curso da execução.

Na execução, a *possibilidade jurídica do pedido,* que é a conformidade do pedido com o ordenamento jurídico, tal como na jurisdição de conhecimento, igualmente exclui o pedido ilícito e o pedido materialmente impossível. Assim, como exemplificado nos referidos comentários, a prisão como meio executório, exceto a do devedor de alimentos, a entrega de droga ilícita ou de bens inacessíveis à capacidade atual de apoderamento pelo ser humano são pedidos executórios materialmente impossíveis.

A ausência de menção à possibilidade jurídica no art. 485 é comumente justificada pelo argumento de que a hipótese resultaria em decisão de mérito de improcedência[347]. Parece-me particularmente inadequado o argumento na execução, que não visa a uma sentença de procedência ou de improcedência e em que a existência ou inexistência do direito do autor, se fundamentada no título executivo, somente pode ser questionada por uma ação cognitiva incidente. Assim, na omissão do Código de 2015, a possibilidade jurídica sobrevive como condição da ação no âmbito do interesse de agir[348], devendo ser examinada no despacho inicial da execução, como meio adequado de reconhecimento *prima facie* da inviabilidade da demanda que protege o direito do réu de não ser molestado pela sujeição a processo fundado em demanda temerária. A não se aceitar essa sobrevivência, parece-me que a possibilidade jurídica pode ser reputada integrante do interesse de agir, porque não existe a necessidade de exercício da jurisdição se o pedido é ilícito.

Também a concorrência dos pressupostos processuais de regular e válida formação da relação processual executória deve ser controlada de ofício pelo

---

347 José Roberto Santos Bedaque. Comentário ao artigo 485. In: Teresa Arruda Alvim Wambier. Fredie Didier Jr. Eduardo Talamini. Bruno Dantas. *Breves comentários ao Novo Código de Processo Civil.* 2ª ed. São Paulo: Revista dos Tribunais, 2016, p. 1285.

348 Leonardo Greco. *Instituições de processo civil*, vol. I. 5ª ed. Rio de Janeiro: Forense, 2015, p. 216.

juiz no despacho da inicial da execução, ressalvadas as invalidades cuja arguição a lei submeta à iniciativa da parte, conforme comentários que fizemos a respeito do art. 798. A inicial de qualquer execução deverá, em princípio, observar todos os requisitos dos arts. 319 e 320 do Código de Processo Civil, a saber, a indicação do juízo a que é dirigida, a identificação das partes, a exposição dos fatos e dos fundamentos jurídicos do pedido, o pedido com todas as suas especificações e o valor da causa[349].

A indicação das provas (art. 319, inc. VI) normalmente se resume à apresentação do título executivo, aliás, documento indispensável, nos termos dos arts. 320 e 801, pois a execução não visa a uma sentença que, com base nas provas, se pronuncie sobre a verdade fática. Na execução de título extrajudicial o título executivo deve instruir a petição inicial (art. 798, inc. I, *a*) e no cumprimento de sentença é a decisão exequenda já proferida no mesmo processo, salvo nos casos de sentença penal, arbitral ou estrangeira.

Devem também instruir a inicial da execução a procuração outorgada pelo exequente ao advogado que a subscreve e a comprovação da capacidade de estar em juízo do exequente e os comprovantes de recolhimento das custas devidas no ajuizamento[350]. No cumprimento de sentença em geral a procuração e a prova da capacidade do exequente já se encontram nos autos, apresentadas na anterior fase cognitiva ou no procedimento prévio de liquidação.

Além do título executivo, como documento indispensável à propositura da execução, deve o exequente apresentar o demonstrativo atualizado do débito ou memória de cálculo, na execução ou cumprimento de prestação pecuniária (arts. 798, inc. I, *b*, 524 e 534) e a prova documental de que ocorreu a condição ou termo ou de que foi cumprida a contraprestação (arts. 798, inc. I, *c* e *d*, e 514), se for o caso. O demonstrativo do débito é a série de cálculos, objetivamente explicados, das operações aritméticas necessárias à verificação do montante atualizado do débito até a data do ajuizamento da execução em valores monetários: juros, custas, honorários de advogado de eventual fase cognitiva anterior, correção monetária etc. A ocorrência da condição e do termo, se não decorrerem de fatos notórios, como o advento da data de vencimento da dívida, far-se-á por prova documental idônea. Se depender de prova mais complexa, impedirá a via executiva, se o título for extrajudicial, ou exigirá prévia liquidação por arbitramento ou pelo procedimento comum.

A indicação do meio executório escolhido (art. 798, inc. II, *a*), como já vimos, constitui o pedido imediato, à providência jurisdicional por meio da

---

349 LEONARDO GRECO. *Instituições de processo civil*, vol. II. 3ª ed. Rio de Janeiro: Forense, 2015, p. 1-48.
350 Quanto às custas, v. LEONARDO GRECO. Ob. cit., p. 24-27.

qual o autor pretende alcançar a prestação que alega lhe ser devida. Ao escolher o meio executório indicará o exequente o procedimento que lhe é próprio, observando, se mais de um for legalmente cabível, o menos oneroso para o devedor (art. 805).

O pedido mediato, ou seja, a prestação consistente em dar, fazer ou não fazer alguma coisa, deverá ser certa e determinada, pois não é possível desencadear os atos executórios sem a precisa definição do objeto da prestação. Conforme foi devidamente ressaltado nos comentários ao art. 798, pedido certo é aquele que indica qual é o bem que o credor pretende alcançar. Pedido determinado é aquele em que esse bem da vida está precisamente individualizado quanto à natureza, à qualidade e à quantidade, de modo que não possa ser confundido com qualquer outro da mesma natureza (arts. 322 e 324).

O valor da causa deverá ser fixado na inicial da execução, com a observância das mesmas regras do processo de conhecimento, para corresponder, na medida do possível, ao benefício econômico pretendido pelo autor. Na execução por quantia certa, esse valor é o do demonstrativo do débito (art. 798, inc. I, *b*), atualizado até a propositura da ação.

Também é requisito da inicial da execução o requerimento de citação do executado, se se tratar de execução em processo autônomo, ou de sua intimação, para cumprir a prestação em determinado prazo, seguindo-se os subsequentes atos executórios em caso de ausência ou insuficiência do pagamento. A falta de requerimento expresso pode ser suprida pela manifestação inequívoca do exequente de instaurar o procedimento executório. Essa notificação tem sentido garantístico, pois visa a dar ao devedor uma última oportunidade de exonerar-se da dívida sem sofrer a incidência das coações processuais, devendo ser o primeiro ato do procedimento executório, seja qual for o tipo de prestação: pagar, entregar coisa, fazer ou não fazer. A necessidade dessa citação ou intimação decorre dos arts. 806, 815, 827, bem como das disposições gerais relativas ao cumprimento de sentença (§§ 2º a 5º do art. 513) e do § 4º do art. 537, que. remetendo ao art. 525, manda contar o prazo para a impugnação do executado a partir do decurso do prazo para o pagamento voluntário que se inicia com a sua intimação.

O art. 319, inciso VII, inclui entre os requisitos da petição inicial de qualquer processo "a opção do autor pela realização ou não de audiência de conciliação ou de mediação". Esse requisito está vinculado à previsão no procedimento a ser instaurado de audiência prévia de conciliação ou de mediação, que o juiz deva designar desde logo no despacho inicial, citando-se ou intimando-se o réu para nela comparecer. Não é o caso dos procedimentos executórios, que têm início com a notificação do devedor para cumprir a prestação em determinado prazo ou para ela abster-se. Nada impede, entretanto, que o exequente ou o executado requeiram a realização dessa audiência ou que o juiz de ofício a designe, com fundamento nos arts. 139, inciso V, e 772, inciso I, desde que não prejudique a continuidade e a eficácia dos atos executórios.

Mas se for manifesta a inexistência ou insuficiente comprovação de condições da ação ou de pressupostos processuais, como a de algum dos requisitos acima referidos, e se o defeito for sanável, deverá o juiz mandar que o autor emende ou corrija a postulação do exequente, sob pena de indeferimento (CPC/2015, arts. 321 e 801)[351], no prazo de 15 dias. Esse prazo é considerado peremptório[352]. Entretanto, se esgotado o prazo, mas antes da decisão de indeferimento da inicial, o exequente suprir a irregularidade, o vício deverá ser considerado sanado. O importante é que o defeito seja remediado antes de que o juiz, pela omissão do exequente, tenha indeferido a inicial da execução. O juiz pode ampliar ou prorrogar esse prazo, desde que o faça em decisão fundamentada (art. 139, inc. VI).

Não corrigido o vício ou insanável, proferirá o juiz decisão, extinguindo o processo sem ou com resolução de mérito, com a natureza de sentença, sujeita, pois, a impugnação através de apelação (CPC/2015, art. 331).

As regras do art. 330, que dispõem sobre o indeferimento da petição inicial, a par das dos arts. 798 e 799, também se aplicam à execução, assim como as do art. 331, que permitem ao autor apelar do indeferimento da inicial, facultada ao juiz a reforma dessa decisão. A aplicação do art. 332, relativo ao julgamento liminar de improcedência, não deve ser descartada, especialmente nas execuções de títulos extrajudiciais em que a postulação executória seja contrária a súmula de tribunal superior ou a julgamento de casos repetitivos, com as ressalvas que fazemos a esse tipo de providência[353].

A indicação do meio executório escolhido (art. 798, inc. II, *a*) normalmente implica em escolha do procedimento que ao meio escolhido corresponde. Como ao juiz cumpre assegurar que a execução se faça pelo modo menos gravoso para o executado (art. 805), no seu despacho o magistrado deve determinar que o exequente adapte a sua postulação a essa exigência, sob pena

---

351 Leonardo Greco. Ob. cit., p. 31-43.
352 Andre Vasconcelos Roque. Comentário ao artigo 801. In: Fernando da Fonseca Gajardoni. Luiz Dellore. Andre Vasconcelos Roque. Zulmar Duarte de Oliveira Jr. *Execução e recursos*: comentários ao CPC de 2015. Rio de Janeiro: Método, 2017, p. 139.
353 Andre Vasconcelos Roque. Comentário ao artigo 801. In: Fernando da Fonseca Gajardoni. Luiz Dellore. Andre Vasconcelos Roque. Zulmar Duarte de Oliveira Jr. *Execução e recursos*: comentários ao CPC de 2015. Rio de Janeiro: Método, 2017, p. 39-43.

de indeferimento, não apenas se a petição estiver incompleta ou desacompanhada dos documentos necessários, como pode sugerir a redação imperfeita do art. 801.

Essa adaptação tanto poderá implicar em variação do meio ou do procedimento executório, quanto em abandono da pretensão executória em troca de pretensão exclusivamente cognitiva. Entretanto, o princípio da demanda não permite que o juiz de ofício modifique a postulação executória do credor, determinando a sequência do processo por procedimento cognitivo. Deverá o juiz, convicto da inviabilidade da execução, facultar ao exequente a emenda da postulação inicial, para formular pedido condenatório. A diferença de funções entre a cognição e a execução não é óbice a esse redirecionamento. A própria economia processual a recomenda. Se o exequente não se conformar com a exigência de adaptação feita pelo juiz, poderá aguardar o indeferimento da inicial e apelar com fundamento no art. 331[354].

À falta de comprovação do vencimento, da condição ou do cumprimento da contraprestação, a inicial da execução não deverá ser deferida. Mas nos três casos, esse vício ainda poderá ser alegado nos embargos à execução ou na impugnação ao cumprimento de sentença. Na falta de prova da contraprestação, se tiver o juiz dado curso à execução, poderá o devedor depositar a sua prestação para exonerar-se da obrigação, caso em que o juiz não permitirá que o credor a receba enquanto não comprovar o cumprimento da referida contraprestação (art. 787).

Cumpre ressaltar, por oportuno, que, encontrando o juiz algum óbice à imediata instauração do procedimento executório, deverá observar o disposto na parte final do art. 321, "indicando com precisão o que deve ser corrigido ou completado".

Se o título é judicial, a certeza, liquidez e exigibilidade do crédito já devem ter sido objeto de cognição judicial na fase de conhecimento ou na liquidação. Se é extrajudicial, esses requisitos indispensáveis ao desencadeamento do procedimento executório devem estar normalmente atestados no próprio título, garantida a sua concorrência pela observância rigorosa de todas as formalidades impostas por lei.

Dissemos no início deste comentário que o despacho inicial da execução normalmente não configura uma verdadeira decisão, porque não resolve qualquer questão jurídica, limitando-se a verificar os pressupostos para que se instaure a atividade executiva. Nesse sentido, o deferimento inicial da execução ou a determinação para que o autor emende ou complete a sua postulação

---

354 Em contrário, ARAKEN ASSIS. Ob. cit., p. 307-308.

não são decisões recorríveis, para efeito de aplicação do disposto no art. 1.015, parágrafo, porque essa apreciação dos requisitos, dada a precariedade da cognição, fica em aberto para eventualmente ser objeto de cognição mais profunda se vier a ser questionada pelo meio próprio no curso do procedimento executório. Mas há casos em que essa recorribilidade imediata é inevitável. Assim, por exemplo se o juiz, sem fundamentada imposição da urgência, ordena a prática de atos constritivos sem antes ter notificado o executado para o cumprimento espontâneo da prestação; se o juiz determina o desencadeamento da execução sem título executivo ou em flagrante violação da lei; ou, ainda, se o juiz manda o autor emendar ou completar a inicial, sem indicação precisa do que deve ser corrigido ou completado (art. 321). Em todos esses casos, o despacho não pode prevalecer e a lei precisa oferecer um remédio eficaz. Se a ilegalidade transparece com clareza do próprio despacho, é cabível a sua imediata impugnação por agravo de instrumento. Se ela está latente, não tendo sido objeto de explícita ou implícita apreciação pelo juiz, deve a parte prejudicada, valendo-se do disposto no art. 518, argui-la inicialmente perante o próprio juiz, porque o efeito devolutivo do agravo não abrange o que o juiz não decidiu, mas somente aquilo que por ele foi explícita ou implicitamente decidido. Também por embargos do devedor ou impugnação ao cumprimento de sentença, a invalidade poderá ser arguida. Nem se alegue que a matéria pode não estar incluída no rol do art. 525, § 1º, porque se o art. 518 permite a sua alegação por simples petição avulsa, nada impede que ela se concretize na própria petição da impugnação ao cumprimento de sentença.

Situação frequente é a do despacho que relega para momento posterior a adoção de medidas executórias requeridas desde logo pelo exequente em razão da urgência. Deve o juiz fundamentar a sua postergação. Na ausência de fundamentação suficiente e adequada, a postergação constitui omissão ilegal, a meu ver remediável por agravo de instrumento por implicar, ainda que temporariamente, denegação de tutela provisória, agravável nos termos do art. 1.015, inciso I.

Art. 802. Na execução, o despacho que ordena a citação, desde que realizada em observância ao disposto no § 2º do art. 240, interrompe a prescrição, ainda que proferido por juízo incompetente.

Parágrafo único. A interrupção da prescrição retroagirá à data de propositura da ação.

Numa redação mais clara, esse dispositivo corresponde ao art. 617 do Código de 1973. De acordo com o art. 312, na Parte Geral do Código, a ação se considera proposta quando a petição inicial for protocolada, ficando condicionada à citação a produção em relação ao réu dos efeitos mencionados no art. 240, que são os mesmos do art. 219 do Código de 1973, com exceção da prevenção do juízo, que foi desvinculada da citação ou da efetivação desta no prazo legal, determinando o art. 59 que ela se verifique com o registro ou distribuição da petição inicial. Como o registro e a distribuição ocorrem em momento imediatamente subsequente ao protocolo da inicial e salvo se esses atos se retardarem por algum motivo imputável ao autor, a prevenção do juízo, que é a fixação da competência em determinado órgão jurisdicional quando dois ou mais órgãos forem igualmente competentes para a mesma causa, coincidirá com esse protocolo, deixando de constituir efeito da citação.

Dos quatro efeitos remanescentes da citação, a litispendência é um efeito tipicamente processual; a constituição do devedor em mora e a interrupção da prescrição são efeitos de direito material e a litigiosidade da coisa atinge tanto o plano do direito processual quanto o do direito material.

No Código de 1973, a *prevenção do juízo*, que também era um efeito processual da citação, no caso de ações conexas, somente decorria da citação se as diversas ações estivessem pendentes perante juízos com diferentes competências territoriais, porque, se a competência dos juízos diversos fosse territorialmente a mesma, o juízo prevento seria o que tivesse despachado em primeiro lugar (art. 106).

Nesse Código, à prevenção do juízo, à litispendência e à interrupção da prescrição se aplicavam os §§ 1º a 4º do art. 219, que faziam retroagir esses efeitos da citação à data do despacho inicial ou do ajuizamento da ação, se aquela fosse efetivada no prazo de dez dias do despacho que a ordenou ou, mesmo que excedido esse prazo, se o retardamento não resultasse de culpa do autor, mas de demora apenas imputável ao próprio serviço judiciário. Em relação à litispendência e à interrupção da prescrição, o Código de 2015 adota essas mesmas regras nos §§ 1º a 4º do art. 240, fazendo-as retroagir à data da propositura que, consoante já vimos, é normalmente a data do protocolo da petição inicial.

A *litispendência*, que consiste na reproposição de ação idêntica a outra anteriormente proposta (art. 337, §§ 1º a 3º), vai determinar a extinção da posterior sem resolução do mérito, por violação do princípio da unidade da jurisdição (art. 485, inc. V).

A *litigiosidade da coisa*, na jurisdição contenciosa, é a situação de incerteza do direito das partes quanto à possibilidade de uso e gozo do bem jurídico que é objeto da demanda, com fundamento no direito alegado pelo autor. Esse efeito da citação submete as partes, como consequência dos deveres de lealdade, boa-fé e colaboração com a administração da justiça, a certas limitações na fruição e na disponibilidade dos seus bens e direitos controvertidos, para não pôr em risco a plena eficácia da decisão final da causa, tornando ineficazes eventuais atos de disposição, que poderão caracterizar fraude de execução (arts.

790, inc. V, e 792) e obrigando-as a obedecer às restrições impostas pelo juiz e a abster-se de alterar a realidade fática relevante para o julgamento da causa, o que poderá constituir atentado (art. 77, inc. VI e § 7°).

Esse efeito somente se produz a partir do momento em que o réu tiver sido citado, não retroagindo como os anteriores, porque, enquanto não tiver conhecimento oficial da demanda contra ele proposta, não se poderá presumir que qualquer ato de disposição de bens ou de direitos por ele praticado tenha tido a intenção de lesar ou impedir o exercício ou o gozo de algum direito pelo seu adversário. Por exceção constante do art. 792, inciso II, a averbação no registro de imóveis ou de veículos do ajuizamento da execução também tornará a coisa litigiosa, para efeito de fraude de execução, mesmo antes da citação. O inciso III do mesmo artigo estende esse efeito à averbação no registro de propriedade do bem da hipoteca judiciária ou de qualquer outro ato de constrição judicial originário do processo onde foi arguida a fraude.

A *constituição do devedor em mora* diz respeito às ações de cobrança de créditos, como a execução. De acordo com o art. 394 do Código Civil, "considera-se em mora o devedor que não efetuar o pagamento e o credor que não quiser recebê-lo no tempo, lugar e forma que a lei ou a convenção estabelecer". Embora o conceito transcrito inclua a mora do devedor e a do credor, o efeito da citação se aplica apenas à mora do devedor, que por ela incorre na responsabilidade pelo ressarcimento dos consequentes prejuízos (art. 395) que, nas obrigações pecuniárias, são os chamados juros da mora, as custas, os honorários de advogado e a pena convencional, se houver (art. 404).

O devedor pode estar em mora antes da citação ou, até mesmo, muito antes do ajuizamento da ação, nas hipóteses reguladas nos arts. 397 e 398 do Código Civil, conforme reconhece o art. 240 do Código de 2015, ao ressalvar justamente esses casos de obrigação a termo, de anterior notificação judicial ou extrajudicial ou de ato ilícito. Nesses casos, a citação não produzirá o efeito aqui comentado, porque esse já se terá produzido anteriormente. Na verdade, a mora decorrerá da efetivação da citação, sem retroação a momento anterior, apenas se ela não se tiver ainda produzido. Observe-se, entretanto, que a responsabilidade pelas custas e pelos honorários de advogado somente se efetivará se a execução for ajuizada.

A *interrupção da prescrição* pode ser definida como a extinção da exigibilidade ou da pretensão ao recebimento de um crédito de natureza patrimonial, por não ter sido exercida no prazo legal (Código Civil, art. 189)[355]. O que se interrompe não é propriamente a prescrição, mas o respectivo prazo, que dei-

---

355 HUMBERTO THEODORO JÚNIOR. *Comentários ao novo Código Civil*, vol. III, tomo II. 3ª ed. Rio de Janeiro: Forense, 2005, p. 151 e 170.

xa de fluir com a citação, que retroage ao despacho ou ao ajuizamento, nos termos do art. 240 do Código de 2015. Interrompida a prescrição pela citação, somente voltará a fluir o respectivo prazo a partir do último ato do processo (CC, art. 202, parágrafo único), salvo nos casos de prescrição intercorrente (Decreto n. 20.910/32, art. 8º; Decreto-lei n. 4.597/42, art. 3º; CPC/2015, arts. 921, inc. III e §§ 1º e 2º, e 924, inc. V). Também de prescrição intercorrente tratar-se-á na hipótese de tornar-se exequível a sentença condenatória, sem que o autor requeira o seu cumprimento nos termos dos §§ 1º a 4º do art. 513 do Código de 2015, deixando fluir por inteiro o lapso prescricional.

O Código Civil de 2002 estabeleceu no art. 202 que a interrupção da prescrição somente ocorrerá uma vez. Essa disposição, que visa a coibir sucessivas interrupções abusivas, sem que o credor promova efetivamente a busca da tutela do seu direito em juízo, deve ser interpretada no sentido de que a ulterior interrupção, se oriunda de citação, impedirá que a prescrição se consume, enquanto pendente a causa, salvo se ocorrer a prescrição intercorrente. Não seria razoável interpretar a norma em afronta à garantia constitucional da tutela jurisdicional efetiva (CF, art. 5º, inc. XXXV), condenando o autor à perda da exigibilidade do seu crédito e premiando manobras procrastinatórias do devedor.

O § 4º do art. 240 do Código de 2015 manda aplicar o efeito retroativo da interrupção da prescrição previsto no § 1º à decadência e a quaisquer outros prazos extintivos. A extensão visa a assegurar que a citação ou o simples ajuizamento, desde que retroajam os seus efeitos, assegure a tempestividade da propositura dentro dos respectivos prazos de todas as ações ou pretensões sujeitas a prazos de decadência. O prazo de decadência não se interrompe, mas ajuizada a ação antes do seu término, se a citação se efetuar no prazo de 10 dias do despacho que a ordenou ou posteriormente devido a demora não imputável ao autor, terá sido evitada a consumação da decadência.

Há certos procedimentos em que a interrupção da prescrição ou a purgação da decadência não dependem da citação, mas do simples ajuizamento ou do despacho de recebimento da petição inicial, independentemente de eventual demora no chamamento do réu a juízo, até mesmo imputável ao autor. É o que ocorre com a execução fiscal, por força do art. 174, parágrafo único, inciso I, do Código Tributário Nacional (Lei n. 5.172/66, com a redação da Lei Complementar n. 118/2005), em que a interrupção da prescrição decorre do despacho inicial do juiz. É também o caso do mandado de segurança, cujo prazo de decadência de 120 dias não se consuma se o mandado for apenas ajuizado tempestivamente (Lei n. 12.016/2009, art. 16).

O *caput* do art. 240 assegura a constituição do devedor em mora e a interrupção da prescrição pela citação, mesmo que esta tenha sido determinada por juiz incompetente. A incompetência corresponde à falta de um pressuposto processual, que invalida os pronunciamentos conclusivos sobre o mérito da causa. Também a litispendência e a litigiosidade da coisa deverão ser preservadas na citação por juiz incompetente.

Por fim, incluo como último efeito da citação a *estabilização da demanda*, prevista no art. 329, inciso I, que impede alterações objetivas ou subjetivas da causa, salvo com o consentimento do réu até o saneamento do processo e, depois desse momento, nem mesmo com esse consentimento. De início, cumpre ressalvar que essas restrições se aplicam apenas com esse rigor à jurisdição de conhecimento. Na jurisdição cautelar existe a chamada fungibilidade da tutela cautelar ou de urgência, que permite ao juiz, até mesmo de ofício, alterar o provimento almejado pelo requerente, nos termos do art. 297. E na execução, se o exequente pode desistir unilateralmente da demanda (art. 775), com maior razão pode redefini-la em termos objetivos ou subjetivos. Ademais, o art. 805 igualmente consagra a fungibilidade do meio executório[356].

Quanto à interrupção da prescrição, o art. 802 do Código de 2015, certamente influenciado pela redação do art. 617 do Código de 1973, do § 2º da Lei n. 6.830/80 (Lei da Execução Fiscal) e do art. 174, parágrafo único, inciso I, do Código Tributário Nacional, com a redação da Lei Complementar n. 118/2005, fixa a interrupção da prescrição da execução no despacho que ordena a citação. Entretanto, não havendo atraso imputável ao exequente, essa interrupção retroage ao ajuizamento, e assim a regra é praticamente a mesma do processo de conhecimento. O que cabe questionar é se, havendo atraso imputável ao exequente, pode ele se beneficiar da interrupção da prescrição pelo simples despacho positivo da petição inicial, mesmo que a citação se retarde indefinidamente. A meu ver, não. Isso violaria a boa-fé e a lealdade processual. Ninguém pode se beneficiar da própria torpeza. Se a citação se retardar por culpa ou inércia do exequente, incidirá a regra geral de que a prescrição somente se interromperá com a efetivação da citação. Essas regras são lógicas, pois o que na verdade interrompe a prescrição é a cobrança do crédito, a sua exigência concretamente levada ao conhecimento do devedor através da citação. Enquanto isso não ocorre, o credor não manifestou ao devedor concreta vontade de receber o seu crédito e não pode reputar-se interrompida a prescrição. A retroação da interrupção à data do despacho inicial ou do ajuizamento protege o exequente zeloso, mas não pode prejudicar o executado diante do exequente desidioso.

No cumprimento de sentença, a fase executória se instaura no processo preexistente, o que dispensa nova citação, estendendo-se a esta nova fase os

---

356 V. LEONARDO GRECO. *O processo de execução*, vol. 1. Rio de Janeiro: Renovar, 1999, p. 306-307.

efeitos da citação inicial. Mas como normalmente o cumprimento está subordinado a requerimento do exequente, não é justo que a prescrição interrompida na fase cognitiva não volte a fluir se o exequente permanecer inerte, omitindo a instauração da subsequente liquidação, se necessária, e do próprio cumprimento de sentença. Na vigência do Código de 1973, a partir da criação do cumprimento de sentença pela Lei n. 11.232/2005, sustentei que, transitada em julgado a decisão exequenda, e permanecendo inerte o exequente, voltaria a fluir o prazo prescricional, ainda que em caráter intercorrente, caducando em 30 dias as medidas cautelares restritivas de direitos concedidas na fase de conhecimento e cessando a litigiosidade da coisa para efeito de fraude de execução[357]. Na vigência do Código de 2015 essa solução parece ainda mais evidente, pois este reconhece expressamente a prescrição intercorrente como causa extintiva da execução (arts. 921, § 4º, e 924, inc. V). Se a reconhece na execução em curso, com muito maior razão deve ela ser reconhecida antes da sua instauração no processo sincrético, correndo o prazo para a sua consumação a partir do trânsito em julgado da decisão exequenda ou da decisão de liquidação.

Requerido o cumprimento de sentença, a intimação do devedor produzirá os mesmos efeitos da citação no processo de conhecimento, exceto aqueles que já estiverem por esta predefinidos, como a prevenção do juízo.

Art. 803. É nula a execução se:
I – o título executivo extrajudicial não corresponder a obrigação certa, líquida e exigível;
II – o executado não for regularmente citado;
III – for instaurada antes de se verificar a condição ou de ocorrer o termo.
Parágrafo único. A nulidade de que cuida este artigo será pronunciada pelo juiz, de ofício ou a requerimento da parte, independentemente de embargos à execução.

O processo executivo, para atingir a sua dupla finalidade de satisfazer amplamente o credor com o menor sacrifício possível para o devedor, deve formar-se e desenvolver-se validamente, ou seja, deve observar todos os pressupostos processuais e todos os seus atos devem preencher os requisitos estabelecidos pela lei para que possam produzir os efeitos almejados.

A respeito dos defeitos dos atos processuais em geral e das invalidades que

---

357 LEONARDO GRECO. Primeiros comentários sobre a Reforma da Execução oriunda da Lei 11.232/05. In: *Revista Dialética de Direito Processual*, n. 36, mar. 2006. São Paulo: Dialética, p. 70-86.

podem incidir sobre a execução já tive a oportunidade de me manifestar em outros trabalhos, aos quais me reporto[358].

O art. 803 dispõe sobre a atividade saneadora que o juiz deve exercer na execução, atividade essa de caráter permanente, que deve ser implementada desde o despacho preambular de admissão da petição ou requerimento inicial até o final de toda a atividade executória. Na jurisdição de conhecimento, em que essa função regularizadora também é cumprida em caráter permanente, o procedimento comum reserva um momento próprio para a sua efetivação, que é a decisão ou fase de saneamento e organização, regulada no art. 357.

Nos procedimentos executórios não existe previsão legal de um despacho saneador, mas o controle da validade e regularidade dos atos executórios deve ser exercido pelo juiz ou executor com redobrada cautela desde o momento inicial, pois as coações e intimidações que a execução impõe aos seus destinatários, em especial ao executado, intervindo na sua liberdade e pessoal e patrimonial, devem ser antecedidas de rigorosa verificação da sua legalidade.

31. As espécies de defeitos dos atos processuais

Os atos processuais individualmente e o processo como um todo podem ser atingidos por seis espécies de defeitos: inexistência, nulidade absoluta, nulidade relativa, anulabilidade, mera irregularidade e erro material.

A inexistência é o mais grave dos defeitos. Ato inexistente é o ato que não emanou da inteligência ou da vontade do sujeito legitimado. É o não-ato. Não pode ser invalidado porque não existe. Não pode ser convalidado porque não existe. Deve ser simplesmente ignorado. Mas não basta a emanação intelectiva ou volitiva do sujeito a quem cabe praticar o ato. Todo ato do processo tem de ser manifestado, comunicado transmitido ao destinatário legitimado ou, em certos casos, simplesmente tornar-se acessível a esses destinatários pela sua publicação nos autos do processo ou no arquivo digital do processo eletrônico. O ato inexistente está fora do mundo jurídico e não precisa de providência jurídica nenhuma para não produzir quaisquer efeitos no processo. Se os tiver indevidamente produzido, talvez seja necessária alguma providência jurídica para desfazê-los, o que não nos cabe cogitar agora.

Nulidade é o defeito que corresponde à violação de requisito do ato predisposto para que ele atinja a sua finalidade. Os requisitos de validade do ato normalmente se referem à capacidade do sujeito, à licitude do objeto ou à sua forma. Se não há outro meio que possa determinar a eficácia do ato no cum-

---

358 LEONARDO GRECO. *O processo de execução*, vol. 2. Rio de Janeiro: Renovar, 2001, p. 256-292; *Instituições de processo civil*, vol. I. 5ª ed. Rio de Janeiro: Forense, 2015, p. 371-394.

primento do seu fim, a nulidade é absoluta, insanável, decretável de ofício a qualquer tempo e em qualquer grau de jurisdição. Se por outro meio, que não o legalmente previsto, o ato puder atingir a sua finalidade, a nulidade é relativa, sanável se não causa prejuízo ao cumprimento da finalidade do ato, somente podendo ser decretada pelo juiz a requerimento do interessado que a tiver alegado na primeira oportunidade, com a prova do prejuízo.

Embora haja uma tendência moderna de flexibilização e desformalização do processo moderno e, consequentemente, de relativização das nulidades, há um núcleo duro de nulidades absolutas que eu tenho denominado de ordem pública processual, que diz respeito aos poderes do juiz inerentes à função jurisdicional do Estado, ao respeito à independência e à imparcialidade dos juízes, à competência absoluta de juízes e tribunais, à efetividade do processo, às garantias fundamentais do processo inderrogáveis pelas partes, à repressão ao processo simulado, fraudulento, aos atos atentatórios à dignidade da justiça e ao descumprimento das decisões judiciais[359].

Quanto à anulabilidade, que é o vício que não impede que o ato produza efeitos, mas que pode ensejar a sua desconstituição para retirar-lhe eficácia normalmente futura (CC, art. 177), devendo ser alegada pelo interessado, tenho entendido que se trata de espécie de defeito raro no processo civil, porque neste, em razão de interdependência dos atos processuais, se um ato for

---

[359] LEONARDO GRECO. A contratualização do processo e os chamados negócios jurídicos processuais. Disponível em: <www.academia.edu>, 2017: "Seguindo doutrina tradicionalmente difundida entre nós, tenho apontado como inerentes à função jurisdicional do Estado os poderes de decisão, de coerção e de documentação e, como auxiliares dos dois primeiros, os poderes de conciliação e de impulso processual. Esses poderes se exercem na prática dos mais diversos tipos de atos processuais, como as decisões judiciais, os atos de movimentação, os atos de coação, os atos instrutórios, a imposição de sanções e a atividade cautelar. As regras que diretamente asseguram a independência e a imparcialidade dos juízes, como as que disciplinam a arguição de impedimentos ou motivos de suspeição, são predominantemente inderrogáveis pela vontade das partes. Também são inderrogáveis e insuscetíveis de convencionalidade as regras de competência absoluta originária ou recursal, as que autorizam o juiz a coibir o processo simulado ou fraudulento, os atos atentatórios à dignidade da justiça ou que munem o juiz de poderes de tornar efetivo o cumprimento de suas decisões ou de impor sanções pelo seu descumprimento. Também são alheias à disposição pelas partes as regras que asseguram a eficácia de garantias fundamentais do processo indisponíveis pelas partes, como as que asseguram a publicidade das decisões judiciais, a fundamentação das decisões, a duração razoável do processo, a concorrência das condições da ação, a racionalização e o regular funcionamento da administração da justiça em igualdade de condições em relação a todas as causas e a todos os interessados, o direito de postular e se defender, a que eu tenho denominado, não por simpatia, mas pela falta de outro nome melhor, de *ordem pública processual*".

declarado inválido, inválidos são todos os subsequentes dele dependentes, não podendo existir atos que produzam efeitos válidos até serem invalidados e que esses efeitos válidos sobrevivam mesmo depois de ter sido o ato invalidado[360].

Já a irregularidade é um defeito menor que não afeta a eficácia do ato a atingir a sua finalidade, dizendo respeito à observância de requisito que melhora a qualidade do ato. O juiz deve velar para que ela não ocorra ou, se ocorrer, para que seja corrigida, mas, se não o for, não tornará o ato inválido. Assim, por exemplo, a lei determina que a sentença imponha ao vencido o pagamento dos encargos da sucumbência (arts. 82, § 2º, e 85). Se a sentença omitir o cumprimento dessa exigência, não será inválida, prevendo a lei inúmeros meios para que a omissão seja suprida, como embargos de declaração, a ação autônoma (art. 85, § 18). Se não houver nenhum meio legal para suprir a irregularidade, ainda assim o ato continuará plenamente válido. Outro exemplo de irregularidade é a inobservância de requisitos da carta de arrematação (art. 901, § 2º).

O erro material é o defeito na confecção material do ato, que não afeta o seu conteúdo, mas pode dificultar a sua compreensão ou a produção de alguns dos seus efeitos. Assim, por exemplo, a enunciação equivocada de caraterísticas de um imóvel, como a metragem ou o número do logradouro, no auto de penhora. Se todas as demais características descritas no auto identificam suficientemente o imóvel, o defeito é um mero erro material, que a qualquer tempo poderá ser suprido pelo serventuário que o lavrou. Normalmente o autor do ato o retifica (art. 494, inc. I), mas nada impede que, na impossibilidade de que isso ocorra, o próprio juiz em ato próprio declare o conteúdo correto do ato de qualquer outro sujeito. Exemplo de erro material é o erro aritmético no demonstrativo do débito (arts. 524 e 798, inc. I, *b*).

Poder-se-ia quiçá mencionar uma sétima categoria, a dos atos ineficazes, mas me parece que a ineficácia, isoladamente, isto é, quando não resulta de inexistência ou nulidade, não chega a ser um vício do ato, mas a sua falta de aptidão para produzir efeitos.

Os princípios aplicáveis aos defeitos dos atos processuais merecem ser aqui relembrados: *legalidade, instrumentalidade das formas, economia processual, do interesse, da lealdade* e *da causalidade*, cujo conteúdo aqui é resumido: 1) é a lei que estabelece os requisitos dos atos processuais; 2) as nulidades relativas se convalidam se por outro meio o ato atingir a sua finalidade, aferida de acordo com a sua função no processo, ou for expressa ou tacitamente aceito pelo sujeito a quem prejudica; 3) os defeitos devem causar o menor prejuízo ao processo:

---

360 Leonardo Greco. *Instituições de processo civil*: introdução ao direito processual civil, vol. I. 5ª ed. Rio de Janeiro: Forense, 2015, p. 379-381.

repetem-se apenas o ato ou a parte do ato em que ocorreu o vício e os atos subsequentes por ele influenciados, aproveitando-se os demais atos e partes de atos não atingidos pelo vício declarado; 4) nas nulidades relativas e em algumas nulidades absolutas (art. 282, § 2º), não há nulidade sem prejuízo; 5) a nulidade deve ser arguida pelo interessado na primeira oportunidade que tiver para falar nos autos e não pode ser arguida por quem lhe deu causa; 6) a declaração de nulidade se estende a todos os atos subsequentes que tenham sofrido algum efeito do ato nulo, seja a nulidade absoluta ou relativa[361].

32. Os defeitos dos atos processuais na execução

Podem ocorrer na execução todas as espécies de defeitos, pois os vícios dos atos executivos não são diferentes dos de quaisquer outros atos processuais. Aqui, mais intensamente do que no processo de conhecimento, a teoria dos atos processuais sofre as agruras de conciliar a sua regência simultânea por normas de direito material e de direito processual. Nesta mesma obra vivemos essa árdua experiência, na interpretação que encetamos do art. 799.

O autorregramento dos atos processuais pelas convenções ou negócios jurídicos processuais também sofre limitações, como já observamos no item 6.1 dos comentários ao Título II – Das Diversas Espécies de Execução. Também no item 10.3 dos comentários às Disposições Gerais do Capítulo I apontamos que o princípio da disponibilidade da execução sofre limitações decorrentes da força executiva do título.

Por outro lado, conforme lúcida observação de CARNELUTTI, o controle de legalidade dos atos da execução se desenvolve num "terreno promíscuo", objeto de atuação concorrente de dois tipos de processo, de conhecimento e de execução[362]. Os defeitos dos atos executórios podem ser alegados no próprio procedimento executório ou no procedimento incidente tipicamente cognitivo dos embargos ou da impugnação. A esse respeito, no cumprimento de sentença o art. 518, igualmente aplicável ao processo de execução autônomo (art. 771, parágrafo único), faculta a arguição de qualquer questão relativa à validade dos atos processuais nos próprios autos "e nestes serão decididas pelo juiz". As nulidades que ocorrerem até o oferecimento da impugnação ou dos embargos também nestes poderão ser suscitadas.

O disposto no art. 803 não esgota a disciplina das nulidades da execução, que se completa com todo o regramento da Parte Geral do Código, que já

---

361 V. LEONARDO GRECO. *Instituições de processo civil*: introdução ao direito processual civil, vol. I. 5ª ed. Rio de Janeiro: Forense, 2015, p. 391-394.
362 FRANCESCO CARNELUTTI. *Processo di esecuzione*, vol. I. Padova: CEDAM, 1932, p. 322.

mencionamos, em especial nos arts. 188 a 283, aplicando-se à execução o controle oficioso e permanente da concorrência das condições da ação e dos pressupostos processuais a que se refere o § 3º do art. 485.

O art. 803 comina expressamente de nulidade a falta de liquidez, certeza e exigibilidade do título, a citação irregular e a instauração da execução antes de verificados a condição e o termo.

A certeza, liquidez e exigibilidade do crédito evidenciadas no título são as garantias formais em benefício da segurança jurídica do devedor, sendo absoluta a nulidade decorrente da sua inobservância. Já acentuei no item 19.2 dos comentários ao art. 798 que o formalismo do título executivo é uma garantia de proteção da liberdade humana contra o arbítrio da autoridade e, ao mesmo tempo, requisito indispensável à individualização da demanda executiva.

Segundo UGO ROCCO[363], a existência do título executivo é um pressuposto de fato, um pressuposto formal da ação executiva: pressuposto de fato do direito subjetivo de um e pressuposto de fato da obrigação do outro. Também a legitimação ativa e passiva normalmente decorre do título executivo e deve ser examinada de ofício pelo juiz.

Conforme observa HUMBERTO THEODORO JÚNIOR, no exame do título executivo o juiz deve verificar se o pedido do exequente corresponde à prestação cominada no título. Será nula a execução se faltar essa correspondência. Se, entretanto, a desconformidade for apenas quantitativa, não é o caso de indeferir a inicial ou anular a execução, mas de restringi-la ao valor correspondente ao título.

Ainda, segundo o mestre mineiro, se o defeito da execução foi apontado nos embargos ou na impugnação, não ficará impossibilitada a aplicação posterior da regra do art. 803 (618 no Código de 1973). Correta a afirmação. A regularidade do título executivo e a correspondência do pedido são pressupostos processuais da execução. A sua apreciação na ação incidente de embargos ou de impugnação não fará coisa julgada, que diz respeito apenas ao julgamento do direito material[364]. Não havendo coisa julgada, sobre esse ou qualquer outro defeito processual do procedimento executório, mesmo após o encerramento da execução, poderia vir a ser suscitado, independentemente de ação rescisória em ação de repetição do indébito ou ação anulatória (art. 966, § 4º).

---

363 UGO ROCCO. *Trattato di diritto processuale civile*, tomo IV. Torino: UTET, 1959, p. 116-117.
364 HUMBERTO THEODORO JÚNIOR. *Curso de direito processual civil*: processo de execução e cumprimento da sentença – processo cautelar e tutela de urgência, vol. II. 47ª ed. Rio de Janeiro: Forense, 2012, p. 231-232.

A nulidade da citação ou da intimação do executado no cumprimento de sentença é absoluta, pelo cerceamento da defesa do réu, desde que este não venha a intervir no processo. Se o fizer, purgará, a partir de então, a nulidade (art. 239, § 1º). O dispositivo se refere ao chamamento inicial do executado no procedimento executório e não ao chamamento na fase cognitiva finda, se o procedimento for o de cumprimento de sentença. A nulidade da citação inicial na fase de conhecimento não pode ser decretada de ofício pelo juiz no cumprimento de sentença. Depende de iniciativa do executado na forma do art. 525, § 1º, inciso I.

A condição ou termo retiram do crédito a exigibilidade, já referida no inciso I, enquanto não verificados. O termo frequentemente está documentado no próprio título, que prevê a sua data de vencimento ou que a lei reputa à vista se omisso for título de crédito (CC, art. 889, § 1º). Não sendo um desses casos, o exequente deverá anexar à inicial documento idôneo que comprove a data do vencimento, considerando, conforme o caso, o disposto nos arts. 397 e 398 do Código Civil.

O erro na escolha do procedimento cabível constituirá nulidade absoluta se a inicial e os atos já praticados não puderem ser adaptados ao procedimento legal (art.295-V) ou se, entre procedimentos cabíveis para a mesma espécie de prestação, o procedimento escolhido for menos garantístico para o devedor do que o procedimento legalmente cabível.

Assim, por exemplo, existem hoje várias execuções por quantia certa de rito especial, como a execução fiscal (Lei n. 6.830/80), a execução de cédula de crédito rural (Decreto-lei n. 167/67), de cédula de crédito industrial (Decreto-lei n. 413/69) e de créditos hipotecários do Sistema Financeiro da Habitação (Lei n. 5.741/71).

Parece-me relativa, e, portanto, sanável, a propositura de qualquer dessas execuções pelo rito comum da execução por quantia certa (arts. 824 e ss.). Caberá ao devedor arguir tal nulidade pelo meio próprio e demonstrar prejuízo, sob pena de convalidar-se o processamento da execução pela forma escolhida que, ao menos aparentemente, pela amplitude de prazos e de formas, garante com plenitude o direito de defesa do devedor.

Já não seria possível processar uma execução pecuniária pelo rito da execução para entrega de coisa, pela absoluta impropriedade dos atos neste previstos para atingir o escopo daquela execução.

Cumpre não olvidar que, nos termos do art. 805, se mais de um procedimento for legalmente cabível, o juiz de ofício deverá sempre preferir aquele que for menos oneroso para o devedor.

Entre as nulidades absolutas da execução, violadoras de direitos ou garantias indisponíveis, ocorre-me citar as seguintes: a) a falta de prova da condição ou do termo (art. 514); b) a violação da competência absoluta (art. 516, inc. I); c) a falta do título executivo (arts. 786 e 798); d) a falta de intimação do requerido na liquidação pelo procedimento comum, se aquele não comparecer (art. 511); e) a falta do demonstrativo do débito (art. 798, I, *b*); f) a falta de prova do adimplemento da contraprestação (art. 798, inc. I, *d*); g) a falta de liquidação prévia das benfeitorias (art. 810); h) a penhora de bens inalienáveis por natureza (art. 833); i) a falta de lavratura do termo de substituição da penhora (art. 849); j) a expedição de mandado de arrombamento, antes da constatação referida no art. 846; k) a arrematação por sujeito absolutamente impedido (art. 890); l) a falta do auto de arrematação (art. 901); q) a alienação de bem de incapaz por menos de 80% da avaliação (art. 896). Esses vícios não ficam sanados por ausência de prejuízo, pelo silêncio ou pela aquiescência do devedor.

Além das nulidades absolutas da própria execução, a instauração do cumprimento de sentença pode ensejar a declaração da nulidade da sentença e do próprio processo na fase de conhecimento de que ela resultou na hipótese de nulidade de citação, se esse processo correu à revelia do devedor (art. 525, § 1º, inc. I), através da impugnação ao cumprimento. Parece-me que essa questão pode ser objeto de arguição incidental com fundamento no art. 518, para o simples efeito de impedir a instauração ou a continuidade do procedimento executório, tendo em vista que se trata de questão relativa à falta de um pressuposto processual da execução, a existência de título executivo válido.

Assim, em todos os atos da execução deverá o juiz vigiar para que sejam praticados validamente, assegurando a regular formação e o desenvolvimento válido do processo.

Quanto às nulidades absolutas, é seu dever declará-las de ofício a qualquer tempo, não devendo aguardar a sua alegação através dos embargos do devedor ou da impugnação ao cumprimento de sentença, para minimizar os prejuízos delas decorrentes e não permitir que atos subsequentes que venham a ser praticados também sejam contaminados pela nulidade e, assim, também tenham de ser anulados e repetidos.

Se o juiz não reconhecer de ofício, na própria execução, alguma nulidade absoluta, poderá a parte interessada, normalmente o devedor, argui-la incidentalmente através de petição avulsa, sem necessidade de aguardar a oportunidade dos embargos ou da impugnação ao cumprimento de sentença, e mesmo após o prazo para a instauração desses procedimentos cognitivos incidentes (arts. 518 e 525, § 11). O Código de 2015 não mais prevê os chamados embargos da 2ª fase, embargos à adjudicação, à alienação ou à arrematação, regulados no art. 746 do Código de 1973, cuja falta impõe que se interprete com amplitude o mecanismo do art. 525, § 11, inclusive quanto à ausência de prazo para o seu manuseio, nos casos de nulidades absolutas. Se relativas, salvo expressa disposição legal diversa, a petição da parte deverá ser oferecida no prazo de 5 dias, contado na forma prescrita nos arts. 230 e 231, sob pena de preclusão (arts. 218, § 2º, e 278).

Mas a nulidade relativa pode igualmente ser alegada por qualquer outro sujeito interessado na regularidade do processo executivo, como o credor exequente, credores concorrentes, o fiador, o adquirente de bens, o sócio, o cônjuge, os ofertantes, os arrematantes, o adjudicatário, o terceiro-executor, pelo dano que pode ocasionar-lhes a nulidade do ato. Excluídos os que podem embargar ou impugnar como sujeitos passivos da execução, como o sócio e o cônjuge, todos os demais devem arguir as nulidades relativas na primeira oportunidade em que lhes couber falar nos autos da própria execução.

Se a parte decaiu do direito de opor-se a um ato executivo por nulidade relativa, não poderá a ele opor-se mediante ação autônoma de impugnação, porque a nulidade estará definitivamente sanada.

Se a nulidade absoluta não for observada pelo juiz, nem arguida incidentalmente pela parte, e o processo de execução chegar ao seu termo, como não há coisa julgada na execução, já que a atividade jurisdicional nela desenvolvida não visa a uma sentença declaratória do direito das partes, poderá o vício ser reconhecido através de ação autônoma, que poderá ter duplo objetivo. O primeiro será declarar a nulidade dos atos executivos para fazer as coisas voltarem ao estado anterior, devolvendo-se ao devedor os bens que lhe haviam sido coativamente desapossados ou desapropriados.

Nem sempre é juridicamente possível atingir esse primeiro objetivo, porque, se os bens foram arrematados por terceiro, é preciso proteger o adquirente de boa-fé, e não poderá o devedor reaver o que perdeu. Nesse sentido militam as regras constantes do art. 903 que, a meu ver, vai longe demais ao proteger até o terceiro de má-fé, comportando interpretação redutora se a nulidade tiver ocorrido na própria alienação, ainda mais se tiver sido fruto de participação dolosa do próprio adquirente.

Se impossível o desfazimento do ato expropriatório, a ação autônoma terá por objetivo a restituição ao executado da quantia recebida pelo exequente como consequência da execução, ressarcindo-se, por essa via, pelo menos em parte, do prejuízo sofrido em decorrência do processo nulo.

Atacando a arrematação como qualquer outro ato jurídico (art. 966, § 4º), a ação autônoma pode arguir qualquer motivo de nulidade desse ato, inclusive o conluio entre o credor e o arrematante, conhecidos após a sua consumação[365].

---

365 Ugo Rocco. Ob. cit., p. 298.

Teori Zavascki, referindo-se ao controle da nulidade da execução na vigência do Código de 1973 e citando jurisprudência do STJ, sustentava que a sua arguição, pelo executado, fora dos embargos (ou da impugnação ao cumprimento de sentença), limitar-se-ia aos casos em que a nulidade fosse evidente "a ponto de dispensar dilação probatória a respeito dos fatos que a sustentam", sob pena de transformar a ação de execução em verdadeira ação de conhecimento[366].

Nunca me conformei com essa limitação pretoriana à chamada exceção ou objeção de pré-executividade, criação dos tribunais para suprir o déficit defensivo dos embargos do executado ou da impugnação ao cumprimento de sentença. Não procede a imposição dessa limitação cognitiva, especialmente em face dos arts. 518 e 525, § 11, que incorporaram ao ordenamento o referido instituto justamente para cobrir todas as lacunas deixadas pelos embargos ou pela impugnação ao cumprimento de sentença. Na execução, na cognição ou em qualquer processo, o juiz tem de debruçar-se profundamente sobre as questões processuais, porque não pode o executado ser submetido a uma execução inválida pelo canhestro argumento de que a constatação da invalidade dependeria de dilação probatória. A falsidade de um título executivo, por exemplo, pode depender de prova pericial. O executado não pode ser privado do direito de alegar a qualquer tempo esse vício tão grave, com evidente cerceamento do seu direito de defesa.

Não há limitação cognitiva para a apreciação de questão relativa à validade do processo na execução.

> **Art. 804**. A alienação de bem gravado por penhor, hipoteca ou anticrese será ineficaz em relação ao credor pignoratício, hipotecário ou anticrético não intimado.
>
> **§ 1º** A alienação de bem objeto de promessa de compra e venda ou de cessão registrada será ineficaz em relação ao promitente comprador ou ao cessionário não intimado.
>
> **§ 2º** A alienação de bem sobre o qual tenha sido instituído direito de superfície, seja do solo, da plantação ou da construção, será ineficaz em relação ao concedente ou ao concessionário não intimado.
>
> **§ 3º** A alienação de direito aquisitivo de bem objeto de promessa de venda, de promessa de cessão ou de alienação fiduciária será ineficaz em relação ao promitente vendedor, ao promitente cedente ou ao proprietário fiduciário não intimado.
>
> **§ 4º** A alienação de imóvel sobre o qual tenha sido instituída enfiteuse, concessão

---

366 Teori Albino Zavascki. *Comentários ao Código de Processo Civil*: do processo de execução. Artigos 566 a 645, vol. 8. 2ª ed. São Paulo: Revista dos Tribunais, 2003, p. 396-397.

de uso especial para fins de moradia ou concessão de direito real de uso será ineficaz em relação ao enfiteuta ou ao concessionário não intimado.

§ 5º A alienação de direitos do enfiteuta, do concessionário de direito real de uso ou do concessionário de uso especial para fins de moradia será ineficaz em relação ao proprietário do respectivo imóvel não intimado.

§ 6º A alienação de bem sobre o qual tenha sido instituído usufruto, uso ou habitação será ineficaz em relação ao titular desses direitos reais não intimado.

Nos comentários ao art. 799, que aqui recapitulo, examinei em conjunto os diversos dispositivos do Código que prescrevem a intimação de terceiros na execução, a saber os arts. 791, 804, 835, § 3º, 842, 876, §§ 5º e 7º, 889, 903 e 905. Ressaltei então que essas disposições, que poderiam estar sistematizadas com mais simplicidade porque em vários temas repetem regras idênticas, podendo suscitar dúvidas se, em um ou outro, uma dessas regras deva ou não ser aplicada, fortalecem a proteção de terceiros que tenham algum direito em relação aos bens atingidos pela execução, o que irá facultar a sua intervenção no processo, embora sem caráter obrigatório. Na minha opinião, esses dispositivos se completam e, portanto, omissões que se verificam em alguns deles são supridas pelos demais. Assim, o art. 799, que trata da intimação da penhora não se refere ao promitente cessionário, que é mencionada no art. 804 sobre a intimação da alienação; ambos esses artigos, não se referem à intimação do coproprietário de bem indivisível, do credor com penhora anteriormente averbada, da União, do Estado e do Município se o bem tombado for objeto de tombamento, tratadas no art. 889 sobre a intimação da alienação judicial; a intimação da sociedade na penhora de cotas ou ações de sociedade fechada é referida no art. 799, sendo a esse respeito omissos os arts. 804 e 889. A meu ver, tanto na penhora quanto na alienação de qualquer espécie, deve o exequente providenciar todas essas intimações. À sua falta a consequência é a ineficácia da execução em relação ao terceiro cuja intimação foi omitida.

Repito aqui que não são necessárias duas intimações dos mesmos sujeitos, uma por ocasião da penhora, outra antecedente da alienação. A boa-fé recomenda que sejam feitas ambas, mas da falta de nenhuma delas resultará a perda para o terceiro de direito que não possa vir a reivindicar na própria execução ou em ação própria. A ineficácia da alienação em relação ao terceiro somente se aplica à falta de intimação dos atos expropriatórios e não à falta de intimação da penhora.

Relevante é o tratamento que o art. 903 confere ao direito do adquirente a desistir da aquisição e às reações que o terceiro não intimado pode adotar.

Art. 805. Quando por vários meios o exequente puder promover a execução, o juiz mandará que se faça pelo modo menos gravoso para o executado.

Parágrafo único. Ao executado que alegar ser a medida executiva mais gravosa incumbe indicar outros meios mais eficazes e menos onerosos, sob pena de manutenção dos atos executivos já determinados.

33. O *caput* do art. 805

O *caput* do art. 805 reproduz a regra do art. 620 do Código de 1973, que por sua vez se originara no art. 903 do Código de 1939, substituindo apenas as palavras *credor* por *exequente* e *devedor* por *executado*. O texto consagra um dos princípios específicos da execução, qual seja o de que toda execução deve efetivar-se do modo menos oneroso para aquele que sofre na sua esfera jurídica e patrimonial a incidência dos atos executórios.

A humanização da execução é fruto de uma evolução de séculos, desde a Antiguidade Clássica, em que o devedor ficava sujeito à perda da liberdade e a castigos corporais como penas pelo não pagamento de suas dívidas, até o final da primeira metade do século XX, em que, há muito abandonados os castigos corporais e a noção do inadimplemento como ilícito que devesse ser penalizado, consolidou-se o direito moderno na afirmação da preponderância do interesse do exequente, com a consequente não sujeição da execução ao contraditório e à paridade de armas ou, pelo menos, à mitigação desses princípios. Entretanto, os textos legislativos ainda proclamam que a execução é promovida no interesse do credor (CPC/2015, art. 797).

No item 10.5 dos comentários ao Capítulo I – Disposições Gerais acima observamos que toda a atividade executória se dirige no sentido de realizar em concreto a satisfação do crédito do exequente, o que Marcelo Abelha Rodrigues denomina de *princípio do desfecho único*[367].

No item 11 dos comentários ao art. 797 apontamos que somente o credor-exequente extrai um proveito concreto da atividade desenvolvida em qualquer procedimento executivo, que atinge apenas a esfera jurídica e patrimonial do devedor-executado. É ao crédito do exequente que a execução visa a satisfazer. Pode-se dizer que a satisfação do credor é a causa eficiente da execução, o que coloca o executado numa posição de sujeição, pois o exequente em muitos casos pode desistir unilateralmente da execução (art. 775) e somente ao executado se refere o legislador quando define os atos atentatórios à dignidade da justiça (art. 774).

É de reconhecer-se, pois, o unidirecionamento dos atos executórios coativos, que atingem apenas a esfera de interesses do executado, como meios para obter a satisfação do crédito do exequente. Os incidentes que o executado pode suscitar na execução visam apenas a bloquear ou ilidir a execução, *quomodo exequendum vel procedendum*[368], mas não desencadeiam qualquer ato coativo em face do exequente.

---

367 MARCELO ABELHA RODRIGUES. *Manual de execução civil*. 7ª ed. Forense: Rio de Janeiro, 2019, p. 71.
368 JOSÉ FREDERICO MARQUES. *Instituições de direito processual civil*, vol. V. 2ª ed. Rio de Janeiro: Forense, 1963, p. 83.

Essa unilateralidade nada mais é do que consequência do direito material que a execução pretende fazer cumprir, uma obrigação que o executado deve satisfazer em benefício do exequente, consubstanciada no título executivo.

Do crédito do exequente e da iniciativa deste tendente a recebê-lo resulta a instauração do processo de execução, como série de atos coativos, que faz nascer o interesse do executado a que essa série de atos se desenvolva com o menor sacrifício possível. No plano do direito material, o interesse jurídico do credor se apresenta como preponderante. No âmbito da relação jurídica processual de execução, ambos, exequente e executado, se encontram no mesmo plano e se apresentam como titulares de direitos equivalentes que não se excluem reciprocamente, mas que devem conviver e merecem o mesmo grau de respeito, o que impõe a observância de todas as garantias fundamentais do processo em favor da mais ampla tutela de um e de outro, sob contraditório e com rigorosa paridade de armas.

Hoje é lição universal, especialmente após o reconhecimento nos foros supranacionais de direitos humanos de que a execução integra o direito fundamental de acesso à tutela jurisdicional efetiva, que essa modalidade de jurisdição assenta em duas diretrizes: a maior efetividade possível do procedimento executório em favor do exequente para assegurar-lhe a maior eficácia ao pleno gozo do direito pré-constituído no título executivo; e a moderação ou proporcionalidade dos meios executórios para que o sacrifício a que se submetem o executado e seu patrimônio para assegurar aquela efetividade não exceda o limite do estritamente exigido, preservando-se em todos os demais aspectos os interesses do executado e a autonomia da sua vontade.

A posição de vantagem do exequente diz respeito à certeza, à liquidez e à exigibilidade do crédito que, em princípio, não são mais objeto de discussão na execução, porque previamente constituídos no título executivo e que impõem ao juiz ou agente de execução a prática de atos de força em face do executado e sobre o seu patrimônio.

Mas a doutrina e a jurisprudência supranacionais cada vez mais revelam limites a que deve sujeitar-se essa efetividade da execução, em benefício do sacrifício mínimo que o exequente tem o direito de impor ao executado.

Como observa BURKHARD HESS, cresce a tendência dos modernos sistemas jurídicos de considerar a execução mais do que simplesmente como uma instância de cobrança de dívidas[369]. Igualmente CÂNDIDO DINAMARCO[370] leciona

---

[369] BURKHARD HESS. Different Enforcement Structures. In: C. H. RHEE. A. UZELAC (eds.). *Enforcement and enforceability.* Antwerp: Intersentia, 2010, p. 53.

[370] CÂNDIDO RANGEL DINAMARCO. *Nova era do processo civil.* 3ª ed. São Paulo: Malheiros, 2009, p. 293-298.

que ao juiz impõe-se na execução, caso a caso, a busca de uma linha de equilíbrio e de harmonização entre duas balizas fundamentais e ao mesmo tempo antagônicas: a do respeito à integridade patrimonial do executado, sacrificando-o o mínimo possível e a do empenho para a plena realização do direito do exequente: não frustrar o direito do credor nem sacrificar o patrimônio do devedor além do razoável e necessário. A execução perdeu, portanto, o primitivo caráter punitivo de infâmia.

E, referindo-se ao art. 620 do Código de 1973, correspondente ao art. 805 do Código de 2015, afirma DINAMARCO que "é em nome dos valores humanos e éticos alojados à base do sistema executivo que a lei busca o adequado equilíbrio entre os interesses das partes em conflito, para que a execução seja tão eficiente quanto possível, com o menor sacrifício possível ao patrimônio do devedor" [371]. É preciso extrair dessa regra toda a riqueza de seu conteúdo, sob pena de receber o executado um tratamento incompatível com o espírito de justiça que há de presidir toda a vida dos direitos e obrigações. Essa visão decorrente dos valores humanos que estão em jogo na execução reequilibra as posições das partes, fixando com clareza que o seu objetivo não é apenas o de satisfazer o interesse do credor-exequente, mas também e simultaneamente, preservar o mais possível o interesse e a liberdade do devedor-executado.

A observância do princípio da menor onerosidade não reduz em nada a efetividade da execução em benefício da mais completa satisfação do direito do exequente. Entretanto, se essa completa satisfação puder ser atingida por um procedimento, um meio executório ou qualquer modo menos prejudicial ao devedor, essa opção deve ser adotada. Outros limites, que não simplesmente a menor onerosidade, podem sobrepor-se à efetividade da satisfação do exequente, impostos pela preponderância de outros direitos fundamentais, pela ordem pública, pela impossibilidade material, como a liberdade do devedor nas obrigações personalíssimas, certas impenhorabilidades, a continuidade dos serviços públicos, os chamados limites não queridos pelo ordenamento, conforme expusemos no item 9.1.1 dos comentários ao Capítulo I – Disposições Gerais acima. Mas não é disso que estamos agora tratando.

Lamentavelmente o ordenamento processual brasileiro sofreu, a partir da Lei n. 11.232/2005, muitas reformas na disciplina da execução, a partir de uma

---

[371] CÂNDIDO RANGEL DINAMARCO. *Execução civil*. 5ª ed. São Paulo: Malheiros, 1997, p. 307-316. No mesmo sentido, SÉRGIO MATTOS. Comentário ao artigo 805. In: TERESA ARRUDA ALVIM WAMBIER. FREDIE DIDIER JR. EDUARDO TALAMINI. BRUNO DANTAS. *Breves comentários ao Novo Código de Processo Civil*. 2ª ed. São Paulo: Revista dos Tribunais, 2016, p. 1959.

avaliação superficial e inconsistente de que o nosso sistema jurídico favorecia demasiadamente o devedor e que, por isso, seria ele moroso e ineficaz. Sem dúvida, havia excessos na legislação anterior, como o efeito suspensivo automático da defesa do executado e o exagero de várias citações ou intimações pessoais do réu/executado, que foram corretamente eliminados. Mas, por outro lado, em outros temas, como o da tutela específica, as referidas reformas ignoraram a necessidade de respeito ao interesse do executado a uma execução menos onerosa, omitindo inclusive qualquer previsão de que lhe fosse oferecida a possibilidade de cumprimento espontâneo da prestação. O Código de 2015 busca novamente o equilíbrio, embora ainda nele remanesçam dispositivos que impende interpretar teleologicamente, compatibilizando-os com as garantias fundamentais do processo, em especial com o contraditório, com a ampla defesa e com a paridade de armas.

À luz dessa exigência de equilíbrio, que encontra suporte nas normas fundamentais do processo civil adotadas pelo Código de Processo Civil de 2015, com destaque para a duração razoável da atividade satisfativa (art. 4º), a boa-fé (art. 5º), a cooperação entre os sujeitos do processo (art. 6º), a paridade de tratamento em relação aos meios de defesa, o efetivo contraditório (art. 7º), a dignidade humana[372], a proporcionalidade, a razoabilidade, a eficiência (art. 8º) e a audiência prévia das partes antes de qualquer decisão (arts. 9º e 10), fecunda é a aplicação do princípio da menor onerosidade.

A execução menos onerosa de todas é aquela em que o executado pode escolher o meio de satisfazer o seu credor com o menor sacrifício possível para o seu patrimônio e para o seu bem-estar. Qualquer pessoa que se sente premida a privar-se de algo para cumprir espontaneamente obrigação de que é devedora vai avaliar as opções possíveis, escolher a que lhe seja mais conveniente ou menos inconveniente e procurar implementá-la. No direito italiano, assim como em outros sistemas europeus, a notificação do preceito, que antecede a execução, cumpre esse papel, qual seja, o de preveni-lo de que os atos coativos estão prestes a iniciar-se, ofertando-lhe um prazo minimamente razoável para tentar cumprir a prestação pelo meio que, a seu juízo, lhe pareça mais conveniente e menos gravoso. Se o fizer, o princípio da menor onerosidade terá alcançado a sua máxima eficácia, sem que seja necessária a intervenção judicial na sua esfera de interesses e sem submetê-lo ao constrangimento e aos ônus da execução forçada.

Não é diferente na tradição luso-brasileira. AFFONSO FRAGA, no primeiro quartel do século passado[373], lecionava que a citação do executado para cumprir

---

372 V. SÉRGIO MATTOS. Ob. cit., p. 1960-1961.
373 AFFONSO FRAGA. *Theoria e pratica na execução das sentenças*. São Paulo: C. Teixeira & C., 1922, p. 142-143.

a prestação era uma formalidade essencial da execução, cuja ausência gerava nulidade absoluta. Citava em abono do seu entendimento lições de ALMEIDA E SOUSA e LEITE VELHO, segundo as quais a falta desse chamamento feria e aniquilava o direito de defesa do executado, informando que qualquer polêmica a respeito dessa exigência ficara superada pela previsão da citação como formalidade essencial da execução no art. 673, § 2º, do Regulamento n. 737 de 1850.

No mesmo sentido era o ensinamento de LOPES DA COSTA, que mencionava a chamada "intimação do preceito" como termo essencial à defesa do executado[374].

Portanto, a notificação do executado, por citação ou intimação, conforme o caso, para cumprir a prestação devida em prazo razoável, antes do desencadeamento dos atos coativos, deve ser o primeiro ato do procedimento executório[375]. Na redação original do Código de 1973, em qualquer espécie de execução, o devedor dispunha dessa oportunidade, embora na execução por quantia certa, a lei lhe conferisse o prazo excessivamente exíguo de 24 horas (art. 652). Mas na execução para entrega de coisa esse prazo era de 10 dias (art. 621) e na execução de obrigações de fazer ou de não fazer era o que o juiz fixasse (arts. 632 e 642).

As reformas do Código de 1973 inspiradas na intenção de acelerar o procedimento executório, embora ampliando o prazo para três dias na execução pecuniária (art. 652, com a redação da Lei n. 11.382/2006) e deixando a critério do juiz a fixação desse prazo na entrega de coisa (art. 461-A, com a redação da Lei n. 10.444/2002), não mais previram essa notificação preambular nas chamadas tutelas específicas de prestações de fazer e de não fazer (art. 461, com a redação da Lei n. 8.952/94).

O Código de 2015 prevê a citação para cumprimento espontâneo da prestação na execução de título extrajudicial: quinze dias na execução para a entrega de coisa (art. 806), no prazo que o juiz fixar na execução de obrigação de fazer (art. 815) e para desfazer o ato na execução de obrigação de não fazer (art. 822), no prazo de três dias na execução pecuniária comum e na de alimentos (arts. 829 e 911). Excetua-se a execução contra a Fazenda Pública em que, em razão de regime de pagamento por precatório, a citação é para que a Fazenda oponha embargos no prazo de trinta dias (art. 910). Na execução de alimentos por desconto em folha de pagamento o art. 912, § 1º,

---

374 ALFREDO DE ARAUJO LOPES DA COSTA. *Direito processual civil brasileiro*, vol. IV. Rio de Janeiro: José Konfino Editor, 1947, p. 70.
375 ENRICO TULLIO LIEBMAN. I presupposti dell'esecuzione forzata. *Problemi del processo civile*. Napoli: Morano, 1962, p. 352.

prescreve que, ao despachar a inicial, o juiz determine desde logo o desconto por ofício à fonte pagadora, e assim se faz, sem atentar para a necessidade de prévia citação para pagamento, nos termos do art. 911, omitindo a exigência de prévia notificação imposta pelo princípio da menor onerosidade, que decorre da aplicação à execução de título extrajudicial do disposto no art. 513 por força do art. 771, parágrafo único. E, assim se procedendo, com frequência o executado somente vai tomar conhecimento do desconto no pagamento da remuneração do mês seguinte, sem ter tido a oportunidade de sugerir uma opção menos gravosa.

No cumprimento de sentença ou execução de título judicial, o art. 513, *caput*, determina a aplicação das regras da execução de título extrajudicial, enquanto o § 2º do mesmo artigo expressamente determina que "o devedor será intimado para cumprir a sentença". No cumprimento de prestação pecuniária, o executado é inicialmente intimado a pagar o débito no prazo de quinze dias (art. 523). Nas prestações de alimentos, o prazo é de três dias (art. 528); no desconto em folha, o art. 529 é omisso como o art. 912, aplicando-se obrigatoriamente o disposto no *caput* e no § 2º do art. 513. No cumprimento de prestações de fazer, não fazer e entrega de coisa os arts. 536 e 538 são omissos, aplicando-se igualmente as disposições do art. 513, que, tal como o art. 771, remetem às regras dos arts. 815 e 822.

Na escolha de bens a serem penhorados na execução por quantia certa, aparentemente a reforma das Leis ns. 11.232/2005 e 11.382/2006, assim como o art. 829, § 2º, teriam transferido do executado para o exequente a prioridade na escolha dos bens. Não é bem assim. O mesmo § 2º do art. 829 prevê que a preferência será do executado, se antes da efetivação da penhora sobre os bens indicados pelo exequente, ele indicar outros bens e o juiz verificar a menor onerosidade nessa escolha. Mesmo depois de concretizada a incidência da apreensão sobre o bem indicado pelo exequente, poderá o executado obter a sua substituição (art. 847), comprovando a menor onerosidade para ele e a inexistência de prejuízo para o adversário. Este último dispositivo é emblemático da ideia de equilíbrio entre os dois interesses contrapostos legítimos. Ressalte-se que aqui a análise da menor onerosidade significa tão somente não manifesta maior onerosidade, porque se o executado prefere perder outros bens e não há prejuízo para o exequente nem flagrante ruína para o seu patrimônio, a sua escolha deve prevalecer, em respeito à autonomia da sua vontade na prática de atos de disposição. Assim, sob a inspiração do art. 805, a escolha dos bens a serem penhorados não deve obedecer friamente à ordem do art. 835, facultando a lei (art. 847) que o executado requeira a sua substituição se comprovar que lhe será menos onerosa. Essa preferência do executado é da tradição do nosso direito. Segundo LIEBMAN[376], os praxistas consideravam o direito de nomeação de bens um verdadeiro privilégio concedido ao executado. Discordando que se tratasse de um privilégio, PAULA BAPTISTA considerava essa preferência um apelo à honra e à boa fé do devedor, "para que faça livre e conscienciosamente aquilo que, não fazendo, far-se-á pela força"[377].

Recorrendo às lições de JOSÉ FREDERICO MARQUES e ALCIDES DE MENDONÇA LIMA[378] na vigência do Código de 1973, podem ser apontadas como aplicações do princípio da menor onerosidade as seguintes regras: a) a não efetivação da penhora se os bens encontrados forem suficientes apenas para pagamento das custas da execução (art. 836); b) a redução da penhora após a avaliação, quando excessiva (art. 874, inc. I); c) a suspensão da arrematação assim que o produto apurado for suficiente para o pagamento integral do credor mais a cobertura das despesas da execução (art. 899); d) a arrematação apenas de parte de imóvel que comporte divisão cômoda (art. 894); e) a declaração de autoinsolvência do devedor (art. 759 do Código de 1973 c.c. o art. 1.052 do Código de 2015); f) a incidência da execução preferencialmente sobre bens do devedor em poder do credor por direito de retenção (art. 793); g) a preferência do usufruto do bem penhorado à sua alienação se mais eficiente para o credor e menos gravosa para o devedor (art. 867). Também obedece ao mesmo princípio a faculdade concedida ao executado de pagamento parcelado da dívida pecuniária, a que se refere o art. 916.

Igualmente constitui aplicação do princípio da menor onerosidade a necessidade de coibir com severidade a paralisação da execução pela inércia do exequente ou pela dificuldade de localizar os bens penhoráveis. Trata-se de desvirtuamento comum verificado entre nós, a que o legislador ordinário não deu até o momento a devida atenção, que permite que sobrepaire sobre o executado o constrangimento de execuções inviáveis, por falta de bens a serem penhorados ou pelo desinteresse do exequente, sem qualquer iniciativa deste no sentido de impulsioná-las. A extinção da execução, nesses casos, não deveria ficar subordinada à intimação pessoal do exequente, pois a este incumbe o dever de permanentemente impulsionar a execução. O Código de 2015 coíbe timidamente esse comportamento no mínimo desidioso do credor apenas com a chamada prescrição intercorrente que, ainda assim, somente começa a correr a partir do decurso de um prazo de espera por um ano no mínimo (arts. 921, § 2º, e 924).

---

376 LIEBMAN. *Processo de execução*. 4ª ed. São Paulo: Saraiva, 1980, p. 131.
377 FRANCISCO DE PAULA BAPTISTA. *Compêndio de teoria e prática do processo civil*. 7ª ed. Lisboa, 1909, p. 153.
378 ALCIDES DE MENDONÇA LIMA. *Comentários ao Código de Processo Civil*. Arts. 566-645, vol. VI. 4ª ed. Rio de Janeiro: Forense, 1985, p. 628-629.

Ainda outra aplicação do princípio da menor onerosidade é a proibição de arrematação por preço vil (art. 891).

No direito europeu contemporâneo, é comum contrapor ao direito do credor de obter em prazo razoável tudo que o título executivo lhe confere, o direito do devedor a um processo justo com sacrifícios proporcionais da sua propriedade, direito ao contraditório e o direito ao respeito da sua privacidade. Giuseppe Campeis e Giovanni De Cal dão como exemplo de evolução da execução no sentido de proteção da privacidade do devedor a eliminação do nome do devedor dos editais de arrematação, constante do art. 490 do Código de Processo Civil italiano com a redação que lhe deu lei de 2003[379].

O art. 805 se refere a vários *meios* e *modos*. A meu ver, em vão parte da doutrina tem tentado distinguir entre uns e outros. O que parece certo é que o juiz não pode variar a prestação e, como tal, não pode transformar uma prestação pecuniária em prestação de fazer ou de entrega de coisa e assim por diante. Nesse sentido, a espécie de execução em função do tipo de prestação é definida pelo título, não pelo critério da menor onerosidade. As exceções se referem aos casos em que a lei expressamente faculta ao credor a sua conversão em prestação equivalente ou pecuniária, como, por exemplo, na entrega de coisa que se deteriorar, não for cumprida espontaneamente pelo executado, não for encontrada ou não for reclamada do poder de terceiro, consoante previsão dos arts. 497, 536 e 809. Previsão análoga se encontra nos arts. 816, 821 e 823, quanto às prestações de fazer e de não fazer. Também não pode o juiz efetuar a escolha da prestação nas obrigações alternativas, como ressaltamos no comentário ao art. 800.

Quando houver mais de um procedimento legalmente cabível para a mesma espécie de prestação, poderá o autor escolher um ou outro, cabendo ao juiz velar e eventualmente corrigir a escolha do autor para assegurar o respeito ao princípio da menor onerosidade. É o que ocorre, por exemplo, com a prestação de alimentos. Se for possível a satisfação pelo desconto junto à fonte pagadora de rendimentos, este procedimento deverá ser preferido à execução sob ameaça de prisão.

Mas o dispositivo também se aplica aos chamados meios executórios, ou seja, às espécies de atos coativos ou de sub-rogação que possam ser adotados para obter a satisfação do exequente, que deverão ser os de menor onerosidade para o executado. Como observamos no item 22 dos comentários ao art. 798, o exequente tem uma relativa liberdade de escolha do procedimento ou do meio executório. O exequente deve indicá-los na petição ou requerimento inicial.

---

379 Giuseppe Campeis. Giovanni De Cal. *Il giusto processo nelle esecuzioni civili*. Piacenza: La Tribuna, 2018, p. VIII.

Mas o respeito ao art. 805 impõe ao juiz aceitar ou não a escolha do credor, o que institui uma verdadeira fungibilidade do meio executório. É o que ocorre, por exemplo, na hipótese já citada da ação de alimentos, assim como na penhora *on line* (art. 854) e na constituição de capital na execução de alimentos indenizatórios (art. 533). Ao contrário de Fredie Didier Jr. *et alii*[380], que sugerem que o juiz não pode de ofício adotar medida para a qual a lei exija iniciativa da parte, parece-me que, sem prejuízo do desejável respeito à iniciativa do exequente nesses casos, nem o juiz pode submeter o executado a coação mais gravosa do que a estritamente necessária para a satisfação do exequente, nem o juiz pode ser impedido de adotar qualquer medida menos onerosa para o executado, desde que suficiente para satisfazer o exequente, ressalvada a expressa aceitação do executado em matéria estritamente de direito disponível e desde que concretamente o juiz constate que a aceitação do executado é atual e livre, não podendo ter sido o fruto de qualquer coação ou constrangimento. O princípio da menor onerosidade é um limite humanitário às escolhas do exequente.

Em geral, as medidas que a lei reserva à iniciativa do exequente são acentuadamente gravosas para o executado, como a prisão do devedor de pensão alimentícia (art. 528), a inclusão do nome do executado em cadastro de inadimplentes (art. 782, § 3º), a penhora *on line* (854), a constituição de capital na indenização por ato ilícito que inclua prestação de alimentos (art. 533), a efetivação do protesto, exceto em execução alimentícia (arts. 517 e 528, § 3º). A sua implementação não deve ser automática e indiscriminada. Sempre que requeridas, deverá o juiz verificar se não ultrapassam o limite da menor onerosidade.

Também as averbações dependem de iniciativa do exequente (arts. 792, incs. I, II e III, 799, inc. IX, 828, 844 e 868, § 1º), com exceção da averbação da penhora que é elemento componente do próprio ato executório (art. 860). Entretanto, como atos de garantia não só do exequente, mas também de terceiros, e instrumentos de proteção da higidez do mercado de bens, não se sujeitam à avaliação da menor onerosidade.

A fungibilidade do meio executório é, portanto, característica de qualquer processo de execução em respeito à menor onerosidade. Nem é óbice a essa variação, a menção expressa do procedimento ou do meio executório no título exequendo. O que reprime o art. 917, § 2º, é apenas o desrespeito ao título que possa implicar em desrespeito à prestação nele consignada ou à menor onerosidade e não a variação do procedimento ou do meio executório, seja ele a requerimento do exequente ou de ofício pelo próprio juiz que respeite esses dois limites.

---

380 Fredie Didier Jr. *et alii*. Ob. cit., p. 126-127.

34. O parágrafo único do art. 805

Novidade no Código de 2015 foi a introdução no art. 805 do parágrafo único, que parece criar uma restrição ou condição à aplicação do princípio da menor onerosidade, qual seja a de incumbir ao executado alegá-la com a indicação de "outros meios eficazes e menos onerosos, sob pena de manutenção dos atos executivos já determinados".

Ao dizermos que a menor onerosidade o juiz deve aplicar de ofício a qualquer tempo, estamos erigindo esse princípio a matéria de ordem pública, que não depende de alegação nem do preenchimento de qualquer condição pelo executado e o parágrafo único do art. 805 não pode ser interpretado em sentido contrário. Ocorre que a ordem pública existe quanto a direitos indisponíveis e quanto à necessidade assistencial de controle pelo juiz da livre e consciente escolha do executado a respeito dos seus interesses e da licitude da explícita ou implícita disposição de direito disponível.

Se o juiz de ofício antevê uma execução menos gravosa ao devedor, o interesse do executado é plenamente disponível, este omite a alegação da excessiva onerosidade ou a ela se conforma e não há nenhuma razão concreta para supor que essa aceitação não seja atual, livre, consciente ou influenciada por qualquer situação de dependência ou de sujeição do executado ao exequente, o juiz não deve intervir. A menor onerosidade não é o que o juiz pensa, mas o que o executado pensa e quer. Não há matéria de ordem pública se o interesse do executado é disponível. Se o juiz tiver dúvida, deverá apurar as circunstâncias de que se reveste o caso concreto. Em muitos casos, intimar o executado para que se pronuncie sobre a menor onerosidade da via alternativa, no exercício do que os alemães denominam um dever de advertência (*Hinweispflicht*), pode elucidar a referida dúvida. Daí resulta, portanto, que a menor onerosidade nem sempre é matéria de ordem pública, o que representa uma restrição ao seu reconhecimento de ofício pelo juiz. Por outro lado, sendo de ordem pública, pelo não preenchimento das condições acima expostas, não será a falta de alegação do executado que dispensará o seu conhecimento *ex-officio* pelo juiz. Sobre este ponto nada diz o parágrafo único do art. 805.

O que ele diz e me parece que nem precisaria dizer é o óbvio. A menor onerosidade, seja ela decretada de ofício ou alegada pelo executado, exige a explicitação da via alternativa, quanto à menor onerosidade e à maior eficácia. Aqui cabe esclarecer que a redação do dispositivo não é feliz. A via alternativa não precisa ser necessariamente menos onerosa e mais eficaz. Como bem lembra Sérgio Mattos, invocando feliz expressão de Nelson Hungria, não se trata de "pesagem em balança de farmácia"[381]. Para que o juiz de ofício a

---

381 Sérgio Mattos. Ob. cit., p. 1964.

adote, ela precisa ser menos onerosa e igualmente eficaz, em respeito à liberdade de iniciativa do exequente. Para que o executado a alegue, basta que ela seja igualmente onerosa e igualmente eficaz, pois se nenhum prejuízo terá o exequente, deve prevalecer a escolha do executado. Neste caso, a liberdade de iniciativa do exequente cede à liberdade do executado de dispor dos seus próprios interesses. Nada impede que, sendo o direito disponível e não havendo fundamento para a intervenção do juiz, exequente e executado convencionalmente escolham uma via mais onerosa.

CAPÍTULO II
DA EXECUÇÃO PARA A ENTREGA DE COISA

35. Execução específica

Quando o objeto da prestação constante do título não é dinheiro, mas a entrega de algum outro bem, o exercício de uma atividade ou a omissão na prática de algum ato, a execução é chamada *específica*, denominação adotada no Código Civil italiano[382] em contraposição à execução pecuniária de caráter expropriatório, porque nela o órgão executivo se limita a concretizar o exercício de um direito preexistente, através da prática imediata dos mesmos atos que o executado deveria praticar para cumprir voluntariamente a sua obrigação.

Para BARBOSA MOREIRA[383], a tutela específica é o conjunto de remédios e providências tendentes a proporcionar àquele (ou àqueles) em cujo benefício se estabeleceu a obrigação, o preciso resultado prático atingível por meio do adimplemento, isto é, a não violação do direito ou do interesse tutelado. Para MONTERO AROCA[384], obrigação específica deve entender-se aquela em que a prestação está perfeitamente determinada e tem por objeto uma ou várias coisas concretas e especificadas por sua individualidade. No sentido dessas definições, a execução pecuniária também seria específica, porque busca o resultado prático a que o credor tem direito. Na verdade, a entrega de coisa, o fazer ou o não fazer ensejam execuções específicas porque a satisfação do credor não se dará numa sequência de atos de conteúdo precisamente predeterminado pela lei, como nas prestações pecuniárias (penhora, avaliação, alienação e entrega do dinheiro ao credor), mas por meio de um ou mais atos

---

[382] A expressão "execução em forma específica" encontra-se no Código Civil italiano, na epígrafe da Seção II do Capítulo II (Da execução forçada) do Título IV (Da tutela jurisdicional dos direitos) do Livro VI (Da tutela dos direitos).

[383] JOSÉ CARLOS BARBOSA MOREIRA. A tutela específica do credor nas obrigações negativas. *Temas de direito processual*, 2ª Série. São Paulo: Saraiva, 1980, p. 31.

[384] JUAN MONTERO AROCA. JOSÉ FLORS MATÍES. *Tratado de processo de ejecución civil*, tomo II. 2ª ed. Valencia: Tirant lo Blanch, 2013, p. 2.170.

especificamente aptos a satisfazer cada prestação devida, que o juiz tem de definir em função das características concretas dessa prestação e do modo como a atividade substitutiva do agente da execução possa intervir na autonomia da vontade e na esfera de privacidade do devedor, de forma que o credor receba exatamente o que lhe é devido ou o mais próximo do que lhe é devido que for material e juridicamente possível, com o menor sacrifício para o executado. Entregar um navio é diferente de entregar um animal e diferente de entregar uma criança, mas todas são prestações de entrega de coisa. Pintar um quadro é diferente de construir um prédio e diferente de prestar um serviço telefônico, mas todas são prestações de fazer. Não perturbar o sossego noturno dos vizinhos é diferente de não jogar lixo nas áreas comuns do condomínio ou de não estacionar em local proibido, mas são todas prestações de não fazer. Em cada caso, o conteúdo dos atos executórios deve adequar-se ao conteúdo concreto da prestação devida e ao modo mais eficaz e menos oneroso de realizá-la ou de realizar a prestação substitutiva mais próxima que seja material e juridicamente possível. A execução específica ou tutela específica também é chamada de execução *in natura* ou execução direta[385] e abrange as prestações de dar coisa diferente de dinheiro, de fazer e de não fazer.

À tutela específica contrapõe-se o emprego de remédios e providências tendentes apenas a eliminar as consequências da violação do direito por meio da compensação pecuniária do credor que a tenha sofrido.

Obrigação específica, execução específica e tutela específica não são expressões felizes porque dão a entender a contraposição com obrigações, execuções ou tutelas genéricas, quando na verdade o que há de característico na execução de entrega de coisa, de fazer ou de não fazer é o abandono de uma tradição de origem romana de que toda execução é pecuniária e incide, assim, sobre o patrimônio do devedor, para que a atividade jurisdicional entregue forçadamente ao credor exatamente o bem ou a prestação a que ele tem direito, tal como descrito e individualizado no título, e não somente o seu equivalente em dinheiro. E, nas obrigações negativas, a tutela específica deve exercer-se por meios que concretamente inibam o devedor de violá-las ou, se já violadas, que concretamente restabeleçam o estado anterior à violação, se materialmente possível. Na violação dos direitos da personalidade e dos interesses coletivos, a tutela específica é a única capaz de aproveitar ao credor[386]. Pela execução específica, o devedor normalmente nada perde de seu e, por

---

385 PATRICK WÉRY. Specific performance in Belgian Law. In: JAN SMITS. DANIEL HAAS. GEERTE HESEN (eds.). *Specific performance in contract law*: national and other perspectives. Antwerp: Intersentia, 2008, p. 32.
386 MOREIRA. Ob. cit., p. 32.

isso, nela não se pode falar de responsabilidade patrimonial. Esta somente exsurge se a obrigação se converter em prestação pecuniária.

No Estado Democrático Contemporâneo a tutela específica emerge como uma exigência da garantia da tutela jurisdicional efetiva, que se propõe a dar ao titular do direito tudo aquilo que o ordenamento lhe confere, conforme a lição centenária e sempre repetida de CHIOVENDA[387].

Através da obra das Cortes Constitucionais europeias a partir do segundo pós-guerra e da fecunda produção doutrinária, particularmente alemã e italiana, desenvolveu-se a chamada *escola da efetividade do processo*, determinada a conferir à jurisdição o papel político de instrumento de garantia da eficácia dos direitos fundamentais.

Coube a BARBOSA MOREIRA o mérito de haver trazido para o debate científico brasileiro a noção fecunda da *efetividade do processo*, antes mesmo da Constituição de 1988[388], apontando algumas premissas consensuais da efetividade do processo: a predisposição dos instrumentos processuais de tutela de direitos e de quaisquer outras posições jurídicas de vantagem para que sejam praticamente utilizáveis, sejam quais forem os seus titulares, inclusive quando indeterminado ou indeterminável o círculo dos eventuais sujeitos; a extensão da utilidade prática do resultado do processo para assegurar o pleno gozo do direito pelo seu titular, de acordo com o ordenamento; a obtenção desses resultados com o mínimo dispêndio de tempo e de energias. A segunda premissa é o sustentáculo da tutela específica.

O conteúdo dos atos da execução específica é variável, de acordo com as exigências da prestação a ser adimplida. Como observa PÉREZ DEL BLANCO[389], para sua execução o juiz deve gozar de mais liberdade, de um poder discricionário mais elevado. O legislador não pode prever todas as possíveis situações.

Apesar dessa tendência evolutiva dos ordenamentos processuais contemporâneos, ainda em vários países da Europa a tutela específica sofre limitações. França, Bélgica e Holanda autorizam o credor de obrigação não pecuniária a exigir do devedor que a cumpra na forma específica[390]. No direito privado

---

387 GIUSEPPE CHIOVENDA. *Principii di diritto processuale civile*. 3ª ed. Napoli: N. Jovene e C., 1923, p. 237.
388 JOSÉ CARLOS BARBOSA MOREIRA. Notas sobre o problema da "efetividade" do processo. *Temas de direito processual*, 3ª Série. São Paulo: Saraiva, 1984, p. 27 e ss.
389 GILBERTO PÉREZ DEL BLANCO. *La ejecución no dineraria en la nueva Ley de Enjuiciamiento Civil (Condenas de hacer, no hacer y dar)*. León: Ediciones Universidad, 2001, p. 16.
390 GERARD DE VRIES. Economic analysis and fairness. In: JAN SMITS. DANIEL HAAS. GEERTE HESEN (eds.). *Specific performance in contract law*: national and other perspectives. Antwerp: Intersentia, 2008, p. 332-333.

holandês o direito ao cumprimento específico é considerado uma característica essencial do próprio contrato[391].

Em contrapartida, na Itália, o art. 1.218 do Código Civil previa apenas tutela ressarcitória, especialmente dos direitos de crédito. Com a constitucionalização do direito de ação, a doutrina italiana passou a cogitar da tutela específica para todos os tipos de obrigações. Originalmente essa tutela se aplicava apenas aos direitos absolutos, como o direito de propriedade, não aos direitos de crédito, estendendo-se progressivamente a estes por influência da doutrina processual e da concepção garantística da execução forçada[392]. A tímida evolução do direito italiano se verificou com a introdução em 2009 no Código de Processo Civil do art. 614-bis, que teve a redação aperfeiçoada em 2015, prevendo que o juiz fixe na condenação, a pedido da parte, multa imposta ao réu por qualquer violação, inobservância ou atraso na execução de prestação diferente de dinheiro.

Na Inglaterra a chamada *specific performance*, remédio da jurisdição de equidade, em certos casos, como a compra de imóvel, oferece ao autor uma expectativa natural de obtê-la, enquanto em outros, como o de serviços pessoais, essa expectativa está sujeita ao juízo discricionário da corte. Há situações em que o remédio cabível é a *mandatory injunction,* que pode ser obtida por meio de uma decisão interlocutória[393].

Na vigência do Código brasileiro de 1939, José Frederico Marques observava que o procedimento coativo na entrega de coisa consistiria rigorosamente numa simples operação física, a retirada da coisa da esfera de vigilância do devedor e a sua tradição ao credor, enquanto na entrega de dinheiro a atividade coativa se materializava em uma série de atos expropriatórios para a transformação dos bens em pecúnia e somente após essa transformação a sua entrega ao credor[394]. Naquela época, como mais adiante no Código de 1973, o legislador não ia mais longe. Não encontrada a coisa em poder do devedor, se tivesse perecido ou se não conviesse ao credor retirá-la do poder do terceiro à qual tivesse sido fraudulentamente alienada, convertia-se a obrigação em perdas e danos, prestação pecuniária, seguindo-se a liquidação do seu valor em dinheiro e a subsequente execução por quantia certa.

---

391 Daniel Haas. Searching for a legal basis of specific performance in the Dutch Civil Code. In: Jan Hallebeck. Harry Dondorp (eds.). *The right to specific performance*. Antwerp: Intersentia, 2010, p. 174.
392 Ilaria Pagni. *Tutela specifica e tutela per equivalente.* Milano: Giuffrè, 2004, p. 12-24.
393 Jill E. Martin. *Modern equity.* 18ª ed. London: Sweet & Maxwell/Thomson Reuters, 2009, p. 752 e 754.
394 José Frederico Marques. *Instituições de direito processual civil,* vol. V. 2ª ed. Rio de Janeiro: Forense, 1963, p. 308.

36. Obrigações de fazer e de entrega de coisa

À primeira vista parece intuitiva a distinção entre a prestação de dar e a prestação de fazer, pois na primeira o bem tem realidade no mundo e presume-se que preexista na esfera de vigilância do executado ou de terceiro, limitando-se a execução a retirá-lo do poder de fato do seu detentor e a entregá-lo ao exequente, enquanto na segunda a prestação consiste numa atividade humana de que pode resultar ou não a confecção de um objeto físico. Há prestações de fazer que não se materializam num objeto físico, como prestar um serviço de consultoria empresarial. Há outras que se materializam simplesmente num documento que registra uma manifestação de vontade, como a celebração de um contrato. Há ainda outras que têm como resultado a criação de um objeto físico, como a construção de um prédio, a criação de uma obra de arte. Nestas últimas, pode haver muitas vezes dificuldade de apurar se a obrigação é simplesmente de dar ou de fazer.

Enquanto nas obrigações de dar, a prestação consiste na entrega de um bem corpóreo, indevidamente retido na posse do devedor, nas obrigações de fazer se exige do devedor que produza um ou mais atos que gerem um efeito real, corpóreo ou incorpóreo, que não existia anteriormente: a celebração de um contrato, que cria novos efeitos jurídicos; a encenação de uma peça de teatro, que produz na plateia sensações e emoções; uma consulta de um médico, que orientará o cliente, auxiliando-o no tratamento da sua saúde; o patrocínio judicial do advogado, que propiciará ao cliente exercer com habilidade a defesa dos seus interesses; a construção de um prédio, que dará ao imóvel nova capacidade de utilização; a colocação de um filtro em uma chaminé, que reduzirá ou eliminará a poluição atmosférica da localidade em que está instalada a fábrica; a recuperação de um ecossistema degradado.

Como dissemos, algumas vezes a obrigação de fazer se materializa na criação de um novo objeto corpóreo: um prédio, um automóvel, uma escultura. A satisfação dessa obrigação se completará com a entrega desse objeto corpóreo, quando pronto, ao credor, o que não a reduz a uma simples obrigação de dar, que aqui é complementar do fazer[395]. Mas nem sempre resultará com clareza do título se a prestação é de dar ou de fazer, porque, ao celebrar-

---

395 ALCIDES DE MENDONÇA LIMA (*Comentários ao Código de Processo Civil*. Arts. 566-645, vol. VI. 4ª ed. Rio de Janeiro: Forense, 1985, p. 679) admite que a obrigação de dar possa transformar-se em fazer, quando houver impossibilidade de ser a coisa entregue ao credor, para que o devedor revele onde se encontra a coisa, se forem baldados os esforços do credor ou de terceiros na sua busca. Penso que nesse caso não houve qualquer transformação da espécie de prestação, mas apenas exteriorização do dever processual do devedor de colaborar com a justiça, que existe em qualquer execução, independentemente da espécie de prestação.

-se a obrigação, não importou ao credor apurar se o devedor iria ainda confeccionar a coisa ou se iria adquiri-la pronta de terceiro ou se já a tinha confeccionado. Por isso, revelam-se artificiais eventuais distinções que o legislador possa fazer, quanto à extensão dos meios coativos ou sub-rogatórios entre as prestações de dar e de fazer. Em ambas, o ordenamento deve assegurar com a maior amplitude o acesso do exequente à prestação a que faz jus, pressionando o devedor a cumpri-la tal como devida. Em certos casos, de uma ou de outra, o credor pode aceitar receber prestação equivalente ou receber a conversão da prestação específica em perdas e danos, ou seja, prestação pecuniária, como veremos. Em princípio, parece-me razoável presumir como obrigações de fazer todas as encomendas de bens em que o devedor seja o seu próprio fabricante ou produtor, salvo se no momento de constituição da obrigação este forneceu ao credor prova da preexistência do bem. Se a entrega pressupõe a confecção da coisa, a obrigação é de fazer[396]. Do mesmo modo, constitui obrigação de fazer e não de dar a que pressupõe atividade prévia do devedor para tornar-se detentor da coisa e assim viabilizar a sua entrega ao credor, como, por exemplo, se o Termo de Ajustamento de Conduta previsto no art. 5º, § 6º, da Lei n. 7.347/85, tiver estabelecido o dever de o ente público fornecer medicamentos e insumos para tratamento de saúde, que pressupõe alocação de verbas, licitação para compra dos remédios e insumos, contratação de fornecedores, pagamento etc.[397].

Entretanto, se a obrigação consiste na execução de uma obra que se corporifica num objeto físico, embora a obrigação seja de fazer, a sua execução pode pleitear a simples entrega, se a obra já está pronta no momento do cumprimento da obrigação.

Consoante lecionam TEPEDINO e SCHREIBER[398], do ponto de vista lógico, entregar alguma coisa não deixa de ser um agir do devedor. Nesse sentido, até as obrigações pecuniárias pressupõem uma atividade do devedor. Entretanto, o que caracteriza uma obrigação como de fazer é a modificação no mundo exterior que a atividade cumprida produz. Nas obrigações de dar, o dinheiro ou o bem móvel que o devedor entrega em pagamento é o mesmo antes ou depois da prestação. Na obrigação de fazer, a prestação cria uma nova realidade, a obra que não existia antes, o serviço que foi prestado. Nas obrigações de

---

396 GUILHERME CALMON NOGUEIRA DA GAMA. *Direito civil*: obrigações. São Paulo: Atlas, 2008, p. 112.
397 Em contrário, FREDIE DIDIER JR. LEONARDO CARNEIRO DA CUNHA. PAULA SARNO BRAGA. RAFAEL ALEXANDRIA DE OLIVEIRA. *Curso de direito processual civil*: execução. 9ª ed. Salvador: Juspodivm, 2019, p. 1093-1094.
398 GUSTAVO TEPEDINO. ANDERSON SCHREIBER. *Código Civil comentado*: direito das obrigações. Artigos 23 a 420, vol. IV. São Paulo: Atlas, 2008, p. 33.

dar, a ênfase se encontra sobre o bem, enquanto nas obrigações de fazer sobre o próprio comportamento do devedor.

37. Evolução da tutela específica das obrigações de entrega de coisa

Percebendo a linha cinzenta que separa o *dar* do *fazer*, o legislador brasileiro, após o Código de 1973, promoveu a evolução normativa da tutela específica, homogeneizando progressivamente a previsão dos meios sub-rogatórios e coativos que facultam ao credor receber o que lhe é devido. Na redação original, o referido Código não previa tutela específica das obrigações de entrega de coisa, que se convertiam em perdas e danos se a coisa não fosse entregue, tivesse se deteriorado, não fosse encontrada ou não quisesse o credor reclamá-la do terceiro adquirente (art. 627). O art. 621 reservava a execução de entrega de coisa aos títulos judiciais, o que suscitava controvérsia sobre a sua extensão aos extrajudiciais, mesmo porque no rol destes o art. 585 incluía a entrega de coisa fungível (inc. II). A cominação de multa periódica ficava restrita às execuções de fazer ou de não fazer de títulos judiciais, dependendo de pedido cominatório no processo de conhecimento e expressa imposição na sentença (arts. 287, 644 e 645). O juiz da execução não tinha o poder de cominar a pena pecuniária[399].

O grande avanço na implementação da tutela específica foi dado pelo Código de Defesa do Consumidor (Lei n. 8.078/90), que no seu art. 84 facultou a sua concessão liminarmente, após justificação prévia ou na sentença, em ações que tivessem por objeto o cumprimento de obrigações de fazer ou não fazer. Permitiu alternativamente a adoção de providências para assegurar o resultado prático equivalente. Como meios coativos, facultou a imposição de multa diária independentemente de pedido do autor, assim como das "medidas necessárias, tais como busca e apreensão, remoção de coisas e pessoas, desfazimento de obra, impedimento de atividade nociva, além da requisição de força policial".

A Lei n. 8.952/94 transportou para o Código de Processo Civil essas disposições do Código do Consumidor, pela nova redação que conferiu ao art. 461. Na mesma ocasião, a Lei n. 8.953/94 deu nova redação aos arts. 644 e 645, prevendo a multa periódica na execução de obrigações de fazer ou de não fazer, tanto de título judicial quanto extrajudicial, independentemente de pedido do autor e de expressa menção no título.

A primeira lei a instituir um meio coativo indireto nas execuções de entrega de coisa foi a Lei dos Juizados Especiais (Lei n. 9.099/95) que no art. 52,

---

[399] Era a lição de Pontes de Miranda, citada por Mendonça Lima (*Comentários ao Código de Processo Civil*. Arts. 566-645, vol. VI. 4ª ed. Rio de Janeiro: Forense, 1985, p. 726).

inciso V, facultou, tal como nas execuções de obrigações de fazer ou de não fazer, a imposição de multa diária na sentença ou na fase de execução, em caso de inadimplemento.

Na vigência do Código de 1973, a evolução se completou com a adoção da Lei n. 10.444/2002, que introduziu na codificação o art. 461-A, estendendo à ação que tenha por objeto a entrega de coisa a tutela específica, a ela aplicando todas as disposições constantes do art. 461 em relação às ações relativas ao cumprimento de obrigações de fazer ou de não fazer.

O Código de 2015 regulou a tutela específica em diversos dispositivos, mantendo o mesmo elevado grau de eficácia da tutela específica das prestações de entrega de coisa, fazer ou de não fazer da legislação por ele revogada, cabendo mencionar especialmente: 1) o art. 139, inciso IV, que conferiu ao juiz o poder de determinar as medidas indutivas, coercitivas, mandamentais ou sub-rogatórias necessárias para assegurar o cumprimento de quaisquer ordens judiciais; 2) os arts. 497 a 501, no capítulo sobre a sentença e a coisa julgada, cuidando do julgamento das ações de que aqui estamos tratando; 3) os arts. 536 a 538, que regulam os procedimentos executórios de cumprimento de decisões judiciais que impõem prestações de fazer, de não fazer ou de entrega de coisa; 4) e os arts. 806 a 823 que tratam dos processos de execução de título extrajudicial relativos a obrigações de entrega de coisa (arts. 806 a 813) e a obrigações de fazer ou de não fazer (arts. 814 a 823). Estes últimos serão objeto precípuo dos comentários que se seguem, no curso dos quais será indispensável fazer referência aos demais.

38. Sistematização da matéria

Os arts. 806 a 813 tratam especificamente da execução para a entrega de coisa de títulos extrajudiciais, eis que inseridos no Livro II da Parte Especial do Código de 2015. Entretanto, a disciplina dessa execução não se esgota nesses dispositivos, complementando-se com as prescrições dos arts. 771 a 805, no que têm de comum a todas as execuções, e com as do Livro I da Parte Especial, particularmente as do art. 538 que trata precisamente do cumprimento de sentenças de prestações da mesma natureza, cuja aplicação subsidiária aos arts. 806 a 813 decorre expressamente do art. 771, parágrafo único.

Seção I
Da Entrega de Coisa Certa

Art. 806. O devedor de obrigação de entrega de coisa certa, constante de título executivo extrajudicial, será citado para, em 15 (quinze) dias, satisfazer a obrigação.

§ 1º Ao despachar a inicial, o juiz poderá fixar multa por dia de atraso no cumprimento da obrigação, ficando o respectivo valor sujeito a alteração, caso se revele insuficiente ou excessivo.

§ 2º Do mandado de citação constará ordem para imissão na posse ou busca e apreensão, conforme se tratar de bem imóvel ou móvel, cujo cumprimento se dará de imediato, se o executado não satisfizer a obrigação no prazo que lhe foi designado.

39. Objeto da execução para entrega de coisa

A execução para entrega de coisa é aquela que tem por objeto a entrega ao credor da posse direta ou indireta de um bem determinado diferente de dinheiro, que o devedor se comprometeu a transferir ao credor e que possivelmente se encontre na esfera de domínio do primeiro. SALVATORE PUGLIATTI[400] lecionava que essa execução tutelaria um direito do credor exequente contra o devedor executado, um direito a obter a tutela possessória contra este e a privá-lo ou a terceiro coativamente da posse da coisa. Não importa a natureza do direito do credor a adquirir a posse do bem, se real ou pessoal. Qualquer que seja o direito tutelado, a entrega incide normalmente sobre relações possessórias. O título executivo contém uma ordem de entrega e a consequente ação executiva tem como conteúdo a imediata tutela forçada de uma relação possessória. No mesmo sentido, ANGELO BONSIGNORI[401]: a função dessa execução é a realização coativa de obrigações de transferir uma situação possessória, obrigações de entregar, relativas a um bem exatamente determinado, móvel ou imóvel. Sujeito passivo é aquele que se obrigou a entregar a coisa que outrem tem o direito de possuir.

A origem dessa modalidade de execução remonta ao período da *cognitio extraordinaria* do direito romano[402]. Em alguns sistemas processuais, essa execução era considerada um meio exclusivo de satisfação de um direito real. Conforme FRANCESCO CARNELUTTI[403], não havia traço no Código francês de 1806, mas nos Códigos sardos de 1854 e 1859, concebida como um meio executivo a serviço exclusivo dos direitos reais, porque ela pressuporia uma relação direta do exequente com a coisa. Na Itália, acabou prevalecendo o enten-

---

400 SALVATORE PUGLIATTI. *Esecuzione forzata e diritto sostanziale*. Ristampa. Milano: Giuffrè/Università di Camerino, 1935/1978, p. 436-437.
401 ANGELO BONSIGNORI. *L'esecuzione forzata*. 3ª ed. Torino: G. Giappichelli, 1996, p. 297.
402 AFFONSO FRAGA. *Theoria e pratica na execução das sentenças*. São Paulo: C. Teixeira & C., 1922, p. 249.
403 FRANCESCO CARNELUTTI. *Processo di esecuzione*, vol. I. Padova: CEDAM, 1932, p. 23; vol. III. Padova: CEDAM, 1932, p. 58.

dimento de CARNELUTTI, para quem a execução para entrega de coisa compreende não só as hipóteses do inadimplemento de obrigação correspondente a um direito real, mas também de violação de qualquer obrigação ou dever. Pode ser condenado a entregar uma coisa móvel tanto quem a tenha roubado quanto quem a tenha vendido ou alugado, e assim também a entregar um imóvel tanto o usurpador ao proprietário, quanto o proprietário ao locatário ou o usurpador ao locatário. Reconheceu-se, portanto, ao credor o direito de ver tuteladas em forma específica quaisquer situações obrigatórias, sejam elas originárias de direitos reais absolutos, de direitos pessoais ou relativos[404]. O mesmo entendimento vigora na Alemanha[405].

Entre nós e em Portugal, desde as Ordenações Filipinas (Livro 3, título 86, § 15), o fundamento podia ser condenação por ação real ou pessoal[406]. Por isso, a doutrina brasileira aceitou sem discrepâncias o ensinamento de LIEBMAN de que é indiferente a natureza do direito do autor à coisa e da ação proposta inicialmente para conseguir a sentença; quer se trate de ação real ou pessoal, de ação petitória ou possessória; para a execução só importa a existência de título que imponha a prestação de entrega do bem e que este bem não seja dinheiro[407].

O objeto dessa execução pode ser um bem móvel ou imóvel, uma coisa simples ou composta, uma universalidade de bens ou objetos, a fração ou quota de um bem ou de um conjunto de bens, desde que esse objeto, essa fração ou quota tenha ou possa ter individualidade própria no mundo real. Os créditos não podem ser objeto dessa execução porque não são suscetíveis de posse física, são bens incorpóreos. O documento representativo do crédito pode ser objeto de entrega, não o próprio crédito[408]. Não abrange as energias naturais e os créditos insuscetíveis de posse em sentido técnico, bem como as quotas ideais de bens[409].

---

[404] GIAN FRANCO RICCI. *Diritto processuale civile*, vol. 3. 6ª ed. Torino: G. Giappichelli, 2017, p. 137.

[405] LEO ROSENBERG. HANS FRIEDHELM GAUL. EBERHARD SCHILKEN. EKKEHARD BECKER--EBERHARD. *Zwangsvollstreckungsrecht*. 12ª ed. München: C. H. Beck, 2010, p. 1166.

[406] MANUEL DE ALMEIDA E SOUSA DE LOBÃO. *Tratado encyclopedico pratico e critico sobre as execuções que procedem por sentenças*. Lisboa: Imprensa Nacional, 1865, p.159; JOSÉ LEBRE DE FREITAS. *A ação executiva à luz do Código de Processo Civil de 2013*. 7ª ed. Coimbra: Gestlegal, 2017, p. 435.

[407] LIEBMAN. *Processo de execução*. 4ª ed. São Paulo: Saraiva, 1980, p. 225; HUMBERTO THEODORO JÚNIOR. *Processo de execução*. 19ª ed. São Paulo: Livraria e Editora Universitária de Direito, 1999, p. 247.

[408] SALVATORE PUGLIATTI. Ob. cit., p. 437; MANUEL ORTELLS RAMOS (dir. e coord.). *Ejecución de prestaciones de entregar cosa mueble determinada. Derecho procesal civil*. 12ª ed. Navarra: Thomson Reuters/Aranzadi, 2013, p. 749 e ss.

[409] GIUSEPPE CAMPEIS. GIOVANNI DE CAL. *Il giusto processo nelle esecuzioni civili*. Piacenza: La Tribuna, 2018, p. 296.

No comércio eletrônico, que se expande com tanta rapidez em nossos dias, muitos bens de conteúdo econômico não possuem realidade corpórea, mas apenas virtual. A entrega de um desses bens, como um programa de computador, um *software*, por exemplo, não é exigível por esta modalidade de execução, porque os atos executórios de apreensão e entrega somente podem incidir sobre objetos físicos. Não se apreende o *software*, mas pode-se apreender o suporte físico, o computador, o *CD-rom*, o *pendrive,* que contém o registro magnético do *software*.

Na verdade, o fornecimento do *software* ou do *know-how* não são simples obrigações de dar, embora preexistentes esses bens, mas obrigações de fazer, obrigações que não se cumprem com simples transferência da posse, mas que exigem também o exercício de uma atividade humana. Ora, quando para entregar faz-se necessário também um fazer que cria um resultado que antes do adimplemento não existia, a execução será de obrigação de fazer e não simplesmente de entrega de coisa[410].

O objeto dessa execução pode ser também uma pessoa. Se o art. 536, §§ 1º e 2º, combinado com o art. 538, § 3º, admite expressamente que por esse procedimento se proceda à remoção de pessoas, assim como à busca e apreensão de pessoas e coisas, não será outro o procedimento nas hipóteses em que pessoa absoluta ou relativamente incapaz tenha de ser entregue à guarda ou aos cuidados de pessoa ou entidade que esteja legalmente obrigada a prestar-lhe assistência. Assim, por exemplo, a execução de uma sentença que determinou a entrega pela mãe do filho menor ao pai. MENDONÇA LIMA[411] lecionava que KISCH, GOLDSCHMIDT e ROSENBERG na Alemanha, AMÍLCAR DE CASTRO e LOPES DA COSTA no Brasil defendiam a aplicação dessa modalidade de execução às pessoas, enquanto SATTA e MICHELI na Itália e JOSÉ FREDERICO MARQUES no Brasil a repudiavam.

Repelindo-a igualmente, TEORI ZAVASCKI[412] argumentava que o "ser humano não é coisa, sendo impensável aplicar em relação a ele o regime da execução forçada, que importaria citar o executado para entregá-la ou depositá-la. Quando muito, pode-se invocar, por analogia, as regras da execução para subsidiar o atendimento de mandado de busca e apreensão, expedido em ação executiva *lato sensu*, que é a forma adequada para cumprimento de dever de entregar uma pessoa".

---

410 PASQUALE CASTORO. *Il processo di esecuzione nel suo aspetto pratico*. 8ª ed. Milano: Giuffrè, 1998, p. 686.
411 MENDONÇA LIMA. Ob. cit., p. 636-637.
412 TEORI ALBINO ZAVASCKI. *Comentários ao Código de Processo Civil*: do processo de execução. Artigos 566 a 645, vol. 8. 2ª ed. São Paulo: Revista dos Tribunais, 2003, p. 410.

ARAKEN DE ASSIS[413] reconhece que a pessoa humana pode ser objeto de apreensão, sujeitando-se ao meio executório do desapossamento, cumprido o mandado por dois oficiais de justiça, excluída apenas a aplicação à hipótese do disposto no art. 808, relativo à alienação da coisa litigiosa.

O ser humano, sem perder a sua natureza de sujeito de direito, existe no mundo físico. Seu corpo é um elemento integrante da sua personalidade, constituindo bem inteiramente inalienável. O ser humano tem liberdade quase absoluta de dispor do seu próprio corpo e seria nulo qualquer título que atribuísse a outrem qualquer direito sobre ele. Entretanto, há direitos do ser humano que incidem sobre o seu próprio corpo, como, por exemplo, o direito à saúde, que podem estar entregues à iniciativa de proteção de outras pessoas ou até do próprio Estado. Há também direitos de outros sujeitos, como o direito de visita do pai ao filho, cujo exercício pressupõe a presença física deste junto àquele. Ao direito processual não importam as categorias jurídicas nem a natureza do direito de quem pretende retirar um ser humano da esfera de vigilância e proteção de outrem e trazê-lo para a esfera de vigilância e proteção do requerente. Se essa transferência é juridicamente possível, o procedimento executório é o da entrega de coisa, mesmo porque não há outro procedimento legalmente previsto[414]. A impossibilidade de observar o prazo legal de quinze dias para entregar o ser humano não é obstáculo à incidência desse procedimento porque a tutela da urgência poderá remediá-la, como veremos mais adiante. Quanto à impossibilidade de depósito, aliás não mais previsto no Código de 2015, a meu ver essa medida pode, sim, tornar-se necessária, não em caráter habitual, encontrando suporte nos mesmos dispositivos acima mencionados, que fazem enumeração meramente exemplificativa. Imagine-se que o pai que reivindicou a guarda do filho que se encontra em poder da mãe que o mantém em ambiente impróprio, não podendo acolhê-lo de imediato porque se encontre em país longínquo, obtenha o desapossamento imediato do filho da esfera de proteção da mãe para que, entregue provisoriamente, ou seja, em depósito a uma entidade de assistência infantojuvenil, nela venha ele a recebê-lo posteriormente.

Normalmente nessa execução não existe a fase intermediária do depósito, entre o desapossamento e a entrega do bem ao exequente. Mas excepcionalmente essa fase precisará existir. No caminho entre o desapossamento compulsório e a entrega, atividade desempenhada por agentes judiciais, o tribunal, como órgão do Estado, ou qualquer dos seus prepostos, é mero detentor do bem, da coisa ou da pessoa em nome do exequente[415].

---

413 ARAKEN DE ASSIS. *Comentários ao Código de Processo Civil*. Artigos 797 ao 823, vol. XIII. São Paulo: Revista dos Tribunais, 2016, p. 132.
414 FRANCESCO CARNELUTTI. Ob. cit., vol. I, p. 37.
415 JOSÉ LEBRE DE FREITAS. Ob. cit., p. 433.

Na redação original do Código de 1973, a execução para entrega de coisa se fundava normalmente em título judicial. Havia preocupação na doutrina de que a extensão das execuções específicas aos títulos extrajudiciais pudesse dificultar ou impossibilitar a tutela jurisdicional de algum direito do devedor.

Assim, CARNELUTTI, referindo-se à entrega de coisa, lecionava que ela deveria limitar-se aos títulos judiciais, porque a simplicidade e celeridade do procedimento, com a imediata apreensão e entrega do bem, poderia enfraquecer demasiadamente a tutela do devedor, em caso de título extrajudicial, salvo se viesse a ser estruturado um procedimento que assegurasse o oferecimento de oposição (embargos) pelo executado que tivesse efetiva influência no processo executivo[416].

O Código de 1973, em um caso, permitia essa execução com fundamento em título extrajudicial, no caso de entrega de coisa fungível (art.585, inc. II), especificidade que a doutrina tinha dificuldade em explicar[417], porque não havia qualquer razão ponderável que justificasse a admissão do título extrajudicial quando a coisa fosse fungível, e não quando fosse infungível.

A Lei n. 8.953/94, alterou a redação desse inciso do art. 585 e do art. 621, passando a permitir a execução de entrega de coisa com fundamento em título judicial ou extrajudicial. Mais recentemente, a Lei n. 10.444/2002 alterou novamente o art. 621, reservando a execução autônoma de obrigação de entrega de coisa aos títulos extrajudiciais, enquanto os títulos judiciais ficaram sujeitos a execução imediata independente de processo autônomo, com suporte no novo art. 461-A. Por fim, o Código de 2015 admitiu amplamente esse tipo de execução, seja fundada em título judicial ou extrajudicial, a primeira regulada como procedimento do chamado cumprimento de sentença, a segunda como processo de execução autônomo, adotando um conjunto normativo aplicável homogeneamente a ambas, como consequência da subsidiariedade recíproca das respectivas regras (arts. 513 e 771).

Esta execução se refere à coisa *certa* ou *incerta*, diz o Código. Coisa certa é objeto definido quanto à natureza, quantidade, qualidade e quanto a todas as demais características individualizadoras, que o tornam único e inconfundível com qualquer outro. Coisa certa é coisa líquida, perfeitamente determinada. Se o título judicial não for líquido, não determinar com todas as características o objeto da prestação, deverá ser previamente objeto do procedimento da liquidação de sentença. Se ao título extrajudicial faltar liquidez quanto à individualização da coisa, não será verdadeiro título executivo,

---

416 FRANCESCO CARNELUTTI. Ob. cit., p. 60-61; SALVATORE SATTA. *L'esecuzione forzata*. 4ª ed. Torino: UTET, 1962, p. 266.
417 ALCIDES DE MENDONÇA LIMA. Ob. cit., p. 317.

impedindo a execução, com a ressalva de se tratar de coisa incerta, a seguir comentada.

Coisa incerta é coisa relativamente determinada, definida quanto à natureza, à qualidade e à quantidade do bem, mas não precisamente individualizada, porque há mais de um bem que preenche as suas características genéricas e que, portanto, é apto à entrega e à satisfação do interesse do credor. São coisas definidas genericamente. São igualmente passíveis de execução, mesmo de títulos extrajudiciais, que deve ter uma fase preliminar de especificação do bem integrante da espécie, sobre o qual será desencadeada a atividade executória.

O objeto da execução para entrega de coisa pode ser bem impenhorável. Nessa execução o bem não é retirado do patrimônio do seu titular, mas é entregue ao seu titular ou a quem tem direito à sua posse. Como explica FRANCESCO PAOLO LUISO[418], na expropriação há dois direitos materiais em jogo: o direito ao crédito do exequente e o direito do executado sobre o seu patrimônio, o que não ocorre na execução para entrega de coisa.

Se o bem estiver penhorado ou sujeito a qualquer outra medida de apreensão judicial de que não seja sujeito passivo o credor, este deverá, com fundamento no título executivo, promover a sua retomada por embargos de terceiro, cabendo ao juiz decidir qual direito deverá prevalecer[419].

Se o executado ou terceiro tiver sobre o bem algum outro direito que não seja incompatível com o direito do exequente, a execução não atingirá esse direito. É o que ocorre, por exemplo, nas hipóteses em que o proprietário de um bem conserva a sua posse indireta e transmite a posse direta a outrem, como num contrato de locação. Tanto a posse direta quanto a indireta podem servir de fundamento à execução para entrega de coisa. Se o proprietário pela execução desapossar terceiro, ainda assim deverá respeitar a posse direta do locatário.

Do mesmo modo, se o bem estiver penhorado por crédito do executado ou de terceiro contra o exequente, este na execução específica assumirá apenas a posse indireta do bem, preservados os efeitos da penhora.

40. Acessórios

O art. 233 do Código Civil estabelece que "a obrigação de dar coisa certa abrange os acessórios dela embora não mencionados, salvo se o contrário resultar do título ou das circunstâncias do caso".

---

418 FRANCESCO PAOLO LUISO. *Diritto processuale civile*: il processo executivo, vol. III. 8ª ed. Milano: Giuffrè, 2015, p. 217 e 228.
419 GIUSEPPE CAMPEIS. GIOVANNI DE CAL. *Il giusto processo nelle esecuzioni civili*. Piacenza: La Tribuna, 2018, p. 295.

TEPEDINO e SCHREIBER lecionam[420] que os acessórios que seguem o principal são os frutos, produtos, rendimentos, benfeitorias e tudo o mais que acompanhe a coisa como parte integrante, tais como árvores e edificações.

Não são partes integrantes da coisa as pertenças, que se destinam exclusivamente ao seu uso, serviço ou aformoseamento (Código Civil, art. 93), salvo se o contrário resultar da lei, da manifestação de vontade ou das circunstâncias do caso (art. 94) e desde que não seja incompatível com o título executivo.

O regime dos acessórios varia de acordo com os efeitos que a entrega da coisa produz na relação jurídica entre exequente e executado. CAIO MÁRIO DA SILVA PEREIRA[421] observa a distinção necessária que é preciso fazer entre os casos em que a entrega é um meio técnico de constituir direito real, como, por exemplo, no penhor, no mútuo, na locação, na transmissão do domínio, dos casos em que a obrigação do devedor é de restituição, ou seja, de recambiar a coisa ao seu legítimo dono, temporariamente em seu poder. Eu acrescento que se equipara à obrigação de restituição a obrigação de entrega se a posse ou detenção da coisa resulta de ato ilícito do devedor, como no esbulho possessório[422]. Essa distinção é fundamental não apenas para definir o destino dos acessórios da coisa, como também para estabelecer a responsabilidade pelos riscos da sua perda ou deterioração, de que trataremos nos comentários ao art. 809.

Ainda quanto aos acessórios, o art. 237 do Código Civil estabelece que até a entrega, pertencem ao devedor os melhoramentos e acrescidos, pelos quais poderá exigir aumento do preço. Evidentemente, o dispositivo somente se aplica aos casos em que o devedor detém a coisa *ut dominus*, pois somente com a entrega o credor adquire o direito real sobre o bem. *Res perit domino*. Não se aplica, pois, às obrigações de restituição e ao apossamento ilícito do bem pelo devedor, em que prevalece o disposto no art. 233, pois, como observa SERPA LOPES em relação às obrigações de restituir, nestas – assim como nas de apos-

---

420 GUSTAVO TEPEDINO. ANDERSON SCHREIBER. *Código Civil comentado*: direito das obrigações. Artigos 23 a 420, vol. IV. São Paulo: Atlas, 2008, p. 39.
421 CAIO MÁRIO DA SILVA PEREIRA. *Instituições de direito civil*, vol. II. 15ª ed. Rio de Janeiro: Forense, 1997, p. 38.
422 ANTUNES VARELA também se refere a três modalidades de prestação de coisa: a) obrigação de dar, quando a prestação visa constituir ou transferir um direito real definitivo sobre a coisa; b) obrigação de entregar, quando visa apenas transferir a posse ou detenção dela para permitir o seu uso, guarda ou fruição; e c) obrigação de restituir, quando através dela o credor recupera a posse ou detenção da coisa ou o domínio sobre a coisa equivalente do mesmo gênero e qualidade (JOÃO DE MATOS ANTUNES VARELA. *Das obrigações em geral*, vol. I. 9ª ed. Coimbra: Almedina, 1998, p. 91-92).

samento ilícito da coisa pelo devedor, acrescento eu – "se mantém no credor a qualidade de dono da coisa"[423].

41. Limites

A execução específica é um direito fundamental que decorre da própria Constituição, pois à Justiça cumpre entregar ao credor tudo aquilo a que ele tem direito, de acordo com o ordenamento[424]. Diferentemente do que ocorre com a execução pecuniária, em que diversos bens do executado não podem ser atingidos pelos atos executórios, como os bens inalienáveis, a impossibilidade jurídica em princípio não impede a apreensão da coisa, ainda que se trate de bem fora do comércio, desde que a sua entrega não seja ilícita, o que implicaria em nulidade do título. A inalienabilidade ou a impenhorabilidade da coisa também não são obstáculos à sua entrega pela via executória[425]. Consequentemente, a Fazenda Pública pode figurar no polo passivo da execução específica.

Já vimos que até as pessoas podem ser objeto da execução para entrega de coisa. Se a prestação de dar bem fora do comércio, como as partes do corpo humano, for objeto de título extrajudicial, o título não é nulo, mas inexigível, porque irrenunciável o direito à preservação da sua integridade, o que torna juridicamente impossível a sua execução específica, convertendo-se em perdas e danos. Se, por absurdo, se imaginar que a entrega de uma parte do corpo humano tiver sido objeto de título judicial, e não houver ação ou recurso que possa reformá-lo ou sustar a sua eficácia, a execução não será, em princípio, juridicamente impossível.

Recorrendo ao direito estrangeiro e a instrumentos internacionais, assim como ao primado dos direitos fundamentais constitucionalmente assegurados, parece-me razoável, todavia, impor certos limites à execução de entrega de coisa, como a seguir veremos.

Na Espanha, MONTERO AROCA critica certos julgados de tribunais que têm admitido a substituição da coisa constante do título quando houver acentuada desproporção econômica, grande dificuldade na entrega ou desequilíbrio na relação custo-benefício[426].

No art. 9:102 dos *Principles of European Contract Law*, *soft law* elaborada por uma comissão de juristas com o intuito de influenciar os ordenamentos da

---

423 MIGUEL MARIA DE SERPA LOPES. *Curso de direito civil*: obrigações em geral, vol. II. 6ª ed. Rio de Janeiro: Freitas Bastos, 1995, p. 58.
424 JUAN MONTERO AROCA. JOSÉ FLORS MATÍES. *Tratado de proceso de ejecución civil*, tomo II. 2ª ed. Valencia: Tirant lo Blanch, 2013, p. 2181.
425 JOSÉ LEBRE DE FREITAS. Ob. cit., p. 308.
426 MONTERO AROCA. Ob. cit., p. 2182-2187.

União Europeia e dos países que a compõem, exclui-se a *specific performance* de obrigações contratuais nos casos de ilegalidade ou impossibilidade da prestação, se causar não razoável esforço ou despesa ao devedor, se o credor puder razoavelmente obter a prestação de outra fonte e se o credor não a reclamou em prazo razoável[427].

Faust e Wiese[428] informam que no direito alemão admitem-se duas hipóteses de exoneração do devedor do cumprimento da obrigação na forma específica, reguladas nas seções 275-II e 313 do Código Civil, reformado em 2002: mudança acentuada das circunstâncias que constituíram o fundamento do contrato que instituiu a obrigação, que teriam determinado a não conclusão do ajuste ou a sua conclusão com conteúdo diverso se fossem previsíveis; ou se o cumprimento da prestação exigir do devedor um esforço de grave desproporção (*grossen Missverhältnis*) em relação ao interesse do credor à prestação, considerando o conteúdo da obrigação, o princípio da boa-fé e se o impedimento à prestação não é imputável ao devedor. Escusas análogas existem igualmente no direito inglês e na Diretiva 44 de 1999 da União Europeia[429].

No direito civil brasileiro, a primeira hipótese (mudança das circunstâncias) parece-me encontrar correspondência nos institutos do estado de perigo, da lesão (CC, arts. 156 e 157) e na chamada teoria da imprevisão, causas de invalidação, de rescisão ou de revisão de obrigações, que caberá ao executado arguir nos embargos à execução de título extrajudicial ou na impugnação ao cumprimento de sentença, sujeitas neste último caso aos limites impostos pelo inciso VII do art. 525, § 1º.

Já a segunda hipótese (desproporcional onerosidade), também contemplada no mencionado art. 9º dos Princípios Europeus acima citados, traz à baila a questão da economicidade do próprio ato de entrega, no caso de obrigação de dar coisa diferente de dinheiro, cujo exemplo clássico na Alemanha foi a de prestação de um anel que caiu no mar antes da entrega. Não seria razoável sujeitar o devedor à busca no fundo do oceano. A entrega foi considerada impossível e assim o devedor foi exonerado do dever de entrega. A seção 275(2) do Código Civil Alemão exige a ponderação entre o custo da

---

427 Patrick Wéry. Specific performance in Belgian Law. In: Jan Smits. Daniel Haas. Geerte Hesen (eds.). *Specific performance in contract law*: national and other perspectives. Antwerp: Intersentia. 2008, p. 39.
428 Florian Faust. Volker Wiese. Specific performance: a German Perspective. In: Jan Smits. Daniel Haas. Geerte Hesen (eds.). *Specific performance in contract law*: national and other perspectives. Antwerp: Intersentia, 2008, p. 47-65.
429 Gerard de Vries. Economic Analysis and Fairness. In: Jan Smits. Daniel Haas. Geerte Hesen (eds.). *Specific performance in contract law*: national and other perspectives. Antwerp: Intersentia, 2008, p. 334-335.

entrega e o interesse do credor, em que aquele seja grandemente superior, para exonerar o devedor da obrigação[430].

É preciso considerar em ambas as hipóteses se a origem da obrigação é contratual, caso em que as eximentes do CC devem ser respeitadas. Entretanto, nada exime o devedor da obrigação de entrega, nem permite a sua conversão em perdas e danos, se a obrigação nasce de ato ilícito do devedor, como o esbulho possessório. Mesmo nas hipóteses de obrigação de origem contratual, parece-me que o devedor somente se exime se não tiver dado causa ao impedimento, como impõe o Código Civil alemão, o que aliás é compatível com os institutos da lesão, do estado de perigo e com a chamada cláusula *rebus sic stantibus*. Nesses casos, se materialmente impossível a entrega de coisa, a juízo do credor, obrigação se converte em prestação equivalente ou em prestação pecuniária.

HEUTGER e JANWILLEM noticiam[431] que quatro instrumentos internacionais regulam o cumprimento específico de obrigações contratuais na Europa: a Convenção das Nações Unidas sobre Contratos de Compra e Venda Internacional de Mercadorias – Uncitral de 1980, a Diretiva 1999/44 da União Europeia, os Princípios Unidroit dos Contratos de Comércio Internacional de 1994, revisados em 2004, e os Princípios do Direito Contratual Europeu de 1995, 1999 e 2003. A referida Convenção das Nações Unidas de 1980 foi promulgada no Brasil pelo Decreto n. 8.327/2014.

Essa Convenção (art. 79-4) obriga o vendedor a informar o comprador do impedimento ao cumprimento específico e das suas consequências para contorná-lo, sob pena de perdas e danos.

HEUTGER e JANWILLEM informam que nas relações de consumo, de modo geral, o comprador pode escolher o método de remediar o descumprimento (cumprimento específico, rescisão contratual etc.), salvo se a escolha recair em solução que cause ao vendedor esforço ou despesa irrazoável[432].

Parece-me lícito concluir que nas relações contratuais haja bastante espaço para a imposição de limites jurídicos à execução específica, tanto nas hipóteses em que o devedor detém a coisa *ut dominus* como naqueles em que não apresenta essa condição, especialmente se puder demonstrar que não deu

---

430 FLORIAN FAUST. VOLKER WIESE. Ob. cit., p. 55.
431 VIOLA HEUTGER. OOSTERHUIS JANWILLEM. Specific performance within the huerarchy of remedies in European Contract Law. In: JAN SMITS. DANIEL HAAS. GEERTE HESEN (eds.). *Specific performance in contract law*: national and other perspectives. Antwerp: Intersentia, 2008, p. 147.
432 VIOLA HEUTGER. OOSTERHUIS JANWILLEM. Ob. cit., p. 150. V. também o art. 18, § 1º, do nosso Código do Consumidor (Lei n. 8.078/90).

causa à modificação das circunstâncias ou à excessiva onerosidade, ou seja, que não agiu de má-fé. Não encontro o mesmo suporte para as hipóteses em que a detenção da coisa pelo executado é fruto de ato ilícito.

Na Itália, o art. 607 do Código de Processo Civil impede a entrega da coisa que estiver penhorada, estatuindo que o credor da entrega faça valer o seu direito mediante oposição de terceiro, correspondente aos nossos embargos de terceiro, no juízo da penhora. Parte da doutrina insular estende o mesmo obstáculo se o bem estiver sequestrado[433]. Parece-me que é preciso distinguir os casos em que o direito do credor da entrega é incompatível com o direito do credor que penhorou ou sequestrou o bem, daqueles em que não existe essa incompatibilidade. Na primeira hipótese, tanto o credor da entrega pode oferecer embargos de terceiro no juízo em que o bem foi penhorado ou sequestrado, quanto o beneficiário da penhora ou do sequestro poderá oferecer embargos de terceiro no processo de execução para entrega da coisa, mas não há impedimento legal a esta execução. Mas o direito do credor da entrega pode não ser incompatível com a penhora ou o sequestro, como nos casos em que a posse da coisa se desdobra em direta e indireta, hipótese em que me parece que as duas constrições podem coexistir.

Limite jurídico temporário é o direito de retenção do executado para garantia à indenização de benfeitorias, de que trataremos no comentário ao art. 810.

Outro limite é a impossibilidade material de entrega da coisa pela sua perda ou deterioração. A perda ocorre quando a coisa deixa de existir, foi destruída ou desapareceu, não sendo encontrada e não havendo informações que indiquem o seu paradeiro. A deterioração é a perda das suas qualidades essenciais, que a tornam imprópria para o uso a que normalmente se destinava. A perda e a deterioração podem ser parciais.

Totais ou parciais a perda e a deterioração podem ensejar a execução específica por equivalente ou converter a prestação em prestação pecuniária. Da execução por equivalente trataremos em seguida. A conversão em prestação pecuniária será objeto do comentário ao art. 809.

42. Entrega do equivalente

A execução por equivalente é aquela em que os atos executórios se dirigem não ao cumprimento da prestação específica exatamente constante do título, mas ao cumprimento de outra prestação de entrega de coisa, de fazer ou de

---

[433] Antonio Carratta. *Codice di procedura civile ragionato*. 5ª ed. Roma: Neldiritto, 2017, p. 795. No mesmo sentido, v. Salvatore Satta. *L'esecuzione forzata*. 4ª ed. Torino: UTET, 1962, p. 269; Angelo Bonsignori. *L'esecuzione forzata*. 3ª ed. Torino: G. Giappichelli, 1996, p. 299-301; José Lebre de Freitas. Ob. cit., p. 311.

não fazer que razoavelmente possa satisfazer o credor, embora não seja ela a prestação a que o credor faria jus.

O Código Civil Brasileiro, nos arts. 234 a 239, expressamente permite a execução por equivalente das obrigações de entrega de coisa, se ocorrer perda ou deterioração da coisa devida por culpa do devedor.

Os arts. 497 e 536 do Código de Processo Civil, sem se referirem a hipóteses e sem estabelecerem pressupostos, admitem que o juiz determine a "tutela pelo resultado prático equivalente" nas obrigações de fazer e de não fazer. O § 3º do art. 538 aplica as disposições do cumprimento de obrigações de fazer ou de não fazer ao cumprimento de decisão judicial que imponha prestação de entrega de coisa, o que se estende às execuções de títulos extrajudiciais dessas prestações por força do parágrafo único do art. 771.

No direito positivo brasileiro encontra-se ainda o disposto no art. 46 da Convenção das Nações Unidas sobre Contratos de Compra e Venda Internacional de Mercadorias – Uncitral de 1980, promulgada no Brasil pelo Decreto n. 8.327/2014, que confere ao comprador o direito de exigir a entrega de outras mercadorias em substituição, se estas não estiverem conformes ao contrato, desde que a desconformidade constitua violação essencial do contrato e seja comunicada ao vendedor no prazo previsto na convenção. Este instrumento internacional admite, ainda, desde que razoável em vista das circunstâncias, que o comprador exija do vendedor que repare a desconformidade das mercadorias entregues.

O laconismo do ordenamento processual, exteriorizado nos dispositivos acima referidos, milita em favor do entendimento preconizado por FRANCESCO LUISO[434] na Itália de que a admissibilidade da execução por equivalente pertença exclusivamente ao direito material, acolhida no processo. Entendimento radicalmente contraposto levaria a admitir que por seu exclusivo arbítrio o juiz pudesse dispensar o devedor de cumprir a prestação no modo devido, substituindo-a por prestação equivalente, o que me parece inteiramente inconsistente, porque violaria o direito do credor de receber a prestação a que faz jus de acordo com o ordenamento. O credor, em princípio, não pode ser obrigado a receber prestação diversa da que lhe é devida.

Também me parece que não pode arbitrariamente o credor preferir a prestação substitutiva em lugar da coisa devida, porque também o devedor tem o direito de cumprir a prestação tal como constante do título. A execução específica é, portanto, direito do credor e do devedor e deve ser preferencial, em relação à execução por equivalente ou à conversão em dinheiro. Assim, a

---

434 FRANCESCO PAOLO LUISO. *Diritto processuale civile*: il processo executivo, vol. III. 8ª ed. Milano: Giuffrè, 2015, p. 216.

possibilidade de reparação das coisas entregues com defeito, a que se refere a convenção sobre contratos internacionais, deve ser admitida em qualquer caso, se a reparação for materialmente possível, se não for excessivamente onerosa para o executado, e se essa for a preferência do credor, porque constitui o meio mais eficaz de cumprimento da prestação tal como devida.

Nos casos de perda ou deterioração da coisa por culpa do devedor, assim como nos de impossibilidade material ou jurídica da prestação devida, o credor pode exigir prestação equivalente, se não for ilícita a entrega, se for materialmente possível e não for excessivamente onerosa para o executado, mas não pode o credor ser obrigado a receber prestação equivalente, podendo preferir a conversão em prestação pecuniária.

O requisito de que a impossibilidade material ou jurídica, assim como a desconformidade, somente justifiquem a tutela por equivalente se houver violação essencial do contrato, tal como previsto na Convenção das Nações Unidas, apesar da relativa indeterminação do conceito[435], deve ser em geral admitido, não podendo ser manipulado arbitrariamente pelo credor para recusar a prestação oferecida ou cumprida pelo devedor, se esta satisfaz o objetivo do contrato, embora despida de um elemento acessório. A essencialidade do requisito violado deverá resultar claramente do contrato ou do título executivo que o chancelou.

Fique claro, entretanto, que em qualquer caso em que o devedor seja exonerado da entrega, responderá ele pelas perdas e danos que o não cumprimento da prestação na forma específica tiver causado ao credor, seja por impossibilidade, seja por excessiva onerosidade, seja pela perda ou deterioração da coisa ou pela sua alienação a terceiro, ainda que seja implementada prestação equivalente. Excluem-se apenas a impossibilidade jurídica e a material absoluta preexistentes no momento da constituição da obrigação, que a tornam nula e igualmente nulo o título executivo que tem por objetivo exigir o seu cumprimento.

43. Procedimento inicial

O procedimento da execução para entrega de coisa certa fundada em título extrajudicial se inicia com petição inicial que preencha os requisitos dos

---

435 O art. 25 da Convenção das Nações Unidas assim define a violação essencial do contrato: "A violação ao contrato por uma das partes é considerada como essencial se causar à outra parte prejuízo de tal monta que substancialmente a prive do resultado que poderia esperar do contrato, salvo se a parte infratora não tiver previsto e uma pessoa razoável da mesma condição e nas mesmas circunstâncias não pudesse prever tal resultado".

arts. 798 e 799, acima comentados, devendo o exequente, nos termos do art. 806, requerer a citação do executado para satisfazer a obrigação no prazo de 15 dias. ALCIDES DE MENDONÇA LIMA ressalta que nas decisões autoexecutórias, como despejo, possessória, partilha, salvo restrição legal, o mandado executório é cumprido independentemente do decurso de prazo para a entrega voluntária do bem[436]. No mesmo sentido, ARAKEN DE ASSIS leciona[437] que o desapossamento é o meio executivo próprio das ações executivas, com força executiva ou efeito executivo imediato, reais como a reivindicatória ou pessoais tais como: reintegração de posse, depósito, busca e apreensão de bem alienado fiduciariamente, busca e apreensão de bem alienado com reserva de domínio, do comodante para reaver a coisa, de despejo, de nunciação de obra nova, de petição de herança, de imissão de posse, de divisão. Nessas ações, a execução incide sobre o patrimônio do devedor e se promove *ex-officio*. Também a entrega da coisa em decorrência de arrematação ou adjudicação na execução pecuniária independe de processo de execução. Nessas decisões pode falar-se de mandamentalidade, ou seja, em execução imediata *ex-officio*, não em quaisquer outras condenações a entrega de coisa, que devem sujeitar-se à ritualidade imposta pelo devido processo legal e pelo contraditório, nos termos dos arts. 513, 538 e 806 a 813.

Teme-se que o prazo para entrega voluntária possa induzir o devedor a frustrar a execução. Se houver esse perigo, caberá ao exequente requerer liminarmente a busca e apreensão cautelar do bem, com fundamento no art. 301, concomitantemente à citação do executado.

Comparando o art. 806 com o que a ele correspondia no Código de 1973, ou seja, o art. 621, verifica-se desde logo que o prazo de cumprimento espontâneo foi ampliado de 10 para 15 dias, agora dias úteis, nos termos do art. 212, não mais dias corridos.

O referido art. 621 ainda dispunha que, no mesmo prazo, seguro o juízo, poderia o devedor oferecer embargos à execução. Nessa parte, o art. 621 havia sido derrogado pela Lei n. 11.382/2006, que havia dispensado a garantia do juízo pelo depósito para o oferecimento dos embargos à execução, o que é repetido no Código de 2015 (arts. 914 e 915).

Em face do silêncio da lei, cabe indagar se, na vigência do Código de 2015, poderia o executado, em lugar de entregar a coisa, efetuar seu depósito à disposição do juízo, caso houvesse alguma incerteza a respeito da coisa a ser

---

[436] ALCIDES DE MENDONÇA LIMA. *Comentários ao Código de Processo Civil*. Arts. 566-645, vol.VI. 4ª ed. Rio de Janeiro: Forense, 1985, p. 641-642.
[437] ARAKEN DE ASSIS. *Comentários ao Código de Processo Civil*. Artigos 797 ao 823, vol. XIII. São Paulo: Revista dos Tribunais, 2016, p. 128.

entregue ou algum outro motivo justificável. A resposta há de ser positiva e encontra suporte no art. 919, § 1º. Não tendo os embargos à execução automático efeito suspensivo, a garantia do juízo pela penhora, depósito ou caução constitui pressuposto para a obtenção desse efeito, a requerimento do embargante. Não se pode descartar, todavia, a existência de algum outro motivo justificável para o depósito, como a recusa do recebimento da coisa pelo exequente. Nesse caso, pretendendo resguardar-se do risco do inadimplemento e no intuito de obter nos embargos a declaração de que cumpriu no modo devido a prestação, o executado pode requerer o seu depósito judicial.

Conforme explica GAJARDONI, o título pode ter fixado outro prazo, que prevalecerá sobre o previsto no dispositivo comentado[438]. Observa o Autor corretamente que, de acordo com o art. 139, inciso VI, o juiz tem a faculdade de dilatar esse prazo, adequando-o às necessidades da causa. Vem à baila, nesta altura, o exame da possibilidade de fixação de prazo diverso ou até mesmo de procedimento diverso em convenção das partes, com fundamento nos arts. 190 e 191 do Código. Quanto ao prazo para cumprimento, parece-me que a sua fixação convencional é plenamente possível, como consequência do disposto no art. 922, que prevê a suspensão da execução por convenção das partes durante o prazo "concedido pelo exequente para que o executado cumpra voluntariamente a obrigação". Se a própria suspensão do processo pode ser determinada pelas partes no prazo por elas ajustado para cumprimento, com maior razão a simples dilatação do prazo pode ser objeto de ato convencional.

Qualquer outra flexibilização procedimental de origem convencional, inclusive a redução do prazo, deve ser analisada à luz dos princípios a que deve submeter-se a autonomia da vontade das partes em face dos poderes e deveres do juiz na condução da execução. Já me debrucei sobre o tema em outra sede[439]. Ali observei que qualquer convenção processual deve submeter-se ao controle judicial de legalidade com quatro finalidades: a) a verificação da possibilidade de autocomposição a respeito do próprio direito material posto em juízo ou da impossibilidade de que a convenção prejudique o direito material indisponível ou a sua tutela; b) a celebração por partes plenamente capazes; c) o respeito ao equilíbrio entre as partes e à paridade de armas, para que uma delas, em razão de atos de disposição seus ou de seu adversário, não se beneficie de sua particular posição de vantagem em relação à outra quanto ao direito de acesso aos meios

---

438 FERNANDO DA FONSECA GAJARDONI. Comentário ao artigo 806. In: FERNANDO DA FONSECA GAJARDONI. LUIZ DELLORE. ANDRE VASCONCELOS ROQUE. ZULMAR DUARTE DE OLIVEIRA JR. *Execução e recursos*: comentários ao CPC de 2015. Rio de Janeiro: Método, 2017, p. 167.
439 LEONARDO GRECO. A contratualização do processo e os chamados negócios jurídicos processuais. Disponível em: <www.academia.edu>, 2017.

de ação e de defesa; e d) a preservação da observância dos princípios e garantias fundamentais do processo e da ordem pública processual.

Alterações procedimentais convencionais normalmente afetam mais do que simplesmente os direitos e interesses das partes, incidindo sobre os poderes e deveres do juiz e até mesmo o exercício por ele da jurisdição em relação a outras causas, o que exige que se submetam não apenas a controle de legalidade, mas que o juiz as aprove, levando em conta a razoabilidade dessas alterações e a necessidade de manter a continuidade e a eficiência do serviço judiciário em relação a todos os seus destinatários, formulando um juízo de conveniência, oportunidade e adequação, aderindo ou não a esse tipo de convenção. O juiz participa da deliberação, que se insere no seu poder ou atinge direito seu e, assim, no mais autêntico exercício do dever de cooperação (art. 6º), compatibiliza a autonomia da vontade das partes com os fins imediatos e mediatos da jurisdição estatal, que lhe incumbe resguardar[440].

Atente-se que o prazo para entrega da coisa não é o mesmo para que o executado ofereça os embargos à execução (art. 915), embora ambos sejam prazos de quinze dias, porque o primeiro se conta a partir da comunicação da citação (art. 231, § 3º), enquanto o segundo a partir da ocorrência de algum dos fatos referidos no *caput* do mesmo artigo.

A redução convencional ou a ampliação convencional ou judicial do prazo de entrega não afetam o prazo de oferecimento dos embargos, a menos que a este expressamente tenham se referido.

Ao despachar a inicial o juiz determinará a expedição de mandado executório que tem duplo conteúdo: a citação do executado e a efetivação da entrega mediante a imissão na posse ou a busca e apreensão da coisa, caso o executado não cumpra espontaneamente a prestação no prazo. Expede-se um só mandado, se a citação for por oficial de justiça, mandado este que deverá ser juntado aos autos para determinar a fluência do prazo para embargos, desentranhando-se em seguida, se necessário, para a busca e apreensão da coisa móvel ou a imissão do exequente no imóvel.

Se a citação for pelo correio, pelo escrivão, por edital ou por meio eletrônico (art. 246), decorrido o prazo para cumprimento espontâneo será expedido mandado de busca e apreensão ou de imissão na posse a ser cumprido por oficial de justiça. Não será necessária nova ordem judicial, nem deverá o cartório esperar qualquer petição ou comunicação quanto a não ter ocorrido cumprimento espontâneo. Cabe ao executado comprovar o cumprimento para evitar a continuidade da execução.

---

440 GIORGIO DE NOVA. Accordi delle parti e decisione. In: FEDERICO CARPI et alii. *Accordi di parte e processo*. Milano: Giuffrè, 2008, p. 60.

A busca e apreensão observará as regras da penhora, no que for cabível. Assim, se o executado fechar as portas da casa para obstá-la, o oficial de justiça pedirá ao juiz ordem de arrombamento e a diligência será cumprida por dois oficiais de justiça (art. 846). À apreensão seguir-se-á de imediato a entrega. No caminho entre a apreensão e a entrega o tribunal atua como mero detentor da coisa em nome do exequente[441].

Se a coisa estiver em lugar ignorado, o juiz deverá determinar as providências necessárias à sua localização. Na Espanha, o art. 701.2 da *Ley de Enjuiciamiento Civil* prevê que o Secretário Judicial, se necessário, interrogará o executado ou terceiros para localizar o bem, sob pena de desobediência, providência perfeitamente admissível entre nós, com respaldo nos arts. 772, inciso III, e 773. Também o exequente, em caso de ser ignorada a localização do bem móvel, poderá requerer ao juiz as diligências necessárias à sua apuração.

Se o objeto for imóvel a imissão de posse poderá exigir a sua desocupação compulsória pelo executado ou por terceiros. Se estes ostentarem algum título que legitime a conservação da sua posse, poderão dirigir-se ao juiz da execução para resguardá-lo através de embargos de terceiro. Se a sua posse não for incompatível com o direito do exequente, como nos casos de locação, usufruto e outros em que podem conviver possuidor indireto e possuidor direto, o exequente será imitido na posse que lhe cabe, sem prejuízo da preservação da posse do titular do direito que por aquela não é afetado.

Se o terceiro for simplesmente um esbulhador, sem título jurídico, será desalojado à força do imóvel, não prevendo a lei brasileira qualquer medida para minorar a incidência sobre ele do cumprimento da prestação devida pelo executado. Na Espanha, PÉREZ DEL BLANCO[442] assevera que, estando o imóvel ocupado, o problema transcende do campo jurídico e coloca-se como um verdadeiro problema de transcendência social. O art. 704 da *Ley de Enjuiciamiento Civil* confere ao executado e a seus dependentes o prazo de um mês para desocupação, podendo ser prorrogado por mais um mês, se houver motivo justificável. Outros ocupantes devem ser intimados pelo Secretário Judicial, para que em dez dias justifiquem a sua situação, efetivando-se a retirada dos meros ocupantes de fato ou sem qualquer título.

O Código português, nos arts. 861º a 863º prevê, em casos de ocupação ou arrendamento para moradia, em benefício da preservação da vida e da saúde do executado, o diferimento da desocupação ou a sua suspensão. Ha-

---

441 JOSÉ LEBRE DE FREITAS. Ob. cit., p. 437.
442 GILBERTO PÉREZ DEL BLANCO. *La ejecución no dineraria en la nueva Ley de Enjuiciamiento Civil (Condenas de hacer, no hacer y dar)*. León: Ediciones Universidad, 2001, p. 138-139.

vendo sérias dificuldades no realojamento do executado, o fato deve ser comunicado antecipadamente à câmara municipal e às entidades assistenciais competentes. Essas são algumas ideias que o juiz brasileiro pode levar em conta, sob a égide dos poderes que a lei processual lhe confere de dilatar prazos processuais, de flexibilizar o procedimento e de determinação de todas as medidas necessárias para assegurar o cumprimento de decisões judiciais (art. 139, incs. IV e VI). Não sendo necessário desalojar alguém da posse do imóvel ou deste retirar pertences alheios, a imissão na posse pelo exequente poderá ser simplesmente simbólica pela entrega das chaves ao exequente ou a assinatura de auto ou termo de imissão de posse.

O art. 703.3 da lei espanhola determina que na imissão de posse de imóvel os executores façam constar do auto a existência de danos ao imóvel, o que me parece que deva realizar o oficial de justiça independentemente de menção expressa no mandado, se forem evidentes e se, presente, o exequente solicite a constatação para ulterior promoção do ressarcimento.

Os bens móveis que guarnecem o imóvel e que não foram objeto da ordem de entrega serão removidos pelo devedor ou pelo oficial de justiça à sua custa para o destino que lhe indicar o devedor. Na ausência do devedor, serão eles recolhidos ao depósito público, do qual somente poderá retirá-los o devedor pagando as respectivas custas[443].

O decurso do prazo de entrega não impede o ulterior cumprimento espontâneo, ressalvado o direito do exequente de recusar o recebimento, caso tenha se tornado inútil para ele o cumprimento. A entrega extemporânea aceita implicará apenas em responsabilidade do executado pelo ressarcimento dos danos causados pela demora.

O despacho inicial do processo de execução deverá fixar os honorários advocatícios a serem pagos pelo executado ao exequente, caso aquele não venha a entregar a coisa no prazo determinado. Não sendo pecuniária a prestação devida e considerando o disposto no art. 85, § 2º, essa verba deverá ser arbitrada de acordo com o benefício econômico que o cumprimento da prestação traz ao exequente ou, sendo impossível a mensuração desse benefício, sobre o valor atualizado da causa, fixado pelo exequente, no percentual de 10% (pela aplicação analógica dos arts. 523, § 1º, e 827).

---

443 O art. 609 do Código italiano prevê expressamente, nesse caso, que, se o devedor não remover os móveis imediatamente, o oficial pode confiá-los em depósito ao próprio exequente, se este aceita o encargo, ou o transporte para outro lugar. Não existindo no direito brasileiro, salvo em casos excepcionais, o depósito em mãos do credor, a solução é a adotada no texto.

44. As coações indiretas na execução para entrega de coisa

O § 1º do art. 806 faculta ao juiz, desde o despacho inicial da execução para entrega de coisa, a fixação de multa "por dia de atraso no cumprimento da obrigação, ficando o respectivo valor sujeito a alteração, caso se revele insuficiente ou excessivo".

A imposição da multa é um ato de coação indireta, um meio de pressão psicológica que pressiona o executado a cumprir a prestação, atuando ao mesmo tempo como sanção pelo período em que, a partir do decurso do prazo concedido, o executado continuar a omitir o seu cumprimento. Antes de analisá-la, vale recordar aqui o que escrevemos sobre os atos de coação indireta que o juiz pode adotar na execução, o que fizemos no item 6 dos comentários ao Título II – Das Diversas Espécies de Execução, nas primeiras páginas deste volume, eis que não é somente a multa pecuniária que o juiz pode impor ao executado como meio coativo suplementar a fim de induzi-lo a entregar a coisa devida.

Ao determinar a citação do devedor, fixando o prazo para cumprimento, o juiz pode de ofício fixar multa pecuniária, assim como determinar que o executado se sujeite a qualquer outra medida de coação indireta adequada e necessária ao cumprimento da prestação. Essas medidas de coação indireta têm caráter facultativo e subsidiário[444], devendo ser adotadas justificadamente e evidenciar-se como fortemente relevantes, de acordo com as circunstâncias do caso concreto, a induzir o executado a entregar a coisa devida. Conforme assinalamos anteriormente, devem revestir-se de proporcionalidade e de razoabilidade, não podendo acarretar para o réu sacrifício superior ao necessário, respeitado o postulado constante do art. 805, de que a execução deve efetivar-se pelo meio menos oneroso para o devedor.

A razoabilidade repudia coações indiretas expressamente proibidas pelo legislador, como a prisão civil do devedor, assim como qualquer outra que vulnere direito fundamental, como a honra, o pudor, o núcleo mais intenso de privacidade, a liberdade de locomoção[445], liberdade de trabalho, profissão

---

444 EDUARDO TALAMINI. Poder geral de adoção de medidas executivas e sua incidência, nas diferentes modalidades de execução. In: EDUARDO TALAMINI. MARCOS YOUJI MINAMI (coords.). *Medidas executivas atípicas*. Salvador: Juspodivm, 2018, p. 40.

445 DANIEL HAAS e CHRIS JANSEN noticiam que o art. 585 do Código de Processo Civil da Holanda permite a prisão por no máximo um ano do devedor que não cumpra uma obrigação específica diferente do pagamento em dinheiro, desde que não haja outros meios menos gravosos para impeli-lo ao cumprimento da prestação. (Specific performance in Dutch Law. In: JAN SMITS. DANIEL HAAS. GEERTE HESEN (eds.). *Specific performance in contract law*: national and other perspectives. Antwerp: Intersentia, 2008, p. 23).

ou de qualquer outra atividade lícita. As coações indiretas não podem constituir simples castigos vexatórios ou criadores de insuportável constrangimento, despidas da efetiva instrumentalidade como meios adequados e eficazes de induzir o executado a entregar a coisa devida.

A concessão dessas coações indiretas deve ser antecedida da prévia audiência do executado, em observância da garantia constitucional do devido processo legal. Caso a urgência exija a sua imposição *inaudita altera parte*, ao executado deve ser assegurada a possibilidade de impugná-la antes que se torne efetiva, devendo o juiz reexaminar de imediato a decisão concessiva à luz das razões e provas trazidas pelo executado.

Ao concedê-las o juiz deverá ponderar os interesses em conflito, avaliando e exigindo que o exequente resguarde os riscos de irreversibilidade e de dano irreparável que a coação indireta possa vir a causar ao executado, devendo, se for o caso, exigir que o exequente preste caução ou outra garantia como contracautela, nos termos dos arts. 300 e 301 do Código.

Consoante assinalamos no item 10.6.2 dos comentários ao Capítulo I – Disposições Gerais, as coações indiretas na execução para entrega de coisa podem ser atípicas, ou seja, não exigem expressa previsão legal, desde que observem os pressupostos, acima sintetizados, de respeito à sua excepcionalidade, subsidiariedade e necessidade, de observância da adequação instrumental, da proporcionalidade, da razoabilidade, do devido processo legal, da aferição e da proteção do *periculum in mora* inverso na sua concessão[446].

45. A multa pecuniária

O Código de 2015 aperfeiçoou a disciplina das multas pecuniárias como meios de coação indireta destinados a induzir o destinatário a cumprir prestações constantes de títulos executivos ou ordens judiciais de qualquer natureza.

---

[446] A atipicidade e a subsidiariedade das coações indiretas não agradam a ARAKEN DE ASSIS (ARAKEN DE ASSIS. Cabimento e adequação dos meios executórios "atípicos". In: EDUARDO TALAMINI. MARCOS YOUJI MINAMI (coords.). *Medidas executivas atípicas*. Salvador: Juspodivm, 2018, p. 111-133). Para o ilustre Autor a indeterminação máxima dos meios executórios seria inconstitucional, por violar o devido processo legal. Igualmente a subsidiariedade seria inconstitucional pelo seu caráter arbitrário. Parece-me necessário encontrar um ponto de equilíbrio. A variabilidade do conteúdo das prestações e a complexidade das relações jurídicas em que se apresentam não permite que o legislador preveja taxativamente todos os meios coativos necessários. É claro que não pode haver arbítrio. Toda decisão que imponha um meio de coação indireta deve ser devidamente justificada na sua necessidade para propiciar o cumprimento da prestação e preencher os pressupostos apontados no texto.

Essas multas podem ser impostas: em valor fixo, multas simples, quando incidem apenas uma vez; em valor fixo mas para incidirem tantas vezes quantas forem as violações do preceito, multas múltiplas; em valor fixo vinculado a uma unidade de tempo (hora, dia, mês), que se acumula por todo o período de inadimplemento da prestação ou da ordem judicial: multas periódicas.

Na execução para entrega de coisa, a multa normalmente é periódica, arbitrada com a periodicidade diária, o que não exclui a possibilidade de que venha a ser fixada em caráter simples ou múltiplo e com periodicidade diversa.

A multa pecuniária é cominatória e não reparatória, não se confundindo com a cláusula penal, nem constituindo prefixação de perdas e danos. É conveniente o seu arbitramento em valor elevado, para garantir o seu caráter intimidativo.

Do ponto de vista garantístico, a disciplina brasileira da multa, que nesse aspecto adotou o modelo francês, possui um vício grave, a falta de valor máximo na cominação legal, como instituto de caráter eminentemente sancionador, o que a meu ver contraria o princípio da legalidade.

Arbitrada a multa e intimado o devedor para o cumprimento da prestação, a sua fluência se iniciará no primeiro dia seguinte ao vencimento do prazo para o referido cumprimento, acumulando-se dia a dia até que a ordem ou prestação seja satisfeita.

À multa prevista no art. 806, § 1º, aplica-se todo o disposto no art. 537. Assim, no curso da sua fluência, poderá o juiz elevá-la ou reduzi-la, conforme verifique a sua insuficiência ou exagero, tendo o legislador deixado expresso, pacificando questão que era controvertida antes do Código, que a modificação vigorará apenas para o futuro, ou seja, não alterará o valor da multa vencida, apenas da vincenda.

ARAKEN DE ASSIS sustenta que o valor da multa não pode ser convencionado pelas partes, cabendo a sua fixação exclusivamente ao juiz[447]. Parece-me, entretanto, que na execução de título extrajudicial pode ter havido predeterminação consensual dessa cominação, o que, aliás, tem previsão expressa no art. 814, hipótese em que a variação do valor no curso da sua fluência poderá ocorrer apenas para reduzi-la, não para aumentá-la. Entretanto, parece-me que, em decisão consistentemente fundamentada, o juiz poderá aumentá-la, se evidente a sua insuficiência, como meio intimidativo, para não frustrar a efetividade da tutela jurisdicional do direito do credor, garantia de ordem pública.

---

447 ARAKEN DE ASSIS. *Comentários ao Código de Processo Civil*: artigos 797 ao 823, vol. XIII. São Paulo: Revista dos Tribunais, 2016, p. 134.

A multa periódica fluirá por tempo indeterminado, até o cumprimento da obrigação ou a superveniência da impossibilidade material de seu cumprimento. Se essa impossibilidade for evidente desde o deferimento inicial da execução, não deverá o juiz impor a multa, cabendo a sua revogação, se indevidamente imposta. O início da fluência da multa independe de qualquer constatação formal do não cumprimento da prestação no prazo, mas pressupõe que da sua imposição tenha sido o devedor pessoalmente intimado, nos termos da Súmula 410 do Superior Tribunal de Justiça. É ônus do executado informar ao juiz o cumprimento da prestação no prazo ou comprová-lo, se duvidoso[448].

Também cessará o curso da multa a partir da data em que o credor optar pela obtenção do resultado prático equivalente ou pelo ressarcimento das perdas e danos, se nestas se tiver convertido a obrigação.

No caso de cumprimento de sentença, a modificabilidade da multa não ofende a coisa julgada, caso a decisão tenha fixado o seu valor ou tiver rejeitado a sua fixação, porque a multa não integra a obrigação exequenda, constituindo simples meio coativo processual. Por essa mesma razão, pode o juiz na execução imediata impor multa que tenha sido rejeitada na sentença, independentemente de substancial alteração da situação fático-jurídica da causa[449].

O valor da multa reverte em favor do credor, como no direito francês. Exceção é a multa do art. 77, § 2º, que, revertendo ao Estado, na execução para entrega de coisa não pode ser imposta ao próprio executado, mas apenas a outros sujeitos "que de qualquer forma participem do processo", perdendo muito em eficácia, porque o seu pagamento dependerá de execução fiscal. Também ao Estado revertem as multas dos arts. 100, parágrafo único, e 334, § 8º.

46. Outras coações indiretas

Como bem observa EDUARDO TALAMINI[450], a imissão na posse e a busca e apreensão já implicam em remoção de pessoas e coisas, emprego de força policial, desfazimento de obras e impedimento de atividade nociva, mencio-

---

448 Em contrário, FERNANDO DA FONSECA GAJARDONI. Comentário ao artigo 806. In: FERNANDO DA FONSECA GAJARDONI. LUIZ DELLORE. ANDRE VASCONCELOS ROQUE. ZULMAR DUARTE DE OLIVEIRA JR. *Execução e recursos*: comentários ao CPC de 2015. Rio de Janeiro: Método, 2017, p. 167; para quem a fluência da multa dar-se-á a partir da constatação do inadimplemento pelo oficial de justiça.
449 Em contrário, MARCELO LIMA GUERRA. *Execução indireta*. São Paulo: Revista dos Tribunais, 1998, p. 195.
450 EDUARDO TALAMINI. Poder geral de adoção de medidas executivas e sua incidência, nas diferentes modalidades de execução. In: EDUARDO TALAMINI. MARCOS YOUJI MINAMI (coords.). *Medidas executivas atípicas*. Salvador: Juspodivm, 2018, p. 41-42.

nados no art. 536. A intervenção judicial como medida atípica pode ser necessária para a desocupação de imóvel ocupado por estrutura organizacional complexa, caso em que o prazo de desocupação precisa ser amplo, sendo razoável a fixação de um calendário e a designação de alguém para fiscalizar o cumprimento ou para atuar como interventor na administração da estrutura interna do réu. Mais do que coações psicológicas, essas providências devem ser implementadas como meios necessários de efetivação da satisfação do credor com o menor prejuízo para o devedor, portanto, no âmbito dos meios sub-rogatórios, não dos de coação indireta.

Também não são meios de coação indireta, embora possam remotamente exercer pressão psicológica sobre o executado, as sanções por litigância de má-fé ou por atos atentatórios à dignidade da justiça (arts. 79 a 81 e 774), de natureza tipicamente punitiva, sempre dependentes, portanto, de previsão legal.

Ociosa para a execução de entrega de coisa a previsão do art. 139, inciso IV, claramente destinada a estender às execuções pecuniárias a ampla atipicidade dos meios coativos já assegurada naquela pelas regras constantes dos arts. 536, 538 e 771.

Prevê, entretanto, expressamente o Código de 2015 dois meios de coação indireta, por exceção dependentes de requerimento do exequente, que me parecem específicos das execuções pecuniárias e consequentemente inaplicáveis às execuções de prestações de entrega de coisa. São eles o protesto e a inclusão do nome do executado em cadastro de inadimplentes.

O protesto é um instituto originário do direito cambiário, que se destina fundamentalmente a comprovar, mediante intimação e registro de um cartório do foro extrajudicial, o não pagamento de um crédito documentado, a recusa ou a falta de aceite ou a não devolução com aceite de um título de crédito[451]. Como o devedor tem a oportunidade de abortar o protesto com o pagamento do crédito, o instituto acaba por funcionar como instrumento de cobrança.

Na disciplina dos títulos de crédito, o protesto pode ser necessário para assegurar a cobrança da dívida em face de endossantes e avalistas ou para fundamentar pedido de falência.

Nas relações comerciais, fortemente assentadas na confiança entre as partes e grandemente afetadas pelo risco de inadimplência dos devedores, que

---

451 THEOPHILO DE AZEREDO SANTOS. *Manual dos títulos de crédito*. Rio de Janeiro: Companhia Editora Americana, 1971, p. 237-238; WILLE DUARTE COSTA. *Títulos de crédito*. 2ª ed. Belo Horizonte: Del Rey, 2006, p. 219 e ss.

repercute em toda a cadeia de produção e distribuição de bens e serviços, o protesto produz um efeito econômico de grande importância, que é o abalo do crédito do devedor e a suspeita de que se encontre em estado de insolvência ou de iliquidez. Essa repercussão ultrapassa a relação bilateral entre credor e devedor, retraindo todos aqueles que fazem negócios com este último, em especial as instituições financeiras, porque na prática comercial, o credor somente provoca esse ato quando se esgotaram as possibilidades de recebimento amigável do seu crédito.

O principal diploma legal que cuida do protesto é a Lei Federal n. 9.492/97, mas o instituto é objeto de vários outros dispositivos da legislação cambiária, de leis estaduais e de normas das Corregedorias dos Tribunais de Justiça dos Estados.

Os juízes das varas de registros públicos e os tribunais de todas as instâncias, inclusive o Supremo Tribunal Federal, têm se debruçado sobre diversas questões suscitadas pelo protesto, entre as quais a possibilidade de ter como fundamento outros documentos que não preenchem os requisitos formais de títulos de crédito, nos quais se incluem as próprias sentenças judiciais e as certidões de dívida ativa da Fazenda Pública, assim como a respeito da divulgação que os protestos adquirem pela sua inclusão nos cadastros privados de inadimplentes. Algumas dessas questões estão tratadas na própria Lei n. 9.492/97, em especial nos seus arts. 1º e 29.

O Código de 2015 autoriza o protesto como meio de coação indireta nas disposições gerais sobre o cumprimento de sentença (art. 517) e no cumprimento de decisão que imponha prestação de alimentos (art. 528, § 1º).

Embora situado nas disposições gerais sobre o cumprimento de sentença, o art. 517 é aplicável exclusivamente às execuções pecuniárias, porque a essa espécie de prestações se restringe o protesto, como deixa claro a legislação que o regulamenta[452].

Não obstante esse dispositivo restrinja o protesto às decisões judiciais transitadas em julgado, no caso de alimentos a decisão pode ser provisória (art. 528) e as mesmas regras se aplicam aos títulos extrajudiciais, por força do art. 771, parágrafo único.

Cabe ao credor promover o protesto junto à serventia extrajudicial competente, levando certidão fornecida pelo cartório judicial do inteiro teor da decisão ou do título exequendo, com os dados exigidos pelo § 1º do art. 517,

---

452 ANDRE VASCONCELOS ROQUE. Comentário ao artigo 517 do CPC. In: FERNANDO DA FONSECA GAJARDONI. LUIZ DELLORE. ANDRE VASCONCELOS ROQUE. ZULMAR DUARTE DE OLIVEIRA JR. *Comentários ao CPC de 2015*: processo de conhecimento e cumprimento de sentença. São Paulo: Método, 2016, p. 703.

extraída após o decurso do prazo para pagamento voluntário da dívida, a que se referem os arts. 523 e 806. Isso não impede o credor de promover o protesto até mesmo antes do ajuizamento da execução ou do cumprimento de sentença, ou antes dos referidos prazos judiciais, caso em que o valor da medida não incluirá a multa pelo não pagamento do débito ajuizado, nem os honorários de advogado e despesas do procedimento executivo. Nas execuções de alimentos, o próprio juiz de ofício pode determinar o protesto, se não paga a dívida no prazo legalmente previsto (art. 528, § 1º).

Para ilidir o protesto ou cancelá-lo o devedor poderá pagar a dívida diretamente ao credor, mediante depósito judicial ou ainda diretamente no cartório de protestos.

Poderão ser averbados junto ao protesto, mediante certidão do juízo da execução, incidentes da execução como o parcelamento do pagamento do débito ou a transação. O seu cancelamento somente poderá ser providenciado, se extinta a obrigação exequenda, devidamente reconhecida por decisão judicial transitada em julgado (CPC de 2015, art. 517, § 4º; Lei n. 9.492/97, art. 26, § 4º).

Outro meio de coação indireta previsto no Código de 2015, também restrito às prestações pecuniárias, é a inclusão do nome do devedor em cadastro de inadimplentes (art. 782, §§ 3º a 5º), mediante decisão do juiz, a requerimento do exequente. Se o exequente providenciou o protesto, possivelmente essa inclusão será desnecessária, porque os cartórios de protestos já fornecem, aos serviços de proteção ao crédito que o solicitam, certidões diárias dos protestos lavrados (Lei n. 9.429/97, art. 29).

Essa inclusão em geral causa o mesmo impacto desfavorável do protesto no crédito do executado, mas pode ser preferido pelo exequente porque eventualmente menos dispendiosa.

O protesto e a inclusão em cadastro de inadimplentes são meios de coação indireta, somente justificáveis se claramente adequados à satisfação do crédito do exequente ou à obtenção de informações necessárias à viabilização dos meios executórios sub-rogatórios. Não são legítimos se o seu único resultado previsível for o de manchar a reputação do devedor, prejudicando o exercício de trabalho ou atividade lícita e aumentando a sua dificuldade de pagar a dívida.

Também são usadas como coações indiretas, embora não seja essa a sua natureza, as averbações, que são anotações acessórias a registros públicos que fazem constar circunstâncias ou elementos que os elucidam, modificam ou restringem, tanto em relação ao objeto registrado quanto em relação aos titulares dos direitos, bens ou situações jurídicas registradas, e que têm a finalidade primordial de atribuir aos fatos averbados publicidade, conferindo segurança quanto à sua existência, conteúdo e autoria e facilitando o seu acesso por quaisquer interessados. Delas tratei no item 30 dos comentários ao art. 799, aos quais remeto o leitor.

Há algumas hipóteses em que as averbações são cabíveis em procedimentos executórios de prestações para entrega de coisa, como nas ações fundadas em direito real sobre o bem ou nas execuções de sentenças de ações reipersecutórias, e ainda quando a imissão de posse ou busca e apreensão se destina a incidir sobre algum dos bens enumerados nos itens 1, 2 e 3 da letra *b* da relação constante do item 30 dos comentários ao art. 799.

A averbação é encargo do exequente.

Como anteriormente observamos, as averbações não são propriamente atos de coação indireta, pois não atuam diretamente sobre a vontade do devedor, mas atos de garantia dos interesses do exequente e de terceiros[453], que eventualmente podem até induzir o executado a cumprir a prestação devida pela repercussão que possam ter sobre a sua esfera de interesses e de negócios.

47. A ameaça de processo criminal como meio coativo

Tem sido muito comum na prática judiciária, diante da omissão ou resistência do destinatário da ordem judicial ao seu cumprimento espontâneo, a ameaça do processo criminal por desobediência, que em geral é mais eficaz do que qualquer outro meio coativo.

O Código de 2015 rendeu-se a essa tendência, prevendo a sanção criminal por desobediência não apenas em hipóteses em que a legislação anterior a contemplava, mas a incluindo expressamente na tutela específica de prestações de fazer e não fazer (art. 536, § 3º), em dispositivo aplicável ao cumprimento ou execução para entrega de coisa, nos termos dos arts. 538 e 771. No mesmo sentido, tal como o diploma anterior, previu sanções criminais sem especificá-las para qualquer descumprimento ou embaraço ao cumprimento de decisões judiciais (art. 77).

Na tutela específica sempre considerei incabível esse tipo de coação, porque inexistindo relação de subordinação entre o credor e o devedor, não constitui desobediência deixar este último de submeter-se voluntariamente ao interesse daquele[454].

Um outro fundamento me induz a repudiar a ameaça de processo criminal por desobediência como meio de coação indireta na execução de entrega de coisa. É a sua inconstitucionalidade ou inconvencionalidade por violar a proibição de prisão por dívida. Nem se alegue que a previsão legal do art. 536,

---

453 V. item 6 dos comentários ao Título II – Das Diversas Espécies de Execução.
454 V. Leonardo Greco. *O processo de execução*, vol. 2, p. 499 e ss.

§ 3º, a legitima, porque, a partir da ratificação da Convenção Americana de Direitos Humanos, até a prisão do depositário infiel, constitucionalmente prevista, tornou-se ineficaz.

Por fim, recordo que páginas acima defini como pressuposto necessário dos meios de coação indireta a sua razoabilidade, incompatível com a violação ou ameaça à liberdade de locomoção do destinatário da ordem judicial.

Se o executado ou o destinatário da ordem judicial é funcionário público no exercício de suas funções, a sua rebeldia pode eventualmente constituir outro tipo de crime, como o de prevaricação, mas não desobediência.

48. Meios coativos contra o Estado

Um dos mais graves problemas da tutela específica é a sua efetivação em face do Estado ou das pessoas jurídicas de direito público. Já vimos que a ameaça de processo criminal, meio frequentemente utilizado, não é a via adequada, embora na prática possa ser eficaz, pela humilhação que causa ao funcionário público o estrépito da prisão em flagrante e a sua condução à presença da autoridade policial como se fosse um criminoso, sem falar no escandaloso noticiário de Imprensa que normalmente cerca essas ocorrências.

Mas a ameaça de prisão do funcionário representa também um problema para o juiz que certamente terá de prestar informações em um *habeas corpus*, com o risco de sofrer algum procedimento disciplinar ou até criminal por abuso de poder.

Por isso, em geral a prisão não passa da ameaça, ainda assim depois de sucessivas demonstrações de descumprimento por parte do funcionário, não chegando normalmente a consumar-se.

Enquanto isso, inúmeras decisões judiciais não estão sendo cumpridas por autoridades administrativas, porque na verdade o funcionário público tem mais medo do seu chefe imediato do que do juiz. É muito fácil responder ao juiz que "todas as providências estão sendo tomadas", enquanto o ofício ou cópia do mandado judicial passa de mesa em mesa, de sala em sala, sem que ninguém queira assumir a responsabilidade de mandar cumpri-lo.

Uma errônea compreensão do princípio da separação de poderes leva frequentemente o Judiciário a não aventurar-se a transpor as portas do Executivo, entendendo que as prestações a que a Administração for condenada somente podem ser cumpridas pelos próprios funcionários públicos titulares dos cargos públicos a que a lei confere as correspondentes atribuições.

De fato, a Administração Pública, como qualquer destinatário de uma ordem judicial, deve ter a oportunidade de cumpri-la espontaneamente em determinado prazo razoável, antes de sofrer qualquer coação, pressão ou sanção por parte da autoridade judiciária. E esse prazo em geral precisa ser bem mais longo do que os quinze dias previstos no artigo ora comentado, porque a máquina administrativa é complexa e tem ritos e exigências formais e de controle que impõem uma demora maior na adoção de providências.

Mas, resistindo a Administração ao cumprimento da decisão judicial ou cumprindo-a de modo incorreto, não pode o Judiciário quedar-se inerte, pois isso implicaria em privar o titular do direito reconhecido no julgado da tutela jurisdicional efetiva desse direito, pondo por terra a principal garantia da eficácia dos direitos fundamentais.

Desde 1936, com a instituição do mandado de segurança, o direito brasileiro adotou francamente a orientação de atribuir ao Judiciário o poder de exigir da Administração o cumprimento *in natura* das prestações a que faz jus o cidadão que com aquela litiga.

Esse entendimento está hoje plenamente consagrado nos mais avançados sistemas processuais, mesmo nos países que instituem jurisdições especiais para o controle dos atos do Poder Público.

Na Espanha, por exemplo, JIMÉNEZ LECHUGA informa[455] que, de acordo com o art. 117.3 da Constituição, a Administração condenada executará as decisões judiciais, funcionando como auxiliar necessária de juízes e tribunais.

Se o órgão administrativo competente não cumprir a sentença em 6 meses, o tribunal tomará todas as providências que forem necessárias: mandar que se faça a custa do obrigado, pedir a colaboração de entes públicos ou pessoas privadas.

A Sentença 67/84, do Tribunal Constitucional, reconhece que o sistema é deficiente, mas, enquanto não for modificado, devem-se extrair dele todas as possibilidades que oferece sua interpretação em conformidade com a Constituição e no sentido mais favorável para a efetividade do direito fundamental.

No direito francês igualmente o ordenamento confere ao juiz administrativo o poder de dispor de todas as medidas úteis par o cumprimento da decisão de mérito.

O direito italiano criou recentemente a figura do comissário *ad acta*, um verdadeiro administrador judicial que substitui o funcionário público e pratica o ato administrativo se a Administração recusa ou retarda o cumprimento da decisão judicial[456].

---

[455] FRANCISCO JAVIER JIMÉNEZ LECHUGA. *La responsabilidad patrimonial de los poderes públicos en el derecho español*: una visión de conjunto. Madrid: Marcial Pons, 1999, p. 301-314.
[456] SERGIO PIGNATARO. *Il commissario ad acta nel quadro del processo amministrativo*. Bari: Cacucci, 2018.

Portanto, em sistema constitucional de primado dos direitos fundamentais, sob controle do Judiciário, como é o nosso, o juiz dispõe dos poderes que forem necessários para efetivar o cumprimento das suas decisões pela Administração, inclusive do poder de intervir na gestão do órgão público, designando um preposto *ad hoc* para, em seu nome e sob a sua supervisão, praticar o ato que a decisão judicial impôs, assegurando desse modo o respeito pela Administração dos direitos dos cidadãos[457].

Conforme já decidiu o Tribunal Constitucional Alemão[458], o princípio do Estado de Direito exige respeito ao preceito da mais completa proteção jurídica possível, o que significa que o Judiciário deve fazer tudo aquilo que a Administração se recusa a fazer, desde que se apresente como necessário para o pleno gozo dos direitos dos particulares.

49. Sujeitos passivos

Sujeito passivo ordinário nesta execução é normalmente o devedor como tal identificado no título executivo (art. 779, inc. I), ou seja, aquele a quem o título atribui o dever ou a obrigação jurídica de entrega da coisa a que faz jus o credor-exequente e que para o seu cumprimento será citado com vistas a efetivá-la. Os arts. 319 e 798 exigem que a petição inicial da execução forneça com precisão os seus dados de qualificação.

Também citados serão todos os titulares de legitimidade passiva derivada, conforme expusemos nos comentários ao art. 798. Mas na entrega de coisa há certas peculiaridades quanto à posição de terceiros que não figuram como devedores no título executivo. Podem ele ser classificados em quatro espécies: a) terceiros que simplesmente acompanham o devedor no exercício ou fruição da posse ou detenção do bem, como prepostos, familiares, dependentes empregados, hóspedes; b) terceiros que têm um título jurídico próprio que legitima a sua posse em nome do devedor, como o depositário do bem; c) terceiros que têm um título jurídico próprio, outorgado ou não pelo devedor, que lhes confere a posse em nome próprio do bem, como o locatário ou o comodatário; d) terceiros que tenham adquirido do devedor o bem depois de ter-se tornado litigioso[459].

---

457 Leonardo Carneiro da Cunha. *A Fazenda Pública em juízo*. 11ª ed. São Paulo: Dialética, 2013, p. 398.

458 Luís Afonso Heck. *O Tribunal Constitucional Federal e o desenvolvimento dos princípios constitucionais*. Porto Alegre: Sergio Antonio Fabris, 1995, p. 176.

459 Merecem consideração as diversas situações jurídicas do terceiro que no direito português foram analisadas minuciosamente por Miguel Mesquita (*Apreensão de bens em processo executivo e oposição de terceiro*. 2ª ed. Coimbra: Almedina, 2001, p. 259-286), conforme o bem pertença ao exequente, ao executado ou ao terceiro,

Os da primeira categoria, independentemente de citação ou de intimação, serão desapossados ou desalojados da coisa juntamente com o devedor, independentemente de qualquer iniciativa do credor, no cumprimento pelo oficial de justiça do mandado de busca e apreensão ou de imissão de posse, sem se tornarem sujeitos passivos da execução.

Os da segunda categoria deverão ser intimados a entregar a coisa. Também não são sujeitos passivos da execução, mas terceiros que, embora não tendo direito próprio a deter a coisa, devem ter a sua esfera de liberdade e privacidade respeitada. Tornam-se auxiliares da justiça no momento que são chamados a colaborar, com os deveres expressos no art. 77, em especial os dos incisos IV e VI, sujeitos às ações constantes desse dispositivo. Antes de qualquer ato coativo devem ser cientificados de que devem entregar a coisa. Se a sua intimação tiver sido providenciada juntamente com a citação do devedor, deverão entregar a coisa ao oficial de justiça, ao credor ou depositando-a em juízo, assim que decorrer o prazo conferido ao devedor. Se revelada posteriormente a sua existência, deverão ser intimados para entrega voluntária da coisa em prazo razoável, decorrido o qual ficarão sujeitos ao cumprimento coativo do mandado de busca e apreensão ou de imissão de posse.

Os da terceira categoria podem ter ou não um título jurídico próprio de posse do bem que não seja afetado pela execução em favor do credor. Se este entender que a execução deva desconstituir essa relação jurídica, deverá na inicial da execução requerer simultaneamente a citação do devedor e a intimação do terceiro, tal como os da categoria anterior, a entregar a coisa no mesmo prazo. Se apenas foi requerida a citação do devedor ou ainda que intimado da execução, caberá ao terceiro exibir ao oficial de justiça o seu título de posse ou oferecer embargos de terceiro, caso seja demitido da posse da coisa ou se sinta ameaçado de que isso ocorra. Se a posse do terceiro não for incompatível com a entrega do bem ao credor, com este seguirá a relação jurídica que legitima aquela posse.

Dos da quarta categoria trataremos no comentário ao art. 808. Se a coisa tiver sido alienada pelo devedor depois de contra ele proposta a ação de que resulta a execução, ou depois da própria execução, a alienação será ineficaz, em fraude de execução, nos termos do art. 792, independentemente de inscrição da citação no RGI.

Na execução do mandado, o oficial de justiça deverá apurar a que título o terceiro detém a coisa, para não invadir indevidamente a esfera patrimonial

---

bem como se este se apresente como titular de um direito real limitado de gozo, de um direito real de garantia, de posse decorrente de propriedade ou de mera detenção.

de quem não foi parte na ação, não é parte na execução, nem pode ser atingido no seu patrimônio pela execução de obrigação alheia[460]. Cabe ao terceiro exibir ao oficial a prova da sua situação jurídica, de tudo dando conta o serventuário na certidão que lavrar justificando o cumprimento ou não do mandado executório.

No direito português, José Alberto dos Reis[461], Eurico Lopes-Cardoso[462] e José Lebre de Freitas[463] sustentam que, recaindo a execução sobre imóvel de pessoa física, deverá ser citado o respectivo cônjuge. No direito brasileiro, devem ser observadas as regras do art. 73, § 1°, inciso I e § 2°, do Código de 2015. Se se tratar de execução fundada em direito real, será obrigatória a citação do cônjuge, com fundamento no mencionado § 1°, inciso I, salvo se o casamento adotar o regime da separação absoluta de bens. Fora dessa hipótese, não se pode deixar de admitir que essa execução tem natureza possessória. Destarte, a citação do cônjuge do devedor somente será necessária nos casos de composse ou de ato por ambos praticado, nos termos do § 2° do art. 73.

> **Art. 807.** Se o executado entregar a coisa, será lavrado o termo respectivo e considerada satisfeita a obrigação, prosseguindo-se a execução para o pagamento de frutos ou o ressarcimento de prejuízos, se houver.

Citado para entregar a coisa, o executado pode ter vários tipos de reação. Pode simplesmente entregá-la diretamente ao exequente, ao oficial de justiça ao receber a citação ou em cartório, se for materialmente possível, exigindo no primeiro caso recibo do exequente ou, no segundo e no terceiro caso, assinando perante o oficial de justiça o auto de entrega ou perante o escrivão ou chefe de secretaria o respetivo termo. Nestes dois últimos casos, o cartório adotará de imediato as providencias necessárias a investir o exequente na posse da coisa, podendo este recusar o seu recebimento se entender que a coisa não corresponde à prestação devida e requerendo nesse caso a sua devolução ao executado e o cumprimento do mandado executório para a busca e apreensão ou imissão de posse da coisa devida. A entrega espontânea pode ocorrer antes ou depois do término do prazo estabelecido no mandado.

Outro possível tipo de reação será o pedido do executado de acautelamento da coisa em depósito com o simultâneo oferecimento de embargos que

---

460 Gilberto Pérez Del Blanco. *La ejecución no dineraria en la nueva Ley de Enjuiciamiento Civil (Condenas de hacer, no hacer y dar)*. León: Ediciones Universidad, 2001, p. 139.
461 José Alberto dos Reis. Ob. cit., p. 539.
462 Eurico Lopes-Cardoso. Ob. cit., p. 668.
463 José Lebre De Freitas. Ob. cit., p. 444-445.

contenham requerimento de efeito suspensivo para impedir a imediata entrega da coisa ao exequente (art. 919, § 1º). Não concedido o efeito suspensivo, extintos ou julgados improcedentes os embargos do executado (art. 1.012, § 1º, inc. III), o juiz mandará entregar a coisa ao exequente. Também poderá oferecer embargos sem o depósito da coisa, sujeitando-se à imediata continuidade da execução.

Também poderá o executado requerer a prorrogação do prazo de entrega da coisa, invocando motivo justificável, com fundamento nos arts. 222, 223 e 139, inciso VI[464].

Poderá, ainda, o executado permanecer inerte, caso em que, decorrido o prazo determinado para a entrega, esta será efetivada de imediato em cumprimento do mandado executório, nos termos do art. 806, § 2º.

O levantamento da coisa depositada e a entrega voluntária ou coativa em cumprimento de mandado judicial têm o efeito extintivo do adimplemento da obrigação constante do título. Se a entrega não tiver sido feita no tempo e no modo devidos, restará como resíduo a obrigação do executado de ressarcir as perdas e danos[465], que serão liquidadas e executadas por quantia certa nos próprios autos. Em qualquer caso, restarão a executar por quantia certa as custas e os honorários da sucumbência, que o juiz deverá ter arbitrado ao despachar a inicial da execução e que terão ficado reduzidos à metade se a entrega tiver se efetivado no prazo (art. 827, § 1º).

Se o bem a ser entregue se encontrar penhorado ou arrestado, não poderá ser cumprido o mandado executório, se, apresentado ao juiz do feito em que foi determinado o arresto ou a penhora, este entender a entrega incompatível com aqueles atos de garantia, devendo o credor, nesse caso, com base no título, oferecer embargos de terceiro para anular a penhora ou o arresto[466].

Não cumprida a prestação no prazo poderá o exequente promover nos próprios autos a liquidação e subsequente execução dos prejuízos decorrentes do inadimplemento ou da mora, das custas, honorários da sucumbência e de eventual multa pecuniária. Também poderá requerer a liquidação e subsequente execução do valor pecuniário dos acessórios que lhe pertençam[467], cujo levantamento tenha se frustrado.

Se os frutos estão especificados no título, com o principal serão entregues no cumprimento do mandado executório. Se dependerem de especificação,

---

464 V. LEONARDO GRECO. *Instituições de processo civil*, vol. I. 5ª ed. Rio de Janeiro: Forense, 2015, p. 353-356.
465 V. CARNELUTTI. Ob. cit., p. 74.
466 SALVATORE SATTA. *Execução forçada*. 4ª ed. Torino: UTET, 1962, p. 269.
467 V. item 40 dos comentários ao art. 806.

sujeitar-se-ão a liquidação pelo procedimento comum e subsequente cumprimento de sentença para entrega de coisa.

A execução pecuniária desses resíduos seguirá um dos procedimentos do cumprimento de sentença de prestação pecuniária de que tratam os arts. 513 a 535 do Código, em separado à execução por entrega de coisa, por força do disposto no art. 780.

> **Art. 808.** Alienada a coisa quando já litigiosa, será expedido mandado contra o terceiro adquirente, que somente será ouvido após depositá-la.

Este artigo é idêntico ao art. 626 do Código de 1973. O credor, ciente da alienação da coisa no curso da execução ou do processo de conhecimento de que tenha resultado a sentença em fase de cumprimento, deverá requerer que o mandado seja expedido em face do terceiro adquirente que, como sucessor do executado, poderá embargar a execução ou impugnar o cumprimento, depois de depositar a coisa.

Essa regra também se aplica à hipótese em que o bem tenha sido arrematado, caso em que a execução não poderá ser promovida contra o sujeito passivo indicado no título, devendo ser proposta em face do arrematante[468].

No item 25.1 dos comentários ao art. 798 chamei de *legitimidade passiva derivada* os casos em que a execução pode recair sobre bens de algum sujeito que não seja o devedor originário da prestação. É o que ocorre com o adquirente de bem alienado em fraude de execução e com o adquirente de coisa litigiosa.

Parece-me certo que, em face do moderno alcance da garantia constitucional do *contraditório*, como expressão do princípio político da *participação democrática*, nenhum sujeito de direito pode ter atingida a sua esfera patrimonial por qualquer ato executório, sem que a lei lhe assegure a oportunidade de influir eficazmente na elaboração da decisão que o determinou ou no reexame imediatamente subsequente dessa decisão, bem como em todos os sucessivos atos da execução em que isso ocorreu.

São sujeitos aos quais a lei confere responsabilidade executória secundária. No caso da alienação de coisa devida antes da execução, a citação nesta deve ser desde logo dirigida contra o adquirente, como sucessor do devedor originário (art. 779, inc. II), investido em todos as prerrogativas inerentes ao contraditório e à ampla defesa.

Não valerá contra o adquirente eventual citação do alienante, para efeito de cumprimento junto àquele do mandado de busca e apreensão ou de imissão de posse previsto no art. 806. Se o credor tomar conhecimento de que a coi-

---
468 ANGELO BONSIGNORI. Ob. cit., p. 301.

sa foi alienada pelo devedor constante do título, deverá direcionar a citação para o adquirente, não para o alienante.

Com acuidade, CARLOS ALBERTO ALVARO DE OLIVEIRA demonstrou que a alienação da coisa litigiosa a que se referia o art. 42 do Código de 1973 (art. 109 do Código de 2015) não se confunde com a fraude de execução e que a regra do atual art. 808 (CPC/73, art. 626), em parte derroga a do art. 109[469]. Na alienação da coisa litigiosa o alienante perdeu a titularidade da relação jurídica que o vinculava ao adversário, mas, em benefício da eficácia da tutela do direito deste, continuará obrigado a responder perante ele pela situação jurídica que transmitiu ao adquirente até que o Judiciário decida quem tem razão. Na fraude de execução, o alienante não deixou de ser titular da obrigação, mas pela alienação tentou frustrar a tutela do direito do seu adversário que, para isso, teria de fazer incidir atos executórios sobre o bem alienado[470].

Na alienação da coisa litigiosa há simples transmissão da titularidade passiva da obrigação. O adquirente é sucessor do alienante. Se a alienação foi

---

[469] CARLOS ALBERTO ALVARO OLIVEIRA. *Alienação da coisa litigiosa*. 2ª ed. Rio de Janeiro: Forense, 1986, p. 145-147. No mesmo sentido, ARAKEN DE ASSIS proclama: "Se o adquirente adquire a própria coisa, após a citação do executado, frauda a execução; se, ao invés, o executado transfere-lhe a obrigação de entregar, adquire coisa litigiosa" (ARAKEN DE ASSIS. *Comentários ao Código de Processo Civil*: artigos 797 ao 823, vol. XIII. São Paulo: Revista dos Tribunais, 2016, p. 140).

[470] No mesmo sentido, ARAKEN DE ASSIS. Ob. cit., p. 141, que esclarece: "... o negócio fraudulento é ineficaz, perante o exequente, é 'como se' não existisse, e, assim, o bem alienado encontra-se no patrimônio do executado, figurando o adquirente como terceiro relativamente à execução. Porém, a alienação da coisa litigiosa prevista no art. 808 não é fraudulenta, mas admitida no art. 109, submetendo-se o adquirente à força da pretensão a executar". Sustentam que o art. 808 trata de fraude de execução ALCIDES DE MENDONÇA LIMA (*Comentários ao Código de Processo Civil. Arts. 566-645*, vol. VI. 4ª ed. Rio de Janeiro: Forense, 1985, p. 659); MARCELO ABELHA RODRIGUES (*Manual da execução civil*. 7ª ed. Rio de Janeiro: Forense, 2019, p. 315); FERNANDO GAJARDONI (Comentário ao artigo 808. In: FERNANDO DA FONSECA GAJARDONI. LUIZ DELLORE. ANDRE VASCONCELOS ROQUE. ZULMAR DUARTE DE OLIVEIRA JR. *Execução e recursos*: comentários ao CPC de 2015. Rio de Janeiro: Método, 2017, p. 173); ERIK NAVARRO WOLKART (Comentário ao artigo 808. In: TERESA ARRUDA ALVIM WAMBIER. FREDIE DIDIER JR. EDUARDO TALAMINI. BRUNO DANTAS. *Breves comentários ao Novo Código de Processo Civil*. 2ª ed. São Paulo: Revista dos Tribunais. 2016, p. 1971) e DIDIER JR. *et alii*. In: FREDIE DIDIER JR. LEONARDO CARNEIRO DA CUNHA. PAULA SARNO BRAGA. RAFAEL ALEXANDRIA DE OLIVEIRA. *Curso de direito processual civil*: execução. 9ª ed. Salvador: Juspodivm, 2019, p. 1113. HUMBERTO THEODORO JÚNIOR entende que se trata de fraude de execução, de modo que a transferência do bem é ineficaz em relação ao credor. O dispositivo comentado se aplicaria apenas se aprouvesse ao credor redirecionar a execução para o adquirente (HUMBERTO THEODORO JÚNIOR. *Curso de direito processual civil,* vol. II. 47ª ed. Rio de Janeiro: Forense, 2012, p. 242).

anterior ao processo de conhecimento ou anterior à execução de título extrajudicial, o alienante será parte ilegítima e contra o adquirente deverá ser promovida a demanda. Se a alienação for no curso da ação de conhecimento, a partir da citação que tornou litigiosa a coisa (art. 240), o credor tem o direito de prosseguir a demanda contra o alienante, aplicando-se o art. 109. Mas o cumprimento de sentença deverá ser promovido contra o adquirente. A alienação da coisa que deve ser entregue antes ou no curso do processo não frustra o direito do credor, mas, no momento da execução, quem deverá ser citado e sofrer os atos coativos será o adquirente, ressalvado o disposto no art. 809.

No caso de título executivo extrajudicial, de que trata especificamente o art. 808, a execução deverá ser direcionada contra o adquirente mesmo que alienada a coisa antes do seu ajuizamento, porque é este, em cujo poder se encontra a coisa, que poderá sofrer atos coativos eficazes para que se cumpra o mandado executório em benefício do credor.

O art. 808, portanto, determina que não se aplique à execução para entrega de coisa a regra do art. 109, se houver litígio sobre o direito do exequente à prestação constante do título. A sucessão do sujeito passivo da dívida modifica a legitimidade passiva da ação de execução. Se essa sucessão ocorrer na pendência da execução ou dos embargos, dos quais o alienante seja autor, o adquirente, seu sucessor, deverá substituí-lo no polo passivo da execução e no polo ativo dos embargos.

Não me parece que a ação que o adquirente possa promover para defender-se desta execução sejam os embargos de terceiro, como entende parte da doutrina[471]. O sucessor do devedor não é terceiro, mas é o próprio devedor. A questão é importante porque os prazos para os embargos de terceiro e para os embargos do executado são diferentes. Citado como sucessor do devedor originário, tem o adquirente o ônus de defender-se, alegando todas as questões que possam desmentir a eficácia do crédito do exequente.

Ao adquirente transmitem-se todas as obrigações do devedor originário decorrentes do inadimplemento ou da mora, a saber, a obrigação de indenizar as perdas e danos, de entrega do equivalente, se for o caso, e os encargos da sucumbência[472]. A sucessão não se consuma, entretanto, se o credor preferir desistir da entrega da coisa *in natura* pelo adquirente, nos termos do art. 809.

---

471 Marcelo Abelha Rodrigues. Ob. e loc. cits.; Fernando da Fonseca Gajardoni. Ob. e loc. cits.; Erik Navarro Wolkart. Ob. e loc. cits; Humberto Theodoro Junior. Ob. e loc. cits.

472 Em contrário, citando Jorge Americano, Humberto Theodoro Júnior entende que essas obrigações recaem apenas sobre o devedor originário (ob. cit., p. 243). Também assim se pronuncia Alcides de Mendonça Lima (ob. cit., p. 661).

Em evidente equívoco, decorrente de repetição da redação original do art. 626 do Código de 1973, à época em que o devedor somente poderia embargar a execução para entrega de coisa mediante o prévio depósito, o art. 808 ainda prevê que o adquirente "somente será ouvido após depositá-la". Simples erro material do legislador, incompatível com a dispensa do depósito para os embargos do devedor (art. 919, § 1°) e somente exigível nos embargos de terceiro a título de caução caso o juiz considere necessária a prestação de contracautela para a concessão de liminar (art. 678).

Em face da controvérsia sobre o cabimento dos embargos do devedor ou dos embargos de terceiro, a interposição de um ou de outro não poderá ser considerada erro grosseiro, devendo ser admitida por fungibilidade, mesmo porque o prazo mais curto, que é o dos embargos do devedor, não é preclusivo, em face do disposto no art. 525, § 11.

> **Art. 809.** O exequente tem direito a receber, além de perdas e danos, o valor da coisa, quando essa se deteriorar, não lhe for entregue, não for encontrada ou não for reclamada do poder de terceiro adquirente.
>
> **§ 1°** Não constando do título o valor da coisa e sendo impossível sua avaliação, o exequente apresentará estimativa, sujeitando-a ao arbitramento judicial.
>
> **§ 2°** Serão apurados em liquidação o valor da coisa e os prejuízos.

Na vigência do Código brasileiro de 1939 e na redação original do Código de 1973, a execução para entrega de coisa, fosse de título judicial ou extrajudicial consistia numa simples operação física, a retirada da coisa da posse ou detenção do devedor e a sua tradição ao credor. Não encontrada a coisa em poder do devedor, se tivesse perecido ou se não conviesse ao credor retirá-la do poder do terceiro à qual tivesse sido alienada, convertia-se a obrigação em perdas e danos, prestação pecuniária, seguindo-se a liquidação do seu valor em dinheiro e a subsequente execução por quantia certa. Esse sistema se harmonizava com o da maioria dos países europeus em que, embora reconhecido que a obrigação de dar coisa diferente de dinheiro fosse *específica*, não se considerava possível outra espécie de intervenção judicial na esfera de interesses do devedor, a não ser a que resultava da conversão da prestação específica num valor pecuniário, que então era submetido aos tradicionais meios coativos expropriatórios da execução por quantia certa.

Na vigência do Código de 1973, a evolução da tutela específica iniciou-se por meio do art. 84 do Código do Consumidor (Lei n. 8.078/90) e das Leis ns. 8.952 e 8.953/94, que no novo art. 461 da codificação facultaram a tutela pelo resultado prático equivalente, admitiram a imposição de multa *ex-officio* a qualquer tempo e a adoção de quaisquer outros meios coativos necessários, sempre nas obrigações de fazer e não fazer.

No âmbito das execuções para entrega de coisa, o início da introdução de meios coativos indiretos deu-se pela Lei n. 9.099/95 que, instituindo os chamados Juizados Especiais, estabeleceu no seu art. 52, inciso V, que, "nos casos de obrigação de entregar, de fazer, ou de não fazer, o juiz, na sentença ou na fase de execução, cominará multa diária, arbitrada de acordo com as condições econômicas do devedor, para a hipótese de inadimplemento. Não cumprida a obrigação, o credor poderá requerer a elevação da multa ou a transformação da condenação em perdas e danos, que o juiz de imediato arbitrará, seguindo-se a execução por quantia certa, incluída a multa vencida de obrigação de dar, quando evidenciada a malícia do devedor na execução do julgado".

Essa lei específica já deixava claro que a conversão em indenização da prestação de dar somente ocorreria se, citado ou intimado o devedor para o cumprimento, permanecesse inerte e, ainda assim, na dependência de manifestação de vontade expressa do credor no sentido da conversão.

Ainda na vigência do Código de 1973, a evolução se completou com a adoção da Lei n. 10.444/2002, que introduziu na codificação o art. 461-A, cujo § 3º estendeu à ação que tivesse por objeto a entrega de coisa a tutela específica, a ela aplicando todas as disposições constantes do art. 461 em relação às ações relativas ao cumprimento de obrigações de fazer ou de não fazer.

O Código de 2015, regulando a tutela específica em vários dispositivos, manteve esse mesmo elevado grau de eficácia, tanto nas execuções ou cumprimentos de sentença relativos a prestações de entrega de coisa, quanto nos de prestações de fazer ou de não fazer. Assim, no art. 139, inciso IV, conferiu ao juiz o poder de determinar as medidas indutivas, coercitivas, mandamentais ou sub-rogatórias necessárias para assegurar o cumprimento de quaisquer ordens judiciais; no art. 499, tratando conjuntamente das ações sobre prestações de fazer, não fazer ou entrega de coisa, prescreveu que a obrigação somente será convertida em perdas e danos se o autor o requerer ou se impossível a tutela específica ou a obtenção do resultado prático equivalente; estabeleceu, ainda, no art. 500 que a indenização por perdas e danos não se confunde com a multa pecuniária, de que tratamos no item 45 dos comentários ao art. 806.

No art. 538, o Código mandou aplicar ao cumprimento de sentença de obrigações de entrega de coisa as disposições sobre o cumprimento de obrigações de fazer e de não fazer. Tendo em vista que essa complementariedade igualmente se refere aos processos de execução autônomos de títulos extrajudiciais, por força do disposto no art. 771, também à execução de entrega de coisa de que estamos tratando nos presentes comentários se aplicam as regras sobre as perdas e danos dos arts. 815 a 823, em especial as seguintes: a de que somente se não cumprida a prestação no prazo estabelecido pelo juiz a partir da citação é que a execução se converterá em perdas e danos e, ainda assim, dependendo da manifestação de vontade expressa do credor (art. 816, *caput*); a de que o valor liquidado da indenização, também previsto neste art. 809, parágrafo único, será cobrado mediante a execução por quantia certa, que, neste caso, se rege pelo procedimento do cumprimento de sentença (arts. 513 e ss.); a de que a mora no cumprimento também gera indenização (art. 821, parágrafo único), o que examinaremos abaixo.

A obrigação de indenizar em verdade se desdobra em duas: a substituição pelo equivalente em dinheiro da coisa não entregue; e a indenização das perdas e danos decorrentes do inadimplemento na forma específica ou da demora desse adimplemento. A primeira normalmente será objeto de uma liquidação por simples arbitramento, ou seja, perícia de avaliação do valor do bem cujas características já estavam integralmente definidas no título exequendo (arts. 509, inc. I, e 510); já a segunda resultará da comprovação de fatos e das suas consequências econômicas num procedimento de cognição ampla, denominado no Código de 2015 de "liquidação pelo procedimento comum" (arts. 509, inc. II, e 511), a menos que esse valor já tenha sido pré-fixado no título.

A responsabilidade civil do executado moroso ou inadimplente não é regida pelo direito processual, mas pelo direito material, diferentemente do que ocorre com a responsabilidade por dano processual (arts. 79 e 80), com a responsabilidade do requerente de medida cautelar (art. 302) ou com a do exequente (art. 776). Entretanto, o direito material eventualmente pode ser direito processual, como, por exemplo, no cumprimento da entrega ou da imissão de posse de bem alienado judicialmente.

Normalmente não cabe ao exequente a prova da culpa do executado por ter dado causa ao inadimplemento ou à mora. Como bem assinala RUI STOCO, citando AGUIAR DIAS, se a situação-modelo indica que o executado tinha obrigação de guardar e conservar a coisa e de entregá-la ao exequente, a este incumbe provar que não ocorreu culpa de sua parte[473]. É um caso típico de inversão do ônus da prova (art. 373) que se desenrolará no bojo da ação incidente de embargos do devedor ou impugnação ao cumprimento de sentença. Trata-se de responsabilidade por ato ilícito que somente será ilidida se comprovada ausência de culpa do executado ou alguma outra causa de irresponsabilidade como o caso fortuito, a força maior, a culpa exclusiva da vítima, o estado de necessidade, a legítima defesa, o estrito cumprimento de dever legal

---

473 RUI STOCO. *Tratado de responsabilidade civil*. 9ª ed., tomo I. São Paulo: Revista dos Tribunais, 2013, p. 200.

ou o exercício regular de direito[474]. Assim devem ser aplicados os arts. 234 a 236 e 238 a 240 do Código Civil.

É preciso recordar que antes de cogitar da conversão da prestação de entrega em indenização, pode ser o caso de satisfação do credor pela entrega de prestação que assegure o resultado prático equivalente, conforme expusemos no item 42 dos comentários ao art. 806, como pode o credor, na omissão do executado, preferir a reiteração da sua intimação para entregar a coisa, mediante imposição ou elevação da multa pecuniária ou a aplicação de algum outro meio de coação indireta, desde que adequado e eficaz.

A execução por equivalente é aquela em que os atos executórios se dirigem não ao cumprimento da prestação específica exatamente constante do título, mas ao cumprimento de outra prestação de entrega de coisa, de fazer ou de não fazer que razoavelmente possa satisfazer o credor, embora não seja ela a prestação constante do título.

Nos arts. 234 a 239, o Código Civil permite a execução por equivalente das obrigações de entrega de coisa, se ocorrer perda ou deterioração da coisa devida por culpa do devedor. O Código Processo Civil a prevê de modo mais amplo nos arts. 497, 536 e 538.

A Convenção das Nações Unidas sobre Contratos de Compra e Venda Internacional de Mercadorias – Uncitral de 1980, promulgada no Brasil pelo Decreto n. 8.327/2014, no art. 46 igualmente confere ao comprador o direito de exigir a entrega de outras mercadorias em substituição, se estas apresentarem desconformidade que caracterize violação essencial do contrato e seja comunicada ao vendedor no prazo previsto na convenção. Por essa Convenção o comprador pode exigir do vendedor que repare a desconformidade das mercadorias entregues, desde que razoável em vista das circunstâncias.

O juiz não pode obrigar o credor a receber o que não lhe é devido, nem o devedor a cumprir prestação diversa da constante do título. Também me parece que não pode arbitrariamente o credor preferir a prestação substitutiva em lugar da coisa devida, porque também o devedor tem o direito de cumprir a prestação tal como constante do título. A reparação das coisas entregues com defeito, a que se refere a convenção sobre contratos internacionais, deve ser admitida em qualquer caso, se for materialmente possível, se não for excessivamente onerosa para o executado, e se essa for a preferência do credor, porque constitui o meio mais eficaz de cumprimento da prestação tal como devida. Não cumprida a entrega da coisa no prazo do art. 806, ao credor caberá a escolha entre a reiteração da intimação do executado, o reparo da coisa entre-

---

[474] RUI STOCO. Ob. cit., p. 245 e ss.

gue defeituosa ou deteriorada, a aceitação da coisa defeituosa ou deteriorada com abatimento do preço, a perseguição de prestação equivalente ou a conversão da prestação em indenização.

Nos casos de perda ou deterioração da coisa por culpa do devedor, assim como nos de impossibilidade material ou jurídica da prestação devida, o credor pode exigir prestação equivalente, se for materialmente possível e não for excessivamente oneroso para o executado (CC, arts. 234 e 236), mas não pode o credor ser obrigado a receber prestação equivalente, podendo preferir a conversão em prestação pecuniária.

Nas relações de consumo devem ser observadas as regras do art. 18 da Lei n. 8.078/90 que confere ao comprador a escolha entre a substituição do produto, a substituição de partes viciadas, a restituição da quantia paga, sem prejuízo das perdas e danos ou o abatimento proporcional do processo. Se uma dessas opções já tiver sido exercida em procedimento cognitivo anterior, o cumprimento de sentença seguirá o procedimento da entrega de coisa apenas na primeira e na segunda alternativas (nesta poderá ser necessário o procedimento de cumprimento de prestação de fazer), cabendo nas demais a execução pecuniária. Se o fornecimento do produto for exigido em execução de título extrajudicial, o prazo para cumprimento da opção do credor será o do referido art. 18 (trinta dias), seguindo-se em caso de total ou parcial inadimplemento a escolha pelo credor de uma das opções previstas no dispositivo, pela via executória própria. Nos vícios de quantidade do produto, no processo de conhecimento ou na execução de título extrajudicial, caberá ao credor a escolha de uma das opções do art. 20 do mesmo diploma, adotando o procedimento adequado ao tipo de prestação escolhida.

A razoabilidade e a não excessiva onerosidade da prestação equivalente serão pressupostos que balizarão o juiz no seu deferimento.

Recorde-se o que escrevemos no sentido de que, em qualquer caso, o credor não pode pedir a tutela por equivalente ou a conversão da prestação devida em indenização se esta satisfaz o objetivo do contrato, embora despida de um elemento acessório. A essencialidade do requisito violado deverá resultar claramente do contrato, do título executivo ou da natureza do bem devido.

50. Hipóteses de conversão e perdas e danos

A entrega da coisa pode ser ou pode ter-se tornado a qualquer tempo material ou juridicamente impossível. A impossibilidade material ocorre quando a coisa devida não é suscetível de apropriação física pelo homem, como um terreno na lua. Também se dá se a coisa devida se encontra em lugar inacessível, como o anel no interior de uma floresta indevassável ou no fundo do mar ou a agulha em um palheiro.

A impossibilidade jurídica ocorre quando a entrega se refere a certos bens fora do comércio, como uma droga de comercialização ilícita, o sangue, um órgão ou um membro do corpo humano (v. o item 41 dos comentários ao art. 806). A impossibilidade jurídica também se dá quando a entrega foi prevista no título em circunstâncias de espaço ou de tempo que não mais existem, como a entrega de cadeiras para acolher pessoas no réveillon de 2018 na praia de Copacabana.

Toda impossibilidade material gera uma impossibilidade jurídica, porque não pode o direito impor a qualquer cidadão que cumpra prestação que não pode ser adimplida no mundo real.

Se a impossibilidade material ou jurídica é absoluta, sempre existiu de modo intransponível desde o momento do fato que gerou a obrigação, esta e o título que a veicula são nulos pela inidoneidade do objeto e o autor é carecedor da ação, por falta de condição da ação executiva, conforme exposto no item 7.3 dos comentários ao Título II – Das Diversas Espécies de Execução. Se a impossibilidade é superveniente, não existia no momento do fato que gerou a obrigação e no momento da formação do título executivo, a obrigação sobrevive mas o que se tornou impossível foi o seu cumprimento na forma específica, pela entrega da coisa, cabendo ao credor requerer desde logo ou assim que constatada a impossibilidade a promoção da execução pelo equivalente, se for cabível, ou por uma das vias apontadas no Código do Consumidor ou em legislação específica ou ainda a execução pecuniária da indenização, nos termos deste art. 809. É o que se dá nas hipóteses de estado de perigo, lesão ou da cláusula *rebus sic stantibus*, ou eventualmente de outras referidas no item 41 dos comentários ao art. 806.

Também são casos de impossibilidade material a perda ou deterioração da coisa. A perda ocorre quando a coisa deixa de existir, foi destruída ou desapareceu, não sendo encontrada e não havendo informações que indiquem o seu paradeiro. A deterioração é a perda das suas qualidades essenciais, que a tornam imprópria para o uso a que normalmente se destinava. A perda e a deterioração podem ser parciais.

A perda e a deterioração podem ensejar o reparo da coisa entregue defeituosa ou deteriorada, se parciais, a aceitação da coisa defeituosa ou deteriorada com abatimento do preço, a perseguição de prestação equivalente ou a conversão da prestação específica em prestação pecuniária. O art. 234 do Código Civil estabelece que a perda total da coisa sem culpa do devedor, antes da entrega, resolve a obrigação para ambas as partes. Na verdade, o que se extingue é a obrigação específica. Caberá ao credor perseguir o ressarcimento do seu prejuízo por prestação equivalente ou pelo sucedâneo da devolução do preço pago e das perdas e danos.

O art. 235 do Código Civil, tratando da deterioração da coisa, sem culpa do devedor, confere ao credor a opção entre a extinção da obrigação ou a aceitação da coisa, abatido do seu preço o valor que perdeu. Parece-me que os arts. 234 e 235 referidos não podem ser interpretados no sentido de propiciar ao devedor um enriquecimento sem causa. Se o credor pagou o preço da coisa a ser entregue e esta se perdeu ou se deteriorou antes da entrega, mesmo sem culpa do devedor, o que se extingue é o direito do credor ao cumprimento da prestação na forma específica, remanescendo entretanto o direito do credor de receber a devolução do preço pago. No caso de deterioração ou de não localização da coisa, ou seja, de perda, sem cogitar da existência ou não de culpa do devedor, o art. 809 do CPC expressamente contempla perdas e danos e a conversão em valor pecuniário da coisa. Comprovadamente inexistente a culpa do devedor, será incabível a indenização das perdas e danos, mas não a substituição da prestação devida por prestação equivalente ou pelo valor pecuniário da coisa.

Os acessórios não são elementos essenciais da coisa, mas podem ser elementos essenciais do negócio jurídico de que resultou o título executivo. Se não tiverem esse grau de essencialidade e pertencerem ao credor (v. item 40 dos comentários ao art. 806), se perderem ou se deteriorarem sem culpa do devedor, não fará jus o credor às perdas e danos, nem terá direito ao ressarcimento do seu valor em dinheiro. Se forem essenciais ao negócio, como as plantações de café de uma fazenda, e se perderem ou se deteriorarem, sem culpa do devedor, terá este de indenizar o seu valor em dinheiro, não respondendo por perdas e danos. Se houver culpa do devedor, ao valor pecuniário dos acessórios acrescentar-se-ão as perdas e danos em qualquer caso.

Se a coisa não foi entregue pelo executado no prazo do art. 806, não é obrigado o exequente a aguardar a frustração do cumprimento do mandado executório, podendo desde logo preferir a conversão da obrigação em prestação equivalente ou no valor pecuniário correspondente ao valor da coisa mais as perdas e danos decorrentes do inadimplemento da prestação específica.

Nesse caso, se, escoado o prazo, o executado depositar ou entregar a coisa devida, frustrará a sua conversão em prestação equivalente, remanescendo apenas a sua obrigação de ressarcir as perdas e danos decorrentes da mora. Mas a entrega ou depósito da coisa a destempo não impede a escolha do exequente pelo recebimento do seu valor correspondente em dinheiro, desde que comprove que a entrega a destempo implicou em perda da utilidade essencial da coisa.

Apesar do disposto no art. 808, a cujos comentários remetemos o leitor, se a coisa objeto da execução tiver sido alienada pelo executado, poderá o exequente a qualquer tempo no curso da execução converter a entrega no seu valor correspondente em dinheiro, promovendo para esse fim a sua prévia liquidação. Esse dispositivo, idêntico ao do art. 627 do Código de 1973 não considera as diversas opções que a tutela específica passou a oferecer ao credor a partir da década de 90 do século passado e que descortinam a possibilidade de busca pelo credor de um sucedâneo da prestação específica mais útil do que a simples reparação pecuniária, se não lhe convier reclamar a coisa do terceiro adquirente. Assim, o dispositivo hoje deve ser interpretado de que nessa hipótese pode o exequente reclamar do executado prestação equivalente, como pode preferir simplesmente a conversão em perdas e danos, evidentemente além de poder direcionar ou redirecionar a execução contra o terceiro adquirente, nos termos do art. 808.

51. A liquidação do valor da coisa e das perdas e danos

Como vimos acima, no item 19.2 dos comentários ao art. 798, a liquidez é requisito essencial do título executivo, sem a qual a execução não pode ser instaurada. A liquidez é a individualização do objeto da prestação ou a determinação do seu valor. Nas obrigações pecuniárias a liquidez é a fixação do *quantum* devido. Nos títulos judiciais, a liquidez deve constar do próprio título ou deverá determinar a instauração do procedimento da *liquidação de sentença*, preparatório do procedimento executório do cumprimento da sentença (arts. 509 a 512). No caso de título extrajudicial, a liquidez é requisito intrínseco do próprio título. A identificação do objeto da prestação deve ser precisa. Se for dinheiro, deverá estar devidamente quantificado. Na execução para entrega de coisa a liquidez é a definição no próprio título de todos os elementos caracterizadores da coisa a ser entregue que permitam identificá-la para que ela não se confunda com qualquer outra. Na entrega de coisa incerta a determinação do objeto da prestação é genérica, devendo ser complementada na primeira fase do procedimento executório, como veremos nos comentários aos arts. 811 e 812.

O art. 809 prevê em diversos casos que, portador o credor de um título extrajudicial que o autoriza a instaurar uma execução para entrega de coisa, esta obrigação se converta em dinheiro e possa o credor exigir no mesmo processo o pagamento dessa importância bem como do valor pecuniário dos prejuízos decorrentes do inadimplemento da prestação na forma específica ou do retardamento do seu cumprimento.

Para instaurar a execução por quantia certa dessa prestação pecuniária, precisa ela se quantificada. Ressalte-se, como já fizemos anteriormente, que essa prestação pecuniária pode ter dois componentes: o valor pecuniário da coisa devida e o valor pecuniário das perdas e danos. Se o primeiro estiver estimado no próprio título, como prevê o § 1º do art. 809 e não for o caso de reparação das perdas e danos, o exequente, ao comunicar ao juiz a sua opção pela conversão da obrigação em pecúnia, requererá desde logo a execução por quantia certa, que adotará o procedimento dos arts. 824 e seguintes. O mesmo se dará em relação às perdas e danos se integralmente cobertos por multa contratual ou cláusula penal compensatória constantes e quantificadas no título.

Também poderá ocorrer que no conjunto de elementos componentes da prestação pecuniária que se tornou exigível haja uma parte quantificada e outra ainda não determinada. Nesse caso, poderá o exequente primeiramente promover a liquidação desta ou recorrer ao disposto no art. 509, § 1º, que lhe faculta promover simultaneamente a execução da primeira e, em autos apartados, a liquidação da segunda.

A liquidação de sentença é, portanto, um procedimento cognitivo que se instaura normalmente no mesmo processo para quantificar a prestação pecuniária devida ou determinar o objeto da prestação, antecedendo o início do respectivo procedimento executório. Na execução de títulos extrajudiciais relativos a obrigações de entrega de coisa ela se faz necessária em razão do seu não cumprimento na forma específica e da sua consequente conversão em prestação pecuniária.

51.1. Natureza da liquidação

Através da liquidação, a obrigação ilíquida constante de título executivo completa os pressupostos que a lei exige (art. 783) para que possa constituir fundamento de execução, a saber, a precisa determinação da prestação devida pelo executado. No caso de título judicial, trata-se, portanto, de procedimento acessório e complementar que se forma no mesmo processo de conhecimento de que resultou a sentença condenatória, e preparatório da respectiva execução ou cumprimento. No caso de títulos extrajudiciais relativos a prestações de entrega de coisa, constitui procedimento incidente à execução do título que antecede a conversão do procedimento de tutela específica em procedimento para pagamento de quantia certa.

Desde a reforma da Lei n. 11.232/2005, na vigência do Código de 1973[475], e igualmente no regime do Código de 2015, a liquidação deixou de ser um processo autônomo, dispensada nova citação, embora exigido o requerimento para a sua instauração (arts. 509 a 512). A liquidação pode ser promovida pelo exequente ou pelo executado, porque também este tem interesse em livrar-se da obrigação, pleiteando a quantificação do valor pecuniário devido em razão

---

475 V. LEONARDO GRECO. As ações na execução reformada. In: ERNANE FIDÉLIS DOS SANTOS. LUIZ RODRIGUES WAMBIER. NELSON NERY JR. TERESA ARRUDA ALVIM WAMBIER (coords.). *Execução civil*: estudos em homenagem ao Professor Humberto Theodoro Júnior. São Paulo: Revista dos Tribunais, 2007, p. 850-867.

do inadimplemento da obrigação específica para oferecê-lo em pagamento, nos termos do art. 526.

A atividade jurisdicional na liquidação é eminentemente cognitiva, de natureza declaratória. A sua necessidade surge do conteúdo ilíquido da prestação devida. Através da liquidação, exequente e executado obtêm a declaração de certeza do montante da dívida.

Tendo deixado de constituir um processo autônomo, tornou-se uma ação incidente, ou seja, uma ação proposta no curso de um processo em andamento, ação consequente da ação cognitiva da primeira fase, no caso de título judicial, ou do inadimplemento ou do seu retardamento, no caso de título extrajudicial, e sempre antecedente da ação executória da fase posterior, se necessária, ou da subsequente ação consignatória, nos termos do art. 526. Não incidente, mas preparatória será a liquidação de benfeitorias indenizáveis, como pressuposto da execução do seu valor com fundamento em título extrajudicial, nos termos do art. 810. Também será preparatória de execução por quantia certa se tiver ocorrido a perda da coisa antes do ajuizamento da execução para a tutela específica, se essa perda tiver sido expressa e documentalmente reconhecida pelo devedor[476] ou se, previamente ciente da alienação da coisa, o exequente resolver desde início preferir a conversão da execução específica em perdas e danos para ajuizamento da execução por quantia certa.

Se por força de desapropriação perder o credor o direito de recebê-la *in natura*, terá o direito ao correspondente valor em dinheiro, que deverá ser igualmente liquidado[477].

O alcance da cognição na ação de liquidação é variável quanto à extensão: mais ampla, quase plena, se houver necessidade de alegar e provar fato novo (liquidação pelo procedimento comum), embora não podendo reexaminar as circunstâncias fático-jurídicas que tornaram certo o direito à prestação já definidas na sentença ou no título executivo extrajudicial liquidando; limitada, na liquidação por arbitramento, à estimativa do valor pecuniário de um bem ou de uma situação fático-jurídica previamente definidos como certos no título executivo. E quanto à profundidade, a cognição é exauriente, porque nela serão produzidas todas as provas necessárias a um juízo de certeza definitivo a

---

476 Em contrário, ALCIDES DE MENDONÇA LIMA. Ob. cit. p. 663: "... não cabe ao credor, sem primeiro tentar a execução específica, usar, desde logo, a genérica".

477 A intervenção do credor no processo de desapropriação, de que cogita MENDONÇA LIMA (ob. e loc. cits.), título jurídico que possuir em relação ao bem no momento ocorre a desapropriação. Se proprietário, deverá ser o réu da ação de desapropriação. Se a propriedade pertencer ao devedor, poderá o credor mover a liquidação e execução por quantia certa e penhorar o crédito no bojo da desapropriação (v. arts. 855 a 860).

respeito do *quantum debeatur*, com a correspondente imutabilidade da coisa julgada.

Com a declaração do valor pecuniário da prestação e das perdas e danos, o exequente passa a ser titular de um título judicial e o procedimento executório a ser instaurado para exigir o seu pagamento será o do cumprimento de sentença, nos termos dos arts. 513 e ss. E não o da execução por quantia certa de título extrajudicial, regulada nos arts. 827 e ss. Apesar das semelhanças e da subsidiariedade recíproca entre as regras de um e de outro procedimento, há diferenças substanciais, entre as quais ressalta a de que no cumprimento de sentença o executado é previamente intimado a pagar o débito no prazo de quinze dias, sob pena de multa de 10% (art. 523), enquanto na execução de título extrajudicial o prazo inicial para pagamento é de três dias, não incidindo a referida multa de 10% (art. 827). A decisão de liquidação é título judicial, nos termos do art. 515, inciso I, do Código, ensejando, portanto, a sua cobrança pelo procedimento do cumprimento de sentença.

E ainda quando a sentença tornou certa a existência da obrigação, deixando entretanto de quantificá-la, se o juiz na liquidação verificar que não há dano a ressarcir, "o mais razoável e realista é autorizar o juiz a concluir pelo *valor zero*, sendo arbitrário obrigá-lo a afirmar um valor positivo em desacordo com os elementos de convicção existentes nos autos", nas felizes expressões de CÂNDIDO DINAMARCO[478].

Nesse caso, não apurado o dano, a liquidação deverá ser julgada improcedente, fazendo a sentença coisa julgada, o que impossibilitará a instauração de futuro procedimento executório, porque não estarão preenchidos os pressupostos necessários para a instauração de execução válida.

51.2. Espécies de liquidação

A partir da Lei n. 8.898/94, das alterações introduzidas no Código de 1973 pela Lei n. 11.232/2005 e também na vigência do Código de 2015 duas são as espécies de liquidação, por arbitramento ou por artigos, que este último Código passa a denominar de liquidação *pelo procedimento comum* (art. 509, inc. II), de acordo com o tipo e a extensão da atividade cognitiva a ser desenvolvida para a determinação do objeto da prestação constante do título.

Dispensada de procedimento liquidatório específico foi a determinação do montante da condenação que depender de simples cálculos aritméticos, que anteriormente constituía a terceira espécie de liquidação. A expressão mone-

---

478 CÂNDIDO DINAMARCO. *Instituições de direito processual civil*, vol. IV. 4ª edição. São Paulo: Malheiros, 2019, p. 710.

tária do débito deve ser apresentada pelo exequente na petição inicial da execução por quantia certa, acompanhada do demonstrativo do débito ou memória discriminada e atualizada do cálculo até a data da propositura da execução ou do cumprimento de sentença, na conformidade dos arts. 524 e 798, inciso I, *b*, do Código de 2015.

O demonstrativo do débito ou memória discriminada do débito nada mais é do que a explicitação clara das operações aritméticas efetuadas em conformidade com o título executivo, que permitem ao juiz e ao devedor verificar sem dificuldades, confrontando-as com o título e com os atos oficiais de onde foram extraídos os dados complementares, a exatidão do montante final exigido pelo credor.

Se os dados para o cálculo forem desconhecidos, complexos ou tiverem de ser obtidos junto ao devedor ou junto a terceiro, o juiz, a requerimento do credor, poderá requisitá-los (art. 524, §§ 3º e 4º). Se o devedor, sem motivo justo, deixar de fornecê-los, o credor poderá apresentar os cálculos com os dados de que dispõe, que se presumirão corretos para efeito de instauração da execução (art. 524, § 5º), ficando ainda o executado sujeito às sanções por ato atentatório à dignidade da justiça (art. 774). Se o terceiro, igualmente sem motivo justo, deixar de fornecê-los, incorrerá em crime de desobediência, ficando ainda sujeito à busca e apreensão dos dados, ao pagamento de multa e outras medidas indutivas, coercitivas, mandamentais ou sub-rogatórias necessárias para a efetivação da decisão (arts. 139, inc. IV, e 403, parágrafo único).

Pode ocorrer que, não obstante as diligências junto ao devedor e junto a terceiro, o requerente apresente demonstrativo que não evidencie com clareza a exatidão dos cálculos, caso em que o juiz poderá solicitar a colaboração do contador do juízo (art. 524, § 2º). Pode ocorrer, ainda que os dados obtidos junto ao executado ou junto a terceiros não possibilitem ao credor a apresentação de demonstrativo, não sendo aplicável a presunção de correção de demonstrativo que o exequente venha a elaborar unilateralmente, caso em que não restará outra alternativa a não ser requerer o exequente a instauração de procedimento formal de liquidação, caso em que a fixação da expressão monetária do débito deverá ser acertada por decisão judicial, que o legislador quis evitar, mas que pode tornar-se irremediavelmente necessária, em face da dificuldade de serem apresentados elementos de fácil compreensão que permitam aferir, sem maior profundidade, que o montante apresentado resulta do disposto no título executivo.

Se o demonstrativo apresentado pelo exequente não estiver claro, como já dissemos, o juiz poderá determinar que o contador do juízo o ratifique. Se este apresentar demonstrativo diverso e o exequente não o aceitar, a execução seguirá pelo valor pretendido pelo exequente, mas a penhora terá por base o valor encontrado pelo contador. O mesmo ocorrerá se o juiz considerar abusivo o valor pretendido pelo exequente (art. 524, § 1º). O recurso ao contador para elaboração do demonstrativo também está previsto sempre que o exequente for beneficiário da assistência judiciária gratuita (art. 98, § 1º). Esses dispositivos não preveem a hipótese de o cálculo do contador resultar em valor superior ao do exequente, caso em que o juiz deverá ouvi-lo, facultando-lhe retificar o seu requerimento inicial.

A liquidação por arbitramento será deferida quando para apuração do valor da coisa ou a apuração do montante das perdas e danos houver necessidade apenas de uma avaliação da coisa ou de fatos e objetos conhecidos. A liquidação pelo procedimento comum será obrigatoriamente adotada quando para definir o *quantum debeatur* (valor da coisa mais perdas e danos) houver necessidade de alegar e provar fatos novos ou circunstâncias não reconhecidas como existentes no título executivo. Não se trata simplesmente de verificar no mercado qual é o preço de comercialização de bem perfeitamente identificado, com características comuns às de outros da mesma natureza que, submetido a um exame pericial, terá facilmente definido o seu valor. As características da coisa não estão definidas de modo incontroverso ou existem fatos relevantes para a definição do seu valor que dependem de complexa apuração. Além disso, as perdas e danos dependem da investigação das consequências sofridas pelo exequente com a não entrega da coisa, que normalmente extravasam completamente do conteúdo do título executivo e são normalmente decorrentes de fatos e circunstâncias posteriores à sua formação.

O art. 809 expressamente prevê que o exequente apresente estimativa do valor da coisa. Essa estimativa, sempre que possível fundada em elementos objetivos e concretos, pode ser apresentada não apenas em relação ao valor da coisa, mas também em relação às perdas e danos. O legislador a ela faz referência na impossibilidade de avaliação, hipótese rara.

A liquidação por arbitramento normalmente consiste num procedimento probatório de cognição limitada, que se restringe à produção de uma perícia e de provas orais complementares que se destinam apenas a confirmar ou desmentir as observações ou conclusões da prova pericial. Os fatos e as provas sobre os quais o arbitrador aplicará os seus conhecimentos, para daí extrair o *quantum debeatur*, deverão estar claramente definidos no título executivo. Nessa espécie de liquidação, o art. 510 prevê a substituição da prova pericial pela apresentação de pareceres ou documentos elucidativos, portadores dos conhecimentos e informações técnicas necessárias ao arbitramento. Se houver necessidade de considerar outros fatos ou de produzir outras provas, o arbitramento não será o procedimento liquidatório apropriado, impondo-se a instauração de liquidação pelo procedimento comum.

Na aplicação do art. 809, parece-me que o valor da coisa em que a prestação de entrega será convertida pode normalmente ser objeto de liquidação por arbitramento, mas as perdas e danos em geral exigem a alegação e prova de fatos não definidos como certos no título executivo, que exigirão o procedimento comum. Concorrendo os dois tipos de apuração, a liquidação processar-se-á pelo procedimento de cognição mais ampla, o procedimento comum, no qual inclusive se realizará a perícia para arbitramento do valor da coisa.

Na liquidação o requerimento inicial não exprime necessariamente um valor determinado ou um objeto individuado. O limite da liquidação é a obrigação imposta pela lei de conversão da entrega da coisa pelo seu valor pecuniário e indenização das perdas e danos decorrentes do inadimplemento da prestação devida, que deve ser determinada na sentença de liquidação, por força do chamado princípio da fidelidade da liquidação ao título, consagrado expressamente quanto aos títulos judiciais no art. 509, § 4°, mas aplicável igualmente aos títulos extrajudiciais nos casos em que sujeitos a liquidação.

51.3. Procedimento da liquidação

O requerimento inicial da liquidação por arbitramento normalmente é singelo, consistindo apenas na solicitação de nomeação do perito para executar o trabalho técnico indispensável à determinação ou quantificação do objeto da obrigação constante do título, podendo formular quesitos e indicar assistente técnico, se lhe parecer necessário. Conforme mencionado, o art. 510, prevê a possibilidade de que, fornecendo as partes pareceres ou documentos elucidativos, possa o juiz decidir o arbitramento sem a necessidade de perícia. No requerimento inicial, se for o caso, poderá o liquidante apresentar desde logo esses documentos ou solicitar que o requerido os forneça ou que o juiz os requisite, fixando com base neles o valor da prestação ou determinando o seu objeto, independentemente de perícia. Poderá também o exequente, sem efeito vinculante, sugerir o valor do bem.

Intimado o requerido na pessoa do seu advogado, se anteriormente constituído, terá ele cinco dias para defender-se (art. 218, § 3°), podendo alegar inadequação do procedimento, formular quesitos, impugnar a modalidade de perícia requerida pelo liquidante ou a apuração com base em outros documentos, assim como requerer a produção de prova documental ou apresentá-la desde logo.

A falta de resposta do requerido não produzirá o efeito substancial da revelia, pois não há nova verdade fática sobre a qual deva o juiz pronunciar-se, mas apenas valoração pecuniária das consequências práticas de fatos conhecidos.

Em seguida, se entender que a liquidação pode ser decidida com base em pareceres ou outros documentos, sem a nomeação de perito, o juiz proferirá a sua decisão ou, antes dela, determinará que as partes ou terceiros forneçam esses documentos, ouvindo sobre eles as próprias partes. Normalmente, entretanto, nomeará perito, processando-se a produção da prova pericial nos termos previstos nos arts. 464 a 480 para, ao final, proferir decisão que julgue o arbitramento (art. 510). Na aplicação das regras sobre a prova pericial, caberá a participação de assistentes técnicos, a prestação de depoimento oral do perito e dos assistentes em audiência.

Na liquidação pelo procedimento comum, o requerimento inicial preencherá os requisitos de uma petição inicial do processo de conhecimento, com as seguintes diferenças. Exporá o requerente os fatos novos ou as circunstâncias novas aptas a definir o conteúdo concreto da prestação devida, propondo as provas respectivas. O pedido já está previamente delimitado pelo título exequendo e pela lei (art. 809), consistindo na quantificação monetária da coisa não entregue ou entregue com deterioração e nas perdas e danos decorrentes do inadimplemento da obrigação específica. Também não há necessidade de atribuir valor à causa, que segue com o valor que vigorou na inicial da execução, salvo se a liquidação for promovida em caráter antecedente. Parece-me dispensável o pronunciamento do requerente sobre a realização ou não de audiência de conciliação (art. 319, inc. VII). Ao despachar o requerimento, o juiz determinará a intimação do requerido na pessoa do seu advogado para oferecer contestação no prazo legal, seguindo a liquidação o rito do procedimento comum.

A ausência de contestação gerará o efeito substancial da revelia (art. 344), presumindo-se em regra verdadeiros os fatos alegados pelo requerente para definir o conteúdo da prestação, se o réu não contestar a liquidação.

Apesar do procedimento comum, não cabem reconvenção, nem intervenção de terceiros, pois se trata de ação incidente e acessória cujo objetivo não pode ser desviado da finalidade que lhe é própria, que é a de quantificar o valor pecuniário da prestação devida ao credor em razão do inadimplemento da obrigação específica.

A decisão que julgar a liquidação é decisão de mérito (art. 487), poderá ser impugnada por agravo de instrumento (art. 1.015, parágrafo único), adotará a imutabilidade da coisa julgada após a preclusão ou o esgotamento de todos os recursos e desencadeará a instauração do procedimento provisório ou definitivo do cumprimento de sentença que reconhece a exigibilidade de obrigação de pagar quantia certa, nos termos dos arts. 520 a 527.

Art. 810. Havendo benfeitorias indenizáveis feitas na coisa pelo executado ou por terceiros de cujo poder ela houver sido tirada, a liquidação prévia é obrigatória.
Parágrafo único. Havendo saldo:

I – em favor do executado ou de terceiros, o exequente o depositará ao requerer a entrega da coisa;

II – em favor do exequente, esse poderá cobrá-lo nos autos do mesmo processo.

O art. 810 estabelece que o credor não poderá promover a execução para entrega de coisa certa, sem antes liquidar e pagar ao devedor o valor das benfeitorias indenizáveis, ou depositar o respectivo valor.

Benfeitorias são "as obras ou despesas feitas na coisa, com o fim de conservá-la, melhorá-la ou embelezá-la"[479]. As benfeitorias se classificam em: necessárias, as que têm por fim conservar a coisa ou evitar que se deteriore; úteis, as que aumentam ou facilitam o uso da coisa; e voluptuárias, as de mero deleite ou recreio[480].

Não importa quem seja o titular dos acessórios, se o exequente ou o executado. Mesmo que pertençam ao exequente, se tiverem sido obras ou despesas feitas pelo executado serão indenizáveis e eventualmente poderão gerar direito de retenção.

De acordo com os arts. 1.219 e 1.220 do Código Civil, na perda da posse, o possuidor de boa-fé tem direito à indenização das benfeitorias necessárias e úteis, sobre as quais também tem o direito de retenção, e o possuidor de má fé apenas o direito à indenização das necessárias.

O direito de retenção é a faculdade conferida pelo Código Civil ao possuidor de boa-fé de não entregar a coisa alheia enquanto não for indenizado do valor das benfeitorias necessárias ou úteis.

A regra do art. 810 do CPC amplia a proteção do possuidor prevista no Código Civil, porque subordina a exigibilidade do crédito constante do título executivo à garantia caucionária do ressarcimento do valor das benfeitorias indenizáveis, mesmo se de má-fé a posse do devedor, através do depósito em dinheiro por parte do exequente.

Para que o juiz de ofício vele pelo cumprimento desse pressuposto processual objetivo, logo ao despachar a petição inicial, nos termos do art. 798, inciso I, *d*, será necessário que o direito à indenização conste expressamente do título ou seja informado desde logo pelo exequente. Se omisso o título ou a inicial do exequente, caberá ao executado arguir o direito à prévia indenização e o consequente direito de retenção da coisa nos embargos à execução (art. 917, inc. IV).

---

479 CAIO MÁRIO DA SILVA PEREIRA. *Instituições de direito civil*, vol. I. 18 ed. Rio de Janeiro: Forense, 1996, p. 276.
480 CAIO MÁRIO DA SILVA PEREIRA. *Instituições de direito civil*, vol. I. 18 ed. Rio de Janeiro: Forense, 1996, p. 276.

Se constar do título o direito à indenização e o exequente não promover previamente a sua liquidação e depósito, o juiz, ao despachar a inicial da execução determinará que o exequente comprove o cumprimento dessa obrigação, no prazo de 15 dias, sob pena de indeferimento da petição inicial (art. 801).

Desse entendimento divergem FREDIE DIDIER JR. *et alii*, que sustentam que o exequente não pode ser obrigado a liquidar previamente as benfeitorias, que não é condição de exigibilidade da prestação de entrega. O direito à indenização das benfeitorias é disponível. O depósito só pode ser exigido se o executado exercer o direito de retenção nos embargos (art. 917, inc. IV)[481].

Divirjo. Como ressaltamos acima, o Código de Processo Civil amplia o direito de retenção do Código Civil a todas as benfeitorias indenizáveis. Ao enunciar no art. 810 que, havendo benfeitorias indenizáveis, a liquidação prévia é obrigatória e que, havendo saldo em favor do executado, deverá este ser depositado pelo exequente ao requerer a entrega da coisa, deixa claro que, constando do título ou ciente o exequente que há benfeitorias a indenizar, o seu pagamento ou depósito é pressuposto necessário da execução. A exigibilidade do crédito deve transparecer claramente do título executivo, para ensejar a posição de vantagem em que a execução coloca o exequente, na sujeição do executado a atos coativos antes mesmo do exercício do direito de defesa pelo executado.

Não se questiona que a indenização das benfeitorias e o direito de retenção são disponíveis. Se constarem do título, mas o exequente exibir documento idôneo subscrito pelo executado de renúncia a esses direitos, a execução poderá instaurar-se, dispensando-se a liquidação prévia obrigatória a que se refere o art. 810 e o consequente pagamento ou depósito. O que não se permite é que o executado seja submetido à coação executiva quando do próprio título ou da lei consta que essa execução não pode ser instaurada enquanto não pago ou depositado o valor das benfeitorias, inexistindo qualquer ato de renúncia do executado a esse direito. O título deve exibir a exigibilidade do crédito sem qualquer condicionamento.

Mas nada constando do título, por que o exequente haveria de requerer a liquidação prévia? Porque, ciente da existência de benfeitorias indenizáveis, não quer correr o risco de ter de indenizar o executado dos prejuízos que lhe causar a execução injusta, efetivada em desrespeito ao direito que a lei lhe confere de ser previamente indenizado do valor das benfeitorias.

Se o título for judicial, o direito à indenização e o consequente direito de retenção deverão ser alegados pelo devedor na contestação da fase de conhe-

---

[481] FREDIE DIDIER JR. LEONARDO CARNEIRO DA CUNHA. PAULA SARNO BRAGA. RAFAEL ALEXANDRIA DE OLIVEIRA. *Curso de direito processual civil*: execução. 9ª ed. Salvador: Juspodivm, 2019, p. 1106 a 1110.

cimento, nos termos do art. 538, § 2º, do Código, não cabendo essa alegação na impugnação ao cumprimento de sentença. O direito de retenção é uma exceção substancial em sentido próprio. A omissão do executado na contestação em tese implicará em preclusão da sua alegação na impugnação ao cumprimento de sentença. Essa deve ser a regra. Não cabe aqui aprofundar a questão, mas me parece que, de um lado, não se pode mais sustentar no processo moderno um regime inflexível e insuperável de preclusões[482]. Por outro lado, não me parece correto confundir o direito de retenção com o direito à indenização. Já vimos no item 40 dos comentários ao art. 806 que há acessórios que pertencem ao exequente e outros que pertencem ao executado. Se o executado perdeu o direito de retenção por qualquer razão, isso não significa que não tenha o direito de ser indenizado dos acessórios que lhe pertencem, se não puder levantá-los por ocasião da entrega da coisa.

A liquidação pode ser incidente aos embargos do executado em que este tenha alegado o direito de retenção, como pode ser subsequente à entrega da coisa se, cumprida esta, não tiver sido previamente satisfeito o direito do executado à indenização, caso em que poderá ser cumulada com liquidação das perdas e danos decorrentes da inobservância do direito de retenção. Pode ainda decorrer de petição avulsa do executado devidamente fundamentada ou de constatação da existência de benfeitorias indenizáveis pelos oficiais de justiça, por ocasião do cumprimento do mandado de busca e apreensão ou de imissão de posse, caso em que deverão comunicar a ocorrência ao juiz, para que este exija do exequente a prévia liquidação e depósito do respectivo valor[483].

Na execução para entrega de coisa fundada em título extrajudicial, a indenização das benfeitorias que pertencem ao executado, ou o prévio depósito do seu valor, constitui pressuposto de exigibilidade do crédito do exequente. O seu pagamento ou depósito, após regular liquidação, se não constar do título o seu valor, deve ser previamente promovido pelo exequente antes do ajuizamento da execução. Se mesmo antes da citação para entrega da coisa, houver previsão no título executivo de incidência de perdas e danos em caso de inadimplemento da obrigação específica, o seu valor será simultaneamente apurado com a liquidação da indenização das benfeitorias, compensando-se as

---

482 V. LEONARDO GRECO. *Instituições de processo civil*: processo de conhecimento, vol. II. 3ª ed. Rio de Janeiro: Forense, 2015, p. 95-98; Saneamento do processo, estabilidade e coisa julgada. In: FREDIE DIDIER JR. ANTONIO DO PASSO CABRAL (coords.). *Coisa julgada e outras estabilidades processuais*. Salvador: Juspodivm, 2018.
483 FERNANDO DA FONSECA GAJARDONI. Comentário ao artigo 810. In: FERNANDO DA FONSECA GAJARDONI. LUIZ DELLORE. ANDRE VASCONCELOS ROQUE. ZULMAR DUARTE DE OLIVEIRA JR. *Execução e recursos*: comentários ao CPC de 2015. Rio de Janeiro: Método, 2017, p. 177.

prestações pecuniárias recíprocas e remanescendo apenas a diferença em favor da de maior valor. Se essa dupla liquidação se der simultaneamente antes do ajuizamento da execução da entrega da coisa, o pagamento ou depósito prévio pelo exequente corresponderá apenas ao valor maior da indenização das benfeitorias relativamente às perdas e danos devidos pelo executado ao exequente, se houver. Se não houver saldo a favor do executado, a decisão de liquidação valerá como título declaratório da quitação do valor das benfeitorias pela compensação com a indenização das perdas e danos. Se houver saldo este poderá executá-lo pelo procedimento do cumprimento de sentença.

Complementando o disposto no art. 1.221 do Código Civil, segundo o qual as benfeitorias se compensam com os danos, o art. 810 preconiza que, apurando a liquidação saldo em favor do credor, este poderá cobrá-lo nos autos do mesmo processo. Se a liquidação antecedeu a execução para entrega de coisa, o credor pode promover dois procedimentos executórios distintos: um para entrega de coisa da prestação de dar; outro para recebimento da quantia certa. Mas pode preferir a promoção das duas execuções nos mesmo autos, como prevê o art. 810, mas me parece que, pela diversidade de procedimentos a execução específica deva anteceder a execução pecuniária, mesmo porque eventual frustração ou retardamento daquela pode gerar nova liquidação de prestação pecuniária, sendo conveniente que todas as prestações desta espécie se concentrem num só procedimento executório (art. 807).

Se a existência das benfeitorias for um fato incontroverso entre as partes, a sua avaliação adotará o procedimento da liquidação por arbitramento. Caso não exista esse consenso, a liquidação far-se-á pelo procedimento comum, o que também ocorrerá se simultaneamente tiverem de ser apuradas as perdas e danos sofridas pelo exequente[484].

Ao regime das benfeitorias se submetem igualmente plantações e outros investimentos do executado na coisa a ser entregue, nas quais tenha este empregado "trabalho ou dispêndio", nos termos do art. 242 do Código Civil.

Seção II
Da Entrega de Coisa Incerta

Art. 811. Quando a execução recair sobre coisa determinada pelo gênero e pela quantidade, o executado será citado para entregá-la individualizada, se lhe couber a escolha.

Parágrafo único. Se a escolha couber ao exequente, esse deverá indicá-la na petição inicial.

---

484 Gajardoni. Ob. e loc. cits.

A coisa incerta é a coisa relativamente determinada. É a coisa definida pelo gênero, pela quantidade, pela qualidade ou por quaisquer outras características, mas que não resultam na individualização de um único objeto, havendo mais de um que preenche todas as circunstâncias delimitadoras. É a coisa definida pelo gênero, que não pode ser objeto de atos executórios enquanto não for individualizada. A coisa genérica não é ilíquida, mas na verdade a sua liquidez é relativa porque a descrição no título executivo da coisa a cuja entrega está obrigado o devedor não é suficiente para que desde logo sejam desencadeados os atos executórios.

Normalmente o título extrajudicial não comporta indeterminação da prestação, pois essa indeterminação é incompatível com a autossuficiência dessa espécie de título e com a própria certeza da obrigação. Entretanto, essa regra comporta algumas exceções. Uma delas é justamente a da coisa incerta, em que a indeterminação é superada pela escolha, a partir da qual o título está apto a desencadear a atividade executória.

Da coisa incerta tratam os arts. 243 e ss. do Código Civil. O primeiro estatui que a coisa incerta será indicada, ao menos, pelo gênero e pela quantidade. O art. 244 contempla a regra de que nas obrigações de entrega de coisa incerta, a escolha pertence ao devedor, se o contrário não resultar do título da obrigação; mas não poderá dar a coisa pior, nem será obrigado a prestar a melhor. E o art. 245 prescreve que, individualizada a coisa pela escolha do devedor, deixou ela de ser incerta, sujeitando-se às mesmas regras da entrega de coisa certa.

A coisa certa é infungível. Somente a entrega da coisa individualizada no título satisfaz plenamente o direito do credor. A coisa incerta, por ser genérica, é fungível, tornando-se infungível quando determinada pela escolha[485]. Enquanto incerta existem diversos objetos com as mesmas características, aptos a satisfazer a prestação. Após a escolha, embora com características comuns a outros bens, somente a entrega da coisa escolhida satisfará integralmente o direito do credor.

Para identificar a coisa a ser objeto do procedimento executório o art. 811 determina que a execução, nesse caso, seja antecedida de um ato ou procedimento preparatório de individualização, também chamado de "incidente de concentração". Se o título estabelecer que a escolha cabe ao credor, este já a exercerá na petição inicial da execução. Se, ao contrário, o título atribuir essa

---

485 ALCIDES DE MENDONÇA LIMA. Ob. cit., p. 640. O mesmo autor, citando PONTES DE MIRANDA (p. 669), admite que a coisa incerta seja parcialmente infungível. Uma tela de tal pintor, sem precisar qual tela, seria incerta, mas infungível, porque somente serve a daquele artista.

faculdade ao devedor ou for omisso, o devedor será citado, em conformidade com o art. 806, para em quinze dias entregar a coisa que escolher.

Se o primeiro a quem couber a escolha não a efetivar, transferir-se-á para o outro esse direito[486]. Se nenhum dos dois a fizer, o juiz mandará intimar o autor para concretizar a escolha, sob pena de extinção do processo.

FREDIE DIDIER JR. *et alii* lecionam acertadamente que, se couber a escolha ao exequente e este a omitir na inicial da execução, sua omissão deverá ser interpretada como renúncia, devendo entretanto o juiz, antes de passar a escolha ao devedor, advertir o credor das consequências da sua omissão. Se a omissão somente viesse a ser percebida após a resposta do executado, o juiz deveria reavaliar a questão podendo reabrir ao exequente a oportunidade da escolha[487]. Acho que a função assistencial do juiz, hoje exaltada no chamado princípio da colaboração, está sendo aplicada de modo excessivo. O exequente tem advogado. É ele que apresenta o título executivo, que teve ampla possibilidade de analisá-lo antes de formular a sua petição inicial. Não é razoável presumir que ele necessite da advertência do juiz para tomar consciência das consequências de todos os atos que pratica no processo. É de conhecimento cediço que nas obrigações alternativas (art. 800, § 1º) e nas obrigações de entrega de coisas relativamente indeterminadas, se a escolha cabe a um dos contendores, a sua inércia transfere ao outro essa prerrogativa. Essa é a regra de experiência que resulta da observação do que comumente acontece. A inconsciência do credor pode ser patente. Em muitos rincões do País os juízes podem ter necessidade de advertir os litigantes das consequências de seus atos, exercendo com mais intensidade a sua função assistencial, até mesmo para equilibrar a paridade de armas entre os contendores. São casos excepcionais, que não devem ser transformados em regra.

Se o título atribuir a escolha a terceiro, o exequente na inicial requererá a intimação do terceiro para efetuar a escolha no prazo de 15 dias. ARAKEN DE ASSIS sugere que se o terceiro não efetuar a escolha esta seja efetuada pelo juiz, aplicando por analogia o art. 252, § 4º, do Código Civil, que assim dispõe a respeito das obrigações alternativas, que apresentam evidente semelhança com as obrigações de entrega de coisa incerta[488].

O que a lei não prevê é que, muitas vezes, o credor não tem elementos para determinar ou escolher a coisa, o que somente será possível através de

---

486 MARCELO ABELHA RODRIGUES recomenda que, nos casos em que a escolha caiba ao executado, o credor na petição inicial já individualize os bens para o caso de omissão do executado (ob. cit., p. 317).
487 FREDIE DIDIER JR. *et alii*. Ob. cit., p. 1098-1099.
488 ARAKEN ASSIS. Ob. cit., p. 149.

diligência a ser cumprida pelo oficial de justiça. É o caso de bens que estão sob a guarda do devedor, cujos dados de individualização ainda não existem ou somente dele são conhecidos. Por exemplo, a entrega de 1000 sacas de café do tipo x. O credor sabe que o devedor tem um armazém que abriga milhares de sacas de café, mas aparentemente todas as sacas são iguais. Para determiná-las, será necessário ingressar no local onde o devedor guarda as sacas de café, aí efetuar a escolha e acautelar as sacas escolhidas para que não voltem a misturar-se com as demais.

Mas existe situação pior. Como determinar o credor os quilos de farinha a granel ou os litros de azeite, sem separá-los dos vasilhames onde homogeneamente se misturam com quantidades maiores do mesmo produto?

Nesses casos, de determinação que pressupõe desde logo a penetração do credor na esfera privada do devedor ou uma ação concreta de separação ou de identificação do bem, não tem sentido transferir para o credor o ônus dessa identificação. Também não será solução apropriada, exigir que o credor requeira que o oficial de justiça o acompanhe ao domicílio ou ao estabelecimento do devedor para aí colher elementos identificadores do bem, separá-lo ou apor-lhe sinais identificadores, para, deixando o bem de posse do devedor, requerer então a sua citação para a entrega voluntária em 15 dias. Não citado para a execução e não atingido por nenhuma medida constritiva, quem garante que o devedor aguardará inerte a sequência dos atos executórios?

Parece-me que, se a escolha couber ao credor e este tiver dificuldade de acesso ao local onde deverá efetuá-la ou houver risco de que a escolha não seja preservada, deverá ele requerer ao juiz, com fundamento na atipicidade dos meios executórios, que oficiais de justiça o acompanhem para garantir-lhe a prática do ato de escolha e para recolherem incontinenti a coisa escolhida em depósito para assegurar a eficácia dos atos executórios subsequentes[489].

Se a escolha desde o início couber ao credor, na inicial da execução o exequente requererá essas providências. Efetuada a escolha e depositada a coisa, promoverá o exequente a citação do executado para em 15 dias autorizar o credor a imitir-se na posse da coisa escolhida. Se o direito de escolha do credor lhe tiver sido devolvido em razão da inércia do devedor que não acudiu à citação, caberá ao primeiro, efetuar a escolha e requerer a expedição de mandado de busca e apreensão do bem ou, se necessitar de suporte para a efetivação da escolha, requerer que oficiais de justiça o acompanhem ao local onde a

---

[489] Em sentido análogo, dispõe o art. 861º-2 do Código de Processo Civil de Portugal: "2 – Tratando-se de coisas móveis a determinar por conta, peso ou medida, o agente de execução manda fazer, na sua presença, as operações indispensáveis e entrega ao exequente a quantidade devida".

escolha será efetivada e lhe deem segurança para realizá-la e para imitir-se na posse do bem escolhido.

Alguns sistemas contêm preceitos expressos para minorar consequências sociais nefastas da execução para entrega de coisa. Assim o Código português, nos arts. 861º a 863º prevê, em casos de ocupação ou arrendamento para moradia, em benefício da preservação da vida e da saúde do executado, o diferimento da desocupação ou a sua suspensão. Havendo sérias dificuldades no realojamento do executado, o fato deve ser comunicado antecipadamente à câmara municipal e às entidades assistenciais competentes. Não há dúvida de que o direito à moradia é um direito social, exigível do Estado e não do particular que tenha direito à entrega de um imóvel, mas o respeito à dignidade humana do devedor obriga o juiz a ocupar-se não somente com o cumprimento da prestação constante do título, mas com o equacionamento das suas consequências e do seu impacto na vida das pessoas, coordenando os atos executórios com a mobilização de órgãos públicos e privados para acudir à minoração dos efeitos nefastos que a execução em benefício do credor venha a causar ao devedor e a terceiros.

Nós não temos como outros países[490] regra expressa mandando aplicar à entrega de coisa as disposições relativas à penhora. Mas já vimos que a entrega de coisa não está sujeita às impenhorabilidades, mas deve fazer uso de disposições sobre a penhora, como a que exige o cumprimento da apreensão do bem por dois oficiais de justiça quando houver resistência por parte do executado (art. 846).

Mas é impossível imaginar todas as hipóteses em que a invocação das regras da penhora poderia ser cogitada. Assim, por exemplo, FRANCESCO PAOLO LUISO na Itália leciona que a *par condicio creditorum* impede a execução em forma específica das obrigações genéricas. "Com os mil litros de petróleo que são retirados do patrimônio de Tício, se satisfaz por inteiro Caio, mas se prejudica a posição dos outros credores de Tício que têm direito de satisfazer-se com base nesse bem"[491] (como sobre todos os outros bens do devedor). Nós não temos a *par condicio creditorum* nas execuções individuais, mas apenas na insolvência civil e na falência[492], mas não se pode excluir que dois ou mais credores individuais possuam título para a entrega de coisas genericamente

---

490 V., por exemplo, o art. 861º-1 do Código de Processo Civil de Portugal.
491 FRANCESCO PAOLO LUISO. *Diritto processuale civile*: il processo executivo, vol. III. 8ª ed. Milano: Giuffrè, 2015, p. 222.
492 Na falência e na insolvência civil, as obrigações de dar, independentemente de serem genéricas ou específicas, estão resguardadas no art. 85 da Lei n. 11.101/2005, devendo ser veiculadas no juízo concursal por meio de pedidos de restituição, nos quais serão avaliados eventuais conflitos de interesse entre os diversos credores e entre estes e a massa.

determinadas, das quais o executado não tenha em seu poder quantidade suficiente para satisfazer a todos. Aplicando analogicamente à entrega de coisa o princípio da prioridade da penhora (art. 908, § 2º), os diversos credores serão satisfeitos na ordem das respectivas apreensões.

Por outro lado, a atipicidade dos meios executórios, especialmente na tutela específica (arts. 536 e 538, § 3º), deve merecer do intérprete, nas obrigações genéricas, vias mais adequadas para a satisfação do credor do que a simples escolha por um dos contendores, prevista no art. 811. Assim, por exemplo, a *Ley de Enjuiciamiento Civil* espanhola, no art. 702, permite que o credor peça ao juiz que lhe seja facultado adquiri-las de terceiro à custa do executado, com a subsequente instauração da execução por quantia certa contra este último, pelo preço pago[493]. A atipicidade dos meios executórios favorece que também entre nós o credor opte por essa solução, além das vias que apontamos no item 50 dos comentários ao art. 809.

Art. 812. Qualquer das partes poderá, no prazo de 15 (quinze) dias, impugnar a escolha feita pela outra, e o juiz decidirá de plano ou, se necessário, ouvindo perito de sua nomeação.

O artigo regula procedimento incidente cognitivo que qualquer das partes poderá provocar no prazo de quinze dias do conhecimento da escolha feita pela outra parte, para que o juiz declare a ilicitude dessa escolha, caso a repute incompatível com a obrigação genericamente definida no título, excessivamente onerosa para o executado ou incursa em qualquer outro vício que justifique a sua repulsa. Recorde-se que o art. 244 do Código Civil prescreve que o executado não pode dar a pior, nem ser obrigado a dar a melhor.

Se a escolha tiver sido feita pelo exequente na inicial da execução, citado o executado para cumprir a prestação (art. 806), poderá impugnar a escolha nos próprios embargos à execução. Se a escolha tiver sido feita pelo executado ou pelo exequente em qualquer outro momento que não por ocasião do ajuizamento da execução, a impugnação será promovida pela parte contrária em petição avulsa no prazo de quinze dias. A impugnação deve estar consistentemente fundamentada, fática e juridicamente, podendo o impugnante instrui-la com documentos e requerer a produção de outras provas.

Na busca do ponto médio, entre a pior e a melhor (CC, art. 244), o impugnante pode invocar todas as circunstâncias que possam dificultar-lhe ou impedir-lhe o pleno gozo da coisa, ou ainda depreciar o seu valor, como a

---

493 Jesús Maria González Garcia. La ejecución no dineraria. In: Álvaro Gutiérrez Berlinches (coord.). *El proceso de ejecución forzosa*: problemas actuales y soluciones jurisprudenciales. Madrid: La Ley/Wolters Kluwer, 2015, p. 990-991.

existência de penhora ou qualquer outro direito de terceiro sobre o bem, como a existência de locatário ou de ocupação irregular. Também o regime dos acessórios que pode ser mais ou menos favorável ao exequente ou ao executado deverá influir na escolha. Embora a lei estabeleça que, em seguida, "o juiz decidirá de plano ou, se necessário, ouvindo perito de sua nomeação", parece-me indispensável, em face do art. 9º, que o juiz ouça a parte que efetuou a escolha em cinco dias e que todo o incidente, apesar da sumariedade, seja processado sob contraditório, facultada às partes a proposição e produção não só da prova pericial mas de quaisquer outras provas a respeito da impugnação.

A perícia é sumária, como na liquidação por arbitramento. Normalmente não haverá necessidade de quesitos, mas a indicação de assistentes técnicos deve ser facultada.

A impugnação é um procedimento cognitivo sumário de natureza declaratória da invalidade da escolha da coisa a ser entregue. A decisão que o resolve não é uma decisão de mérito, mas relativa à falta de um pressuposto processual da execução, a conformidade do seu objeto com o título e com o ordenamento jurídico, sem questionar o direito do credor à prestação. A ausência de resolução de mérito e a sumariedade do procedimento, que lhe impõe o legislador, para não retardar em demasia a continuidade da execução, impedem que a decisão que dele resultar adquira a imutabilidade da coisa julgada. Sua eficácia é exclusivamente endoprocessual. Rejeitada a impugnação, a execução prosseguirá com a incidência dos atos executórios sobre a coisa escolhida. Acolhida, a escolha será declarada nula. Se não houver prova de que a parte que errou na escolha agiu de má-fé, ser-lhe-á devolvido o prazo para efetuar nova escolha, sem os vícios da que foi anulada. Se o juiz reconhecer que a escolha anulada foi maliciosa, abusiva ou protelatória, ao declará-la nula, devolverá à parte contrária o direito de escolha.

Contra a decisão da impugnação caberá o recurso de agravo de instrumento (art. 1.015, parágrafo único), normalmente sem efeito suspensivo. Não atacada por qualquer recurso ou esgotados os cabíveis, a decisão deverá prevalecer até o final do procedimento executório em que foi proferida, mas não há coisa julgada, o que não obstará que em ação de conhecimento autônoma de cognição exaustiva a parte prejudicada venha a pleitear a sua anulação, reforma, revisão ou simplesmente as perdas e danos por ela causados.

No próprio procedimento executório, enquanto pendente, a decisão poderá ser revista por provocação do prejudicado, com fundamento em fato novo ou prova nova que comprovadamente tenha chegado ao seu conhecimento nos quinze dias anteriores à nova arguição (art. 525, § 1º). Cumpre considerar que, a partir da individualização da coisa passarão a incidir as regras sobre o regime dos acessórios, sobre o direito de retenção por benfeitorias, sobre as consequências da perda ou deterioração da coisa etc. Embora individualizada, a coisa não deixa de ser fungível. Constatado um desses fatos, e antes que se cogite de cumprimento da prestação pelo equivalente ou da conversão em perdas e danos, tanto a decisão na impugnação da escolha quanto a própria escolha podem ser revistas, redirecionando-se o procedimento executório para a entrega do novo objeto escolhido.

Para MENDONÇA LIMA[494], a falta de oferecimento da impugnação no prazo legal equivale à concordância tácita à escolha do adversário. Reiteramos aqui o que dissemos nos comentários ao artigo anterior sobre a omissão da escolha por aquele a quem ela competia. Sim, o silêncio faz presumir a concordância, mas excepcionalmente pode ocorrer de o adversário do que fez a escolha deixar de impugná-la por algum motivo relevante devidamente comprovado. A boa-fé deve sobrepairar a eventuais preclusões, admitindo-se a qualquer tempo, antes de encerrada a execução, que a escolha seja revista.

ARAKEN DE ASSIS esclarece que se a coisa tiver sido individualizada pelo exequente na inicial, o prazo para a impugnação do executado se contará a partir da juntada aos autos do comprovante de citação, ficando suspenso o prazo para a entrega da coisa até a solução do incidente. Se a coisa for individualizada pelo executado no momento da entrega, o prazo para a impugnação do exequente fluirá da intimação da entrega ou da ciência do depósito da coisa pelo executado[495].

Art. 813. Aplicar-se-ão à execução para entrega de coisa incerta, no que couber, as disposições da Seção I deste Capítulo.

O art. 813 é norma de fechamento do sistema da execução para entrega de coisa. Ao remeter às disposições da Seção I deste Capítulo, o legislador estabelece a subsidiariedade das regras da execução para entrega de coisa certa à execução para entrega de coisa incerta. Na verdade, os atos coativos de qualquer procedimento executório somente podem incidir para a satisfação de uma obrigação precisamente determinada e, portanto, se a coisa era incerta e pelo procedimento preliminar de escolha tornou-se certa, o procedimento executório será o de entrega da certa, ou seja, o procedimento previsto na seção do capítulo sobre a execução para a entrega de coisa.

A diferença entre os dois procedimentos está na necessidade de escolha do bem para o desencadeamento da execução para entrega de coisa incerta, o que pode tornar inadequado o regime previsto no art. 806 para a efetivação da sua entrega ao exequente. No curso dos comentários aos arts. 811 e 812

---

494 MENDONÇA LIMA. Ob. cit., p. 672.
495 ARAKEN ASSIS. Ob. cit., p. 150.

fizemos referência a algumas hipóteses em que a entrega deve dar-se imediatamente após a escolha, não comportando citação ou intimação para entrega em 15 dias, após a escolha, como nos líquidos, nas mercadorias a granel e naquelas que pela sua fungibilidade podem ser fornecidas por terceiro, como na hipótese prevista no art. 702 do Código espanhol. O legislador prevê o cumprimento das prestações de fazer fungíveis por terceiro (art. 817), mas não as de entrega de coisa incerta, igualmente fungíveis. A subsidiariedade dos meios executórios das obrigações de fazer às obrigações de entrega de coisa justifica plenamente a admissão dessa outra via executória, não prevista no art. 811. Até mesmo na hipótese em que certos autores vêm uma certa infungibilidade da prestação de entrega de coisa, como no caso de um quadro de determinado pintor famoso, nada impede que a obrigação possa ser cumprida por terceiro, que tenha um desses quadros. A solução dependerá tão somente da escolha, para que o quadro que o terceiro se dispõe a vender não seja nem o pior, nem o melhor, de acordo com a regra do art. 244 do Código Civil.

Também vimos, nos comentários ao art. 812 que a coisa incerta não se torna infungível simplesmente porque foi a escolhida. De qualquer modo, a obrigação continua fungível. Assim, se a coisa escolhida não for encontrada, sofrer deterioração ou não for reclamada do terceiro adquirente, não será cabível desde logo a tutela por equivalente ou a aplicação desde logo da regra do art. 809 porque outra coisa com as mesmas características poderá satisfazer a obrigação e deverá ser perseguida, mesmo que se encontre em poder de terceiro.

Vimos no item 42 dos comentários ao art. 806 que a Convenção Uncitral sobre Compra e Venda Internacional de Mercadorias, em vigor no Brasil, referindo-se precisamente a coisas fungíveis, confere ao comprador o direito de exigir a substituição da coisa entregue se não estiver em conformidade com o contrato, por outra coisa, providência plenamente agasalhada pela atipicidade dos meios executórios, mas alheia à disciplina dos arts. 806 a 810. Essa solução não corresponde ao cumprimento por equivalente, porque neste a prestação entregue e aceita se assemelha à devida, enquanto aqui a prestação substituta é a própria prestação devida.

O depósito da coisa, não mais previsto nos arts. 806 a 810, também pode ser um modo de responder à citação na entrega de coisa incerta, para resguardar-se o executado do risco do inadimplemento e para obter efeito suspensivo nos embargos, como previsto no art. 919, § 1º.

Convenções processuais também podem ser celebradas para disciplinar, entre outras questões, de modo diverso ao que a lei prescreve a individualização da coisa devida, os efeitos da entrega sobre os acessórios e as benfeitorias e as consequências do não cumprimento da prestação na forma específica.

A multa pecuniária compensatória poderá ser arbitrada de ofício pelo juiz, aplicando-se ao executado a partir do decurso do prazo para o cumprimento da prestação devidamente individualizada.

Enquanto não individualizada a coisa, parece que o devedor está livre de alienar qualquer dos objetos sobre os quais poderia vir recair a execução, porque outros remanescem com as mesmas características e, assim, não se aplicariam à coisa incerta as disposições dos arts. 808 e 809 quanto à alienação da coisa. Depois da individualização, o objeto escolhido passa a integrar o conteúdo do direito do credor e, aí então, se alienado, deve ter o credor as opções mencionadas nos referidos artigos. Entretanto, o direito material pode levar a caminhos diversos. Imagine-se, por exemplo, que o título preveja que o devedor entregue cem entre as mil rezes que possui de uma determinada espécie e raça animal e que, antes do vencimento do título, aliene oitocentas rezes, as melhores e as medianas, ficando apenas com as duzentas piores. A alienação terá prejudicado o direito do credor que deveria ter o seu objeto individualizado não entre as duzentas rezes remanescentes, mas entre as mil, recaindo sobre as de qualidade e preço mediano, entre estas. Nesse caso, o credor deve poder impugnar a escolha feita pelo devedor e exigir que a escolha recaia sobre cem dos animais alienados, caso em que poderá dirigir a execução contra o adquirente, nos termos do art. 808 ou pleitear do alienante o valor das rezes medianas e as perdas e danos, nos termos do art. 809.

CAPÍTULO III
DA EXECUÇÃO DAS OBRIGAÇÕES DE FAZER OU DE NÃO FAZER

52. Execução específica

Retornamos aqui às considerações feitas no item 35 dos comentários ao Capítulo II – Da Execução para a Entrega de Coisa. Se o objeto da prestação constante do título não é dinheiro, mas a entrega de algum outro bem, o exercício de uma atividade ou a omissão na prática de algum ato, a execução é chamada *específica*, em contraposição à execução pecuniária de caráter expropriatório, porque nela o órgão executivo tem de praticar outros atos que não a entrega de dinheiro ou a transformação em dinheiro de outros bens do devedor para satisfazer o credor, atos esses cujo conteúdo o legislador não tem como definir previamente, porque variam em função do conteúdo da obrigação e com o tipo de atividade que o devedor deixou de prestar espontaneamente, e ainda com os limites impostos à intervenção do Estado-juiz na autonomia da vontade e na privacidade do devedor, forçando o credor a dirigir-se ao Judiciário para obter aquilo que o devedor deveria ter feito que, repito, é prestação diferente da simples entrega de uma importância em dinheiro e, em cada caso, diferente um do outro. Fazer é uma atividade humana. Pode consistir em pintar um quadro, em escrever um livro, em desenvolver um software, em elaborar um projeto de construção de um prédio ou de construção de uma usina, em prestar um serviço de engenharia. Mas se o juiz tiver de forçar o devedor a qualquer uma dessas prestações, deverá considerar prazos específicos para o seu cumprimento de acordo com o tipo de prestação. E se, não cumprida a prestação pelo devedor, o juiz deverá programar medidas específicas e adequadas para que o credor receba o que lhe é devido.

À execução específica ou tutela específica contrapõe-se o emprego de remédios e providências tendentes apenas a eliminar as consequências da violação do direito por meio da compensação pecuniária do credor que a tenha sofrido.

Já vimos que obrigação específica, execução específica e tutela específica não são expressões felizes porque dão a entender a contraposição com obrigações, execuções ou tutelas genéricas, quando na verdade o que há de característico na execução de fazer ou de não fazer, tal como na de entrega de coisa, é o abandono da tradição romana de que toda execução é pecuniária, incidindo sobre o patrimônio do devedor, para que a atividade jurisdicional entregue forçadamente ao credor o equivalente em dinheiro da prestação devida, mais as perdas e danos, porque ninguém pode ser coagido a cumprir uma prestação de fazer – *nemo proecise ad factum cogi potest*. E quanto às obrigações negativas ou de não fazer, igualmente, a função da execução, de acordo com essa tradição, era apenas a de impor sanções pecuniárias para desencorajar o devedor de incidir na conduta proibida ou ressarcir o credor dos danos sofridos com a prática proibida.

Essa tradição não satisfaz mais ao nosso anseio de justiça. A efetividade da tutela jurisdicional dos direitos dos cidadãos, prometida nas declarações de direitos fundamentais inseridas nos textos constitucionais exige que o Judiciário esteja aparelhado para dar a quem tem razão tudo aquilo a que ele tem direito de acordo com o ordenamento, ou seja implemente todas as providências necessárias par que o credor receba do Judiciário exatamente o bem ou a prestação a que ele tem direito, tal como descrito e individualizado no título, e não somente o seu equivalente em dinheiro. E, nas obrigações negativas, a tutela específica deve exercer-se por meios que concretamente inibam o devedor de violá-las ou, se já violadas, que concretamente restabeleçam o estado anterior à violação ou o mais próximo possível dele, se materialmente possível.

No âmbito dos direitos da personalidade e dos interesses metaindividuais, somente a execução específica é capaz de satisfazer o credor. Pela execução específica, o devedor normalmente nada perde de seu e, por isso, nela não se pode falar de responsabilidade patrimonial. Os bens do devedor somente adquirirão relevância como garantia da satisfação do credor se a obrigação se converter em prestação pecuniária.

A variabilidade das providências da tutela executiva exige procedimento flexível e bastante discricionariedade na formulação e implementação das medidas adequadas e eficazes, exigidas pelas peculiaridades de cada caso concreto. O legislador não pode prever todas as possíveis situações, nem regulamentar todos os possíveis meios executórios, sejam eles sub-rogatórios ou de coação indireta.

Por outro lado, por mais que o Poder Judiciário se estruture para ter à sua disposição profissionais das mais diversas profissões e atividades para auxiliá-lo na prática dos atos executórios, há obrigações de fazer ou de não fazer cujo cumprimento somente pode ser viável por meio de organizações complexas e especializadas, como a recuperação da fauna e da flora de uma floresta devastada ou a realocação dos moradores de uma cidade desabrigados pelo rompimento de uma barragem. Muitas vezes a criação dessas organizações ocorre apenas quando se dá a necessidade de implementar o cumprimento de decisões judiciais ou de títulos executivos decorrentes de catástrofes e acidentes ecológicos e não é o direito processual que vai orientar o juiz na configuração dessas instituições.

Apesar da tendência evolutiva dos ordenamentos processuais contemporâneos de implementar a mais ampla efetividade da tutela dos direitos por meio de execuções específicas, ainda em vários países da Europa essa evolução não se completou, sofrendo limitações de toda ordem, como expus no já referido item 35 dos comentários ao Capítulo II – Da Execução para a Entrega de Coisa.

Na vigência da redação original do Código de 1973, fiel à tradição romana que nos foi transmitida pelo Código Civil de Napoleão (art. 1.142), ALCIDES DE MENDONÇA LIMA lecionava que, à época, a execução por quantia certa era a única em que o credor normalmente conseguia receber o próprio bem a que tinha direito, de acordo com o título: dinheiro. O legislador da época, entretanto, abria uma exceção para as obrigações de fazer fungíveis, permitindo a sua execução específica por terceiro[496].

Seguindo o modelo italiano, essas execuções específicas de fazer e não fazer ficavam restritas aos títulos judiciais, ao contrário do que acontecia em Portugal que, adotando o modelo do Código alemão, as admitia independentemente da natureza do título.

53. Obrigações de fazer e de entrega de coisa

Reafirmando o que escrevemos nos comentários ao Capítulo II – Da Execução para a Entrega de Coisa, normalmente a distinção entre as obrigações de dar e de fazer não apresenta maior dificuldade porque, enquanto nas pri-

---

496 ALCIDES DE MENDONÇA LIMA. Ob. cit., p. 676-678.

meiras, no momento da constituição da obrigação, o objeto da prestação preexiste como real no mundo físico e a única atividade que se espera do devedor é a de transferência da sua posse para o credor, nas segundas esse objeto ainda não existe ou, ainda que já exista, o devedor se obriga a criá-lo e consequentemente a transferir a sua posse para o devedor. Além disso, há obrigações de fazer que não se materializam necessariamente em realidades físicas, como o exercício de uma atividade profissional, a prestação de determinados serviços. Há ainda outras que se materializam numa simples declaração de vontade, como a celebração de um contrato, escrito ou verbal. Obras de arte, prédios, transporte de passageiros ou de mercadorias, serviços médicos, advocacia, auditorias e perícias contábeis, são exemplos de obrigações de fazer. Quando o resultado da atividade se concretiza num objeto físico, como um prédio, um quadro de um pintor, um produto industrial, muitas vezes pode tornar-se difícil caracterizar a obrigação como de fazer ou de dar.

Se o objeto físico da obrigação de fazer já está pronto, os meios executórios para obter judicialmente a sua entrega podem ser os da execução para entrega de coisa. Mas se a obrigação não se materializa num objeto físico, se o objeto físico ainda não está pronto ou se o credor desconhece se está pronto ou não, o exequente deverá promover a execução de obrigação de fazer. No desenrolar do procedimento executório, serão implementadas as providências adequadas a coagir o executado a cumprir integralmente a prestação ou a substituí-lo no seu cumprimento. Pelo espectro mais amplo dos meios executórios, presumem-se de fazer todas as encomendas de bens em que o devedor seja o seu próprio fabricante ou produtor, salvo se no momento de constituição da obrigação este forneceu ao credor prova da preexistência do bem. São também obrigações de fazer aquelas em que o devedor precisa exercer alguma atividade para adquirir a posse ou detenção da coisa, a cuja entrega se obrigou, como no fornecimento de medicamentos por entes públicos.

O que caracteriza uma obrigação como de fazer é a modificação no mundo exterior que a atividade cumprida produz. Como já observamos anteriormente, nas obrigações de dar, o dinheiro ou o bem móvel que o devedor entrega em pagamento é o mesmo antes ou depois da prestação. Na obrigação de fazer a prestação, cria uma nova realidade, a obra que não existia antes, o serviço que foi prestado. Nas obrigações de dar, a ênfase se encontra sobre o bem, enquanto nas obrigações de fazer sobre o próprio comportamento do devedor.

Se no curso de uma execução para entrega de coisa se verificar que na verdade a transferência do bem do devedor ao credor exige atividade complexa, como, por exemplo, o desmonte de um equipamento industrial de grande porte para viabilizar o seu deslocamento, com a contratação de empresa especializada, não se há de cogitar de nulidade do procedimento, mas simplesmente de aplicar a subsidiariedade dos meios executórios da execução de obrigações de fazer à execução de entrega de coisa, como preconizado pelo disposto no art. 538, § 3º, aplicável inclusive à execução de títulos extrajudiciais, por força do disposto no art. 771, parágrafo único.

54. Evolução da tutela específica das obrigações de fazer e não fazer

O direito romano desconheceu por completo a execução de obrigações de fazer e não fazer, que se convertiam em obrigação pecuniária, embora na *cognitio extraordinaria* despontassem os interditos que, de forma embrionária, visavam muitas vezes a proteger essas espécies de prestações[497].

Foram os glosadores, no final da Idade Média, que fizeram a distinção entre as obrigações de dar e de fazer, cabendo a BÁRTOLO, no século XIV, a formulação da regra de que as de fazer se convertem em perdas e danos, porque a constrição sobre o promitente para a execução do fato, usada no direito comum através de prisão, excomunhão ou perdimento de bens, representava uma espécie de servidão.

A razão de ser do adágio atribuído a FAVRE, no século XVI (*nemo proecise ad factum cogi potest*), foi afastar ou impedir a violência ou coação sobre a pessoa do devedor[498].

VINNIUS, no século XVII, distingue os *nuda facta*, fatos puros, estritamente pessoais, a eles restringindo o *nemo proecise*. Os demais fatos, cuja execução é possível sem violência sobre a pessoa do devedor, são suscetíveis de condenação *in natura*.

POTHIER retoma a doutrina de VINNIUS, restringindo ainda mais o *nemo proecise*. A violação do *non facere* pode ser coibida por terceiro ou pelo próprio credor. A promessa de venda não é um fato exterior gerado necessariamente pela pessoa do devedor, podendo ser suprida por um julgamento que valha pelo contrato.

Como a razão de ser do brocardo era a de evitar constrangimentos físicos e morais sobre a pessoa do devedor, seria um exagero afirmar que vedasse o cumprimento e a execução específica das obrigações de fazer e não fazer, sem violência e opressão à pessoa do devedor[499].

---

497 V. ALDO FRIGNANI. *L'injunction nella Common Law e l'inibitoria nel Diritto Italiano*. Milano: Giuffrè, 1974, p. 553; VITTORIO SCIALOJA. *Procedimiento civil romano*. Buenos Aires: EJEA, 1954, p. 311.
498 JOÃO CALVÃO DA SILVA. *Cumprimento e sanção pecuniária compulsória*. Coimbra: Separata do vol. XXX do Suplemento do Boletim da Faculdade de Direito da Universidade de Coimbra, 1995, p. 219.
499 JOÃO CALVÃO DA SILVA. Ob. cit., p. 219-225.

No entanto, o Código Civil francês, seguindo a concepção de POTHIER e fiel à tradição romana, difundiu o *nemo proecise*, com caráter impeditivo da execução específica dessas obrigações, que se resolviam sempre em perdas e danos[500].

Em outros sistemas, surgiram diversos meios coativos para forçar o devedor a cumprir essas obrigações na forma específica: nos países da *common law* o *contempt of court*, na Alemanha penas pecuniárias, prisão e cauções. E a própria França, inicialmente através da jurisprudência, veio a adotar as penas pecuniárias, as chamadas *astreintes*.

O *contempt of court* abrange uma série muito diversificada de providências, como a limitação de direitos processuais e o sequestro de bens do devedor, sendo mais comuns a prisão e a aplicação de multa coercitiva[501].

Já nas legislações da 2ª metade do século XIX, transparece com clareza a distinção entre as obrigações de fazer fungíveis e as infungíveis, somente estas últimas sujeitas à impossibilidade de execução específica, enquanto aquelas, as fungíveis, o credor podia ser autorizado a cumprir ele próprio, e as de não fazer, podia-lhe ser permitido destruir a obra indevidamente feita, correndo as despesas por conta do devedor[502].

No Código de Processo Civil italiano vigente (art. 612), a sentença fixa a obrigação de fazer, mas é o juiz da execução que determina as providências adequadas e designa as pessoas encarregadas do seu cumprimento.

Difundiram-se também certos procedimentos sumários de caráter injuncional ou monitório, como as ações cominatórias.

A emergência do Estado Democrático contemporâneo, na segunda metade do século XX, no contexto mais amplo da eficácia concreta dos direitos fundamentais, tornou necessária a criação de novos meios executórios, que, sem violar a dignidade humana do devedor e os seus direitos individuais indisponíveis, dessem a mais ampla efetividade à tutela jurisdicional das obrigações de fazer e não fazer, fossem elas fungíveis ou infungíveis, pois o processo deve dar a quem tem razão tudo aquilo a que ele tem direito, tal como se o devedor tivesse cumprido espontaneamente a prestação.

A tendência do direito moderno é a de incluir a tutela específica das obrigações de fazer e não fazer no conteúdo essencial da garantia consti-

---

500 ALCIDES DE MENDONÇA LIMA. *Comentários ao Código de Processo Civil*. Arts. 566-645, vol. VI. 4ª ed. Rio de Janeiro: Forense, 1985, p. 677.
501 ALDO FRIGNANI. Ob. cit., p. 211-240.
502 PASQUALE CASTORO (*Il processo di esecuzione nel suo aspetto pratico*. 8ª ed. Milano: Giuffrè, 1998, p. 719) refere-se ao sistema do Código Civil italiano de 1865 como uma espécie de autotutela.

tucional da tutela jurisdicional dos direitos do cidadão (CF, art. 5°, inc. XXXV).

O Código de 1973 extinguiu as ações cominatórias, criando no art. 287 o pedido cominatório, consistente na aplicação de multa pecuniária periódica como meio coativo acessório nas ações cujo pedido fosse o cumprimento de obrigações de fazer infungíveis e de não fazer.

E, na sua redação original, manteve a regra do *nemo proecise*, ou seja, a incoercibilidade do cumprimento das obrigações infungíveis, que se convertiam em perdas e danos, e a alternativa da execução por terceiro para as obrigações fungíveis ou a conversão em perdas e danos.

Depois do advento do Código de 1973, a disciplina da execução das obrigações de fazer e não fazer sofreu acentuada evolução. Conforme observava MENDONÇA LIMA, o legislador da época se afastou do direito lusitano e do direito alemão, que admitiam essa execução tanto de título judicial quanto extrajudicial, para filiar-se ao direito italiano que a limitava aos títulos judiciais[503]. Na evolução legislativa subsequente, que já descrevemos no item 37 do Capítulo II relativo à execução para entrega de coisa, a tutela específica foi expandida aos títulos extrajudiciais. Abandonou-se a inexorável conversão em perdas e danos das obrigações que o devedor se recusa a cumprir e investiu-se o juiz no poder de adotar meios eficazes de coação psicológica para induzir o devedor a cumprir a prestação constante do título, seja ela positiva ou negativa, e até mesmo para oferecer ao credor, se fosse o caso, prestação substitutiva. O novo sistema continua a respeitar a liberdade e a autonomia da vontade do devedor. Ninguém pode forçá-lo a fazer o que não quer. Mas a sua inércia passa a ser extremamente desvantajosa porque sobre ele podem recair consequências gravemente penosas. Além disso, mesmo nas prestações infungíveis, o credor pode remediar o prejuízo decorrente do inadimplemento com a obtenção de prestações substitutivas, como as relativas ao resultado prático equivalente. Nessa evolução também se esmaece a diferença entre os procedimentos da execução para entrega de coisa e das obrigações de fazer e de não fazer que, a meu ver, poderiam até ser reunidos num único procedimento, o das obrigações não pecuniárias.

Na primitiva redação do Código de 1973, também a imposição de multa periódica ficava restrita às execuções de fazer ou de não fazer de títulos judiciais, dependendo de pedido cominatório no processo de conhecimento e expressa imposição na sentença (arts. 287, 644 e 645). O juiz da execução não tinha o poder de cominar a pena pecuniária[504].

---

503 ALCIDES DE MENDONÇA LIMA. Ob. cit., p. 680.
504 Era a lição de PONTES DE MIRANDA, citada por MENDONÇA LIMA (*Comentários ao*

CALMON DE PASSOS observava que a ansiedade pela expansão da tutela específica já assolava juristas europeus e brasileiros, como CHIOVENDA na Itália e MOACYR AMARAL SANTOS no Brasil. Este último havia desenvolvido estudo monográfico de fôlego sobre as sumárias ações cominatórias, velho instituto originário das Ordenações do Reino, que justamente visavam à cobrança de prestações de fazer ou de não fazer, e que desapareceram no Código de 1973 sob o ingênuo fundamento de que o procedimento ordinário era apto para tutelar com eficácia essas situações[505]. A ordinarização do processo de conhecimento e o abandono das tutelas cognitivas sumárias revelou-se com o passar dos anos um grave erro[506] que desaguou não só na evolução da execução das obrigações de fazer, não fazer e, mais tarde, de entrega de coisa, mas também na criação da tutela antecipada em 1994 e numa certa confusão que o legislador extravagante acabou fazendo e que somente foi corrigida no Código de 2015 entre a tutela executiva específica, a tutela cautelar e a tutela cognitiva satisfativa.

O passo decisivo no avanço da tutela específica foi dado pelo art. 84 do Código de Defesa do Consumidor (Lei n. 8.078/90). KAZUO WATANABE noticia que a sua fonte inspiradora foi o anteprojeto de reforma do Código de 1973 elaborado em 1985 por comissão designada pelo Ministério da Justiça, composta por LUIZ ANTONIO DE ANDRADE, JOSÉ JOAQUIM CALMON DE PASSOS, o próprio KAZUO WATANABE, JOAQUIM CORREIA DE CARVALHO JUNIOR e SÉRGIO BERMUDES.

Comentando o referido art. 84, diz WATANABE[507]:

> O legislador deixa claro que, na obtenção da tutela específica da obrigação de fazer ou não fazer, o que importa, mais do que a conduta do devedor, é o resultado prático protegido pelo Direito. E, para a obtenção dele, o juiz deverá determinar todas as providencias e medidas legais e adequadas ao seu alcance, inclusive, se necessário, a modificação do mundo fático, por ato próprio e de seus auxiliares, para conformá-lo ao comando emergente da sentença.

Código de Processo Civil. Arts. 566-645, vol.VI. 4ª ed. Rio de Janeiro: Forense, 1985, p. 726).

505 JOSÉ JOAQUIM CALMON DE PASSOS. *Comentários ao Código de Processo Civil*. Artigos 270 a 331, vol. III. Rio de Janeiro: Forense, 1974, p. 163-164; MOACYR AMARAL SANTOS. *Ações cominatórias no direito brasileiro*. Tomos I e II. 4ª edição. São Paulo: Max Limonad, 1969.

506 V. a crítica consistente de OVÍDIO BAPTISTA DA SILVA (*Do processo cautelar*. 3ª ed. Rio de Janeiro: Forense, 2008, p. 3-97).

507 KAZUO WATANABE. Comentário ao artigo 84 do CDC. In: ADA PELLEGRINI GRINOVER. KAZUO WATANABE. NELSON NERY JUNIOR. *Código Brasileiro de Defesa do Consumidor comentado pelos autores do anteprojeto*, vol. II. 10ª ed. Rio de Janeiro: Forense, 2011, p. 114.

Os §§ 4º e 5º do referido artigo autorizaram o juiz a aplicar na tutela específica de obrigações de fazer ou não fazer, independentemente de pedido do autor, todas as medidas necessárias a obtê-la ou a obter o resultado prático equivalente, exemplificando com algumas delas: a busca e apreensão, a remoção de pessoas e coisas, o desfazimento de obra, o impedimento de atividade nociva, além de requisição de força policial.

A Lei n. 8.952/94 transportou para o Código de Processo Civil essas disposições do Código do Consumidor, pela nova redação que conferiu ao art. 461. Na mesma ocasião, a Lei n. 8.953/94 deu nova redação aos arts. 644 e 645, prevendo a multa periódica na execução de obrigações de fazer ou de não fazer, tanto de título judicial quanto extrajudicial, independentemente de pedido do autor e de expressa menção no título.

O Código de 2015 regulou a tutela específica de obrigações de fazer e não fazer em diversos dispositivos, mantendo o mesmo elevado grau de eficácia da legislação por ele revogada, cabendo mencionar especialmente: 1) o art. 139, inciso IV, que conferiu ao juiz o poder de determinar as medidas indutivas, coercitivas, mandamentais ou sub-rogatórias necessárias para assegurar o cumprimento de quaisquer ordens judiciais; 2) os arts. 497 a 501, no capítulo sobre a sentença e a coisa julgada, cuidando do julgamento das ações de que aqui estamos tratando; 3) os arts. 536 e 537, que regulam os procedimentos executórios de cumprimento de decisões judiciais que impõem prestações de fazer e de não fazer; 4) e os arts. 814 a 823 que tratam dos processos de execução de título extrajudicial relativos a obrigações de fazer ou de não fazer. Estes últimos serão objeto precípuo dos comentários que se seguem, no curso dos quais será indispensável fazer referência aos demais. O § 5º do art. 537 deixa claro que quando o Código se refere a *obrigações* de fazer ou de não fazer as suas disposições se aplicam não apenas às prestações de caráter patrimonial, mas também a quaisquer outros deveres jurídicos consistentes em ações ou abstenções, pouco importando a sua natureza jurídica.

Embora a matéria esteja tratada em capítulos diversos do Código, algumas nos procedimentos de cumprimento de decisões judiciais, outras nos processos de execução de títulos extrajudiciais, os arts. 513 e 771, parágrafo único, proclamam enfaticamente a subsidiariedade recíproca das disposições constantes desses dois tipos de procedimentos, de tal modo que a ambos se aplicam todas as normas enumeradas no parágrafo anterior.

55. Sistematização da matéria

Os arts. 814 a 823 tratam especificamente das execuções das obrigações de fazer ou de não fazer constantes de títulos extrajudiciais. Entretanto, a disciplina dessas execuções não se esgota nesses dispositivos, complementando-se com as prescrições dos arts. 771 a 805, no que têm de comum a todas as execuções, e com as do Livro I da Parte Especial, particularmente as dos arts. 536 e 537 que trata precisamente do cumprimento de sentenças de prestações da mesma natureza, cuja aplicação subsidiária aos arts. 814 a 823 decorre expressamente do art. 771, parágrafo único, conforme observamos pouco acima.

56. Limites

Recordando o que já dissemos no item 9.1.1 dos comentários ao Capítulo I – Disposições Gerais do Título II – Das Diversas Espécies de Execução, assim como no item 41 dos comentários ao art. 806, relativamente às execuções de prestações de entrega de coisa, também as execuções de obrigações de fazer e não fazer possuem certos limites, que devem sempre ser considerados excepcionais, porque a regra geral é a de que as execuções devem conferir ao credor a mais ampla satisfação do crédito constante do título executivo.

Há limites naturais, que o direito não consegue superar, a não ser de modo imperfeito ou incompleto. Assim, por exemplo, na violação já consumada da obrigação negativa em observância ao dever de sigilo, a execução não tem o condão de desfazer o conhecimento da informação sigilosa por aqueles a quem ela já foi indevidamente transmitida. A execução pode impedir novas violações ou pode retirar do meio de comunicação a informação sigilosa ilicitamente veiculada, mas o mal já produzido é irreversível. Frequentemente o noticiário da Imprensa relata episódios em que esse dever é transgredido de modo irreparável.

Outro limite natural é o tempo. O cantor que se obrigou contratualmente a apresentar-se em festa que se realizou em determinado dia e a ela não compareceu, não pode mais ser forçado a cantar nesse evento, que já ocorreu. Pode ser programada uma outra festa em outro dia, mas na daquele dia já passado o cantor não pode mais ser forçado a cantar. A conversão em perdas e danos é apenas um sucedâneo, mas não é o próprio bem que o credor tinha o direito e a expectativa de receber (CPC, arts. 499, 816 e 823). Nas obrigações de fazer personalíssimas, como a confecção de uma obra de arte por um autor famoso, o juiz não tem meios de substituir o devedor no cumprimento da prestação específica.

Há também limites políticos que a lei estabelece em consideração a certos valores humanos e sociais ou a outros direitos fundamentais, como o direito à vida, à saúde, à inviolabilidade do corpo humano, ao núcleo mais restrito da intimidade das pessoas, cuja proteção se sobrepõe ao interesse do credor. Já dissemos que nesses casos a admissão da execução específica deve submeter-se a uma criteriosa ponderação.

Por outro lado, há inúmeras situações de fato que dificultam a execução, como a resistência do devedor em exercer a atividade prometida ou praticar o ato, a impossibilidade material superveniente, mesmo que independentemente da vontade do devedor, a reiteração da atividade proibida, apesar das coações e intimidações impostas ao devedor, a continuidade da prática do ato proibido. Esses obstáculos muitas vezes não impedem a execução, mas frustram os objetivos legítimos do credor.

O Código de 2015 tenta romper essas barreiras, estabelecendo no art. 139, inciso IV, que o juiz pode determinar todas as medidas necessárias para o cumprimento de ordem judicial, "inclusive nas ações que tenham por objeto prestação pecuniária".

Como observado acima no item 6 dos meus comentários ao Título II – Das Diversas Espécies de Execução, algumas coações indiretas com evidente caráter punitivo de mero castigo, seja na repressão à litigância de má fé ou aos atos atentatórios à dignidade da justiça, seja como medidas indutivas de condutas futuras, estão expressamente previstas na lei, como as *astreintes* na tutela específica de prestações de fazer e não fazer.

Como meios executórios devem respeitar os direitos fundamentais, como a dignidade humana e a privacidade, assim como a liberdade do executado de não ser molestado na sua esfera privada por coações ou sacrifícios que não sejam estritamente necessários à legítima satisfação do crédito do exequente (art. 805) bem como as garantias fundamentais do processo, especialmente o devido processo legal, o contraditório e a ampla defesa, e ainda sua normal subsidiariedade em relação aos meios sub-rogatórios, ressalvados casos como os das relações de consumo em que o próprio legislador faculta ao credor a escolha entre o cumprimento da prestação específica, o recebimento de prestação equivalente ou a restituição dos valores pagos e a indenização das perdas e danos (Lei n. 8.078/90, art. 35).

Por outro lado, o interesse público na continuidade dos serviços públicos e das atividades dos órgãos do Estado limita o poder discricionário do juiz de adotar medidas executórios que, ainda que eficazes, comprometam aquele interesse, cuja violação representaria a indevida transferência para a coletividade dos ônus decorrentes do inadimplemento da prestação pelo real devedor.

A preponderante origem contratual das obrigações de fazer e não fazer constantes de títulos extrajudiciais tem levado a doutrina e a jurisprudência a encontrar limites ao seu cumprimento, com suporte em institutos como o estado de perigo, a lesão e a teoria da imprevisão, impedindo a execução específica de obrigações contratuais nos casos de excessivo esforço ou custo exagerado para o devedor cumprir a prestação devida e, ainda, se o credor puder razoavelmente obter a prestação de outra fonte ou se não a reclamou em prazo razoável[508].

---

508 Patrick Wéry. Specific performance in Belgian Law. In: Jan Smits. Daniel Haas.

No direito civil europeu contemporâneo, há previsão de exoneração de cumprimento da obrigação na forma específica se ocorreu mudança acentuada das circunstâncias que constituíram o fundamento do contrato que instituiu a obrigação, que teriam determinado a não conclusão do ajuste ou a sua conclusão com conteúdo diverso se fossem previsíveis; ou se o cumprimento da prestação exigir do devedor um esforço de grave desproporção em relação ao interesse do credor à prestação, considerando o conteúdo da obrigação, o princípio da boa-fé e se o impedimento à prestação não é imputável ao devedor[509].

Deverão ser arguidos pelo devedor nos embargos à execução de título extrajudicial ou na impugnação ao cumprimento de sentença, observado neste último caso o disposto no art. 525, § 1º, inciso VII.

A desproporcional onerosidade foi precisamente respeitada pelo Superior Tribunal de Justiça no julgamento do REsp 1.055.822-RJ, Relator o Ministro MASSAMI UYEDA, julgado em 24 de maio de 2011[510], no qual o devedor foi dispensado de cumprir na forma específica a edição de sete exemplares de revista infantil cancelada pela editora, recusando o credor a devolução do preço pago.

Parece-me evidente, entretanto, conforme ressalvei no trato desta matéria relativamente à execução de prestações de entrega de coisa, que a mudança de circunstâncias e a excessiva onerosidade não são limites aceitáveis se o dever de fazer ou não fazer não constitui prestação contratual, mas, ainda que derivados do contrato, se originam de ato ilícito do devedor, que deu causa à mudança de circunstâncias ou à excessiva onerosidade.

Há obrigações de fazer que se completam com a entrega de uma obra. Se, feita a obra, a coisa vem a perecer ou a se deteriorar, o devedor continua obri-

---

GEERTE HESEN (eds.). *Specific performance in contract law*: national and other perspectives. Antwerp: Intersentia, 2008, p. 39.

[509] FLORIAN FAUST. VOLKER WIESE. Specific performance: a German Perspective. In: JAN SMITS. DANIEL HAAS. GEERTE HESEN (eds.). *Specific performance in contract law*: national and other perspectives. Antwerp: Intersentia, 2008, p. 47-65. GERARD DE VRIES. Economic Analysis and Fairness. In: JAN SMITS. DANIEL HAAS. GEERTE HESEN (eds.). *Specific performance in contract law*: national and other perspectives. Antwerp: Intersentia, 2008, p. 334-335. V. Código Civil alemão, §§ 275-2 e 313, a Diretiva 44 de 1999 da União Europeia e os *Principles of European Contract Law,* artigo 9:102, citados por PATRICK WÉRY. Specific performance in Belgian Law. In: JAN SMITS. DANIEL HAAS. GEERTE HESEN (eds.). *Specific performance in contract law*: national and other perspectives. Antwerp: Intersentia, 2008, p. 39.

[510] Citado por EDILSON VITORELLI. Atipicidade dos meios de execução no processo coletivo: em busca de resultados sociais significativos. In: EDUARDO TALAMINI. MARCOS YOUJI MINAMI (coords.). *Medidas executivas atípicas*. Salvador: Juspodivm, 2018, p. 829.

gado a executar outra obra. Mas se, perecida ou deteriorada a obra, a sua execução se tornou materialmente impossível, como, por exemplo, se a matéria-prima de que ela depende não mais existe no mercado, a execução específica não será mais exigível, podendo ensejar a execução específica por equivalente ou converter-se em prestação pecuniária. Da execução por equivalente trataremos em seguida.

57. Execução específica do equivalente

Como já vimos anteriormente, a execução por equivalente é aquela em que os atos executórios se dirigem não ao cumprimento da precisa prestação específica descrita no título, mas ao cumprimento de outra prestação de entrega de coisa, de fazer ou de não fazer que razoavelmente possa satisfazer o credor, embora não seja ela exatamente a prestação a que o credor faria jus.

Tratando das sentenças nas ações que tenham por objeto prestações de fazer ou de não fazer, o art. 497 autoriza o juiz a determinar "providências que assegurem a obtenção de tutela pelo resultado prático equivalente". Igualmente o 536, que trata do cumprimento de sentença dessas obrigações, se refere à obtenção de tutela pelo resultado prático equivalente", como opção à sua satisfação.

Na execução de título extrajudicial dessas prestações, regulada nos arts. 814 a 823, o Código não faz qualquer referência a esse modo alternativo de satisfação do exequente, mas o art. 771 manda aplicar subsidiariamente à execução desses títulos as disposições do Livro I da Parte Especial, no qual se encontra o referido art. 536, que prevê, além da tutela pelo resultado prático equivalente, outras medidas sub-rogatórias e de coação indireta, como a busca e apreensão, a remoção de pessoas e coisas, o desfazimento de obras e o impedimento de atividade nociva, "podendo, caso necessário, requisitar o auxílio de força policial" (§ 1º).

Provavelmente impressionado com a pouca credibilidade de inúmeros títulos extrajudiciais[511], muitos dos quais não resultaram de qualquer manifestação de vontade expressa do presumível devedor, EDUARDO TALAMINI[512], reputa inviável a direta e integral incidência das regras dos arts. 536 e 537 aos títulos extrajudiciais. O grau maior de certeza do título judicial justificaria o regime mais rigoroso regulado nesses dispositivos. A preocupação do ilustre Autor é absolutamente procedente. O direito brasileiro precisa evoluir no sentido da redução

---

511 V. item 19.3 dos nossos comentários ao art. 798.
512 EDUARDO TALAMINI. Poder geral de adoção de medidas executivas e sua incidência, nas diferentes modalidades de execução. In: EDUARDO TALAMINI. MARCOS YOUJI MINAMI (coords.). *Medidas executivas atípicas*. Salvador: Juspodivm, 2018, p. 37.

do rol de títulos executivos extrajudiciais, cuja execução coloca de imediato em posição de vantagem um credor que muitas vezes não comprova, a não ser com um documento de pouca confiabilidade, um direito de questionável existência e sujeitando o suposto devedor a todas as desvantagens judiciais e extrajudiciais a que o submete a pendência de uma execução, sem ter tido previamente o direito de se defender em contraditório. Muitos títulos extrajudiciais hoje existentes deveriam ser transferidos para o universo de ações monitórias eficazes e eventualmente de outros procedimentos sumários de cobrança, sem os constrangimentos da execução e dando assim maior eficácia às garantias constitucionais do contraditório, da ampla defesa e do devido processo legal. Aliás, esse problema também se estende ao abuso de liminares cautelares e antecipatórias, que igualmente são títulos executivos e que, na nossa prática judiciária, têm-se tornado a regra e não mais a exceção, em decisões pouco exigentes na caracterização do *fumus boni juris* e do *periculum in mora*, do mesmo modo afrontosas das referidas garantias proclamadas na Lei Maior.

Enquanto essa desejada evolução não ocorrer, o respeito aos citados princípios constitucionais deve ser assegurada pelo rigor que o juiz deve observar na prolação do despacho da petição inicial da execução, consoante observamos nos comentários aos arts. 801 e 802, na necessidade de prévia citação do devedor para cumprir espontaneamente a prestação, constante do art. 815, e na amplitude que deve ser assegurada no curso do procedimentos executório ao exercício dos meios de defesa do executado, através dos embargos à execução e de outros requerimentos incidentes, como os previstos no art. 518. Isso porque uma interpretação casuística do art. 771, parágrafo único, que excluísse da sua incidência apenas as regras dos arts. 536 e 537, quebraria a unidade sistemática que o Código de 2015 deu à execução como um todo e aos diversos procedimentos executórios, independentemente da sua colocação topográfica no Livro I ou no Livro II da Parte Especial da codificação.

Merece consideração, a nosso ver, o entendimento manifestado por Francesco Luiso[513] na Itália, ao qual já fizemos referência anteriormente, de que a admissibilidade da execução por equivalente em títulos originários de contratos, está no plano do direito material. De nenhum modo, os dispositivos legais que a admitem podem ser interpretados no sentido de conferir ao juiz o poder arbitrário de desvirtuar os objetivos dos contratos, violando a autonomia da vontade das partes, dispensando o devedor de cumprir a prestação no modo estabelecido no título, substituindo-a por prestação equivalente, o que me parece inteiramente inconsistente, porque violaria o direito do credor de receber a

---

513 Francesco Paolo Luiso. *Diritto processuale civile*: il processo executivo, vol. III. 8ª ed. Milano: Giuffrè, 2015, p. 216.

prestação a que faz jus de acordo com o ordenamento. O credor, em princípio, não pode ser obrigado a receber prestação diversa da que lhe é devida.

Também me parece que não pode arbitrariamente o credor preferir a prestação substitutiva em lugar da coisa devida, porque também o devedor tem o direito de cumprir a prestação tal como constante do título. A execução específica é, portanto, direito do credor e do devedor e deve ser preferencial, em relação à execução por equivalente ou à conversão em dinheiro.

Nos casos de perda ou deterioração da coisa por culpa do devedor, assim como nos de impossibilidade material ou jurídica da prestação devida, o credor pode exigir prestação equivalente, se for materialmente possível e não for excessivamente oneroso para o executado, mas não pode o credor ser obrigado a receber prestação equivalente contra a sua vontade, por imposição judicial, podendo preferir a conversão em prestação pecuniária. Não pode ser interpretado de outro modo o disposto no art. 536.

Não é de excluir-se que a prestação equivalente seja cumprida pelo próprio devedor, especialmente nos casos em que a prestação específica se tornou materialmente impossível.

Seção I
Disposições Comuns

Art. 814. Na execução de obrigação de fazer ou de não fazer fundada em título extrajudicial, ao despachar a inicial, o juiz fixará multa por período de atraso no cumprimento da obrigação e a data a partir da qual será devida.

Parágrafo único. Se o valor da multa estiver previsto no título e for excessivo, o juiz poderá reduzi-lo.

58. Os meios coativos nas execuções de obrigações de fazer e de não fazer

Procurando ser sistemático, o Código regulou a inicial e o conteúdo da citação na execução de obrigações de fazer e na execução de obrigações de não fazer inicialmente no art. 814, que se aplica a ambas as espécies de execução e depois no art. 815, relativo à primeira espécie, e no art. 822, relativo à segunda espécie.

Neste art. 814, o Código prevê que o juiz, ao despachar a inicial de qualquer uma dessas execuções, fixe multa por período de atraso no cumprimento e a data a partir da qual será devida, prescrevendo ainda que, se o valor da multa tiver sido fixado no título, o juiz poderá reduzi-lo.

Comparado com os dispositivos análogos constantes do procedimento do cumprimento de sentença relativo a essas mesmas duas espécies de prestações

– fazer e não fazer –, ou seja, os arts. 536 e 537, observam-se expressivas diferenças de redação: naqueles o legislador prevê o uso de meios coativos tanto para a tutela específica como para a obtenção do resultado prático equivalente, enquanto neste somente prevê a aplicação de multa pecuniária; naqueles o legislador prevê expressamente que todos os meios necessários podem ser aplicados de ofício ou a requerimento, enquanto neste é silente sobre essas duas alternativas; naqueles o juiz usa duas vezes o verbo *poderá*, sugerindo que o juiz, conforme as exigências de cada caso possa determinar algumas medidas e não outras e possa também com uma certa discricionariedade aplicá-las ou não, enquanto neste emprega o verbo *fixará*, que sugere a obrigatoriedade da fixação da multa; naqueles o juiz pode elevar ou reduzir a multa, enquanto neste somente está prevista a redução, não a elevação. Há outras grandes diferenças, sendo a mais saliente a preocupação que o legislador teve nos arts. 536 e 537 de regular inúmeras questões sobre as quais silenciou o art. 814, como a forma de cumprimento do mandado de busca e apreensão de pessoas ou coisas (art. 536, § 2º), as sanções a que está sujeito o executado que não cumprir a ordem judicial (§ 3º), as hipóteses em que o juiz pode excluir a aplicação da multa (art. 537, § 1º), a reversão ao exequente do valor da multa (§ 2º), o cumprimento provisório da multa (§ 3º) e os termos *a quo* e *ad quem* de fluência da multa periódica (§ 4º).

Vislumbrar nessas diferenças um regime mais rigoroso ou mais flexível de aplicação dos meios executórios, conforme as execuções das prestações de fazer ou de não fazer tenham origem em títulos judiciais ou extrajudiciais, levaria a conclusões absurdas, porque limitadoras da efetividade da tutela específica, como meio de concretizar a mais ampla satisfação do exequente, independentemente da natureza do título de que se origina a prestação. Assim, por exemplo, não se pode supor que no cumprimento ou execução de sentença, tendo havido exaustiva cognição anterior, o juiz possa deixar de aplicar a multa, mas não possa fazer o mesmo numa execução de título extrajudicial em que não houve cognição judicial anterior.

Também não se pode entender que a tutela por equivalente não se aplique aos títulos extrajudiciais, quando embora materialmente impossível a tutela específica, a prestação substitutiva pode também satisfazer o credor e ser até mesmo menos onerosa para o devedor do que a conversão da prestação inadimplida em pecúnia.

É claro que a eficácia do título judicial teoricamente não deve ser a mesma do título judicial. Mas pode haver nuances nuns e noutros que justifiquem mais ou menos rigor na adoção de meios executórios. Falamos há pouco na pouca credibilidade de certos títulos extrajudiciais como a duplicata sem aceite, a cédula de crédito bancário, a certidão da dívida ativa da Fazenda Pública.

Mas também há títulos judiciais com pouca credibilidade, como certas liminares antecipatórias ou certos termos de ajustamento de conduta ou transações, apesar de judicialmente homologados.

Também admito que nos títulos extrajudiciais em que o devedor reconhece o valor do crédito e juntamente com o credor preestabelece ou limita os meios executórios em caso de inadimplemento, a autonomia da vontade das partes deve em princípio ser respeitada[514]. Mas também podem ser celebradas convenções processuais na execução de títulos judiciais, o que não pode reduzir ou diferenciar o arsenal de meios executórios de que dispõe a execução em qualquer caso, observados sempre os postulados hermenêuticos inscritos no art. 8º, especialmente a proporcionalidade, a razoabilidade e a eficiência.

Enquanto no § 1º do art. 806 relativo às execuções para entrega de coisa o legislador faculta ao juiz, desde o despacho inicial, a fixação de multa "por dia de atraso no cumprimento da obrigação, ficando o respectivo valor sujeito a alteração, caso se revele insuficiente ou excessivo", aqui, neste art. 814 relativo às execuções de prestações de fazer e de não fazer, usa o verbo *fixará*, não mais se refere a *dia de atraso*, mas a período de atraso e não menciona a possibilidade de elevação da multa insuficiente.

A meu ver, a aplicação subsidiária dos arts. 536 e 537 deixa claro que a periodicidade da multa, por hora, dia, semana, mês ou qualquer outra unidade de tempo, deve ser fixada pelo juiz em função do tipo de prestação e da velocidade em que ela possa ser cumprida. Mesmo que fixada no título executivo, pode ser modificada pelo juiz da execução justificadamente, a requerimento de uma das partes. Se essa faculdade a lei lhe confere quando a periodicidade está fixada no título judicial transitado em julgado (art. 537, § 1º), com muito maior razão pode exercê-la no título extrajudicial.

A não previsão de elevação da multa quando fixado o seu valor no título poderia ser justificada pelo respeito à autonomia da vontade das partes que, a meu ver, não pode prevalecer, se for evidente que a multa ali estabelecida é insuficiente, não oferecendo caráter intimidativo que efetivamente pressione o devedor a cumprir a prestação. A efetividade da execução é matéria de ordem

---

514 V. item 6.1 dos comentários ao Título II – Das Diversas Espécies de Execução. Em estudo sobre o assunto, FREDIE DIDIER JR. e ANTONIO DO PASSO CABRAL sustentam que é plenamente admissível que as partes adotem determinadas medidas como principais, não subsidiárias, assim como é possível a renúncia ao direito à multa e a promessa de não executar o valor da multa, mas não podem restringir o poder executivo do órgão julgador, nem impedir sanções aos ilícitos processuais (FREDIE DIDIER JR. ANTONIO DO PASSO CABRAL. Negócios jurídicos processuais atípicos e execução. *Revista de Processo*, n. 275, jan. 2018, São Paulo: Revista dos Tribunais, p. 193-228).

pública, garantia constitucional (art. 5º, inc. XXXV) e postulado normativo do sistema processual (CPC, art. 8º). A justiça posta à disposição das partes não pode ser uma justiça de *faz de conta*, ocupando servidores públicos e toda a máquina judiciária para o desempenho de atividade inútil. Se o credor não requer a elevação da multa manifestamente insuficiente, e não há outro meio coativo que possa ser eficaz, o juiz, depois de adverti-lo, deve extinguir a execução.

Quanto ao termo inicial de fluência da multa periódica, que será fixado pelo juiz, observe-se que não será necessariamente uma data, um dia do calendário, podendo ser uma determinada hora, conforme o momento em que se configure o descumprimento da obrigação (art. 537, § 4º). Na execução de prestação de fazer de título extrajudicial, como o juiz fixa prazo para o seu cumprimento ou este já consta do título (art. 815), normalmente a multa incidirá a partir do decurso desse prazo, contado da citação do executado. Nas prestações de não fazer já violadas e que comportam desfazimento, a multa também normalmente incidirá a partir do decurso do prazo fixado pelo juiz, nos termos do art. 822.

Nós estamos até aqui tratando da multa periódica que visa a induzir o executado a desempenhar uma atividade futura, cumprindo uma prestação positiva ou desfazendo ato indevidamente praticado a cuja abstenção estava obrigado, porque o art. 814 somente a ela se refere expressamente. Entretanto, nas obrigações de não fazer a execução pode ter caráter inibitório, para pressionar o executado a abster-se de praticar o ato ou a omitir uma determinada atividade, como, por exemplo, não perturbar o sossego noturno do vizinho de condomínio. Nestas o inadimplemento não está sujeito a um prazo determinado, mas ocorrerá toda vez em que a proibição constante do título for violada, cabendo igualmente a aplicação de multa, não periódica, mas simples ou múltipla. Será simples se a obrigação negativa somente comportar uma violação, como, por exemplo, no caso do sigilo imposto contratualmente a respeito de certos fatos. Será múltipla se a obrigação comportar mais de uma violação, como no citado exemplo da perturbação do sossego noturno. Nesses casos, a multa não incidirá periodicamente, mas apenas nos momentos ou dias em que ocorrer a violação da obrigação.

A imposição da multa é um ato de coação indireta, um meio de pressão psicológica para forçar o executado a cumprir a prestação, atuando ao mesmo tempo como sanção pelo período em que, a partir do decurso do prazo concedido, o executado continuar a omitir o seu cumprimento ou, nas execuções inibitórias, a cada violação.

Ao determinar a citação do devedor, o juiz pode de ofício fixar multa pecuniária, assim como determinar que o executado se sujeite a qualquer outra medida de coação indireta adequada e necessária ao cumprimento da prestação ou à não violação da obrigação negativa. Essas medidas de coação indireta têm caráter facultativo e subsidiário, pois, tal como no cumprimento de sentenças de prestações dessas mesmas espécies, o juiz deve fazer uma avaliação concreta da sua necessidade e justificar a sua imposição como fortemente relevantes, de acordo com as circunstâncias do caso concreto, para forçar a cumprir a prestação ou a abster-se de violar a obrigação que do título lhe resulta. À falta de elementos suficientes para essa avaliação fundamentada da necessidade da adoção da coação indireta, o juiz não deverá adotá-la, o que poderá fazer posteriormente, no curso da execução. Conforme temos a todo momento assinalado, a multa e quaisquer outras coações indiretas devem revestir-se de proporcionalidade e de razoabilidade. Não são puros castigos, devendo guardar a necessária instrumentalidade e adequação quanto à sua aptidão de pressionar o cumprimento da prestação ou a abstenção da sua violação, não podendo acarretar para o réu sacrifício excessivo, o que contrariaria o princípio consagrado no art. 805, de que a execução deve efetivar-se pelo meio menos oneroso para o devedor.

Assim, se o exequente vier a optar, após o decurso do prazo para o cumprimento da prestação positiva, pela satisfação da obrigação por terceiro (art. 817), não será possível impor ao executado qualquer outro tipo de medida de pressão psicológica para que ele próprio cumpra a prestação. Igualmente, se o exequente optar por outra prestação equivalente (arts. 497 e 536), Se a multa periódica tiver sido anteriormente imposta, cessará a sua fluência na data em que o exequente fizer uma dessas opções.

Recordando os comentários que fizemos ao art. 806, a razoabilidade exclui coações indiretas expressamente proibidas pelo legislador, como a prisão civil do devedor, bem como qualquer outra que viole a honra, o pudor, o núcleo mais intenso de privacidade, a liberdade de locomoção, a liberdade de trabalho, de profissão ou de qualquer outra atividade lícita.

A sua imposição deve ser antecedida da prévia audiência do executado, em observância da garantia constitucional do devido processo legal. Caso a urgência exija a sua adoção *inaudita altera parte*, ao executado deve ser assegurada a possibilidade de impugná-la, se possível antes mesmo de que se torne efetiva, devendo o juiz reexaminar de imediato a decisão concessiva à luz das razões e provas trazidas pelo executado.

A proporcionalidade exige que o juiz pondere os interesses em conflito, sopesando o direito do credor de impor ao devedor coações para forçá-lo a cumprir a prestação devida com os danos que esses meios acarretarão para este último e exigindo que o exequente resguarde os riscos de irreversibilidade e de dano irreparável que a coação indireta possa vir a causar ao executado, devendo, se for o caso, exigir que o exequente preste caução ou outra garantia como contracautela, nos termos dos arts. 300 e 301 do Código.

Pode o juiz adotar medidas executórias atípicas, ou seja, medidas que não possuem expressa previsão legal, conforme assinalamos no item 10.6.2 dos comentários ao Capítulo I – Disposições Gerais e nos comentários ao art. 806. Em qualquer caso essas medidas deverão revestir-se de excepcionalidade, subsidiariedade, necessidade, adequação instrumental, proporcionalidade, razoabilidade, respeito ao devido processo legal, à aferição e à proteção do chamado *periculum in mora* inverso.

59. A multa pecuniária

Retornando ao tema das coações indiretas, que foram objeto dos nossos comentários ao art. 806, cumpre fazer outras considerações sobre as multas pecuniárias como meios executórios indiretos. Conforme já mencionamos, essas multas podem ser impostas: em valor fixo, multas simples, quando incidem apenas uma vez; em valor fixo mas para incidirem tantas vezes quantas forem as violações do preceito, multas múltiplas; em valor fixo vinculado a uma unidade de tempo (hora, dia, mês), que se acumula por todo o período de inadimplemento da prestação ou da ordem judicial: multas periódicas.

A multa mais comum é a periódica diária, na execução de prestações de fazer e nas de não fazer para exigir o desfazimento da violação, enquanto nas execuções de prestações de não fazer de caráter inibitório ela deve ter valor fixo, simples ou múltiplo, conforme possam ocorrer ou não várias violações.

A multa pecuniária é cominatória e não reparatória, não se confundindo com a cláusula penal, nem constituindo prefixação de perdas e danos. Para assegurar a sua função intimidativa, como meio de pressão psicológica, deve ser arbitrada em valor elevado. Entretanto, tem razão MARCELO ABELHA RODRIGUES de que a fixação da multa no título pode confundi-la com a multa contratual, o que recomenda que essa fixação deixe claro o seu caráter de coação processual[515].

---

515 MARCELO ABELHA RODRIGUES. *Manual da execução civil*. 7ª ed. Rio de Janeiro: Forense, 2019, p. 288: O parágrafo único do art. 814 "parece confundir a multa contratual (normalmente prevista no título) que tem natureza civil, de direito material, com a multa processual que pretende atuar sobre a vontade do devedor no âmbito do processo. Não parece lógico nem adequado que o título executivo contenha em si uma *astreinte*, seja porque a sua natureza é processual, seja porque cabe ao juiz fixá-la se e quando houver a necessidade de satisfazer em juízo o direito revelado no título".

A lei deveria ter previsto um teto, ainda que escalonado em função do conteúdo econômico da prestação exequenda, pois, se a intimidação é a sua função principal, dela resulta um prejuízo econômico para o devedor e um benefício da mesma natureza para o seu beneficiário. Trata-se de um instituto essencialmente sancionador que, em observância ao princípio da legalidade, deveria ter um limite máximo legalmente previsto, como imperativo da própria segurança jurídica.

Arbitrada a multa e citado o devedor para o cumprimento da prestação, a sua fluência se iniciará no primeiro dia seguinte ao vencimento do prazo para o referido cumprimento, acumulando-se dia a dia, mês a mês etc., até que a ordem ou prestação seja satisfeita.

À multa prevista no art. 814 aplicam-se todas as regras constantes do art. 537. Assim, como já observamos acima, no curso da sua fluência, poderá o juiz elevá-la ou reduzi-la, conforme verifique a sua insuficiência ou exagero. Eventual modificação superveniente vigorará apenas para o futuro, ou seja, para as unidades de tempo que se vencerem a partir da intimação do novo valor ao executado, não alterando o valor da multa incidente sobre períodos pretéritos.

O art. 814, parágrafo único, prevê a predeterminação da multa no próprio título exequendo, autorizando a sua redução judicial, não a sua elevação. Conforme já observei acima, não se pode excluir a necessidade de elevação da multa, ainda que consensualmente ajustada, se for evidente a sua insuficiência como meio intimidativo, assegurada não só pela aplicação subsidiária do art. 537, mas também como garantia da efetividade da tutela jurisdicional do direito do exequente.

Mais uma vez reproduzindo o nosso comentário ao art. 806, a multa periódica fluirá por tempo indeterminado, até o cumprimento da obrigação ou a superveniência da impossibilidade material de seu cumprimento. Se essa impossibilidade for evidente desde o deferimento inicial da execução, não deverá o juiz impô-la, devendo ser revogada, se indevidamente aplicada. A multa periódica fluirá desde o decurso do prazo para o cumprimento da prestação, contado da citação ou intimação do executado, independentemente de qualquer constatação, até o momento em que o cumprimento da prestação for comprovado nos autos ou que desse cumprimento seja cientificado formalmente o exequente.

Também cessará o curso da multa a partir da data em que o credor optar pela obtenção do resultado prático equivalente ou pelo ressarcimento das perdas e danos, se nestas se tiver convertido a obrigação.

O valor da multa reverte em favor do credor. A multa que reverte ao Estado, prevista no art. 77, § 2º, aplica-se à execução de obrigações de fazer ou de não fazer, como a qualquer outro processo, em razão de descumprimento de deveres pelos diversos sujeitos "que de qualquer forma participem do processo", mas não pode ser imposta ao próprio executado que, pelos mesmos fatos descritos nesse dispositivo, está sujeito a multa em benefício do credor, pela prática de atos atentatórios à dignidade da justiça (art. 774).

Certamente a multa pecuniária é o meio coativo de mais fácil aplicação e que normalmente oferece a maior eficácia.

Já LIEBMAN[516] exaltava a multa pecuniária periódica, originária da *astreinte* francesa[517] como meio coativo eficaz para exigir o cumprimento de obrigação de fazer pelo próprio devedor, através da imposição de uma pena suscetível de aumentar indefinidamente.

Como já dissemos, atualmente no Brasil essa multa pode ser: *simples* ou *múltipla*, conforme incida na violação única ou a cada nova violação do preceito; ou *periódica*, de frequência diária ou não, incidindo desde o término do prazo de cumprimento da prestação inadimplida.

Essa multa é cominatória e não reparatória, sendo normalmente arbitrada em valor elevado, para demover o devedor do intento de deixar de cumprir a prestação, sem qualquer correspondência com o prejuízo real causado ao credor pelo inadimplemento da obrigação, e independentemente da existência de qualquer prejuízo, incidindo no caso em que o obrigado não cumpra a obrigação no prazo fixado no título ou determinado pelo juiz (art. 815). Mesmo quando estipulada no título extrajudicial, não se confunde com a cláusula penal.

Na redação do Código de 73 anterior à Lei n. 8.952/94, a imposição da multa precisava constar explicitamente da sentença condenatória, em decorrência de pedido expresso do autor na petição inicial, restringindo-se então às obrigações de fazer infungíveis e às obrigações de não fazer (art. 287).

A partir da reforma de 1994, a multa passou a poder ser aplicada de ofício ou a requerimento da parte, liminarmente, na sentença ou na execução, e a partir da Lei n. 10.444/2002, também no cumprimento da sentença, como meio indireto de coação para forçar o devedor a cumprir obrigações de fazer fungíveis, infungíveis ou de não fazer.

---

516 ENRICO TULLIO LIEBMAN. *Processo de execução*. 4ª ed. São Paulo: Saraiva, 1980, p. 233.
517 JOÃO CALVÃO DA SILVA. *Cumprimento e sanção pecuniária compulsória*. Coimbra: Separata do vol. XXX do Suplemento do Boletim da Faculdade de Direito da Universidade de Coimbra, 1995, p. 377: A *astreinte* foi legalizada na França em 1972, por lei de 5 de julho, após um século de vida jurisprudencial não pouco atribulada. É um meio executivo em expansão, sendo hoje adotada na Suécia, na Suíça, no Benelux, no Brasil e em regulamentos da União Europeia.

A multa periódica vigorará por tempo indeterminado[518], cessando a sua fluência com o cumprimento da obrigação ou com a superveniência da impossibilidade material de cumprimento da prestação. Se essa impossibilidade for evidente desde o início da execução, não deverá o juiz impor a multa, cabendo a sua revogação, se fixada na sentença ou na liminar.

Também cessará o curso da multa a partir da data em que o credor optar pelo ressarcimento das perdas e danos, se nestas se tiver convertido a obrigação.

CALVÃO DA SILVA[519] leciona que nas obrigações de não fazer de violação instantânea não é cabível a imposição da multa, porque esta visa a induzir o devedor a sair da inércia e ter um comportamento que antes não tinha. Após a violação instantânea da obrigação de não fazer, o devedor está inerte, mantendo o comportamento que dele se espera. Ocorre que há obrigações de fazer ou não fazer que, apesar de sofrerem violação instantânea, estão sujeitas à repetição da violação. Nesse caso não caberá a multa periódica, mas a múltipla, incidente a cada nova violação. E se a obrigação de não fazer comportar apenas uma violação, caberá a cominação de multa simples antes de sua violação, não depois. Parece-me também cabível a multa periódica na violação da obrigação de não fazer de violação permanente para induzir o devedor a desfazê-la.

O mencionado autor lusitano[520] expõe doutrina, adotada na Alemanha e Portugal, e que me parece inteiramente procedente, merecendo acolhida entre nós, que considera inaplicável a sanção pecuniária compulsória nas obrigações que exijam especiais qualidades científicas ou artísticas. Sua finalidade é pressionar a vontade do devedor. A obra de arte não depende em grande parte da vontade do devedor, mas de fatores desconhecidos, subtraídos à sua vontade: inspiração, fantasia, gênio, inteira liberdade de criação.

Na França também não se aplica a *astreinte* no domínio do direito moral de autor[521], bem como nas obrigações ofensivas a direitos de personalidade do autor, como os contratos de *strip-tease*, ainda que se admita a validade dessas obrigações para ensejar reparação em caso de descumprimento.

---

518   No Código de 1939 (art. 1.005), o valor acumulado da multa pecuniária não podia exceder o valor da prestação. O Código de 1973, seguindo o modelo do direito francês e do alemão, não marca limite ao valor da *astreinte*.
519   JOÃO CALVÃO DA SILVA. Ob. cit., p. 443.
520   JOÃO CALVÃO DA SILVA. Ob. cit., p. 476.
521   JOÃO CALVÃO DA SILVA. Ob. cit., p. 481-487: A intérpretes e executantes que não tenham excepcional renome tem-se admitido a aplicação da *astreinte*.

60. Outras coações indiretas

Para Eduardo Talamini[522], a multa prevista no art. 814 exaure os meios coativos admissíveis de execução indireta das prestações de fazer ou de não fazer fundamentadas em títulos extrajudiciais. Não lhe parece viável a direta e integral incidência das regras dos arts. 536 e 537 aos títulos extrajudiciais, que apresentam menor grau de certeza em relação aos títulos judiciais. Assim, nos títulos extrajudiciais não caberiam medidas coercitivas atípicas.

Reiterando mais uma vez o entendimento aqui repetidamente manifestado (v. item 10.6.2 dos comentários iniciais ao Capítulo I – Disposições Gerais e item 46 dos comentários ao art. 806), parece-me incisivo o comando emergente dos arts. 513 e 771 do Código no sentido da unidade sistemática da execução, seja ela fundada em título judicial (cumprimento de sentença) ou em título extrajudicial[523]. A necessidade da aplicação de meios executórios não previstos em lei à execução de títulos extrajudiciais resulta, ademais, da efetividade do processo de execução e está igualmente assegurada no art. 139, inciso IV, que a prevê para garantir o cumprimento de qualquer ordem judicial. Nem se diga que na execução de título judicial não há ordem judicial. Ao contrário, o mandado executório, como o próprio nome indica, é uma ordem para que o executado cumpra a prestação devida ou se abstenha de violá-la, cujo descumprimento acarreta para o executado todas as consequências da sua mora, inclusive a sujeição a meios coercitivos sancionadores, como a multa já examinada.

Topograficamente situado na Parte Geral do Código, no capítulo sobre os poderes, deveres e a responsabilidade do juiz, o art. 139, inciso IV, se aplica indistintamente às jurisdições de conhecimento, de execução e cautelar.

---

522 Eduardo Talamini. Poder geral de adoção de medidas executivas e sua incidência, nas diferentes modalidades de execução. In: Eduardo Talamini. Marcos Youji Minami (coords.). *Medidas executivas atípicas*. Salvador: Juspodivm, 2018, p. 37-39.

523 Humberto Theodoro Junior. *Curso de direito processual civil*, vol. III. 52 ed. Rio de Janeiro: Forense, 2019, p. 443; Marcelo Abelha Rodrigues. *Manual de execução civil*. 7ª ed. Forense: Rio de Janeiro, 2019, p. 256; Fredie Didier Jr. Leonardo Carneiro da Cunha. Paula Sarno Braga. Rafael Alexandria de Oliveira. *Curso de direito processual civil*: execução. 9ª ed. Salvador: Juspodivm, 2019, p. 1.074; Marco Aurélio Ventura Peixoto. Patrícia de Almeida Montalvão Soares. Renata Cortez Vieira Peixoto. Das medidas atípicas de coerção contra o Poder Público: aplicabilidade e limites. In: Eduardo Talamini. Marcos Youji Minami (coords.). *Medidas executivas atípicas*. Salvador: Juspodivm, 2018, p. 141; Andre Vasconcelos Roque. Em busca dos limites dos meios executivos atípicos: até onde pode ir o art. 139, IV, do CPC/2015? In: Eduardo Talamini. Marcos Youji Minami (coords.). *Medidas executivas atípicas*. Salvador: Juspodivm, 2018, p. 745.

Como bem assinala Marcelo Abelha Rodrigues, a atipicidade dos meios executório, mesmo na execução pecuniária, é um corolário do dever processual de efetivação[524].

Mas essa atipicidade não é absoluta. Sendo materialmente possível e eficaz, devem ser preferencialmente adotados os meios legalmente previstos. Mas se o legislador não fez escolhas ou se estas se apresentam insuficientes, o juiz deve adotar outros meios discricionariamente escolhidos pelo juiz[525], como fruto do que Humberto Theodoro Júnior denominou uma cláusula geral executiva[526]. Essas medidas são, pois, subsidiárias, devem ser adotadas com a observância do contraditório, garantida ao executado alegar e provar a sua inadequação ou excessiva onerosidade[527], e jamais podem constituir meros castigos para causar prejuízos ao devedor, sem nenhuma correlação instrumental que as justifique como direcionadas ao cumprimento da prestação devida. Não são uma punição ao devedor inadimplente, mas, apenas, mecanismos destinados a viabilizar a satisfação do credor.

A escolha do juiz deve ser adequada à hipótese, devidamente fundamentada e observar o art. 805, ou seja, inclinar-se sempre pela via menos onerosa para o devedor.

José Rogério Cruz e Tucci[528] judiciosamente proclama que essas medidas podem ser adotadas, se esgotados os meios legalmente previstos, e desde que observado o contraditório, respeitadas a dignidade da pessoa humana, a proporcionalidade entre o meio imposto e o valor jurídico que se pretende proteger, a menor onerosidade e a consistente fundamentação.

Esses meios de coação indireta se diferenciam das sanções à litigância de má-fé ou aos atos atentatórios à dignidade da justiça, de índole eminentemente punitiva, cujo caráter eminentemente sancionador se subordina a legalidade estrita (arts. 77-81 e 774). As coações indiretas, diversamente, são meios de pressão psicológica sobre a vontade do executado, com a finalidade de motivá-lo, induzi-lo a sair da inércia e praticar a atividade ou a abstenção devida.

---

524 V. Também Marcelo Abelha Rodrigues. Ob. cit., p. 62.
525 Elias Marques de Medeiros Neto. O art. 139, IV, do novo Código de Processo Civil: a atipicidade dos meios executivos. In: Carlos Roberto Jatahy. Diogo Assumpção Rezende de Almeida Almeida. Luís Roberto Ayoub (coords.). *Reflexões sobre o novo Código de Processo Civil*. Rio de Janeiro: FGV, 2016, p. 115-129.
526 Humberto Theodoro Júnior. *Comentários ao Código de Processo Civil*: da execução em geral. Arts. 771 a 796, vol. XV. São Paulo: Saraiva, 2017, p. 79-80.
527 Alexandre Freitas Câmara. *O novo processo civil brasileiro*. 3ª ed. São Paulo: Atlas, 2016, p. 110.
528 José Rogério Cruz e Tucci. Ampliação dos poderes do juiz no novo CPC e princípio da legalidade. *Consultor Jurídico*, 27-9-2016.

Essa função depende de uma avaliação discricionária do juiz, não somente sobre a ineficiência dos meios sub-rogatórios, mas também da própria multa pecuniária, meio de coação indireta legalmente previsto. Podem ser adotadas simultaneamente com os meios sub-rogatórios e com a multa, se estes, por si sós, forem insuficientes. Mas, por serem atípicos devem observar vários pressupostos.

O primeiro é a sua *excepcionalidade*, decorrente de um lado da sua subsidiariedade e, por outro lado, da insuficiência dos meios legalmente previstos, o que gera a sua necessidade.

Conforme anteriormente exposto, as medidas atípicas devem revestir-se de *razoabilidade*, que consiste na sua adequação e presumível eficácia para propiciar o cumprimento da prestação devida e na observância dos limites naturais e jurídicos de qualquer execução, tais como o respeito à dignidade humana e ao mínimo existencial do executado, aos seus direitos da personalidade, como a honra, o pudor, ao núcleo mais restrito da sua privacidade[529], à sua liberdade de locomoção, de exercício de trabalho ou profissão ou de qualquer outra atividade lícita, e à ordem pública em geral. A proibição do legislador torna a medida irrazoável, o que ocorre, por exemplo, com a prisão civil do executado.

Divergimos de FREDIE DIDIER *et alii*[530], que admitem a prisão civil como medida executória atípica, condicionando-a a certos pressupostos. A liberdade humana não pode ser posta em risco em razão do descumprimento de qualquer obrigação civil, exceto a obrigação alimentícia, em caso de inadimplemento voluntário e inescusável, conforme reza o inciso LXVII do artigo da Constituição, com a interpretação redutora que lhe deu o Supremo Tribunal Federal (Súmula Vinculante 25), a partir da entrada em vigor no Brasil da Convenção Americana de Direitos Humanos. Quando o legislador considera tão grave o descumprimento de uma obrigação civil que deva ser reprimida com a sanção da perda da liberdade, o institui como um tipo penal. Ainda assim, não caberá ao juízo cível da execução impor a privação da liberdade, porque a sua aplicação compete ao seu juiz natural, que é o juízo criminal, no qual o acusado deverá desfrutar das garantias próprias desse tipo de processo.

Nem se argumente com espécies de prisão civil existentes em outros países, como o *contempt of court* anglo-americano ou o juramento de manifes-

---

529 V. LEONARDO GRECO. *Instituições de processo civil*: processo de conhecimento, vol. II. 3ª ed. Rio de Janeiro: Forense, 2015, p. 138-142.
530 FREDIE DIDIER JR. LEONARDO CARNEIRO DA CUNHA. PAULA SARNO BRAGA. RAFAEL ALEXANDRIA DE OLIVEIRA. *Curso de direito processual civil*: execução. 9ª ed. Salvador: Juspodivm, 2019, p. 129-135.

tação alemão. São sistemas que, em razão da intensidade da solidariedade social, arraigada na cultura dos respectivos povos, levam ao mais alto grau a observância de deveres que para nós têm caráter predominantemente moral, como o dever de não mentir ou de agir de boa-fé, não apenas na relações do cidadão com o Estado, mas também nas relações entre cidadãos. Para que algum dia possamos chegar a esse nível de respeito mútuo teremos de evoluir muito no aperfeiçoamento do nosso sistema educacional, diminuir as desigualdades e eliminar as relações de poder que inexoravelmente submetem os mais fracos à vontade dos mais fortes, que estimulam naqueles, como meios de defesa, a mentira, a dissimulação e o egoísmo.

O terceiro pressuposto de aplicação dos meios executórios atípicos é a *proporcionalidade*, ou seja, o equilíbrio entre o meio atípico e o interesse jurídico do exequente, ou seja, o recebimento do crédito pelo exequente deve ter valor maior do que o interesse do devedor atingido pela coação. O meio de coação indireta não é um meio direto de satisfação do exequente, mas de pressão psicológica sobre a vontade do executado. A proporcionalidade exige respeito à menor onerosidade para o executado do meio executório a que fique sujeito (art. 805), o que impõe, numa avaliação fundamentada, embora discricionária pelo juiz, a sua comparação em concreto com outros meios disponíveis. É o mesmo *periculum in mora* inverso, bem conhecido na doutrina sobre a tutela cautelar, que, em caso de dúvida, pode exigir a aplicação analógica do art. 300, § 1º, para impor ao exequente a prestação da caução para ressarcir eventuais prejuízos que da execução da medida possa resultar para o executado. A atipicidade não investe o juiz no poder de decidir por equidade. A legalidade, garantia de segurança jurídica, é o seu pano de fundo.

O quarto pressuposto das medidas atípicas é o respeito ao *devido processo legal*, método de sistematização e procedimentalização da preparação no processo de todas as decisões que afetem a esfera de interesses das partes, assegurando-lhes a prévia audiência e a possibilidade efetiva de influírem eficazmente nessas decisões, oferecendo alegações e provas em igualdade de condições e impondo ao juiz sua consistente fundamentação. Repetindo o que aduzimos no item 46 dos comentários ao art. 806, salvo insuperável urgência, devem ser antecedidas da intimação do executado para, em prazo razoável, cumprir a prestação devida ou indicar os meios sub-rogatórios adequados ao seu cumprimento, com a advertência de que a sua omissão poderá ter como consequência a aplicação de determinada ou determinadas coações indiretas, sobre as quais deve ter, salvo comprovada urgência, concreta possibilidade de se pronunciar (art. 9º), para que lhe seja oferecida a ampla oportunidade de questionar a verificação de todos os pressupostos acima indicados, em igualdade de condições com o adversário. Caso a urgência imponha a adoção da medida sem a sua audiência prévia, o contraditório lhe deverá ser assegurado logo após a sua concessão, devendo o juiz, em face das razões expostas, reexaminar imediatamente a decisão concessiva.

A incidência de coações indiretas sobre direitos ou interesses de terceiros deve impor igualmente a prévia audiência destes, desde que materialmente possível.

Funcionam ainda como meios de coação indireta, embora a sua natureza e o seu alcance sejam substancialmente diversos, as averbações, ou seja, as anotações acessórias a registros públicos que fazem constar circunstâncias ou elementos que os elucidam, modificam ou restringem, tanto em relação ao objeto registrado quanto em relação aos titulares dos direitos, bens ou situações jurídicas registradas[531]. Remeto o leitor sobre o assunto ao item 46 dos comentários ao art. 806.

61. A ameaça de processo criminal como meio coativo

O juiz nunca pode esquecer que o não cumprimento da prestação constante do título executivo é um agravo ao credor e não à sua própria autoridade e que o mandado executório, embora constitua uma ordem, as consequências do seu descumprimento vão se efetivar apenas no plano da relação jurídica de direito material entre as partes, com os desdobramentos que a lei prevê no âmbito dessa relação jurídica. Dizer que o Estado tem interesse em que todos os cidadãos cumpram as suas obrigações, mesmo para com outros cidadãos e que, por isso, no momento em que o credor tem necessidade de recorrer ao Estado para receber o que lhe é devido, o cumprimento da obrigação passa a ser uma obrigação para com o Estado, é um grave erro. Na execução, o Estado, por intermédio do juiz, põe a força da sua autoridade à disposição do credor para constranger o devedor a cumprir a prestação, mas isso não torna a prestação devida uma obrigação do cidadão para com o Estado. Ao contrário, a equidistância que o juiz deve manter em relação às partes, como garantia da sua imparcialidade, exige que ele sempre respeite a distinção entre as obrigações e deveres que as partes têm umas em relação às outras e as obrigações e deveres que têm em relação ao juiz e ao Estado. Somente o descumprimento destes pode constituir crime de desobediência. Conforme já observamos no item 47 dos comentários ao art. 806, muitas vezes a ameaça de processo criminal por desobediência tem sido utilizada como meio coativo, pelo evidente caráter intimidativo de que se reveste.

---

531 WILSON DE SOUZA CAMPOS BATALHA. *Comentários à Lei de Registros Públicos*, vol. II. 2ª ed. São Paulo: Forense, 1979, p. 856; WALTER CENEVIVA. *Lei de Registros Públicos comentada*. 13ª ed. São Paulo: Saraiva, 1999, p. 455.

O Código de 2015 parece ter-se rendido a essa tendência, prevendo a sanção criminal por desobediência não apenas em hipóteses em que a legislação anterior a contemplava, mas a incluindo expressamente no cumprimento de prestações de fazer e não fazer decorrentes de decisão judicial (art. 536, § 3º), em dispositivo aplicável às execuções de títulos extrajudiciais por força do art. 771. No mesmo sentido, tal como o diploma anterior, previu sanções criminais sem especificá-las para qualquer descumprimento ou embaraço ao cumprimento de decisões judiciais (art. 77).

Na tutela específica parece-me incabível esse tipo de coação, porque inexistindo relação de subordinação entre o credor e o devedor, não constitui desobediência deixar este último de submeter-se voluntariamente ao interesse daquele[532].

Um outro fundamento me induz a repudiar a ameaça de processo criminal por desobediência como meio de coação indireta na execução de entrega de coisa. É a sua inconstitucionalidade ou inconvencionalidade por violar a proibição de prisão por dívida, de que já tratei no item anterior. Nem se alegue que a previsão legal do art. 536, § 3º, a legitima, porque, a partir da ratificação da Convenção Americana de Direitos Humanos, até a prisão do depositário infiel, constitucionalmente prevista, tornou-se ineficaz.

Por fim, recordo que páginas acima defini como pressuposto necessário dos meios de coação indireta a sua razoabilidade, incompatível com a violação ou ameaça à liberdade de locomoção do destinatário da ordem judicial.

Se o executado ou o destinatário da ordem judicial é funcionário público no exercício de suas funções, a sua rebeldia pode eventualmente constituir outro tipo de crime, como o de prevaricação, mas não desobediência.

62. Meios coativos contra o Estado

Um dos mais graves problemas da tutela específica, especialmente de obrigações de fazer ou de não fazer, é a sua efetivação em face do Estado ou das pessoas jurídicas de direito público. Aqui repetimos o que já dissemos no item 48 dos comentários ao art. 806. A ameaça de processo criminal, como vimos acima, não é a via adequada, mas é preciso reconhecer que, de um modo geral, existe na Administração Pública brasileira resistência ou no mínimo má vontade em cumprir prontamente as ordens judiciais, especialmente quando impõem ao funcionário a prática de algum ato da sua atribuição. O superior hierárquico pode não gostar que o seu subordinado cumpra a ordem judicial sem consultá-lo. Ou o funcionário pode entender que, apesar de ser o desti-

---

532 V. Leonardo Greco. *O processo de execução*, vol. 2, p. 499 e ss.

natário da ordem, a atribuição para a prática do ato caiba a outro funcionário, a outro órgão, a outro Ministério, ou dependa de algum trâmite burocrático. Não é incomum que o funcionário entenda que o juiz não poderia ter emitido a ordem e que é preciso, antes de cumpri-la, acionar as instâncias próprias que o instruam se deve cumpri-la ou se deve esperar que seja promovida a sua revogação ou anulação.

Embora em muitos países mais desenvolvidos o problema não exista, porque, como explicava KARL-PETER SOMMERMANN a respeito da Alemanha[533], sempre a Administração cumpre prontamente as ordens judiciais – e aqui não cabe explicar por que é assim –, em outros existe o mesmo problema. Na Espanha, por exemplo, foi necessário incluir na Constituição (art. 117.3), que o cumprimento das decisões judiciais incumbe ao próprio Judiciário, com a colaboração da Administração, para que esta entendesse que não pode desafiar a autoridade dos juízes quando estes emitem ordens para que os funcionários pratiquem ou deixem de praticar atos do seu ofício.

Por outro lado, como já acentuei anteriormente, uma errônea compreensão do princípio da separação de poderes leva frequentemente o Judiciário a não aventurar-se a transpor as portas do Executivo, entendendo que as prestações a que a Administração for condenada somente podem ser cumpridas pelos próprios funcionários públicos titulares dos cargos públicos a que a lei confere as correspondentes atribuições.

A Administração Pública, como qualquer destinatário de uma ordem judicial, deve ter a oportunidade de cumpri-la espontaneamente em determinado prazo razoável, antes de sofrer qualquer coação, pressão ou sanção. Mas a tutela jurisdicional efetiva dos direitos fundamentais não pode ser inibida pela Administração Pública.

Assim, a Administração Pública deve submeter-se a todos os meios coativos que a lei institui para a tutela específica das prestações de fazer ou de não fazer.

Entretanto, peculiaridades da organização do Estado podem exigir tratamento específico. Assim, por exemplo, a Constituição atribui ao Poder Executivo a prerrogativa de nomeação de certos funcionários públicos (CF, art. 84, incs. I e XIV a XVII). Se numa demanda judicial, por hipótese, a União for condenada a efetivar uma dessas nomeações, a rigor, esta seria uma declaração de vontade em que a decisão judicial substituiria a declaração não emitida pelo Poder Executivo, nos termos do art. 501 do CPC. Entretanto, em

---

533 KARL-PETER SOMMERMANN. La justicia administrativa alemana. In: JAVIER BARNES VAZQUEZ (coord.). *La justicia administrativa en el derecho comparado*. Madrid: Editorial Civitas, 1993, p. 113-114.

respeito às prerrogativas do Presidente da República e à harmonia entre os Poderes, o juiz deve expedir mandado executório para que o Poder Executivo pratique o ato em prazo razoável. Se este não o fizer, nem justificar junto ao julgador a impossibilidade de fazê-lo, pode e deve o juiz, em respeito à efetividade da jurisdição e à natureza jurisdicional da execução, praticar o ato omitido. A supremacia do Judiciário lhe assegura todos os poderes necessários a dar efetividade às suas decisões. Essa já era a lição de PEDRO LESSA, louvado na doutrina norte-americana[534].

Quanto à multa, têm sido aduzidos argumentos de que contra a Fazenda Pública não deveria ser utilizada, porque seria ineficaz, tendo em vista que o seu pagamento dependerá de procedimento executório próprio dependente do precatório a que refere o art. 100 da Constituição, não exercendo sobre os seus funcionários qualquer pressão psicológica. Além disso, os seus efeitos recairiam sobre toda a coletividade e não sobre o infrator. Não vejo óbice jurídico à sua aplicação, embora reconheça que são procedentes os inconvenientes apontados.

Outras medidas coativas, como o bloqueio de contas, a proibição de certas atividades ou o bloqueio do acesso da Administração Pública a bens e serviços, como o fornecimento de energia elétrica, devem ser rigorosamente analisadas quanto à adequação e instrumentalidade, sendo certo que o direito do credor à prestação não pode impedir a continuidade de serviços públicos e de atividades que o executado desempenha em benefício de toda a coletividade ou de outros cidadãos.

Já a intervenção judicial na administração de órgão público se insere no rol de medidas extremas que, após todas as necessárias cautelas e advertências, pode ser adotada. A Itália a regulou na disciplina da jurisdição administrativa com a criação da figura do *commissario ad acta*. O juiz manda que o administrador cumpra a ordem em determinado prazo ou justifique a impossibilidade de fazê-lo. Não cumprida a ordem no prazo, não apresentada justificativa para o descumprimento ou não aceita pelo juiz a justificada apresentada, este nomeia um comissário que vai substituir o administrador no cumprimento da decisão, como um preposto do juiz.

O bloqueio de verba pública para a compra de remédios ou para outra atividade essencial tem sido admitida pela jurisprudência brasileira quando urgente e imprescindível a prestação fundada no direito à saúde e desde que esgotados ou ineficazes os meios coativos típicos. (REsp 1.069.810 Napoleão)[535].

---

534 PEDRO LESSA. *Do Poder Judiciário*. Rio de Janeiro: Livraria Francisco Alves, 1915, p. 317.
535 MARCO AURÉLIO VENTURA PEIXOTO. PATRÍCIA DE ALMEIDA MONTALVÃO SOARES. RENATA CORTEZ VIEIRA PEIXOTO. Das medias atípicas de coerção contra o Poder

O bloqueio de cartões corporativos utilizados por agentes públicos tem sido cogitado, mas deve ser analisado à luz da adequação e da instrumentalidade. Se a sua não utilização visa a assegurar que existam recursos públicos para cumprir a ordem, parece-me que se reveste desses requisitos. Mas não pode ser adotada como mero castigo ao agente público, sem nenhum benefício para o cumprimento da prestação devida.

A aplicação de sanção ao funcionário poderia ser um meio eficaz de pressão psicológica para o cumprimento de ordem judicial. A lei processual a contempla no art. 77, §§ 2º a 5º. O funcionário recalcitrante está sujeito a multa de até vinte por cento do valor da causa. Entretanto, a instituição dessa multa como receita do Estado retirou muito a sua eficácia, porque este normalmente é o próprio ente em cujo nome o funcionário resiste ao cumprimento da ordem judicial. Parece-me que essa eficácia pode ser assegurada pela aplicação do disposto no art. 537, § 3º, que permite que o juiz determine o cumprimento provisório da multa, mediante o depósito judicial do seu valor. A suspensão de pagamento de vencimentos de agentes públicos acima do limite de impenhorabilidade da remuneração (art. 833, inc. IV, e § 2º)[536], também pode constituir uma medida adequada para garantir o pagamento da multa.

O art. 77 sujeita o funcionário a outras sanções criminais, civis e processuais cabíveis, além da multa. Quanto às sanções civis, parece-me que o funcionário público que descumpre um dever processual pessoal não está acobertado pela regra da responsabilidade civil do Estado, que somente o sujeita a pagar as perdas e danos em ação regressiva do próprio Estado, que deve ser originariamente demandado. A ação reparatória direta do credor contra o funcionário em procedimento autônomo é possível, desde que o juiz da execução tenha expressamente reconhecido o descumprimento praticado pelo próprio funcionário. Quanto às sanções criminais, que também deverão ser perseguidas em processo autônomo, reporto-me ao aduzido acima no item 61.

63. Meios sub-rogatórios

As obrigações de fazer têm sido tradicionalmente classificadas em infungíveis e fungíveis. As infungíveis ou personalíssimas são aquelas que somente

---

Público: aplicabilidade e limites. In: Eduardo Talamini. Marcos Youji Minami (coords.). *Medidas executivas atípicas*. Salvador: Juspodivm, 2018, p. 154. V. STJ, REsp Repetitivo 1069810/RS, rel. Min. Napoleão Nunes Maia Filho. Tema Repetitivo 84. Pub. *DJe* 6-11-2013.

536 Marco Aurélio Ventura Peixoto. Patrícia de Almeida Montalvão Soares. Renata Cortez Vieira Peixoto. Ob. cit., p. 156.

podem ser cumpridas pelo próprio devedor, porque o seu conteúdo e o seu valor somente podem resultar de ato ou atividade por ele praticado. As fungíveis são aquela que, não cumpridas pelo devedor, podem ser realizadas por terceiro, com o mesmo conteúdo e o mesmo valor, como se tivessem sido feitas pelo próprio devedor. Destas tratam os arts. 817 a 820, que comentaremos adiante.

Conforme já observei em ocasiões anteriores[537], essas classificações tradicionais já não são inteiramente satisfatórias: as obrigações de fazer ou de não fazer já não se apresentam inteiramente puras, mas mescladas ao mesmo tempo de *facere* e *non facere*, de prestações personalíssimas e que podem ser cumpridas por terceiros, de prestações do devedor sujeitas a uma condição dependente da vontade de terceiro ou de um órgão do Estado.

Há também uma infungibilidade relativa, quando a prestação, não podendo ser realizada pelo devedor, apenas possa sê-lo por certa ou certas pessoas, em decorrência de tecnologias dominadas por um círculo muito restrito de pessoas ou de empresas.

As próprias obrigações de não fazer, frequentemente consideradas como infungíveis, muitas vezes dependem de um *facere* para poderem ser cumpridas, atividade essa que nem sempre é personalíssima, podendo ser realizada por terceiro.

Conforme acentuado por CARLOS ALBERTO DE SALLES, em matéria de interesses coletivos (meio ambiente, consumidor, relações trabalhistas), pode haver obrigações subjetivamente complexas, que em maior ou menor grau dependam do comportamento de um determinado devedor[538] e também de outros sujeitos ou fatores.

A tutela jurisdicional de interesses metaindividuais através das ações coletivas e a judicialização de políticas públicas, como as da saúde, do meio ambiente e do desenvolvimento urbano, criaram novas exigências para atuação do Judiciário na execução de prestações de fazer e não fazer, que o Código de Processo Civil não conseguiu agasalhar e que tornam as regras processuais dos artigos que ora comentamos acentuadamente inadequadas.

Muitas decisões nessa esfera de atuação judicial têm de ser tomadas fora dos critérios de legalidade estrita, mas através de juízos de conveniência e oportunidade técnica e econômica, que o Judiciário não tem aptidão para

---

537 LEONARDO GRECO. *O processo de execução*, vol. 2. Rio de Janeiro: Renovar, 2001, p. 484; Execução nas ações civis públicas. *Estudos de direito processual*. Editora Faculdade de Direito de Campos, 2005, p. 335.
538 CARLOS ALBERTO DE SALLES. *Execução judicial em matéria ambiental*. São Paulo: Revista dos Tribunais, 1999, p. 275.

formular e o faz de modo casuístico, louvado em critérios subjetivos, sem visão de conjunto e confiando em informações técnicas de idoneidade e qualidade duvidosas.

O juiz técnico deve ser subordinado à lei, aplicando-a aos fatos de acordo com as regras da hermenêutica e a livre convicção fundamentada sobre a verdade fática. Todavia, os interesses metaindividuais se compõem de muitos conceitos indeterminados, como, por exemplo, a sadia qualidade de vida humana em matéria ambiental, dependentes da revelação da consciência coletiva e de valores humanos ou sociais.

O juiz técnico não tem formação, nem legitimidade para essa revelação, que exige decisões políticas, valorativas, discricionárias e até mesmo normativas, adentrando no cumprimento de prestações de fazer e de não fazer.

Nessas ações deveria ser obrigatória a intervenção dos órgãos públicos responsáveis pela definição de políticas na respectiva área, pelo licenciamento ou autorização da atividade, pela contratação dos serviços públicos eventualmente envolvidos ou pela sua fiscalização, o que nem sempre ocorre.

Na impossibilidade de equacionar todos os complexos fatores das situações envolvidas, quase sempre essa tarefa se desloca do Judiciário para o Ministério Público ou para a Defensoria Pública, que acabam negociando e capitaneando a celebração de instrumentos que se tornam títulos executivos judiciais ou extrajudiciais, que envolvem diversos sujeitos, com responsabilidades executórias que se entrelaçam, instituindo até mesmo pessoas jurídicas de fins específicos.

Por outro lado, vários desses interesses e prestações, reconhecidos em títulos executivos, se projetam no tempo, exigindo do Judiciário a capacidade de lidar com fatores contingentes, que os procedimentos executórios legalmente previstos não consideram, o que obriga o juiz a adotar em cada caso um procedimento à margem da lei, para dar atenção à multiplicidade e variabilidade de todas as situações que se apresentam e que a todo momento se modificam.

A doutrina tem s debruçado sobre esse novo campo de atuação do Judiciário, referindo-se a litígios ou processos estruturais, a decisões ou medidas estruturantes ou a entidades de infraestrutura específica.

EDILSON VITORELLI[539], referindo-se a litígios estruturais, como o fornecimento de tratamento médico ou a abertura de vaga em escola, observa que

---

539 EDILSON VITORELLI. Atipicidade dos meios de execução no processo coletivo: em busca de resultados sociais significativos. In: EDUARDO TALAMINI. MARCOS YOUJI MINAMI (coords.). *Medidas executivas atípicas*. Salvador: Juspodivm, 2018, p. 835-840.

essas atividades muitas vezes são cumpridas prejudicando a qualidade do serviço ou prejudicando a terceiros e sugere a adoção do que STEPHEN YEAZELL denominou *town meetings* para fomentar eventos, como as audiências públicas, para o diálogo do juiz ou executor de diálogo com a sociedade impactada, a nomeação de comissão de cidadãos não especializados para vistoriar o cumprimento da decisão.

Ressalta o Autor que, em sua opinião, a estabilização da demanda, a preclusão e coisa julgada são noções incompatíveis com os litígios estruturais, defendendo que a mutabilidade das condições do litígio deve ser refletida na alteração dos provimentos jurisdicionais. Esses são árduos temas de direito processual, de extrema relevância, que aqui não podem ser tratados, mas que revelam as dificuldades com que se deparam o juiz, as partes e os demais interessados nas execuções desses títulos.

MARCO FÉLIX JOBIM vai buscar em OWEN FISS, professor de Yale, a ideia de medidas estruturantes que teriam sido implementadas nos Estados Unidos no cumprimento de decisões em litígios coletivos dos quais resultam provimentos caracteristicamente normativos, a partir do julgamento da Corte Suprema no caso Brown *v.* Board of Education, que acabou com a segregação racial nas escolas, impondo que sob a batuta do Judiciário as burocracias estatais fossem obrigadas a uma reforma profunda no sistema educacional, estabelecendo novos procedimentos para a escolha de docentes, novos critérios para a construção de escolas, modificações no transporte escolar para dar efetividade à decisão[540].

ISAAC MARTÍN DELGADO, defendendo a sua adoção na Espanha. exalta a função que o *commissario ad acta* exerce na jurisdição administrativa italiana, intervindo na atividade administrativa e ditando todos os poderes discricionários inerentes à Administração Pública para tornar efetiva a decisão judicial[541].

DIDIER, ZANETI e OLIVEIRA denominam de decisão estrutural aquela que "busca implantar uma reforma estrutural (*structural reform*) em um ente, organização ou instituição, com o objetivo de concretizar um direito fundamental, realizar uma determinada política pública ou resolver litígios complexos"[542]. São suas principais características: 1) acentuada intervenção judicial na atividade de sujeitos envolvidos no processo, sejam eles particulares ou públicos;

---

540 MARCO FÉLIX JOBIM. *Medidas estruturantes*: da Suprema Corte Estadunidense ao Supremo Tribunal Federal. Porto Alegre: Livraria do Advogado, 2013, p. 92-99.
541 ISAAC MARTÍN DELGADO. *La ejecución subrogatoria de las sentencias contencioso-administrativas*. Madrid: Iuste, 2006, p. 29-93.
542 FREDIE DIDIER JR. HERMES ZANETI JR. RAFAEL ALEXANDRIA DE OLIVEIRA. Notas sobre as decisões estruturantes. *Civil Procedure Review*, vol. 8, n. 1. Disponível em: <www.civilprocedurereview.com>, 2017, p. 46-64.

2) muitas vezes à ordem ou determinação inicial seguem-se outras ordens ou determinações para resolver problemas que surgem no curso da execução, o que Sérgio Arenhart denominou provimentos em cascata[543].

Examinando casos recentes de desastres ecológicos ocorridos no Brasil, Cabral e Zaneti transpõem para o nosso ambiente a figura das *claims resolution facilities*, "infraestruturas criadas para processar e resolver ou executar medidas para satisfazer situações jurídicas coletivas que afetam um ou mais grupos de pessoas, que judicialmente seriam tratadas como milhares de casos individuais, casos repetitivos e ações coletivas"[544].

Essas organizações judiciais, segundo os Autores, podem ser criadas por lei, ato administrativo, decisão judicial ou consensualmente por negócios jurídicos. Podem atuar com recursos públicos ou privados. No caso de decisão judicial ou título executivo extrajudicial, a sua instituição deve prever as suas fontes de custeio.

Estes comentários traçam em poucas pinceladas o panorama das ações, projetos e planos que, em caráter sub-rogatório o Judiciário precisa adotar para dar efetividade a títulos executivos que impõem obrigações de fazer e não fazer, a respeito das quais os dispositivos que ora comentamos não oferecem qualquer balizamento.

Por ora, a adoção desses procedimentos, quase totalmente à margem da lei, devem ser visualizados à luz dos princípios constitucionais e estruturais da execução, que examinamos nos comentários ao Capítulo I – Disposições Gerais, em especial: o princípio da iniciativa para que o juiz não se torne um inquisidor, aguardando a iniciativa das partes interessadas; o princípio do impulso oficial que exige que toda execução seja objeto de planejamento prévio e de calendarização, estruturando-se o órgão jurisdicional para acompanhar e movimentar todos os executores no ritmo projetado; o princípio do contraditório para que nenhuma decisão seja tomada sem a prévia audiência de todos os interessados, com ampla possibilidade de alegações, proposição e produção de provas, ressalvada a imperiosa urgência, em igualdade de condições para todos os interessados; o princípio da publicidade, assegurando-se absoluta transparência a todos os atos do processo judicial; o princípio da oralidade, como instrumento da chamada cooperação, propiciando a todos os interessados

---

543 Sérgio Cruz Arenhart. Decisões estruturais no direito processual civil brasileiro. *Revista de Processo*, n. 225. São Paulo: Revista dos Tribunais, 2013, p. 400.

544 Antonio do Passo Cabral. Hermes Zaneti Jr. Entidades de infraestrutura específica para a resolução de conflitos coletivos: as *claims resolution facilities* e sua aplicabilidade no Brasil. *Revista de Processo*, n. 287. São Paulo: Revista dos Tribunais, jan. 2019, p. 445-483.

o diálogo franco, preferencialmente oral, antes da adoção das decisões mais importantes; e, por fim, a avaliação de todos os meios executórios quanto à sua eficácia, adequação, instrumentalidade e menor onerosidade.

Seção II
Da Obrigação de Fazer

> **Art. 815.** Quando o objeto da execução for obrigação de fazer, o executado será citado para satisfazê-la no prazo que o juiz lhe designar, se outro não estiver determinado no título executivo.

64. Procedimento da execução de obrigações de fazer

O procedimento-padrão da execução das obrigações de fazer com fundamento em título extrajudicial tem início com petição inicial que preencha os requisitos dos arts. 798 e 799, já comentados. O art. 815 estatui que o exequente requererá a citação do executado para satisfazer a obrigação no prazo que o juiz fixar, salvo se o prazo já tiver sido fixado no título, caso em que, como regra, este deverá ser observado.

Ao despachar a inicial o juiz determinará a expedição de mandado executório de citação. Nesse prazo caberá ao executado comprovar o cumprimento para evitar a continuidade da execução.

O artigo em comento confere ao juiz a fixação do prazo para cumprimento da prestação de fazer. Esse prazo deve ser razoável. Em face da natureza da prestação a ser cumprida, do tempo que o devedor teve para cumpri-la, do estado em que se encontre a execução da obra ou do serviço, se se tratar de um *fazer* que não possa ter cumprimento imediato, o juiz deve fixar um prazo minimamente suficiente para que o executado cumpra a prestação e que represente uma espera tolerável de satisfação do exequente, tendo em vista que o seu direito já está violado desde o vencimento do prazo estabelecido no título para cumprimento voluntário da prestação e que o executado deve ter uma última oportunidade de cumprir a obrigação antes de ficar sujeito a atos coativos. Parece-me que se o legislador fixou em quinze dias úteis o prazo para cumprimento na execução de entrega de coisa, em que o objeto da obrigação já existe no mundo real, faltando apenas transferi-lo da posse do executado para a posse do exequente (art. 806), na execução de obrigação de fazer o juiz não deve arbitrar prazo inferior a quinze dias. A fixação de prazo menor somente se afigura possível mediante tutela de urgência, verificado concretamente o *periculum in mora* que sofre o exequente.

O dispositivo também determina que o prazo para cumprimento seja aquele que conste do título que, tratando-se de título extrajudicial, na maioria dos casos decorreu de manifestação de vontade expressa do devedor. Essa prescrição não afasta o dever do juiz de verificar *in concreto* a razoabilidade desse prazo, podendo fundamentadamente ampliá-lo, como lhe faculta o art. 139, inciso VI.

Também neste procedimento executório podem as partes convencionar o prazo para cumprimento, com fundamento no art. 190. Se, consoante o art. 922, a própria suspensão do processo pode ser determinada pelas partes no prazo por elas ajustado para cumprimento, com maior razão a simples dilatação do prazo pode ser objeto de ato convencional.

Conforme já afirmei no comentário ao art. 806, qualquer outra flexibilização procedimental de origem convencional, inclusive a redução do prazo, deve submeter-se ao controle judicial de legalidade que constate: a) a possibilidade de autocomposição a respeito do próprio direito material posto em juízo ou a impossibilidade de que a convenção prejudique o direito material indisponível ou a sua tutela; b) se as partes na convenção são plenamente capazes; c) o equilíbrio entre as partes e a paridade de armas, de modo que a convenção não coloque uma das partes em nítida posição de desvantagem em relação à outra no acesso aos meios de ação e de defesa; e d) a observância dos princípios e garantias fundamentais do processo e da ordem pública processual[545].

Atente-se que o prazo para cumprimento da prestação, se for de quinze dias, não é o mesmo para que o executado ofereça os embargos à execução (art. 915), a menos que o título a este tenha expressamente se referido, porque o primeiro se conta a partir da comunicação da citação (art. 231, § 3º), enquanto o segundo se conta da juntada aos autos do comprovante de citação.

O prazo se conta em dias úteis a partir do recebimento da citação (arts. 219 e 231, § 3º). Não se conta em dobro (art. 229) porque não é prazo para manifestação.

O decurso do prazo de cumprimento não impede o ulterior cumprimento espontâneo, ressalvado o direito do exequente de recusar o recebimento, caso tenha se tornado para ele justificadamente inútil a prestação. A entrega extemporânea aceita implicará apenas em responsabilidade do executado pelo ressarcimento dos danos causados pela demora e pelo pagamento da multa pecuniária que eventualmente tenha sido fixada no despacho inicial, nos termos do art. 814.

O despacho inicial do processo de execução deverá fixar os honorários advocatícios a serem pagos pelo executado ao exequente, que serão reduzidos

---

545 Leonardo Greco. A contratualização do processo e os chamados negócios jurídicos processuais. Disponível em: <www.academia.edu>, 2017.

à metade caso aquele venha a cumprir a prestação no prazo determinado. Considerando o disposto no art. 85, § 2º, essa verba deverá ser arbitrada de acordo com o benefício econômico que o cumprimento da prestação traz ao exequente ou, sendo impossível a mensuração desse benefício, sobre o valor atualizado da causa, fixado pelo exequente, no percentual de 10% (pela aplicação analógica dos arts. 523, § 1º, e 827).

Não cumprida a prestação no prazo, e, salvo se opostos embargos à execução ou embargos de terceiro aos quais tenha sido concedido efeito suspensivo (arts. 678 e 919, § 1º), caberá ao exequente tomar a iniciativa de impulsionar a execução por uma das formas prescritas nos artigos seguintes, de acordo com os comentários que sobre eles desenvolveremos.

ARAKEN DE ASSIS observa que escapam ao art. 815 a adjudicação compulsória das promessas de compra e venda, objeto do art. 501, e o cumprimento de sentenças mandamentais[546], o que nem sempre é verdade, porque nem sempre a sentença tem a eficácia de produzir por si só a declaração de vontade indevidamente omitida pelo devedor, como ocorre nos casos de nomeação de funcionário público ou outros atos do Estado.

O mesmo Autor[547] sustenta que a fixação do prazo de cumprimento é uma questão incidente, que exige motivação suficiente e sujeita a recurso de agravo de instrumento. Quanto à exigência de motivação, parece-me que se o juiz conferiu quinze dias de prazo ou acolheu o prazo proposto pelo exequente, a motivação pode considerar-se implícita. Outro prazo exigirá concreta fundamentação.

Quanto ao recurso, é preciso examinar a questão por parte do autor e por parte do réu. Quanto ao primeiro, se o juiz acolheu o prazo por ele proposto, concorreu para a decisão e somente poderá recorrer se demonstrar o prejuízo que da decisão lhe decorre. Se desacolheu, aí sim, parece-me que pode recorrer da decisão. Quanto ao segundo, tomando conhecimento, pela citação ou por outro meio do prazo fixado, deve ter o executado a oportunidade de submeter ao juiz as suas razões para fixação de prazo diverso. A questão da fixação de prazo diverso somente terá surgido do seu peticionamento ao próprio juiz que proferiu o despacho inicial e somente da decisão que rejeitar o seu requerimento é que terá o ônus de recorrer. Nada impede,

---

546 ARAKEN DE ASSIS. *Comentários ao Código de Processo Civil*. Artigos 797 ao 823, vol. XIII. São Paulo: Revista dos Tribunais, 2016, p. 84.
547 ARAKEN DE ASSIS. Ob. cit., p. 173-174. Da mesma opinião, quanto à recorribilidade da decisão, FERNANDO DA FONSECA GAJARDONI. Comentário ao artigo 815. In: FERNANDO DA FONSECA GAJARDONI. LUIZ DELLORE. ANDRE VASCONCELOS ROQUE. ZULMAR DUARTE DE OLIVEIRA JR. *Execução e recursos*: comentários ao CPC de 2015. Rio de Janeiro: Método, 2017, p. 190.

entretanto, que recorra de imediato do prazo inicialmente fixado, mas, se não o fizer, não poderá ser castigado com qualquer eventual preclusão. Aliás, também nos embargos à execução poderá a questão ser suscitada pelo executado. Estas observações valem também para eventual fixação do valor da multa ou a determinação de outros meios coativos no despacho inicial da execução.

Araken também se queixa[548] que o art. 815 se ressente de omissão quanto ao detalhamento da determinação do fazer positivo ou negativo, quanto ao modo e às características específicas do fazer ou do não fazer.

Se o título é omisso – por exemplo, construir um muro sem dizer a altura, a extensão, a qualidade do material –, o devedor estará obrigado à prestação que lhe for menos onerosa, desde que atenda ao objetivo definido no título. A execução de obrigação de fazer ou não fazer não dispõe de uma fase específica de precisa determinação do objeto da prestação, como a da entrega de coisa incerta.

Se a prestação for tão genérica que impossibilite qualquer verificação judicial de cumprimento, não poderá ser objeto de execução por falta de liquidez, devendo ser fundamento de anterior processo de conhecimento.

65. Limites

A primeira finalidade da execução é dar ao credor tudo aquilo que ele receberia se o devedor tivesse cumprido espontaneamente a prestação constante do título.

Barbosa Moreira esclarecia[549]:

> O postulado da "maior coincidência possível" deve atuar no sentido de imprimir à execução da sentença a aptidão para produzir resultado tendente a igualar aquele que se obteria mediante a realização espontânea do direito. A isso se contrapõem óbices de várias espécies, que fixam à atividade executiva limites de maior ou menor alcance.
>
> A menor onerosidade possível da execução para o devedor não é óbice ao postulado da "maior coincidência possível".

Mas Liebman já advertia que a execução pode ser possível ou impossível, frutífera ou infrutífera. Ela é impossível, quando não consegue satisfazer a obrigação na forma específica, como, por exemplo, nas obrigações de dar, se a coisa não é encontrada no patrimônio do devedor. E a execução é infrutífe-

---

548 Araken de Assis. Ob. e loc. cits.
549 José Carlos Barbosa Moreira. Tendências na execução de sentenças e ordens judiciais. *Temas de direito processual*. 4ª Série. São Paulo: Saraiva, 1989, p. 215.

ra, por exemplo, se os bens do devedor forem insuficientes para satisfazer integralmente o crédito do exequente[550].

Por mais que o direito procure estruturar técnicas para a mais ampla satisfação do credor, como fez o legislador brasileiro com a evolução normativa da tutela específica das obrigações de fazer e não fazer, a execução sofre limites naturais, que o direito não consegue transpor, a não ser de modo imperfeito.

Assim, por exemplo, nas obrigações de fazer personalíssimas, se o devedor resistir a todas as pressões e coações indiretas, o juiz não tem meios de substituí-lo no cumprimento da prestação, devendo contentar-se com a busca do resultado prático equivalente ou, em último caso, com as perdas e danos.

Nas obrigações de não fazer de violação instantânea, quando violadas, a tutela civil reparatória não tem o condão de repristinar o tempo, fazendo desaparecer a violação já consumada.

Além desses limites naturais, que escapam ao domínio do legislador, existem também outros limites à ampla satisfação do exequente, que poderíamos chamar de *políticos*, porque é a lei que os estabelece, levando em consideração certos valores cuja proteção se sobrepõe ao interesse do credor, como os direitos da personalidade e os direitos indisponíveis.

Por fim, não podem ser esquecidos os limites que BARBOSA MOREIRA denominou *limites não queridos pelo ordenamento*[551], situações de fato que dificultam a execução. Na execução de obrigação de fazer ou não fazer: a relutância do devedor em praticar o ato personalíssimo; a prestação tornada impossível por fato superveniente, independente da vontade do devedor; a continuidade da prática do ato proibido.

Nem todas essas situações impedem a execução, mas, de qualquer modo, criam obstáculos à obtenção do resultado almejado pelo credor.

A execução de obrigações de fazer se sujeita, em princípio, aos mesmos limites da execução para entrega de coisa, de que tratamos no item 41 dos comentários ao art. 806. Assim, a ilicitude da prestação torna o título nulo e, portanto, inexigível. Se alguém se comprometeu a cumprir uma atividade ilícita, como, por exemplo, transportar um pacote de maconha, não poderá ser judicialmente constrangido a cumpri-la. Esse limite evidentemente se aplica à Fazenda Pública. A impossibilidade jurídica de cumprimento específico não converte automaticamente a prestação em perdas e danos, nem faculta a execução por equivalente. Eventual responsabilidade remanescente

---

550 ENRICO TULLIO LIEBMAN. *Processo de execução*. 4ª ed. São Paulo: Saraiva, 1980, p. 39.
551 JOSÉ CARLOS BARBOSA MOREIRA. Ob. cit., p. 223.

do devedor deverá ser perseguida pelo credor em regular processo de conhecimento.

Diferente é a impossibilidade jurídica subjetiva, como, por exemplo, se o devedor de uma obra de arte ou da construção de uma máquina se encontra preso. Nesse caso, a obrigação poderá ser exigida pelo cumprimento por terceiro, se não for personalíssima, por equivalente ou pela conversão em prestação pecuniária. A impossibilidade subjetiva imposta pela lei, como a prisão, deverá ser considerada na imposição dos meios coativos. A meu ver, incabível nesse caso a multa a que se refere o art. 814, porque inútil qualquer pressão psicológica sobre o devedor.

Prestações de fazer que invadem a esfera mais intensa da privacidade do devedor não são ilícitas, como a exibição do próprio corpo num cabaré, a sua mutilação ou submeter-se à inseminação artificial. Entretanto, não são judicialmente exigíveis, por ser irrenunciável o direito da pessoa humana a preservar a sua intimidade, convertendo-se em perdas e danos.

Já mencionamos no referido comentário ao art. 806 que a doutrina europeia e até mesmo o direito positivo, como o alemão nos arts. 275-II e 313 do Código Civil, têm admitido a substituição da prestação específica quando houver acentuada desproporção econômica, grande dificuldade na entrega ou desequilíbrio na relação custo-benefício, bem assim, nos casos de ilegalidade ou impossibilidade da prestação, se o seu cumprimento causar não razoável esforço ou despesa ao devedor, se o credor puder razoavelmente obter a prestação de outra fonte e se o credor não a reclamou em prazo razoável, o que, a meu ver encontra respaldo entre nós nos institutos do estado de perigo, da lesão, na teoria da imprevisão e na mutação da relação jurídica por circunstância superveniente.

Aqui reitero que, em minha opinião, se a mudança de circunstâncias decorreu da conduta ilícita do devedor, este não se exime do cumprimento, ainda que seja por um dos sucedâneos do cumprimento por terceiro, da prestação equivalente ou das perdas e danos.

> **Art. 816.** Se o executado não satisfizer a obrigação no prazo designado, é lícito ao exequente, nos próprios autos do processo, requerer a satisfação da obrigação à custa do executado ou perdas e danos, hipótese em que se converterá em indenização.
> **Parágrafo único.** O valor das perdas e danos será apurado em liquidação, seguindo-se a execução para cobrança de quantia certa.

O art. 816 tem o mesmo teor do art. 633 do Código anterior, regulando parcialmente as possibilidades de continuidade ou de redirecionamento da execução na hipótese de que o executado não venha a cumprir a prestação no prazo que lhe foi assinado nos termos do artigo anterior. Essas possibilidades são a execução da prestação pelo próprio exequente ou por terceiro e a conversão da prestação em perdas e danos, que também são objeto dos arts. 817 a 821. Omite o legislador neste passo outra possibilidade de continuidade da execução de obrigação de fazer, que emergiu em legislação extravagante anterior ao Código de 2015 (v. item 54 dos comentários ao Capítulo III – Da Execução das Obrigações de Fazer ou de Não Fazer), a que este faz expressa referência em outros dispositivos (arts. 497, 499 e 536), que é a tutela por equivalente, que se aplica igualmente às execuções de títulos extrajudiciais por força do art. 771, conforme analisaremos adiante. Relega para breve menção no art. 820 à execução da obrigação de fazer pelo próprio exequente. E nada diz sobre outros meios executórios sub-rogatórios que o juiz deve programar de acordo com as exigências da prestação a ser cumprida, que tratamos no item 63 dos comentários ao art. 814. Assim, o art. 816 não reflete nem de longe os diversos rumos e procedimentos que a execução das obrigações de fazer pode adotar se o devedor não a cumprir no prazo estabelecido no artigo anterior.

É igualmente importante ressaltar que a execução de obrigações de fazer também é regulada, embora com muitas lacunas, nos arts. 247 a 249 do Código Civil.

66. Prestações de fazer fungíveis e infungíveis

Na análise do dispositivo em comento e levando em conta os preceitos respectivos do Código Civil, a doutrina costuma classificar as obrigações de fazer em fungíveis e infungíveis. Fungíveis são aquelas que, não cumpridas pelo devedor, podem ser executadas por terceiro ou pelo próprio exequente. Infungíveis são as obrigações personalíssimas, que somente podem ser cumpridas pelo próprio devedor.

Distingue-se, ainda, a infungibilidade natural da jurídica. É natural, quando o caráter subjetivamente insubstituível da obrigação decorre da própria natureza da prestação. Prestada por outrem, a atividade não seria a mesma. É o interesse concreto do credor, evidenciado no título ou decorrente da espécie de prestação, em que esta seja executada pessoalmente pelo devedor, que torna infungível a obrigação de fazer. Assim, por exemplo, a pintura encomendada a um artista célebre.

É jurídica, quando a prestação consiste numa declaração de vontade ou na celebração de um contrato. Diz-se jurídica, porque, embora somente o próprio devedor, e mais ninguém, possa praticá-la, pode a sua omissão ser suprida pela sentença, não sendo impossível a sua execução sem a concorrência da manifestação de vontade espontânea do devedor (art. 501).

Essas classificações tradicionais já não são inteiramente satisfatórias, o que se tornou patente em razão da complexidade que adquiriram determinadas relações jurídicas, em que as obrigações de fazer ou de não fazer já não se apresentam inteiramente puras, mas mescladas ao mesmo tempo de *facere* e *non facere*, de prestações personalíssimas e que podem ser cumpridas por terceiros, de prestações do devedor sujeitas a uma condição dependente da vontade de terceiro ou de um órgão do Estado[552].

Admite-se também uma infungibilidade relativa, quando a prestação, não podendo ser realizada pelo devedor, apenas possa sê-lo por certa ou certas pessoas[553]. Hoje existem tecnologias ou processos produtivos utilizados por um círculo muito restrito de pessoas ou empresas. Se o devedor é uma delas e não cumpre a prestação, a escolha deverá recair em uma das outras, nem sempre acessíveis ou disponíveis.

Assim, as obrigações de não fazer são consideradas por muitos como infungíveis, embora, como demonstra ADA PELLEGRINI GRINOVER, invocando DENTI, a proibição violada enseje uma atividade de desfazimento que nem sempre precisa ser cumprida pessoalmente pelo próprio devedor. Outras vezes o *non facere* (por exemplo, não poluir) resolve-se numa atividade positiva (instalar um filtro), que também não é necessariamente personalíssima[554].

Em matéria de interesses coletivos (meio ambiente, consumidor, relações trabalhistas), pode haver obrigações subjetiva ou objetivamente complexas, que em maior ou menor grau dependam do comportamento de um determinado devedor[555] e também de outros sujeitos ou fatores, como expusemos no item 63 dos comentários ao art. 814.

67. Fungibilidade e meios sub-rogatórios

A obrigação de fazer fungível não cumprida pode ser objeto de medidas sub-rogatórias, ou seja, de atividades substitutivas determinadas pelo juiz, para realizar contra a vontade do devedor a atividade que este deveria ter prestado voluntariamente.

---

552 LEO ROSENBERG. *Tratado de derecho procesal civil*, tomo III. Buenos Aires: EJEA, 1955, p. 245: ressaltava que há obrigações infungíveis que dependem exclusivamente da vontade do devedor e outras que necessitam da colaboração de um terceiro. Exemplos destas: tratamento médico ou fotografia de terceiro; prestação de contas quando os documentos se encontram em poder de terceiro não obrigado à entrega ou à exibição.

553 CARLOS ALBERTO DE SALLES. *Execução judicial em matéria ambiental*. São Paulo: Revista dos Tribunais, 1999, p. 367.

554 ADA PELLEGRINI GRINOVER. Tutela jurisdicional nas obrigações de fazer e não fazer. *Reforma do Código de Processo Civil*. São Paulo: Saraiva, 1996, p. 254.

555 CARLOS ALBERTO DE SALLES. Ob. cit., p. 275.

O juiz prescinde da vontade do devedor e promove a execução da prestação por outros meios. O art. 536, § 1º, aplicável à execução de títulos extrajudiciais por força do art. 771, permite que o juiz determine todas as medidas necessárias à efetivação da tutela específica ou à obtenção de resultado prático equivalente.

A realização prática do direito do credor à prestação constante do título justifica o uso de qualquer meio executório, ainda que não previsto expressamente em lei, para assegurar a efetiva tutela jurisdicional do direito do credor. Nessa variabilidade e atipicidade dos meios sub-rogatórios não se pode vislumbrar violação ao princípio da legalidade, porque encontram fundamento no direito do credor, constitucionalmente assegurado, à tutela jurisdicional efetiva[556]. Entre esses meios sub-rogatórios se encontra a realização da obra por terceiros ou pelo próprio exequente, conforme previsto nos arts. 816 a 820. Essa amplitude dos meios sub-rogatórios é quase ilimitada, não podendo ultrapassar, entretanto, os direitos da personalidade e demais direitos indisponíveis, e devendo respeitar as garantias mínimas do devido processo legal, a que já fizemos referência quando tratamos dos limites da execução e da responsabilidade patrimonial conforme exposto no item 63 dos comentários ao art. 814.

68. A tutela por equivalente

Repetindo o discurso que fizemos no item 42 dos comentários ao art. 806, relativo à execução para entrega de coisa, recordamos que a execução por equivalente é aquela em que os atos executórios se dirigem não ao cumprimento da prestação específica exatamente constante do título, mas ao cumprimento de outra prestação de fazer ou de não fazer que razoavelmente possa satisfazer o credor, embora não seja ela exatamente a prestação a que o credor faria jus.

Os arts. 497 e 536, aplicáveis às execuções de títulos extrajudiciais por força do art. 771, admitem que o juiz determine a "tutela pelo resultado prático equivalente" nas obrigações de fazer e de não fazer. A substituição da prestação constante do título pelo resultado prático equivalente exige uma valoração sobre o conteúdo do bem jurídico que a prestação original visava a proteger e sobre a aptidão da prestação equivalente a cumprir essa proteção com a mesma eficácia ou com a mais próxima possível. Nem o juiz, nem as partes podem arbitrariamente preferir a prestação equivalente à prestação constante do título.

---

556 ELISABETTA SILVESTRI. Problemi e prospettive di evoluzione nell'esecuzione degli obblighi di fare e di non fare. *Rivista di Diritto Processuale*. Padova: CEDAM, ano XXXVI, jan./mar. 1981, p. 67-69.

Assim, por exemplo, colocar filtros numa chaminé não equivale na prática à sua remoção. Se os filtros impedem totalmente a emissão de partículas que prejudicam a qualidade do ar, pareceria aceitável a sua sub-rogação na prestação original. Mas, se apesar dos filtros, a chaminé ainda continua a emitir partículas na atmosfera, ou se o fundamento da remoção da chaminé determinada no título foi outra que não a simples não emissão de partículas nocivas à saúde na atmosfera, a remoção não pode ser substituída pela colocação dos filtros. O credor tem o direito de exigir o que lhe é devido e o devedor tem o direito de cumprir a prestação que o título lhe impõe, e não outra.

O juiz da execução não tem o poder de rever a adequação causal da providência determinada no título, se a obrigação for fungível. Essa é matéria que somente pode ser objeto de apreciação judicial através do exercício da jurisdição de conhecimento, seja nos embargos à execução, seja em processo autônomo.

Cabe ao credor exigir a prestação equivalente se o executado não cumpriu a prestação devida no prazo do art. 815, ou porque esta se tornou jurídica ou materialmente impossível ou porque não tem o exequente meios eficazes de exigir o cumprimento da prestação devida pelo executado, seja esta personalíssima ou não. Pode ainda o devedor propor o cumprimento de prestação equivalente, desde que com isso concorde o credor, mesmo em outros casos.

A admissibilidade do resultado prático equivalente se refere não apenas às obrigações infungíveis, mas também às fungíveis, porque, em face do inadimplemento do devedor, o credor pode preferir a prestação equivalente do próprio devedor à execução da prestação por outrem ou à conversão em perdas e danos. Esse tipo de redirecionamento do cumprimento de prestações de fazer ocorre frequentemente em serviços complexos que muitas vezes se tornam incumpríveis ou excessivamente onerosos, como os de passeios turísticos ou de instalações de sistemas eletrônicos de gestão automatizada da produção de bens e serviços. Mas, repita-se, a prestação equivalente não pode ser imposta ao credor. Pode ser imposta ao devedor, desde que a requeira o credor e desde que aquele não cumpra a prestação devida no prazo previsto no art. 815.

Com razão GIOVANNI VERDE, referindo-se às obrigações de fazer, não fazer ou desfazer, mostra que o título executivo não pode mais ser considerado condição *necessária e suficiente* da execução, mas condição simplesmente *necessária*, porque muitas vezes exige uma complementação através de atividade cognitiva, a fim de detalhar o modo de cumprimento da prestação[557].

---

557 GIOVANNI VERDE. Attualità del principio *nulla executio sine titulo*. *Rivista di Diritto Processuale*. Padova: CEDAM, ano LIV, 1999, p. 971.

69. Infungibilidade e meios coativos

Se a obrigação é naturalmente infungível, isto é, se a sua satisfação somente pode ser obtida através de um ato de vontade ou de uma atividade do próprio devedor, não está ao alcance do juiz substituir-se a este para realizar a prestação almejada pelo credor.

Nesse campo ainda prevalece, embora de modo bastante mitigado, o princípio do *nemo proecise ad factum cogi potest*, porque o devedor não pode ser privado da sua liberdade ou da sua dignidade humana para contra a sua vontade satisfazer o credor com a execução do serviço ou da obra.

Mas o devedor pode sofrer coações e sanções, que o pressionem a ceder a resistência ao cumprimento da obrigação e a realizá-la por um ou mais atos emanados da sua própria vontade.

Essa vontade não é inteiramente livre e espontânea. É uma vontade manifestada sob coação, mas que, de qualquer modo, é imanente, nasce de um impulso interior ao sujeito, que não pode ser suprido ou substituído pela vontade de qualquer outra pessoa.

Na tutela específica das obrigações de fazer infungíveis, o resultado final a ser perseguido não é a satisfação do credor através da substituição da atividade do réu pela atividade do juiz, mas através da própria conduta do demandado.

Por isso, se o devedor não atende à citação para cumprir a prestação na forma do art. 815, ainda antes de optar pela prestação equivalente, pelo cumprimento por outrem ou pela conversão em perdas e danos, o credor pode requerer a imposição ao executado de todos os meios coativos necessários para tentar remover a resistência do devedor e forçá-lo a cumprir a prestação devida, entre os quais exemplificativamente o art. 536, § 1º, menciona a multa, a busca e apreensão e a remoção de pessoas ou coisas, o desfazimento de obras ou o impedimento de atividade nociva. Valem aqui as considerações que fizemos no item 10.6.2 do comentário ao Capítulo I – Disposições Gerais, e nos comentários 22 ao art. 798, 46 e 47 ao art. 806 e 58 a 62 ao art. 814.

70. O sucedâneo das perdas e danos

O Código de 1973, em sua redação original, já previa a conversão em perdas e danos da obrigação de fazer, nos arts. 633 e 638, e das obrigações de não fazer, no art. 643.

Com o advento da tutela específica na reforma de 1994, os §§ 1º e 2º do art. 461 daquele diploma estabeleceram que essa conversão somente ocorreria se o credor a requeresse ou se impossível a tutela específica ou a obtenção do resultado prático equivalente, e que a indenização das perdas e danos dar-se-ia sem prejuízo da multa.

As perdas e danos tornaram-se a última possibilidade para a satisfação dessas obrigações, especialmente das obrigações infungíveis. Antes disso, o credor deve citar ou intimar o devedor para cumprir a obrigação na forma específica, não podendo requerer diretamente as perdas e danos[558], salvo se patente desde o ajuizamento da execução a impossibilidade de cumprimento da prestação na forma específica.

Em caso de obrigação de fazer fungível, remisso o devedor, poderia o credor requerer ao juiz o emprego de meios coativo ou sub-rogatórios para a tutela na forma específica. Poderia também escolher entre a execução por terceiro ou a sua conversão em perdas e danos, que seriam liquidadas nos próprios autos e executadas por quantia certa (art.633, parágrafo único).

Em caso de obrigação de fazer infungível, somente se impossível ou indesejada pelo credor a obtenção do resultado prático equivalente, é que ocorreria a conversão em perdas e danos.

No regime do Código de 2015, parece-me que em face da efetividade da execução de obrigações de fazer, consagrada no art. 536, a lei abre ao credor todas as possibilidades e opções que comentamos acima, se o devedor não cumprir a prestação no prazo do art. 815, a saber: o emprego de meios sub-rogatórios por terceiro, pelo próprio exequente ou até mesmo em conjunto com o próprio devedor, a imposição ou a exacerbação de outro meios de coação indireta, como a multa, na expectativa de que induzam o devedor ao cumprimento, a busca do resultado prático equivalente ou as perdas e danos.

O que me parece claro a partir do enunciado do art. 816 é que a conversão em perdas e danos não constitui necessariamente o último caso. O credor pode preferi-la unilateralmente logo depois do decurso *in albis* do prazo do art. 814, sem antes cogitar de qualquer outra opção. Já as demais opções, a partir da escolha do credor e de eventual não aceitação pelo devedor, deverão ser consideradas pelo juiz à luz da razoabilidade e a da proporcionalidade, sendo certo que em nenhum caso o credor pode ser obrigado a receber prestação diversa da devida ou por sujeito diverso no caso de prestação infungível, a não ser com a sua expressa concordância. Em face da recusa do credor a todas essas opções, a consequência inexorável é a conversão da prestação em perdas e danos.

Essas perdas e danos, substitutivas da obrigação de fazer, correspondem ao valor econômico da prestação específica, quando economicamente apreci-

---

558 ALCIDES DE MENDONÇA LIMA, p. 681.

ável, ou a um valor simbólico, caso não tenha a prestação conteúdo econômico, acrescido do valor dos prejuízos causados pelo inadimplemento, que também serão liquidados.

Não se confundem com a multa pecuniária, meio de coação indireta que pode ter sido aplicada pelo juiz em qualquer uma dessas espécies de obrigações, e cuja fluência terá cessado a partir do momento em que tiver se tornado impossível a tutela específica ou do momento em que o exequente manifestar a sua opção pela execução da prestação por outrem, pelo resultado prático equivalente ou pela conversão em perdas e danos.

O art. 816 prevê, em qualquer caso de não opção do credor por uma das outras alternativas, a conversão da prestação em perdas e danos a serem liquidadas e executadas nos mesmos autos. Revoga, portanto, o disposto no art. 248 do Código Civil, segundo o qual "se a prestação do fato tornar-se impossível" sem culpa do devedor, a obrigação se extingue. Esta não se extingue, mas se converte em prestação equivalente, em prestação de outrem ou em prestação pecuniária, conforme a opção do exequente, abrangendo o valor da prestação inadimplida e o montante economicamente apreciável dos prejuízos decorrentes do inadimplemento. Entre estes prejuízos se inclui evidentemente o preço do serviço não prestado ou da obra não executada, que eventualmente o credor tenha adiantado ao executado.

O parágrafo único do art. 816 prevê que as perdas e danos serão apuradas em liquidação, mas nem todos os seus componentes são ilíquidos. Assim, por exemplo, a restituição do preço antecipadamente pago é obrigação líquida que, comprovada documentalmente, poderá ser exigida independentemente de liquidação. O mesmo pode ocorrer se os prejuízos pelo inadimplemento tiverem sido pré-fixados no próprio título executivo. Também a multa fixada no despacho inicial ou posteriormente a este poderá ser exigida desde logo, independentemente de liquidação, processando-se esta sobre os valores restantes em apartado, nos termos do art. 509, § 1º.

A liquidação também será dispensada quanto ao valor da prestação específica se houver no título executivo ou no contrato a ele vinculado previsão de cláusula penal que a substitua, nos termos do art. 410 do Código Civil.

A liquidação se processará por arbitramento se não depender da prova de fatos novos, mas apenas de avaliação de fatos e objetos conhecidos, ou pelo procedimento comum, se depender da prova de fatos novos. Se uma parte da liquidação exigir arbitramento e a outra o procedimento comum, poderão ser ambas cumuladas no procedimento comum ou, se preferir o exequente, em autos separados, cada uma se processará pelo procedimento que lhe é próprio, seguindo-se execuções autônomas.

Art. 817. Se a obrigação puder ser satisfeita por terceiro, é lícito ao juiz autorizar, a requerimento do exequente, que aquele a satisfaça à custa do executado.

Parágrafo único. O exequente adiantará as quantias previstas na proposta que, ouvidas as partes, o juiz houver aprovado.

O art. 634 do Código de 1973, correspondente ao art. 817 do Código de 2015, em redação abandonada pela Lei n. 11.382/2006, estabelecia um procedimento licitatório para a escolha do terceiro-executor. A rigidez da lei não é o melhor caminho, porque as partes e o juiz devem, em conjunto, traçar o melhor plano de trabalho e escolher o executor que, a partir da escolha, apresentando a sua proposta, também colaborará na definição desse plano de trabalho. É claro que na escolha do executor, a preferência do credor-exequente deve ser preponderante, porque é ele o principal interessado na execução da obrigação. Em qualquer caso nada impede, em face da complexidade da escolha e da obra, que o juiz se assessore de um perito[559]. Ao executado resta o interesse de que a escolha lhe seja menos onerosa, especialmente em função do preço a ser ajustado para o cumprimento da obrigação e da sua responsabilidade de ressarcir o exequente dessa despesa e de ter de arcar com qualquer outro prejuízo que a má execução da obrigação venha a gerar.

Como dissemos, nomeado o executor, fluirá no processo de execução originário uma nova ação, sob o olhar atento do juiz. De um lado, o exequente e o executado são autores do procedimento executório em face do terceiro-executor para forçá-lo a cumprir a prestação ajustada nos termos do negócio celebrado, exigindo-lhe as garantias porventura ajustadas, mediante o pagamento do preço pelo exequente. Se não pagas as parcelas do preço pelo exequente nos prazos previstos, nesses mesmos autos poderá o terceiro-executor cobrá-las. As circunstâncias do caso concreto melhor dirão ao juiz se o fiel cumprimento do negócio processual pelo terceiro-executor e o seu direito de receber o respectivo preço podem ser decididos através de uma cognição verticalmente não exaustiva no próprio procedimento executório em curso ou se umas ou algumas dessas questões devam ser objeto de cognição exaustiva em regular e amplo processo de conhecimento, caso em que remeterá as partes para as vias ordinárias. É conveniente que a cognição se complete nesse próprio processo, viabilizando a quitação do executor e do executado e definindo desde logo a responsabilidade de um e de outro pelo ressarcimento dos prejuízos sofridos pelo exequente, levando a termo o procedimento executório. Todos esses possíveis desdobramentos poderão ser regulados no negócio processual que originar a execução por terceiro, em que a vontade das partes, do terceiro e a aprovação do juiz são elementos essenciais. Se o executado se re-

---

559 ALCIDES DE MENDONÇA LIMA. Ob. cit., p. 689.

cusar a celebrar o negócio processual, poderá ele ser celebrado sem a sua presença. Afinal, a execução precisa ir adiante, com ou contra a sua vontade. A recusa do exequente deverá ser interpretada como desistência da execução da obrigação por terceiro. O terceiro escolhido não pode ser obrigado a aceitar o encargo, pois se trata de prestação de interesse exclusivo do exequente. Outro deverá ser escolhido. Se nenhum aceitar ou se não houver terceiro qualificado, disponível e acessível, a obrigação se converterá em indenização[560].

O cumprimento da prestação por terceiro poderá exigir a invasão da esfera jurídica do executado ou a sua colaboração efetiva, a que este será obrigado com o emprego, a requerimento do exequente, do terceiro-executor ou de ofício pelo juiz, de todos os meios coativos e sanções legalmente previstas para a sua efetivação[561].

O dispositivo em comento estabelece que a execução por terceiro será feita à custa do executado, mas não diz em que momento o exequente poderá voltar-se contra o executado. O Código português, nos arts. 870° e 871°, a meu ver, oferece a solução ideal. Arbitrado pelo juiz o preço a ser pago ao terceiro-executor, desencadeia-se em face do executado a execução por quantia certa, com a penhora dos bens e demais atos correspondentes, de modo que, se possível, o montante necessário esteja depositado para arcar com o pagamento ao executor, sem prejuízo do adiantamento das parcelas do preço pelo exequente, como determinado no parágrafo único.

MENDONÇA LIMA recorda que a ZPO alemã, na seção 887, 2ª parte estabelece que "o credor pode requerer ao mesmo tempo que o devedor seja condenado antecipadamente ao pagamento dos gastos que a execução do ato possa causar, sem prejuízo de posteriores reclamações por maiores gastos"[562].

ARAKEN DE ASSIS examina cuidadosamente a possibilidade de desistência do exequente em relação ao cumprimento da prestação por terceiro[563]. Parece-me que as diversas circunstâncias em que isso pode ocorrer podem se resumir à aplicação de um único princípio: se a qualquer tempo, seja antes ou depois da aprovação da proposta, seja depois de celebrado o negócio jurídico com o terceiro-executor, ou depois de iniciada por este a execução, o exequente poderá desistir dessa modalidade de cumprimento da prestação de fazer, escolhendo outra modalidade ou a conversão da prestação em perdas e danos, desde que indenize de imediato e cabalmente todos os prejuízos que tiver

---

560 ALCIDES DE MENDONÇA LIMA. Ob. cit., p. 687.
561 V. comentários ao art. 814.
562 ALCIDES DE MENDONÇA LIMA. Ob. cit., p. 693.
563 ARAKEN DE ASSIS. *Comentários ao Código de Processo Civil.* Artigos 797 ao 823, vol. XIII. São Paulo: Revista dos Tribunais, 2016, p. 182-183.

causado ao executado e ao terceiro-executor. Se houver partes autônomas da prestação já cumpridas, não poderá recusar-se a recebê-las. Se cumprida integralmente a prestação, não poderá mais arrepender-se.

Importante questão diz respeito à sub-rogação ou não do terceiro-executor na obrigação do executado perante o exequente. Citando Pontes de Miranda, Mendonça Lima sustenta que, a partir da aceitação da proposta do terceiro-executor, passam a existir duas relações jurídicas diferentes: a) do credor contra o devedor para cobrar-lhe o custo da prestação pago ao terceiro; b) a do credor contra o terceiro-executor quanto ao pagamento do serviço e à perfeição do trabalho executado. Não entendo desse modo, porque me parece que a obrigação do executado de cumprimento completo e perfeito da prestação devida sobrevive, respondendo ele perante o credor, pelos defeitos que apresentar a obra do terceiro-executor. Daí porque afirmei que a ação incidente contra o terceiro-executor tem como autores em litisconsórcio o exequente e o executado, respondendo este perante o credor pelo cumprimento da prestação e voltando-se contra o executado em ação regressiva, a menos que tenha sido diferentemente ajustado no negócio processual que tiver antecedido o cumprimento da prestação pelo terceiro.

Entretanto, é verdade que em bem poucos casos o credor teria interesse em submeter a execução da obra por terceiro à supervisão judicial. Salvo nos casos em que a execução do fato dependesse de informações do executado ou de invasão da sua esfera jurídica, ser-lhe-ia mais simples a imediata conversão da obrigação em indenização, ficando livre para mandar fazer a obra sob a sua direta e exclusiva responsabilidade por terceiro da sua livre escolha, sem qualquer ingerência do executado ou do juiz.

Se a exoneração do executado possa ser a regra, não se pode excluir que se a obra depende de numerosas e complexas informações do executado, se o executor não possui qualificação idêntica à do executado para alcançar resultado com a mesma perfeição técnica se são diversos os executores de partes da obra, possam as partes no negócio processual estabelecer a responsabilidade residual de cada um. O mesmo poderá ser estabelecido em face de outras circunstâncias, como o do cumprimento apenas parcial da obrigação pelo terceiro.

Art. 818. Realizada a prestação, o juiz ouvirá as partes no prazo de 10 (dez) dias e, não havendo impugnação, considerará satisfeita a obrigação.

Parágrafo único. Caso haja impugnação, o juiz a decidirá.

Este artigo, que reproduz disposições praticamente idênticas dos Códigos de 1939 (art. 1.002) e de 1973 (art. 635), é mais um exemplo da pouca atenção que o Código de 2015 deu ao procedimento da execuções de obrigações de fazer e de não fazer, especialmente diante das inúmeras vicissitudes a que estão sujeitas, conforme analisamos nos comentários aos artigos antecedentes, na tutela dos direitos metaindividuais e nas complexas relações jurídicas de direito material em que o Judiciário hodiernamente é chamado a intervir.

A sua posição, em seguida ao art. 817, deixa claro que se trata de dispositivo complementar a esse outro dispositivo, saltando o legislador abruptamente do requerimento inicial da execução por terceiro para a decisão final se já cumprida a prestação, tratando do miolo entre o começo e o fim parcimoniosamente apenas no art. 819, que comentaremos a seguir.

O que diz o artigo é que, se a obrigação estiver cumprida, ou seja, se o terceiro tiver realizado o serviço, o ato ou a obra, entregando-a ao exequente, deverá comunicar o cumprimento ao juiz, que ouvirá as partes em dez dias. Decorrido esse prazo, se não tiver havido impugnação ou se o juiz a considerar improcedente, "considerará satisfeita a obrigação". Se acolher a impugnação do exequente ou do executado quanto ao exato cumprimento da prestação, determinará que o terceiro-executor adote as providências necessárias, se for possível, ou declarará que a obrigação não foi cumprida e determinará que o exequente se manifeste sobre a conversão da prestação em perdas e danos ou a sua preferência por outro meio de cumprimento da prestação. Também nesse caso de impugnação pelo exequente ou pelo executado, curiosamente o juiz deverá aguardar mais cinco dias, tendo em vista que o artigo seguinte confere quinze dias para que o impugnante requeira autorização para reparar ou concluir a obra. Embora o artigo se refira apenas ao exequente, também o executado pode requerer autorização para completar a obra.

Também poderá ocorrer a impugnação por parte do executado quanto aos custos apresentados pelo executor e que possam vir a ser-lhe exigidos no ressarcimento ao desembolso do exequente.

A lei diz que, se houver impugnação de uma das partes, o juiz decidirá. Não é tão simples. Antes ele deverá ouvir o terceiro-executor, por força do disposto no art. 9º, pois, a partir da aceitação da proposta de execução pelo terceiro, este se tornou parte na execução, como já vimos.

Além de tudo que já dissemos quanto à insuficiência da disciplina da execução das obrigações de fazer, cumpre lembrar que, ao concluir o seu trabalho e efetuar a respectiva comunicação ao juiz, provavelmente o terceiro-executor prestará contas do seu encargo, das receitas e das despesas em forma contábil, o que igualmente poderá ser objeto de impugnação pelas partes.

Também não pode ser ignorada a hipótese de que o terceiro-executor, ao cabo do seu trabalho, não faça qualquer comunicação ao juiz. Já dissemos anteriormente que a calendarização do plano de cumprimento da prestação é conveniente, fiscalizando o juiz as suas diversas etapas ou designando um perito para acompanhá-las, o que deverá ter sido estabelecido, se possível, no negócio processual originário ou na decisão preambular do procedimento de execução por terceiro.

Em qualquer caso, com ou sem calendarização ou prazo pré-fixado de cumprimento, qualquer das partes poderá requerer que o terceiro-executor comprove a efetivação do seu trabalho ou das respectivas etapas, comprove a sua entrega ao exequente e que preste contas.

Ao cabo de todas essas providências ou de outras que se fizerem necessárias ocorrerá uma destas duas hipóteses: a) o juiz declarará satisfeita a obrigação e a execução será encerrada; b) o juiz declarará que a obrigação não foi devidamente satisfeita e determinará as providências para a sua efetivação ou complementação ou determinará que o exequente requeira o que julgar de direito.

Para preparar a decisão do juiz em caso de impugnação, pode ser necessária instrução probatória, que o juiz determinará. O Código de 1939, no art. 1.002, previa nesse caso a realização de vistoria.

Na segunda hipótese, a execução prosseguirá e a decisão do juiz terá a natureza de decisão interlocutória. Já na primeira hipótese, conjugando o art. 818 com os arts. 924 e 925, parece à primeira vista que estamos diante de uma sentença de mérito. Disto trataremos em seguida. Entretanto, como recorda ARAKEN DE ASSIS, pode ser que, mesmo declarada satisfeita a obrigação de fazer, o processo deva prosseguir para o reembolso ao exequente das despesas que antecipou e dos honorários de advogado, caso em que será adotado o procedimento da execução por quantia certa[564]. Teremos aí, então, uma decisão interlocutória de mérito e não propriamente uma sentença, semelhante à regulada no art. 356. Encerra-se a execução incidente da prestação de fato em face do terceiro e prossegue a execução do título em face do devedor originário pelo procedimento da execução por quantia certa.

71. Extinção da execução

Como já vimos anteriormente, a execução visa a promover a plena satisfação do crédito do exequente com o menor sacrifício possível aos interesses do executado e o mais absoluto respeito às garantias fundamentais do processo. Mas o seu desfecho não é necessariamente a satisfação do credor. Se o devedor provar que a obrigação já foi prestada ou que por qualquer outra causa se extinguiu, a execução se encerrará sem a satisfação do credor. E mesmo quando o processo conduz à concreta satisfação do exequente, essa satisfação se baliza rigorosamente pelo conteúdo da obrigação constante do título,

---

564 ARAKEN DE ASSIS. *Comentários ao Código de Processo Civil*: artigos 797 ao 823, Vol. XIII. São Paulo: Revista dos Tribunais, 2016, p. 186.

respeitados os limites mínimos de proteção do devedor e sempre do modo menos oneroso para este.

Como o crédito do exequente está pré-constituído no título executivo, o desfecho mais comum da execução deve ser a satisfação desse crédito e, por isso, se fala que esse é o modo *normal* de extinção[565], a que se refere o art. 924, inciso I, do Código.

Na execução por quantia certa essa extinção *normal* se dá com a entrega do dinheiro ou a adjudicação do bem penhorado; na execução de obrigação de fazer ou de não fazer, com o seu cumprimento voluntário pelo devedor, a execução ou demolição da obra por terceiro ou o pagamento das perdas e danos em que se converteu a obrigação; na execução para entrega de coisa, com a entrega da coisa ou o pagamento do dinheiro em que se converteu.

E, diversamente do que ocorre em outros países, o nosso diploma processual estabelece no art. 925 que a "extinção só produz efeito quando declarada por sentença".

Essa regra parece exigir a sentença como ato final essencial da execução[566]. À primeira vista pode parecer lógico que, adotado entre nós o sistema de condução da execução pessoalmente pelo juiz, deva o processo que a implementa ser encerrado por sentença, porque somente o magistrado pode pôr termo ao processo, com os inúmeros vínculos jurídicos que dele decorrem para os seus três sujeitos principais, juiz, autor e réu, e no caso também para a parte acessória, o terceiro-executor.

Sucede que a finalidade essencial da execução é a satisfação do exequente. Alcançado esse objetivo, nenhuma atividade coativa ou satisfativa poderá mais ser praticada, porque a jurisdição executória estará exaurida. A exigência de declaração por sentença da extinção da execução é, pois, ocioso formalismo, servindo apenas para encerrar o procedimento executório, num ato decisório cuja cognição é absolutamente superficial e precária, porque consiste apenas numa constatação fática de que nada mais há a prover porque, pelo menos aparentemente, o credor está plenamente satisfeito. A extinção da execução

---

565 V. Sergio Costa. *Manuale di diritto processuale civile*. Torino: UTET, 1973, p. 607: "Il processo esecutivo ha termine nel modo normale, con l'esaurimento degli atti ed il raggiungimento dello scopo; ma può estinguersi anche in modo anormale, per rinunzia, per inattività o per mancata comparizione all'udienza".

566 Marcelo Abelha Rodrigues. *Manual de execução civil*. 7ª ed. Forense: Rio de Janeiro, 2019, p. 222: "... a sentença no processo de execução é declaratória, porque declara a extinção do processo executivo. Essa declaração serve para reconhecer se a execução forçada foi frutífera ou não. Não é a sentença em si mesma o ato executivo que realiza a execução em concreto, mas apenas dá o acertamento de que houve (no passado – declaração) ou não a satisfação do direito exequendo".

não tem o efeito de dar ao réu quitação da dívida exequenda com a autoridade da coisa julgada, mas apenas de extinguir o procedimento judicial em face da constatação resultante de cognição estritamente sumária de que há elementos nos autos que indicam que o crédito está satisfeito, o que não impede que, a qualquer tempo, venha o processo a ser retomado se o credor trouxer alguma informação consistente de que ainda existe alguma parte do crédito inadimplida a exigir seja novamente desencadeada a prática de atos coativos, ou ainda, se discordar da decisão do juiz que declarou satisfeita a obrigação. Portanto, satisfeito o credor, o que extingue a execução é essa satisfação e não a eventual decisão judicial subsequente que a reconhece. Se, satisfeito o credor, deixar de ser proferida essa decisão, nem por isso poderá ser praticado qualquer novo ato executório. A atividade executória estará encerrada pela satisfação e não pela decisão. Por isso, CELSO NEVES[567] esclarecia corretamente que a sentença declaratória do fato extintivo produz apenas o efeito de pôr termo ao procedimento. Nada mais do que uma ordem administrativa para que os autos sejam remetidos ao arquivo e para que sejam feitas as devidas anotações da baixa nos registros cartorários.

Esse efeito concreto, de natureza exclusivamente procedimental, é que decorre da sentença, e não a satisfação da obrigação, consequência de direito material resultante do comportamento espontâneo do devedor ou do êxito da atividade jurisdicional executória. Ainda assim, essa sentença que encerra a execução se considera de mérito, não porque realize a finalidade substancial da execução, já atingida pelo fato da satisfação da obrigação, mas porque declara essa satisfação. Igual eficácia terá a sentença que julgue procedentes os embargos do devedor pelo reconhecimento de que a dívida já está paga.

Além dessa extinção normal pela satisfação do crédito, pode a execução também extinguir-se por outros fundamentos que aqui denomino de meios *anormais,* que, conforme as circunstâncias, podem caracterizar a satisfação do exequente sem que tenha se exaurido a atividade executória ou não alcançar esse objetivo por falta de pressupostos processuais ou condições da ação.

O Código de 1973, no art. 795, se referia, de modo incompleto, apenas à transação, à remissão total da dívida e à renúncia ao crédito. Já o Código de 2015, no art. 924, em redação mais abrangente, menciona a renúncia ao crédito e qualquer outro meio de extinção total da dívida que não seja a satisfação da obrigação.

Essa extinção *anormal*, portanto, poderá concretizar-se pela prolação de sentença terminativa, se ocorrer algum dos fatos previstos no art. 485 do Có-

---

567 CELSO NEVES. *Comentários ao Código de Processo Civil*, tomo VII. Rio de Janeiro: Forense, 1974, p. 336.

digo de 2015, entre os quais, a inépcia da petição inicial, a injustificada paralisação do processo por mais de um ano, a perempção, a litispendência ou a coisa julgada, a falta de condições da ação de execução ou de pressupostos processuais, a convenção de arbitragem, a desistência ou a intransmissibilidade da execução.

Cumpre observar que a desistência da execução, diferentemente da desistência da ação, normalmente não depende da concordância do réu (art. 775). Se tiver havido negócio processual com a homologação de proposta de execução da prestação por terceiro, a desistência dependerá da concordância do terceiro-executor.

Quanto às hipóteses de extinção do processo com resolução do mérito, parece-me que somente se aplicam à execução as dos incisos II e III, *b* e *c*, do art. 487 do Código de 2015, a saber, a homologação da transação e a decretação da decadência ou da prescrição.

O acolhimento ou rejeição do pedido (art. 487, inc. I)) não se harmoniza com a execução, pois é característica da jurisdição cuja prestação estatal consiste na própria sentença, qual seja a jurisdição de conhecimento. Nesta, a sentença encerra o processo ou a sua fase cognitiva, julgando o pedido do autor procedente ou improcedente. Já na execução, o pedido do autor não é acolhido ou rejeitado por uma sentença, mas satisfeito ou não pela atividade coativa desencadeada contra o devedor e sobre o seu patrimônio. O reconhecimento pelo réu da procedência do pedido do autor (art. 487, inc. III, *a*) é impróprio na execução, pois para satisfazer o exequente não basta que o réu reconheça o direito do devedor ao bem jurídico ou à prestação constante do título. A essas duas modalidades de extinção do processo corresponde, na execução, a satisfação do crédito ou a demonstração de que já foi satisfeito, forma normal de encerramento da execução, já examinada acima.

A prescrição da execução diz respeito não só à consumada antes do ajuizamento da execução, mas também à prescrição intercorrente por não localização do devedor ou por ter-se tornado materialmente impossível o cumprimento da prestação, de acordo com o disposto no art. 921, aplicável analogicamente às prestações de fato nas quais a impossibilidade material se equipara à não localização de bens penhoráveis da execução por quantia certa.

Outra hipótese de extinção da execução de título extrajudicial é a procedência dos embargos do devedor por falta ou nulidade de citação, inexistência, iliquidez ou inexigibilidade do crédito, ilegitimidade de parte ou falta de outra condição da ação, bem como pelo reconhecimento de qualquer nulidade processual insanável ou insanada ou de fato extintivo, modificativo ou impeditivo.

O mérito dos embargos ou da impugnação podem ser questões processuais ou de mérito da execução e a sua procedência pode ter efeito terminativo desta ou o efeito de declarar a inexistência do crédito ou a sua inexigibilidade. O efeito inibitório que a procedência dos embargos tem sobre a execução dispensa qualquer outra decisão na execução para pôr-lhe termo.

Nas demais hipóteses de extinção anormal da execução, a extinção não depende da propositura ou do julgamento dos embargos ou de impugnação, mas sempre deverá ser proferida sentença, terminativa ou definitiva, conforme a matéria, extinguindo a execução. Aqui a sentença não é formalidade inútil, porque na verdade ela está trancando a execução sem que ela tenha alcançado a sua finalidade essencial, qual seja a satisfação do crédito do exequente.

72. Preclusão e coisa julgada

A sentença na execução, mesmo quando declara o direito material entre as partes, não adquire a imutabilidade da coisa julgada, ou seja, não gera a certeza desse direito material que impeça volte ele a ser rediscutido em outro processo. Essa limitação sofrida pela sentença na execução é absolutamente coerente com a natureza da atividade jurisdicional executória: atividade coativa e satisfativa, não cognitiva, ou, no máximo, acompanhada de superficial e sumária atividade cognitiva.

Para GIOVANNI TOMEI[568], a coisa julgada não pode prescindir do contraditório, da prova e do juízo em torno ao preexistente e controvertido direito, institutos típicos da cognição ordinária ou exauriente, não encontráveis nos processos sumários e executivos.

Entre nós, MONIZ DE ARAGÃO[569] aflora o problema, declarando que a coisa julgada não se faz presente na execução, na qual a lide não é composta pelo *julgamento,* e sim pela *satisfação* da pretensão do credor.

A sentença na execução preclui, porque, encerrando o processo, exaure a atividade jurisdicional e não permite sejam reabertas na mesma relação processual as questões de fato ou de direito, processuais ou de mérito, apreciadas naquele processo, nem revogados os atos conclusivos da execução, o que não é obstáculo a que a realidade substancial da relação controvertida seja reexaminada em outro processo. Sai definitivamente consolidado de qualquer processo executivo o ato de pagamento coativo, de entrega forçada, aquele ato singular próprio daquele processo, livre ficando a discussão do direito material

---

568 GIOVANNI TOMEI. Cosa giudicata o preclusione nei processi sommari ed esecutivi. *Rivista Trimestrale di Diritto e Procedura Civile,* ano XLVIII. Milano: Giuffrè, 1994, p. 830.
569 EGAS MONIZ DE ARAGÃO. *Sentença e coisa julgada.* Rio de Janeiro: Aide, 1992, p. 234-237.

nos futuros processos, inclusive para eventuais pedidos de restituição ou de repetição de indébito. Também se tornarão irreversíveis os atos executórios de caráter negocial, como a arrematação ou a adjudicação na execução por quantia certa, salvo por vícios intrínsecos, não vícios do processo em que foram praticados (art. 903), por meio de ação anulatória (art. 966, § 4°), a que também estarão sujeitos a homologação da transação e da renúncia ao direito[570].

Somente haverá coisa julgada quanto ao direito material em decorrência da sentença nos embargos do devedor se o seu fundamento constituir questão de direito material. A nulidade do título ou a inexistência da dívida, se não tiverem sido objeto dos embargos ou da impugnação, poderão, assim, fundamentar ação de restituição ou de repetição de indébito, e não a anulação dos atos executivos.

Extinta a execução da prestação de fazer pela declaração de que a obrigação foi satisfeita, voltará a fluir o prazo prescricional para que em outra execução eventualmente o credor venha a reclamar que a prestação não foi devidamente cumprida, requerendo com base no mesmo título executivo, do executado ou do terceiro-executor, as medidas necessárias à sua implementação.

> **Art. 819.** Se o terceiro contratado não realizar a prestação no prazo ou se o fizer de modo incompleto ou defeituoso, poderá o exequente requerer ao juiz, no prazo de 15 (quinze) dias, que o autorize a concluí-la ou a repará-la à custa do contratante.
>
> **Parágrafo único.** Ouvido o contratante no prazo de 15 (quinze) dias, o juiz mandará avaliar o custo das despesas necessárias e o condenará a pagá-lo.

Este art. 819, semelhante ao art. 636 do Código de 1973, de evidente redação apressada, corrigindo "contratante" por "contratado" na primeira linha do *caput*, mas esquecendo de fazer a mesma correção na última e no parágrafo único, faculta ao exequente o direito de resilição unilateral do negócio jurídico celebrado com o terceiro-executor em caso de inadimplemento total ou parcial por parte deste. Aplica-se à hipótese o disposto no art. 473 do Código Civil, o que abaixo consideraremos.

O dispositivo também prevê que, no caso de inadimplemento do terceiro-executor o exequente requeira autorização para reparar ou concluir, ele mesmo (ou evidentemente outrem por sua conta e risco), a prestação à custa do terceiro inadimplente.

São duas manifestações autônomas. A segunda depende da primeira, mas a primeira não impõe a segunda. O exequente pode requerer a resilição do

---

570 V. Leonardo Greco. *Instituições de processo civil*, vol. II. 3ª ed. Rio de Janeiro: Forense, 2015, p. 325-326.

negócio com o terceiro-executor e preferir a conversão da prestação inadimplida em perdas e danos em face do executado. Poderá também requerer a substituição do primitivo terceiro-executor por outro terceiro-executor. Não se pode excluir que essas ou outras hipóteses tenham sido anteriormente previstas no próprio negócio processual originário ou na decisão que aprovou a proposta do primitivo executor, inclusive quanto às consequências, em disposições que prevalecerão sobre o art. 819.

Portanto, salvo disposições em contrário do negócio processual originário ou da decisão que aprovou a proposta do primitivo executor e antes de qualquer outra manifestação, o exequente deverá requerer ao juiz que ele seja notificado do inadimplemento, nos termos do art. 473 do Código Civil, fixando o juiz prazo compatível com a complexidade e o vulto da prestação em questão para que o executor se manifeste, reconheça ou não o inadimplemento ou justifique a necessidade de prazo maio para o seu cumprimento. Esse prazo não será necessariamente de quinze dias, mas a fixação de outro prazo maior, também facultada pelo art. 139, inciso VI, deverá ser devidamente fundamentada.

Poderá o exequente cumular o requerimento de execução da prestação por ele próprio, de substituição do terceiro executor ou de redirecionamento da execução para outra via, mas esse requerimento somente será examinado pelo juiz se este reconhecer o inadimplemento do terceiro-executor, o que poderá exigir instrução probatória, ainda que sumária.

Reconhecida a mora do terceiro-executor e havendo pedido de assunção da execução pelo exequente, deverá o juiz "mandar avaliar as despesas necessárias", condenando aquele a pagá-las. A matéria poderá estar regulada com mais precisão no negócio ou na decisão originária. À falta dessa disciplina, parece-me que as despesas que o terceiro-executor será condenado a pagar englobarão pelo menos: o que indevidamente recebeu pela prestação não cumprida, o custo em que incorrerá a nova execução ou a sua complementação, bem como o valor estimativo dos efetivos prejuízos sofridos pelo exequente em razão do não recebimento no prazo previsto da prestação devida.

Salvo disposição em contrário, o executado não será responsável por essas despesas[571], mas deverá ser ouvido sobre os requerimentos do exequente, porque do seu desfecho poderão recair consequências sobre a sua responsabilidade executória, caso a prestação venha a final a ser convertida em perdas e danos.

---

571 Em sentido diverso, ARAKEN DE ASSIS entende (ob. cit., p. 180) que o executado por elas responde subsidiariamente, se o terceiro-executor se tornar insolvente.

É recomendável que uma única decisão aprecie o inadimplemento do terceiro-executor, os demais requerimentos do exequente e arbitre desde logo o valor devido ao exequente pelo terceiro. A relegação da fixação desse valor a futura liquidação pode ser necessária, mas não se pode esquecer que essa e outras matérias devem ser decididas no processo de execução em cognição sumária, com rapidez, ainda que passível de revisão futura em procedimento cognitivo mais amplo.

Nos mesmos autos, a condenação do terceiro-executor poderá ser objeto de execução por quantia certa, podendo o juiz determinar o processamento desta em apartado se num juízo de conveniência a concomitância com continuidade da execução da obrigação de fazer ou da execução pecuniária contra o devedor originário parecer desaconselhável do ponto de vista da eficiência da administração da justiça.

Art. 820. Se o exequente quiser executar ou mandar executar, sob sua direção e vigilância, as obras e os trabalhos necessários à realização da prestação, terá preferência, em igualdade de condições de oferta, em relação ao terceiro.

Parágrafo único. O direito de preferência deverá ser exercido no prazo de 5 (cinco) dias, após aprovada a proposta do terceiro.

Mais uma vez o pouco cuidado do Código de 2015 com a execução das obrigações de fazer e revela neste artigo, que confere ao exequente preferência ao terceiro, em igualdade de condições, para a execução da prestação. A regra é idêntica à do art. 637 do Código de 1973 que, entretanto, já havia abandonado na arrematação a preferência do credor exequente, que existia no art. 981 do Código de 1939, porque essa preferência, ali como aqui, é incompatível com a menor onerosidade da execução para o devedor. Se o exequente quer propor-se a executar a obra, que ofereça proposta mais vantajosa do que a de qualquer outro interessado, abrindo a este a oportunidade de oferecer outra proposta ainda mais vantajosa. Quem tem a ganhar com a disputa é o devedor que terá assegurado que o custo que sobre ele recairá será o menor possível.

Ainda assim, o dispositivo do Código de 1973 correspondente ao art. 820 tinha algum sentido na redação original do referido Código, que minudenciava procedimento licitatório para a escolha do terceiro-executor, o que desapareceu com a reforma da Lei n. 11.382/2006 e não mais existe no Código de 2015. Se por algum motivo tiver sido decidido que a escolha do executor se faça por procedimento licitatório, então se aplicará o art. 820, caso em que escolhido deverá ser o que oferecer a melhor proposta. Igualdade de condições não é melhor preço. É uma avaliação de todas as circunstâncias que envolvem a execução da obra, tanto objetivas quanto subjetivas, que pode levar o juiz a escolher a proposta de preço maior se o proponente tem mais experiência e qualidade na execução de obras semelhantes, como pode levar em face de preços iguais a escolher o terceiro que oferece mais garantias de cumprimento da prestação.

A única vantagem objetiva que o executado sempre terá se o credor assumir a responsabilidade de executar a obra é a de que eventual mora ou defeito de execução não poderão ser imputados ao executado, embora as circunstância do caso concreto podem evidenciar que para o executado seja mais fácil fiscalizar o custo da execução por terceiro do que pelo próprio exequente.

Não conheço qualquer caso concreto em que o dispositivo tenha tido aplicação, do que me desculpo. Tenho dificuldade em imaginar por que o exequente prefeririria executar a obra sob fiscalização do juiz a preferir a imediata conversão da obrigação em perdas e danos, ficando livre para promover a execução da obra ou não, de acordo com a sua vontade ou até mesmo para executá-la sem as amarras das condições e características a que estava obrigado o executado, confiando-a a executor de sua escolha numa relação jurídica totalmente privada e desvinculada das amarras e formalidades de um processo judicial. Talvez uma instituição pública ou altruística escolheria o penoso caminho da Justiça como garantia da sua probidade, da sua exação ou da sua impessoalidade?

O artigo parece exigir que o juiz primeiramente aprove a proposta do terceiro e em seguida abra ao exequente o prazo de cinco dias para que o exequente exerça o direito de preferência, contado esse prazo da intimação da referida aprovação. Seria uma estranha decisão judicial sujeita a uma condição resolutiva? Acho que não. A meu ver, deve o juiz num primeiro ato reconhecer que a proposta de determinado terceiro parece revestir-se das condições para ser aprovada, determinando a intimação do exequente para sobre ela manifestar a sua preferência em cinco dias. Desnecessária a intimação e inaplicável o artigo se o exequente, antes do pronunciamento preliminar do juiz, tiver se manifestado expressamente em favor da aprovação da proposta do terceiro.

Não colhe a meu ver o entendimento de Araken de Assis, louvado em João de Castro Mendes[572], de que a execução da obra pelo exequente deverá ser antecedida da cobertura do seu custo pelo executado, porque isso contrariaria o art. 817, parágrafo único, que estabelece que o exequente adiantará o custeio do cumprimento a prestação.

Mas com razão o ilustre Autor leciona que, concluída a obra, deverá o exequente submetê-la à aprovação judicial, nos termos do art. 818.

---

572 João Castro Mendes. Ob. cit., p. 189.

Art. 821. Na obrigação de fazer, quando se convencionar que o executado a satisfaça pessoalmente, o exequente poderá requerer ao juiz que lhe assine prazo para cumpri-la.

Parágrafo único. Havendo recusa ou mora do executado, sua obrigação pessoal será convertida em perdas e danos, caso em que se observará o procedimento de execução por quantia certa.

Este art. 821 é absolutamente ocioso, pois nada mais diz do que já se encontrava implícito ou explícito nos arts. 815 e 816, relativamente às obrigações de fazer personalíssimas ou infungíveis e que já foram objeto dos comentários que fizemos a esses artigos.

Nestas obrigações, como também nas fungíveis, o exequente na inicial da execução deverá requerer que o juiz fixe prazo para o cumprimento da prestação pelo executado, prazo esse que deverá ser dosado de acordo com várias circunstâncias que já apontamos naqueles comentários.

A conversão em perdas e danos não será automática porque outros dispositivos do Código, como o art. 536, facultam ao exequente outras vias executórias à sua escolha, a par da simples conversão em indenização, tais como o emprego de diversos tipos de coações indiretas e a execução de prestação equivalente pelo próprio executado ou por terceiro. Ao exequente caberá efetuar essa escolha na própria inicial da execução ou logo após a recusa do devedor ou o decurso do prazo que o juiz a este outorgou.

Muitas vezes o cumprimento da prestação pelo devedor, como, por exemplo, a construção de um prédio, depende de licença administrativa. ARAKEN DE ASSIS, citando GIUSEPPE BORRÈ, sustenta nesse caso o exequente passa a ter legitimidade para pleitear na esfera própria a licença necessária[573]. Tenho dificuldade em admitir que nesse caso exista verdadeiramente título exequível, por falta de certeza da obrigação.

Também outros atos de terceiros comumente se apresentam como obstativos do cumprimento de prestações de fazer contratualmente ajustadas. Nos contratos imobiliários, é comum a outorga de procurações aos credores para poderem agir em nome dos devedores na busca, até mesmo judicial, do implemento dessas condições. Aqui também falta título executivo a ensejar execução imediata. O inadimplemento deverá ser demandado em regular processo de conhecimento com vistas à resilição dos contratos ou ao ressarcimento das perdas e danos.

---

573 ARAKEN DE ASSIS. Ob. cit., p. 191.

Seção III
Da Obrigação de Não Fazer

Das execuções de obrigações de não fazer tratam especificamente os arts. 822 e 823. Obrigações de não fazer são obrigações negativas, obrigações que impõem ao devedor a abstenção da prática de um ato ou de uma atividade ou a não criação de obstáculo para que o credor pratique ato ou atividade que de algum modo invade a esfera de vigilância do devedor ou de algum modo pode estar sujeita à sua interferência.

O não fazer pode ser apenas uma abstenção, um *não ato*, e nesse sentido constituir uma prestação infungível, que somente pode ser cumprida pessoalmente pelo devedor e não por qualquer outro sujeito. Por exemplo, não violar um segredo. O não fazer pode constituir a abstenção de um ato. Por exemplo, não impedir o direito de passagem de alguém pelo imóvel de sua propriedade. Se há ameaças de que o devedor oponha o indevido obstáculo, o credor pode intimidá-lo com medidas coativas de pressão econômica e psicológica para que não o faça, assim como, se o obstáculo já foi oposto, pode intimidá-lo com os mesmos tipos de medidas para que o remova, bem como pedir ao juiz que outrem retire o obstáculo às custas do devedor. A devida abstenção ou omissão é uma prestação infungível, mas a remoção da ação ilicitamente praticada nem sempre o é, pois muitas vezes pode ser praticada por terceiro ou pelo próprio credor, às custas do devedor. Também pode ocorrer que praticado o ato indevido, não possa ser reconstituída exatamente a situação fática devida, mas outra que a substitua como equivalente. A companhia aérea impediu indevidamente o embarque do passageiro em determinado voo, mas pode embarcá-lo em voo diverso em outro horário ou pode, com a sua aceitação, transferi-lo para voo de outra companhia em horário e data diversos. Não se pode esquecer ainda que muitas vezes o *non facere* (por exemplo, não poluir) resolve-se numa atividade positiva (instalar um filtro), que também não é necessariamente personalíssima[574].

Assim, embora consideradas por muitos como infungíveis, ADA PELLEGRINI GRINOVER, invocando DENTI[575], demonstra que a proibição violada enseja com frequência uma atividade de desfazimento que nem sempre preci-

---

[574] ARAKEN DE ASSIS. Ob. cit., p. 192-193. Aponta como obrigações de não fazer: a) a obrigação do locatário de não modificar a forma externa ou interna do imóvel sem o consentimento prévio e por escrito do locador (Lei n. 8.245/91, art. 23, inc. VI); b) receber as águas que correm naturalmente do prédio superior (Código Civil, art. 1.288); c) permitir vistoria do imóvel pelo locador (Lei n. 8.245/91, art. 23, inc. IX); d) violação de deveres legais de abstenção (CPC, art. 536, § 4º).

[575] ADA PELLEGRINI GRINOVER. Tutela jurisdicional nas obrigações de fazer e não fazer. *Reforma do Código de Processo Civil*. São Paulo: Saraiva, 1996, p. 254.

sa ser cumprida pessoalmente pelo próprio devedor e mesmo antes da violação, se a abstenção deve ser cumprida em certo prazo, pode exigir um fazer que não é necessariamente personalíssimo.

Daí resulta que, na execução das obrigações de não fazer, conforme tenha havido ou não violação da obrigação e, neste último caso, conforme haja possibilidade de remoção da violação pelo próprio devedor ou por terceiro, todos os meios executórios das obrigações de fazer se aplicam às obrigações de não fazer. A atividade consistente na remoção da ação indevidamente praticada é uma obrigação positiva, obrigação de fazer. Portanto, tanto as coações indiretas, como a multa pecuniária, o emprego de meios sub-rogatórios por terceiro, pelo próprio exequente ou até mesmo em conjunto com o próprio devedor, a imposição ou a exacerbação de outro meios de coação indireta, na expectativa de que induzam o devedor ao cumprimento, a busca do resultado prático equivalente ou as perdas e danos se aplicam à execução de obrigações de não fazer, enquanto exclusiva dela é apenas a tutela inibitória, que antecede a provável violação do dever de abstenção.

Com inteira razão, CARLOS ALBERTO DE SALLES[576] critica o procedimento da execução de obrigação de não fazer previsto nos arts. 642 e 643 do Código de 1973, correspondentes aos arts. 822 e 823 do Código de 2015, que qualifica de inteiramente retrospectivo, voltado para uma situação passada de violação já consumada que precisa ser revertida, sem predispor medidas coercitivas que favoreçam preventivamente o cumprimento da obrigação.

Idêntica é a opinião de MARCELO ABELHA RODRIGUES, para quem o Código de 2015 não previu, em nenhum momento, uma genuína execução de título extrajudicial de obrigação de não fazer (abstenção ou tolerância)[577].

Isso não significa que o credor não possa requerer a citação do devedor para abster-se da prática do ato. Poderá, sim fazê-lo, apesar dessa hipótese não tratarem nem o art. 822, nem o art. 823. Se o devedor, antes de citado para a abstenção do ato, já o tiver praticado, será necessário que o credor comprove, na inicial da execução, a ocorrência da violação. Caso não o faça com prova convincente, pré-constituída ou resultante de justificação prévia, deverá o juiz nomear perito para essa constatação, sem a qual não estará comprovado o inadimplemento da obrigação.

Verificada a violação, caberá determinar se se trata de violação de caráter instantâneo ou permanente. Violação instantânea é a que tem curta duração, cessando naturalmente os seus efeitos antes de que seja possível adotar qualquer

---

576 CARLOS ALBERTO DE SALLES. Ob. cit., p. 282.
577 MARCELO ABELHA RODRIGUES. *Manual de execução civil*. 7ª ed. Forense: Rio de Janeiro, 2019, p. 292.

providência judicial para desfazê-la. Violação permanente é durável, mantendo a situação violadora por tempo indeterminado, o que impõe uma atividade concreta no sentido do seu desfazimento.

Se a violação for permanente, requererá o credor ao juiz a sua citação para desfazê-la no prazo que for determinado no despacho inicial, sob pena de incidir nas medidas coercitivas determinadas no título ou no próprio despacho inicial (art. 822), em especial a multa pecuniária diária. Se o devedor não atender à ordem de desfazimento caberá ao exequente requerer ao juiz o prosseguimento da execução com vistas ao cumprimento da prestação por terceiro ou pelo próprio credor, ao cumprimento de prestação equivalente ou à conversão da prestação em indenização, tudo nos termos dos arts. 814 a 821, já aqui comentados, 536 a 538, 497 e 499.

No caso de violação que possa ser repetida, será ainda citado o devedor para não a reiterar sob pena de incidir novamente na multa a cada nova violação, determinando ainda a execução das providências coativas que lhe pareçam adequadas para desencorajar o devedor da reincidência.

Caso se trate de violação única, irrepetível e irremovível, não cabe impor qualquer nova medida coercitiva, mas apenas executar a multa simples que tiver sido eventualmente fixada no título, respondendo o devedor pelas perdas decorrentes do inadimplemento e substitutivas da prestação inadimplida.

Visualizo seis procedimentos de execuções de obrigações de não fazer: a) execução inibitória para impedir a violação ou a sua reiteração; b) execução de prestação de fazer positiva para evitar a violação (ex.: colocar filtro para não poluir); c) execução para o desfazimento da violação pelo executado ou por outrem, mediante coações indiretas ou meios sub-rogatórios; d) execução de prestação positiva equivalente ao desfazimento, se este for impossível ou se este não mais interessar ao exequente, pelo próprio executado ou por outrem, mediante coações indiretas ou meios sub-rogatórios; e) execução pecuniária de indenização para ressarcir os prejuízos causados em caso de violação desfeita ou substituída por prestação equivalente; f) execução pecuniária de indenização para ressarcir os prejuízos causados pela violação e substitutiva da própria prestação não omitida, se violação não puder ser removida, se o exequente não tiver mais interesse na sua remoção ou não tiver interesse ou for impossível prestação equivalente.

A única tipicamente de não fazer é a execução da letra *a*, que será promovida mediante citação do devedor para abster-se da prática do ato sob pena de multa ou outra sanção, e tem fundamento no art. 5º, inciso XXXV, da Constituição Federal. As das letras *b*, *c* e *d* são execuções de prestações de fazer, que seguirão as regras dos arts. 815 a 821, 536 e 537. As das letras *e* e *f* são execuções por quantia certa.

73. Os meios coativos nas execuções de obrigações de não fazer

Cumpre recordar que o art. 814 veicula disposição aplicável tanto a essas execuções quanto às execuções de obrigações de fazer, de modo que os comentários que fizemos a este último devem ser levados em conta na compreensão da disciplina das execuções de obrigações de não fazer.

Naquele artigo, o Código prevê que o juiz, ao despachar a inicial de qualquer uma dessas execuções, fixe multa por período de atraso no cumprimento e a data a partir da qual será devida, prescrevendo ainda que, se o valor da multa tiver sido fixado no título, o juiz poderá reduzi-lo.

Recorde-se que o art. 814 somente prevê a aplicação de multa pecuniária, não aludindo aos demais meios necessários a que se referem os arts. 497 e 536, aplicáveis à execução de títulos extrajudiciais por força do art. 771; que, embora o referido artigo use o verbo *fixará*, é discricionária a aplicação da multa ou dos demais meios coativos desde o despacho da inicial, podendo vir a ser impostos em decisão posterior, de acordo com a necessidade que possam apresentar para a efetividade da execução; que, apesar de o artigo somente prever a redução da multa, deve entender-se que também será possível a sua elevação. Aplicam-se, ainda, a forma de cumprimento do mandado de busca e apreensão de pessoas ou coisas (art. 536, § 2º), as sanções a que está sujeito o executado que não cumprir a ordem judicial (§ 3º), as hipóteses em que o juiz pode excluir a aplicação da multa (art. 537, § 1º), a reversão ao exequente do valor da multa (§ 2º), o cumprimento provisório da multa (§ 3º) e os termos *a quo* e *ad quem* de fluência da multa periódica (§ 4º).

Vislumbrar nessas diferenças um regime mais rigoroso ou mais flexível de aplicação dos meios executórios, conforme as execuções das prestações de fazer ou de não fazer tenham origem em títulos judiciais ou extrajudiciais, levaria a conclusões absurdas, porque limitadoras da efetividade da tutela específica, como meio de concretizar a mais ampla satisfação do exequente, independentemente da natureza do título de que se origina a prestação. Assim, por exemplo, não se pode supor que no cumprimento ou execução de sentença, tendo havido exaustiva cognição anterior, o juiz possa deixar de aplicar a multa, mas não possa fazer o mesmo numa execução de título extrajudicial em que não houve cognição judicial anterior.

Também são admissíveis, em princípio, a escolha convencional pelas partes dos meios coativos que devam ser prioritariamente adotados e a renúncia à aplicação de multa, sobrepondo-se, entretanto, à vontade das partes o poder do juiz de determinar as medidas que forem efetivamente necessárias, e o poder judicial de sancionar os ilícitos processuais, como os atos atentatórios à dignidade da justiça[578].

---

578 FREDIE DIDIER JR. ANTONIO DO PASSO CABRAL. Negócios jurídicos processuais atípicos e execução. *Revista de Processo*, n. 275, jan. 2018. São Paulo: Revista dos Tribunais, p. 193-228.

A multa periódica, aplicável nas violações permanentes, pode ter periodicidade horária, diária, semanal, mensal, anual ou de qualquer outra unidade de tempo em função do tipo de prestação e da velocidade em que ela possa ser cumprida. Mesmo que fixada no título executivo, pode ser modificada pelo juiz da execução justificadamente, a requerimento de uma das partes. Se essa faculdade a lei lhe confere quando a periodicidade está fixada no título judicial transitado em julgado (art. 537, § 1º), com muito maior razão pode exercê-la no título extrajudicial.

Quanto à possibilidade de elevação da multa já afirmamos no item 58 dos comentários ao art. 814 que a efetividade da execução é matéria de ordem pública, garantia constitucional (art. 5º, inc. XXXV) e postulado normativo do sistema processual (CPC, art. 8º). Assim, a justiça posta à disposição das partes não pode ser uma justiça de *faz de conta*, ocupando o Judiciário para o desempenho de atividade inútil. Se o credor não requer a elevação da multa manifestamente insuficiente, e não há outro meio coativo que possa ser eficaz, o juiz, depois de adverti-lo, deve extinguir a execução.

O juiz pode fixar o termo inicial de fluência da multa. Nas prestações de não fazer já violadas e que comportam desfazimento, a multa normalmente incidirá a partir do decurso do prazo fixado pelo juiz. Nas que não comportam desfazimento, não cabe a aplicação da multa. Nas execuções inibitórias, ou seja, naquelas em que ainda não ocorreu a violação, esta normalmente deverá ser fixada a partir da violação. Se comportar mais de uma violação, incidirá no momento que cada violação ocorrer, sendo os efeitos da violação instantâneos. Se forem permanentes, comportando desfazimento, deverão ser periódicas, incidindo até o desfazimento, ou até a opção do exequente pela tutela por equivalente, pela prestação por outrem ou pela indenização.

A multa não se confunde com as perdas e danos, mas constitui sanção pela violação da obrigação e, nas que comportam desfazimento, pelo decurso do tempo em que perdurou a violação.

Ao determinar a citação do devedor no despacho inicial ou em decisão posterior, o juiz pode igualmente determinar de ofício qualquer outra medida de coação indireta adequada e necessária ao cumprimento da prestação ou à não violação da obrigação negativa. Como já esclarecemos anteriormente, a sua imposição deve ser objeto de decisão fundamentada que justifique a sua necessidade e utilidade como indutora do cumprimento da prestação, ou seja, a não violação da obrigação negativa ou o seu desfazimento, se descumprida revestindo-se de proporcionalidade e de razoabilidade, não podendo constituir puros castigos, mas devendo apresentar instrumentalidade e adequação quanto à sua aptidão de pressionar o devedor à abstenção ou ao desfazimento da sua violação. Também não pode qualquer medida coativa ser excessivamente onerosa para o executado. Se diversas medidas forem possíveis, o juiz deverá optar pela menos gravosa (art. 805).

Não podem ser impostas medidas ilegais, como a privação da liberdade de locomoção do devedor, nem outras que violem direitos fundamentais do devedor como a honra, o pudor, o núcleo mais intenso de privacidade, a liberdade de trabalho, de profissão ou de qualquer outra atividade lícita.

A prévia audiência do executado é imperiosa, podendo ser postergada apenas se imposta pela urgência e pela alta probabilidade de que possa frustrar a efetividade da execução.

A proporcionalidade exige que o juiz pondere os interesses em conflito, sopesando o direito do credor de impor ao devedor coações para forçá-lo a cumprir a prestação devida com os danos que esses meios acarretarão para este último e exigindo que o exequente resguarde os riscos de irreversibilidade e de dano irreparável que a coação indireta possa vir a causar ao executado, devendo, se for o caso, exigir que o exequente preste caução ou outra garantia como contracautela, nos termos dos arts. 300 e 301 do Código.

Como vimos no item 10.6.2 dos comentários ao Capítulo I – Disposições Gerais e nos comentários ao art. 806, podem ser adotadas medidas executórias atípicas, ou seja, medidas que não possuem expressa previsão legal, que deverão revestir-se de excepcionalidade, subsidiariedade, necessidade, adequação instrumental, proporcionalidade, razoabilidade, respeito ao devido processo legal, à aferição e à proteção do chamado *periculum in mora* inverso.

Aplicam-se às execuções de obrigações de não fazer os demais comentários que fizemos ao art. 814 sobre a multa pecuniária, sobre as demais coações indiretas, sobre a ameaça de processo criminal como meio coativo, sobre o emprego de meios sub-rogatórios, ao art. 815 sobre os limites, ao art. 816 sobre a fungibilidade e os meios sub-rogatórios, sobre a tutela por equivalente, à infungibilidade e meios coativos e sobre o sucedâneo das perdas e danos, assim como aos arts. 817 e 818.

Art. 822. Se o executado praticou ato a cuja abstenção estava obrigado por lei ou por contrato, o exequente requererá ao juiz que assine prazo ao executado para desfazê-lo.

O art. 822 trata do procedimento da letra *c* da síntese que apresentamos acima, relativa aos diversos procedimentos das execuções de obrigações de não fazer.

Comentando o art. 642 do Código de 1973 e citando MANDRIOLI, MENDONÇA LIMA leciona que a obrigação de não fazer, uma vez violada, se transforma numa obrigação de desfazer o que foi indevidamente feito, ou seja, em um fazer.

A execução poderá dirigir-se à remoção da violação, ao seu desfazimento, ou ao ressarcimento das perdas e danos causados pela violação. Em qualquer caso, há algo no conteúdo do direito do exequente que foi irremediavelmente perdido, porque nem o desfazimento, nem o ressarcimento substituirão com perfeição o período de tempo em que o exequente teve o seu direito violado. Previsível ou prevista a violação o exequente poderia ter tentado impedi-la pela execução inibitória em que requeresse a citação do devedor para não violar o exercício do seu direito, sob pena de multa ou de qualquer outra sanção que pudesse coagi-lo a observar o seu dever de abstenção. Esta tutela inibitória, não regulada nos procedimentos executórios do Código de 2015, tem suporte no art. 5º, inciso XXXV, da Carta Magna[579] e no respectivo procedimento o juiz manda citar o executado para abster-se da violação, mas não fixa prazo, porque desde o recebimento da citação o executado está obrigado a cumprir a obrigação ou dever de abstenção, sob pena de incidir nas sanções cominadas pelo juiz.

Se a obrigação de não fazer foi violada, a primeira via executória de que dispõe o credor é a citação do devedor para desfazer a violação no prazo que o juiz fixar. Aplicam-se aqui as considerações que fizemos nos comentários ao art. 815, pois se trata de uma prestação de fazer positiva. O procedimento tem início com petição inicial que preencha os requisitos dos arts. 798 e 799. O prazo para cumprimento será fixado pelo juiz, se não estiver fixado no título.

De qualquer modo, o prazo deverá ser razoável, considerados o tempo necessário para o cumprimento da ordem e a premência do credor no desfazimento.

A fixação do prazo no título não afasta o dever do juiz de verificar *in concreto* a sua razoabilidade, podendo fundamentadamente ampliá-lo, como lhe faculta expressamente o art. 139, inciso VI, ou reduzi-lo. À falta de fixação pelo juiz, o prazo será o de quinze dias, por aplicação analógica do disposto nos arts. 523 e 806.

O despacho inicial do processo de execução deverá fixar os honorários advocatícios a serem pagos pelo executado ao exequente, que serão reduzidos à metade se o desfazimento for cumprido no prazo estabelecido pelo juiz.

Não cumprida a prestação no prazo, e, salvo se opostos embargos à execução ou embargos de terceiro aos quais tenha sido concedido efeito suspen-

---

579 V. Marcelo Abelha Rodrigues. *Manual de execução civil*. 7ª ed. Forense: Rio de Janeiro, 2019, p. 293; Fernando da Fonseca Gajardoni. Comentário ao art. 822. In: Fernando da Fonseca Gajardoni. Luiz Dellore. Andre Vasconcelos Roque. Zulmar Duarte de Oliveira Jr. *Execução e recursos*: comentários ao CPC de 2015. Rio de Janeiro: Método, 2017, p. 200-202.

sivo (arts. 678 e 919, § 1º), caberá ao exequente tomar a iniciativa de requerer o prosseguimento da execução para o desfazimento por outrem, para a tutela por equivalente ou para a conversão do desfazimento em indenização.

O art. 822 permite pedido de desfazimento por violação de obrigação legal ou contratual. ARAKEN DE ASSIS considera imprópria a menção à obrigação legal, porque estamos em sede de título executivo extrajudicial[580]. É certo que a simples violação da lei ou do contrato não justifica o pedido de desfazimento, mas se o título executivo estabeleceu o cumprimento de obrigações legais ou de obrigações contratuais, este cumprimento pode ser objeto do procedimento do art. 822.

Tem razão o Autor de que o dispositivo se restringe às obrigações de não fazer de violação permanente, em que a violação perdura, não se aplicando às instantâneas, que desaparecem ou são irreversíveis, não podendo, portanto, ser desfeitas[581].

O exequente deverá instruir a petição inicial com a prova da violação, que deverá ser documento, ainda que instrumentais de declarações de testemunhas capazes, isentas e idôneas[582]. A perícia e a inspeção judicial também poderão servir para essa prova.

Se o exequente puder descrever em pormenores a violação, facilitará a fixação pelo juiz do prazo para o desfazimento. Entretanto essa pormenorização não é estritamente necessária e a sua falta não torna ilíquida a prestação positiva de desfazimento, se a violação estiver descrita em suas características essenciais, suficientes para identificá-la.

Citado o executado poderá ter uma destas atitudes: a) desfazer a violação; b) não desfazer, mas oferecer embargos do devedor; c) permanecer inerte.

Na hipótese *a*, cientificado o juiz, ouvirá o exequente. Se este concordar com o desfazimento, a execução será extinta, reduzidos os honorários da sucumbência à metade. Se não concordar, requererá as provas a serem produzidas, em especial a vistoria da obra ou a perícia do serviço, após cuja produção, em cognição sumária o juiz aceitará o desfazimento no todo ou em parte ou o rejeitará. Aceito o desfazimento integralmente, a execução será extinta. Aceito parcialmente ou não aceito, o juiz mandará intimar o exequente para requerer o prosseguimento parcial ou total da execução por um dos outros procedimentos cabíveis (execução por terceiro ou pelo exequente, execução por equivalente ou execução pecuniária).

---

580 ARAKEN DE ASSIS. Ob. cit., p. 193-195.
581 ARAKEN DE ASSIS. Ob. e loc. cits.
582 ARAKEN DE ASSIS sugere a ata notarial (ob. e loc. cits.).

Na hipótese *b*, se os embargos tiverem efeito suspensivo, a execução ficará suspensa. Julgados procedentes os embargos, a execução será extinta com a inversão do ônus da sucumbência. Julgados improcedentes os embargos em primeira instância ou definitivamente, a execução prosseguirá. Se os embargos não tiverem efeito suspensivo, igualmente a execução prosseguirá.

Na hipótese *c*, o juiz mandará intimar o exequente para requerer o prosseguimento da execução.

> **Art. 823.** Havendo recusa ou mora do executado, o exequente requererá ao juiz que mande desfazer o ato à custa daquele, que responderá por perdas e danos.
>
> **Parágrafo único.** Não sendo possível desfazer-se o ato, a obrigação resolve-se em perdas e danos, caso em que, após a liquidação, se observará o procedimento de execução por quantia certa.

O art. 823 tem as mesmas prescrições enunciadas nos arts. 1.007 do Código de 1939 e 643 do Código de 1973, que remanesceram durante os últimos 80 anos, sem levar em conta a evolução da tutela específica ocorrida entre nós por meio de sucessivas reformas legislativas a partir de 1994, de que demos notícia no item 54 dos comentários ao Capítulo III – Da Execução das Obrigações de Fazer ou de Não Fazer.

O artigo pretende regular a sequência do procedimento iniciado na forma do artigo anterior, segundo o qual o devedor foi citado para desfazer a violação da obrigação de não fazer. O art. 823 é análogo ao art. 816 que regulou a situação em que, citado o devedor de obrigação de fazer, permaneceu inerte no prazo que o juiz lhe conferiu. Ali o legislador prefere falar simplesmente em não satisfação da obrigação no prazo, sem minudenciar o modo ou motivo da omissão. Ademais, prefere apenas prever a possibilidade do que o credor pode vir a requerer, usando a expressão *é lícito*. Aqui, no art. 823, faz duas opções por si só infelizes: a primeira é usar o verbo no tempo futuro (*requererá*) como se essa fosse a única atitude que o credor pudesse adotar; a segunda é especificar a recusa ou a mora do executado como os fundamentos da sequência proposta, como se apenas essas hipóteses pudessem justificar a sequência procedimental proposta.

Quanto à segunda, o parágrafo único em parte conserta a omissão, prevendo ainda a hipótese de impossibilidade de desfazimento da violação, o que não exclui, como já dissemos, outras hipóteses como as de desfazimento incompleto da violação ou de alegação pelo devedor de que não está obrigado ao desfazimento ou de que não praticou a violação. O art. 518, aplicável à execução de títulos extrajudiciais por força do art. 771, abre largo espaço para vários tipos de alegações incidentais nos próprios autos da execução, independentemente do oferecimento de embargos pelo devedor.

No momento em que se encontra a execução, pouco importa o que o devedor venha a alegar. Não satisfeito, a juízo do credor, o desfazimento da violação, independentemente de qualquer intimação, deverá ele requerer o prosseguimento da execução, sob pena de extinção, nos termos do art. 485, inciso III.

Na época da elaboração tanto do Código de 1939 quanto do Código de 1973, vigorava o antigo entendimento de que o inadimplemento de prestações de fazer ou de não fazer não podia ser objeto de outros tipos de procedimento executório, a não ser o da execução por quantia certa, para obtenção do equivalente pecuniário da prestação inadimplida mais as perdas e danos decorrentes do inadimplemento.

A efetividade da tutela jurisdicional, exigida entre nós pelo art. 5º, inciso XXXV e § 1º, da Constituição de 1988, veio a descortinar a necessidade de outros meios executórios para constranger o devedor a cumprir a prestação inadimplida tal como ela é e pôr à disposição do credor todos os meios sub-rogatórios e de coação indireta lícitos para obter forçadamente esse cumprimento, ainda que por outro sujeito, que não o próprio devedor, se for possível, e ainda com conteúdo não exatamente idêntico ao da prestação devida, mas que possa razoavelmente satisfazer o credor, se desejar.

O "requererá" do art. 823 não está errado, como errado não está o "é lícito" do art. 816, mas nenhuma dessas expressões explica que o exequente tem o ônus de dar seguimento à execução, mas que as vias que ele pode propor nesse momento são várias, como, por exemplo: requerer nova intimação do executado mediante novas coações, requerer a imposição ou elevação da multa pecuniária ou a sua execução (art. 537), requerer a execução por terceiro sozinho ou em conjunto com o devedor ou em conjunto com o próprio exequente ou ainda em conjunto com outros terceiros, requerer o cumprimento de prestação equivalente por qualquer desses sujeitos em conjunto ou separadamente ou, por fim, desistir da tutela específica, requerendo a execução por quantia certa do equivalente em dinheiro e das perdas e danos.

Diante do incompleto casuísmo do *caput*, o parágrafo único acrescenta mais uma suposta hipótese de conversão em obrigação pecuniária, a impossibilidade de desfazimento da violação, esquecendo-se de que há diversos tipos de impossibilidade material ou jurídica, objetiva ou subjetiva e que somente a impossibilidade jurídica, ou seja, a ilicitude do desfazimento é que não pode ser perseguida em juízo. A impossibilidade material resultante da irreversibilidade pode muitas vezes ser substituída pela tutela por equivalente, assim como a impossibilidade subjetiva muitas vezes não impede o desfazimento do ato por terceiro. Do desfazimento não se livra o executado se ilícita a violação. A excessiva onerosidade do desfazimento pode justificar a impossibilidade do desfazimento num juízo ponderado com a gravidade da violação perpetrada ao direito do exequente e com as demais opções de execução por terceiro, por equivalente ou pela conversão em pecúnia.

No regime do Código de 2015, parece-me que em face da efetividade da execução de obrigações de fazer, consagrada no art. 536, a lei abre ao credor todas as possibilidades e opções que comentamos acima, se o devedor não cumprir a prestação no prazo do art. 815, a saber: o emprego de meios sub-rogatórios por terceiro, pelo próprio exequente ou até mesmo em conjunto com o próprio devedor, a imposição ou a exacerbação de outro meios de coação indireta, como a multa, na expectativa de que induzam o devedor ao cumprimento, a busca do resultado prático equivalente ou as perdas e danos.

O credor pode preferir unilateralmente a conversão em pecúnia logo depois do decurso *in albis* do prazo do art. 822, sem antes cogitar de qualquer outra opção. Já as demais opções, a partir da escolha do credor e de eventual não aceitação pelo devedor, deverão ser consideradas pelo juiz à luz da razoabilidade e a da proporcionalidade, sendo certo que em nenhum caso o credor pode ser obrigado a receber prestação diversa da devida ou por sujeito diverso no caso de prestação infungível, a não ser com a sua expressa concordância. Em face da recusa do credor a todas essas opções, a consequência inexorável é a conversão da prestação em perdas e danos.

Essas perdas e danos, substitutivas da obrigação de não fazer violada, correspondem ao valor econômico da prestação específica, quando economicamente apreciável, ou a um valor simbólico, caso não tenha a prestação conteúdo econômico, acrescido do valor dos prejuízos causados pelo inadimplemento, que também serão liquidados.

Não se confundem com a multa pecuniária, meio de coação indireta que pode ter sido aplicada pelo juiz, e cuja fluência terá cessado a partir do momento em que tiver se tornado material, jurídica, objetiva ou subjetivamente impossível a tutela específica ou do momento em que o exequente manifestar a sua opção pela execução da prestação por outrem, pelo resultado prático equivalente ou pela conversão em perdas e danos.

O art. 823 prevê, em qualquer caso de não opção do credor por uma das outras alternativas, a conversão da prestação em perdas e danos a serem liquidadas e executadas nos mesmos autos. Revoga, portanto, o disposto no art. 250 do Código Civil, segundo o qual se a abstenção do ato se tornar impossível sem culpa do devedor, a obrigação se extingue. Esta não se extingue, mas se converte em prestação equivalente, em prestação de outrem ou em prestação pecuniária, abrangendo o valor da prestação inadimplida e o montante economicamente apreciável dos prejuízos decorrentes do inadimplemento. O que extingue é a obrigação específica, mas não os seus sucedâneos.

O parágrafo único do art. 823 prevê que as perdas e danos serão apuradas em liquidação, mas nem todos os seus componentes são ilíquidos. Assim, por exemplo, a restituição do preço antecipadamente pago é obrigação líquida que, comprovada documentalmente, poderá ser exigida independentemente de liquidação. O mesmo pode ocorrer se os prejuízos pelo inadimplemento tiverem sido pré-fixados no próprio título executivo. Também a multa fixada no despacho inicial ou posteriormente a este poderá ser exigida desde logo, independentemente de liquidação, processando-se esta sobre os valores restantes em apartado, nos termos do art. 509, § 1º.

A liquidação também será dispensada quanto ao valor da prestação específica se houver no título executivo ou no contrato a ele vinculado previsão de cláusula penal que a substitua, nos termos do art. 410 do Código Civil.

A liquidação se processará por arbitramento se não depender da prova de fatos novos, mas apenas de avaliação de fatos e objetos conhecidos, ou pelo procedimento comum, se depender da prova de fatos novos. Se uma parte da liquidação exigir arbitramento e a outra o procedimento comum, poderão ser ambas cumuladas no procedimento comum ou, se preferir o exequente, em autos separados, cada uma se processará pelo procedimento que lhe é próprio, seguindo-se execuções autônomas.

No caso de desfazimento pelo credor ou por terceiro, as despesas com a destruição serão liquidadas e executadas contra o devedor pelo procedimento do cumprimento de sentença de prestação pecuniária.

Leciona Mendonça Lima[583] que o devedor se livrará da responsabilidade pela indenização dos prejuízos causados pela violação se repuser as coisas no estado anterior à violação no prazo marcado pelo juiz. A afirmação é correta, mas não exclui a responsabilidade do executado pela indenização dos prejuízos sofridos pelo exequente até o desfazimento da violação.

---

583 Mendonça Lima. Ob. cit., p. 717.

BIBLIOGRAFIA

ALEXY, Robert. *Teoria dos direitos fundamentais*. São Paulo: Malheiros, 2008.

ALMEIDA, Diogo Assumpção Rezende de. *A contratualização do processo*: das convenções processuais no processo civil. São Paulo: LTr, 2015.

ALVES, José Carlos Moreira. *Direito romano*. 4ª ed. Rio de Janeiro: Forense, 1978.

ANDOLINA, Italo. *"Cognizione" ed "Esecuzione Forzata" nel sistema della tutela giurisdizionale*. Milano: Giuffrè, 1983.

_____. VIGNERA, Giuseppe. *Il modello costituzionale del processo civile italiano*. Torino: G. Giappichelli, 1990.

ANDREWS, Neil. Injunctions in support of civil proceedings and arbitration. In: STÜRNER, Rolf. KAWANO, Masanori (eds.). *Comparative studies on enforcement and provisional measures*. Tübingen: Mohr Siebeck, 2011.

_____. TURNER, Robert. The system of enforcement of civil judgements in England. In: STÜRNER, Rolf. KAWANO, Masanori (eds.). *Comparative studies on enforcement and provisional measures*. Tübingen: Mohr Siebeck, 2011.

ANTONIO, Simona d'. *Il commissario ad acta nel processo amministrativo*. Napoli: Editoriale Scientifica, 2012.

APREA, Guido. *Inottemperanza, inerzia e commissario ad acta nella giustizia amministrativa*. Milano: Giuffrè, 2003.

ARAGÃO, Egas Moniz de. *Sentença e coisa julgada*. Rio de Janeiro: Aide, 1992.

_____. Efetividade do processo de execução. *O processo de execução*: estudos em homenagem ao Professor Alcides de Mendonça Lima. Porto Alegre: Sergio Antonio Fabris, 1995.

ARENHART, Sérgio Cruz. Decisões estruturais no direito processual civil brasileiro. *Revista de Processo*, n. 225. São Paulo: Revista dos Tribunais, 2013.

ASSIS, Araken de. *Comentários ao Código de Processo Civil*: artigos 797 ao 823, vol. XIII. São Paulo: Revista dos Tribunais, 2016.

_____. *Manual da execução*. 19ª ed. São Paulo: Revista dos Tribunais, 2017.

ÁVILA, Humberto. *Teoria dos princípios*. 16ª ed. São Paulo: Malheiros, 2015.

BAPTISTA, Francisco de Paula. *Compendio de theoria e pratica do processo civil comparado com o commercial e de hermeneutica jurídica*. 4ª ed. Rio de Janeiro: Garnier, 1890.

_____. *Compêndio de teoria e prática do processo civil*. 7ª ed. Lisboa, 1909.

BARACHO, José Alfredo de Oliveira. *Princípio de subsidiariedade*: conceito e evolução. Rio de Janeiro: Forense, 1997.

BARBERIO, Sergio J. GARCIA SOLÁ, Marcela M. (coords.). Lineamientos de los principios de oralidad y escritura. *Principios procesales*. Tomo II. Santa Fé: Rubinzal, Culzoni, 2011.

_____. Lineamientos del principio de adquisición. *Principios procesales*. Tomo II. Santa Fé: Rubinzal, Culzoni, 2011.

BATALHA, Wilson de Souza Campos. *Comentários à Lei de Registros Públicos*, vol. II. 2ª ed. São Paulo: Forense, 1979.

BEDAQUE, José Roberto Santos. Comentário ao artigo 485. In: WAMBIER, Teresa Arruda Alvim. DIDIER JR., Fredie. TALAMINI, Eduardo. DANTAS, Bruno. *Breves comentários ao Novo Código de Processo Civil*. 2ª ed. São Paulo: Revista dos Tribunais, 2016, p. 1285.

BONSIGNORI, Angelo. *L'esecuzione forzata*. 3ª ed. Torino: G. Giappichelli, 1996.

BUZAID, Alfredo. *Do concurso de credores no processo de execução*. São Paulo: Saraiva, 1952.

_____. *Ensaio sobre a alienação fiduciária em garantia*. São Paulo: ACREFI, 1969.

CABRAL, Antonio do Passo. ZANETI JR. Hermes. Entidades de Infraestrutura específica para a resolução de conflitos coletivos: as *claims resolution facilities* e sua aplicabilidade no Brasil. *Revista de Processo*, n. 287. São Paulo: Revista dos Tribunais, jan. 2019, p. 445-483.

CAHALI, Yussef Said. *Dos alimentos*. 6ª ed. São Paulo: Revista dos Tribunais, 2009.

CALAMANDREI, Piero. Il Processo come Giuoco. *Opere Giuridiche*, vol. 1. Napoli: Morano, 1965.

CÂMARA, Alexandre Freitas. *O novo processo civil brasileiro*. 3ª ed. São Paulo: Atlas, 2016.

_____. Comentário ao artigo 137. In: WAMBIER, Teresa Arruda Alvim. DIDIER JR., Fredie. TALAMINI, Eduardo. DANTAS, Bruno (coords.). *Breves comentários ao Novo Código de Processo Civil*. 2ª ed. São Paulo: Revista dos Tribunais, 2016.

CAMPEIS, Giuseppe. DE CAL, Giovanni. *Il giusto processo nelle esecuzioni civili*. Piacenza: La Tribuna, 2018.

CANALE, Damiano. Il ragionamento giuridico. In: PINO, Giorgio. SCHIAVELLO, Aldo. VILLA, Vittorio (a cura di). *Filosofia del diritto*: introduzione critica al pensiero giuridico e al diritto positivo. Torino: G. Giappichelli, 2013.

CANARIS, Claus-Wilhelm. *Pensiero sistemático e concetto di sistema nella giurisprudenza*. Napoli: Edizioni Scientifiche Italiane, 2009.

CAPONI, Remo. Autonomia privata e processo civile: gli accordi processuali. In: CARPI, Federico *et alii*. *Accordi di parte e processo*. Milano: Giuffrè, 2008.

CAPPELLETTI, Mauro. *Fundamental guarantees of the parties in civil litigation*. Milano: Giuffrè, 1973.

_____. *Procédure orale et Procédure écrite*. Milano: Giuffrè. 1971.

CAPPONI, Bruno. *Manuale di diritto dell'esecuzione civile*. 4ª ed. Torino: G. Giappichelli, 2016.

_____. *Lineamenti del processo esecutivo*. Bologna: Zanichelli, 2008.

CARICATO, Francesco. Il commissario ad acta nel giudizio sul silenzio. In: MASTRANGELO, Donatantonio (a cura di). *Appunti sui riti speciali del processo amministrativo*. Ariccia: Aracne editrice, 2014, p. 35-45.

CARNELUTTI, Francisco. *Sistema de derecho procesal civil*, vols. III e IV. Buenos Aires: UTEHA Argentina, 1944.

_____. *Processo di esecuzione,* vol. 1. Padova: CEDAM, 1932.

_____. *Instituciones del proceso civil,* trad. da 5ª ed. italiana por Santiago Sentís Melendo, vol. III. Buenos Aires: EJEA, 1973.

_____. *Diritto e processo.* Napoli: Morano, 1958.

CARRATTA, Antonio. *Codice di procedura civile ragionato.* 5ª ed. Roma: Neldiritto, 2017.

CASTORO, Pasquale. *Il processo di esecuzione nel suo aspetto pratico.* 8ª ed. Milano: Giuffrè, 1998.

CASTRO, Amílcar de. *Comentários ao Código de Processo Civil,* vol. VIII. São Paulo: Revista dos Tribunais, 1974.

CENEVIVA, Walter. *Lei de Registros Públicos comentada.* 13ª ed. São Paulo: Saraiva, 1999.

CHIOVENDA, Giuseppe. *Principii di diritto processuale civile.* 3ª ed. Napoli: N. Jovene e C., 1923.

_____. L'azione nel sistema dei diritti. *Saggi di diritto processuale civile (1894-1937),* vol. 1. Milano: Giuffrè, 1993.

_____. *Instituições de direito processual civil,* vol. I, trad. J. Guimarães Menegale. 2ª ed. São Paulo: Saraiva, 1965.

_____. Procedimento oral. *Processo oral.* Rio de Janeiro: Forense, 1940.

COELHO JUNIOR, Sergio. *Fraude de execução e garantias fundamentais do processo.* Rio de Janeiro: Lumen Juris, 2006.

COMOGLIO, Luigi Paolo. *Il principio di economia processuale.* Tomo I. Padova: CEDAM, 1980.

COSTA, Alfredo de Araujo Lopes da. *Direito processual civil brasileiro,* vol. IV. Rio de Janeiro: Konfino Editor, 1947.

COSTA, Moacir Lobo da. *Breve notícia histórica do direito processual civil brasileiro e de sua literatura.* São Paulo: Revista dos Tribunais, 1970.

COSTA, Sergio. *Manuale di diritto processuale civile.* Torino: UTET, 1973.

COSTA, Wille Duarte. *Títulos de crédito.* 2ª ed. Belo Horizonte: Del Rey, 2006.

COSTANTINO, Giorgio. Degiurisdizionalizzazione della espropriazione immobiliare. *Rivista Trimestrale di Diritto e Procedura Civile,* ano XLVII. Milano: Giuffrè, 1993.

CUNHA, Leonardo Carneiro da. *A Fazenda Pública em juízo.* 11ª ed. São Paulo: Dialética, 2013.

DE NOVA, Giorgio. Accordi delle parti e decisione. In: CARPI, Federico *et alii. Accordi di parte e processo.* Milano: Giuffrè, 2008.

DIDIER JR., Fredie. *Curso de direito processual civil*: introdução ao direito processual civil, parte geral e processo de conhecimento. 19ª ed. Salvador: Juspodivm, 2017.

_____. Notas sobre o cumprimento espontâneo da obrigação antes da intimação (art. 526, CPC). In: BEDAQUE, José Roberto dos Santos. YARSHELL, Flavio Luiz. SICA, Heitor Vitor Mendonça (coords.). *Estudos de direito processual civil em homenagem ao Professor José Rogerio Cruz e Tucci.* Salvador: Juspodivm, 2018.

DIDIER JR., Fredie. CUNHA, Leonardo Carneiro da. BRAGA, Paula Sarno. OLIVEIRA, Rafael Alexandria de. *Curso de direito processual civil*: execução. 9ª ed. Salvador: Juspodivm, 2019.

_____. Diretrizes para a concretização das cláusulas gerais executivas dos arts. 139, IV, 297 e 536, § 1º, CPC. In: TALAMINI, Eduardo. MINAMI, Marcos Youji (coords.). *Medidas executivas atípicas.* Salvador: Juspodivm, 2018.

DIDIER JR., Fredie. CABRAL, Antonio do Passo. Negócios jurídicos processuais atípicos e execução. *Revista de Processo*, ano 43, n. 275. São Paulo: Revista dos Tribunais, jan. 2018.

_____. Negócios jurídicos processuais atípicos e execução. Revista de Processo, n. 275, jan. 2018. São Paulo: Revista dos Tribunais, p. 193-228.

DIDIER JR., Fredie. ZANETI JR., Hermes. OLIVEIRA, Rafael Alexandria de. Notas sobre as decisões estruturantes. *Civil Procedure Review*, vol. 8, n. 1. Disponível em: <www.civilprocedurereview.com>, 2017, p. 46-64.

DINAMARCO, Cândido Rangel. *A reforma do Código de Processo Civil*. São Paulo: Malheiros, 1995.

_____. *Execução civil*. 5ª ed. São Paulo: Malheiros, 1997.

_____. *Instituições de direito processual civil*, vol. I. 8ª ed. São Paulo: Malheiros, 2016.

_____. *Instituições de direito processual civil*, vol. IV. 4ª ed. São Paulo: Malheiros, 2019.

_____. *Nova era do processo civil*. 3ª ed. São Paulo: Malheiros, 2009.

ESPERANDIO, Clift Russo. JORGETTO, Leonardo Felipe de Melo Ribeiro Gomes. MARTINS, Marcelo Guerra. Cartularidade *versus* virtualização dos títulos de crédito no processo civil eletrônico. *Revista de Processo*, ano 43, n. 278, abr. de 2018. São Paulo: Revista dos Tribunais, p. 193-211.

FARIA, Márcio Carvalho. *A lealdade processual na prestação jurisdicional: em busca de um modelo de juiz leal*. São Paulo: Revista dos Tribunais, 2017.

FAUST, Florian. WIESE, Volker. Specific performance: a german perspective. In: SMITS, Jan. HAAS, Daniel. HESEN, Geerte (eds.). *Specific performance in contract law: national and other perspectives*. Antwerp: Intersentia, 2008.

FRAGA, Affonso. *Theoria e pratica na execução das sentenças*. São Paulo: C. Teixeira & C., 1922.

FREITAS, José Lebre de. *A ação executiva à luz do Código de Processo Civil de 2013*. 6ª ed. Coimbra: Coimbra, 2014.

FRIEDENTHAL, Jack H. KANE, Mary Kay. MILLER, Arthur R. *Civil procedure*. 5ª ed. St. Paul: Thomson-West, 2015.

FRIGNANI, Aldo. *L'injunction nella Common Law e l'inibitoria nel Diritto Italiano*. Milano: Giuffrè, 1974.

GAJARDONI, Fernando da Fonseca. Comentário aos artigos 806, 808, 810, 815 e 822. In: GAJARDONI, Fernando da Fonseca. DELLORE, Luiz. ROQUE, Andre Vasconcelos. OLIVEIRA JR., Zulmar Duarte de. *Execução e recursos*: comentários ao CPC de 2015. Rio de Janeiro: Método, 2017.

GAMA, Guilherme Calmon Nogueira da. *Direito civil*: obrigações. São Paulo: Atlas, 2008.

GIABARDO, Carlo Vittorio. Efectividad de la tutela jurisdicional, medidas coercitivas y papel del juez en la comparación entre civil law y common law: la experiencia inglesa. In: FERRER BELTRÁN, Jordi. VÁZQUEZ, Carmen (coeds.). *Debatiendo con Taruffo*. Madrid: Marcial Pons, 2016.

GONZÁLEZ GARCIA, Jesús Maria. La ejecución no dineraria. In: GUTIÉRREZ BERLINCHES, Álvaro (coord.). *El proceso de ejecución forzosa*: problemas actuales y soluciones jurisprudenciales. Madrid: La Ley/Wolters Kluwer, 2015.

GRECO, Leonardo. *O processo de execução*, vol. 1. Rio de Janeiro: Renovar, 1999.

_____. *O processo de execução*, vol. 2. Rio de Janeiro: Renovar, 2001.

_____. Eficácia da declaração *erga omnes* de constitucionalidade ou inconstitucionalidade em relação à coisa julgada anterior. In: DIDIER JR., Fredie (org.). *Relativização da coisa julgada*: enfoque crítico. 2ª ed. 2ª tir. Salvador: Juspodivm, 2006, p. 251-262.

_____. Uma pauta para a reforma do processo de execução. *Boletim Legislativo ADCOAS*, n. 18. São Paulo: 1995.

_____. A reforma do processo de execução. *Revista da Escola da Magistratura do Estado do Rio de Janeiro*, vol. 1, n. 1. Rio de Janeiro,1998, p. 68 e ss.

_____. A execução civil no direito comparado. *Revista de Direito Comparado*, do Curso de Pós-Graduação em Direito da Faculdade de Direito da Universidade Federal de Minas Gerais, vol. 2, n. 2, mar. 1998. Belo Horizonte, p. 177-238.

_____. A oralidade no processo de execução. *Crítica*, periódico do Centro Acadêmico Cândido de Oliveira, da Faculdade Nacional de Direito da UFRJ, ano 1, n. 3 (nova fase), dez. 1998. Rio de Janeiro, p. 7-9.

_____. Em busca da efetividade do processo de execução. *Comunicações: Caderno do Programa de Pós-Graduação em Direito da UNIMEP*, ano 3, n. 1, ago. 98. Universidade Metodista de Piracicaba, p. 153-206.

_____. A execução e a efetividade do processo. *Revista de Processo*, ano 24, n. 94, abr./jun. 1999. São Paulo: Revista dos Tribunais, p. 34-66.

_____. A reforma do processo de execução. *Revista Forense*, vol. 350. Rio de Janeiro, abr./jun. 2000, p. 57-86.

_____. A crise do a execução. In: FIUZA, César Augusto de Castro *et alii* (coords.). *Temas atuais de direito processual civil*. Belo Horizonte: Del Rey, 2001, p. 211-286.

_____. A defesa na execução imediata. *Revista Dialética de Direito Processual*, n. 21, dez. 2004. São Paulo: Dialética, p. 96-105.

_____. Execução nas ações civis públicas. *Estudos de direito processual*. Editora Faculdade de Direito de Campos, 2005.

_____. Primeiros comentários sobre a Reforma da Execução oriunda da Lei 11.232/05. *Revista Dialética de Direito Processual*, n. 36, mar. 2006. São Paulo: Dialética, p. 70-86.

_____. As ações na execução reformada. In: SANTOS, Ernane Fidélis dos *et alii* (coords.). *Execução civil*: estudos em homenagem ao Professor Humberto Theodoro Júnior. São Paulo: Revista dos Tribunais, 2007, p. 850-867.

_____. Novas perspectivas da efetividade e do garantismo processual. In: MITIDIERO, Daniel. AMARAL, Guilherme Rizzo (coords.). *Processo civil*: estudos em homenagem ao Professor Doutor Carlos Alberto Alvaro de Oliveira. São Paulo: Atlas, 2012, p. 273-308.

_____. Execução civil: entraves e propostas. *Revista Eletrônica de Direito Processual*, ano 7, n. XII, jul./dez. 2013. Rio de Janeiro: Programa de Pós-Graduação em Direito – linha de pesquisa de direito processual, da Universidade do Estado do Rio de Janeiro. Disponível em: <www.redp.com.br>, p. 399-445.

_____. A execução civil e a reforma do Código de Processo Civil. In: SILVEIRA, Renato de Mello Jorge. RASSI, João Daniel (orgs.). *Estudos em homenagem a Vicente Greco Filho*. São Paulo: Liber Ars, 2014, p. 315-335.

_____. *Instituições de processo civil*, vol. I. 5ª ed. Rio de Janeiro: Forense, 2015.

_____. *Instituições de processo civil*, vol. II. 3ª ed. Rio de Janeiro: Forense, 2015.

_____. Contratualização do processo e os chamados negócios jurídicos processuais. Disponível em: <www.academia.edu>, 2017.

_____. Cognição sumária e coisa julgada. *Revista Eletrônica de Direito Processual*, ano 6, n. X. jul./dez. 2012. Rio de Janeiro: Programa de Pós-Graduação em Direito – linha de pesquisa de direito processual, da Universidade do Estado do Rio de Janeiro, p. 275-301.

_____. Saneamento do processo, estabilidade e coisa julgada. In: DIDIER JR., Fredie. CABRAL, Antonio do Passo (coords.). *Coisa julgada e outras estabilidades processuais*. Salvador: Juspodivm, 2018.

_____. Coações indiretas na execução pecuniária. Disponível em: <www.academia.edu>, 2017.

GRINOVER, Ada Pellegrini. Tutela jurisdicional nas obrigações de fazer e não fazer. *Reforma do Código de Processo Civil*. São Paulo: Saraiva, 1996.

GUASTINI, Riccardo. *Le fonti del diritto*: fondamenti teorici. Milano: Giuffrè, 2010.

GUERRA, Marcelo Lima. Execução indireta. São Paulo: Revista dos Tribunais, 1998.

GUIMARÃES, Luiz Machado. Carência de ação. *Estudos de direito processual civil*. Rio de Janeiro-São Paulo: Jurídica e Universitária, 1969.

GUSMÃO, Helvecio. *Codigo do Processo Civil e Commercial para o Districto Federal*. Rio de Janeiro: Jacyntho Ribeiro dos Santos Editor, 1931.

HAAS, Daniel. Searching for a legal basis of specific performance in the Dutch Civil Code. In: HALLEBECK, Jan. DONDORP, Harry (eds.). *The right to specific performance*. Antwerp: Intersentia, 2010.

_____. JANSEN, Chris. Specific performance in Dutch Law. In: SMITS, Jan. HAAS, Daniel. HESEN, Geerte (eds.). *Specific performance in contract law*: national and other perspectives. Antwerp: Intersentia. 2008.

HECK, Luís Afonso. *O Tribunal Constitucional Federal e o desenvolvimento dos princípios constitucionais*. Porto Alegre: Sergio Antonio Fabris, 1995.

HESS, Burkhard. Different enforcement structures. In: RHEE, C. H. UZELAC, A. (eds.). *Enforcement and enforceability*. Antwerp: Intersentia, 2010.

_____. Different enforcement structures. In: STÜRNER, Rolf. KAWANO, Masanori (eds.). *Comparative studies on enforcement and provisional measures*. Tübingen: Mohr Siebeck, 2011.

HEUTGER, Viola. JANWILLEM, Oosterhuis. Specific performance within the huerarchy of remedies in European Contract Law. In: SMITS, Jan. HAAS, Daniel. HESEN, Geerte (eds.). *Specific performance in contract law*: national and other perspectives. Antwerp: Intersentia, 2008.

HUGONET, Pierre. *La Vérité Judiciaire*. Paris: Librairies Techniques, 1986.

JIMÉNEZ LECHUGA, Francisco Javier. *La responsabilidad patrimonial de los poderes públicos en el derecho español*: una visión de conjunto. Madrid: Marcial Pons, 1999.

JOBIM, Marco Félix. *Medidas estruturantes*: da Suprema Corte Estadunidense ao Supremo Tribunal Federal. Porto Alegre: Livraria do Advogado, 2013.

LACERDA, Galeno. *Comentários ao Código de Processo Civil*, vol. VIII, tomo I. 2ª ed. Rio de Janeiro: Forense, 1981.

LESSA, Pedro. *Do Poder Judiciário*. Rio de Janeiro: Livraria Francisco Alves, 1915.

LIEBMAN, Enrico Tullio. L'azione nella teoria del processo civile. *Problemi del processo civile*. Napoli: Morano, 1962.

_____. *Embargos do executado*. Trad. J. Guimarães Menegale. 2ª ed. São Paulo: Saraiva, 1968.

_____. *Processo de execução*. 4ª ed. São Paulo: Saraiva, 1980.

_____. O despacho saneador e o julgamento do mérito. *Estudos sobre o processo civil brasileiro*. São Paulo: José Bushatsky, 1976, p. 125.

_____. Fondamento del principio dispositivo. *Problemi del processo civile*. Napoli: Morano, 1962.

_____. I presupposti dell'esecuzione forzata. *Problemi del processo civile*. Napoli: Morano, 1962.

LIMA, Alcides de Mendonça. *Comentários ao Código de Processo Civil*. Arts. 566-645, vol. VI. 4ª ed. Rio de Janeiro: Forense, 1985.

LOBÃO, Manuel de Almeida e Sousa de. *Tratado encyclopedico pratico e critico sobre as execuções que procedem por sentenças*. Lisboa: Imprensa Nacional, 1865.

LOPES, Miguel Maria de Serpa. *Curso de direito civil*: obrigações em geral, vol. II. 6ª ed. Rio de Janeiro: Freitas Bastos, 1995.

LUCON, Paulo Henrique dos Santos. *Embargos à execução*. São Paulo: Saraiva, 1996.

LUISO, Francesco Paolo. *Diritto processuale civile*: il processo executivo, vol. III. 8ª ed. Milano: Giuffrè, 2015.

MANDRIOLI, Crisanto. CARRATTA, Antonio. *Diritto processuale civile*, vol. IV. 25ª ed. Torino: G. Giappichelli, 2016.

MARQUES, José Frederico. *Instituições de direito processual civil*, vol. V. 2ª ed. Rio de Janeiro: Forense, 1963.

_____. *Manual de direito processual civil*, vol. 4. São Paulo: Saraiva, 1976.

MARTÍN BRAÑAS, Carlos. Los títulos ejecutivos. In: GUTIÉRREZ BERLINCHES, Álvaro (coord.). *El proceso de ejecución forzosa: problemas actuales y soluciones jurisprudenciales*. Madrid: La Ley, 2015.

MARTÍN DELGADO. Isaac. *La ejecución subrogatoria de las sentencias contencioso-administrativas*. Madrid: Iuste, 2006, p. 29-93.

MARTIN, Jill E. *Modern equity*. 18ª ed. London: Sweet & Maxwell/Thomson Reuters. 2009.

MATTOS, Sérgio. Comentário ao artigo 805. In: WAMBIER, Teresa Arruda Alvim. DIDIER JR., Fredie. TALAMINI, Eduardo. DANTAS, Bruno. *Breves comentários ao Novo Código de Processo Civil*. 2ª ed. São Paulo: Revista dos Tribunais, 2016.

MAZZEI, Rodrigo. Observações sobre a penhora envolvendo o direito de superfície (e outros direitos reais imobiliários) no projeto do Código de Processo Civil. *Revista de Processo*, ano 39, n. 228. São Paulo: Revista dos Tribunais, fev. 2014.

MAZZOCCO, Giuseppe. Alcuni suggerimenti per ridurre i tempi dell'espropriazione immobiliare. *Rivista Trimestrale di Diritto e Procedura Civile*, ano XLIV. Milano: Giuffrè, 1990.

MEDEIROS NETO, Elias Marques de. O artigo 139, IV, do novo Código de Processo

Civil: a atipicidade dos meios executivos. In: JATAHY, Carlos Roberto. ALMEIDA, Diogo Assumpção Rezende de Almeida. AYOUB, Luís Roberto (coords.). *Reflexões sobre o novo Código de Processo Civil*. Rio de Janeiro: FGV, 2016.

_____. A recente Portaria 33 da Procuradoria-Geral da Fazenda Nacional, a Lei 13.606/18 e o PePex português: movimentos necessários de busca antecipada de bens do devedor. *Revista de Processo*, ano 43, n. 281. São Paulo: Revista dos Tribunais, jul. 2018, p. 219-239.

MENDES, João de Castro. *Acção executiva*. Lisboa: edição da AAFDL, 1980.

MESQUITA, Miguel. *Apreensão de bens em processo executivo e oposição de terceiro*. 2ª ed. Coimbra: Almedina, 2001.

MIRANDA, Pontes de. *Comentários ao Código de Processo Civil*. Arts. 612 a 735. Tomo X. 2ª ed. Rio de Janeiro: Forense, 2002.

MITIDIERO, Daniel. *Colaboração no processo civil*. 3ª ed. São Paulo: Revista dos Tribunais, 2015.

MONTELEONE, Girolamo. Esecuzione provvisoria. *Scritti sul processo civile*: processo di cognizione. Impugnazioni, vol. II. Roma: Aracne Editrice, 2013.

_____. Recenti sviluppi nella dottrina dell'esecuzione forzata. *Scritti sul processo civile*, vol. III. Roma: Aracne Editrice, 2013.

MONTERO AROCA, Juan. FLORS MATÍES, José. *Tratado de proceso de ejecución civil*, tomos I e II. 2ª ed. Valencia: Tirant lo Blanch, 2013.

MOREIRA, José Carlos Barbosa. Notas sobre o problema da "efetividade" do processo. *Temas de direito processual*, 3ª Série. São Paulo: Saraiva, 1984.

_____. Tendências na execução de sentenças e ordens judiciais. *Temas de direito processual*. 4ª Série. São Paulo: Saraiva, 1989.

_____. A tutela específica do credor nas obrigações negativas. *Temas de direito processual*, 2ª Série. São Paulo: Saraiva, 1980.

_____. Sobre a participação do juiz no processo civil. In: GRINOVER, Ada Pelegrini. DINAMARCO, Cândido Rangel. WATANABE, Kazuo (coords.). *Participação e processo*. São Paulo: Revista dos Tribunais, 1988.

NEVES, Celso. *Comentários ao Código de Processo Civil*. Artigos 646 a 795, vol. VII. Rio de Janeiro: Forense, 1975.

NICOLETTI, Carlo Alberto. *Profili istituzionali del processo executivo*. 2ª ed. Milano: Giuffrè, 2001.

NOGUEIRA, Pedro Henrique. *Negócios jurídicos processuais*. Salvador: Juspodivm, 2016.

OLIVA SANTOS, Andrés (dir.). SENÉS MOTILLA, Carmen. VEGAS TORRES, Jaime (coords.). *Tutela judicial del crédito en la Unión Europea*, vol. III. Valencia: Aranzadi, 2011.

OLIVEIRA, A. de Almeida. *A assignação de dez dias no fôro commercial e civil*. Rio de Janeiro: H. Garnier, livreiro-editor, 1878.

OLIVEIRA, Carlos Alberto Alvaro. *Alienação da coisa litigiosa*. 2ª ed. Rio de Janeiro: Forense, 1986.

_____. LACERDA, Galeno. *Comentários ao Código de Processo Civil*, vol. VIII, tomo II (arts. 813 a 889). Rio de Janeiro: Forense, 1988.

ORSONI, Giorgio. *Il commissario ad acta*. Padova: CEDAM, 2001.

ORTELLS RAMOS, Manuel. Ejecución de prestaciones de entregar cosa mueble determinada. *Derecho procesal civil*. 12ª ed. Navarra: Thomson Reuters/Aranzadi, 2013.

PAGNI, Ilaria. *Tutela specifica e tutela per equivalente*. Milano: Giuffrè, 2004.

PASSOS, José Joaquim Calmon de Passos. *Comentários ao Código de Processo Civil*. Artigos 270 a 331, vol. III. Rio de Janeiro: Forense, 1974.

PEIXOTO, Marco Aurélio Ventura. SOARES, Patrícia de Almeida Montalvão. PEIXOTO, Renata Cortez Vieira. Das medidas atípicas de coerção contra o Poder Público: aplicabilidade e limites. In: TALAMINI, Eduardo. MINAMI, Marcos Youji (coords.). *Medidas executivas atípicas*. Salvador: Juspodivm, 2018.

PEREIRA, Caio Mário da Silva. *Instituições de direito civil*, vol. I. 18 ed. Rio de Janeiro: Forense, 1996.

_____. *Instituições de direito civil*, vol. II. 15ª ed. Rio de Janeiro: Forense, 1997.

PEREIRA, Rosalina P. C. Rodrigues. *Ações prejudiciais à execução*. São Paulo: Saraiva, 2001.

PÉREZ DEL BLANCO, Gilberto. *La ejecución no dineraria en la nueva Ley de Enjuiciamiento Civil (Condenas de hacer, no hacer y dar)*. León: Ediciones Universidad, 2001.

PEYRANO, Jorge W. El principio de cooperación procesal. In: BARBERIO, Sergio J. GARCIA SOLÁ, Marcela M. (coords.). *Principios procesales*. Tomo I. Santa Fé: Rubinzal, Culzoni, 2011.

_____. Principio de adquisición procesal. In: BARBERIO, Sergio J. GARCIA SOLÁ, Marcela M. (coords.). *Principios procesales*. Tomo II. Santa Fé: Rubinzal, Culzoni, 2011.

PERROT, Roger. La coercizione per dissuasione nel diritto francese. *Rivista di diritto processuale*. Padova: CEDAM, 1996.

PICÓ I JUNOY, Joan. Los princípios dispositivo y de aportación de parte: significado actual. In: BARBERIO, Sergio J. GARCIA SOLÁ, Marcela M. (coords.). *Principios procesales*. Tomo I. Santa Fé: Rubinzal, Culzoni, 2011.

PIGNATARO, Sergio. *Il commissario ad acta nel quadro del processo amministrativo*. Bari: Cacucci, 2018.

PODETTI, J. Ramiro. *Tratado de las ejecuciones*, 3 ed. Buenos Aires: EDIAR, 1997.

PUGLIATTI, Salvatore. *Esecuzione forzata e diritto sostanziale*. Ristampa. Milano: Giuffrè, 1935.

PUIG, Pascal. L'excès de proportionnalité. *Revue trimestrielle de droit civil*. Paris: Dalloz, jan./mar. 2016.

PUNZI, Carmine. *Il processo civile, sistema e problematiche*: il processo di esecuzione, vol. IV. 2ª ed. Torino: G. Giappichelli, 2010.

RAGONE, Álvaro Pérez. Princípios de la ejecución civil singular. In: BARBERIO, Sergio J. GARCIA SOLÁ, Marcela M. (coords.). *Principios procesales*. Tomo II. Santa Fé: Rubinzal, Culzoni, 2011.

RAMOS MÉNDEZ, Francisco. Tutela efectiva es ejecución. In: PICÓ I JUNOY, Joan (dir.). *Princípios y garantias procesales*. Barcelona: Bosch, 2013, p. 327-341.

REIS, José Alberto dos. *O processo de execução*. Reimpr. Coimbra: Coimbra, 1985.

REDENTI, Enrico. *Diritto processuale civile*, vol. 3. Milano: Giuffrè, 1957.

RÉGIS, Érick da Silva. A penhora de quotas de sociedade limitada por dívida contraída por sócio perante terceiros não integrantes do quadro societário. *Revista Síntese Direito Civil e Processual Civil*, n. 114. São Paulo, jul.-ago. 2018.

RHEE, C. H. van. UZELAC, Alan. *Enforcement and enforceability*. Antwerp: Intersentia, 2010.

RIBAS, Antonio Joaquim. *Consolidação das disposições legislativas e regulamentares concernentes ao processo civil*. Rio de Janeiro: Typographia Nacional, 1878.

RICCI, Gian Franco. *Principi di diritto processuale generale*. 5ª ed. Torino: G. Giappichelli, 2012.

_____. *Diritto processuale civile*, vol. 3. 6ª ed. Torino: G. Giappichelli, 2017.

RIOS MUÑOZ, Luis Patricio. *Los princípios de la inembargabilidad*. Santiago: Ediciones Olejnik, 2018.

ROCCO, Ugo. *Trattato di diritto processuale civile*. Tomo IV. Torino: UTET, 1959.

ROCHA, José de Moura. *Sistemática do novo processo de execução*. São Paulo: Revista dos Tribunais, 1978.

RODRIGUES, Marcelo Abelha. *Manual de execução civil*. 7ª ed. Forense: Rio de Janeiro, 2019.

_____. O que fazer quando o executado é um "cafajeste"? Apreensão de passaporte? De carteira de motorista? Disponível em: <http://migalhas.com.br/dePeso/16,-MI245946,51045-O>. Acesso em: 5-10-2016.

ROMANO, Santi. *L'ordinamento giuridico*. Reimpr. da 2ª ed. Firenze: Sansoni, 1951.

ROQUE, Andre Vasconcelos. Comentário aos artigos 517 e 526. In: GAJARDONI, Fernando da Fonseca. DELLORE, Luiz. ROQUE, Andre Vasconcelos. OLIVEIRA JR., Zulmar Duarte de. *Comentários ao CPC de 2015*: processo de conhecimento e cumprimento de sentença. Rio de Janeiro: Método, 2016.

_____. Comentário aos artigos 799, 800 e 801. In: GAJARDONI, Fernando da Fonseca. DELLORE, Luiz. ROQUE, Andre Vasconcelos. OLIVEIRA JR., Zulmar Duarte de. *Execução e recursos*: comentários ao CPC de 2015. Rio de Janeiro: Método, 2017.

ROQUE, Andre Vasconcelos. Em busca dos limites dos meios executivos atípicos: até onde pode ir o art. 139, IV, do CPC/2015? In: TALAMINI, Eduardo. MINAMI, Marcos Youji (coords.). *Medidas executivas atípicas*. Salvador: Juspodivm, 2018, p. 745.

ROSENBERG, Leo. *Tratado de derecho procesal civil*. Tomo III. Buenos Aires: EJEA, 1955.

_____. GAUL, Hans Friedhelm. SCHILKEN, Eberhard. BECKER-EBERHARD, Ekkehard. *Zwangsvollstreckungsrecht*. 12ª ed. München: C. H. Beck, 2010.

SALATI, Olivier. Notion de titre. In: GUINCHARD, Serge. MOUSSA, Tony (dirs.). *Droit et pratique des voies d'exécution*. Paris: Dalloz, 2015.

SALLES, Carlos Alberto de. *Execução judicial em matéria ambiental*. São Paulo: Revista dos Tribunais, 1999.

SAMPAIO, J. M. Gonçalves. *A acção executiva e a problemática das execuções injustas*. 2ª ed. Coimbra: Almedina, 2008.

SANTOS, Guilherme Luis Quaresma Batista dos. *Contraditório e execução*. Rio de Janeiro: 2013.

SANTOS, Moacyr Amaral. *Prova judiciária no cível e comercial*, vol. IV. São Paulo: Max Limonad, s/d.

_____. *Ações cominatórias no direito brasileiro*. Tomos I e II. 4ª ed. São Paulo: Max Limonad, 1969.

_____. *Primeiras linhas de direito processual civil*, vol. 2. 27ª ed. São Paulo: Saraiva, 2011.

SANTOS, Theophilo de Azeredo. *Manual dos títulos de crédito*. Rio de Janeiro: Companhia Editora Americana, 1971.

SATTA, Salvatore. *L'esecuzione forzata*. Milano: Giuffrè, 1937.

_____. *Manual de derecho procesal civil*, vol. II. Buenos Aires: EJEA, 1971.

SCIALOJA, Vittorio. *Procedimiento civil romano*. Buenos Aires: EJEA, 1954.

SICA, Heitor Vitor Mendonça. Comentário ao artigo 513. In: CABRAL, Antonio do Passo. CRAMER, Ronaldo. *Comentários ao Novo Código de Processo Civil*. 2ª ed. Rio de Janeiro: Forense, 2016.

SILVA, João Calvão da. Cumprimento e sanção pecuniária compulsória. Separata do vol. XXX do *Suplemento do Boletim da Faculdade de Direito da Universidade de Coimbra*. Coimbra, 1995.

SILVA, Ovídio A. Baptista da. Antecipação de tutela e responsabilidade objetiva. *Revista de Processo*, ano 23, n. 90, abr./jun. 1998. São Paulo: Revista dos Tribunais.

_____. *Do processo cautelar*. 3ª ed. Rio de Janeiro: Forense, 2008.

SILVESTRI, Elisabetta. Problemi e prospettive di evoluzione nell'esecuzione degli obblighi di fare e di non fare. *Rivista di Diritto Processuale*. Padova: CEDAM, ano XXXVI, jna./mar. 1981.

SOARES, Fernando Luso. *A responsabilidade processual civil*. Coimbra: Almedina, 1986.

SOMMERMANN, Karl-Peter. La justicia administrativa alemana. In: BARNES VAZQUEZ, Javier (coord.). *La justicia administrativa en el derecho comparado*. Madrid: Editorial Civitas, 1993.

SOUZA, Pereira e. *Primeiras linhas sobre o processo civil, accomodadas ao fôro do Brazil por Augusto Teixeira de Freitas*. Tomo III. Rio de Janeiro: Typographia Perseverança, 1879.

STOCO, Rui. *Tratado de responsabilidade civil*. 9ª ed. Tomo I. São Paulo: Revista dos Tribunais, 2013.

STÜRNER, Rolf. Kawano, Masanori (eds.). *Comparative studies on enforcement and provisional measures*. Tübingen: Mohr Siebeck, 2011.

TALAMINI, Eduardo. Medidas coercitivas e proporcionalidade: o caso *WhatsApp*. In: CABRAL, Antonio do Passo. PACELLI, Eugênio. CRUZ, Rogério Schietti (coords.). *Processo penal*. Salvador: Juspodivm, 2016.

_____. Poder geral de adoção de medidas executivas e sua incidência, nas diferentes modalidades de execução. In: TALAMINI, Eduardo. MINAMI, Marcos Youji (coords.). *Medidas executivas atípicas*. Salvador: Juspodivm, 2018.

TARUFFO, Michele. A atuação executiva dos direitos: perfis comparatísticos. *Revista de Processo*, ano 15, n. 59. São Paulo: Revista dos Tribunais, 1990.

_____. General Report. In: TARUFFO, Michele et alii. *Abuse of procedural rights, comparative standards of procedural fairness*. The Hague: Kluwer Law International, 1999.

TARZIA, Giuseppe. O contraditório no processo executivo. *Revista de Processo*, ano 7, n. 28. São Paulo: Revista dos Tribunais, out./dez. 1982.

TEPEDINO, Gustavo. SCHREIBER, Anderson. *Código Civil comentado*: direito das obrigações. Artigos 23 a 420, vol. IV. São Paulo: Atlas, 2008.

THEODORO JÚNIOR, Humberto. *Processo de execução*. 19ª ed. São Paulo: Livraria e Editora Universitária de Direito, 1999.

_____. *Insolvência civil*. 5ª ed. Rio de Janeiro: Forense, 2003.

_____. Contrato de abertura de crédito como título executivo. *Revista Forense*, vol. 334, abr./jun. 1996.

_____. *Comentários ao novo Código Civil*, vol. III. T. II. 3ª ed. Rio de Janeiro: Forense, 2005.

_____. *Curso de direito processual civil*, vol. II. 47ª ed. Rio de Janeiro: Forense, 2012.

_____. *Comentários ao Código de Processo Civil*: da execução em geral. Arts. 771 a 796, vol. XV. São Paulo: Saraiva, 2017.

TOMEI, Giovanni. Cosa giudicata o preclusione nei processi sommari ed esecutivi. *Rivista Trimestrale di Diritto e Procedura Civile*, ano XLVIII. Milano: Giuffrè, 1994.

TROCKER, Nicolò. *Processo civile e Costituzione*. Milano: Giuffrè, 1974.

_____. The right of effective enforcement of civil judgements and orders. In: STÜRNER, Rolf. KAWANO, Masanori (eds.). *Comparative studies on enforcement and provisional measures*. Tübingen: Mohr Siebeck, 2011.

TUCCI, José Rogério Cruz e. Ampliação dos poderes do juiz no novo CPC e princípio da legalidade. *Consultor Jurídico*, 27-9-2016.

VARANESE, Giovanni. Canaris, il sistema e la giurisprudenza. In: CANARIS, Claus-Wilhelm. *Pensiero sistematico e concetto di sistema nella giurisprudenza*. Napoli: Edizioni Scientifiche Italiane, 2009.

VARELA, João de Matos Antunes. *Das obrigações em geral*, vol. I. 9ª ed. Coimbra: Almedina, 1998.

VERDE, Giovanni. *Profili del processo civile*: processo di esecuzione e procedimenti speciali, vol. 3. Napoli: Jovene, 1990.

_____. Attualità del principio *nulla executio sine titulo*. *Rivista di Diritto Processuale*. Padova: CEDAM, ano LIV, 1999.

VELLUZZI, Vito. Argomenti interpretativi. In: PINO, Giorgio. SCHIAVELLO, Aldo. VILLA, Vittorio (a cura di). *Filosofia del diritto*: introduzione critica al pensiero giuridico e al diritto positivo. Torino: G. Giappichelli, 2013.

VIANA, Marco Aurelio S. *Comentários ao novo Código Civil*: dos direitos reais. Arts. 1.225 a 1.510, vol. XVI. 3ª ed. Rio de Janeiro: Forense, 2007.

VILLAR, Willard de Castro. *Ação executiva*. São Paulo: Saraiva, 1962.

VITORELLI, Edilson. Atipicidade dos meios de execução no processo coletivo: em busca de resultados sociais significativos. In: TALAMINI, Eduardo. MINAMI, Marcos Youji (coords.). *Medidas executivas atípicas*. Salvador: Juspodivm, 2018.

VRIES, Gerard de. Economic analysis and fairness. In: SMITS, Jan. HAAS, Daniel. HESEN, Geerte (eds.). *Specific performance in contract law*: national and other perspectives. Antwerp: Intersentia, 2008.

WATANABE, Kazuo. Comentário ao artigo 84 do CDC. In: GRINOVER, Ada Pellegrini. WATANABE, Kazuo. NERY JUNIOR, Nelson. *Código Brasileiro de Defesa do Consumidor comentado pelos autores do anteprojeto*, vol. II. 10ª ed. Rio de Janeiro: Forense, 2011.

WÉRY, Patrick. Specific performance in Belgian Law. In: SMITS, Jan. HAAS, Daniel. HESEN, Geerte (eds.). *Specific performance in contract law*: national and other perspectives. Antwerp: Intersentia, 2008.

WOLKART, Erik Navarro. Comentário ao artigo 808. In: WAMBIER, Teresa Arruda Alvim. DIDIER JR., Fredie. TALAMINI, Eduardo. DANTAS, Bruno. *Breves Comentários ao Novo Código de Processo Civil*. 2ª ed. São Paulo: Revista dos Tribunais, 2016.

YARSHELL, Flávio Luiz. Comentário ao artigo 137. In: CABRAL, Antonio do Passo. CRAMER, Ronaldo (coords.). *Comentários ao Novo Código de Processo Civil*. 2ª ed. Rio de Janeiro: Forense, 2016.

ZAVASCKI, Teori. *Título executivo e liquidação*. São Paulo: Revista dos Tribunais, 1999.

_____. *Comentários ao Código de Processo Civil*: do processo de execução. Artigos 566 a 645, vol. 8. 2ª ed. São Paulo: Revista dos Tribunais, 2003.

_____. *Processo de execução*: parte geral. 3ª ed. São Paulo: Revista dos Tribunais, 2004.

_____. *Comentários ao Código de Processo Civil*. Artigos 771 ao 796, vol. XII. São Paulo: Revista dos Tribunais, 2016.